에듀윌과 함께 시작하면,
당신도 합격할 수 있습니다!

이 일 저 일 전전하다 관리자가 되려고 시작해
최고득점으로 동차 합격한 퇴직자

4살 된 딸아이가 어린이집에 있는 동안 공부해
고득점으로 합격한 전업주부

밤에는 대리운전, 낮에는 독서실에서 공부하며
에듀윌의 도움으로 거머쥔 주택관리사 합격증

누구나 합격할 수 있습니다.
시작하겠다는 '다짐' 하나면 충분합니다.

마지막 페이지를 덮으면,

**에듀윌과 함께
주택관리사 합격이 시작됩니다.**

주택관리사 1위

16년간
베스트셀러 1위

| 기초서 | 기본서 | 기출문제집 | 핵심요약집 |
| 문제집 | 네컷회계 | | |

주택관리사 교재 보기

베스트셀러 1위 교재로
따라만 하면 합격하는 커리큘럼

STEP 1	STEP 2	STEP 3	STEP 4
기초 이론	이론 완성 1 이론 완성 2	핵심 이론 문제 풀이	마무리 특강 동형 모의고사
시작에 필요한 기초 개념 확인	기본서 반복으로 탄탄한 이론 완성	빈출이론 & 문제 한 번에 정리	다양한 실전 연습으로 쉬운 합격 완성

* 커리큘럼의 명칭 및 내용은 변경될 수 있습니다.

* 2023 대한민국 브랜드만족도 주택관리사 교육 1위 (한경비즈니스)
* YES24 수험서 자격증 주택관리사 베스트셀러 1위 (2010년 12월, 2011년 3월, 9월, 12월, 2012년 1월, 3월~12월, 2013년 1월~5월, 8월~11월, 2014년 2월~8월, 10월~12월, 2015년 1월~5월, 7월~12월, 2016년 1월~12월, 2017년 1월~12월, 2018년 1월~12월, 2019년 1월~12월, 2020년 1월~7월, 9월~12월, 2021년 1월~12월, 2022년 1월~12월, 2023년 1월~11월, 2024년 1월~2월, 4월~12월, 2025년 1월~10월 월별 베스트)

에듀윌 주택관리사

업계 유일 **3년 연속 전국 수석,**
6년 연속 최고득점자 배출

에듀윌 주택관리사의 우수성, 2024년에도 입증했습니다!

제27회 시험 최고득점자&수석합격

문O호 합격생

에듀윌 주택관리사를 공부하면서 좋았던 부분은 체계적인 커리큘럼과 실전 대비 시스템입니다. 강의가 단계적으로 구성되어 초보자도 쉽게 따라갈 수 있었고, 중요한 내용을 반복 학습할 수 있는 구조가 시험 준비에 큰 도움이 되었다고 생각합니다. 또한 다양한 문제 풀이와 모의고사를 통해 실전에 대한 자신감을 키울 수 있었던 점이 좋았습니다. 주택관리사 시험을 준비하는 여러분들, 많이 힘들고 불안한 마음이 들겠지만 "한 발짝 더 나아가는 용기와 꾸준함이 합격을 만드는 것 같습니다." 포기하지 않고 끝까지 달려간다면 반드시 좋은 결과를 얻을 수 있습니다. 마지막까지 최선을 다하는 여러분을 진심으로 응원합니다.

* 2024년, 2023년, 2022년 전국수석합격 및 공동주택관리실무 최고득점
2021년, 2020년 주택관리관계법규, 공동주택관리실무 과목별 최고득점
2019년 주택관리관계법규 최고득점

주택관리사 1위

주택관리사, 에듀윌을 선택해야 하는 이유

오직 에듀윌에서만 가능한 합격 신화
6년 연속 최고득점자 배출

합격을 위한 최강 라인업
주택관리사 명품 교수진

주택관리사

합격부터 취업까지!
에듀윌 주택취업지원센터 운영

합격생들이 가장 많이 선택한 교재
16년간 베스트셀러 1위

* 2023 대한민국 브랜드만족도 주택관리사 교육 1위 (한경비즈니스)
* 2024년, 2023년, 2022년 전국수석합격 및 공동주택관리실무 최고득점 / 2021년, 2020년 주택관리관계법규, 공동주택관리실무 과목별 최고득점 / 2019년 주택관리관계법규 최고득점
* YES24 수험서 자격증 주택관리사 베스트셀러 1위 (2010년 12월, 2011년 3월, 9월, 12월, 2012년 1월, 3월~12월, 2013년 1월~5월, 8월~11월, 2014년 2월~8월, 10월~12월, 2015년 1월~5월, 7월~12월, 2016년 1월~12월, 2017년 1월~12월, 2018년 1월~12월, 2019년 1월~12월, 2020년 1월~7월, 9월~12월, 2021년 1월~12월, 2022년 1월~12월, 2023년 1월~11월, 2024년 1월~2월, 4월~12월, 2025년 1월~10월 월별 베스트)

에듀윌이 너를 지지할게

ENERGY

처음에는 당신이 원하는 곳으로
갈 수는 없겠지만,
당신이 지금 있는 곳에서
출발할 수는 있을 것이다.

– 작자 미상

➕ 합격할 때까지 책임지는 개정법령 원스톱 서비스!

기준 및 법령 개정이 잦은 주택관리사 시험,
개정사항을 어떻게 확인해야 할지 막막하고 걱정스러우신가요?
에듀윌에서는 필요한 개정법령만을 빠르게! 한번에! 제공해 드립니다.

에듀윌 도서몰 접속
(book.eduwill.net) ▶ 도서자료실
클릭

개정법령
확인하기

2026
에듀윌 주택관리사

단원별 기출문제집 2차

주택관리관계법규 | 공동주택관리실무

시험 안내

주택관리사 시험, 준비물은 무엇인가요?

⭕ 꼭 챙겨가세요!

- 필기구
- 수험표
- 신분증
- 손목시계
- 계산기

* 신분증의 경우 정부24 전자문서지갑 등에서 발급된 모바일 자격증을 자격시험 신분증으로 인정합니다. (수험표의 수험자 유의사항 참고)
* 손목시계는 시각만 확인할 수 있어야 하며, 스마트워치는 사용이 불가합니다.
* 데이터 저장기능이 있는 전자계산기는 수험자 본인이 반드시 메모리(SD카드 포함)를 제거, 삭제하여야 합니다.

❌ 시험 중 절대 허용되지 않아요!

- 통신기기
- 전자기기
- 중도퇴실

* 통신기기 및 전자기기에는 휴대전화, PDA, PMP, MP3, 휴대용 컴퓨터, 디지털 카메라, 전자사전, 카메라 펜 등이 포함되며, 시험 도중 소지·착용하고 있는 경우에는 당해 시험이 정지(퇴실)되고 무효(0점) 처리되니 주의하세요.
* 시험시간 중에는 화장실 출입 및 중도 퇴실이 불가합니다. 단, 설사·배탈 등 긴급상황 발생으로 퇴실 시 해당 교시 재입실이 불가하고, 시험 종료 시까지 시험본부에 대기하게 됩니다.

답안 작성 시 유의사항이 있나요?

⭕ 이렇게 작성하세요!

- 시험 문제지의 문제번호와 **동일한 번호**에 마킹
- 반드시 **검정색 사인펜** 사용
- 2차 시험 주관식 답안은 **검정색 필기구** 사용
- 답안을 잘못 마킹했을 경우, **답안카드 교체** 및 **수정테이프** 사용
- 2차 주관식 답안 정정 시 **두 줄로 긋고 다시 기재**하거나 **수정테이프** 사용

❌ 이렇게 작성하면 안 돼요!

- 답안카드 **마킹착오, 불완전한 마킹·수정, 예비마킹**
- **지워지는 펜** 사용
- 2차 주관식 답안 작성 시 **연필류, 유색 필기구, 두 가지 색 혼합사용**
- 답안 정정 시 **수정액 및 스티커** 사용

상대평가, 어떻게 시행되나요?

선발예정인원 범위에서 선발!

국가에서 정한 선발예정인원(선발예정인원은 매해 시험 공고에 게재됨) 범위에서 고득점자 순으로 합격자가 결정되며, 2025년 제28회 시험의 선발예정인원은 1,600명입니다.

제1차는 평균 60점 이상 득점한 자, 제2차는 고득점자 순으로 선발!

제1차	매 과목 40점 이상, 전 과목 평균 60점 이상 득점한 사람 중에서 선발합니다.
제2차	매 과목 40점 이상, 전 과목 평균 60점 이상 득점한 사람 중에서 선발하며, 그중 선발예정인원 범위에서 고득점자 순으로 결정합니다. 선발예정인원에 미달하는 경우 전 과목 40점 이상자 중 고득점자 순으로 선발하며, 동점자로 인하여 선발예정인원을 초과하는 경우에는 동점자 모두를 합격자로 결정합니다.

제2차 과목의 주관식 단답형 16문항은 부분점수 적용

괄호가 3개인 경우	3개 정답(2.5점), 2개 정답(1.5점), 1개 정답(0.5점)
괄호가 2개인 경우	2개 정답(2.5점), 1개 정답(1점)
괄호가 1개인 경우	1개 정답(2.5점)

2020년 상대평가 시행 이후 제2차 시험 합격선은?

최근 2개년 합격선 평균 69.75점!

상대평가 시행 이후 제25회 시험까지는 합격선이 60점 내외로 형성되었지만, 제26회에는 평균 71.50점, 제27회에는 평균 68.00점에서 합격선이 형성되며 합격에 필요한 점수가 상당히 올라갔습니다. 앞으로도 에듀윌은 변화하는 수험 환경에 맞는 학습 커리큘럼과 교재를 통해 수험자 여러분들을 합격의 길로 이끌겠습니다.

에듀윌 기출문제집을 풀어야 하는 이유!

베스트셀러 1위, 수많은 합격생이 풀어 봤으니까!

합격생 A: 기출문제는 최고의 출제가능 문제입니다. 중요한 유형은 반복적으로 출제되는데, 기출문제를 풀면서 그런 부분은 완벽히 이해하려고 노력했어요.

합격생 B: 범위가 너무 넓어서 힘들었는데, 기출문제를 풀면서 자주 출제되는 문제와 단원을 효율적으로 공부할 수 있어서 좋았어요.

* YES24 수험서 자격증 주택관리사 기출문제 베스트셀러 1위
 - 1차 단원별 기출문제집: 2025년 9월 월별 베스트
 - 2차 단원별 기출문제집: 2025년 10월 월별 베스트

단원별로 풀고, 약점은 확실히 잡을 수 있으니까!

단원별 문제풀이, 회독 횟수 체크

철저한 기출분석, 약점 잡는 해설

다 풀고 나서도, 더 확실히 마무리할 수 있으니까!

특별부록: 2025년 제28회 기출문제 제공

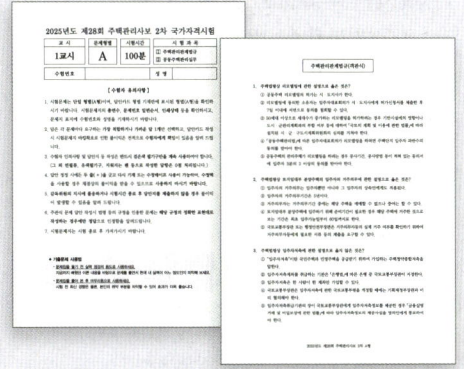

2025년에 실시된 제28회 시험의 기출문제를 풀어 보며 학습을 마무리하세요.

오답노트 PDF 제공

헷갈리거나 틀린 문제를 정리하여 시험장까지 가져가는 나만의 요약집으로 활용하세요.

오답노트 PDF 다운로드 방법

에듀윌 도서몰(book.eduwill.net) 접속 ▶ 도서자료실 클릭 ▶ 부가학습자료 클릭 후 다운로드

➕ PLUS 기출문제 해설특강

기출문제, 혼자 공부하기 어렵고 막막하다면?
에듀윌 명품 교수진이 직접 풀어주는 최근 기출문제 해설특강을
무료로 들어 보세요.

해설특강 바로가기
* 에듀윌 주택관리사 접속(house.eduwill.net) → 상단 무료강의/자료 클릭
  → 기출문제 해설특강 무료 수강

구성과 특징

문제편   단원별로 풀어보며 약점 파악하기

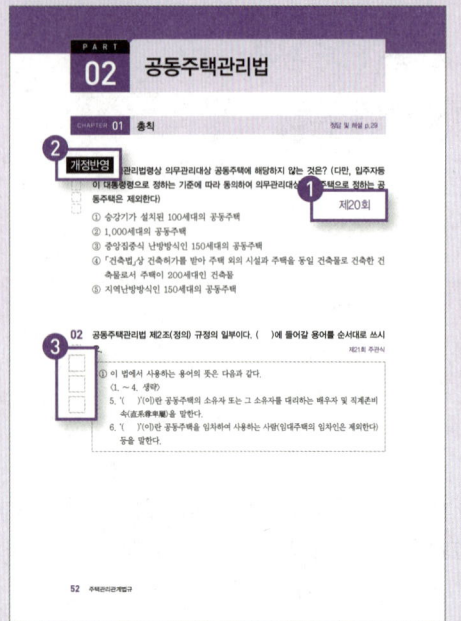

❶ 제28회~제17회, 총 12개년의 기출 수록
'주택관리관계법규'는 제17회부터 제28회까지 12개년치의 기출문제를 수록했고, '공동주택관리실무'는 제18회부터 제28회까지 11개년치의 기출문제를 수록했습니다.

❷ 법령개정 완벽 반영
개정된 법령을 완벽히 반영했습니다.

❸ 문항별 회독 체크 박스
한 번 회독할 때마다 문제 번호 하단에 있는
□에 체크하는 방식으로 반복 학습하세요.

해설편   고퀄리티 분석 자료로 약점 완전 정복하기

❶ 한눈에 보는 정답
정답을 한눈에 보고 빠르게 채점하세요.

❷ 정답해설 & 오답해설
선택지가 응용되어 나올 수 있다는 점을 명심하고, 정답뿐만 아니라 오답에 대한 해설도 챙겨 보세요.

❸ 함정 CHECK
교묘하게 출제된 함정 문제! 주택관리관계법규 과목은 함정에 빠지지 않기 위한 해설을 수록하였습니다.

❹ 고난도 TIP
주택관리관계법규 과목의 고난도 문제에는 고난도 TIP을 수록하여 이해를 도왔습니다.

❺ 이론 PLUS와 학습 POINT
이론 PLUS와 학습 POINT라는 코너를 마련하여 관련 법령을 확인하고 학습 시 무엇에 중점을 두면 좋을지 알 수 있도록 했습니다.

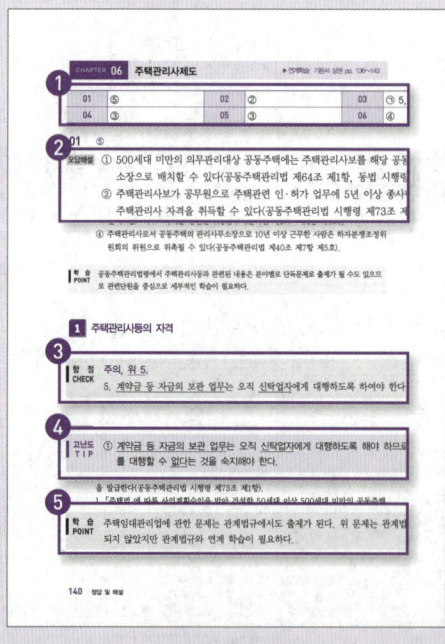

차례

SUBJECT 1　주택관리관계법규

PART 01 | 주택법

CHAPTER 01 | 총칙	18
CHAPTER 02 | 주택의 건설 등	24
CHAPTER 03 | 주택의 공급 등	37
CHAPTER 04 | 리모델링 및 보칙	45

PART 02 | 공동주택관리법

CHAPTER 01 | 총칙	52
CHAPTER 02 | 공동주택의 관리방법 등	54
CHAPTER 03 | 관리비 등, 장기수선계획 및 장기수선충당금	65
CHAPTER 04 | 하자담보책임 등	71
CHAPTER 05 | 공동주택의 전문관리 등	74

PART 03 | 민간임대주택에 관한 특별법

CHAPTER 01 | 총칙, 임대사업자 및 주택임대관리업자	81
CHAPTER 02 | 민간임대주택의 공급 및 관리 등	86

PART 04 | 공공주택 특별법

CHAPTER 01 | 총칙 및 공공주택지구 등	89
CHAPTER 02 | 공공주택의 공급 및 운영·관리 등	91

PART 05 | 건축법

CHAPTER 01 | 총칙	98
CHAPTER 02 | 건축물의 건축	103
CHAPTER 03 | 건축의 규제	107

PART 06 | 도시 및 주거환경정비법　121

PART 07 | 도시재정비 촉진을 위한 특별법　127

PART 08 | 시설물의 안전 및 유지관리에 관한 특별법　130

PART 09 | 소방기본법　137

PART 10 | 화재의 예방 및 안전관리에 관한 법률　139

PART 11 | 소방시설 설치 및 관리에 관한 법률　144

PART 12 | 전기사업법　148

PART 13 | 승강기 안전관리법　155

PART 14 | 집합건물의 소유 및 관리에 관한 법률　162

차례

SUBJECT 2 공동주택관리실무

PART 01 | 행정관리

CHAPTER 01	주택의 정의 및 종류 … 170
CHAPTER 02	공동주택관리법의 총칙 … 171
CHAPTER 03	관리규약 등 … 172
CHAPTER 04	공동주택의 관리방법 … 174
CHAPTER 05	공동주택의 관리조직 … 183
CHAPTER 06	주택관리사제도 … 205
CHAPTER 07	공동주택관리법상 벌칙사항 … 208
CHAPTER 08	입주자관리 … 209
CHAPTER 09	사무 및 인사관리 … 212
1 문서관리 … 212
2 노무관리 … 213
3 사회보험 … 228
CHAPTER 10	대외업무관리 및 리모델링 … 237
CHAPTER 11	공동주거관리이론 … 242
CHAPTER 12	공동주택회계관리 … 244

PART 02 | 시설·방재관리

CHAPTER 01 | 시설관리   248

1. 공동주택관리법령에 의한 시설관리제도   248
2. 공동주택의 보존관리   253
3. 주택의 건설기준 등   254
4. 건축설비의 개요   261
5. 물에 관한 일반사항   261
6. 급수설비   263
7. 급탕설비   270
8. 배수·통기설비   273
9. 위생기구 및 배관재료   278
10. 오수정화시설   281
11. 난방설비   281
12. 냉동설비   284
13. 배기 및 환기설비   286
14. 소방시설   291
15. 가스설비   302
16. 전기설비   304
17. 운송설비   309

CHAPTER 02 | 환경관리   313

CHAPTER 03 | 안전관리   324

특별부록   2025년도 제28회 주택관리사보 2차 국가자격시험

5개년 시험분석 리포트 — 주택관리관계법규

단원별 출제문항 분석

단원 PART	출제문항 수 28회	27회	26회	25회	24회	5개년 평균 출제비중
1. 주택법	8(3)	8(3)	8(3)	8(3)	8(3)	20%
2. 공동주택관리법	8(3)	8(3)	8(3)	8(3)	8(3)	20%
3. 민간임대주택에 관한 특별법	2(1)	2(1)	2(1)	2(1)	2(1)	5%
4. 공공주택 특별법	2(1)	2(1)	2(1)	2(1)	2(1)	5%
5. 건축법	7(3)	7(2)	7(3)	7(3)	7(3)	17.5%
6. 도시 및 주거환경정비법	2(1)	2(1)	2(1)	2(1)	2(1)	5%
7. 도시재정비 촉진을 위한 특별법	1	1	1	1(1)	1(1)	2.5%
8. 시설물의 안전 및 유지관리에 관한 특별법	2(1)	2(1)	2(1)	2(1)	2(1)	5%
9. 소방기본법	1(0)	1(1)	1	1	1	2.5%
10. 화재의 예방 및 안전관리에 관한 법률 / 11. 소방시설 설치 및 관리에 관한 법률	2(1)	2(1)	2(1)	2	2(1)	5%
12. 전기사업법	2(1)	2(1)	2(1)	2(1)	2(1)	5%
13. 승강기 안전관리법	2(1)	2(1)	2(1)	2(1)	2	5%
14. 집합건물의 소유 및 관리에 관한 법률	1(0)	1	1	1	1	2.5%
총계	40(16)	40(16)	40(16)	40(16)	40(16)	100%

* 괄호 안 숫자는 주관식 단답형 출제문항 수이며, 분류 기준에 따라 수치가 달라질 수 있습니다.

PART별 출제비중 & 출제포인트

주택관리관계법규의 최근 5개년 출제비중을 살펴보면 주택법, 공동주택관리법, 건축법이 특히 중요하게 다루어지고 있는 것을 알 수 있습니다. 주택법과 공동주택관리법에서는 각각 8문항씩 출제되고 있으며, 건축법에서는 7문항씩 출제되고 있습니다. 이 세 법령을 합치면 절반 이상의 비중을 차지하므로, 이에 유의하여 중점을 두고 학습하여야 합니다.

PART 6~14에 해당하는 법령들은 각 법령당 1~2문항씩 출제되어 각각의 비중은 낮은 편이지만 모두 합쳤을 때는 13문항의 비중을 차지하므로, 자주 출제되는 중요 부분 위주로 확실히 정리해 놓으시길 바랍니다.

회차별 전체 평균 & 합격자 평균점수

※ 교재 출간 당시 제28회 점수는 발표 전이라 그래프에 표기되지 않았습니다.

제29회 주택관리관계법규 합격전략

☑ 주택관리관계법규는 쉬운 문제도 다수 출제되는 편이지만, 일부 문제는 특정 부분에 대해 완전히 이해하고 있는지와 암기를 정확하게 하고 있는지를 묻는 고난도의 문제가 출제됩니다. 상대평가 시험인 만큼 어려운 문제를 얼마나 더 맞히는지가 당락을 결정할 것으로 보입니다.

☑ 높은 난도로 출제될 가능성을 염두에 두고 준비하시고, 지엽적인 범위에서 출제되거나 전체적인 내용의 이해를 묻는 문제가 출제될 수 있으므로 꼼꼼히 학습하시기 바랍니다.

5개년 시험분석 리포트 — 공동주택관리실무

단원별 출제문항 분석

PART	CHAPTER	28회	27회	26회	25회	24회	5개년 평균 출제비중
1. 행정관리	01. 주택의 정의 및 종류	0	0	0	0	1(1)	0.5%
	02. 공동주택관리법의 총칙	1(1)	1	0	1(1)	0	1.5%
	03. 관리규약 등	1(1)	0	0	1(1)	1	1.5%
	04. 공동주택의 관리방법	4	4(2)	2(1)	2(1)	2	7%
	05. 공동주택의 관리조직	1(1)	8(3)	3(1)	5(1)	3(1)	10%
	06. 주택관리사제도	0	0	1	1	0	1%
	07. 공동주택관리법상 벌칙사항	0	0	0	0	0	0%
	08. 입주자관리	1	0	0	1	1	1.5%
	09. 사무 및 인사관리	5(2)	7(3)	7(3)	8(4)	7(4)	17%
	10. 대외업무관리 및 리모델링	1	0	3(2)	0	1(1)	2.5%
	11. 공동주거관리이론	0	0	0	0	0	0%
	12. 공동주택회계관리	2(1)	0	1	1	2	3%
	합계	16(6)	20(8)	17(7)	20(8)	18(7)	45.5%
2. 시설·방재관리	01. 시설관리	18(6)	14(6)	17(6)	13(5)	17(6)	39.5%
	02. 환경관리	5(3)	4(2)	4(2)	6(2)	4(3)	11.5%
	03. 안전관리	1(1)	2	2(1)	1(1)	1	3.5%
	합계	24(10)	20(8)	23(9)	20(8)	22(9)	54.5%
	총계	40(16)	40(16)	40(16)	40(16)	40(16)	100%

* 괄호 안 숫자는 주관식 단답형 출제문항 수이며, 분류 기준에 따라 수치가 달라질 수 있습니다.

PART별 출제비중 & 출제포인트

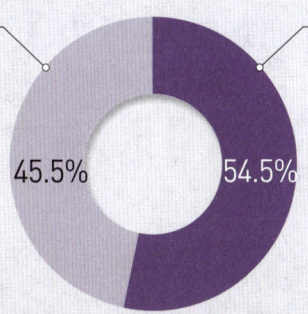

PART 1 행정관리
행정관리에서는 전 범위에서 골고루 출제되고 있지만, 그중 공동주택의 관리조직 및 관리방법과 사무 및 인사관리에서 비교적 많이 출제되고 있습니다. 특히 사무 및 인사관리의 노무관리와 4대 보험에 관한 사항은 수험생들이 가장 어려워하는 부분으로, 기출문제 유형에 맞춰 확실히 정리하시기 바랍니다.

PART 2 시설·방재관리
시설·방재관리에서는 시설관리가 매우 높은 출제비중을 차지하므로, 시설관리를 집중적으로 학습하시는 것이 좋습니다. 또한 시설관리의 법령 문제는 주택관리관계법규와 중첩되기도 하므로, 연계하여 학습하시기 바랍니다.

회차별 전체 평균 & 합격자 평균점수

※ 교재 출간 당시 제28회 점수는 발표 전이라 그래프에 표기되지 않았습니다.

제29회 공동주택관리실무 합격전략

☑ 공동주택관리실무는 전문인 시험에서 나올 법한 수준 높은 문제를 종종 출제하여 난이도를 조절하기도 합니다. 따라서 기출문제는 모든 문제를 정복한다고 생각하시고, 틀린 문제는 반드시 오답노트로 정리하여야 합니다.

☑ 상대평가로 치러지는 만큼 높은 난도를 염두에 두고 준비하여야 합니다.

SUBJECT 1
주택관리 관계법규

기출문제 완전정복 TIP

- 단원별로 분류한 기출문제를 풀어 보며 본인이 취약한 단원을 확인하세요.
- 한 번 회독할 때마다 문제 번호 하단에 있는 □에 체크하는 방식으로 반복 학습하세요.

- 헷갈리거나 모르는 문제는 해설을 철저히 분석하세요.
- 본인이 취약한 단원은 〈2026 에듀윌 2차 기본서 주택관리관계법규〉 기준으로 작성된 단원을 참고하여 개념보충학습을 하세요.

주택관리관계법규 시험 방식

☑ 100분 동안 총 80문제   주택관리관계법규 40문제 추천 풀이시간 40~60분

주택관리관계법규 시험은 공동주택관리실무와 함께 1교시(09:30~11:10)에 치러지며, 100분 동안 과목당 40문제씩 총 80문제를 풀어야 합니다. 2차 1교시 시험은 자신의 전략과목과 취약과목을 파악하여 각 과목당 40~60분에 걸쳐 시간을 배분해 푸는 것이 좋습니다. 검토 및 답안카드 작성에 필요한 시간도 꼭 남겨두세요!

☑ 객관식 문제당 2.5점, 주관식 부분점수 적용, 총 100점 만점

객관식 문항은 2.5점씩이며 주관식 단답형에는 부분점수가 적용됩니다. 채점 기준은 다음과 같습니다.

괄호가 3개인 경우	3개 정답 2.5점, 2개 정답 1.5점, 1개 정답 0.5점
괄호가 2개인 경우	2개 정답 2.5점, 1개 정답 1점
괄호가 1개인 경우	1개 정답 2.5점

☑ 주택관련 법령 50%, 건축법 및 기타 법령 50% 내외

- 주택관련 법령: 「주택법」, 「공동주택관리법」, 「민간임대주택에 관한 특별법」, 「공공주택 특별법」
- 건축법 및 기타 법령: 「건축법」, 「도시 및 주거환경정비법」, 「도시재정비 촉진을 위한 특별법」, 「시설물의 안전 및 유지관리에 관한 특별법」, 「소방기본법」, 「화재의 예방 및 안전관리에 관한 법률」, 「소방시설 설치 및 관리에 관한 법률」, 「전기사업법」, 「승강기 안전관리법」, 「집합건물의 소유 및 관리에 관한 법률」

PART 01 주택법

CHAPTER 01 총칙

정답 및 해설 p.8

01 주택법령상 복리시설에 해당하는 것을 모두 고른 것은?   제27회

| ㉠ 어린이놀이터 | ㉡ 다중생활시설 | ㉢ 유치원 |
| ㉣ 주차장 | ㉤ 경로당 | |

① ㉠, ㉡, ㉣
② ㉠, ㉡, ㉤
③ ㉠, ㉢, ㉤
④ ㉡, ㉢, ㉣
⑤ ㉢, ㉣, ㉤

02 주택법령상 주택에 딸린 시설 또는 설비로서 부대시설이 아닌 것은?   제21회

① 보안등
② 경로당
③ 안내표지판
④ 주차장
⑤ 주택단지 안의 도로

03 주택법 제2조(정의) 규정에 의할 때, 주택단지의 입주자 등의 생활복리를 위한 공동시설에 해당하는 것은?   제22회

① 관리사무소
② 공중화장실
③ 자전거보관소
④ 방범설비
⑤ 주민운동시설

04 주택법령상 주택에 딸린 시설 또는 설비로서 부대시설이 아닌 것은?   제25회

① 관리사무소
② 담장
③ 대피시설
④ 어린이놀이터
⑤ 정화조

05 주택법상 용어의 정의로 옳지 않은 것은? 제27회

① '주택'이란 세대의 구성원이 장기간 독립된 주거생활을 할 수 있는 구조로 된 건축물의 전부 또는 일부 및 그 부속토지를 말한다.
② '도시형 생활주택'이란 300세대 미만의 국민주택규모에 해당하는 주택으로서 대통령령으로 정하는 주택을 말한다.
③ '장수명 주택'이란 구조적으로 오랫동안 유지·관리될 수 있는 내구성을 갖추고, 입주자의 필요에 따라 내부 구조를 쉽게 변경할 수 있는 가변성과 수리 용이성 등이 우수한 주택을 말한다.
④ '간선시설'이란 도로·상하수도·전기시설·가스시설·통신시설·지역난방시설 등을 말한다.
⑤ '건강친화형 주택'이란 건강하고 쾌적한 실내환경의 조성을 위하여 실내공기의 오염물질 등을 최소화할 수 있도록 대통령령으로 정하는 기준에 따라 건설된 주택을 말한다.

06 주택법령상 공동주택에 해당하지 않는 것을 모두 고른 것은? 제22회

㉠ 「건축법 시행령」상 다중주택
㉡ 「건축법 시행령」상 다가구주택
㉢ 「건축법 시행령」상 연립주택
㉣ 「건축법 시행령」상 다세대주택
㉤ 「건축법 시행령」상 오피스텔

① ㉠, ㉡, ㉣
② ㉠, ㉡, ㉤
③ ㉠, ㉢, ㉤
④ ㉡, ㉢, ㉣
⑤ ㉢, ㉣, ㉤

07 주택법령상 용어의 뜻에 의할 때 '주택'에 해당하지 않는 것을 모두 고른 것은?

제20회

> ㉠ 「건축법 시행령」상 용도별 건축물의 종류에 따른 다중주택
> ㉡ 「건축법 시행령」상 용도별 건축물의 종류에 따른 기숙사
> ㉢ 「건축법 시행령」상 용도별 건축물의 종류에 따른 오피스텔
> ㉣ 「노인복지법」상 노인복지주택

① ㉠, ㉢
② ㉡, ㉢
③ ㉡, ㉣
④ ㉠, ㉡, ㉣
⑤ ㉡, ㉢, ㉣

08 주택법령상 용어에 관한 설명으로 옳은 것은?

제19회

① '복리시설'이란 주택단지의 입주자 등의 생활복리를 위한 어린이놀이터, 근린생활시설, 주차장, 관리사무소 등을 말한다.
② 주택단지 안의 기간시설인 가스시설·통신시설 및 지역난방시설은 간선시설에 포함된다.
③ '세대구분형 공동주택'은 그 구분된 공간의 일부에 대하여 구분소유를 할 수 있는 주택이다.
④ '도시형 생활주택'은 300세대 이상의 국민주택규모에 해당하는 주택으로서 대통령령으로 정하는 주택을 말한다.
⑤ '건강친화형 주택'은 저에너지 건물 조성기술 등 대통령령으로 정하는 기술을 이용하여 에너지 사용량을 절감하도록 건설된 주택을 말한다.

09 주택법상 용어의 설명으로 옳지 않은 것은? 제25회

① '주택'이란 세대의 구성원이 장기간 독립된 주거생활을 할 수 있는 구조로 된 건축물(그 부속토지는 제외)의 전부 또는 일부를 말한다.
② '공동주택'이란 건축물의 벽·복도·계단이나 그 밖의 설비 등의 전부 또는 일부를 공동으로 사용하는 각 세대가 하나의 건축물 안에서 각각 독립된 주거생활을 할 수 있는 구조로 된 주택을 말한다.
③ '준주택'이란 주택 외의 건축물과 그 부속토지로서 주거시설로 이용가능한 시설 등을 말한다.
④ '민영주택'이란 국민주택을 제외한 주택을 말한다.
⑤ '장수명 주택'이란 구조적으로 오랫동안 유지·관리될 수 있는 내구성을 갖추고, 입주자의 필요에 따라 내부 구조를 쉽게 변경할 수 있는 가변성과 수리 용이성 등이 우수한 주택을 말한다.

10 주택법 제2조(정의) 규정의 일부이다. ( )에 들어갈 숫자를 순서대로 쓰시오. 제22회 주관식

- '도시형 생활주택'이란 (   )세대 미만의 국민주택규모에 해당하는 주택으로서 대통령령으로 정하는 주택을 말한다.
- '국민주택규모'란 주거의 용도로만 쓰이는 면적(이하 '주거전용면적'이라 한다)이 1호(戶) 또는 1세대당 85제곱미터 이하인 주택[수도권정비계획법 제2조 제1호에 따른 수도권을 제외한 도시지역이 아닌 읍 또는 면 지역은 1호 또는 1세대당 주거전용면적이 (   )제곱미터 이하인 주택을 말한다]을 말한다.

11 주택법 제2조(정의) 규정의 일부이다. ( )에 들어갈 용어를 쓰시오. 제20회 주관식

'(   )'(이)란 구조적으로 오랫동안 유지·관리될 수 있는 내구성을 갖추고, 입주자의 필요에 따라 내부 구조를 쉽게 변경할 수 있는 가변성과 수리 용이성 등이 우수한 주택을 말한다.

12 주택법령상 다음의 시설로 분리된 토지는 각각 별개의 주택단지로 본다. (　) 안에 들어갈 숫자를 쓰시오.　　　　　　　　　　　　　　　　　　　　　　　　제19회 주관식

> 가. 철도·고속도로·자동차전용도로
> 나. 폭 (　)미터 이상인 일반도로
> 다. 폭 8미터 이상인 도시계획예정도로
> 라. '가.'부터 '다.'까지의 시설에 준하는 것으로서 대통령령으로 정하는 시설

13 주택법 제2조(정의) 규정의 일부이다. (　)에 들어갈 아라비아 숫자를 쓰시오.　　제26회 주관식

> "주택단지"란 주택법 제15조에 따른 주택건설사업계획 또는 대지조성사업계획의 승인을 받아 주택과 그 부대시설 및 복리시설을 건설하거나 대지를 조성하는 데 사용되는 일단(一團)의 토지를 말한다. 다만, 다음 각 목의 시설로 분리된 토지는 각각 별개의 주택단지로 본다.
> 가. 〈생략〉
> 나. 폭 (㉠)미터 이상인 일반도로
> 다. 폭 (㉡)미터 이상인 도시계획예정도로
> 라. 〈생략〉

14 주택법 제1조(목적) 규정이다. (　)에 들어갈 용어를 쓰시오.　　　　　　　제25회 주관식

> 이 법은 쾌적하고 살기 좋은 (㉠) 조성에 필요한 주택의 건설·공급 및 (㉡)의 관리 등에 관한 사항을 정함으로써 국민의 주거안정과 주거수준의 향상에 이바지함을 목적으로 한다.

15 주택법 제2조(정의) 규정의 일부이다. (　)에 들어갈 용어를 쓰시오.　　　　제24회 주관식

> '(㉠)'(이)란 건강하고 쾌적한 실내환경의 조성을 위하여 실내공기의 오염물질 등을 최소화할 수 있도록 대통령령으로 정하는 기준에 따라 건설된 주택을 말한다.

16 주택법 제2조(정의) 규정의 일부이다. ( )에 들어갈 용어를 쓰시오. 제23회 주관식

> (㉠)(이)란 하나의 주택단지에서 대통령령으로 정하는 기준에 따라 둘 이상으로 구분되는 일단의 구역으로, 착공신고 및 사용검사를 별도로 수행할 수 있는 구역을 말한다.

17 주택법 제2조(정의) 규정의 일부이다. ( )에 들어갈 용어를 쓰시오. 제28회 주관식

> "공구"란 하나의 (㉠)에서 대통령령으로 정하는 기준에 따라 둘 이상으로 구분되는 일단의 구역으로, 착공신고 및 (㉡)을(를) 별도로 수행할 수 있는 구역을 말한다.

18 주택법 제2조(정의) 규정의 일부이다. (㉠)에 공통적으로 들어갈 용어와 (㉡)에 공통적으로 들어갈 용어를 순서대로 쓰시오. 제21회 주관식

> '간선시설'이란 도로·상하수도·전기시설·가스시설·통신시설 및 (㉠) 등 주택단지(둘 이상의 주택단지를 동시에 개발하는 경우에는 각각의 주택단지를 말한다) 안의 (㉡)을(를) 그 주택단지 밖에 있는 같은 종류의 (㉡)에 연결시키는 시설을 말한다. 다만, 가스시설·통신시설 및 (㉠)의 경우에는 주택단지 안의 (㉡)을(를) 포함한다.

19 주택법 제2조(정의) 규정 중 '리모델링'에 관한 내용의 일부이다. ( )에 들어갈 숫자를 순서대로 쓰시오. 제20회 주관식

> 「주택법」 제49조에 따른 사용검사일 또는 「건축법」 제22조에 따른 사용승인일부터 15년이 지난 공동주택을 각 세대의 주거전용면적의 ( )퍼센트 이내[세대의 주거전용면적이 85제곱미터 미만인 경우에는 ( )퍼센트 이내]에서 증축하는 행위

CHAPTER 02 주택의 건설 등

정답 및 해설 p.12

1 주택조합

01 주택법령상 주택조합의 가입 철회 및 가입비등의 반환에 관한 설명으로 옳지 않은 것은?

제27회

① 청약 철회를 서면으로 하는 경우에는 청약 철회의 의사를 표시한 서면을 발송한 다음날에 그 효력이 발생한다.
② 주택조합의 가입을 신청한 자는 가입비등을 예치한 날부터 30일 이내에 주택조합 가입에 관한 청약을 철회할 수 있다.
③ 모집주체는 가입비등을 예치한 날부터 30일이 지난 경우 예치기관의 장에게 가입비등의 지급을 요청할 수 있다.
④ 모집주체는 주택조합의 가입을 신청한 자가 청약 철회를 한 경우 청약 철회 의사가 도달한 날부터 7일 이내에 예치기관의 장에게 가입비등의 반환을 요청하여야 한다.
⑤ 예치기관의 장은 정보통신망을 이용하여 가입비등의 예치·지급 및 반환 등에 필요한 업무를 수행할 수 있다.

02 주택법상 시장·군수·구청장이 조합원 모집 신고를 수리할 수 없는 경우를 모두 고른 것은?

제26회

㉠ 이미 신고된 사업대지와 일부가 중복되는 경우
㉡ 수립 예정인 도시·군계획에 따라 해당 주택건설대지에 조합주택을 건설할 수 없는 경우
㉢ 조합업무를 대행할 수 있는 자가 아닌 자와 업무대행계약을 체결한 경우
㉣ 신고한 내용이 사실과 다른 경우

① ㉠, ㉡   ② ㉡, ㉣   ③ ㉠, ㉢, ㉣
④ ㉡, ㉢, ㉣   ⑤ ㉠, ㉡, ㉢, ㉣

03 주택법령상 지역주택조합의 설립인가 신청 시 관할 행정청에 제출하여야 할 서류로 옳지 않은 것은? 제25회

① 창립총회 회의록
② 조합장 선출동의서
③ 고용자가 확인한 근무확인서
④ 조합원 자격이 있는 자임을 확인하는 서류
⑤ 조합원 전원이 자필로 연명(連名)한 조합규약

04 주택을 마련하기 위한 목적으로 설립된 A지역주택조합은 공개모집의 방법으로 조합원 甲 등을 모집하여 관할 시장에게 설립인가를 신청하였다. 주택법령상 이에 관한 설명으로 옳은 것은? 제24회

① 10억원 이상의 자산평가액을 보유한 「공인중개사법」에 따른 개인 중개업자는 A지역주택조합의 조합설립인가 신청을 대행할 수 없다.
② 관할 시장의 설립인가가 있은 이후에는 甲은 조합을 탈퇴할 수 없다.
③ 공개모집 이후 甲이 조합원의 자격을 상실하여 충원하는 경우 A지역주택조합은 관할 시장에게 신고하지 아니하고 선착순의 방법으로 조합원을 모집할 수 있다.
④ A지역주택조합은 조합원 모집에 관하여 설명한 내용을 조합 가입 신청자가 이해하였음을 서면으로 확인받아 가입 신청자에게 교부하고, 그 사본을 3년간 보관하여야 한다.
⑤ 甲의 사망으로 A지역주택조합이 조합원을 충원하는 경우, 충원되는 자가 조합원 자격요건을 갖추었는지는 A지역주택조합의 설립인가일을 기준으로 판단한다.

05 주택법령상 주택조합(리모델링주택조합이 아님) 업무 중 업무대행자에게 대행시킬 수 있는 것을 모두 고른 것은? 제25회

> ㉠ 조합원 모집, 토지 확보, 조합설립인가 신청 등 조합설립을 위한 업무의 대행
> ㉡ 사업성 검토 및 사업계획서 작성업무의 대행
> ㉢ 계약금 등 자금의 보관 및 그와 관련된 업무의 대행
> ㉣ 설계자 및 시공자 선정에 관한 업무의 지원
> ㉤ 조합 임원 선거 관리업무 지원

① ㉠, ㉡, ㉤
② ㉡, ㉢, ㉣
③ ㉢, ㉣, ㉤
④ ㉠, ㉡, ㉢, ㉣
⑤ ㉠, ㉡, ㉢, ㉣, ㉤

06 주택법령상 주택조합(리모델링주택조합은 제외)의 업무 중 업무대행자에게 대행시킬 수 있는 업무가 아닌 것은? 제26회

① 표준업무대행계약서의 작성·보급업무
② 조합설립을 위한 업무 중 토지 확보
③ 설계자 및 시공자 선정에 관한 업무의 지원
④ 사업성 검토 및 사업계획서 작성업무
⑤ 조합 임원 선거 관리업무 지원

07 A는 주택조합(리모델링주택조합이 아님)의 발기인으로부터 주택조합업무를 수임하여 대행하고자 한다. 주택법령상 이에 관한 설명으로 옳은 것은? (단, A는 공인중개사법 제9조에 따른 중개업자로서 법인이 아니며 중개업 외에 다른 업은 겸하고 있지 않음) 제23회

① A는 계약금 등 자금의 보관 업무를 수임하여 대행할 수 있다.
② A는 10억원 이상의 자산평가액을 보유해야 한다.
③ 업무대행을 수임한 A는 업무의 실적보고서를 해당 분기의 말일부터 20일 이내에 시장·군수·구청장에게 제출해야 한다.
④ A가 주택조합의 발기인인 경우, 자신의 귀책사유로 주택조합 또는 조합원에게 손해를 입힌 때라도 손해배상책임이 없다.
⑤ 발기인과 A는 주택조합의 원활한 사업추진 및 조합원의 권리 보호를 위하여 시장·군수·구청장이 작성·보급한 표준업무대행계약서를 사용해야 한다.

08 주택법령상 주택조합에 관한 설명으로 옳은 것은? 제22회

① 국민주택을 공급받기 위하여 직장주택조합을 설립하려는 자는 관할 특별자치시장, 특별자치도지사, 시장·군수·구청장의 인가를 받아야 한다.
② 지역주택조합을 해산하려는 경우에는 관할 특별자치시장, 특별자치도지사, 시장·군수·구청장의 인가를 받을 필요가 없다.
③ 주택조합의 임원이 결격사유에 해당되어 당연퇴직된 경우 퇴직된 임원이 퇴직 전에 관여한 행위는 그 효력을 상실한다.
④ 공개모집 이후 조합원의 사망·자격상실·탈퇴 등으로 인한 결원을 충원하거나 미달된 조합원을 재모집하는 경우 선착순의 방법으로 조합원을 모집할 수 없다.
⑤ 지역주택조합의 조합원이 무자격자로 판명되어 자격을 상실함에 따라 결원의 범위에서 조합원을 충원하는 경우 충원되는 자의 조합원 자격요건 충족 여부의 판단은 해당 조합설립인가 신청일을 기준으로 한다.

09 주택법령상 주택조합의 설립에 관한 규정의 일부이다. ( )에 들어갈 숫자가 순서대로 옳은 것은? 제23회

> 주택을 마련하기 위하여 주택조합설립인가를 받으려는 자는 다음 각 호의 요건을 모두 갖추어야 한다.
> 1. 해당 주택건설대지의 ( )퍼센트 이상에 해당하는 토지의 사용권원을 확보할 것
> 2. 해당 주택건설대지의 ( )퍼센트 이상에 해당하는 토지의 소유권을 확보할 것

① 70, 25
② 70, 30
③ 80, 15
④ 80, 20
⑤ 85, 25

10 주택법 제11조(주택조합의 설립 등) 제2항 규정의 일부이다. ( )에 들어갈 용어를 쓰시오.
제26회 주관식

> 주택을 마련하기 위하여 주택조합설립인가를 받으려는 자는 다음 각 호의 요건을 모두 갖추어야 한다.
> 1. 해당 주택건설대지의 80퍼센트 이상에 해당하는 토지의 사용권원을 확보할 것
> 2. 해당 주택건설대지의 15퍼센트 이상에 해당하는 토지의 (㉠)(을)를 확보할 것

11 주택법령상 리모델링주택조합에 관한 설명으로 옳은 것은?
제20회

① 세대별 주거전용면적이 85제곱미터 미만인 12층의 기존 건축물을 리모델링주택조합을 설립하여 수직증축형 리모델링을 하는 경우, 3개 층까지 리모델링할 수 있다.
② 리모델링주택조합이 주택단지 전체를 리모델링하는 경우에는 주택단지 전체 구분소유자 및 의결권 전체의 동의를 받아야 한다.
③ 국민주택에 대한 리모델링을 위하여 리모델링주택조합을 설립하려는 자는 관할 시장·군수·구청장에게 신고하여야 한다.
④ 리모델링주택조합이 대수선인 리모델링을 하려면 해당 주택이 「주택법」에 따른 사용검사일 또는 「건축법」에 따른 사용승인일부터 15년 이상이 경과하여야 한다.
⑤ 리모델링주택조합이 리모델링을 하려면 관할 시장·군수·구청장의 허가를 받아야 한다.

12 주택법령상 주택조합에 관한 설명으로 옳지 않은 것은? 　　제19회

① 리모델링주택조합의 조합원은 공동주택의 소유자, 복리시설의 소유자, 조합설립신청일 현재 해당 리모델링주택에 6개월 이상 거주한 임차인 중 주택조합의 설립에 동의한 자로 한다.
② 주택조합설립인가를 받으려는 자는 해당 주택건설대지의 80퍼센트 이상에 해당하는 토지의 사용권원을 확보하고, 15퍼센트 이상에 해당하는 토지의 소유권을 확보하여야 한다.
③ 리모델링주택조합 설립에 동의한 자로부터 건축물을 취득한 자는 조합의 설립에 동의한 것으로 본다.
④ 직장주택조합이 설립인가를 받은 후 결원이 발생하여 충원하는 경우 조합원 추가모집에 따른 주택조합의 변경인가신청은 사업계획승인신청일까지 하여야 한다.
⑤ 지역주택조합이 조합원 탈퇴 등으로 적법한 절차에 의해 조합원을 추가모집하는 경우 조합원 자격요건 충족 여부의 판단은 당해 주택조합의 설립인가신청일을 기준으로 한다.

13 주택법 제11조의3(조합원 모집 신고 및 공개모집) 제1항 규정이다. (　)에 들어갈 아라비아 숫자를 쓰시오. 　　제27회 주관식

> 제11조 제1항에 따라 지역주택조합 또는 직장주택조합의 설립인가를 받기 위하여 조합원을 모집하려는 자는 해당 주택건설대지의 (㉠)퍼센트 이상에 해당하는 토지의 사용권원을 확보하여 관할 시장·군수·구청장에게 신고하고, 공개모집의 방법으로 조합원을 모집하여야 한다. 조합 설립인가를 받기 전에 신고한 내용을 변경하는 경우에도 또한 같다.

14 주택법 제11조(주택조합의 설립 등)에 따라 주택을 리모델링하기 위하여 주택조합을 설립하려는 경우에 필요한 결의에 관한 내용이다. (　)에 들어갈 아라비아 숫자와 용어를 쓰시오. 　　제19회 주관식

> 1. 주택단지 전체를 리모델링하고자 하는 경우에는 주택단지 전체의 구분소유자와 의결권의 각 3분의 (㉠) 이상의 결의 및 각 동의 구분소유자와 의결권의 각 (㉡)의 결의
> 2. 동을 리모델링하고자 하는 경우에는 그 동의 구분소유자 및 의결권의 각 3분의 (㉠) 이상의 결의

15 주택법 제14조의2(주택조합의 해산 등) 규정의 일부이다. ( )에 들어갈 용어와 아라비아 숫자를 쓰시오.　　　　　　　　　　　　　　　　　　　　　　제25회 주관식

- 주택조합은 주택조합의 설립인가를 받은 날부터 (㉠)년이 되는 날까지 사업계획 승인을 받지 못하는 경우 대통령령으로 정하는 바에 따라 총회의 의결을 거쳐 해산 여부를 결정하여야 한다.
- 주택조합의 (㉡)은(는) 조합원 모집 신고가 수리된 날부터 (㉢)년이 되는 날까지 주택조합 설립인가를 받지 못하는 경우 대통령령으로 정하는 바에 따라 주택조합 가입 신청자 전원으로 구성되는 총회 의결을 거쳐 주택조합 사업의 종결 여부를 결정하도록 하여야 한다.

개정반영

16 주택법 제14조의2 및 주택법 시행령 제25조의2 규정의 일부이다. ( )에 들어갈 숫자를 쓰시오.　　　　　　　　　　　　　　　　　　　　　　　　제23회 주관식

- 주택조합의 발기인은 제11조의3 제1항에 따른 조합원 모집 신고가 수리된 날부터 (㉠)년이 되는 날까지 주택조합 설립인가를 받지 못하는 경우 대통령령으로 정하는 바에 따라 주택조합 가입 신청자 전원으로 구성되는 총회 의결을 거쳐 주택조합 사업의 종결 여부를 결정하도록 하여야 한다.
- 법 제14조의2 제2항에 따라 개최하는 총회는 다음의 요건을 모두 충족해야 한다.
  1. 주택조합 가입 신청자의 3분의 (㉡) 이상의 찬성으로 의결할 것
  2. 주택조합 가입 신청자의 100분의 (㉢) 이상이 직접 출석할 것. 다만, 영 제20조 제5항 전단에 해당하는 경우는 제외한다.
  3. 위 2.의 단서의 경우에는 영 제20조 제5항 후단 및 같은 조 제6항에 따를 것. 이 경우 '조합원'은 '주택조합 가입 신청자'로 본다.

2 주택건설기준 등

17 주택법령상 바닥충격음 성능등급 인정기관이 성능등급을 인정받은 제품에 대해 그 인정을 취소할 수 있는 경우에 해당하지 않는 것은? 제23회

① 인정받은 내용과 다르게 판매한 경우
② 인정받은 내용과 다르게 시공한 경우
③ 인정제품이 국토교통부령으로 정한 품질관리기준을 준수하지 아니한 경우
④ 인정의 유효기간을 연장하기 위한 시험결과를 제출하지 아니한 경우
⑤ 인정제품을 정당한 사유 없이 계속하여 1개월 이상 생산하지 아니한 경우

18 주택법 제39조(공동주택성능등급의 표시)의 규정이다. ( )에 들어갈 용어를 쓰시오. 제22회 주관식

> 사업주체가 대통령령으로 정하는 호수 이상의 공동주택을 공급할 때에는 주택의 성능 및 품질을 입주자가 알 수 있도록 「녹색건축물 조성 지원법」에 따라 다음 각 호의 공동주택성능에 대한 등급을 발급받아 국토교통부령으로 정하는 방법으로 ( )에 표시하여야 한다.
> 1. 경량충격음·중량충격음·화장실소음·경계소음 등 소음 관련 등급
> 2. 리모델링 등에 대비한 가변성 및 수리 용이성 등 구조 관련 등급
> 3. 조경·일조확보율·실내공기질·에너지절약 등 환경 관련 등급
> 4. 커뮤니티시설, 사회적 약자 배려, 홈네트워크, 방범안전 등 생활환경 관련 등급
> 5. 화재·소방·피난안전 등 화재·소방 관련 등급

3 주택의 건설 절차 등

19 주택법령상 사업계획승인을 받아야 하는 경우가 아닌 것은? 제19회

① 「건축법 시행령」에 따른 한옥 50호 이상의 주택건설사업을 시행하는 경우
② 공동주택 중 아파트 리모델링의 경우 증가하는 세대수가 30세대 이상인 경우
③ 준주거지역에서 300세대 미만의 주택과 주택 외의 시설을 동일 건축물로 건축하는 경우로서 해당 건축물의 연면적에 대한 주택연면적 합계의 비율이 90퍼센트 미만인 경우
④ 세대별 주거전용면적이 30제곱미터 이상이고 해당 주택단지 진입도로의 폭이 6미터 이상인 도시형 생활주택 중 단지형 연립주택 50세대 이상의 주택건설사업을 시행하는 경우
⑤ 1만 제곱미터 이상의 대지조성사업을 시행하는 경우

20 주택법령상 주택건설공사에 대한 감리자의 업무에 해당하는 것을 모두 고른 것은? 제27회

> ㉠ 시공자가 설계도서에 맞게 시공하는지 여부의 확인
> ㉡ 시공자가 사용하는 건축자재가 관계 법령에 따른 기준에 맞는 건축자재인지 여부의 확인
> ㉢ 예정공정표보다 공사가 지연된 경우 대책의 검토 및 이행 여부의 확인
> ㉣ 시공계획·예정공정표 및 시공도면 등의 검토·확인

① ㉠, ㉡, ㉢
② ㉠, ㉡, ㉣
③ ㉠, ㉢, ㉣
④ ㉡, ㉢, ㉣
⑤ ㉠, ㉡, ㉢, ㉣

21 주택법령상 주택건설공사에 대한 감리자의 업무에 해당하는 것을 모두 고른 것은?

제22회

㉠ 설계변경에 관한 적정성 확인
㉡ 설계도서가 해당 지형 등에 적합한지에 대한 확인
㉢ 시공계획·예정공정표 및 시공도면 등의 검토·확인
㉣ 주택건설공사에 대하여 「건설기술 진흥법」 제55조에 따른 품질시험을 하였는지 여부의 확인

① ㉠, ㉡, ㉢
② ㉠, ㉡, ㉣
③ ㉠, ㉢, ㉣
④ ㉡, ㉢, ㉣
⑤ ㉠, ㉡, ㉢, ㉣

22 주택법령상 주택건설공사에 대한 감리자에 관한 설명으로 옳지 않은 것은? 제26회

① 감리자는 그의 업무를 수행하면서 위반 사항을 발견하였을 때에는 지체 없이 시공자 및 사업주체에게 위반 사항을 시정할 것을 통지하고, 14일 이내에 사업계획승인권자에게 그 내용을 보고하여야 한다.
② 사업주체는 감리자와 「주택법」 제43조 제3항에 따른 계약을 체결한 경우 사업계획승인권자에게 계약 내용을 통보하여야 하며, 이 경우 통보를 받은 사업계획승인권자는 즉시 사업주체 및 감리자에게 공사감리비 예치 및 지급 방식에 관한 내용을 안내하여야 한다.
③ 사업계획승인권자는 감리자가 감리업무 수행 중 발견한 위반 사항을 알고도 묵인한 경우 감리자를 교체하고, 그 감리자에 대하여는 1년의 범위에서 감리업무의 지정을 제한할 수 있다.
④ 주택건설공사에 대하여 「건설기술 진흥법」 제55조에 따른 품질시험을 하였는지 여부의 확인은 감리자의 업무에 해당한다.
⑤ 예정공정표보다 공사가 지연된 경우 대책의 검토 및 이행 여부의 확인은 감리자의 업무에 해당한다.

23 주택법령상 주택건설사업을 완료한 경우 주택의 사용검사에 관한 설명으로 옳은 것을 모두 고른 것은?　　제28회

> ㉠ 한국토지주택공사가 주택건설사업의 사업주체인 경우 시장·군수·구청장의 사용검사를 받아야 한다.
> ㉡ 사용검사권자는 사용검사를 할 때 주택이 사업계획의 내용에 적합한지 여부를 확인해야 한다.
> ㉢ 사용검사는 신청일부터 15일 이내에 하여야 한다.
> ㉣ 사업주체가 파산 등으로 사용검사를 받을 수 없는 경우에는 해당 주택의 시공을 보증한 자 또는 입주예정자는 대통령령으로 정하는 바에 따라 사용검사를 받을 수 있다.

① ㉠
② ㉠, ㉢
③ ㉡, ㉢
④ ㉡, ㉢, ㉣
⑤ ㉠, ㉡, ㉢, ㉣

24 주택법령상 주택의 사용검사에 관한 설명으로 옳지 않은 것은?　　제24회

① 입주예정자는 사용검사 또는 임시 사용승인을 받은 후가 아니면 주택을 사용할 수 없다.
② 사업주체는 사용검사를 받기 전에 입주예정자가 해당 주택을 방문하여 공사 상태를 미리 점검할 수 있게 하여야 한다.
③ 사업주체가 정당한 이유 없이 사용검사를 위한 절차를 이행하지 아니하는 경우에는 입주예정자가 사용검사를 받을 수 있다.
④ 입주예정자는 사전방문 결과 하자가 있다고 판단하는 경우 사용검사 이전이라도 사업주체에게 보수공사 등 적절한 조치를 요청할 수 있다.
⑤ 지방공사가 건설하는 300세대 이상인 공동주택의 경우 공동주택 품질점검단으로부터 시공품질에 대한 점검을 받아야 한다.

25 주택법 제4조(주택건설사업 등의 등록)와 주택법 시행령 제14조(주택건설사업자 등의 범위 및 등록기준 등) 규정의 일부이다. ( ) 안에 들어갈 숫자를 순서대로 각각 쓰시오. 제19회 주관식

> 단독주택의 경우에는 ( )호 이상, 공동주택의 경우에는 연간 ( )세대 이상[도시형 생활주택(도시형 생활주택과 주거전용면적이 85제곱미터를 초과하는 주택 1세대를 함께 건축하는 경우를 포함한다)의 경우에는 30세대 이상]의 주택건설사업을 시행하려는 자는 국토교통부장관에게 등록하여야 한다.
> (※ 단, 국가·지방자치단체 등 등록하지 아니하여도 되는 사업주체는 고려하지 않음)

26 주택법령상 사업계획승인의 대상에 해당하더라도 다음의 경우에는 사업계획승인을 받지 않아도 된다. ( )에 들어갈 용어와 숫자를 순서대로 쓰시오. 제21회 주관식

> 「국토의 계획 및 이용에 관한 법률 시행령」 제30조 제1호 다목에 따른 ( ) 또는 같은 조 제2호에 따른 상업지역(유통상업지역은 제외한다)에서 ( )세대 미만의 주택과 주택 외의 시설을 동일 건축물로 건축하는 경우로서 해당 건축물의 연면적에서 주택의 연면적이 차지하는 비율이 90퍼센트 미만인 경우

27 환지 방식에 의한 도시개발사업으로 조성된 대지의 활용에 관한 주택법 제31조 규정의 일부이다. ( )에 들어갈 숫자를 쓰시오. 제21회 주관식

> 사업주체가 국민주택용지로 사용하기 위하여 도시개발사업시행자[도시개발법에 따른 환지(換地) 방식에 의하여 사업을 시행하는 도시개발사업의 시행자를 말한다]에게 체비지(替費地)의 매각을 요구한 경우 그 도시개발사업시행자는 대통령령으로 정하는 바에 따라 체비지의 총면적의 ( )퍼센트의 범위에서 이를 우선적으로 사업주체에게 매각할 수 있다.

28
주택법 시행규칙 제18조의2(공사감리비의 예치 및 지급 등) 규정의 일부이다. ( )에 들어갈 아라비아 숫자를 쓰시오.
제27회 주관식

① 〈생략〉
② 사업주체는 해당 공사감리비를 계약에서 정한 지급예정일 (㉠)일 전까지 사업계획승인권자에게 예치하여야 한다.
③ 감리자는 계약에서 정한 공사감리비 지급예정일 (㉡)일 전까지 사업계획승인권자에게 공사감리비 지급을 요청해야 하며, 사업계획승인권자는 제18조 제4항에 따른 감리업무 수행 상황을 확인한 후 공사감리비를 지급해야 한다.
〈이하 생략〉

29
주택법 제48조의3(품질점검단의 설치 및 운영 등) 제1항 규정이다. ( )에 들어갈 용어를 쓰시오.
제26회 주관식

시·도지사는 법 제48조의2에 따른 (㉠)(을)를 실시하고 법 제49조 제1항에 따른 (㉡)(을)를 신청하기 전에 공동주택의 품질을 점검하여 사업계획의 내용에 적합한 공동주택이 건설되도록 할 목적으로 주택 관련 분야 등의 전문가로 구성된 공동주택 품질점검단(이하 "품질점검단"이라 한다)을 설치·운영할 수 있다. 이 경우 시·도지사는 품질점검단의 설치·운영에 관한 사항을 (㉢)(으)로 정하는 바에 따라 대도시 시장에게 위임할 수 있다.

CHAPTER 03 주택의 공급 등

01 주택법령상 입주자저축에 관한 설명으로 옳지 않은 것은? 제28회

① "입주자저축"이란 국민주택과 민영주택을 공급받기 위하여 가입하는 주택청약종합저축을 말한다.
② 입주자저축계좌를 취급하는 기관은 「은행법」에 따른 은행 중 국토교통부장관이 지정한다.
③ 입주자저축은 한 사람이 한 계좌만 가입할 수 있다.
④ 국토교통부장관은 입주자저축에 관한 국토교통부령을 개정할 때에는 기획재정부장관과 미리 협의해야 한다.
⑤ 입주자저축취급기관의 장이 국토교통부장관에게 입주자저축정보를 제공한 경우 「금융실명거래 및 비밀보장에 관한 법률」에 따라 입주자저축정보의 제공사실을 명의인에게 통보하여야 한다.

[개정반영]

02 주택법령상 사업주체가 「수도권정비계획법」에 따른 수도권에서 건설·공급하는 분양가상한제 적용주택의 입주자의 거주의무에 관한 설명으로 옳지 않은 것은? 제24회

① 해당 주택을 상속받은 자에 대해서는 거주의무가 없다.
② 해당 주택이 공공택지에서 건설·공급되는 주택인 경우 거주의무기간은 2년이다.
③ 해당 주택에 입주하기 위하여 준비기간이 필요한 경우 해당 주택에 거주한 것으로 보는 기간은 최초 입주가능일 이후 3년이 되는 날부터 90일까지로 한다.
④ 사업주체는 해당 주택을 공급하는 경우에는 거주의무자가 거주의무기간을 거주하여야 해당 주택을 양도할 수 있음을 소유권에 관한 등기에 부기등기하여야 한다.
⑤ 한국토지주택공사는 법령에 따라 취득한 주택을 국토교통부령으로 정하는 바에 따라 재공급하여야 하며, 주택을 재공급받은 사람은 거주의무기간 중 잔여기간을 계속하여 거주하지 아니하고 그 주택을 양도할 수 없다.

03 주택법령상 사업주체가 입주예정자의 동의 없이 할 수 없는 행위에 관련된 내용이다. 이에 관한 설명으로 옳지 않은 것은?   제21회

> 사업주체는 주택건설사업에 의하여 건설된 주택 및 대지에 대하여 (㉠) 이후부터 입주예정자가 그 주택 및 대지의 '소유권이전등기를 신청할 수 있는 날' 이후 (㉡)일까지의 기간 동안 입주예정자의 동의 없이 해당 주택 및 대지에 (㉢)을 설정하는 행위 등을 하여서는 아니 된다.

① A주택조합이 2018.9.3. 사업계획승인을 신청하여 2018.9.17. 그 승인을 받은 경우, (㉠)에 해당하는 날짜는 2018.9.3.이다.
② (㉡) 속에 들어갈 숫자는 60이다.
③ (㉢)에는 저당권뿐만 아니라 등기되는 부동산임차권도 포함된다.
④ '소유권이전등기를 신청할 수 있는 날'이란 입주예정자가 실제로 입주한 날을 말한다.
⑤ 위 주택의 건설을 촉진하기 위하여 입주자에게 주택구입자금의 일부를 융자해 줄 목적으로 「은행법」에 따른 은행으로부터 주택건설자금의 융자를 받는 경우에는 저당권을 설정하는 행위가 허용된다.

04 사업주체가 주택건설사업을 완료하고 주택에 대해 주택법상 사용검사를 받은 이후, 해당 주택단지 전체 대지면적의 3퍼센트에 해당하는 토지에 대해 甲이 소유권이전등기 말소소송을 통해 해당 토지의 소유권을 회복하였다. 주택법령상 이에 관한 설명으로 옳지 않은 것은?   제20회

① 주택의 소유자들은 甲에게 해당 토지를 시가로 매도할 것을 청구할 수 있다.
② 주택소유자들이 甲에 대해 매도청구를 하는 경우 그 의사표시는 甲이 해당 토지 소유권을 회복한 날부터 2년 이내에 甲에게 송달되어야 한다.
③ 甲에게 매도청구권을 행사할 수 있는 주택의 소유자들에는 해당 주택단지의 복리시설의 소유자들도 포함된다.
④ 해당 주택단지에 「공동주택관리법」에 따른 주택관리업자가 선정되어 있는 경우에는 그 주택관리업자가 甲에 대한 매도청구에 관한 소송을 제기할 수 있다.
⑤ 주택의 소유자들은 甲에 대한 매도청구로 인하여 발생한 비용의 전부를 사업주체에게 구상할 수 있다.

05 A가 사업주체로서 건설·공급한 주택에 대한 사용검사 이후에 주택단지 전체 대지에 속하는 일부의 토지에 대한 소유권이전등기 말소소송에 따라 甲이 해당 토지의 소유권을 회복하였다. 주택법령상 이에 관한 설명으로 옳지 않은 것은? 제24회

① 주택의 소유자들이 甲에게 해당 토지에 대한 매도청구를 하는 경우 공시지가를 기준으로 하여야 한다.
② 주택의 소유자들이 대표자를 선정하여 매도청구에 관한 소송을 한 경우, 그 소송에 대한 판결은 주택의 소유자 전체에 대하여 효력이 있다.
③ 주택의 소유자들이 매도청구를 하려면 甲이 소유권을 회복한 토지의 면적이 주택단지 전체 대지면적의 5퍼센트 미만이어야 한다.
④ 주택의 소유자들의 매도청구의 의사표시는 甲이 해당 토지 소유권을 회복한 날부터 2년 이내에 甲에게 송달되어야 한다.
⑤ 주택의 소유자들은 甲에 대한 매도청구로 인하여 발생한 비용의 전부를 A에게 구상할 수 있다.

06 주택법령상 투기과열지구에 관한 설명으로 옳은 것은? 제28회

① 투기과열지구는 국토교통부장관 또는 시·도지사가 지정한다.
② 투기과열지구에서 전매행위 제한규정에 위반하여 전매행위 제한기간 내에 주택을 전매하는 행위는 「주택법」에 따른 벌칙의 적용대상이 아니다.
③ 투기과열지구는 그 지정 목적을 달성할 수 있는 최소한의 범위에서 시·도 또는 시·군·구 단위로 지정한다.
④ 투기과열지구지정직전월의 주택분양실적이 전달보다 20퍼센트 이상 감소한 곳으로 주택공급이 위축될 우려가 있는 곳은 투기과열지구로 지정될 수 있다.
⑤ 「수도권정비계획법」에 따른 수도권의 투기과열지구에서 건설·공급되는 주택의 전매행위 제한기간은 1년이다.

07 국토교통부장관은 A지역을 투기과열지구로 지정하였다. 주택법령상 A지역에 관한 설명으로 옳지 않은 것은? 제20회

① A지역에서 주택건설사업이 시행되는 경우, 관할 시장·군수·구청장은 사업주체로 하여금 입주자 모집공고 시 해당 주택건설 지역이 투기과열지구에 포함된 사실을 공고하게 하여야 한다.
② A지역에서 주택을 보유하고 있던 자는 투기과열지구의 지정 이후 일정 기간 주택의 전매행위가 제한된다.
③ 사업주체가 A지역에서 분양가상한제 주택을 건설·공급하는 경우에는 그 주택의 소유권을 제3자에게 이전할 수 없음을 소유권에 관한 등기에 부기등기하여야 한다.
④ A지역에서 건설·공급되는 주택을 공급받기 위하여 입주자저축 증서를 상속하는 것은 허용된다.
⑤ A지역에서 건설·공급되는 주택의 입주자로 선정된 지위의 일부를 생업상의 사정으로 사업주체의 동의를 받아 배우자에게 증여하는 것은 허용된다.

08 주택법령상 투기과열지구의 지정 및 해제에 관한 설명으로 옳지 않은 것은? 제19회

① 시·도지사는 주택가격의 안정을 위하여 필요한 경우에는 「주거기본법」에 따른 시·도 주거정책심의위원회의 심의를 거쳐 일정한 지역을 투기과열지구로 지정하거나 이를 해제할 수 있다.
② 투기과열지구를 지정하는 경우에는 그 지정 목적을 달성할 수 있는 최대한의 범위로 하여야 한다.
③ 시·도지사는 투기과열지구를 지정하였을 때에는 지체 없이 이를 공고하고, 그 투기과열지구를 관할하는 시장·군수·구청장에게 공고 내용을 통보하여야 한다.
④ 국토교통부장관 또는 시·도지사는 투기과열지구에서 지정 사유가 없어졌다고 인정하는 경우에는 지체 없이 투기과열지구 지정을 해제하여야 한다.
⑤ 국토교통부장관이 투기과열지구를 지정하거나 해제할 경우에는 시·도지사의 의견을 들어야 하며, 시·도지사가 투기과열지구를 지정하거나 해제할 경우에는 국토교통부장관과 협의하여야 한다.

09 주택법 시행령 투기과열지구의 지정 기준에 포함되지 않는 것은? 제21회

① 투기과열지구지정직전월부터 소급하여 주택공급이 있었던 2개월 동안 해당 지역에서 공급되는 주택의 월별 평균 청약경쟁률이 모두 5대 1을 초과한 곳
② 투기과열지구지정직전월의 주택분양실적이 전 달보다 30퍼센트 이상 감소하여 주택공급이 위축될 우려가 있는 곳
③ 「건축법」 제11조에 따른 건축허가 건수가 직전월보다 급격하게 감소하여 주택공급이 위축될 우려가 있는 곳
④ 신도시 개발이나 주택의 전매행위 성행 등으로 투기 및 주거불안의 우려가 있는 곳으로서 시·도별 주택보급률이 전국 평균 이하인 경우
⑤ 신도시 개발이나 주택의 전매행위 성행 등으로 투기 및 주거불안의 우려가 있는 곳으로서 시·도별 자가주택비율이 전국 평균 이하인 경우

10 주택법령상 조정대상지역의 지정 및 해제에 관한 설명으로 옳은 것은? 제22회

① 국토교통부장관은 조정대상지역으로 유지할 필요가 없다고 판단되는 경우에는 주거정책심의위원회의 심의를 거쳐 조정대상지역의 지정을 해제하여야 한다.
② 시·도지사는 시·도 주거정책심의위원회의 심의를 거쳐 조정대상지역을 지정할 수 있다.
③ 국토교통부장관은 조정대상지역을 지정하였을 때에는 지체 없이 이를 공고하고, 그 조정대상지역을 관할하는 시·도지사에게 공고 내용을 통보하여야 한다.
④ 조정대상지역으로 지정된 지역의 시장·군수·구청장은 조정대상지역 지정 후 조정대상지역으로 유지할 필요가 없다고 판단되는 경우에는 시·도지사에게 그 지정의 해제를 요청할 수 있다.
⑤ 조정대상지역이 지정된 경우, 시·도지사는 사업주체로 하여금 입주자 모집공고 시 해당 주택건설 지역이 조정대상지역에 포함된 사실을 공고하게 하여야 한다.

개정반영

11 주택법령상 조정대상지역의 지정 및 해제에 관한 내용으로 옳지 않은 것은? 제23회

① 국토교통부장관이 조정대상지역을 지정하려면 주거정책심의위원회의 심의를 거쳐야 한다.
② 국토교통부장관은 조정대상지역 지정의 해제를 요청받은 날부터 40일 이내에 해제 여부를 결정하여야 한다.
③ 조정대상지역지정직전월부터 소급하여 6개월간의 평균 주택가격상승률이 마이너스 1퍼센트 이하인 지역으로서 해당 지역이 속하는 시·도의 주택보급률이 전국 평균을 초과하여 주택의 거래가 위축될 우려가 있는 지역은 위축지역에 해당된다.
④ 주택거래량, 미분양주택의 수 및 주택보급률 등을 고려하여 주택의 거래가 위축될 우려가 있는 지역에 대한 조정대상지역의 지정은 그 지정 목적을 달성할 수 있는 최소한의 범위로 한다.

※ 법령 개정으로 삭제한 선지가 있어 4지 선택형으로 수정하였습니다.

12 주택법 제56조(입주자저축) 제1항 및 주택법 시행령 제58조의3(입주자저축) 규정의 일부이다. ( )에 들어갈 용어를 쓰시오. 제25회 주관식

- 국토교통부장관은 주택을 공급받으려는 자에게 미리 (㉠)의 전부 또는 일부를 저축하게 할 수 있다.
- 국토교통부장관은 입주자저축에 관한 국토교통부령을 제정하거나 개정할 때에는 (㉡)와(과) 미리 협의해야 한다.

13 주택법령상 분양가상한제 적용 지역의 지정기준에 관한 설명이다. ( ) 안에 들어갈 숫자를 쓰시오.

제19회 주관식

> ① 국토교통부장관은 법 제57조 제1항 제2호에 따라 주택가격상승률이 물가상승률보다 현저히 높은 지역으로서 그 지역의 주택가격·주택거래 등과 지역 주택시장 여건 등을 고려하였을 때 주택가격이 급등하거나 급등할 우려가 있는 지역 중 '대통령령으로 정하는 기준을 충족하는 지역'은 주거정책심의위원회 심의를 거쳐 분양가상한제 적용 지역으로 지정할 수 있다.
> ② 위의 ①에서 '대통령령으로 정하는 기준을 충족하는 지역'이란 투기과열지구 중 다음 각 호의 어느 하나에 해당하는 지역을 말한다.
>   1. 분양가상한제적용직전월(분양가상한제 적용 지역으로 지정하는 날이 속하는 달의 바로 전달을 말한다. 이하 이 항에서 같다)부터 소급하여 12개월간의 아파트 분양가격상승률이 물가상승률(해당 지역이 포함된 시·도 소비자물가상승률을 말한다)의 ( )배를 초과한 지역. 이 경우 해당 지역의 아파트 분양가격상승률을 산정할 수 없는 경우에는 해당 지역이 포함된 특별시·광역시·특별자치시·특별자치도 또는 시·군의 아파트 분양가격상승률을 적용한다.
>   2. 분양가상한제적용직전월부터 소급하여 3개월간의 주택매매거래량이 전년 동기 대비 20퍼센트 이상 증가한 지역
>   3. 분양가상한제적용직전월부터 소급하여 주택공급이 있었던 2개월 동안 해당 지역에서 공급되는 주택의 월평균 청약경쟁률이 모두 5대 1을 초과하였거나 해당 지역에서 공급되는 국민주택규모 주택의 월평균 청약경쟁률이 모두 10대 1을 초과한 지역

개정반영

14 주택법 시행령 제61조(분양가상한제 적용 지역의 지정기준 등) 제1항 규정의 일부이다. ( )에 들어갈 숫자를 쓰시오.

제23회 주관식

> 법 제58조 제1항에서 '대통령령으로 정하는 기준을 충족하는 지역'이란 투기과열지구 중 다음 각 호의 어느 하나에 해당하는 지역을 말한다.
> 1. 〈생략〉
> 2. 분양가상한제적용직전월부터 소급하여 (㉠)개월간의 주택매매거래량이 전년 동기 대비 (㉡)퍼센트 이상 증가한 지역
> 3. 〈생략〉

15 주택법 제62조(사용검사 후 매도청구 등) 규정의 일부이다. (   )에 들어갈 아라비아 숫자를 쓰시오.
제27회 주관식

> ① 주택(복리시설을 포함한다. 이하 이 조에서 같다)의 소유자들은 주택단지 전체 대지에 속하는 일부의 토지에 대한 소유권이전등기 말소소송 등에 따라 제49조의 사용검사(동별 사용검사를 포함한다. 이하 이 조에서 같다)를 받은 이후에 해당 토지의 소유권을 회복한 자(이하 이 조에서 "실소유자"라 한다)에게 해당 토지를 시가로 매도할 것을 청구할 수 있다.
> ② 주택의 소유자들은 대표자를 선정하여 제1항에 따른 매도청구에 관한 소송을 제기할 수 있다. 이 경우 대표자는 주택의 소유자 전체의 (㉠)분의 (㉡) 이상의 동의를 받아 선정한다.
> ③ 〈생략〉
> ④ 제1항에 따라 매도청구를 하려는 경우에는 해당 토지의 면적이 주택단지 전체 대지 면적의 (㉢)퍼센트 미만이어야 한다.
> 〈이하 생략〉

16 주택법 제65조 규정의 일부이다. (   )에 들어갈 용어와 아라비아 숫자를 쓰시오.
제24회 주관식

> 법 제65조(공급질서 교란 금지) ① 누구든지 이 법에 따라 건설·공급되는 주택을 공급받거나 공급받게 하기 위하여 다음 각 호의 어느 하나에 해당하는 증서 또는 지위를 양도·양수(매매·증여나 그 밖에 권리 변동을 수반하는 모든 행위를 포함하되, 상속·저당의 경우는 제외한다) …를 하여서는 아니 되며, 〈이하 본문 생략〉
>   1. 법 제11조에 따라 주택을 공급받을 수 있는 지위
>   2. 법 제56조에 따른 입주자저축 증서
>   3. 법 제80조에 따른 (㉠)
>   4. 그 밖에 주택을 공급받을 수 있는 증서 또는 지위로서 대통령령으로 정하는 것
> ② ~ ④ 〈생략〉
> ⑤ 국토교통부장관은 제1항을 위반한 자에 대하여 (㉡)년의 범위에서 국토교통부령으로 정하는 바에 따라 주택의 입주자자격을 제한할 수 있다.

CHAPTER 04 리모델링 및 보칙

1 리모델링

01 주택법령상 리모델링에 관한 설명으로 옳은 것은? 제28회

① 공동주택 리모델링의 허가는 시·도지사가 한다.
② 리모델링에 동의한 소유자는 입주자대표회의가 시·도지사에게 허가신청서를 제출한 후 7일 이내에 서면으로 동의를 철회할 수 있다.
③ 50세대 이상으로 세대수가 증가하는 리모델링을 허가하려는 경우 기반시설에의 영향이나 도시·군관리계획과의 부합 여부 등에 대하여 「국토의 계획 및 이용에 관한 법률」에 따라 설치된 시·군·구도시계획위원회의 심의를 거쳐야 한다.
④ 「공동주택관리법」에 따른 입주자대표회의가 리모델링을 하려면 주택단지 입주자 과반수의 동의를 받아야 한다.
⑤ 공동주택의 관리주체가 리모델링을 하려는 경우 공사기간, 공사방법 등이 적혀 있는 동의서에 입주자 3분의 2 이상의 동의를 받아야 한다.

02 주택법령상 공동주택의 리모델링에 관한 설명으로 옳지 않은 것은? 제26회

① 공동주택의 소유자가 리모델링에 의하여 일부 공용부분(「집합건물의 소유 및 관리에 관한 법률」에 따른 공용부분을 말한다)의 면적을 전유부분의 면적으로 변경한 경우에는 규약으로 달리 정하지 않는 한 그 소유자의 나머지 공용부분의 면적은 변하지 아니하는 것으로 본다.
② 리모델링주택조합이 동을 리모델링하는 경우 리모델링 설계의 개요, 공사비, 조합원의 비용분담 명세가 적혀 있는 결의서에 그 동의 구분소유자 및 의결권의 각 50퍼센트 이상의 동의를 받아야 한다.
③ 리모델링주택조합은 법인으로 한다.
④ 공동주택의 관리주체가 리모델링을 하려는 경우 공사기간, 공사방법 등이 적혀 있는 동의서에 입주자 전체의 동의를 받아야 한다.
⑤ 수직증축형 리모델링의 설계자는 국토교통부장관이 정하여 고시하는 구조기준에 맞게 구조설계도서를 작성하여야 한다.

03 주택법령상 공동주택의 리모델링에 관한 설명으로 옳은 것은?   제24회

① 공동주택의 관리주체가 리모델링을 하려는 경우 공사기간, 공사방법 등이 적혀 있는 동의서에 입주자 전체의 동의를 받아야 한다.
② 주택의 소유자 3분의 2 이상의 동의를 받은 경우「공동주택관리법」에 따른 입주자대표회의는 리모델링을 할 수 있다.
③ 30세대 이상으로 세대수가 증가하는 리모델링을 허가하려는 경우에는「국토의 계획 및 이용에 관한 법률」에 따라 설치된 시·군·구도시계획위원회의 심의를 거쳐야 한다.
④ 증축형 리모델링이 아닌 경우에는 허가받은 리모델링 공사를 완료하였을 때 따로 사용검사를 받지 않아도 된다.
⑤ 동(棟)을 리모델링하기 위하여 리모델링주택조합을 설립하려는 경우에는 그 동의 구분소유자 및 의결권의 각 과반수의 결의를 얻어야 한다.

04 주택법령상 리모델링에 관한 내용으로 옳지 않은 것은?   제23회

① 건축물의 노후화 억제 또는 기능 향상 등을 위한 대수선은 리모델링에 해당한다.
② 세대수가 증가되는 리모델링을 하는 경우에는 권리변동계획을 수립하여 사업계획승인 또는 행위허가를 받아야 한다.
③ 시장·군수·구청장은 수직증축형 리모델링을 하려는 자가「건축법」에 따른 건축위원회의 심의를 요청하는 경우 구조계획상 증축범위의 적정성 등에 대하여 대통령령으로 정하는 전문기관에 안전성 검토를 의뢰하여야 한다.
④ 시장·군수·구청장으로부터 리모델링 기본계획과 관련하여 협의를 요청받은 관계 행정기관의 장은 특별한 사유가 없으면 그 요청을 받은 날부터 20일 이내에 의견을 제시하여야 한다.
⑤ 리모델링에 동의한 소유자는 리모델링주택조합 또는 입주자대표회의가 허가신청서를 제출하기 전까지 서면으로 동의를 철회할 수 있다.

05 주택법령상 리모델링에 관한 설명으로 옳지 않은 것은?
제19회

① '세대수 증가형 리모델링'이란 각 세대의 증축 가능 면적을 합산한 면적의 범위에서 기존 세대수의 15퍼센트 이내에서 세대수를 증가하는 증축 행위를 말한다.
② '수직증축형 리모델링'이란 건축물의 노후화 억제 또는 기능 향상 등을 위해 수직으로 증축하는 행위를 말한다.
③ 증축형 리모델링을 하려는 자는 시장·군수·구청장에게 안전진단을 요청하여야 하며, 안전진단을 요청받은 시장·군수·구청장은 해당 건축물의 증축 가능 여부의 확인 등을 위하여 안전진단을 실시하여야 한다.
④ 시장·군수·구청장이 세대수 증가형 리모델링(50세대 이상으로 세대수가 증가하는 경우)을 허가하려는 경우에는 기반시설에의 영향이나 도시·군 관리계획과의 부합 여부 등에 대하여 시·군·구 도시계획위원회의 심의를 거쳐야 한다.
⑤ 수직증축형이 아닌 세대수 증가형 리모델링의 경우 리모델링의 대상이 되는 건축물의 신축 당시 구조도를 보유하고 있어야 한다.

06 주택법령상 세대수가 증가되는 리모델링을 하는 경우 수립되어야 할 권리변동계획의 내용에 포함되지 않는 것은?
제19회

① 안전진단결과보고서
② 리모델링 전후의 대지 및 건축물의 권리변동 명세
③ 사업비
④ 조합원 외의 자에 대한 분양계획
⑤ 리모델링과 관련한 권리 등에 대해 해당 시·도 또는 시·군의 조례로 정하는 사항

07 주택법령상 리모델링의 허가에 관한 내용이다. ( )에 들어갈 숫자를 쓰시오.
제22회 주관식

시장·군수·구청장이 ( )세대 이상으로 세대수가 증가하는 세대수 증가형 리모델링을 허가하려는 경우에는 기반시설에의 영향이나 도시·군관리계획과의 부합 여부 등에 대하여 「국토의 계획 및 이용에 관한 법률」 제113조 제2항에 따라 설치된 시·군·구 도시계획위원회의 심의를 거쳐야 한다.

08 주택법령상 공동주택 리모델링의 허가기준에 관한 사례이다. (   )에 들어갈 숫자를 쓰시오.   제21회 주관식

> 주택단지의 소유자가 100명인 경우, 입주자대표회의(공동주택관리법 제2조 제1항 제8호에 따른 입주자대표회의를 말한다)가 주택법령에 따라 공동주택 리모델링을 하려면 소유자의 비용분담 명세 등이 적혀 있는 결의서에 주택단지 소유자 (   )명의 동의를 받아야 한다.

09 주택법 제75조(리모델링 지원센터의 설치·운영) 제2항 규정이다. (   )에 들어갈 용어를 쓰시오.   제28회 주관식

> 리모델링 지원센터는 다음 각 호의 업무를 수행할 수 있다.
> 1. (㉠) 설립을 위한 업무 지원
> 2. 설계자 및 (㉡) 선정 등에 대한 지원
> 3. (㉢) 수립에 관한 지원
> 4. 그 밖에 지방자치단체의 조례로 정하는 사항

2 토지임대부 분양주택

10 주택법령상 토지임대부 분양주택에 관한 설명으로 옳은 것은?   제21회

① 토지임대부 분양주택의 토지에 대한 임대차기간이 40년인 경우, 토지임대부 분양주택 소유자의 75퍼센트 이상이 계약갱신을 청구하면 40년이 넘는 기간을 임대차기간으로 하여 이를 갱신할 수 있다.
② 토지임대부 분양주택을 공급받은 자가 토지소유자와 임대차계약을 체결한 경우 해당 주택의 구분소유권을 목적으로 그 토지 위에 임대차기간 동안 전세권이 설정된 것으로 본다.
③ 토지소유자와 토지임대주택을 분양받은 자가 주택법령이 정하는 기준에 따라 토지임대료에 관한 약정을 체결한 경우, 토지소유자는 약정 체결 후 2년이 지나기 전에는 토지임대료의 증액을 청구할 수 없다.
④ 주택을 공급받은 자는 토지소유자와 합의하여 토지임대료를 보증금으로 전환하여 납부할 수 없다.
⑤ 토지임대부 분양주택에 관하여 「주택법」에서 정하지 아니한 사항에 대하여는 「민법」을 「집합건물의 소유 및 관리에 관한 법률」에 우선하여 적용한다.

11 주택법령상 토지임대부 분양주택에 관한 설명으로 옳은 것은? 제20회

① 토지임대부 분양주택을 공급받은 자가 토지소유자와 임대차계약을 체결한 경우 해당 주택의 구분소유권을 목적으로 그 토지 위에 임대차기간 동안 지상권이 설정된 것으로 본다.
② 토지 및 건축물의 소유권은 사업계획의 승인을 받아 토지임대부 분양주택 건설사업을 시행하는 자가 가진다.
③ 토지임대부 분양주택을 양수한 자는 토지소유자와 임대차계약을 새로 체결하여야 한다.
④ 토지임대부 분양주택의 토지임대료는 보증금으로 납부하는 것이 원칙이나, 토지소유자와 주택을 공급받은 자가 합의한 경우 월별 임대료로 전환하여 납부할 수 있다.
⑤ 토지임대부 분양주택의 소유자가 임대차기간이 만료되기 전에 도시개발 관련 법률에 따라 해당 주택을 철거하고 재건축을 한 경우, 재건축한 주택은 토지임대부 분양주택이 아닌 주택으로 한다.

12 주택법령상 토지임대부 분양주택의 입주자의 거주의무에 관한 설명으로 옳은 것은? 제28회

① 입주자의 거주의무는 입주자뿐만 아니라 그 입주자의 상속인에게도 적용된다.
② 입주자의 거주의무기간은 5년이다.
③ 거주의무자는 거주의무기간 중에는 해당 주택을 매매할 수 없으나 증여는 할 수 있다.
④ 토지임대부 분양주택에 입주하기 위해 준비기간이 필요한 경우 해당 주택에 거주한 것으로 보는 기간은 최초 입주가능일부터 60일까지로 한다.
⑤ 국토교통부장관 또는 행정안전부장관은 거주의무자등의 실제 거주 여부를 확인하기 위하여 거주의무자등에게 필요한 서류 등의 제출을 요구할 수 있다.

13 주택법 제78조 규정의 일부이다. ( )에 들어갈 아라비아 숫자와 용어를 쓰시오.

제24회 주관식

> 제78조(토지임대부 분양주택의 토지에 관한 임대차 관계) ① 토지임대부 분양주택의 토지에 대한 임대차기간은 (㉠)년 이내로 한다. 이 경우 토지임대부 분양주택 소유자의 (㉡)퍼센트 이상이 계약갱신을 청구하는 경우 40년의 범위에서 이를 갱신할 수 있다.
> ② 토지임대부 분양주택을 공급받은 자가 토지소유자와 임대차계약을 체결한 경우 해당 주택의 구분소유권을 목적으로 그 토지 위에 제1항에 따른 임대차기간 동안 (㉢)이(가) 설정된 것으로 본다.

3 주택상환사채

14 주택법령상 주택상환사채에 관한 설명으로 옳지 않은 것은?   제27회

① 한국토지주택공사는 주택상환사채를 발행할 수 있다.
② 주택상환사채를 발행하려는 자는 주택상환사채발행계획을 수립하여 국토교통부장관의 승인을 받아야 한다.
③ 「주택법」에 따라 등록사업자의 등록이 말소되면 등록사업자가 발행한 주택상환사채는 그 효력을 상실한다.
④ 등록사업자가 발행할 수 있는 주택상환사채의 규모는 최근 3년간의 연평균 주택건설호수 이내로 한다.
⑤ 국토교통부장관은 주택상환사채발행계획을 승인하였을 때에는 주택상환사채발행 대상지역을 관할하는 시·도지사에게 그 내용을 통보하여야 한다.

15 주택법령상 주택상환사채에 관한 설명으로 옳지 않은 것은?   제25회

① 한국토지주택공사는 주택상환사채를 발행할 수 있다.
② 주택상환사채를 발행하려는 자는 주택상환사채발행계획을 수립하여 금융감독원 원장의 승인을 받아야 한다.
③ 주택상환사채의 상환기간은 3년을 초과할 수 없다.
④ 등록사업자의 등록이 말소된 경우에도 등록사업자가 발행한 주택상환사채의 효력에는 영향을 미치지 아니한다.
⑤ 주택상환사채의 납입금은 해당 보증기관과 주택상환사채발행자가 협의하여 정하는 금융기관에서 관리한다.

16 주택법령상 주택상환사채에 관한 설명으로 옳지 않은 것은? ㅤㅤㅤㅤ제19회

① 등록사업자가 발행할 수 있는 주택상환사채의 규모는 최근 3년간의 연평균 주택건설호수 이내로 한다.
② 주택상환사채의 상환기간은 3년을 초과할 수 없다.
③ 주택상환사채의 납입금은 주택건설자재의 구입을 위해 사용할 수 있다.
④ 주택상환사채는 해외이주 등 부득이한 사유가 있는 경우로서 국토교통부령이 정하는 경우를 제외하고는 양도하거나 중도에 해약할 수 없다.
⑤ 주택상환사채의 납입금은 국토교통부장관이 지정하는 금융기관에서 관리한다.

17 주택법 시행령 제86조(주택상환사채의 상환 등) 제1항 규정이다. ( )에 들어갈 아라비아 숫자를 쓰시오. ㅤㅤㅤㅤ제28회 주관식

> 주택상환사채의 상환기간은 (㉠)년을 초과할 수 없다.

18 주택법 시행령 제84조(등록사업자의 주택상환사채 발행) 제1항에 따라 주택상환사채를 발행할 수 있는 등록사업자에 관한 기준이다. ( ) 안에 들어갈 숫자를 쓰시오. ㅤㅤㅤㅤ제19회 주관식

> 1. 법인으로서 자본금이 5억원 이상일 것
> 2. 「건설산업기본법」 제9조에 따라 건설업 등록을 한 자일 것
> 3. 최근 3년간 연평균 주택건설 실적이 ( )호 이상일 것

PART 02 공동주택관리법

CHAPTER 01 총칙

정답 및 해설 p.29

개정반영

01 공동주택관리법령상 의무관리대상 공동주택에 해당하지 않는 것은? (다만, 입주자등이 대통령령으로 정하는 기준에 따라 동의하여 의무관리대상 공동주택으로 정하는 공동주택은 제외한다) 제20회

① 승강기가 설치된 100세대의 공동주택
② 1,000세대의 공동주택
③ 중앙집중식 난방방식인 150세대의 공동주택
④ 「건축법」상 건축허가를 받아 주택 외의 시설과 주택을 동일 건축물로 건축한 건축물로서 주택이 200세대인 건축물
⑤ 지역난방방식인 150세대의 공동주택

02 공동주택관리법 제2조(정의) 규정의 일부이다. ( )에 들어갈 용어를 순서대로 쓰시오. 제21회 주관식

> ① 이 법에서 사용하는 용어의 뜻은 다음과 같다.
> 〈1. ~ 4. 생략〉
> 5. '( )'(이)란 공동주택의 소유자 또는 그 소유자를 대리하는 배우자 및 직계존비속(直系尊卑屬)을 말한다.
> 6. '( )'(이)란 공동주택을 임차하여 사용하는 사람(임대주택의 임차인은 제외한다) 등을 말한다.

03 공동주택관리법 제2조(정의) 규정의 일부이다. ( )에 들어갈 용어를 순서대로 쓰시오.
제21회 주관식

> ① 이 법에서 사용하는 용어의 뜻은 다음과 같다.
> 〈1. ~ 9. 생략〉
> 10. '( )'(이)란 공동주택을 관리하는 다음 각 목의 자를 말한다.
> 　가. 제6조 제1항에 따른 자치관리기구의 대표자인 공동주택의 관리사무소장
> 　나. 제13조 제1항에 따라 관리업무를 인계하기 전의 사업주체
> 　다. 주택관리업자
> 　라. 임대사업자
> 　마. 「민간임대주택에 관한 특별법」 제2조 제11호에 따른 ( )(시설물 유지·보수·개량 및 그 밖의 주택관리 업무를 수행하는 경우에 한정한다)

04 공동주택관리법 제2조(정의) 규정의 일부이다. ( )에 들어갈 용어를 쓰시오.
제25회 주관식

> '혼합주택단지'란 분양을 목적으로 한 공동주택과 (㉠)이(가) 함께 있는 공동주택단지를 말한다.

05 공동주택관리법 제2조(정의) 규정의 일부이다. ( )에 들어갈 아라비아 숫자를 쓰시오.
제24회 주관식

> '의무관리대상 공동주택'이란 해당 공동주택을 전문적으로 관리하는 자를 두고 자치의결기구를 의무적으로 구성하여야 하는 등 일정한 의무가 부과되는 공동주택으로서, 다음 각 목 중 어느 하나에 해당하는 공동주택을 말한다.
> 가. (㉠)세대 이상의 공동주택
> 나. (㉡)세대 이상으로서 승강기가 설치된 공동주택
> 다. 〈생략〉
> 라. 「건축법」 제11조에 따른 건축허가를 받아 주택 외의 시설과 주택을 동일 건축물로 건축한 건축물로서 주택이 (㉢)세대 이상인 건축물
> 마. 〈생략〉

| CHAPTER 02 | 공동주택의 관리방법 등 |

1 공동주택의 관리방법

01 공동주택관리법령상 공동주택의 관리방법에 관한 설명으로 옳지 않은 것은? 제26회

① 전체 입주자등의 10분의 1 이상이 서면으로 제안하고 전체 입주자등의 과반수가 찬성하면 의무관리대상 공동주택 관리방법을 변경할 수 있다.
② 의무관리대상 공동주택을 입주자등이 자치관리할 것을 정한 경우 자치관리기구의 대표자는 입주자대표회의의 회장이 겸임한다.
③ 입주자대표회의는 국토교통부령으로 정하는 바에 따라 500세대 이상의 단위로 나누어 관리하게 할 수 있다.
④ 입주자대표회의는 공동주택을 공동관리하는 경우에는 공동관리 단위별로 공동주택관리기구를 구성하여야 한다.
⑤ 입주자등은 의무관리대상 공동주택을 자치관리하거나 주택관리업자에게 위탁하여 관리하여야 한다.

02 공동주택관리법령상 의무관리대상 공동주택의 관리방법에 관한 설명으로 옳지 않은 것은? 제24회

① 자치관리기구 관리사무소장은 입주자대표회의가 입주자대표회의 구성원 과반수의 찬성으로 선임한다.
② 관리사무소장은 자치관리기구가 갖추어야 하는 기술인력을 겸직할 수 있다.
③ 혼합주택단지의 관리에 관한 사항 중 장기수선계획의 조정은 입주자대표회의와 임대사업자가 공동으로 결정하여야 한다.
④ 공동주택을 건설한 사업주체는 입주예정자의 과반수가 입주할 때까지 그 공동주택을 관리하여야 한다.
⑤ 입주자대표회의는 해당 공동주택의 관리에 필요하다고 인정하는 경우에는 500세대 이상의 단위로 나누어 관리하게 할 수 있다.

03 공동주택관리법령상 공동주택의 관리방법에 관한 내용으로 옳은 것은? 제23회

① 입주자등이 의무관리대상 공동주택의 관리방법을 변경하는 경우에는 전체 입주자등의 과반수 찬성과 국토교통부장관의 인가를 받아야 한다.
② 자치관리기구 관리사무소장은 입주자대표회의가 입주자대표회의 구성원(관리규약으로 정한 정원을 말하며, 해당 입주자대표회의 구성원 3분의 2 이상이 선출되었을 때에는 그 선출된 인원을 말한다) 과반수의 찬성으로 선임한다.
③ 위탁관리의 경우 「공동주택관리법」에 따른 전자입찰방식의 세부기준, 절차 및 방법 등은 의무관리대상 공동주택 소재지의 시장·군수·구청장이 정하여 고시한다.
④ 혼합주택단지의 관리에 관한 사항은 장기수선계획의 조정에 관한 사항을 포함하여 입주자대표회의가 시장·군수·구청장과 협의하여 결정한다.
⑤ 의무관리대상 공동주택을 건설한 사업주체가 그 공동주택에 대하여 관리하여야 하는 기간은 입주예정자의 3분의 1이 입주할 때까지이다.

04 공동주택관리법령상 의무관리대상 공동주택의 관리방법에 관한 내용으로 옳은 것은? 제22회

① 의무관리대상 공동주택을 건설한 사업주체는 입주예정자의 과반수가 입주할 때까지 그 공동주택을 관리하여야 한다.
② 입주자등은 전체 입주자등의 3분의 2 이상이 찬성하는 방법으로 공동주택의 관리방법을 결정하여야 한다.
③ 입주자등이 자치관리할 것을 정한 경우, 입주자대표회의는 입주자대표회의의 임원을 대표자로 한 자치관리기구를 구성하여야 한다.
④ 입주자등이 위탁관리할 것을 정한 경우, 전체 입주자등의 10분의 1 이상이 서면으로 요구하는 신규업체가 있으면 입주자대표회의는 그 업체를 수의계약의 방법으로 주택관리업자로 선정할 수 있다.
⑤ 입주자대표회의가 인접한 공동주택단지와 공동으로 관리하고자 하는 경우 전체 입주자등의 3분의 1 이상의 동의를 받아야 한다.

05 공동주택관리법령상 공동주택의 관리방법에 관한 설명으로 옳지 않은 것은? 제21회

① 주택관리업자에게 위탁관리하다가 자치관리로 관리방법을 변경하는 경우 입주자대표회의는 그 위탁관리의 종료일의 다음 날부터 6개월 이내에 대통령령으로 정하는 기술인력 및 장비를 갖춘 자치관리기구를 구성하여야 한다.
② 자치관리기구 관리사무소장은 입주자대표회의가 입주자대표회의 구성원(관리규약으로 정한 정원을 말하며, 해당 입주자대표회의 구성원의 3분의 2 이상이 선출되었을 때에는 그 선출된 인원을 말한다) 과반수의 찬성으로 선임한다.
③ 자치관리기구는 입주자대표회의의 감독을 받는다.
④ 입주자등은 기존 주택관리업자의 관리 서비스가 만족스럽지 못한 경우에는 대통령령으로 정하는 바에 따라 새로운 주택관리업자 선정을 위한 입찰에서 기존 주택관리업자의 참가를 제한하도록 입주자대표회의에 요구할 수 있다.
⑤ 입주자대표회의는 해당 공동주택의 관리에 필요하다고 인정하는 경우에는 법령상의 요건을 갖추어 인접한 공동주택단지(임대주택단지를 포함한다)와 공동으로 관리하거나 500세대 이상의 단위로 나누어 관리하게 할 수 있다.

06 공동주택관리법령상 공동주택의 관리방법에 관한 설명으로 옳지 않은 것은? 제20회

① 의무관리대상 공동주택의 입주자등이 공동주택을 자치관리할 것을 정한 경우에는 입주자대표회의는 입주자대표회의의 회장을 자치관리기구의 대표자로 선임하고 자치관리기구를 구성하여야 한다.
② 입주자등은 전체 입주자등의 10분의 1 이상이 제안하고 전체 입주자등의 과반수가 찬성하면 공동주택의 관리방법을 변경할 수 있다.
③ 의무관리대상 공동주택의 입주자등이 새로운 주택관리업자 선정을 위한 입찰에서 기존 주택관리업자의 참가를 제한하도록 입주자대표회의에 요구하려면 전체 입주자등 과반수의 서면동의가 있어야 한다.
④ 입주자대표회의는 해당 공동주택의 관리에 필요하다고 인정하는 경우에는 국토교통부령으로 정하는 바에 따라 인접한 공동주택단지와 공동으로 관리하거나 500세대 이상의 단위로 나누어 관리하게 할 수 있다.
⑤ 의무관리대상 공동주택을 건설한 사업주체는 입주예정자의 과반수가 입주할 때까지 그 공동주택을 관리하여야 한다.

07 공동주택관리법령상 의무관리대상 공동주택의 관리방법 등에 관한 설명으로 옳지 않은 것은?

제28회

① 시장·군수·구청장은 관할구역 내 공동주택의 관리에 필요하다고 인정하는 경우에는 인접한 공동주택단지를 공동으로 관리하게 할 수 있다.
② 입주자대표회의 구성원은 자치관리기구의 직원을 겸할 수 없다.
③ 입주자등이 공동주택의 관리방법을 변경하는 경우, 전체 입주자등의 10분의 1 이상이 서면으로 제안하고 전체 입주자등의 과반수가 찬성하는 방법으로 관리방법을 변경할 수 있다.
④ 입주자등이 공동주택의 관리방법을 정하는 경우, 입주자대표회의의 의결로 제안하고 전체 입주자의 과반수가 찬성하는 방법으로 관리방법을 결정할 수 있다.
⑤ 입주자대표회의는 해당 공동주택의 관리에 필요하다고 인정하는 경우에는 국토교통부령으로 정하는 바에 따라 500세대 이상의 단위로 나누어 관리하게 할 수 있다.

08 공동주택관리법 제6조(자치관리) 제1항 규정의 일부이다. ( )에 들어갈 용어와 아라비아 숫자를 쓰시오.

제25회 주관식

> 의무관리대상 공동주택의 입주자등이 공동주택을 자치관리할 것을 정한 경우에는 입주자대표회의는 제11조 제1항에 따른 요구가 있은 날부터 (㉠)개월 이내에 공동주택의 (㉡)을(를) 자치관리기구의 대표자로 선임하여야 한다.
>
> ※ **제11조(관리의 이관)** ① 의무관리대상 공동주택을 건설한 사업주체는 입주예정자의 과반수가 입주할 때까지 그 공동주택을 관리하여야 하며, 입주예정자의 과반수가 입주하였을 때에는 입주자등에게 대통령령으로 정하는 바에 따라 그 사실을 통지하고 해당 공동주택을 관리할 것을 요구하여야 한다.

09 공동주택관리법 제7조(위탁관리) 제1항 규정의 일부이다. ( )에 들어갈 용어를 쓰시오.
제28회 주관식

> 의무관리대상 공동주택의 입주자등이 공동주택을 위탁관리할 것을 정한 경우에는 입주자대표회의는 다음 각 호의 기준에 따라 (㉠)을(를) 선정하여야 한다.
> 1의2. 다음 각 목의 구분에 따른 사항에 대하여 전체 입주자등의 과반수의 동의를 얻을 것
>   가. (㉡)입찰: 입찰의 종류 및 방법, 낙찰방법, 참가자격 제한 등 입찰과 관련한 중요사항
>   나. (㉢)계약: 계약상대자 선정, 계약 조건 등 계약과 관련한 중요사항
> 2. 그 밖에 입찰의 방법 등 대통령령으로 정하는 방식을 따를 것

2 입주자대표회의 및 관리규약 등

10 공동주택관리법상 입주자대표회의의 구성 등에 관한 설명으로 옳지 않은 것은?
제28회

① 입주자대표회의는 4명 이상으로 구성한다.
② 입주자대표회의의 구성을 위한 동별 대표자 선거구는 2개 동 이상으로 묶거나 통로나 층별로 구획하여 정할 수 있다.
③ 동별 대표자 선출공고에서 정한 각종 서류 제출 마감일을 기준으로는 미성년자였으나 선거일 기준으로는 성년이 된 자의 경우에는 동별 대표자가 될 수 있다.
④ 동별 대표자가 임기 중에 파산자가 된 경우에는 당연히 퇴임한다.
⑤ 입주자인 동별 대표자 중에서 회장 후보자가 있는 경우, 사용자인 동별 대표자는 회장이 될 수 없다.

11 공동주택관리법령상 입주자대표회의에 관한 설명으로 옳지 않은 것은? 제27회

① 동별 대표자 선거구는 2개 동 이상으로 묶거나 통로나 층별로 구획하여 정할 수 있다.
② 입주자인 동별 대표자 중에서 회장 후보자가 없는 경우로서 선출 전에 전체 입주자 과반수의 서면동의를 얻더라도 사용자인 동별 대표자는 회장이 될 수 없다.
③ 입주자대표회의에는 회장 1명, 감사 2명 이상, 이사 1명 이상의 임원을 두어야 한다.
④ 입주자대표회의의 임원 선출을 위한 선거관리위원회 위원장은 위원 중에서 호선한다.
⑤ 입주자대표회의는 공동주택 관리방법의 제안에 관하여 입주자대표회의 구성원 과반수의 찬성으로 의결한다.

12 공동주택관리법령상 관리규약 등에 관한 설명으로 옳은 것은? 제27회

① 관리규약은 입주자등의 지위를 승계한 사람에 대하여는 그 효력이 없다.
② 사업주체는 공동주택의 관리 또는 사용에 관하여 준거가 되는 관리규약의 준칙을 정하여야 한다.
③ 의무관리대상 전환 공동주택의 관리인이 관리규약의 제정 신고를 하지 아니하는 경우에는 입주자등의 10분의 1 이상이 연서하여 신고할 수 있다.
④ 공동주택 층간소음의 범위와 기준은 국토교통부와 행정안전부의 공동부령으로 정한다.
⑤ 의무관리대상 공동주택의 입주자대표회의는 동별 대표자를 선출하는 등 공동주택의 관리와 관련한 의사결정에 대하여 서면의 방법을 우선적으로 이용하도록 노력하여야 한다.

13 공동주택관리법령상 관리규약에 관한 설명으로 옳지 않은 것은? 제26회

① 공동주택 분양 후 최초의 관리규약은 사업주체가 제안한 내용을 해당 입주예정자의 과반수가 서면으로 동의하는 방법으로 결정한다.
② 의무관리대상 전환 공동주택의 관리규약 제정안은 의무관리대상 전환 공동주택의 관리인이 제안하고, 그 내용을 전체 입주자등 과반수의 서면동의로 결정한다.
③ 관리규약은 입주자등의 지위를 승계한 사람에 대하여도 그 효력이 있다.
④ 입주자등이 공동주택에 광고물을 부착하는 행위를 하려는 경우에는 관리주체의 동의를 받아야 한다.
⑤ 입주자대표회의의 회장은 관리규약을 개정한 경우 시장·군수·구청장으로부터 승인을 받아야 한다.

14 공동주택관리법령상 관리규약에 관한 내용으로 옳은 것은? 제22회

① 입주자등이 정한 관리규약은 관리주체가 정한 관리규약준칙을 따라야 하고, 관리규약준칙에 반하는 관리규약은 효력이 없다.
② 입주자대표회의의 회장은 관리규약을 보관하여야 하고, 입주자등이 열람을 청구하거나 복사를 요구하면 이에 응하여야 한다.
③ 관리규약을 개정한 경우 입주자대표회의의 회장은 관리규약이 개정된 날부터 30일 이내에 시장·군수·구청장에게 이를 신고하여야 한다.
④ 입주자등의 지위를 승계한 사람이 관리규약에 동의하지 않으면 그 사람에게는 관리규약의 효력이 미치지 않는다.
⑤ 입주자대표회의가 공동주택 관리규약을 위반한 경우 공동주택의 관리주체는 전체 입주자등의 10분의 3 이상의 동의를 받아 지방자치단체의 장에게 감사를 요청할 수 있다.

15 공동주택관리법령상 관리규약에 관한 설명으로 옳지 않은 것은? 제21회

① 입주자등은 시·도지사가 정한 관리규약의 준칙을 참조하여 관리규약을 정한다.
② 사업주체가 입주자대표회의가 구성되기 전에 공동주택의 어린이집 임대계약을 체결하려는 경우에는 입주개시일 3개월 전부터 관리규약 제정안을 제안할 수 있다.
③ 관리규약은 입주자등의 지위를 승계한 사람에 대하여는 그 효력이 없다.
④ 관리규약이 개정된 경우 입주자대표회의의 회장은 관리규약이 개정된 날부터 30일 이내에 관리규약의 개정 제안서 및 그에 대한 입주자등의 동의서를 첨부한 신고서를 시장·군수·구청장에게 제출하여야 한다.
⑤ 공동주택 분양 후 최초의 관리규약은 사업주체가 제안한 내용을 해당 입주예정자의 과반수가 서면으로 동의하는 방법으로 결정한다.

16 공동주택관리법령상 비용지출을 수반하는 경우에만 입주자대표회의의 의결사항이 되는 것은? (단, 관리규약에서 따로 정하는 사항은 고려하지 않음) 제25회

① 단지 안의 전기·도로·상하수도·주차장·가스설비·냉난방설비 및 승강기 등의 유지·운영 기준
② 입주자등 상호간에 이해가 상반되는 사항의 조정
③ 공동체 생활의 활성화 및 질서유지에 관한 사항
④ 장기수선계획 및 안전관리계획의 수립 또는 조정
⑤ 공동주택 관리방법의 제안

17 공동주택관리법령상 입주자대표회의의 의결사항이 아닌 것은? 제21회

① 공용시설물 이용료 부과기준의 결정
② 어린이집을 포함한 주민공동시설 위탁 운영의 제안
③ 비용지출을 수반하는 안전관리계획의 수립 또는 조정
④ 단지 안의 전기·도로·상하수도·주차장·가스설비·냉난방설비 및 승강기 등의 유지·운영 기준
⑤ 관리규약에서 위임한 사항과 그 시행에 필요한 규정의 제정·개정 및 폐지

18 공동주택관리법령상 입주자대표회의의 구성원인 동별 대표자가 될 수 없는 자를 모두 고른 것은? (단, 주어진 조건 이외에 다른 조건은 고려하지 않음) 제22회

> ㉠ 최초의 입주자대표회의를 구성하기 위한 동별 대표자를 선출하는 경우, 해당 선거구에 주민등록을 마친 후 계속하여 동별 대표자 선출공고에서 정한 각종 서류 제출 마감일 기준 2개월째 거주하고 있는 공동주택의 소유자
> ㉡ 파산자였으나 동별 대표자 선출공고에서 정한 각종 서류 제출 마감일 기준 1개월 전에 복권된 공동주택의 소유자
> ㉢ 공동주택 소유자의 조카(3촌)로서 해당 주택에 거주하고 있으면서 소유자가 서면으로 위임한 대리권이 있는 자
> ㉣ 「주택법」을 위반한 범죄로 징역 1년, 집행유예 2년을 선고받고 동별 대표자 선출공고에서 정한 각종 서류 제출 마감일 기준 그 집행유예기간 중인 공동주택의 소유자

① ㉠, ㉢
② ㉡, ㉣
③ ㉢, ㉣
④ ㉠, ㉢, ㉣
⑤ ㉠, ㉡, ㉢, ㉣

개정반영

19 공동주택관리법령상 입주자대표회의의 구성에 관한 설명으로 옳지 않은 것은? 제25회
① 입주자대표회의는 4명 이상으로 구성한다.
② 입주자대표회의에는 회장 1명, 이사 2명 이상, 감사 1명 이상의 임원을 두어야 한다.
③ 이사 후보자가 선출필요인원과 같거나 미달하는 경우, 후보자별로 입주자대표회의 구성원의 과반수가 투표하고 투표자 과반수의 찬성으로 이사를 선출한다.
④ 동별 대표자 선거관리위원회 위원을 사퇴하였더라도 동별 대표자 선출공고에서 정한 서류 제출 마감일을 기준으로 할 때 그 남은 임기 중에 있는 사람은 동별 대표자가 될 수 없다.
⑤ 모든 동별 대표자의 임기가 동시에 시작하는 경우 동별 대표자의 임기는 2년으로 한다.

개정반영

20 공동주택관리법령상 입주자대표회의의 구성에 관한 설명으로 옳은 것은? 제24회

① 동별 대표자 선거구는 2개 동 이상으로 묶어서 정할 수 있으나, 통로나 층별로 구획하여 정할 수는 없다.
② 동별 대표자 선거관리위원회 위원을 사퇴한 사람으로서 동별 대표자 선출공고에서 정한 서류 제출 마감일을 기준으로 그 남은 임기 중에 있는 사람은 동별 대표자가 될 수 있다.
③ 동별 대표자가 임기 중에 관리비를 최근 3개월 이상 연속하여 체납한 경우에는 해당 선거구 전체 입주자등의 과반수의 찬성으로 해임한다.
④ 회장의 후보자가 2명 이상인 경우에는 원칙적으로 전체 입주자등의 10분의 1 이상이 투표하고 후보자 중 최다득표자를 회장으로 선출한다.
⑤ 공동주택을 임차하여 사용하는 사람의 동별 대표자 결격사유는 그를 대리하는 자에게 미치지 않는다.

개정반영

21 공동주택관리법령상 입주자대표회의와 그 임원구성에 관한 내용으로 옳은 것을 모두 고른 것은? 제23회

㉠ 300세대인 공동주택의 입주자대표회의는 3명 이상으로 구성하되, 동별 세대수에 비례하여 관리규약으로 정한 선거구에 따라 선출된 대표자로 구성한다.
㉡ 500세대인 공동주택의 입주자대표회의의 회장 후보자가 3명인 경우, 전체 입주자등의 10분의 1 이상이 투표하고 후보자 중 최다득표를 한 동별 대표자 1명을 입주자대표회의 회장으로 선출한다.
㉢ 600세대인 공동주택의 후보자가 선출필요인원을 '초과'하는 경우에 입주자대표회의에 두는 '이사'는 입주자대표회의 구성원의 과반수가 투표하고 후보자 중 다득표자 순으로 선출한다.

① ㉢
② ㉠, ㉡
③ ㉠, ㉢
④ ㉡, ㉢
⑤ ㉠, ㉡, ㉢

22 공동주택관리법상 시장·군수·구청장이 실시하는 입주자대표회의 구성원에 대한 교육 내용에 포함하여야 할 사항을 모두 고른 것은?

제21회

㉠ 하자보수에 관한 사항
㉡ 입주민 간 분쟁의 조정에 관한 사항
㉢ 공동주택단지 공동체의 활성화에 관한 사항
㉣ 관리비·사용료 및 장기수선충당금에 관한 사항
㉤ 공동주택의 관리에 관한 관계 법령 및 관리규약의 준칙에 관한 사항

① ㉠, ㉡, ㉢
② ㉡, ㉣, ㉤
③ ㉢, ㉣, ㉤
④ ㉠, ㉡, ㉢, ㉤
⑤ ㉠, ㉡, ㉢, ㉣, ㉤

개정반영

23 공동주택관리법상 공동주택의 층간소음의 방지 등에 관한 설명으로 옳지 않은 것은?

제21회

① 대각선에 위치한 인접한 세대 간의 소음은 층간소음에 포함되지 않는다.
② 층간소음 피해를 끼친 입주자등은 「공동주택관리법」에 따른 관리주체의 조치 및 권고에 협조하여야 한다.
③ 공동주택의 입주자등은 층간소음으로 인하여 다른 입주자등에게 피해를 주지 아니하도록 노력하여야 한다.
④ 입주자등은 필요한 경우 층간소음에 따른 분쟁의 예방, 조정, 교육 등을 위하여 자치적인 조직을 구성하여 운영할 수 있다.
⑤ 층간소음으로 피해를 입은 입주자등이 관리주체에게 층간소음 발생 사실을 알리면서 층간소음 피해를 끼친 해당 입주자등에게 층간소음 발생을 중단하거나 소음 차단조치를 권고하도록 요청한 경우, 관리주체는 사실관계 확인을 위하여 세대 내 확인 등 필요한 조사를 할 수 있다.

개정반영

24 공동주택관리법 시행령 제21조(관리규약의 제정 및 개정 등 신고) 규정의 일부이다. ( )에 들어갈 숫자를 쓰시오. 제20회 주관식

> 법 제19조에 따른 신고를 하려는 입주자대표회의의 회장(관리규약 제정의 경우에는 사업주체 또는 의무관리대상 전환 공동주택의 관리인을 말한다)은 관리규약이 제정·개정되거나 입주자대표회의가 구성·변경된 날부터 ( )일 이내에 신고서를 시장·군수·구청장에게 제출해야 한다.

25 공동주택관리법 제14조(입주자대표회의의 구성 등) 제9항 규정의 일부이다. ( )에 들어갈 아라비아 숫자와 용어를 쓰시오. 제26회 주관식

> (㉠)세대 이상인 공동주택의 관리주체는 (㉡)(으)로 정하는 범위·방법 및 절차 등에 따라 회의록을 입주자등에게 공개하여야 하며, (㉠)세대 미만인 공동주택의 관리주체는 (㉡)(으)로 정하는 바에 따라 회의록을 공개할 수 있다.

26 공동주택관리법 시행령 제21조의3(층간소음관리위원회 구성원의 교육) 제2항 규정이다. ( )에 들어갈 아라비아 숫자를 쓰시오. 제28회 주관식

> 층간소음관리위원회의 구성원은 매년 (㉠)시간의 층간소음예방등교육을 이수해야 한다.

CHAPTER 03 관리비 등, 장기수선계획 및 장기수선충당금

01 공동주택관리법령상 관리주체가 관리비를 예치할 수 있도록 입주자대표회의가 지정할 수 있는 금융기관에 해당하지 않는 것은? 제28회

① 「산림조합법」에 따른 산림조합
② 「한국주택금융공사법」에 따른 한국주택금융공사
③ 「보험업법」에 따른 보험회사
④ 「수산업협동조합법」에 따른 수산업협동조합
⑤ 「건설기술 진흥법」에 따른 공제조합

02 공동주택관리법령상 의무관리대상 공동주택에서 관리비와 구분하여 징수하여야 하는 비용을 모두 고른 것은?
제27회

┌───┐
│ ㉠ 장기수선충당금   ㉡ 승강기 유지비   │
│ ㉢ 냉방·난방시설의 청소비   ㉣ 위탁관리수수료   │
└───┘

① ㉠   ② ㉠, ㉡
③ ㉢, ㉣   ④ ㉡, ㉢, ㉣
⑤ ㉠, ㉡, ㉢, ㉣

03 공동주택관리법령상 의무관리대상 공동주택의 관리주체의 직무에 관한 설명으로 옳지 않은 것은?
제26회

① 공용부분에 관한 시설을 교체한 경우에는 그 실적을 시설별로 이력관리하여야 하며, 공동주택관리정보시스템에도 등록하여야 한다.
② 소방시설에 관한 안전관리계획을 수립하여야 한다.
③ 안전관리계획에 따라 시설물별로 안전관리자 및 안전관리책임자를 지정하여 이를 시행하여야 한다.
④ 회계연도마다 사업실적서 및 결산서를 작성하여 회계연도 종료 후 2개월 이내에 입주자대표회의에 제출하여야 한다.
⑤ 회계감사의 감사인을 선정하여야 한다.

04 공동주택관리법령상 의무관리대상 공동주택의 입주자대표회의가 관리비등의 집행을 위한 사업자를 선정하고 관리주체가 집행하는 사항에 해당하지 않는 것을 모두 고른 것은?
제24회

┌───┐
│ ㉠ 장기수선충당금을 사용하는 공사   │
│ ㉡ 하자보수보증금을 사용하여 보수하는 공사   │
│ ㉢ 승강기유지, 지능형 홈네트워크를 위한 용역 및 공사│
│ ㉣ 사업주체로부터 지급받은 공동주택 공용부분의 하자보수비용을 사용하여 보수하는 공사 │
└───┘

① ㉠, ㉡   ② ㉢, ㉣
③ ㉠, ㉡, ㉢   ④ ㉡, ㉢, ㉣
⑤ ㉠, ㉡, ㉢, ㉣

05 공동주택관리법령상 시설관리에 관한 설명으로 옳지 않은 것은? 제27회

① 공동주택 중 분양되지 아니한 세대의 장기수선충당금은 사업주체가 부담한다.
② 장기수선계획 조정은 관리주체가 조정안을 작성하고, 입주자대표회의가 의결하는 방법으로 한다.
③ 의무관리대상 공동주택의 관리주체는 「공동주택관리법」에 따른 안전점검 결과보고서를 기록·보관·유지하여야 한다.
④ 건설임대주택을 분양전환한 이후 관리업무를 인계하기 전까지의 장기수선충당금 요율은 「민간임대주택에 관한 특별법 시행령」 또는 「공공주택 특별법 시행령」에 따른 특별수선충당금 적립요율에 따른다.
⑤ 의무관리대상 공동주택의 관리주체는 세대별로 설치된 연탄가스배출기에 관한 안전관리계획을 수립하여야 한다.

06 공동주택관리법령상 공동주택을 건설·공급하는 사업주체가 사용검사를 신청할 때에 공동주택의 공용부분에 대한 장기수선계획을 수립·제출하여야 하는 경우에 해당하는 공동주택을 모두 고른 것은? 제25회

> ㉠ 300세대인 공동주택
> ㉡ 승강기가 설치된 100세대인 공동주택
> ㉢ 중앙집중식 난방방식의 150세대인 공동주택
> ㉣ 지역난방방식의 150세대인 공동주택

① ㉠
② ㉡, ㉢
③ ㉡, ㉣
④ ㉠, ㉢, ㉣
⑤ ㉠, ㉡, ㉢, ㉣

07 공동주택관리법령상 시설관리에 관한 설명으로 옳지 않은 것은? 제24회

① 장기수선계획을 수립하는 경우 해당 공동주택의 건설비용을 고려하여야 한다.
② 입주자대표회의와 관리주체는 장기수선계획을 3년마다 검토하여야 한다.
③ 공동주택단지에 「개인정보 보호법 시행령」에 따른 영상정보처리기기를 설치하려는 경우에는 장기수선계획에 반영하여야 한다.
④ 공동주택 중 분양되지 아니한 세대의 장기수선충당금은 사업주체가 부담한다.
⑤ 세대별로 설치된 연탄가스배출기는 의무관리대상 공동주택의 관리주체가 수립하여야 하는 안전관리계획 대상시설에 해당한다.

08 공동주택관리법령상 공동주택의 관리주체가 수립해야 할 안전관리계획에 포함되지 않는 시설물은? 제19회

① 중앙집중식 난방시설
② 위험물 저장시설
③ 주택 내 전기시설
④ 소방시설 및 피난·방화시설
⑤ 옥상 및 계단 등의 난간

09 공동주택관리법령상 의무관리대상 공동주택의 관리비 등에 관한 내용으로 옳은 것은? 제22회

① 관리비는 관리비 비목의 전년도 금액의 합계액을 12로 나눈 금액을 매월 납부한다.
② 관리비를 납부받는 관리주체는 관리비와 사용료 등의 세대별 부과내역을 해당 공동주택단지의 인터넷 홈페이지에 공개하여야 한다.
③ 관리주체는 장기수선충당금에 대해서는 관리비와 구분하여 징수하여야 한다.
④ 관리주체는 관리비예치금을 납부한 소유자가 공동주택의 소유권을 상실하면 미납한 관리비·사용료가 있더라도 징수한 관리비예치금 전액을 반환하여야 한다.
⑤ 하자보수보증금을 사용하여 보수하는 공사를 할 경우에는 관리주체가 사업자를 선정하고 집행하여야 한다.

10 공동주택관리법령상 의무관리대상 공동주택의 안전점검의 결과 건축물의 구조·설비의 안전도가 매우 낮아 위해 발생의 우려가 있는 경우에 관리주체가 시장·군수·구청장에게 보고해야 할 사항으로 명시된 것이 아닌 것은? 제28회

① 점검기관의 정보 및 검사기간
② 점검대상 구조·설비
③ 취약의 정도
④ 발생 가능한 위해의 내용
⑤ 조치할 사항

11 공동주택관리법 시행령 제26조(관리비 등의 사업계획 및 예산안 수립 등) 제1항 규정이다. ( )에 들어갈 아라비아 숫자와 용어를 쓰시오. 제28회 주관식

> 의무관리대상 공동주택의 관리주체는 다음 회계연도에 관한 관리비 등의 사업계획 및 예산안을 매 회계연도 개시 (㉠)개월 전까지 (㉡)에 제출하여 승인을 받아야 하며, 승인사항에 변경이 있는 때에는 변경승인을 받아야 한다.

개정반영

12 공동주택관리법 제26조(회계감사) 제1항 규정이다. ( )에 들어갈 아라비아 숫자와 용어를 쓰시오. 제26회 주관식

> 의무관리대상 공동주택의 관리주체는 대통령령으로 정하는 바에 따라 「주식회사 등의 외부감사에 관한 법률」 제2조 제7호에 따른 감사인의 회계감사를 매년 1회 이상 받아야 한다. 다만, 다음의 구분에 따른 연도에는 그러하지 아니하다.
> 1. (㉠)세대 이상인 공동주택: 해당 연도에 회계감사를 받지 아니하기로 입주자등의 3분의 2 이상의 서면동의를 받은 경우 그 연도
> 2. (㉠)세대 미만인 공동주택: 해당 연도에 회계감사를 받지 아니하기로 입주자등의 (㉡)의 서면동의를 받은 경우 그 연도

개정반영

13 공동주택관리법 시행령 제27조(관리주체에 대한 회계감사 등) 제1항 규정의 일부이다. ( )에 들어갈 숫자 또는 용어를 쓰시오. 제23회 주관식

> 법 제26조 제1항 각 호 외의 부분 본문에 따라 회계감사를 받아야 하는 공동주택의 관리주체는 매 회계연도 종료 후 (㉠)개월 이내에 다음 각 호의 재무제표에 대하여 회계감사를 받아야 한다.
> 1. 재무상태표
> 2. (㉡)
> 3. (㉢)(또는 결손금처리계산서)
> 4. 주석(註釋)

14 공동주택관리법 제26조(회계감사) 규정의 일부이다. (   )에 들어갈 용어를 쓰시오.

제20회 주관식

> 관리주체는 회계감사를 받은 경우에는 감사보고서 등 회계감사의 결과를 제출받은 날부터 1개월 이내에 (   )에(게) 보고하고 해당 공동주택단지의 인터넷 홈페이지 및 동별 게시판에 공개하여야 한다.

15 공동주택관리법 제27조(회계서류의 작성·보관 및 공개 등) 규정의 일부이다. (   )에 들어갈 숫자를 쓰시오.

제22회 주관식

> 의무관리대상 공동주택의 관리주체는 관리비등의 징수·보관·예치·집행 등 모든 거래행위에 관하여 장부를 월별로 작성하여 그 증빙서류와 함께 해당 회계연도 종료일부터 (   )년간 보관하여야 한다.

16 공동주택관리법 시행령 제31조(장기수선충당금의 적립 등) 제3항 규정이다. (   )에 들어갈 용어와 아라비아 숫자를 쓰시오.

제27회 주관식

> 장기수선충당금은 다음의 계산식에 따라 산정한다.
>
> 월간 세대별 장기수선충당금 = [장기수선계획기간 중의 수선비총액 ÷ {(㉠) × (㉡) × 계획기간(년)}] × 세대당 주택공급면적

17 공동주택관리법령상 공동주택의 안전점검에 관한 규정의 일부이다. (㉠)에 공통적으로 들어갈 숫자와 (㉡)에 들어갈 숫자를 순서대로 쓰시오. 제22회 주관식

> **법 제33조(안전점검)** ① 의무관리대상 공동주택의 관리주체는 그 공동주택의 기능유지와 안전성 확보로 입주자등을 재해 및 재난 등으로부터 보호하기 위하여 「시설물의 안전 및 유지관리에 관한 특별법」 제21조에 따른 지침에서 정하는 안전점검의 실시방법 및 절차 등에 따라 공동주택의 안전점검을 실시하여야 한다. 다만, …〈중략〉… 및 사용연수, 세대수, 안전등급, 층수 등을 고려하여 대통령령으로 정하는 (㉠)층 이하의 공동주택에 대하여는 대통령령으로 정하는 자로 하여금 안전점검을 실시하도록 하여야 한다.
>
> **시행령 제34조(공동주택의 안전점검)** ② 법 제33조 제1항 단서에서 '대통령령으로 정하는 (㉠)층 이하의 공동주택'이란 (㉠)층 이하의 공동주택으로서 다음 각 호의 어느 하나에 해당하는 것을 말한다.
> 1. 사용검사일부터 (㉡)년이 경과한 공동주택
> 2. 〈생략〉

CHAPTER 04 하자담보책임 등

정답 및 해설 p.42

01 공동주택관리법령상 사업주체에게 하자보수를 청구할 수 있는 자에 해당하지 않는 것은? 제20회

① 「집합건물의 소유 및 관리에 관한 법률」에 따른 관리단
② 입주자대표회의
③ 시장·군수·구청장
④ 입주자
⑤ 하자보수청구 등에 관하여 입주자 또는 입주자대표회의를 대행하는 관리주체

02 공동주택관리법령상 하자담보책임 및 하자보수에 관한 설명으로 옳지 않은 것은?

제27회

① 「주택법」에 따른 리모델링을 수행한 시공자는 공동주택의 하자에 대하여 수급인의 담보책임을 진다.
② 공동주택의 내력구조부별 하자에 대한 담보책임기간은 10년이다.
③ 공동주택의 마감공사 하자에 대한 담보책임기간은 2년이다.
④ 전유부분의 담보책임기간은 「건축법」에 따른 공동주택의 사용승인일부터 기산한다.
⑤ 하자보수를 실시한 사업주체는 하자보수가 완료되면 즉시 그 보수결과를 하자보수를 청구한 입주자대표회의등 또는 임차인등에 통보하여야 한다.

03 공동주택관리법령상 하자보수 등에 관한 설명으로 옳지 않은 것은?

제26회

① 사업주체는 담보책임기간에 공동주택에 하자가 발생한 경우에는 하자 발생으로 인한 손해를 배상할 책임이 있다.
② 하자보수청구 등에 관하여 입주자대표회의를 대행하는 관리주체는 공용부분의 하자에 대해 하자보수의 청구를 할 수 있다.
③ 의무관리대상 공동주택의 사업주체는 담보책임기간이 만료되기 30일 전까지 그 만료예정일을 해당 의무관리대상 공동주택의 입주자대표회의에 서면으로 통보하여야 한다.
④ 전유부분에 대한 하자보수가 끝난 때에는 사업주체와 입주자는 담보책임기간이 만료되기 전에 공동으로 담보책임 종료확인서를 작성할 수 있다.
⑤ 공공임대주택의 전유부분에 대한 담보책임기간은 임차인에게 인도한 날부터 기산한다.

04 공동주택관리법령상 담보책임기간에 공동주택에 하자가 발생한 경우, 하자보수의 청구에 관한 설명으로 옳지 않은 것은?

제22회

① 입주자는 전유부분의 하자에 대해 하자보수의 청구를 할 수 있다.
② 공공임대주택의 임차인대표회의는 전유부분의 하자에 대해 하자보수의 청구를 할 수 있다.
③ 입주자대표회의는 공용부분의 하자에 대해 하자보수의 청구를 할 수 있다.
④ 하자보수청구 등에 관하여 입주자대표회의를 대행하는 관리주체는 공용부분의 하자에 대해 하자보수의 청구를 할 수 있다.
⑤ 「집합건물의 소유 및 관리에 관한 법률」에 따른 관리단은 공용부분의 하자에 대해 하자보수의 청구를 할 수 있다.

05 공동주택관리법령상 시설공사별 하자에 대한 담보책임기간으로 옳지 않은 것은?

제25회

① 마감공사: 2년
② 단열공사: 3년
③ 방수공사: 3년
④ 신재생 에너지 설비공사: 3년
⑤ 지능형 홈네트워크 설비 공사: 3년

06 공동주택관리법령상 하자담보책임에 관한 내용으로 옳은 것은?

제23회

① 「주택법」 제66조에 따른 리모델링을 수행한 시공자는 수급인의 담보책임을 진다.
② 「공공주택 특별법」에 따라 임대한 후 분양전환을 목적으로 공급하는 공동주택을 공급한 사업주체의 분양전환이 되기 전까지의 공용부분에 대한 하자담보책임기간은 임차인에게 인도한 날부터 기산한다.
③ 내력구조부별(「건축법」 제2조 제1항 제7호에 따른 건물의 주요구조부) 하자에 대한 담보책임기간은 5년이다.
④ 태양광설비공사 등 신재생 에너지 설비공사의 담보책임기간은 1년이다.
⑤ 한국토지주택공사가 사업주체인 경우에도 하자보수보증금을 담보책임기간 동안 「은행법」에 따른 은행에 현금으로 예치하여야 한다.

07 공동주택관리법 시행령 제45조(하자보수보증금의 반환) 제1항 규정의 일부이다. ( )에 들어갈 아라비아 숫자를 쓰시오.

제27회 주관식

> 입주자대표회의는 사업주체가 예치한 하자보수보증금을 다음 각 호의 구분에 따라 순차적으로 사업주체에게 반환하여야 한다.
> 1~2. 〈생략〉
> 3. 사용검사일부터 5년이 경과된 때: 하자보수보증금의 100분의 (㉠)
> 4. 〈생략〉

08 공동주택관리법 제36조(하자담보책임) 제3항 규정의 일부이다. (   )에 들어갈 용어와 아라비아 숫자를 쓰시오. 제24회 주관식

> 담보책임의 기간은 하자의 중대성, 시설물의 사용 가능 햇수 및 교체 가능성 등을 고려하여 공동주택의 (㉠) 및 시설공사별로 (㉡)년의 범위에서 대통령령으로 정한다.

CHAPTER 05 공동주택의 전문관리 등

정답 및 해설 p.43

01 공동주택관리법령상 주택관리업에 관한 설명으로 옳은 것은? 제20회

① 주택관리업을 하려는 자는 국토교통부장관에게 등록하여야 한다.
② 등록을 한 주택관리업자가 그 등록이 말소된 후 3년이 지나지 아니한 때에는 다시 등록할 수 없다.
③ 주택관리업의 등록을 하려는 자는 자본금(법인이 아닌 경우 자산평가액을 말한다)이 1억 원 이상이어야 한다.
④ 주택관리업의 등록말소처분을 하려면 청문을 거쳐야 한다.
⑤ 주택관리업자의 지위에 관하여 「공동주택관리법」에 규정이 있는 것 외에는 「상법」을 준용한다.

02 공동주택관리법령상 주택관리업의 등록신청을 할 때 그 신청서에 첨부하여야 하는 서류에 해당하지 않는 것은? 제28회

① 장비보유현황 및 그 증명서류
② 기술자의 기술자격 및 주택관리사의 자격에 관한 증명서 사본
③ 사무실 확보를 증명하는 서류(건물 임대차 계약서 사본 등 사용에 관한 권리를 증명하는 서류)
④ 법인인 경우에는 납입자본금에 관한 증명서류
⑤ 개인인 경우에는 보증보험 가입증명서 및 관련 서류

[개정반영]

03 공동주택관리법령상 관리사무소장에 관한 설명으로 옳지 않은 것은? 제20회

① 500세대 미만의 의무관리대상 공동주택에는 주택관리사를 갈음하여 주택관리사보를 해당 공동주택의 관리사무소장으로 배치할 수 있다.
② 관리사무소장은 입주자대표회의가 폭행, 협박 등 위력을 사용하여 정당한 업무를 방해하는 경우 입주자대표회의에게 그 위반사실을 설명하고 해당 행위를 중단할 것을 요청하거나 부당한 지시 또는 명령의 이행을 거부할 수 있으며, 시장·군수·구청장에게 이를 보고하고, 사실 조사를 의뢰할 수 있다.
③ 관리사무소장의 손해배상책임을 보장하기 위한 보증보험 또는 공제에 가입한 주택관리사등으로서 보증기간이 만료되어 다시 보증설정을 하려는 자는 그 보증기간이 만료된 후 1개월 내에 다시 보증설정을 하여야 한다.
④ 관리사무소장은 입주자대표회의에서 의결하는 공동주택의 개량업무와 관련하여 입주자대표회의를 대리하여 재판상 또는 재판 외의 행위를 할 수 있다.
⑤ 관리사무소장은 그 배치 내용과 업무의 집행에 사용할 직인을 시장·군수·구청장에게 신고하여야 한다.

04 공동주택관리법령상 시·도지사가 주택관리사등의 자격을 취소하여야 하는 경우가 아닌 것은? 제26회

① 공동주택의 관리업무와 관련하여 금고 이상의 형을 선고받은 경우
② 의무관리대상 공동주택에 취업한 주택관리사등이 다른 공동주택 및 상가·오피스텔 등 주택 외의 시설에 취업한 경우
③ 고의 또는 중대한 과실로 공동주택을 잘못 관리하여 소유자 및 사용자에게 재산상의 손해를 입힌 경우
④ 다른 사람에게 자기의 명의를 사용하여「공동주택관리법」에서 정한 업무를 수행하게 한 경우
⑤ 주택관리사등이 자격정지기간에 공동주택관리업무를 수행한 경우

05 공동주택관리법령상 주택관리사등의 자격을 취소하여야 하는 경우가 아닌 것은? 제25회

① 공동주택의 관리업무와 관련하여 금고 이상의 형을 선고받은 경우
② 의무관리대상 공동주택에 취업한 주택관리사등이 다른 공동주택 및 상가·오피스텔 등 주택 외의 시설에 취업한 경우
③ 거짓이나 그 밖의 부정한 방법으로 자격을 취득한 경우
④ 주택관리사등이 업무와 관련하여 금품수수 등 부당이득을 취한 경우
⑤ 주택관리사등이 자격정지기간에 공동주택관리업무를 수행한 경우

06 공동주택관리법령상 관리사무소장의 업무 등에 관한 설명으로 옳은 것은? 제19회

① 500세대 이하의 공동주택에는 주택관리사를 갈음하여 주택관리사보를 관리사무소장으로 배치할 수 있다.
② 관리사무소장은 그 배치 내용과 업무의 집행에 사용할 직인을 국토교통부장관에게 신고하여야 한다.
③ 관리사무소장은 그 업무를 집행하면서 고의로 입주자에게 재산상의 손해를 입힌 경우에만 그 손해를 배상할 책임이 있다.
④ 500세대 이상의 공동주택에 관리사무소장으로 배치된 주택관리사는 관리사무소장의 손해배상책임을 보장하기 위하여 5천만 원을 보장하는 보증보험 또는 공제에 가입하거나 공탁하여야 한다.
⑤ 관리사무소장으로 배치받은 주택관리사는 배치받은 날부터 2년 이내에 국토교통부령으로 정하는 바에 따라 시·도지사로부터 주택관리에 관한 교육을 받아야 한다.

07 공동주택관리법령상 공동주택관리 분쟁조정위원회(이하 '분쟁조정위원회')에 관한 설명으로 옳은 것은? (단, 조례는 고려하지 않음) 제24회

① 분쟁조정위원회는 공동주택 전유부분의 유지·보수·개량 등에 관한 사항을 심의·조정한다.
② 중앙분쟁조정위원회는 해당 사건들을 분리하거나 병합한 경우에는 조정의 당사자로부터 지체 없이 동의를 받아야 한다.
③ 300세대 이상의 공동주택단지에서 발생한 분쟁은 중앙분쟁조정위원회의 관할이다.
④ 중앙분쟁조정위원회에는 공인회계사·세무사·건축사의 자격이 있는 사람으로서 10년 이상 근무한 사람이 3명 이상 포함되어야 한다.
⑤ 분쟁조정위원회는 여러 사람이 공동으로 조정의 당사자가 되는 사건의 당사자들에게 3명 이하의 사람을 대표자로 선정하도록 권고할 수 있다.

08 공동주택관리법령상 공동주택관리 분쟁조정위원회의 심의·조정 사항이 아닌 것은? (단, 다른 법령 및 조례는 고려하지 않음) 제23회

① 입주자대표회의의 구성·운영 및 동별 대표자의 자격·선임·해임·임기에 관한 사항
② 공동주택의 하자담보책임 및 하자보수 등과 관련한 분쟁에 관한 사항
③ 관리비·사용료 및 장기수선충당금 등의 징수·사용 등에 관한 사항
④ 공동주택 공용부분의 유지·보수·개량 등에 관한 사항
⑤ 혼합주택단지에서의 분쟁에 관한 사항

09 공동주택관리법령상 공동주택 관리비리에 관한 내용으로 옳은 것은? 제23회

① 시·도지사는 해당 지방자치단체에 공동주택 관리비리 신고센터를 설치하여야 한다.
② 공동주택 관리와 관련한 불법행위를 인지한 자는 익명으로 공동주택 관리비리 신고센터에 구두로 그 사실을 신고할 수 있다.
③ 공동주택 관리비리 신고센터의 장은 시·도지사로 하고, 구성원은 공동주택 관리와 관련된 업무를 담당하는 공무원으로 한다.
④ 공동주택 관리비리 신고센터는 공동주택 관리비리 신고를 확인한 결과 신고서가 신고 내용의 특정에 필요한 사항을 갖추지 못한 경우에는 접수된 신고를 종결한다.
⑤ 공동주택관리법령에 따라 신고사항에 대한 조사 및 조치를 요구받은 지방자치단체의 장은 요구를 받은 날부터 60일 이내에 조사 및 조치를 완료하여야 한다. 다만, 60일 이내에 처리가 곤란한 경우에는 한 차례만 30일 이내의 범위에서 그 기간을 연장할 수 있다.

10 공동주택관리법 제52조(주택관리업의 등록) 규정의 내용이다. (   )에 들어갈 숫자를 쓰시오. 제22회 주관식

> 주택관리업의 등록을 한 주택관리업자가 법 제53조에 따라 그 등록이 말소된 후 (   ) 년이 지나지 아니한 때에는 다시 등록할 수 없다.

11 공동주택관리법 시행령 제70조(손해배상책임의 보장) 규정이다. ( )에 들어갈 아라비아 숫자를 쓰시오.

제26회 주관식

> 법 제64조 제1항에 따라 관리사무소장으로 배치된 주택관리사등은 법 제66조 제1항에 따른 손해배상책임을 보장하기 위하여 다음 각 호의 구분에 따른 금액을 보장하는 보증보험 또는 공제에 가입하거나 공탁을 하여야 한다.
> 1. (㉠)세대 미만의 공동주택: 3천만원
> 2. (㉠)세대 이상의 공동주택: 5천만원

12 공동주택관리법 제67조(주택관리사등의 자격) 규정의 일부이다. ( )에 들어갈 숫자를 순서대로 쓰시오.

제20회 주관식

> 다음 각 호의 어느 하나에 해당하는 사람은 주택관리사등이 될 수 없으며 그 자격을 상실한다.
> 〈1. ~ 2. 생략〉
> 3. 금고 이상의 실형을 선고받고 그 집행이 끝나거나(집행이 끝난 것으로 보는 경우를 포함한다) 집행이 면제된 날부터 (   )년이 지나지 아니한 사람
> 4. 금고 이상의 형의 집행유예를 선고받고 그 유예기간 중에 있는 사람
> 5. 주택관리사등의 자격이 취소된 후 (   )년이 지나지 아니한 사람(제1호 및 제2호에 해당하여 주택관리사등의 자격이 취소된 경우는 제외한다)

13 공동주택관리법 제69조(주택관리사등의 자격취소 등) 제1항 규정의 일부이다. ( )에 들어갈 아라비아 숫자와 용어를 쓰시오.

제27회 주관식

> 시·도지사는 주택관리사등이 다음 각 호의 어느 하나에 해당하면 그 자격을 취소하거나 (㉠)년 이내의 기간을 정하여 그 자격을 정지시킬 수 있다. 다만, 제1호부터 제4호까지, 제7호 중 어느 하나에 해당하는 경우에는 그 자격을 취소하여야 한다.
> 1. 〈생략〉
> 2. 공동주택의 관리업무와 관련하여 (㉡) 이상의 형을 선고받은 경우
> 3. 〈생략〉
> 4. 주택관리사등이 (㉢)기간에 공동주택관리업무를 수행한 경우
> 〈이하 생략〉

14 공동주택관리법 시행령 제70조(손해배상책임의 보장) 규정의 일부이다. ( )에 들어갈 숫자를 쓰시오.   제23회 주관식

> 법 제64조 제1항에 따라 관리사무소장으로 배치된 주택관리사등은 법 제66조 제1항에 따른 손해배상책임을 보장하기 위하여 다음 각 호의 구분에 따른 금액을 보장하는 보증보험 또는 공제에 가입하거나 공탁을 하여야 한다.
> 1. 500세대 미만의 공동주택: (㉠)천만원
> 2. 500세대 이상의 공동주택: (㉡)천만원

15 공동주택관리법 제70조(주택관리업자 등의 교육) 규정의 일부이다. ( )에 들어갈 숫자를 쓰시오.   제21회 주관식

> 관리사무소장으로 배치받으려는 주택관리사등이 배치예정일부터 직전 ( )년 이내에 관리사무소장·공동주택관리기구의 직원 또는 주택관리업자의 임직원으로서 종사한 경력이 없는 경우에는 국토교통부령으로 정하는 바에 따라 시·도지사가 실시하는 공동주택관리에 관한 교육과 윤리교육을 이수하여야 관리사무소장으로 배치받을 수 있다.

16 공동주택관리법 제74조(분쟁조정의 신청 및 조정 등) 규정의 일부이다. ( )에 들어갈 용어와 아라비아 숫자를 쓰시오.   제25회 주관식

> • 조정안을 제시받은 당사자는 그 제시를 받은 날부터 (㉠)일 이내에 그 수락 여부를 중앙분쟁조정위원회에 서면으로 통보하여야 한다. 이 경우 (㉠)일 이내에 의사표시가 없는 때에는 수락한 것으로 본다.
> • 당사자가 조정안을 수락하거나 수락한 것으로 보는 경우 중앙분쟁조정위원회는 조정서를 작성하고, 위원장 및 각 당사자가 서명·날인한 후 조정서 (㉡)을(를) 지체 없이 각 당사자 또는 그 대리인에게 송달하여야 한다. 다만, 수락한 것으로 보는 경우에는 각 당사자의 서명·날인을 생략할 수 있다.
> • 당사자가 조정안을 수락하거나 수락한 것으로 보는 때에는 그 조정서의 내용은 재판상 (㉢)와(과) 동일한 효력을 갖는다. 다만, 당사자가 임의로 처분할 수 없는 사항에 관한 것은 그러하지 아니하다.

17 공동주택관리법 제88조 제1항의 규정이다. (　)에 들어갈 용어를 쓰시오.

제24회 주관식

> 국토교통부장관은 공동주택관리의 투명성과 효율성을 제고하기 위하여 공동주택관리에 관한 정보를 종합적으로 관리할 수 있는 (㉠)을(를) 구축·운영할 수 있고, 이에 관한 정보를 관련 기관·단체 등에 제공할 수 있다.

개정반영

18 공동주택관리법 제85조(관리비용의 지원) 제2항 규정의 일부이다. (　)에 들어갈 용어를 쓰시오.

제23회 주관식

> 국가는 공동주택의 보수·개량, 층간소음 저감재 설치 등에 필요한 비용의 일부를 (㉠)에서 융자할 수 있다.

PART 03 민간임대주택에 관한 특별법

CHAPTER 01 총칙, 임대사업자 및 주택임대관리업자

01 민간임대주택에 관한 특별법령상 임대사업자의 등록에 관한 설명으로 옳지 않은 것을 모두 고른 것은?   제21회

> ㉠ 주택을 임대하려는 자는 시장·군수·구청장에게 등록을 신청할 수 있다.
> ㉡ 등록한 자가 임대주택 면적을 10퍼센트 이하의 범위에서 증축하는 등 국토교통부령으로 정하는 경미한 사항을 변경하고자 하는 경우에는 변경신고를 하지 아니하여도 된다.
> ㉢ 민간임대주택으로 등록할 주택을 취득하려는 계획이 확정되어 있는 자로서 민간임대주택으로 등록할 주택을 매입하기 위하여 매매계약을 체결한 자는 임대사업자로 등록할 수 있다.
> ㉣ 민간임대주택으로 사용하기 위하여 주택을 임차한 자도 임대사업자로 등록할 수 있다.
> ㉤ 민간임대주택으로 등록할 주택을 2인 이상이 공동으로 건설하거나 소유하는 경우에는 그중 어느 한 사람 명의로 등록할 수 있다.

① ㉠, ㉡
② ㉠, ㉢
③ ㉡, ㉤
④ ㉢, ㉣
⑤ ㉣, ㉤

02 민간임대주택에 관한 특별법령상 민간임대협동조합 가입 계약의 청약 철회 및 가입비 등에 관한 설명으로 옳은 것은?
제25회

① 모집주체는 민간임대협동조합 가입 계약 체결일부터 15일이 지난 경우 예치기관의 장에게 가입비등의 지급을 요청할 수 있다.
② 모집주체는 조합가입신청자가 가입에 관한 청약 철회를 한 경우 청약 철회 의사가 도달한 날부터 7일 이내에 예치기관의 장에게 가입비등의 반환을 요청하여야 한다.
③ 가입에 관한 청약 철회를 서면으로 하는 경우에는 청약 철회의 의사를 표시한 서면이 도달한 날에 그 효력이 발생한다.
④ 예치기관은 가입비등을 예치기관의 명의로 예치해야 하고, 이 경우 이를 다른 금융자산과 통합하여 관리해도 된다.
⑤ 조합가입신청자가 가입 계약체결일부터 15일 이내에 가입에 관한 청약을 철회하는 경우에도 모집주체는 조합가입신청자에게 청약 철회를 이유로 위약금 또는 손해배상을 청구할 수 있다.

03 민간임대주택에 관한 특별법령상 주택임대관리업에 관한 내용으로 옳은 것은?
제23회

① 위탁관리형 주택임대관리업을 등록한 경우에는 자기관리형 주택임대관리업도 등록한 것으로 본다.
② 주택임대관리업 등록을 한 자가 등록한 사항 중 자본금이 증가한 경우 변경신고를 하여야 한다.
③ 주택임대관리업자는 반기마다 그 반기가 끝나는 달의 다음 달 말일까지 위탁받아 관리하는 주택의 호수·세대수 및 소재지를 국토교통부장관에게 신고하여야 한다.
④ 위탁관리형 주택임대관리업을 하는 주택임대관리업자는 임대인 및 임차인의 권리보호를 위하여 보증상품에 가입하여야 한다.
⑤ 주택임대관리업자는 임대를 목적으로 하는 주택에 대하여 부수적으로 시설물 유지·보수·개량 및 그 밖의 주택관리 업무를 수행할 수 있다.

개정반영

04 민간임대주택에 관한 특별법령상 주택임대관리업에 관한 설명으로 옳지 않은 것은?

제22회

① 위탁관리형 주택임대관리업은 주택의 소유자로부터 임대관리를 위탁받아 관리하지만 주택의 소유자로부터 주택을 임차하여 자기책임으로 전대(轉貸)하는 형태의 업을 말한다.
② 「지방공기업법」상 지방공사가 단독주택 100호 이상으로 자기관리형 주택임대관리업을 할 경우에는 등록하지 않아도 된다.
③ 자기관리형 주택임대관리업 등록 시 자본금은 2억 원 이상이어야 한다.
④ 자기관리형 주택임대관리업을 하는 주택임대관리업자는 임대인 및 임차인의 권리보호를 위하여 보증상품에 가입하여야 한다.
⑤ 주택임대관리업자가 아닌 자는 주택임대관리업 또는 이와 유사한 명칭을 사용하지 못한다.

05 민간임대주택에 관한 특별법령상 주택임대관리업에 관한 설명으로 옳지 않은 것은?

제19회

① 주택임대관리업을 등록하려는 자는 자기관리형 주택임대관리업과 위탁관리형 주택임대관리업을 구분하여 등록하여야 한다.
② 주택임대관리업을 등록한 자가 등록한 사항을 변경하거나 말소하고자 할 경우 국토교통부령으로 정하는 경미한 사항을 제외하고는 시장·군수·구청장에게 신고하여야 한다.
③ 주택임대관리업의 등록이 말소된 후 3년이 지나지 아니한 자는 주택임대관리업의 등록을 할 수 없다.
④ 시장·군수·구청장은 주택임대관리업자가 거짓이나 그 밖의 부정한 방법으로 등록을 한 경우에는 해당 주택임대관리업자의 등록을 말소하여야 한다.
⑤ 주택임대관리업자는 분기마다 그 분기가 끝나는 달의 다음 달 말일까지 자본금, 전문인력, 관리 호수 등 대통령령으로 정하는 정보를 시장·군수·구청장에게 신고하여야 한다.

개정반영

06 민간임대주택에 관한 특별법 제2조(정의) 규정의 일부이다. ( )에 들어갈 숫자를 쓰시오.
제23회 주관식

> '장기일반민간임대주택'이란 임대사업자가 공공지원민간임대주택이 아닌 주택을 (㉠)년 이상 임대할 목적으로 취득하여 임대하는 민간임대주택[아파트(주택법 제2조 제20호의 도시형 생활주택이 아닌 것을 말한다)를 임대하는 민간매입임대주택은 제외한다]을 말한다.

07 민간임대주택에 관한 특별법 제2조(정의) 규정의 일부이다. ( )에 들어갈 용어를 쓰시오.
제22회 주관식

> ( )(이)란 공공지원민간임대주택에 거주하는 임차인 등의 경제활동과 일상생활을 지원하는 시설로서 대통령령으로 정하는 시설을 말한다.

08 민간임대주택에 관한 특별법 제2조(정의) 규정의 일부이다. ( )에 들어갈 용어를 쓰시오.
제21회 주관식

> 이 법에서 사용하는 용어의 뜻은 다음과 같다.
> 〈1. ~ 2. 생략〉
> 3. '( )'(이)란 임대사업자가 매매 등으로 소유권을 취득하여 임대하는 민간임대주택을 말한다.

09 민간임대주택에 관한 특별법 제3조(다른 법률과의 관계) 규정이다. ( )에 들어갈 법률명을 쓰시오.
제20회 주관식

> 민간임대주택의 건설·공급 및 관리 등에 관하여 이 법에서 정하지 아니한 사항에 대하여는 「주택법」, 「건축법」, 「( )」 및 「주택임대차보호법」을 적용한다.

10 민간임대주택에 관한 특별법 제5조의5(청약 철회 및 가입비등의 반환 등) 규정의 일부이다. ( )에 들어갈 아라비아 숫자를 쓰시오. 제26회 주관식

- 조합가입신청자는 민간임대협동조합 가입 계약체결일부터 (㉠)일 이내에 민간임대협동조합 가입에 관한 청약을 철회할 수 있다.
- 모집주체는 조합가입신청자가 청약 철회를 한 경우 청약 철회 의사가 도달한 날부터 (㉡)일 이내에 예치기관의 장에게 가입비등의 반환을 요청하여야 한다.

11 민간임대주택에 관한 특별법 제10조(주택임대관리업의 등록말소 등) 제1항 규정의 일부이다. ( )에 들어갈 아라비아 숫자를 쓰시오. 제25회 주관식

시장·군수·구청장은 주택임대관리업자가 다음 각 호의 어느 하나에 해당하면 그 등록을 말소하거나 1년 이내의 기간을 정하여 영업의 전부 또는 일부의 정지를 명할 수 있다. 다만, 제1호, 제2호 또는 제6호에 해당하는 경우에는 그 등록을 말소하여야 한다.
2. 영업정지기간 중에 주택임대관리업을 영위한 경우 또는 최근 (㉠)년간 2회 이상의 영업정지처분을 받은 자로서 그 정지처분을 받은 기간이 합산하여 (㉡)개월을 초과한 경우

1 공공지원민간임대주택 공급촉진지구

[개정반영]

12 민간임대주택에 관한 특별법령상 공공지원민간임대주택 공급촉진지구(이하 '촉진지구'라 함)에 관한 설명으로 옳지 않은 것은? 제20회

① 시·도지사는 도시지역과 경계면이 접하고 부지 면적이 2만제곱미터 이상 지역으로서 그 부지 면적 중 유상공급 면적의 50퍼센트 이상을 공공지원민간임대주택으로 건설·공급하기 위하여 촉진지구를 지정할 수 있다.
② 촉진지구 안에서 국유지·공유지를 제외한 토지면적의 50퍼센트 이상에 해당하는 토지소유자의 동의를 받은 자는 지정권자에게 촉진지구의 지정을 제안할 수 있다.
③ 촉진지구의 면적을 10퍼센트 범위에서 증감하는 경우에는 중앙도시계획위원회 또는 시·도 도시계획위원회의 심의를 거치지 아니하여도 된다.
④ 지정권자가 촉진지구의 지정을 위해 관계 중앙행정기관의 장 및 관할 지방자치단체의 장과 협의를 하는 경우 「자연재해대책법」에 따른 재해영향평가 등에 관한 협의를 별도로 하여야 한다.
⑤ 촉진지구가 지정고시된 날부터 2년 이내에 공공지원민간임대주택의 건축을 시작하지 아니하면 지정권자는 촉진지구의 지정을 해제할 수 있다.

13 민간임대주택 특별법 제22조(촉진지구의 지정) 제1항 규정의 일부이다. ( )에 들어갈 아라비아 숫자를 쓰시오.   제27회 주관식

> 시·도지사는 공공지원민간임대주택이 원활하게 공급될 수 있도록 공공지원민간임대주택 공급촉진지구(이하 '촉진지구'라 한다)를 지정할 수 있다. 이 경우 촉진지구는 다음 각 호의 요건을 모두 갖추어야 한다.
> 1. 촉진지구에서 건설·공급되는 전체 주택 호수의 (㉠)퍼센트 이상이 공공지원민간임대주택으로 건설·공급될 것
> 〈이하 생략〉

14 민간임대주택에 관한 특별법 제34조(토지등의 수용 등) 규정의 일부이다. ( ) 안에 들어갈 숫자를 순서대로 각각 쓰시오.   제19회 주관식

> 시행자는 공공지원민간임대주택 공급촉진지구('촉진지구') 토지 면적의 ( )분의 2 이상에 해당하는 토지를 소유하고 토지 소유자 총수의 ( )분의 1 이상에 해당하는 자의 동의를 받은 경우 나머지 토지등을 수용 또는 사용할 수 있다. 다만, 국가 또는 지방자치단체, 한국토지주택공사, 「지방공기업법」에 따라 주택사업을 목적으로 설립된 지방공사 등이 시행자인 경우 이러한 요건을 적용하지 아니하고 수용 또는 사용할 수 있다.

CHAPTER 02 민간임대주택의 공급 및 관리 등   정답 및 해설 p.52

01 민간임대주택에 관한 특별법령상 임대보증금에 대한 보증에 관한 설명으로 옳지 않은 것은?   제27회

① 임대사업자가 분양주택 전부를 우선 공급받아 임대하는 민간매입임대주택을 임대하는 경우 임대보증금에 대한 보증에 가입하여야 한다.
② 임대사업자는 임대보증금이 「주택임대차보호법」 제8조 제3항에 따른 금액 이하이고 임차인이 임대보증금에 대한 보증에 가입하지 아니하는 것에 동의한 경우에는 임대보증금에 대한 보증에 가입하지 아니할 수 있다.
③ 임대사업자는 임대사업자 등록이 말소되는 날에 임대 중인 경우에는 임대차계약이 종료되는 날까지 임대보증금에 대한 보증 가입을 유지하여야 한다.
④ 임대사업자는 보증의 수수료를 6개월 단위로 재산정하여 분할납부할 수 있다.
⑤ 임대사업자가 보증에 가입하는 경우 보증회사는 보증 가입 사실을 시장·군수·구청장에게 알리고, 관련 자료를 제출하여야 한다.

02 민간임대주택에 관한 특별법령상 임차인대표회의 및 특별수선충당금에 관한 설명으로 옳지 않은 것은?
　　　　　　　　　　　　　　　　　　　　　　　　　　　　　　　　　　제26회

① 최초로 임차인대표회의를 구성하는 경우가 아닌 한, 동별 대표자가 될 수 있는 사람은 해당 민간임대주택단지에서 1년 이상 계속 거주하고 있는 임차인으로 한다.
② 임차인대표회의는 회장 1명, 부회장 1명 및 감사 1명을 동별 대표자 중에서 선출하여야 한다.
③ 임차인대표회의를 소집하려는 경우에는 소집일 5일 전까지 회의의 목적·일시 및 장소 등을 임차인에게 알리거나 공고하여야 한다.
④ 임대사업자는 특별수선충당금을 사용하려면 미리 해당 민간임대주택의 소재지를 관할하는 시장·군수·구청장과 협의하여야 한다.
⑤ 특별수선충당금은 임대사업자와 해당 민간임대주택의 소재지를 관할하는 시장·군수·구청장의 공동 명의로 금융회사 등에 예치하여 따로 관리하여야 한다.

03 민간임대주택에 관한 특별법령상 임대사업자 등에 관한 설명으로 옳지 않은 것은?
　　　　　　　　　　　　　　　　　　　　　　　　　　　　　　　　　　제28회

① 공공지원민간임대주택의 임차인은 거짓이나 그 밖의 부정한 방법으로 공공지원민간임대주택을 공급받아서는 아니 된다.
② 100세대 이상의 공동주택을 임대하는 임대사업자는 임대차기간을 변경한 날부터 3개월 이내에 시장·군수·구청장에게 변경신고를 하여야 한다.
③ 장기일반민간임대주택의 임대사업자는 임대기간 중 임차인 자격 및 선정방법 등에 대하여 임대사업자가 정한 기준에 따라 공급하여야 한다.
④ 임대사업자가 민간임대주택에 대한 임대차계약을 체결하려는 경우에는 국토교통부령으로 정하는 표준임대차계약서를 사용하여야 한다.
⑤ 임대사업자가 공급하는 150세대 이상의 공동주택으로서 승강기가 설치된 공동주택에 입주하는 임차인은 임차인대표회의를 구성하여야 한다.

04 민간임대주택에 관한 특별법령상 임대주택의 분쟁조정에 관한 설명으로 옳은 것은?
제24회

① 공공주택사업자는 관리비를 둘러싼 분쟁에 관하여 임대주택분쟁조정위원회에 조정을 신청할 수 없다.
② 임대사업자는 민간임대주택 관리규약의 개정에 대한 분쟁에 관하여 임대주택분쟁조정위원회에 조정을 신청할 수 있다.
③ 임대사업자는 공공임대주택의 분양전환가격에 관한 분쟁에 대하여 임대주택분쟁조정위원회에 조정을 신청할 수 있다.
④ 임대주택분쟁조정위원회는 위원 중에 호선하는 위원장 1명을 포함하여 10명 이내로 구성한다.
⑤ 임대주택분쟁조정위원회가 제시한 조정안에 대하여 임차인대표회의가 동의하는 경우에는 임대사업자의 이의가 있더라도 조정조서와 같은 내용의 합의가 성립된 것으로 본다.

05 민간임대주택에 관한 특별법 제52조(임차인대표회의) 제1항의 규정이다. ( )에 들어갈 아라비아 숫자를 쓰시오.
제24회 주관식

> 임대사업자가 (㉠)세대 이상의 범위에서 대통령령으로 정하는 세대 이상의 민간임대주택을 공급하는 공동주택단지에 입주하는 임차인은 임차인대표회의를 구성할 수 있다. 다만, 임대사업자가 (㉡)세대 이상의 민간임대주택을 공급하는 공동주택단지 중 대통령령으로 정하는 공동주택단지에 입주하는 임차인은 임차인대표회의를 구성하여야 한다.

06 민간임대주택에 관한 특별법 제50조(준주택의 용도제한) 제1항 규정이다. ( )에 들어갈 용어를 쓰시오.
제28회 주관식

> 민간임대주택으로 등록한 준주택은 (㉠)이(가) 아닌 용도로 사용할 수 없다.

PART 04 공공주택 특별법

CHAPTER 01 총칙 및 공공주택지구 등

정답 및 해설 p.54

01 공공주택 특별법령상 공공주택사업자로 지정될 수 없는 자는? 제27회
① 「공무원연금법」에 따른 공무원연금공단
② 지방자치단체가 시설물 관리를 목적으로 총지분의 100분의 40을 출자·설립한 지방공단
③ 「한국자산관리공사 설립 등에 관한 법률」에 따른 한국자산관리공사
④ 「한국철도공사법」에 따른 한국철도공사
⑤ 「국가철도공단법」에 따른 국가철도공단

02 공공주택 특별법령상 공공주택지구(이하 '주택지구'라 한다)의 조성에 관한 설명으로 옳지 않은 것은? 제26회
① 공공주택사업자는 주택지구의 조성 또는 공공주택건설을 위하여 필요한 경우에는 토지등을 수용 또는 사용할 수 있다.
② 공공주택사업자는 주택지구로 조성된 토지가 판매시설용지 등 영리를 목적으로 사용될 토지에 해당하는 경우 수의계약의 방법으로 공급할 수 있다.
③ 공공주택사업자는 지구조성사업을 효율적으로 시행하기 위하여 지구계획의 범위에서 주택지구 중 일부지역에 한정하여 준공검사를 신청할 수 있다.
④ 공공주택사업자는 「주택법」에 따른 국민주택의 건설용지로 사용할 토지를 공급할 때 그 가격을 조성원가 이하로 할 수 있다.
⑤ 주택지구 안에 있는 국가 또는 지방자치단체 소유의 토지로서 지구조성사업에 필요한 토지는 지구조성사업 외의 목적으로 매각하거나 양도할 수 없다.

03 공공주택 특별법 시행령 제2조(공공임대주택)에 따른 공공임대주택의 종류에 관한 내용이다. ( )에 들어갈 용어를 쓰시오. 제22회 주관식

(㉠)(이)란 국가나 지방자치단체의 재정이나 주택도시기금의 자금을 지원받아 대학생, 사회초년생, 신혼부부 등 젊은 층의 주거안정을 목적으로 공급하는 공공임대주택이다.

04 공공주택 특별법 제2조(정의) 규정의 일부이다. (   )에 들어갈 용어와 아라비아 숫자를 쓰시오.   제24회 주관식

> '(㉠) 분양주택'이란 제4조에 따른 공공주택사업자가 직접 건설하거나 매매 등으로 취득하여 공급하는 공공분양주택으로서 주택을 공급받은 자가 20년 이상 (㉡)년 이하의 범위에서 대통령령으로 정하는 기간 동안 공공주택사업자와 주택의 소유권을 공유하면서 대통령령으로 정하는 바에 따라 소유 지분을 적립하여 취득하는 주택을 말한다.

05 공공주택 특별법 제2조(정의) 규정의 일부이다. (   )에 들어갈 아라비아 숫자를 쓰시오.   제28회 주관식

> '공공주택지구'란 공공주택의 공급을 위하여 공공주택이 전체주택 중 100분의 (㉠) 이상이 되고, 제6조 제1항에 따라 지정·고시하는 지구를 말한다.

[개정반영]
06 공공주택 특별법 시행령 제3조(공공주택의 건설 비율) 규정의 일부이다. (   )에 들어갈 숫자를 순서대로 쓰시오.   제20회 주관식

> 공공주택지구의 공공주택 비율은 다음 각 호의 구분에 따른다. 이 경우 제1호 및 제2호의 주택을 합한 주택이 공공주택지구 전체 주택 호수의 100분의 50 이상이 되어야 한다.
> 1. 공공임대주택: 전체 주택 호수의 100분의 (㉠) 이상
> 2. 공공분양주택: 전체 주택 호수의 100분의 (㉡) 이하

07 공공주택 특별법 제6조의2(특별관리지역의 지정 등) 제1항 규정이다. (   )에 들어갈 용어와 아라비아 숫자를 쓰시오.   제26회 주관식

> 국토교통부장관은 제6조 제1항에 따라 주택지구를 해제할 때 국토교통부령으로 정하는 일정 규모 이상으로서 체계적인 관리계획을 수립하여 관리하지 아니할 경우 (㉠)(이)가 우려되는 지역에 대하여 (㉡)년의 범위에서 특별관리지역으로 지정할 수 있다.

CHAPTER 02 공공주택의 공급 및 운영·관리 등

개정반영

01 공공주택 특별법령상 특별수선충당금에 관한 설명으로 옳은 것은? 제25회

① 1997년 3월 1일 전에 주택건설사업계획의 승인을 받은 공공임대주택이라도 300세대 이상의 공동주택이라면 특별수선충당금을 적립하여야 한다.
② 특별수선충당금은 사용검사일이 속하는 달부터 매달 적립한다.
③ 국민임대주택의 경우 특별수선충당금의 적립요율은 국토교통부장관이 고시하는 표준건축비의 1만분의 1이다.
④ 특별수선충당금의 적립요율은 시장·군수 또는 구청장의 허가를 받아 변경할 수 있다.
⑤ 공공주택사업자는 특별수선충당금을 사용하려면 미리 해당 공공임대주택의 주소지를 관할하는 시장·군수 또는 구청장과 협의하여야 한다. 다만, 그렇지 않은 경우도 있다.

02 공공주택 특별법령상 공공주택의 운영·관리에 관한 설명으로 옳은 것은? 제24회

① 공공임대주택의 임차인이 이혼으로 공공임대주택에서 퇴거하고, 해당 주택에 계속 거주하려는 배우자가 자신으로 임차인을 변경할 경우로서 공공주택사업자의 동의를 받은 경우, 임차인은 임차권을 양도할 수 있다.
② 공공주택사업자는 공공임대주택의 임대조건 등 임대차계약에 관한 사항에 대하여 시장·군수 또는 구청장의 허가를 받아야 한다.
③ 공공주택사업자가 임차인에게 우선 분양전환을 통보한 날부터 3개월 이내에 임차인이 우선 분양전환 계약을 하지 아니한 경우 공공주택사업자는 해당 임대주택을 제3자에게 매각할 수 있다.
④ 공공주택사업자가 임대차계약을 체결할 때 임대차 계약기간이 끝난 후 임대주택을 그 임차인에게 분양전환할 예정이라도 임대차 계약기간을 2년 이내로 할 수 없다.
⑤ 공공주택사업자의 귀책사유 없이 임차인이 표준임대차계약서상의 계약기간이 시작된 날부터 2개월 이내에 입주하지 아니한 경우 공공주택사업자는 임대차계약을 해지할 수 있다.

03 공공주택 특별법령상 공공임대주택의 임대의무기간으로 옳은 것을 모두 고른 것은?

제23회

┌─────────────────────────────────┐
│ ㉠ 영구임대주택: 50년   │
│ ㉡ 행복주택: 30년   │
│ ㉢ 장기전세주택: 30년   │
│ ㉣ 국민임대주택: 20년   │
└─────────────────────────────────┘

① ㉠, ㉡　　　　　　　　② ㉠, ㉢
③ ㉠, ㉣　　　　　　　　④ ㉡, ㉢
⑤ ㉡, ㉣

04 공공주택 특별법령상 공공주택의 운영·관리 등에 관한 설명으로 옳은 것은? 제28회

① 공공임대주택의 공공주택사업자는 임대료 증액이 있은 후 3년 이내에는 증액하지 못한다.
② 공공주택사업자는 임차인이 월 임대료를 2개월 이상 연속하여 연체한 경우에는 임대차계약의 재계약을 거절할 수 있다.
③ 임대의무기간이 10년인 공공임대주택의 임차인의 세대구성원 중 1인이 6개월 이상 국외에 머무를 경우로서 공공주택사업자의 동의를 받은 경우에는 임차권을 전대할 수 있다.
④ 지분적립형 분양주택의 공공주택사업자는 거주의무자가 거주의무기간 동안 계속하여 거주하여야 함을 소유권에 관한 등기에 부기등기하여야 하며, 이 경우 부기등기는 소유권보존등기와 동시에 하여야 한다.
⑤ 공공임대주택의 임차인은 공공주택사업자의 귀책사유로 입주기간 종료일부터 2개월 이내에 입주할 수 없는 경우 임대차계약을 해제 또는 해지할 수 있다.

05 공공주택 특별법령상 공공주택의 운영·관리에 관한 설명으로 옳지 않은 것은?

제20회

① 공공주택사업자는 공공임대주택의 임대조건 등 임대차계약에 관한 사항을 시장·군수 또는 구청장에게 신고하여야 한다.

② 공공주택사업자가 공공임대주택에 대한 임대차계약을 체결할 때 임대차 계약기간이 끝난 후 임대주택을 그 임차인에게 분양전환할 예정이면 임대차 계약기간을 2년 이내로 할 수 있다.

③ 공공주택사업자는 공공주택사업자의 귀책사유가 없음에도 임대차 계약기간이 시작된 날부터 2개월 이내에 임차인이 입주하지 아니한 경우, 임대차계약을 해제 또는 해지할 수 있다.

④ 공공주택사업자는 공공건설임대주택의 임대의무기간이 지난 후 해당 주택의 임차인에게 우선 분양전환 자격, 우선 분양전환 가격 등 우선 분양전환에 관한 사항을 통보하여야 한다. 이 경우 우선 분양전환 자격이 있다고 통보받은 임차인이 우선 분양전환에 응하려는 경우에는 그 통보를 받은 후 6개월(임대의무기간이 10년인 공공건설임대주택의 경우에는 12개월을 말한다) 이내에 우선 분양전환 계약을 하여야 한다.

⑤ 공공주택사업자는 위 ④의 우선 분양전환 계약을 하지 아니한 경우 해당 임대주택을 법령에 따라 통보한 분양전환 가격 이하의 가격으로 국토교통부령으로 정하는 바에 따라 제3자에게 매각할 수 있다.

06 공공주택 특별법령상 공공주택의 운영·관리에 관한 설명으로 옳지 않은 것은?   제21회

① 공공주택사업자는 임차인의 보육수요 충족을 위하여 필요하다고 판단하는 경우 해당 공공임대주택의 일부 세대를 10년 이내의 범위에서 「영유아보육법」에 따른 가정어린이집을 설치·운영하려는 자에게 임대할 수 있다.
② 공공주택사업자는 임차인이 월 임대료를 3개월 이상 연속하여 연체한 경우에는 임대차계약을 해제 또는 해지하거나 재계약을 거절할 수 있다.
③ 「혁신도시 조성 및 발전에 관한 특별법」에 따라 이전하는 기관 또는 그 기관에 종사하는 사람이 해당 기관이 이전하기 이전에 공공임대주택을 공급받아 전대(轉貸)하는 경우로서 공공주택사업자의 동의를 받은 경우에는 그 공공임대주택을 전대할 수 있다.
④ 공공주택사업자는 특별수선충당금을 사용하려면 미리 해당 공공임대주택의 주소지를 관할하는 시장·군수 또는 구청장과 협의하여야 한다.
⑤ 공공임대주택의 임대료 등 임대조건을 정하는 경우에는 임차인의 소득수준 및 공공임대주택의 규모 등을 고려하여 차등적으로 정할 수 있다.

개정반영

07 공공주택 특별법령상 공공주택에 관한 설명으로 옳은 것을 모두 고른 것은?   제21회

> ㉠ 국가 및 지방자치단체는 청년층·장애인·고령자·신혼부부 및 저소득층 등 주거지원이 필요한 계층의 주거안정을 위하여 공공주택의 건설·취득 또는 관리와 관련한 국세 또는 지방세를 「조세특례제한법」, 「지방세특례제한법」, 그 밖에 조세 관계 법률 및 조례로 정하는 바에 따라 감면할 수 있다.
> ㉡ 다른 법령에 따른 개발사업을 하려는 자가 임대주택을 계획하는 경우 공공임대주택을 우선 고려하여야 한다.
> ㉢ 장기전세주택이란 국가나 지방자치단체의 재정이나 주택도시기금의 자금을 지원받아 전세계약의 방식으로 공급하는 공공임대주택을 말한다.
> ㉣ 국토교통부장관은 공공주택의 건설, 매입 또는 임차에 주택도시기금을 배정하기에 앞서 국가의 재정을 우선적으로 배정하여야 한다.

① ㉠, ㉡
② ㉢, ㉣
③ ㉠, ㉡, ㉢
④ ㉠, ㉡, ㉣
⑤ ㉡, ㉢, ㉣

08 공공주택 특별법 제50조의4 규정의 일부이다. ( ) 안에 공통적으로 들어갈 용어를 쓰시오.
제19회 주관식

- 300세대 이상의 공동주택 등 대통령령으로 정하는 규모에 해당하는 공공임대주택의 공공주택사업자는 주요 시설을 교체하고 보수하는 데에 필요한 (㉠)을(를) 적립하여야 한다.
- 공공주택사업자가 임대의무기간이 지난 공공건설임대주택을 분양전환하는 경우에는 (㉠)을(를) 「공동주택관리법」 제11조에 따라 최초로 구성되는 입주자대표회의에 넘겨주어야 한다.

개정반영

09 공공주택 특별법령상 공공임대주택의 임대의무기간에 관한 규정의 일부이다. ( )에 들어갈 숫자를 순서대로 쓰시오.
제22회 주관식

법 제50조의2(공공임대주택의 매각제한) ① 공공주택사업자는 공공임대주택을 5년 이상의 범위에서 대통령령으로 정한 임대의무기간이 지나지 아니하면 매각할 수 없다.

시행령 제54조(공공임대주택의 임대의무기간) ① 법 제50조의2 제1항에서 '대통령령으로 정한 임대의무기간'이란 그 공공임대주택의 임대개시일부터 다음 각 호의 기간을 말한다.
1. 영구임대주택: 50년
2. 국민임대주택: (㉠)년
3. 행복주택: 30년
4. 통합공공임대주택: 30년
5. 장기전세주택: (㉡)년
6.~8. 〈생략〉

10 공공주택 특별법 제50조의3(공공임대주택의 우선 분양전환 등) 제2항 규정이다. ( )에 들어갈 아라비아 숫자를 쓰시오. 　　제27회 주관식

> 공공주택사업자는 공공건설임대주택의 임대의무기간이 지난 후 해당 주택의 임차인에게 제1항에 따른 우선 분양전환 자격, 우선 분양전환 가격 등 우선 분양전환에 관한 사항을 통보하여야 한다. 이 경우 우선 분양전환 자격이 있다고 통보받은 임차인이 우선 분양전환에 응하려는 경우에는 그 통보를 받은 후 (㉠)개월(임대의무기간이 10년인 공공건설임대주택의 경우에는 12개월을 말한다) 이내에 우선 분양전환 계약을 하여야 한다.

11 공공주택 특별법 제49조(공공임대주택의 임대조건 등) 제2항 규정의 일부이다. ( )에 들어갈 아라비아 숫자를 쓰시오. 　　제25회 주관식

> 공공임대주택의 공공주택사업자가 임대료 증액을 청구하는 경우에는 임대료의 100분의 (㉠) 이내의 범위에서 주거비 물가지수, 인근 지역의 주택 임대료 변동률 등을 고려하여 증액하여야 한다. 이 경우 증액이 있은 후 (㉡)년 이내에는 증액하지 못한다.

12 공공주택 특별법 제49조(공공임대주택의 임대조건 등) 규정의 일부이다. ( ) 안에 들어갈 숫자를 순서대로 각각 쓰시오. 　　제19회 주관식

> 공공임대주택의 공공주택사업자가 임대료 증액을 청구하는 경우(재계약을 하는 경우를 포함한다)에는 임대료의 100분의 (㉠) 이내의 범위에서 주거비 물가지수, 인근 지역의 주택 임대료 변동률 등을 고려하여 증액하여야 한다. 이 경우 증액이 있은 후 (㉡)년 이내에는 증액하지 못한다.
> (※ 단, 소득수준 등의 변화로 임대료가 변경되는 경우는 고려하지 않음)

13 공공주택 특별법 시행령 제47조(재계약의 거절 등) 제1항 규정의 일부이다. (   )에 들어갈 숫자를 쓰시오.

제23회 주관식

> 법 제49조의3 제1항 제6호에서 '기간 내 입주 의무, 임대료 납부 의무, 분납금 납부 의무 등 대통령령으로 정하는 의무를 위반한 경우'란 다음 각 호의 어느 하나에 해당하는 경우를 말한다.
> 1. 공공주택사업자의 귀책사유 없이 법 제49조의2에 따른 표준임대차계약서상의 임대차 계약기간이 시작된 날부터 (㉠)개월 이내에 입주하지 아니한 경우
> 2. 〈생략〉
> 3. 분납임대주택의 분납금(분할하여 납부하는 분양전환금을 말한다)을 (㉡)개월 이상 연체한 경우

PART 05 건축법

CHAPTER 01 총칙

정답 및 해설 p.59

1 목적 및 용어의 정의

01 건축법령상 용어의 정의에 관한 설명으로 옳은 것은? 제19회

① '건축'이란 건축물을 신축·증축·재축하는 것을 말하며, 건축물을 이전하는 것은 건축에 해당하지 않는다.
② 건축물의 기능향상을 위하여 일부 증축하는 행위는 리모델링에 해당하나, 동일한 목적을 위한 대수선은 리모델링이 아니다.
③ 현장 관리인을 두어 스스로 건축설비의 설치 공사를 하는 자는 건축주가 아니다.
④ 층수가 30층 미만이고 높이가 120미터 이상인 건축물은 고층건축물에 해당한다.
⑤ 기둥, 최하층 바닥, 보, 차양, 옥외 계단은 건축물의 주요구조부에 해당하지 않는다.

02 건축법 제1조의 규정이다. ( ) 안에 들어갈 용어를 순서대로 각각 쓰시오. 제17회

> 이 법은 건축물의 대지·구조·설비 기준 및 용도 등을 정하여 건축물의 (㉠)·기능·(㉡) 및 미관을 향상시킴으로써 공공복리의 증진에 이바지하는 것을 목적으로 한다.

03 건축법 제2조(정의) 규정의 일부이다. ( )에 들어갈 용어를 쓰시오. 제27회 주관식

> '(㉠)구조물'이란 건축물의 안전·기능·환경 등을 향상시키기 위하여 건축물에 추가적으로 설치하는 환기시설물 등 대통령령으로 정하는 구조물을 말한다.

04 건축법 시행령 제2조(정의) 규정의 일부이다. (　)에 들어갈 용어를 쓰시오.

제26회 주관식

'발코니'란 건축물의 내부와 외부를 연결하는 (㉠)(으)로서 전망이나 휴식 등의 목적으로 건축물 (㉡)에 접하여 부가적(附加的)으로 설치되는 공간을 말한다.

05 건축법 시행령 제2조(정의) 규정의 일부이다. (　)에 들어갈 용어를 쓰시오.

제20회 주관식

'(㉠)'(이)란 건축물의 내부와 외부를 연결하는 완충공간으로서 전망이나 휴식 등의 목적으로 건축물 외벽에 접하여 부가적(附加的)으로 설치되는 공간을 말한다.

06 건축법 시행령 제2조(정의) 규정의 일부이다. (　)에 공통으로 들어갈 용어를 쓰시오.

제23회 주관식

(㉠)(이)란 건축물의 내부와 외부를 연결하는 완충공간으로서 전망이나 휴식 등의 목적으로 건축물 외벽에 접하여 부가적(附加的)으로 설치되는 공간을 말한다. 이 경우 주택에 설치되는 (㉠)(으)로서 국토교통부장관이 정하는 기준에 적합한 (㉠)은(는) 필요에 따라 거실·침실·창고 등의 용도로 사용할 수 있다.

07 건축법 제2조 제1항 제8호의2 규정에 대한 설명이다. (　)에 들어갈 용어를 쓰시오.

제22회 주관식

(㉠)(이)란 제56조에 따른 용적률을 개별 대지마다 적용하지 아니하고, 2개 이상의 대지를 대상으로 통합적용하여 건축물을 건축하는 것을 말한다.

08 건축법 제2조(정의) 규정의 일부이다. ( )에 들어갈 단어를 순서에 관계없이 쓰시오.
<small>제21회 주관식</small>

> ① 이 법에서 사용하는 용어의 뜻은 다음과 같다.
> 1. ~ 13. 〈생략〉
> 14. '설계도서'란 건축물의 건축 등에 관한 공사용 도면, (㉠), (㉡), 그 밖에 국토교통부령으로 정하는 공사에 필요한 서류를 말한다.

09 건축법 제2조(정의) 제15호의 내용이다. ( ) 안에 들어갈 용어를 쓰시오.
<small>제19회 주관식</small>

> '(㉠)'(이)란 자기의 책임(보조자의 도움을 받는 경우를 포함한다)으로 「건축법」이 정하는 바에 따라 건축물, 건축설비 또는 공작물이 설계도서의 내용대로 시공되는지를 확인하고, 품질관리·공사관리·안전관리 등에 대하여 지도·감독하는 자를 말한다.

10 건축법령상 대지면적에 대한 연면적(대지에 건축물이 둘 이상 있는 경우에는 이들 연면적의 합계로 함)의 비율을 지칭하는 용어를 쓰시오.
<small>제19회 주관식</small>

2 건축법상의 행위 및 용도

<small>개정반영</small>

11 건축법령상 건축물의 대수선에 해당하지 않는 것은? (단, 증축·개축 또는 재축에 해당하지 않음을 전제로 함)
<small>제20회</small>

① 내력벽의 벽면적을 30제곱미터 이상 수선 또는 변경하는 것
② 기둥을 증설 또는 해체하는 것
③ 건축물의 내부에 사용하는 마감재료를 증설 또는 해체하는 것
④ 다가구주택의 가구 간 경계벽을 수선 또는 변경하는 것

※ 법령 개정으로 삭제한 문항이 있어 4지 선택형으로 수정하였습니다.

12 건축법령상 용도별 건축물의 종류에 관한 설명으로 옳지 않은 것은?   제27회

① 동물 전용의 장례식장은 '장례시설'이다.
② 주택으로 쓰는 1개 동의 바닥면적 합계가 660제곱미터 이하이고 층수가 4개 층 이하인 주택은 '연립주택'이다.
③ 단란주점으로서 제2종 근린생활시설에 해당하지 아니하는 것은 '위락시설'이다.
④ 안마시술소와 노래연습장은 같은 건축물에 해당 용도로 쓰는 바닥면적의 합계가 150제곱미터를 초과하더라도 '제2종 근린생활시설'이다.
⑤ 층수가 3개 층 이하인 주택이더라도 주택으로 쓰는 1개 동의 바닥면적의 합계가 660제곱미터를 초과하면 '다가구주택'이 아니다.

13 건축법상 건축법 적용 제외 건축물이 아닌 것은?   제27회

① 고속도로 통행료 징수시설
② 철도의 선로 부지에 있는 플랫폼
③ 궤도의 선로 부지에 있는 운전보안시설
④ 「자연유산의 보존 및 활용에 관한 법률」에 따라 지정된 임시지정명승
⑤ 「산업집적활성화 및 공장설립에 관한 법률」에 따른 공장의 용도가 아닌 건축물의 대지에 설치하는 것으로서 이동이 쉬운 컨테이너를 이용한 간이창고

14 건축법령상 건축관계자가 업무를 수행할 때 건축법 제56조(건축물의 용적률)의 기준을 완화하여 적용할 것을 허가권자에게 요청할 수 있는 건축물을 모두 고른 것은? (단, 특례 및 조례는 고려하지 않음)   제27회

> ㉠ 초고층 건축물
> ㉡ 수면 위에 건축하는 건축물
> ㉢ 사용승인을 받은 후 15년 이상이 되어 리모델링이 필요한 건축물
> ㉣ 경사진 대지에 계단식으로 건축하는 공동주택으로서 지면에서 직접 각 세대가 있는 층으로의 출입이 가능하고, 위층 세대가 아래층 세대의 지붕을 정원 등으로 활용하는 것이 가능한 형태의 건축물

① ㉠
② ㉠, ㉣
③ ㉡, ㉢
④ ㉡, ㉢, ㉣
⑤ ㉠, ㉡, ㉢, ㉣

15 건축법 시행령 [별표 1]의 용도별 건축물의 종류에 관한 규정의 일부이다. ( )에 들어갈 용어와 아라비아 숫자를 쓰시오. 제25회 주관식

> • 연립주택: 주택으로 쓰는 1개 동의 (㉠) 합계가 660제곱미터를 초과하고, 층수가 4개 층 이하인 주택
> • 일반기숙사: 학교 또는 공장 등의 학생 또는 종업원 등을 위하여 사용하는 것으로서 해당 기숙사의 공동취사시설 이용 세대 수가 전체 세대 수(건축물의 일부를 기숙사로 사용하는 경우에는 기숙사로 사용하는 세대 수로 한다)의 (㉡)퍼센트 이상인 것

16 건축법 시행령 [별표 1]의 용도별 건축물의 종류에 관한 규정의 일부이다. (㉠)에 공통으로 들어갈 용어와 (㉡)에 들어갈 숫자를 쓰시오. 제23회 주관식

> 2. 공동주택[공동주택의 형태를 갖춘 가정어린이집·공동생활가정·지역아동센터·공동육아나눔터·작은도서관·노인복지시설(노인복지주택은 제외한다) 및 주택법 시행령 제10조 제1항 제1호에 따른 아파트형 주택을 포함한다]. 다만, 가목이나 나목에서 층수를 산정할 때 1층 전부를 (㉠) 구조로 하여 주차장으로 사용하는 경우에는 (㉠) 부분을 층수에서 제외하고, 〈생략〉
> 가. 아파트: 〈생략〉
> 나. 연립주택: 주택으로 쓰는 1개 동의 바닥면적(2개 이상의 동을 지하주차장으로 연결하는 경우에는 각각의 동으로 본다) 합계가 (㉡)제곱미터를 초과하고, 층수가 4개 층 이하인 주택
> 다. 다세대주택: 〈생략〉

17 건축법 제8조(리모델링에 대비한 특례 등) 규정의 일부이다. (㉠)에 공통으로 들어갈 용어와 (㉡)에 들어갈 숫자를 쓰시오. 제23회 주관식

> 리모델링이 쉬운 구조의 (㉠)의 건축을 촉진하기 위하여 (㉠)을(를) 대통령령으로 정하는 구조로 하여 건축허가를 신청하면 제56조, 제60조 및 제61조에 따른 기준을 100분의 (㉡)의 범위에서 대통령령으로 정하는 비율로 완화하여 적용할 수 있다.

CHAPTER 02 건축물의 건축

01 건축법령상 건축물과 분리하여 축조할 때 특별자치시장·특별자치도지사 또는 시장·군수·구청장에게 신고를 해야 하는 공작물이 아닌 것은? (단, 특례 및 조례는 고려하지 않음) 제27회

① 높이 3미터의 첨탑
② 주거지역에 설치하는 높이 8미터의 통신용 철탑
③ 높이 6미터의 「신에너지 및 재생에너지 개발·이용·보급 촉진법」에 따른 태양에너지를 이용하는 발전설비
④ 높이 7미터의 굴뚝
⑤ 높이 9미터의 고가수조

02 건축법상 건축물 안전영향평가(이하 '안전영향평가'라 한다)에 관한 설명으로 옳지 않은 것은? 제26회

① 초고층 건축물은 안전영향평가의 대상이다.
② 안전영향평가에서는 건축물의 구조, 지반 및 풍환경(風環境) 등이 건축물의 구조안전과 인접 대지의 안전에 미치는 영향 등을 평가한다.
③ 안전영향평가 결과는 지방의회의 동의를 얻어 시·도지사가 확정한다.
④ 안전영향평가 대상 건축물의 건축주는 건축허가 신청 시 제출하여야 하는 도서에 안전영향평가 결과를 반영하여야 한다.
⑤ 허가권자는 건축위원회의 심의 결과 및 안전영향평가 내용을 즉시 공개하여야 한다.

03 건축법령상 건축허가에 관한 설명으로 옳은 것은? (단, 공용건축물에 대한 특례 및 조례는 고려하지 않음) 제24회

① 연면적의 합계가 10만제곱미터인 공장을 특별시에 건축하려는 자는 특별시장의 허가를 받아야 한다.
② 허가권자는 숙박시설에 해당하는 건축물의 건축허가신청에 대하여 해당 대지에 건축하려는 규모가 교육환경을 고려할 때 부적합하다고 인정되는 경우에는 건축위원회의 심의를 거쳐 건축허가를 하지 아니할 수 있다.
③ 공동주택의 건축허가를 받은 자가 허가를 받은 날부터 1년 이내에 공사에 착수하지 아니한 경우, 허가권자는 건축허가를 취소하여야 한다.
④ 바닥면적의 합계가 85제곱미터인 단층건물을 신축하려는 자는 건축허가를 받아야 한다.
⑤ 분양을 목적으로 하는 공동주택의 경우, 건축주가 대지를 사용할 수 있는 권원을 확보한 때에는 해당 대지의 소유권을 확보하지 못하였더라도 건축허가를 받을 수 있다.

04 A는 연면적의 합계가 98제곱미터인 건축물인 창고를 신축하기 위해 건축신고를 하였고 그 신고는 수리되었다. 건축법령상 이에 관한 설명으로 옳지 않은 것은? 제22회

① A는 건축허가를 받은 것으로 본다.
② A의 창고가 「농지법」에 따른 농지전용허가의 대상인 경우에는 건축신고 외에 별도의 농지전용허가를 받아야 한다.
③ A가 창고의 신축 공사에 착수하려면 허가권자에게 공사계획을 신고하여야 한다.
④ A가 건축에 착수한 이후 건축주를 B로 변경하는 경우 신고를 하여야 한다.
⑤ A가 창고 신축을 완료하여 창고를 사용하려면 사용승인을 신청하여야 한다.

05 건축법령상 건축허가와 건축신고에 관한 설명으로 옳지 않은 것은? 제20회

① 허가권자는 건축허가를 신청한 숙박시설의 규모 또는 형태가 교육환경을 고려할 때 부적합하다고 인정되는 경우에는 건축위원회의 심의를 거쳐 건축허가를 하지 아니할 수 있다.
② 건축위원회의 심의를 받은 자가 심의 결과를 통지받은 날부터 2년 이내에 건축허가를 신청하지 아니하면 건축위원회 심의의 효력이 상실된다.
③ 특별시나 광역시가 아닌 시에 21층 이상의 건축물을 건축하려면 도지사의 허가를 받아야 한다.
④ 연면적의 합계가 100제곱미터 이하인 건축물을 신축하는 경우 건축신고를 하면 건축허가를 받은 것으로 본다.
⑤ 단층 건축물을 바닥면적의 합계가 85제곱미터 이내로 재축하는 경우 건축신고를 하면 건축허가를 받은 것으로 본다.

06 건축법령상 도시·군계획시설예정지에서 가설건축물을 축조하려는 자가 특별자치시장·특별자치도지사 또는 시장·군수·구청장에게 신고한 후 착공하여야 하는 경우가 아닌 것은? (단, 조례 및 공용건축물에 대한 특례는 고려하지 않음) 제26회

① 유원지에서 한시적인 문화행사를 목적으로 천막을 설치하는 것
② 조립식 구조로 된 경비용으로 쓰는 가설건축물로서 연면적이 10제곱미터 이하인 것
③ 조립식 경량구조로 된 외벽이 없는 임시 자동차 차고
④ 야외흡연실 용도로 쓰는 가설건축물로서 연면적이 75제곱미터 이상인 것
⑤ 도시지역 중 주거지역에 설치하는 농업용 비닐하우스로서 연면적이 100제곱미터 이상인 것

_{개정반영}

07 건축법령상 주거업무시설군에 속하는 건축물의 용도가 아닌 것은? 제25회

① 단독주택
② 공동주택
③ 업무시설
④ 운동시설
⑤ 교정시설 및 국방·군사시설

08 건축법령상 A시에 소재한 단독주택의 용도를 다음 각 시설의 용도로 변경하려는 경우, A시장의 허가를 받아야 하는 것을 모두 고른 것은? (단, 공용건축물에 대한 특례 및 조례는 고려하지 않음) 제24회

> ㉠ 제1종 근린생활시설　　㉡ 공동주택
> ㉢ 업무시설　　　　　　　㉣ 공장
> ㉤ 노유자시설

① ㉠, ㉡, ㉢
② ㉠, ㉡, ㉣
③ ㉠, ㉣, ㉤
④ ㉡, ㉢, ㉤
⑤ ㉢, ㉣, ㉤

개정반영

09 건축법령상 건축물의 사용승인에 관한 설명으로 옳은 것은? 제22회

① 건축주가 공사감리자를 지정한 경우에는 공사감리자가 사용승인을 신청하여야 한다.
② 도시·군계획시설에서 가설건축물 건축을 위한 허가를 받은 경우에는 따로 건축물 사용승인을 받지 않고 사용할 수 있다.
③ 임시사용승인의 기간은 3년 이내로 하며, 1회에 한하여 연장할 수 있다.
④ 허가권자로부터 건축물의 사용승인을 받은 경우에는 「전기안전관리법」에 따른 전기설비의 사용전검사를 받은 것으로 본다.
⑤ 허가권자인 구청장이 건축물의 사용승인을 하려면 관할 특별시장 또는 광역시장의 동의를 받아야 한다.

10 건축법령상 건축물의 건축등을 위한 설계를 건축사가 아니라도 할 수 있는 경우에 해당하는 것은? (단, 건축물의 소재지는 읍·면지역이 아니며, 가설건축물은 고려하지 않음) 제26회

① 바닥면적의 합계가 85제곱미터인 건축물의 증축
② 바닥면적의 합계가 100제곱미터인 건축물의 개축
③ 바닥면적의 합계가 150제곱미터인 건축물의 재축
④ 연면적이 150제곱미터이고 층수가 2층인 건축물의 대수선
⑤ 연면적이 200제곱미터이고 층수가 4층인 건축물의 대수선

11 건축법 제14조(건축신고) 규정의 일부이다. (   )에 들어갈 숫자를 쓰시오.

제20회 주관식

> 건축신고를 한 자가 신고일부터 (㉠)년 이내에 공사에 착수하지 아니하면 그 신고의 효력은 없어진다. 다만, 건축주의 요청에 따라 허가권자가 정당한 사유가 있다고 인정하면 1년의 범위에서 착수기한을 연장할 수 있다.

CHAPTER 03 건축의 규제

정답 및 해설 p.66

01 건축법령상 대지에 조경 등의 조치를 하여야 하는 건축물은? (단, 건축법상 적용제외 규정, 특별건축구역의 특례 및 건축조례는 고려하지 않음)

제22회

① 녹지지역인 면적 5천 제곱미터인 대지에 건축하는 건축물
② 도시·군계획시설예정지에서 건축하는 연면적 합계가 2천 제곱미터인 가설건축물
③ 상업지역인 면적 1천 제곱미터인 대지에 건축하는 숙박시설
④ 농림지역인 면적 3천 제곱미터인 대지에 건축하는 축사
⑤ 관리지역인 면적 1천500 제곱미터인 대지에 건축하는 공장

02 건축법령상 용도지역 중 공개공지등을 설치하지 않아도 되는 지역은? (단, 도시화의 가능성이 크거나 노후 산업단지의 정비가 필요하다고 인정되는 지역은 아니며, 건축물의 종류·용도·규모는 고려하지 않음)

제25회

① 일반주거지역   ② 준주거지역
③ 녹지지역   ④ 상업지역
⑤ 준공업지역

03 건축법령상 건축물의 대지와 도로에 관한 설명으로 옳은 것은? (단, 건축법 제3조에 따른 적용 제외, 제73조에 따른 적용 특례, 건축협정 및 조례는 고려하지 않음) 제24회

① 면적 3천제곱미터인 대지에 건축하는 공장에 대하여는 조경 등의 조치를 하여야 한다.
② 공개공지등을 설치하는 경우 건축물의 용적률은 완화하여 적용할 수 있으나, 건축물의 높이 제한은 완화하여 적용할 수 없다.
③ 공개공지등의 면적은 대지면적의 최대 100분의 15이다.
④ 상업지역에 설치하는 공개공지는 필로티의 구조로 설치할 수 있다.
⑤ 건축물의 주변에 유원지가 있는 경우, 건축물의 대지는 6미터 이상이 도로에 접하여야 한다.

04 건축법령상 건축물의 대지와 도로에 관한 설명으로 옳지 않은 것은? (단, 건축법상 적용제외 규정 및 건축협정에 따른 특례는 고려하지 않음) 제20회

① 건축물의 대지는 건축물의 용도상 방습(防濕)의 필요가 없는 경우에는 인접한 도로면보다 낮아도 된다.
② 건축물의 대지에 확보하여야 하는 공개공지등의 면적은 대지면적의 100분의 10 이하의 범위에서 건축조례로 정한다.
③ 건축물의 대지에 확보하는 공개공지는 필로티의 구조로 설치할 수 없다.
④ 해당 건축물의 출입에 지장이 없다고 인정되는 경우 건축물의 대지는 도로(자동차만의 통행에 사용되는 도로는 제외)에 2미터 이상 접할 것이 요구되지 아니한다.
⑤ 지표 아래 부분을 제외하고는 건축물과 담장은 건축선의 수직면을 넘어서는 아니 된다.

05 건축법령상 건축물의 대지와 도로에 관한 설명으로 옳은 것은? (단, 건축법 제3조에 따른 적용 제외는 고려하지 않음) 제19회

① 허가권자는 주민이 오랫동안 통행로로 이용하고 있는 사실상의 통로로서 해당 지방자치단체의 조례로 정한 경우에는 이해관계인의 동의와 건축위원회의 심의를 거쳐 도로로 지정하여야 한다.
② 「국토의 계획 및 이용에 관한 법률」에 따른 도시지역 외의 지역에서 도로의 교차각이 90°이며 해당 도로와 교차되는 도로의 너비가 각각 6미터라면 도로경계선의 교차점으로부터 도로경계선에 따라 각 3미터를 후퇴한 두 점을 연결한 선이 건축선이 된다.
③ 도로면으로부터 높이 4.5미터 이하에 있는 출입구, 창문, 그 밖에 이와 유사한 구조물은 열고 닫을 때 건축선의 수직면을 넘는 구조로 할 수 있다.
④ 건축물의 주변에 건축이 가능한 녹지가 있다면, 건축물의 대지가 2미터 미만으로 도로에 접하여도 건축법령을 위반한 것은 아니다.
⑤ 건축물과 담장, 지표 아래의 창고시설은 건축선의 수직면을 넘어서는 아니 된다.

06 건축법령상 피난시설로서 건축물로부터 바깥쪽으로 나가는 출구를 설치하여야 하는 건축물이 아닌 것은? (단, 특례 및 조례는 고려하지 않음) 제27회

① 문화 및 집회시설(전시장 및 동·식물원만 해당한다)
② 승강기를 설치하여야 하는 건축물
③ 연면적이 5천 제곱미터 이상인 창고시설
④ 교육연구시설 중 학교
⑤ 제2종 근린생활시설 중 인터넷컴퓨터게임시설제공업소(해당 용도로 쓰는 바닥면적의 합계가 300제곱미터 이상인 경우만 해당한다)

07 건축법령상 피난과 소화를 위해 관람실 또는 집회실로부터의 출구를 건축물에 설치해야 하는 시설이 아닌 것은? 제26회

① 전시장
② 종교시설
③ 위락시설
④ 장례시설
⑤ 제2종 근린생활시설 중 공연장(해당 용도로 쓰는 바닥면적의 합계가 300제곱미터인 경우)

08 건축법령상 가구·세대 등 간 소음 방지를 위하여 국토교통부령으로 정하는 기준에 따라 층간바닥(화장실의 바닥은 제외)을 설치하여야 하는 건축물이 아닌 것은? (단, 특별건축구역의 적용특례는 고려하지 않음) 제20회

① 단독주택 중 다중주택
② 단독주택 중 다가구주택
③ 업무시설 중 오피스텔
④ 숙박시설 중 다중생활시설
⑤ 제2종 근린생활시설 중 다중생활시설

09 건축법령상 건축물의 구조 및 재료 등에 관한 설명으로 옳지 않은 것은? 제21회

① 지방자치단체의 장은 구조 안전 확인 대상 건축물에 대하여 대수선 허가를 하는 경우 내진성능 확보 여부를 확인하여야 한다.
② 국토교통부장관은 지진으로부터 건축물의 구조 안전을 확보하기 위하여 건축물의 용도, 규모 및 설계구조의 중요도에 따라 내진등급을 설정하여야 한다.
③ 불연재료란 불에 타지 아니하는 성질을 가진 재료로서 국토교통부령으로 정하는 기준에 적합한 재료를 말한다.
④ 아파트로서 3층 이상인 층의 각 세대가 2개 이상의 직통계단을 사용할 수 없는 경우에는 발코니에 인접 세대와 공동으로 또는 각 세대별로 건축법령의 요건을 모두 갖춘 피난안전구역을 하나 이상 설치하여야 한다.
⑤ 구조안전 확인 대상 건축물이 아니거나 내진능력 산정이 곤란한 건축물로서 대통령령으로 정하는 건축물은 내진능력을 공개하지 아니한다.

10 건축법령상 방화문의 구분과 그에 대한 설명으로 옳은 것은? 제25회

① 180분+ 방화문: 연기 및 열을 차단할 수 있는 시간이 180분 이상이고, 불꽃을 차단할 수 있는 시간이 60분 이상인 방화문
② 120분+ 방화문: 연기 및 불꽃을 차단할 수 있는 시간이 120분 이상이고, 열을 차단할 수 있는 시간이 60분 이상인 방화문
③ 60분+ 방화문: 연기 및 열을 차단할 수 있는 시간이 60분 이상인 방화문
④ 60분 방화문: 연기 및 열을 차단할 수 있는 시간이 60분이고, 불꽃을 차단할 수 있는 시간이 30분인 방화문
⑤ 30분 방화문: 연기 및 불꽃을 차단할 수 있는 시간이 30분 이상 60분 미만인 방화문

11 건축법령상 건축물의 구조와 재료에 관한 설명으로 옳은 것은? (단, 건축법 제3조에 따른 적용 제외는 고려하지 않음)
제19회

① 방화지구 안에 있더라도 도매시장의 용도로 쓰는 건축물로서 그 주요구조부가 불연재료로 된 건축물은 주요구조부와 외벽을 내화구조로 하지 않을 수 있다.
② 방화지구 안의 공작물로서 건축물의 지붕 위에 설치되어 있는 모든 간판, 광고탑은 주요부를 난연(難燃)재료로 하여야 한다.
③ 인접 대지경계선으로부터 직선거리 3미터에 이웃 주택의 내부가 보이는 창문을 설치하고자 한다면, 차면시설(遮面施設)을 설치하여야 한다.
④ 출입이 가능한 옥상광장에 높이 1미터의 난간을 설치한 경우 건축법령에 저촉되지 아니한다.
⑤ 5층 이상인 층을 식물원의 용도로 쓰는 경우에는 피난 용도로 쓸 수 있는 광장을 옥상에 설치하여야 한다.

12 건축법령상 건축물의 구조 등에 관한 설명으로 옳은 것은? (단, 주어진 조건 외의 다른 조건은 고려하지 않음)
제28회

① 높이가 10미터 이상인 건축물의 건축주는 해당 건축물의 설계자로부터 구조 안전의 확인 서류를 받아 착공신고를 하는 때에 허가권자에게 제출하여야 한다.
② 옥상광장의 주위에는 높이 1.5미터 이상의 난간을 설치하여야 한다.
③ 주요구조부가 내화구조이거나 불연재료인 연면적 1천 제곱미터 이상인 건축물은 방화벽으로 구획하되, 각 구획된 바닥면적의 합계는 1천 제곱미터 미만이어야 한다.
④ 아파트의 4층 이상인 층에서는 발코니의 경계벽에 피난구를 설치한 경우에도 발코니에 대피공간을 설치하여야 한다.
⑤ 주요구조물의 해체 없이 주계단·피난계단 또는 특별피난계단을 수선하는 경우 미리 특별자치시장·특별자치도지사 또는 시장·군수·구청장에게 국토교통부령으로 정하는 바에 따라 신고를 하면 건축허가를 받은 것으로 본다.

13 건축법령상 국토교통부장관이 정하여 고시하는 범죄예방 기준에 따라 건축하여야 하는 건축물이 아닌 것은?
제28회

① 아파트
② 수련시설
③ 업무시설 중 오피스텔
④ 교육연구시설 중 도서관
⑤ 제1종 근린생활시설 중 일용품을 판매하는 소매점

14 건축법령상 피난용승강기의 설치에 관한 설명으로 옳지 않은 것은? (단, 특수구조 건축물은 고려하지 않음) 제25회

① 고층건축물에는 승용승강기 외에 2대 이상의 피난용승강기를 추가로 설치하여야 한다.
② 승강장의 바닥면적은 승강기 1대당 6제곱미터 이상으로 하여야 한다.
③ 예비전원으로 작동하는 조명설비를 설치하여야 한다.
④ 각 층으로부터 피난층까지 이르는 승강로를 단일구조로 연결하여 설치하여야 한다.
⑤ 승강장의 출입구 부근의 잘 보이는 곳에 해당 승강기가 피난용승강기임을 알리는 표지를 설치하여야 한다.

개정반영

15 건축법령상 건축설비 설치의 원칙으로 옳지 않은 것은? 제23회

① 공동주택에는 방송수신에 지장이 없도록 방송 공동수신설비를 설치하여야 한다.
② 건축설비는 건축물의 안전·방화, 위생, 에너지 및 정보통신의 합리적 이용에 지장이 없도록 설치하여야 한다.
③ 건축물에 설치하는 건축설비의 설치에 관한 기술적 기준은 국토교통부령으로 정하되, 에너지 이용 합리화와 관련한 건축설비의 기술적 기준에 관하여는 기후에너지환경부장관과 협의하여 정한다.
④ 연면적이 400제곱미터 미만인 건축물의 대지에도 전기를 배전(配電)하는 데 필요한 전기설비를 설치할 수 있는 공간을 확보하여야 한다.
⑤ 배관피트 및 닥트의 단면적과 수선구의 크기를 해당 설비의 수선에 지장이 없도록 하는 등 설비의 유지·관리가 쉽게 설치하여야 한다.

16 건축법령상 지능형건축물의 인증에 관한 내용으로 옳은 것은? (단, 다른 조건과 예외 및 다른 법령과 조례는 고려하지 않음) 제23회

① 시·도지사는 지능형건축물의 건축을 활성화하기 위하여 지능형건축물 인증제도를 실시하여야 한다.
② 지능형건축물의 인증을 받으려는 자는 시·도지사에게 인증을 신청하여야 한다.
③ 지능형건축물 인증기준에는 인증기준 및 절차, 인증표시 홍보기준, 유효기간, 수수료, 인증 등급 및 심사기준 등이 포함된다.
④ 지능형건축물로 인증을 받은 건축물에 대해서는 조경설치면적을 100분의 50까지 완화하여 적용할 수 있다.
⑤ 지능형건축물로 인증을 받은 건축물에 대해서는 용적률 및 건축물의 높이를 100분의 115를 초과하는 범위로 완화하여 적용할 수 있다.

17 건축법령상 건축설비에 관한 설명으로 옳은 것은? 제22회

① 층수가 30층 이상인 건축물에는 건축물에 설치하는 승용승강기 중 1대 이상을 피난용승강기로 설치하여야 한다.
② 공동주택에는 방송수신에 지장이 없도록 위성방송 수신설비를 설치하여야 한다.
③ 지능형건축물로 인증을 받은 건축물에 대해서는 건폐율을 100분의 115의 범위에서 완화하여 적용할 수 있다.
④ 높이 31미터인 8층의 건축물에는 비상용승강기를 1대 이상 설치하여야 한다.
⑤ 대지면적이 500제곱미터 이상인 건축물의 대지에는 「전기사업법」에 따른 전기사업자가 전기를 배전하는 데 필요한 전기설비를 설치할 수 있는 공간을 확보하여야 한다.

18 건축법령상 승강기에 관한 설명으로 옳은 것을 모두 고른 것은? (단, 특례규정은 고려하지 않음) 제28회

> ㉠ 건축주는 연면적이 1천8백제곱미터인 7층의 건축물을 건축하려면 승강기를 설치하여야 한다.
> ㉡ 층수가 30층인 건축물에는 승용승강기 중 1대 이상을 피난용승강기로 설치하여야 한다.
> ㉢ 고층건축물의 피난용승강기는 각 층으로부터 피난층까지 이르는 승강로를 단일구조로 연결하여 설치할 수 없다.
> ㉣ 승강기탑은 바닥면적에 산입하지 않는다.

① ㉠
② ㉡
③ ㉠, ㉢
④ ㉡, ㉣
⑤ ㉡, ㉢, ㉣

19 건축법령상 건축협정을 체결할 수 있는 지역 또는 구역에 해당하지 않는 것은?

제23회

① 「국토의 계획 및 이용에 관한 법률」 제51조에 따라 지정된 지구단위계획구역
② 「도시 및 주거환경정비법」 제2조 제2호 가목에 따른 주거환경개선사업을 시행하기 위하여 같은 법 제8조에 따라 지정·고시된 정비구역
③ 「도시재정비 촉진을 위한 특별법」 제2조 제6호에 따른 존치지역
④ 「도시재생 활성화 및 지원에 관한 특별법」 제2조 제1항 제5호에 따른 도시재생 활성화 지역
⑤ 「건축법」 제77조의4 제1항 제5호에 따라 국토교통부장관이 도시 및 주거환경 개선이 필요하다고 인정하여 지정하는 구역

20 건축법령상 위반 건축물에 대한 조치 등에 관한 설명으로 옳지 않은 것은? 제28회

① 허가권자는 위반 건축물에 대하여 시정명령을 하는 경우 건축물대장에 위반내용을 적어야 한다.
② 위반 건축물에 대한 실태조사는 현장조사의 방법으로 실시하여야 하며, 서면조사의 방법으로 할 수는 없다.
③ 허가권자는 위반 건축물에 대한 실태조사를 하려는 경우에는 조사 목적·기간·대상 및 방법 등이 포함된 실태조사 계획을 수립해야 한다.
④ 허가권자는 위반 건축물의 실태를 파악하기 위한 조사를 매년 정기적으로 한다.
⑤ 허가권자는 위반 건축물의 체계적인 사후 관리와 정비를 위하여 위반 건축물 관리대장을 작성·관리해야 한다.

21 건축법령상 용적률을 초과하여 건축된 건축물에 부과하는 이행강제금의 산정방식이다. ( )에 들어갈 내용으로 옳은 것은? (단, 가중·감경 특례 및 조례는 고려하지 않음)

제24회

> 「지방세법」에 따라 해당 건축물에 적용되는 1제곱미터의 시가표준액의 100분의 50에 해당하는 금액에 위반면적을 곱한 금액 이하의 범위에서 100분의 ( )을 곱한 금액

① 60
② 70
③ 80
④ 90
⑤ 100

22 건축법령상 이행강제금 부과·징수절차에 관한 내용으로 옳은 것은? 제23회

① 이행강제금을 부과하기 전에 이행강제금을 부과·징수한다는 뜻을 미리 구두로 계고(戒告)하여야 한다.
② 이행강제금은 금액, 부과 사유, 납부기한, 수납기관, 이의제기 방법 및 이의제기 기관 등을 구체적으로 밝히는 경우 구두로 부과할 수 있다.
③ 최초의 시정명령이 있었던 날을 기준으로 하여 1년에 2회 이내의 범위에서 해당 지방자치단체의 조례로 정하는 횟수만큼 그 시정명령이 이행될 때까지 반복하여 이행강제금을 부과·징수할 수 있다.
④ 시정명령을 받은 자가 이를 이행하면 새로운 이행강제금의 부과는 즉시 중지하고, 이미 부과된 이행강제금은 징수할 수 없다.
⑤ 이행강제금 부과처분을 받은 자가 이행강제금을 납부기한까지 내지 아니하면 「국세징수법」상 국세체납의 예에 따라 징수한다.

개정반영

23 건축법령상 위반 건축물에 대한 조치 및 이행강제금에 관한 설명으로 옳은 것은? 제20회

① 시정명령을 받고 이행하지 아니한 건축물이 바닥면적의 합계가 400제곱미터 미만인 농업용 창고인 경우, 허가권자는 그 건축물에 대하여 다른 법령에 따른 영업이나 그 밖의 행위를 허가·면허·인가·등록·지정 등을 하지 아니하도록 요청할 수 있다.
② 시정명령을 받고 이행하지 아니한 건축물에 대하여 허가권자가 다른 법령에 따른 영업을 허가하지 아니하도록 요청한 경우 그 요청을 받은 자는 특별한 이유가 없으면 요청에 따라야 한다.
③ 허가권자는 시정명령을 받은 자가 이를 이행하면 새로운 이행강제금의 부과 및 이미 부과된 이행강제금의 징수를 즉시 중지하여야 한다.
④ 신축 또는 증축을 하지 않더라도 임대 등 영리를 목적으로 허가 없이 다세대주택의 세대수를 3세대 증가시킨 경우 허가권자는 이행강제금의 금액을 100분의 50의 범위에서 해당 지방자치단체의 조례로 정하는 바에 따라 가중하여야 한다.
⑤ 허가권자는 동일인이 최근 3년 내에 2회 이상 법 또는 법에 따른 명령이나 처분을 위반한 경우에는 위반행위 후 소유권이 변경된 경우에도 이행강제금의 금액을 100분의 50의 범위에서 해당 지방자치단체의 조례로 정하는 바에 따라 가중하여야 한다.

24 건축법령상 건축물의 면적 등의 산정방법에 관한 설명으로 옳은 것은? 제22회

① 지하층은 건축물의 층수에 산입한다.
② 건축물 지상층에 일반인이 통행할 수 있도록 설치한 보행통로는 건축면적에 산입한다.
③ 공동주택으로서 지상층에 설치한 어린이놀이터의 면적은 바닥면적에 산입한다.
④ 지하층의 면적은 용적률을 산정할 때에는 연면적에 포함한다.
⑤ 생활폐기물 보관시설(음식물쓰레기, 의류 등의 수거시설을 말한다)은 건축면적에 산입하지 아니한다.

25 건축법령상 과태료의 부과기준에 관한 설명으로 옳지 않은 것은? 제21회

① 위반행위의 횟수에 따른 과태료의 부과기준은 최근 1년간 같은 위반행위로 과태료를 부과받은 경우에 적용한다.
② 과태료 부과 시 위반행위가 둘 이상인 경우에는 부과금액이 많은 과태료를 부과한다.
③ 과태료를 늘려 부과하는 경우 「건축법」 규정에 따른 과태료 금액의 상한의 2배까지 부과할 수 있다.
④ 위반행위자가 법 위반상태를 바로 정정하거나 시정하여 해소한 경우, 개별기준에 따른 과태료 금액의 2분의 1 범위에서 그 금액을 줄일 수 있다.
⑤ 감경 사유가 여러 개 있는 경우라도 감경의 범위는 과태료 금액의 2분의 1을 넘을 수 없다.

26 건축법 시행령 제28조(대지와 도로의 관계) 규정의 일부이다. ( )에 들어갈 숫자를 순서대로 쓰시오. 제22회 주관식

> 법 제44조 제2항에 따라 연면적의 합계가 2천 제곱미터(공장인 경우에는 3천 제곱미터) 이상인 건축물(축사, 작물 재배사, 그 밖에 이와 비슷한 건축물로서 건축조례로 정하는 규모의 건축물은 제외한다)의 대지는 너비 (㉠)미터 이상의 도로에 (㉡)미터 이상 접하여야 한다.

27 건축법 시행령 제34조(직통계단의 설치) 제1항 규정의 일부이다. ( )에 들어갈 용어와 아라비아 숫자를 쓰시오. 　　제25회 주관식

> 건축물(지하층에 설치하는 것으로서 바닥면적의 합계가 300제곱미터 이상인 공연장·집회장·관람장 및 전시장은 제외한다)의 (㉠)이(가) 내화구조 또는 불연재료로 된 건축물은 그 보행거리가 (㉡)미터(층수가 16층 이상인 공동주택의 경우 16층 이상인 층에 대해서는 40미터) 이하가 되도록 설치할 수 있으며, 자동화 생산시설에 스프링클러 등 자동식 소화설비를 설치한 공장으로서 국토교통부령으로 정하는 공장인 경우에는 그 보행거리가 75미터 이하(무인화 공장인 경우에는 100미터)가 되도록 설치할 수 있다.

28 건축법 시행령 제34조(직통계단의 설치) 제4항 규정이다. ( )에 들어갈 아라비아 숫자를 쓰시오. 　　제28회 주관식

> 준초고층 건축물에는 피난층 또는 지상으로 통하는 직통계단과 직접 연결되는 피난안전구역을 해당 건축물 전체 층수의 (㉠)분의 1에 해당하는 층으로부터 상하 (㉡)개층 이내에 1개소 이상 설치하여야 한다. 다만, 국토교통부령으로 정하는 기준에 따라 피난층 또는 지상으로 통하는 직통계단을 설치하는 경우에는 그러하지 아니하다.

29 건축법 시행령 제37조(지하층과 피난층 사이의 개방공간 설치) 규정이다. ( ) 안에 들어갈 숫자를 쓰시오. 　　제19회 주관식

> 바닥면적의 합계가 (㉠)천제곱미터 이상인 공연장·집회장·관람장 또는 전시장을 지하층에 설치하는 경우에는 각 실에 있는 자가 지하층 각 층에서 건축물 밖으로 피난하여 옥외 계단 또는 경사로 등을 이용하여 피난층으로 대피할 수 있도록 천장이 개방된 외부공간을 설치하여야 한다.

30 건축법 제50조(건축물의 내화구조와 방화벽) 제1항 규정이다. ( )에 들어갈 용어를 쓰시오. 　　제26회 주관식

> 문화 및 집회시설, 의료시설, 공동주택 등 대통령령으로 정하는 건축물은 국토교통부령으로 정하는 기준에 따라 (㉠)(와)과 지붕을 내화(耐火)구조로 하여야 한다. 다만, 막구조 등 대통령령으로 정하는 구조는 (㉠)에만 내화구조로 할 수 있다.

31 건축법 제51조(방화지구 안의 건축물) 규정의 일부이다. ( )에 들어갈 용어와 아라비아 숫자를 쓰시오.   제28회 주관식

> ① 「국토의 계획 및 이용에 관한 법률」 제37조 제1항 제3호에 따른 방화지구 안에서는 건축물의 주요구조부와 지붕·외벽을 (㉠)구조로 하여야 한다. 다만, 대통령령으로 정하는 경우에는 그러하지 아니하다.
> ② 방화지구 안의 공작물로서 간판, 광고탑, 그 밖에 대통령령으로 정하는 공작물 중 건축물의 지붕 위에 설치하는 공작물이나 높이 (㉡)미터 이상의 공작물은 주요부를 불연(不燃)재료로 하여야 한다.

32 건축법 시행령 제64조 규정의 일부이다. ( )에 들어갈 용어를 쓰시오.   제24회 주관식

> **제64조(방화문의 구분)** ① 방화문은 다음 각 호와 같이 구분한다.
> 1. (㉠) 방화문: 연기 및 불꽃을 차단할 수 있는 시간이 60분 이상이고, (㉡)을(를) 차단할 수 있는 시간이 30분 이상인 방화문
> 2. 60분 방화문: 〈생략〉
> 3. 30분 방화문: 〈생략〉

33 건축법 제53조의2(건축물의 범죄예방) 규정의 일부이다. ( )에 들어갈 용어를 순서에 관계없이 쓰시오.   제21회 주관식

> 국토교통부장관은 범죄를 예방하고 안전한 생활환경을 조성하기 위하여 (㉠), 건축설비 및 (㉡)에 관한 범죄예방 기준을 정하여 고시할 수 있다.

34 건축법 제58조(대지 안의 공지) 규정이다. ( )에 들어갈 용어와 아라비아 숫자를 쓰시오.   제26회 주관식

> 건축물을 건축하는 경우에는 「국토의 계획 및 이용에 관한 법률」에 따른 용도지역·용도지구, 건축물의 용도 및 규모 등에 따라 (㉠) 및 인접 대지경계선으로부터 (㉡)미터 이내의 범위에서 대통령령으로 정하는 바에 따라 해당 지방자치단체의 조례로 정하는 거리 이상을 띄워야 한다.

35 건축법 제61조(일조 등의 확보를 위한 건축물의 높이 제한) 제1항 규정이다. ( )에 들어갈 용어를 쓰시오.　　　　　　　　　　　　　　　　　　　　　　　제25회 주관식

> 전용주거지역과 일반주거지역 안에서 건축하는 건축물의 높이는 일조 등의 확보를 위하여 정북방향(正北方向)의 인접 (㉠)(으)로부터의 거리에 따라 대통령령으로 정하는 높이 이하로 하여야 한다.

36 건축법 제61조(일조 등의 확보를 위한 건축물의 높이 제한) 규정의 일부이다. ( )에 들어갈 용어를 순서대로 쓰시오.　　　　　　　　　　　　　　　　　　제21회 주관식

> ① (㉠)과(와) 일반주거지역 안에서 건축하는 건축물의 높이는 일조 등의 확보를 위하여 정북방향의 인접 대지경계선으로부터의 거리에 따라 대통령령으로 정하는 높이 이하로 하여야 한다.
> ② 다음 각 호의 어느 하나에 해당하는 공동주택[일반상업지역과 (㉡)에 건축하는 것은 제외한다]은 채광 등의 확보를 위하여 대통령령으로 정하는 높이 이하로 하여야 한다.
>   1. 인접 대지경계선 등의 방향으로 채광을 위한 창문 등을 두는 경우
>   2. 하나의 대지에 두 동(棟) 이상을 건축하는 경우

37 건축법 제64조(승강기) 규정의 일부이다. ( ) 안에 들어갈 숫자를 쓰시오.　　　　　　　　　　　　　　　　　　　　　　　　　　　　　　　　제19회 주관식

> 건축주는 6층 이상으로서 연면적이 (㉠)천제곱미터 이상인 건축물(대통령령으로 정하는 건축물은 제외한다)을 건축하려면 승강기를 설치하여야 한다. 이 경우 승강기의 규모 및 구조는 국토교통부령으로 정한다.

38 건축법 제64조(승강기) 제2항의 규정이다. ( )에 들어갈 아라비아 숫자를 쓰시오.　　　　　　　　　　　　　　　　　　　　　　　　　　　　　　제24회 주관식

> 높이 (㉠)미터를 초과하는 건축물에는 대통령령으로 정하는 바에 따라 제1항에 따른 승강기뿐만 아니라 비상용승강기를 추가로 설치하여야 한다. 다만, 국토교통부령으로 정하는 건축물의 경우에는 그러하지 아니하다.

39 건축법 제80조(이행강제금)와 건축법 시행령 제115조의3(이행강제금의 탄력적 운영)의 규정에 따를 때, 허가를 받지 아니하고 건축된 건축물에 부과하는 이행강제금의 산정방식이다. ( )에 들어갈 용어와 아라비아 숫자를 쓰시오. (단, 특례 및 조례는 고려하지 않음)

제27회 주관식

> 「지방세법」에 따라 해당 건축물에 적용되는 1제곱미터의 시가표준액의 100분의 50에 해당하는 금액에 (㉠)(을)를 곱한 금액 이하의 범위에서 100분의 (㉡)을 곱한 금액

40 건축법 시행령 제119조(면적 등의 산정방법) 제1항 규정의 일부이다. ( )에 공통으로 들어갈 용어를 쓰시오.

제24회 주관식

> 법 제84조에 따라 건축물의 면적·높이 및 층수 등은 다음 각 호의 방법에 따라 산정한다.
> 1. 대지면적: 〈생략〉
> 2. 건축면적: 건축물의 외벽(외벽이 없는 경우에는 외곽 부분의 기둥을 말한다)의 중심선으로 둘러싸인 부분의 (㉠)(으)로 한다. 〈이하 생략〉
> 3. 바닥면적: 건축물의 각 층 또는 그 일부로서 벽, 기둥, 그 밖에 이와 비슷한 구획의 중심선으로 둘러싸인 부분의 (㉠)(으)로 한다. 〈이하 생략〉

41 건축법 시행령 제119조(면적 등의 산정방법) 제1항 규정의 일부이다. ( )에 들어갈 용어를 쓰시오.

제28회 주관식

> 법 제84조에 따라 건축물의 면적·높이 및 층수 등은 다음 각 호의 방법에 따라 산정한다.
> 6. (㉠)높이: 지표면으로부터 건축물의 지붕틀 또는 이와 비슷한 수평재를 지지하는 벽·깔도리 또는 기둥의 상단까지의 높이로 한다.

PART 06 도시 및 주거환경정비법

01 도시 및 주거환경정비법령상 재건축사업에 관한 설명으로 옳은 것은? 제22회

① 재건축사업은 정비기반시설이 열악하고 노후·불량건축물이 밀집한 지역에서 주거환경을 개선하기 위한 사업이다.
② 재건축사업에 있어 토지등소유자는 정비구역에 위치한 건축물의 소유자 및 임차인을 말한다.
③ 재건축사업은 주택단지를 대상으로 하며, 주택단지가 아닌 지역을 정비구역에 포함할 수 없다.
④ 조합설립을 위한 동의자 수 산정에 있어, 1인이 둘 이상의 소유권을 소유하고 있는 경우에는 소유권의 수에 관계없이 토지등소유자를 1인으로 산정한다.
⑤ 재건축사업의 경우 재건축사업에 동의하지 않은 토지등소유자도 정비사업의 조합원이 될 수 있다.

개정반영

02 도시 및 주거환경정비법령상 '재건축사업을 위한 재건축진단'에 관한 설명이다. ( ) 안에 들어갈 것으로 옳은 것은? 제19회

> 정비예정구역을 지정하지 아니한 지역에서 재건축사업을 하려는 자가 사업예정구역에 있는 건축물 및 그 부속토지의 소유자 ( ) 이상의 동의를 받아 재건축진단의 실시를 요청하는 경우, 시장·군수등은 재건축진단을 실시하여야 한다.

① 2분의 1
② 3분의 1
③ 3분의 2
④ 4분의 3
⑤ 10분의 1

03 도시 및 주거환경정비법상 정비계획의 내용에 포함되어야 할 사항이 아닌 것은? (단, 조례는 고려하지 않음) 제21회

① 건축물의 주용도·건폐율·용적률·높이에 관한 계획
② 환경보전 및 재난방지에 관한 계획
③ 정비구역 주변의 교육환경 보호에 관한 계획
④ 정비사업비의 추산액에 관한 관리처분계획
⑤ 도시·군계획시설의 설치에 관한 계획

04 도시 및 주거환경정비법상 사업시행계획서에 포함되어야 하는 사항을 모두 고른 것은? (단, 조례는 고려하지 않음) 제26회

㉠ 분양대상자별 종전의 토지 또는 건축물 명세
㉡ 정비구역부터 200미터 이내의 교육시설의 교육환경 보호에 관한 계획
㉢ 현금으로 청산하여야 하는 토지등소유자별 기존의 토지·건축물에 대한 청산방법
㉣ 사업시행기간 동안 정비구역 내 가로등 설치, 폐쇄회로 텔레비전 설치 등 범죄예방 대책

① ㉠, ㉢
② ㉠, ㉣
③ ㉡, ㉣
④ ㉠, ㉡, ㉢
⑤ ㉡, ㉢, ㉣

05 도시 및 주거환경정비법령상 인가를 받아야 하는 관리처분계획에 포함되어야 하는 사항이 아닌 것은? (단, 조례는 고려하지 않음) 제25회

① 도시·군계획시설의 설치에 관한 계획
② 분양대상자별 분양예정인 대지 또는 건축물의 추산액
③ 정비사업비의 추산액
④ 분양대상자별 종전의 토지 또는 건축물 명세
⑤ 기존 건축물의 철거 예정시기

06 도시 및 주거환경정비법령상 재건축사업을 위하여 조합을 설립하는 경우 토지등 소유자의 동의자 수 산정 방법으로 옳지 않은 것은? 제27회

① 토지의 소유권을 여럿이서 공유하는 경우 공유하는 여럿을 각각 토지등소유자로 산정한다.
② 1인이 둘 이상의 소유권을 소유하고 있는 경우 소유권의 수에 관계없이 토지등소유자를 1인으로 산정한다.
③ 둘 이상의 소유권을 소유한 공유자가 동일한 경우에는 그 공유자 여럿을 대표하는 1인을 토지등소유자로 한다.
④ 조합의 설립에 동의한 자로부터 건축물을 취득한 자는 조합의 설립에 동의한 것으로 본다.
⑤ 국·공유지에 대해서는 그 재산관리청 각각을 토지등소유자로 산정한다.

개정반영

07 도시 및 주거환경정비법령상 재개발사업에 관한 설명으로 옳은 것은? 제20회

① 재개발사업의 경우 '토지등소유자'는 정비구역 안에 소재한 토지 또는 건축물의 소유자를 말하며, 그 지상권자는 포함되지 않는다.
② 재개발사업은 관리처분계획에 따라 건축물을 건설하여 공급하는 방법으로 하여야 하며, 환지로 공급하는 방법에 의할 수는 없다.
③ 재개발사업은 조합을 설립하여 시행하여야 하며, 토지등소유자가 직접 시행할 수 없다.
④ 재개발사업의 시행 여부를 결정하려면 안전진단을 실시하여야 한다.
⑤ 시장·군수 등, 토지주택공사 등 또는 지정개발자가 아닌 자가 정비사업을 시행하려는 경우에는 토지등소유자로 구성된 조합을 설립하여야 한다. 다만, 토지등소유자가 20인 미만인 경우로서 토지등소유자가 재개발사업을 시행하려는 경우에는 그러하지 아니하다.

08 도시 및 주거환경정비법령상 재개발사업의 시행자인 조합에 관한 설명으로 옳지 않은 것은? 제24회

① 시장·군수등이 정비사업에 대하여 공공지원을 하려는 경우에는 조합설립을 위한 추진위원회를 구성하지 아니할 수 있다.
② 조합설립을 위한 추진위원회를 구성하는 경우에는 시장·군수등의 승인을 받아야 한다.
③ 조합이 인가받은 사항을 변경하고자 하는 때에는 총회에서 조합원의 2분의 1 이상의 찬성으로 의결하고, 시장·군수등의 인가를 받아야 한다.
④ 조합은 법인으로 하고, 그 명칭에 '정비사업조합'이라는 문자를 사용하여야 한다.
⑤ 조합은 조합설립인가를 받은 날부터 30일 이내에 주된 사무소의 소재지에서 대통령령으로 정하는 사항을 등기하는 때에 성립한다.

09 도시 및 주거환경정비법령상 조합에 관한 내용으로 옳은 것은? 제23회

① 조합임원의 사임, 해임 또는 임기만료 후 6개월 이상 조합임원이 선임되지 아니한 경우에는 시장·군수등이 조합임원 선출을 위한 총회를 소집할 수 있다.
② 대의원회는 정비사업전문관리업자의 선정 및 변경에 관한 총회의 권한을 대행할 수 있다.
③ 조합임원은 같은 목적의 정비사업을 하는 다른 조합의 임원 또는 직원을 겸할 수 있다.
④ 조합장이 아닌 조합임원은 대의원이 될 수 있다.
⑤ 재개발사업의 추진위원회가 조합을 설립하려면 토지등소유자의 2분의 1 이상 및 토지 면적의 4분의 3 이상의 토지소유자의 동의를 받아야 한다.

10 도시 및 주거환경정비법령상 조합임원에 관한 설명으로 옳지 않은 것은? 제28회

① 금고 이상의 실형을 선고받고 그 집행이 면제된 날부터 2년이 지나지 아니한 자는 조합임원이 될 수 없다.
② 조합의 감사는 대의원회의 대의원이 될 수 없다.
③ 조합장은 정관으로 정하는 바에 따라 대의원회의 소집청구가 있는 때에는 해당일부터 14일 이내에 대의원회를 소집하여야 한다.
④ 조합임원의 사임 후 6개월 이상 조합임원이 선임되지 아니한 경우에는 시장·군수등이 조합임원 선출을 위한 총회를 소집할 수 있다.
⑤ 조합의 조합장은 선임일부터 정비사업의 준공인가를 받을 때까지는 해당 정비구역에서 거주하여야 한다.

11

도시 및 주거환경정비법 제2조(정의) 규정의 일부이다. ( )에 들어갈 용어를 쓰시오.

제20회 주관식

'(㉠)'(이)라 함은 도로·상하수도·공원·공용주차장·공동구(「국토의 계획 및 이용에 관한 법률」 제2조 제9호에 따른 공동구를 말한다), 그 밖에 주민의 생활에 필요한 열·가스 등의 공급시설로서 대통령령이 정하는 시설을 말한다.

12

도시 및 주거환경정비법 제38조(조합의 법인격 등) 규정의 일부이다. ( )에 들어갈 아라비아 숫자와 용어를 쓰시오.

제27회 주관식

① 〈생략〉
② 조합은 조합설립인가를 받은 날부터 (㉠)일 이내에 주된 사무소의 소재지에서 대통령령으로 정하는 사항을 등기하는 때에 성립한다.
③ 조합은 명칭에 '(㉡)'(이)라는 문자를 사용하여야 한다.

13

도시 및 주거환경정비법 시행령 제40조(조합임원의 수) 규정이다. ( )에 들어갈 아라비아 숫자를 쓰시오.

제28회 주관식

법 제41조 제1항에 따라 조합에 두는 이사의 수는 (㉠)명 이상으로 하고, 감사의 수는 1명 이상 3명 이하로 한다. 다만, 토지등소유자의 수가 (㉡)인을 초과하는 경우에는 이사의 수를 5명 이상으로 한다.

14

도시 및 주거환경정비법 제61조(임시거주시설·임시상가의 설치 등) 규정의 일부이다. ( )에 들어갈 용어와 아라비아 숫자를 쓰시오.

제26회 주관식

- 사업시행자는 주거환경개선사업 및 재개발사업의 시행으로 철거되는 주택의 소유자 또는 (㉠)에게 해당 정비구역 안과 밖에 위치한 임대주택 등의 시설에 임시로 거주하게 하거나 주택자금의 융자를 알선하는 등 임시거주에 상응하는 조치를 하여야 한다.
- 사업시행자는 정비사업의 공사를 완료한 때에는 완료한 날부터 (㉡)일 이내에 임시거주시설을 철거하고, 사용한 건축물이나 토지를 원상회복하여야 한다.

15 도시 및 주거환경정비법령상 정비사업에 관한 설명이다. ( )에 들어갈 용어를 쓰시오. 제24회 주관식

> 정비사업이란 「도시 및 주거환경정비법」에서 정한 절차에 따라 도시기능을 회복하기 위하여 정비구역에서 정비기반시설을 정비하거나 주택 등 건축물을 개량 또는 건설하는 사업으로서, (㉠)사업, 재개발사업, 재건축사업을 말한다.

16 도시 및 주거환경정비법 제80조 규정의 일부이다. ( )에 들어갈 용어를 쓰시오. 제22회 주관식

> 사업시행자가 토지주택공사등인 경우에는 분양대상자와 사업시행자가 공동 소유하는 방식으로 주택[이하 '(㉠)주택'이라 한다]을 공급할 수 있다.

17 도시 및 주거환경정비법 시행령 제70조(지분형주택의 공급) 제1항 규정의 일부이다. ( )에 들어갈 숫자를 쓰시오. 제23회 주관식

> 지분형주택의 규모는 주거전용면적 (㉠)제곱미터 이하인 주택으로 한정한다.

18 도시 및 주거환경정비법 제10조(임대주택 및 주택규모별 건설비율) 제1항 규정의 내용이다. ( )에 들어갈 숫자를 순서대로 쓰시오. 제21회 주관식

> 정비계획의 입안권자는 주택수급의 안정과 저소득 주민의 입주기회 확대를 위하여 정비사업으로 건설하는 주택에 대하여 다음 각 호의 구분에 따른 범위에서 국토교통부장관이 정하여 고시하는 임대주택 및 주택규모별 건설비율 등을 정비계획에 반영하여야 한다.
> 1. 「주택법」 제2조 제6호에 따른 국민주택규모의 주택이 전체 세대수의 100분의 (㉠) 이하에서 대통령령으로 정하는 범위
> 2. 임대주택(「민간임대주택에 관한 특별법」에 따른 민간임대주택 및 「공공주택 특별법」에 따른 공공임대주택을 말한다)이 전체 세대수 또는 전체 연면적의 100분의 (㉡) 이하에서 대통령령으로 정하는 범위

PART 07 도시재정비 촉진을 위한 특별법

01 도시재정비 촉진을 위한 특별법령상 재정비촉진지구 등에 관한 설명으로 옳지 않은 것은?
제27회

① 재정비촉진지구는 지구의 특성에 따라 주거지형, 중심지형, 고밀복합형으로 구분한다.
② 재정비촉진지구에서 시행되는 「공공주택 특별법」에 따른 도심 공공주택 복합사업은 '재정비촉진사업'에 해당한다.
③ 「도시개발법」에 따른 도시개발사업의 경우, 재정비촉진구역에 있는 건축물의 소유자는 '토지등소유자'에 해당한다.
④ 재정비촉진지구는 2개 이상의 재정비촉진사업을 포함하여 지정하여야 한다.
⑤ 재정비촉진지구의 지정이 해제된 경우 재정비촉진계획 결정의 효력은 상실된 것으로 본다.

02 도시재정비 촉진을 위한 특별법상 재정비촉진지구 등에 관한 설명으로 옳지 않은 것은?
제28회

① 재정비촉진지구의 면적은 10만제곱미터 이상으로 한다.
② 재정비촉진지구는 지구의 특성에 따라 주거지형, 중심지형, 고밀복합형으로 구분한다.
③ 재정비촉진지구 지정을 고시한 날부터 1년이 되는 날까지 재정비촉진계획이 결정되지 아니하면 그 1년이 되는 날에 재정비촉진지구 지정의 효력이 상실된다.
④ 사업시행자가 기반시설의 설치를 위하여 필요한 부지를 제공하는 경우에는 해당 재정비촉진계획에 용적률, 건축물의 높이 등을 조정하는 내용을 포함시킬 수 있다.
⑤ 재정비촉진지구는 2개 이상의 재정비촉진사업을 포함하여 지정하여야 한다.

03 도시재정비 촉진을 위한 특별법상 재정비촉진사업에 해당하는 것을 모두 고른 것은?

제26회

> ㉠ 「도시 및 주거환경정비법」에 따른 재개발사업 및 재건축사업
> ㉡ 「빈집 및 소규모주택 정비에 관한 특례법」에 따른 소규모재건축사업
> ㉢ 「전통시장 및 상점가 육성을 위한 특별법」에 따른 시장정비사업
> ㉣ 「국토의 계획 및 이용에 관한 법률」에 따른 도시·군계획시설사업

① ㉠
② ㉠, ㉡
③ ㉢, ㉣
④ ㉡, ㉢, ㉣
⑤ ㉠, ㉡, ㉢, ㉣

04 도시재정비 촉진을 위한 특별법상 재정비촉진사업에 해당하지 않는 것은?

제21회

① 「택지개발촉진법」에 따른 도시형 생활주택단지조성사업
② 「빈집 및 소규모주택 정비에 관한 특례법」에 따른 가로주택정비사업 및 소규모재건축사업
③ 「도시 및 주거환경정비법」에 따른 주거환경개선사업, 재개발사업 및 재건축사업
④ 「전통시장 및 상점가 육성을 위한 특별법」에 따른 시장정비사업
⑤ 「국토의 계획 및 이용에 관한 법률」에 따른 도시·군계획시설사업

05 도시재정비 촉진을 위한 특별법 제2조(정의) 규정의 일부이다. (   )에 들어갈 용어를 쓰시오.

제20회

> 1. '재정비촉진지구'란 도시의 낙후된 지역에 대한 주거환경의 개선, 기반시설의 확충 및 도시기능의 회복을 광역적으로 계획하고 체계적·효율적으로 추진하기 위하여 제5조에 따라 지정하는 지구(地區)를 말한다. 이 경우 지구의 특성에 따라 다음 각 목의 유형으로 구분한다.
>   가.~나. 〈생략〉
>   다. (㉠)형: 주요 역세권, 간선도로의 교차지 등 양호한 기반시설을 갖추고 있어 대중교통 이용이 용이한 지역으로서 도심 내 소형주택의 공급 확대, 토지의 고도이용과 건축물의 복합개발이 필요한 지구

개정반영

06 도시재정비 촉진을 위한 특별법 제31조(임대주택등의 건설) 제1항 규정의 일부이다. ( )에 들어갈 아라비아 숫자를 쓰시오. 　제25회 주관식

> 사업시행자는 세입자의 주거안정과 개발이익의 조정을 위하여 해당 재정비촉진사업으로 증가되는 용적률의 (㉠)퍼센트 범위에서 대통령령으로 정하는 비율을 임대주택 및 분양주택으로 공급하여야 한다.

개정반영

07 도시재정비 촉진을 위한 특별법 제31조 규정의 일부이다. ( )에 들어갈 아라비아 숫자를 쓰시오. 　제24회 주관식

> **제31조(임대주택의 건설)** ① 사업시행자는 세입자의 주거안정과 개발이익의 조정을 위하여 해당 재정비촉진사업으로 증가되는 용적률의 (㉠)퍼센트 범위에서 대통령령으로 정하는 바에 따라 임대주택 및 분양주택을 공급하여야 한다. 〈이하 생략〉
> ② 제1항에 따라 건설되는 임대주택등 중 주거전용면적이 (㉡)제곱미터를 초과하는 주택의 비율은 50퍼센트 이하의 범위에서 대통령령으로 정한다.

08 도시재정비 촉진을 위한 특별법 제7조(재정비촉진지구 지정의 효력 상실 등) 규정의 일부이다. (㉠)에 공통으로 들어갈 숫자와 (㉡)에 들어갈 용어를 쓰시오. 　제23회 주관식

> 제5조에 따라 재정비촉진지구 지정을 고시한 날부터 (㉠)년이 되는 날까지 제12조에 따른 (㉡)이(가) 결정되지 아니하면 그 (㉠)년이 되는 날의 다음 날에 재정비촉진지구 지정의 효력이 상실된다.

09 도시재정비 촉진을 위한 특별법 제26조(비용 부담의 원칙) 규정이다. ( ) 안에 들어갈 용어를 쓰시오. 　제19회 주관식

> 재정비촉진계획에 따라 설치되는 기반시설의 설치비용은 이 법에 특별한 규정이 있는 경우를 제외하고는 (㉠)가(이) 부담하는 것을 원칙으로 한다.

PART 08 시설물의 안전 및 유지관리에 관한 특별법

정답 및 해설 p.87

01 시설물의 안전 및 유지관리에 관한 특별법령상 시설물의 관리주체가 실시하는 안전점검 등의 실시시기에 관한 설명으로 옳은 것은? 제27회

① 제1종 및 제2종 시설물 중 D·E등급 시설물의 정기안전점검은 해빙기·우기·동절기 전 각각 2회 이상 실시한다.
② 최초로 실시하는 정밀안전점검은 시설물의 준공일을 기준으로 5년 이내(건축물은 3년 이내)에 실시한다.
③ 정기안전점검 결과 안전등급이 D등급(미흡)으로 지정된 제3종시설물의 최초 정밀안전점검은 해당 정기안전점검을 완료한 날부터 6개월 이내에 실시하여야 한다.
④ 정밀안전점검, 긴급안전점검 및 정밀안전진단의 실시 완료일이 속한 반기에 실시하여야 하는 정기안전점검은 생략할 수 있다.
⑤ 증축을 위하여 공사 중인 시설물로서, 사용되지 않는 시설물에 대해서는 행정안전부장관과 협의하여 정밀안전점검을 생략하거나 그 시기를 조정할 수 있다.

02 시설물의 안전 및 유지관리에 관한 특별법령상 시설물의 안전점검 등에 관한 설명으로 옳은 것을 모두 고른 것은? 제26회

㉠ 제3종시설물에 대한 정밀안전점검은 정기안전점검 결과 해당 시설물의 안전등급이 D등급(미흡) 또는 E등급(불량)인 경우에 한정하여 실시한다.
㉡ 정밀안전점검, 긴급안전점검 및 정밀안전진단의 실시 완료일이 속한 반기에 실시하여야 하는 정기안전점검은 생략할 수 있다.
㉢ 관리주체로부터 안전점검등의 실시에 관한 도급을 받은 안전진단전문기관은 전문기술이 필요한 경우 총 도급금액의 100분의 60 이하의 범위에서 한 차례만 하도급할 수 있다.

① ㉠
② ㉡
③ ㉠, ㉡
④ ㉡, ㉢
⑤ ㉠, ㉡, ㉢

03 시설물의 안전 및 유지관리에 관한 특별법령상 시설물의 안전관리에 관한 설명으로 옳지 않은 것은? 제25회

① 안전점검등을 실시하는 자는 건축물의 구조안전에 중대한 영향을 미치는 것으로 인정되는 기둥·보 또는 내력벽의 내력(耐力) 손실을 발견하는 경우에는 지체 없이 그 사실을 관리주체 및 관할 시장·군수·구청장에게 통보하여야 한다.
② 관리주체는 시설물의 붕괴·전도 등이 발생할 위험이 있다고 판단하는 경우 긴급안전점검을 실시하여야 한다.
③ 국토교통부장관이 소속 공무원으로 하여금 긴급안전점검을 하게 한 경우 그 긴급안전점검을 종료한 날부터 15일 이내에 그 결과를 해당 관리주체에게 서면으로 통보하여야 한다.
④ 제3종시설물의 경우 관리주체가 실시하여야 하는 안전점검의 수준은 정기안전점검 및 정밀안전점검이다.
⑤ 국가는 지방자치단체에 대하여 제3종시설물의 지정과 안전점검등에 필요한 지원을 할 수 있다.

04 시설물의 안전 및 유지관리에 관한 특별법령상 시설물의 유지관리 등에 관한 설명으로 옳지 않은 것을 모두 고른 것은? 제24회

> ㉠ 연면적이 3만제곱미터인 21층의 업무시설인 건축물은 제2종시설물에 해당한다.
> ㉡ 시·도지사는 3년마다 시설물의 안전 및 유지관리에 관한 기본계획을 수립·시행하여야 한다.
> ㉢ 국토교통부장관은 성능평가비용산정기준을 정하여 고시하려는 경우 기획재정부장관과 협의하여야 한다.
> ㉣ 시설물을 시공한 자는 시설물의 유지관리에 드는 비용을 부담하지만, 시설물의 유지관리를 대행할 수는 없다.

① ㉠, ㉡
② ㉢, ㉣
③ ㉠, ㉡, ㉣
④ ㉡, ㉢, ㉣
⑤ ㉠, ㉡, ㉢, ㉣

05 시설물의 안전 및 유지관리에 관한 특별법령의 내용으로 옳지 않은 것은? 제23회

① 정밀안전점검이란 시설물의 물리적·기능적 결함을 발견하고 그에 대한 신속하고 적절한 조치를 하기 위하여 구조적 안전성과 결함의 원인 등을 조사·측정·평가하여 보수·보강 등의 방법을 제시하는 행위를 말한다.
② 구조상 안전 및 유지관리에 고도의 기술이 필요한 대규모 시설물로서 21층 이상 또는 연면적 5만제곱미터 이상의 건축물은 제1종시설물에 해당한다.
③ 제1종시설물 외에 사회기반시설 등 재난이 발생할 위험이 높거나 재난을 예방하기 위하여 계속적으로 관리할 필요가 있는 시설물로서 16층 이상 또는 연면적 3만제곱미터 이상의 건축물은 제2종시설물에 해당한다.
④ 관리주체는 소관 시설물의 안전과 기능을 유지하기 위하여 정기적으로 안전점검을 실시하여야 한다.
⑤ 준공 또는 사용승인 후부터 최초 안전등급이 지정되기 전까지의 기간에 실시하는 정기안전점검은 반기에 1회 이상 실시한다.

06 시설물의 안전 및 유지관리에 관한 특별법령상 제1종시설물인 X의 관리주체인 지방공기업 A에 관한 설명으로 옳지 않은 것을 모두 고른 것은? 제22회

㉠ A는 X에 대하여 정기적으로 정밀안전진단을 실시하여야 한다.
㉡ A는 X의 구조상 공중의 안전한 이용에 미치는 영향이 중대하여 긴급한 조치가 필요하다고 인정되는 경우에는 시설물의 사용제한·사용금지·철거, 주민대피 등의 안전조치를 하여야 한다.
㉢ A는 긴급안전점검을 실시한 경우 그 결과보고서를 행정안전부장관에게 제출하여야 한다.
㉣ A는 X에 대한 시설물관리계획을 수립하는 경우 시설물의 보수·보강 등 유지관리 및 그에 필요한 비용에 관한 사항을 생략할 수 있다.

① ㉠, ㉢
② ㉠, ㉣
③ ㉡, ㉢
④ ㉡, ㉣
⑤ ㉢, ㉣

07 시설물의 안전 및 유지관리에 관한 특별법령상의 내용으로 옳은 것은? 제21회

① 안전진단전문기관은 등록된 기술인력이 변경된 때에는 그날부터 60일 이내에 시·도지사에게 신고하여야 한다.
② 위험표지의 글씨의 색상은 노랑으로 하되, 붕괴위험지역은 빨강으로 한다.
③ 준공 또는 사용승인 후부터 최초 안전등급이 지정되기 전까지의 기간에 실시하는 정기안전점검은 매년 1회 실시하여야 한다.
④ 국토교통부장관은 사망자 또는 실종자가 3명 이상이거나 사상자가 10명 이상인 인명피해가 발생한 시설물의 사고조사 등을 위하여 필요하다고 인정되는 때에는 중앙시설물사고조사위원회를 구성·운영할 수 있다.
⑤ 안전진단전문기관이 소속 임직원인 기술자가 수행하여야 할 안전점검등 또는 성능평가 업무를 소속 임직원이 아닌 기술자에게 수행하게 한 경우 시·도지사는 그 등록을 취소하여야 한다.

개정반영
08 시설물의 안전 및 유지관리에 관한 특별법령상 내용에 관한 설명으로 옳지 않은 것은? 제19회

① '제1종시설물'이란 공중의 이용편의와 안전을 도모하기 위하여 특별히 관리할 필요가 있거나 구조상 안전 및 유지관리에 고도의 기술이 필요한 대규모 시설물로서 21층 이상 또는 연면적 5만 제곱미터 이상의 건축물 등 대통령령으로 정하는 시설물을 말한다.
② 관리주체는 공공관리주체(公共管理主體)와 민간관리주체(民間管理主體)로 구분한다.
③ 안전진단전문기관은 안전점검등의 실시에 관한 도급을 받은 경우에는 하도급할 수 없으나, 총도급금액의 100분의 50 이하의 범위 내에서 전문기술이 필요한 경우 등 대통령령으로 정하는 경우에는 한 차례만 하도급할 수 있다.
④ 국토교통부장관은 5년마다 시설물의 안전과 유지관리에 관한 기본계획을 수립·시행하고, 이를 관보에 고시하여야 한다.
⑤ 시설물의 안전점검등 또는 성능평가를 대행하려는 자는 기술인력 및 장비 등 대통령령으로 정하는 분야별 등록기준을 갖추어 국토교통부장관에게 안전진단전문기관으로 등록하여야 한다.

09 시설물의 안전 및 유지관리에 관한 특별법령상 시설물의 안전관리에 관한 설명으로 옳지 않은 것은? 제28회

① 제3종시설물에 대한 정밀안전점검은 정기안전점검 결과 해당 시설물의 안전등급이 D등급(미흡) 또는 E등급(불량)인 경우에 한정하여 실시한다.
② 관리주체는 해당 시설물을 설계·시공·감리한 자 또는 그 계열회사인 안전진단전문기관에 정밀안전진단을 의뢰해서는 아니 된다.
③ 국토교통부장관은 지방자치단체가 관리주체인 소규모 취약시설에 대하여 해당 시설의 관리자가 요청하는 경우 안전점검 등을 실시하여야 한다.
④ 관리주체는 시설물의 하자담보책임기간이 끝나기 전에 마지막으로 실시하는 정밀안전점검의 경우에는 안전진단전문기관이나 국토안전관리원에 의뢰하여 실시하여야 한다.
⑤ 관리주체는 시설물의 구조상 공중의 안전한 이용에 미치는 영향이 중대하여 긴급한 조치가 필요하다고 인정되는 경우에는 시설물의 사용제한·사용금지·철거, 주민대피 등의 안전조치를 하여야 한다.

10 시설물의 안전 및 유지관리에 관한 특별법 시행령 제11조(긴급안전점검의 실시 등) 규정의 일부이다. ( )에 들어갈 용어와 아라비아 숫자를 쓰시오. 제27회 주관식

① 국토교통부장관 및 관계 행정기관의 장은 법 제13조 제2항에 따라 긴급안전점검을 실시할 때는 미리 긴급안전점검 대상 시설물의 (㉠)에게 긴급안전점검의 목적·날짜 및 대상 등을 서면으로 통지하여야 한다. 다만, 서면 통지로는 긴급안전점검의 목적을 달성할 수 없는 경우에는 구두(口頭)로 또는 전화 등으로 통지할 수 있다.
② 국토교통부장관 또는 관계 행정기관의 장은 법 제13조 제6항에 따라 긴급안전점검을 종료한 날부터 (㉡)일 이내에 그 결과를 해당 (㉠)에게 서면으로 통보하여야 한다.
③ 〈생략〉

11 시설물의 안전 및 유지관리에 관한 특별법 제2조(정의) 및 제12조(정밀안전진단의 실시) 규정의 일부이다. ( )에 들어갈 단어를 순서대로 쓰시오.   제21회 주관식

> • '정밀안전진단'이란 시설물의 물리적·기능적 결함을 발견하고 그에 대한 신속하고 적절한 조치를 하기 위하여 구조적 안전성과 결함의 원인 등을 조사·측정·(㉠)하여 보수·보강 등의 방법을 제시하는 행위를 말한다.
> • 관리주체는 (㉡)시설물과 대통령령으로 정하는 제2종시설물에 대하여 정기적으로 정밀안전진단을 실시하여야 한다.

12 시설물의 안전 및 유지관리에 관한 특별법 제7조(시설물의 종류) 규정의 일부이다. ( )에 들어갈 숫자를 순서대로 쓰시오.   제22회 주관식

> **제7조(시설물의 종류)** 시설물의 종류는 다음 각 호와 같다.
> 1. 제1종시설물: 공중의 이용편의와 안전을 도모하기 위하여 특별히 관리할 필요가 있거나 구조상 안전 및 유지관리에 고도의 기술이 필요한 대규모 시설물로서 다음 각 목의 어느 하나에 해당하는 시설물 등 대통령령으로 정하는 시설물
> 가. ~ 라. 〈생략〉
> 마. (㉠)층 이상 또는 연면적 (㉡)만 제곱미터 이상의 건축물
> 바. ~ 사. 〈생략〉

13 시설물의 안전 및 유지관리에 관한 특별법 제7조(시설물의 종류) 규정의 일부이다. ( )에 들어갈 아라비아 숫자를 쓰시오.   제26회 주관식

> 제2종시설물: 제1종시설물 외에 사회기반시설 등 재난이 발생할 위험이 높거나 재난을 예방하기 위하여 계속적으로 관리할 필요가 있는 시설물로서 다음 각 목의 어느 하나에 해당하는 시설물 등 대통령령으로 정하는 시설물
> 가. ~ 라. 〈생략〉
> 마. (㉠)층 이상 또는 연면적 (㉡)만제곱미터 이상의 건축물
> 바. ~ 사. 〈생략〉

14 시설물의 안전 및 유지관리에 관한 특별법 제23조(긴급안전조치) 규정의 일부이다. ( )에 들어갈 용어를 쓰시오. 제25회 주관식

- 시장·군수·구청장은 시설물의 중대한 결함등을 통보받는 등 시설물의 구조상 공중의 안전한 이용에 미치는 영향이 중대하여 긴급한 조치가 필요하다고 인정되는 경우에는 관리주체에게 시설물의 사용제한·사용금지·철거, 주민대피 등의 안전조치를 명할 수 있다. 이 경우 관리주체는 신속하게 안전조치명령을 이행하여야 한다.
- 시장·군수·구청장은 안전조치명령을 받은 자가 그 명령을 이행하지 아니하는 경우에는 그에 대신하여 필요한 안전조치를 할 수 있다. 이 경우 「(㉠)법」을 준용한다.

15 시설물의 안전 및 유지관리에 관한 특별법 제12조 제2항 규정의 일부이다. ( )에 들어갈 용어를 쓰시오. 제24회 주관식

관리주체는 제11조에 따른 안전점검 또는 제13조에 따른 긴급안전점검을 실시한 결과 재해 및 재난을 예방하기 위하여 필요하다고 인정되는 경우에는 (㉠)을(를) 실시하여야 한다.

16 시설물의 안전 및 유지관리에 관한 특별법 제2조(정의) 규정의 일부이다. ( )에 들어갈 용어를 쓰시오. 제23회 주관식

- (㉠)(이)란 시설물의 붕괴·전도 등으로 인한 재난 또는 재해가 발생할 우려가 있는 경우에 시설물의 물리적·기능적 결함을 신속하게 발견하기 위하여 실시하는 점검을 말한다.
- (㉡)(이)란 지진으로부터 시설물의 안전성을 확보하고 기능을 유지하기 위하여 「지진·화산재해대책법」제14조 제1항에 따라 시설물별로 정하는 내진설계기준(耐震設計基準)에 따라 시설물이 지진에 견딜 수 있는 능력을 평가하는 것을 말한다.

17 시설물의 안전 및 유지관리에 관한 특별법 제56조(비용의 부담) 규정이다. ( )에 들어갈 용어를 쓰시오. 제28회 주관식

안전점검등과 성능평가에 드는 비용은 (㉠)이(가) 부담한다. 다만, 하자담보책임기간 내에 (㉡)이(가) 책임져야 할 사유로 정밀안전진단을 실시하여야 하는 경우 그에 드는 비용은 (㉡)이(가) 부담한다.

PART 09 소방기본법

정답 및 해설 p.91

01 소방기본법령상 소방활동 등에 관한 설명으로 옳지 않은 것은? 제26회

① 소방서장은 공공의 안녕질서 유지 또는 복리증진을 위하여 필요한 경우 소방활동 외에 방송제작 또는 촬영 관련 소방지원활동을 하게 할 수 있다.
② 화재발생 현장에서 소방활동 종사 명령에 따라 소방활동에 종사한 소방대상물의 점유자는 시·도지사로부터 소방활동의 비용을 지급받을 수 있다.
③ 소방대장은 화재 발생을 막기 위하여 가스·전기 또는 유류 등의 시설에 대하여 위험물질의 공급을 차단할 수 있다.
④ 시장지역에서 화재로 오인할 만한 우려가 있는 불을 피우려는 자는 시·도의 조례로 정하는 바에 따라 관할 소방본부장 또는 소방서장에게 신고하여야 한다.
⑤ 경찰공무원은 소방대가 화재발생 현장의 소방활동구역에 있지 아니한 경우 소방활동에 필요한 사람으로서 대통령령으로 정하는 사람 외에는 그 구역의 출입을 제한할 수 있다.

02 소방기본법상 일정한 지역에서 화재로 오인할 만한 우려가 있는 불을 피우려는 자는 관할 소방본부장 또는 소방서장에게 신고하여야 한다. 이에 해당하지 않는 지역은? (단, 시·도 조례로 정하는 지역 또는 장소는 고려하지 않음) 제25회

① 목조건물이 밀집한 지역
② 위험물의 저장 및 처리시설이 밀집한 지역
③ 소방시설·소방용수시설 또는 소방출동로가 없는 지역
④ 공장·창고가 밀집한 지역
⑤ 석유화학제품을 생산하는 공장이 있는 지역

03 소방기본법령상 소방청장·소방본부장 또는 소방서장이 신고에 따라 소방대를 출동시켜 하게 하는 생활안전활동에 해당하지 않는 것은? 제24회

① 낙하가 우려되는 고드름의 제거 활동
② 위해동물의 포획 활동
③ 소방시설 오작동 신고에 따른 조치 활동
④ 단전사고 시 조명의 공급
⑤ 끼임에 따른 구출 활동

04 소방기본법령상 소방력(消防力) 및 소방용수시설 등에 관한 설명으로 옳지 않은 것은?

제22회

① 소방기관이 소방업무를 수행하는 데에 필요한 인력과 장비 등을 소방력이라 한다.
② 시·도지사는 소방력의 기준에 따라 관할구역의 소방력을 확충하기 위하여 필요한 계획을 수립하여 시행하여야 한다.
③ 소방활동에 필요한 소화전·급수탑·저수조를 소방용수시설이라 한다.
④ 소방본부장 또는 소방서장은 소방활동에 필요한 소방용수시설을 설치하고 유지·관리하여야 한다.
⑤ 소방본부장이나 소방서장은 소방활동을 할 때에 긴급한 경우에는 이웃한 소방본부장 또는 소방서장에게 소방업무의 응원(應援)을 요청할 수 있다.

[개정반영]
05 소방기본법령 및 화재예방법령상 내용에 관한 설명으로 옳은 것은?

제19회

① 소방대상물의 점유자는 관계인에 포함되지 아니한다.
② 행정안전부장관은 소방업무에 필요한 기본계획을 5년마다 수립·시행하여야 한다.
③ 「수도법」에 따라 소화전을 설치하는 일반수도사업자는 관할 소방서장과 사전협의를 거친 후 소화전을 설치하여야 한다.
④ 관할 소방서장은 시장지역 중 화재가 발생할 우려가 높거나 화재가 발생한 경우 그로 인하여 피해가 클 것으로 예상되는 지역을 화재예방강화지구로 지정할 수 있다.
⑤ 한국소방안전원이 정관을 변경하려면 관할 시·도지사의 인가를 받아야 한다.

06 소방기본법령상 소방신호의 종류에 해당하지 않는 것은?

제28회

① 피난신호　　　　　　　　② 경계신호
③ 발화신호　　　　　　　　④ 훈련신호
⑤ 해제신호

07 소방기본법 제7조(소방의 날 제정과 운영 등) 제1항 규정이다. (　)에 들어갈 아라비아 숫자를 쓰시오.

제27회 주관식

> 국민의 안전의식과 화재에 대한 경각심을 높이고 안전문화를 정착시키기 위하여 매년 (　㉠　)월 (　㉡　)일을 소방의 날로 정하여 기념행사를 한다.

PART 10 화재의 예방 및 안전관리에 관한 법률

01 화재의 예방 및 안전관리에 관한 법령상 소방안전관리대상물 등에 관한 설명으로 옳은 것은? 제27회

① 「건축법 시행령」상 건축물 용도가 아파트인 경우에는 세대수와 무관하게 소방안전관리보조자를 추가로 선임하여야 한다.
② 특급 소방안전관리대상물의 경우에는 소방안전관리자를 2명 이상 선임하여야 한다.
③ 지하층을 포함해서 30층 이상인 아파트는 특급 소방안전관리대상물에 해당한다.
④ 소방안전관리대상물의 관계인은 화기(火氣) 취급의 감독 업무를 수행한다.
⑤ 건축물대장의 건축물현황도에 표시된 대지경계선 안의 지역에 소방안전관리자를 두어야 하는 특정소방대상물이 둘 이상 있는 경우, 그 관리에 관한 권원을 가진 자가 동일인인 때에는 이를 하나의 특정소방대상물로 본다.

개정반영

02 화재의 예방 및 안전관리에 관한 법령상 지상으로부터 높이가 135미터인 40층 아파트가 해당되는 소방안전관리대상물은? 제25회

① 특급 소방안전관리대상물
② 공동 소방안전관리대상물
③ 1급 소방안전관리대상물
④ 2급 소방안전관리대상물
⑤ 3급 소방안전관리대상물

개정반영

03 화재의 예방 및 안전관리에 관한 법령상 수행하여야 하는 소방안전관리자의 업무 중 소방안전관리대상물의 경우에만 해당하는 것을 모두 고른 것은? 제25회

㉠ 화기(火氣) 취급의 감독
㉡ 자위소방대 및 초기대응체계의 구성·운영·교육
㉢ 소방시설이나 그 밖의 소방 관련 시설의 관리
㉣ 「소방시설 설치 및 관리에 관한 법률」에 따른 피난시설, 방화구획 및 방화시설의 관리

① ㉠
② ㉡
③ ㉠, ㉢
④ ㉡, ㉣
⑤ ㉢, ㉣

개정반영

04 화재의 예방 및 안전관리에 관한 법령상 누구든지 화재예방강화지구 및 이에 준하는 대통령령으로 정하는 장소에서는 일정한 행위를 하여서는 아니 된다. 다만, 행정안전부령으로 정하는 바에 따라 안전조치를 한 경우에는 그러하지 아니한다. 다음 중 '일정한 행위'를 모두 고른 것은?   제23회

┌─────────────────────────────────────┐
│ ㉠ 흡연   ㉡ 용접   │
│ ㉢ 모닥불   ㉣ 풍등 날리기 │
│ ㉤ 화기(火氣) 취급   │
└─────────────────────────────────────┘

① ㉠, ㉣
② ㉡, ㉢, ㉤
③ ㉠, ㉡, ㉣, ㉤
④ ㉠, ㉢, ㉣, ㉤
⑤ ㉠, ㉡, ㉢, ㉣, ㉤

개정반영

05 화재의 예방 및 안전관리에 관한 법령상 소방대상물의 안전관리에 관한 내용으로 옳은 것은?   제23회

① 30층 이상(지하층을 포함한다)이거나 지상으로부터 높이가 120미터 이상인 아파트는 소방안전관리자를 선임하여야 하는 1급 소방안전관리대상물에 해당한다.
② 50층 이상(지하층을 포함한다)이거나 지상으로부터 높이가 200미터 이상인 아파트는 소방안전관리자를 선임하여야 하는 특급 소방안전관리대상물에 해당한다.
③ 소방안전관리대상물의 관계인이 소방안전관리자를 선임한 경우에는 선임한 날부터 30일 이내에 소방본부장이나 소방서장에게 신고하여야 한다.
④ 소방안전관리자를 두어야 하는 특정소방대상물 중 300세대 이상인 아파트는 소방안전관리보조자를 선임하여야 한다.
⑤ 소방안전관리대상물의 관계인은 소방안전관리보조자를 해임한 경우 소방안전관리보조자를 해임한 날의 다음 날부터 30일 이내에 소방안전관리보조자를 선임하여야 한다.

개정반영

06 화재의 예방 및 안전관리에 관한 법령상 화재예방강화지구에 관한 설명으로 옳지 않은 것은? 제21회

① 시·도지사는 소방시설·소방용수시설 또는 소방출동로가 없는 지역 중 화재가 발생할 우려가 높거나 화재가 발생하는 경우 그로 인하여 피해가 클 것으로 예상되는 지역을 화재예방강화지구로 지정할 수 있다.

② 소방본부장이나 소방서장은 대통령령으로 정하는 바에 따라 화재예방강화지구 안의 소방대상물의 위치·구조 및 설비 등에 대하여 화재안전조사를 연 1회 이상 실시하여야 한다.

③ 소방본부장이나 소방서장은 화재안전조사를 한 결과 화재의 예방강화를 위하여 필요하다고 인정할 때에는 관계인에게 소화기구, 소방용수시설 또는 그 밖에 소방에 필요한 설비의 설치를 명할 수 있다.

④ 시·도지사는 화재예방강화지구 안의 관계인에 대하여 대통령령으로 정하는 바에 따라 소방상 필요한 훈련 및 교육을 연 1회 이상 실시하여야 한다.

⑤ 시·도지사는 대통령령으로 정하는 바에 따라 화재예방강화지구의 지정 현황, 화재안전조사의 결과, 소방설비등의 설치 명령 현황, 소방훈련 및 교육 현황 등이 포함된 화재예방강화지구에서의 화재예방에 필요한 자료를 매년 작성·관리하여야 한다.

개정반영

07 화재의 예방 및 안전관리에 관한 법령상 소방본부장이나 소방서장이 명령하거나 취할 수 있는 화재의 예방조치 등에 해당하지 않는 것은? 제20회

① 화재예방상 위험하다고 인정되는 흡연을 하고 있는 사람에 대한 흡연의 금지
② 시장지역 중 화재발생 우려가 높은 지역에 대한 화재예방강화지구 지정
③ 불에 탈 수 있음에도 함부로 버려둔 위험물의 소유자에게 그 물건을 옮기게 하는 조치
④ 불에 탈 수 있는 물건의 소유자·관리자 또는 점유자의 주소와 성명을 알 수 없어서 필요한 명령을 할 수 없을 때 소속 공무원으로 하여금 그 물건을 옮기도록 하는 것

※ 법령 개정으로 삭제한 선지가 있어 4지 선택형으로 수정하였습니다.

08 화재의 예방 및 안전관리에 관한 법률 제2조(정의) 규정의 일부이다. (　)에 들어갈 용어를 쓰시오.　　　　　　　　　　　　　　　　　　　　　　　제26회 주관식

> (㉠)(이)란 특별시장·광역시장·특별자치시장·도지사 또는 특별자치도지사가 화재발생 우려가 크거나 화재가 발생할 경우 피해가 클 것으로 예상되는 지역에 대하여 화재의 예방 및 안전관리를 강화하기 위해 지정·관리하는 지역을 말한다.

09 화재의 예방 및 안전관리에 관한 법률 제2조(정의) 규정의 일부이다. (　)에 들어갈 용어를 쓰시오.　　　　　　　　　　　　　　　　　　　　　　　제28회 주관식

> '(㉠)'(이)란 화재가 발생할 경우 사회·경제적으로 피해 규모가 클 것으로 예상되는 소방대상물에 대하여 화재위험요인을 조사하고 그 위험성을 평가하여 개선대책을 수립하는 것을 말한다.

개정반영

10 화재의 예방 및 안전관리에 관한 법률 규정이다. (　)에 들어갈 아라비아 숫자와 용어를 쓰시오.　　　　　　　　　　　　　　　　　　　　　　　제24회 주관식

> 제35조(관리의 권원이 분리된 특정소방대상물의 소방안전관리) 다음의 어느 하나에 해당하는 특정소방대상물로서 그 관리의 권원(權原)이 분리되어 있는 특정소방대상물의 경우 그 관리의 권원별 관계인은 대통령령으로 정하는 바에 따라 제24조 제1항에 따른 소방안전관리자를 선임하여야 한다. 다만, 소방본부장 또는 소방서장은 관리의 권원이 많아 효율적인 소방안전관리가 이루어지지 아니한다고 판단되는 경우 대통령령으로 정하는 바에 따라 관리의 권원을 조정하여 소방안전관리자를 선임하도록 할 수 있다.
> 1. 복합건축물(지하층을 제외한 층수가 (㉠)층 이상 또는 연면적 3만제곱미터 이상인 건축물)
> 2. (㉡)(지하의 인공구조물 안에 설치된 상점 및 사무실, 그 밖에 이와 비슷한 시설이 연속하여 지하도에 접하여 설치된 것과 그 지하도를 합한 것을 말한다)
> 3. 그 밖에 대통령령으로 정하는 특정소방대상물

개정반영

11 화재의 예방 및 안전관리에 관한 법률 규정의 일부이다. ( )에 들어갈 숫자를 쓰시오.
제20회 주관식

> 다음의 어느 하나에 해당하는 특정소방대상물로서 그 관리의 권원(權原)이 분리되어 있는 특정소방대상물의 경우 그 관리의 권원별 관계인은 대통령령으로 정하는 바에 따라 제24조 제1항에 따른 소방안전관리자를 선임하여야 한다. 다만, 소방본부장 또는 소방서장은 관리의 권원이 많아 효율적인 소방안전관리가 이루어지지 아니한다고 판단되는 경우 대통령령으로 정하는 바에 따라 관리의 권원을 조정하여 소방안전관리자를 선임하도록 할 수 있다.
> 1. 복합건축물(지하층을 제외한 층수가 (㉠)층 이상 또는 연면적 3만제곱미터 이상인 건축물)
> 2. 이하 〈생략〉

개정반영

12 화재의 예방 및 안전관리에 관한 법률 규정의 일부이다. ( ) 안에 들어갈 용어를 쓰시오.
제19회 주관식

> 소방청장, 소방본부장 또는 소방서장(이하 '소방관서장'이라 한다)은 소방대상물, 관계지역 또는 관계인에 대하여 소방시설등이 소방 관계 법령에 적합하게 설치·관리되고 있는지, 소방대상물에 화재의 발생 위험이 있는지 등을 확인하기 위하여 (㉠)을(를) 실시할 수 있다.

PART 11 소방시설 설치 및 관리에 관한 법률

정답 및 해설 p.98

개정반영

01 소방시설 설치 및 관리에 관한 법령상 「건축법」에 따른 단독주택 또는 공동주택의 소유자가 주택용소방시설을 설치하지 않아도 되는 것은? 제26회

① 기숙사
② 연립주택
③ 다세대주택
④ 다중주택
⑤ 다가구주택

개정반영

02 소방시설 설치 및 관리에 관한 법령상 '소방시설'이란 소화설비, 경보설비, 피난구조설비, 소화용수설비, 그 밖에 소화활동설비로서 대통령령으로 정하는 것을 말한다. 각 소방시설과 그에 속하는 기계·기구·설비를 옳게 연결하지 않은 것은? 제21회

① 소화설비: 분말자동소화장치, 화재조기진압용 스프링클러설비
② 경보설비: 자동화재탐지설비, 자동화재속보설비
③ 피난구조설비: 방열복, 인공소생기
④ 소화용수설비: 상수도소화용수설비, 저수조
⑤ 소화활동설비: 제연설비, 옥외소화전설비

개정반영

03 소방시설 설치 및 관리에 관한 법령상 특정소방대상물에 소방시설을 설치하려는 경우 성능위주설계를 하여야 하는 것이 아닌 것은? (단, 신축하는 경우를 전제로 함) 제20회

① 건축물의 높이가 100미터인 아파트
② 연면적 5만 제곱미터인 공항시설
③ 연면적 4만 제곱미터인 도시철도 시설
④ 지하층을 포함한 층수가 30층인 종합병원
⑤ 하나의 건축물에 「영화 및 비디오물의 진흥에 관한 법률」에 따른 영화상영관이 10개인 극장

04 소방시설 설치 및 관리에 관한 법령상 소방용품에 관한 설명으로 옳지 않은 것은?

제28회

① 경보설비를 구성하는 음향장치 중 경종은 소방용품에 해당한다.
② 하나의 소방용품에 성능인증 사항이 두 가지 이상 결합된 경우에는 해당 성능인증시험을 모두 실시하여야 하며, 하나의 성능인증을 할 수는 없다.
③ 소방청장으로부터 소방용품의 형식승인을 받은 자는 그 소방용품에 대하여 소방청장이 실시하는 제품검사를 받아야 한다.
④ 분말형태의 소화약제를 사용하는 소화기의 내용연수는 10년으로 한다.
⑤ 소방용품의 성능인증이 취소된 자는 그 취소된 날부터 2년 이내에는 성능인증이 취소된 소방용품과 동일한 품목에 대하여는 성능인증을 받을 수 없다.

[개정반영]

05 소방시설 설치 및 관리에 관한 법령상 소방용품의 내용연수에 관한 내용이다. ( )에 들어갈 숫자로 옳은 것은? (단, 사용기한을 연장하는 경우는 고려하지 않음) 제22회

> 특정소방대상물의 관계인은 내용연수가 경과한 소방용품을 교체하여야 한다. 이 경우 내용연수를 설정하여야 하는 소방용품은 분말형태의 소화약제를 사용하는 소화기로 하며, 그 소방용품의 내용연수는 ( )년으로 한다.

① 3   ② 5
③ 7   ④ 10
⑤ 15

[개정반영]

06 소방시설 설치 및 관리에 관한 법률 규정의 일부이다. ( ) 안에 들어갈 숫자를 쓰시오.

제19회 주관식

> 소방용품의 형식승인이 취소된 자는 그 취소된 날부터 (㉠)년 이내에는 형식승인이 취소된 동일 품목에 대하여 형식승인을 받을 수 없다.

07 소방시설 설치 및 관리에 관한 법률 제2조(정의) 규정의 일부이다. (　)에 들어갈 용어를 쓰시오.　　　　　　　　　　　　　　　　　　　　　　　　　제27회 주관식

> '(㉠)'(이)란 건축물 등의 규모·용도 및 수용인원 등을 고려하여 소방시설을 설치하여야 하는 소방대상물로서 대통령령으로 정하는 것을 말한다.

개정반영

08 소방시설 설치 및 관리에 관한 법률 규정의 일부이다. (　)에 들어갈 숫자를 순서대로 쓰시오.　　　　　　　　　　　　　　　　　　　　　　　　제21회 주관식

> '무창층(無窓層)'이란 지상층 중 다음 각 목의 요건을 모두 갖춘 개구부(건축물에서 채광·환기·통풍 또는 출입 등을 위하여 만든 창·출입구, 그 밖에 이와 비슷한 것을 말한다)의 면적의 합계가 해당 층의 바닥면적(「건축법 시행령」 제119조 제1항 제3호에 따라 산정된 면적을 말한다)의 (㉠)분의 1 이하가 되는 층을 말한다.
> 가. 크기는 지름 (㉡)센티미터 이상의 원이 통과할 수 있을 것
> 나. 해당 층의 바닥면으로부터 개구부 밑부분까지의 높이가 1.2미터 이내일 것
> 다. 도로 또는 차량이 진입할 수 있는 빈터를 향할 것
> 라. 화재 시 건축물로부터 쉽게 피난할 수 있도록 창살이나 그 밖의 장애물이 설치되지 않을 것
> 마. 내부 또는 외부에서 쉽게 부수거나 열 수 있을 것

개정반영

09 소방시설 설치 및 관리에 관한 법령에 대한 설명이다. (　)에 들어갈 용어를 쓰시오.　　　　　　　　　　　　　　　　　　　　　　　　　　　　　　　　제23회 주관식

> (㉠)(이)란 곧바로 지상으로 갈 수 있는 출입구가 있는 층을 말한다.

10 소방시설 설치 및 관리에 관한 법령상 임시소방시설의 종류에 관한 내용이다. ( )에 들어갈 용어를 쓰시오. 제22회 주관식

> 1. 임시소방시설의 종류
>   가. 소화기
>   나. 간이소화장치: 물을 방사(放射)하여 화재를 진화할 수 있는 장치로서 소방청장이 정하는 성능을 갖추고 있을 것
>   다. 비상경보장치: 화재가 발생한 경우 주변에 있는 작업자에게 화재사실을 알릴 수 있는 장치로서 소방청장이 정하는 성능을 갖추고 있을 것
>   라. 가스누설경보기: 가연성 가스가 누설되거나 발생된 경우 이를 탐지하여 경보하는 장치로서 법 제37조에 따른 형식승인 및 제품검사를 받은 것
>   마. (㉠): 화재가 발생한 경우 피난구 방향을 안내할 수 있는 장치로서 소방청장이 정하는 성능을 갖추고 있을 것
>   바. 비상조명등: 화재가 발생한 경우 안전하고 원활한 피난활동을 할 수 있도록 자동 점등되는 조명장치로서 소방청장이 정하는 성능을 갖추고 있을 것
>   사. 방화포: 용접·용단 등의 작업 시 발생하는 불티로부터 가연물이 점화되는 것을 방지해주는 천 또는 불연성 물품으로서 소방청장이 정하는 성능을 갖추고 있을 것

PART 12 전기사업법

정답 및 해설 p.100

개정반영

01 전기사업법령상 전기자동차충전사업에 관한 설명으로 옳은 것은? 제27회

① 전기자동차충전사업을 하려는 자는 기후에너지환경부장관의 허가를 받아야 한다.
② 전기자동차충전사업자는 충전요금을 표시하는 경우 이동통신단말장치에서 사용되는 애플리케이션에 게시하는 방법으로 할 수 있다.
③ 전기자동차충전사업자는 재생에너지를 이용하여 생산한 전기라도 전력시장을 거치지 아니하고는 전기자동차에 공급할 수 없다.
④ 전기자동차충전사업자는 요금과 그 밖의 이용조건에 관한 약관을 작성하여 기후에너지환경부장관의 인가를 받아야 한다.
⑤ 전기자동차에 전기를 유상으로 공급하는 것을 주된 목적으로 하는 사업은 '전기판매사업'에 해당한다.

02 전기사업법령상 전기판매사업자에 관한 설명으로 옳은 것을 모두 고른 것은? 제28회

㉠ 전기판매사업자는 전기요금을 산정하기 위하여 행정안전부장관 또는 지방자치단체의 장에게 「주민등록법」에 따른 주민등록전산정보자료를 요청할 수 있다.
㉡ 전기판매사업자는 설비용량이 2만킬로와트 이하인 발전사업자가 생산한 전력을 전력시장운영규칙으로 정하는 바에 따라 우선적으로 구매할 수 있다.
㉢ 구역전기사업자가 부족한 전력 또는 남는 전력을 전기판매사업자와 거래하는 경우 전기판매사업자는 보완공급약관을 작성하여 전기위원회의 허가를 받아야 한다.

① ㉠
② ㉢
③ ㉠, ㉡
④ ㉡, ㉢
⑤ ㉠, ㉡, ㉢

03 전기사업법령상 전력거래에 관한 설명으로 옳은 것은? 제26회

① 발전사업자 및 전기판매사업자는 한국전력거래소가 운영하는 전력계통에 연결되어 있지 아니한 도서지역에서 전력을 거래하는 경우 전력시장에서 전력거래를 하여야 한다.
② 태양광 설비를 설치한 자가 해당 설비를 통하여 생산한 전력 중 자기가 사용하고 남은 전력을 거래하는 경우에는 전력시장에서 거래할 수 없다.
③ 전기판매사업자는 설비용량이 3만킬로와트인 발전사업자가 생산한 전력을 전력시장운영규칙으로 정하는 바에 따라 우선적으로 구매할 수 있다.
④ 구역전기사업자는 발전기의 고장, 정기점검 및 보수 등으로 인하여 해당 특정한 공급구역의 수요에 부족한 전력을 전력시장에서 거래할 수 있다.
⑤ 소규모전력중개사업자는 모집한 소규모전력자원에서 생산 또는 저장한 전력을 전력시장에서 거래하지 아니할 수 있다.

04 전기사업법상 토지 등의 사용에 관한 설명으로 옳지 않은 것은? 제25회

① 전기사업자는 전기사업용전기설비의 설치를 위한 측량을 위하여 필요한 경우에는 「공익사업을 위한 토지 등의 취득 및 보상에 관한 법률」에서 정하는 바에 따라 다른 자의 토지 또는 이에 정착된 건물을 사용할 수 있다.
② 전기사업자는 전기사업용전기설비의 유지·보수를 위하여 필요한 경우에는 「공익사업을 위한 토지 등의 취득 및 보상에 관한 법률」에서 정하는 바에 따라 다른 자의 식물을 제거할 수 있다.
③ 천재지변으로 전기사업용전기설비가 파손될 우려가 있는 경우 전기사업자가 주거용으로 사용되고 있는 다른 자의 토지등을 일시사용하려면 그 사용 일시 및 기간에 관하여 미리 거주자와 협의하여야 한다.
④ 긴급한 사태로 전기사업용전기설비가 파손되어 전기사업자가 다른 자의 토지등을 일시사용한 경우에는 즉시 그 점유자나 소유자에게 그 사실을 통지하여야 한다.
⑤ 전기설비의 안전관리를 위하여 다른 자의 토지등에 출입하려는 전기사업자는 토지등의 소유자 또는 점유자와 협의를 거친 후 시·도지사에게 신고하여야 한다.

개정반영

05 전기사업법령상 전기사업 및 전력시장에 관한 설명으로 옳은 것을 모두 고른 것은?

제24회

> ㉠ 전기신사업이란 전기자동차충전사업, 구역전기사업 및 재생에너지생산사업을 말한다.
> ㉡ 전기판매사업자는 전기요금과 그 밖의 공급조건에 관한 약관을 작성하여 기후에너지환경부장관에게 신고하여야 한다.
> ㉢ 전기사용자는 전력시장에서 전력을 직접 구매할 수 없다. 다만, 수전설비(受電設備)의 용량(재생에너지전기공급사업자로부터 전기를 공급받는 경우에는 기후에너지환경부장관이 정하여 고시하는 바에 따라 각 수전설비를 합산한 용량을 말한다)이 3만킬로볼트암페어 이상인 전기사용자는 그러하지 아니하다.
> ㉣ 전기판매사업자는 설비용량이 2만킬로와트 이하인 발전사업자가 생산한 전력을 전력시장운영규칙으로 정하는 바에 따라 우선적으로 구매할 수 있다.

① ㉠, ㉡
② ㉠, ㉣
③ ㉡, ㉢
④ ㉡, ㉣
⑤ ㉢, ㉣

개정반영

06 전기사업법령의 내용으로 옳은 것은?

제23회

① 배전선로란 발전소 상호간, 변전소 상호간, 발전소와 변전소 간을 연결하는 전선로와 이에 속하는 전기설비를 말한다.
② 전압 600볼트 이하로서 용량 75킬로와트 미만인 발전설비는 일반용전기설비에 해당한다.
③ 한국전기안전공사는 사용전검사를 한 경우에는 검사완료일부터 5일 이내에 검사확인증을 검사신청인에게 내주어야 하며, 검사 결과 불합격인 경우에는 그 내용·사유 및 재검사 기한을 통지하여야 한다.

※ 법령 개정으로 삭제한 선지가 있어 3지 선택형으로 수정하였습니다.

개정반영

07 전기사업법령상 전기사업자 및 전기사용자에 관한 설명으로 옳은 것은? 제22회

① 배전사업자는 전기판매사업을 겸업할 수 있다.
② 전기판매사업자는 발전용 전기설비의 정기적인 보수기간 중 전기 공급의 요청이 있는 경우에는 전기의 공급을 거부할 수 있다.
③ 전기판매사업자는 기본공급약관을 작성하여 기후에너지환경부장관의 허가를 받아야 한다.
④ 전기사업자의 지위가 승계되더라도 종전의 전기사업자에 대한 사업정지처분의 효과는 그 지위를 승계받은 자에게 승계되지 않는다.
⑤ 전력시장에서 전력을 직접 구매하는 전기사용자는 시간대별로 전력거래량을 측정할 수 있는 전력량계를 설치하지 않아도 된다.

08 전기사업법령상 전기판매사업자가 전기의 공급을 거부할 수 있는 정당한 사유가 아닌 것은? 제20회

① 전기의 공급을 요청하는 자가 전기판매사업자의 정당한 조건에 따르지 아니하고 다른 방법으로 전기의 공급을 요청하는 경우
② 1만 킬로와트 이상 10만 킬로와트 미만으로 전기를 사용하려는 자가 사용 예정일 2년 전까지 전기판매사업자에게 미리 전기의 공급을 요청하지 아니하는 경우
③ 발전용 전기설비의 정기적인 보수기간 중 전기의 공급을 요청하는 경우
④ 전기요금을 미납한 전기사용자가 납기일의 다음 날부터 공급약관에서 정하는 기한까지 해당 요금을 납부하지 아니하는 경우
⑤ 일반용전기설비의 사용전점검을 받지 아니하고 전기공급을 요청하는 경우

09 전기사업법령상 한국전력거래소에 관한 설명으로 옳지 않은 것은?   제19회

① 한국전력거래소는 전력시장 및 전력계통의 운영에 관한 규칙을 정하여야 한다.
② 한국전력거래소의 회원이 아닌 자는 전력시장에서 전력거래를 하지 못한다.
③ 한국전력거래소는 전기사업자 및 수요관리사업자에게 전력계통의 운영을 위하여 필요한 지시를 할 수 있다. 이 경우 발전사업자 및 수요관리사업자에 대한 지시는 전력시장에서 결정된 우선순위에 따라 하여야 한다.
④ 전력시장에서 전력거래를 하는 자가용전기설비를 설치한 자는 한국전력거래소의 회원이 될 자격이 없다.
⑤ 기후에너지환경부장관은 천재지변, 전시·사변, 경제사정의 급격한 변동, 그 밖에 이에 준하는 사태가 발생하여 전력시장에서 전력거래가 정상적으로 이루어질 수 없다고 인정하는 경우에는 전력시장에서의 전력거래의 정지·제한이나 그 밖에 필요한 조치를 할 수 있다.

10 전기사업법 제2조(정의) 규정의 일부이다. (　)에 들어갈 용어를 쓰시오.   제28회 주관식

> 12의2. '(㉠)'(이)란 전기자동차충전사업, 소규모전력중개사업, 재생에너지전기공급사업, 통합발전소사업, 재생에너지전기저장판매사업 및 송전제약발생지역전기공급사업을 말한다.
> 15. '(㉡) 공급'이란 전기사용자가 언제 어디서나 적정한 요금으로 전기를 사용할 수 있도록 전기를 공급하는 것을 말한다.

11 전기사업법 제2조(정의) 규정의 일부이다. (　)에 들어갈 용어를 쓰시오.   제22회 주관식

> (㉠)(이)란 전기사용자가 언제 어디서나 적정한 요금으로 전기를 사용할 수 있도록 전기를 공급하는 것을 말한다.

12 전기사업법 시행규칙 제2조(정의) 규정의 일부이다. ( )에 들어갈 용어와 아라비아 숫자를 쓰시오. 제27회 주관식

> '(㉠)'(이)란 다음 각 목의 곳의 전압 (㉡)만볼트 이상의 송전선로를 연결하거나 차단하기 위한 전기설비를 말한다.
> 가. 발전소 상호간
> 나. 변전소 상호간
> 다. 발전소와 변전소 간

개정반영

13 전기사업법 제16조 규정의 일부이다. ( )에 들어갈 용어를 쓰시오. 제26회 주관식

> **제16조(전기의 공급약관)** ① 전기판매사업자는 대통령령으로 정하는 바에 따라 전기요금과 그 밖의 공급조건에 관한 약관(이하 '기본공급약관'이라 한다)을 작성하여 기후에너지환경부장관의 인가를 받아야 한다. 이를 변경하려는 경우에도 또한 같다.
> ② 기후에너지환경부장관은 제1항에 따른 인가를 하려는 경우에는 (㉠)의 심의를 거쳐야 한다.
> ③ ~ ⑤ 〈생략〉

14 전기사업법 제2조(정의) 규정의 일부이다. ( )에 들어갈 용어를 쓰시오. 제25회 주관식

> '자가용전기설비'란 전기사업용전기설비 및 (㉠)전기설비 외의 전기설비를 말한다.

15 전기사업법 제2조 및 제16조 규정의 일부이다. ( )에 들어갈 용어를 쓰시오. 제24회 주관식

> • **제2조(정의)** 이 법에서 사용하는 용어의 뜻은 다음과 같다.
>   14. '(㉠)'(이)란 전기의 원활한 흐름과 품질유지를 위하여 전기의 흐름을 통제·관리하는 체제를 말한다.
> • **제16조(전기의 공급약관)** ③ 전기판매사업자는 그 전기수요를 효율적으로 관리하기 위하여 필요한 범위에서 기본공급약관으로 정한 것과 다른 요금이나 그 밖의 공급조건을 내용으로 정하는 약관[이하 '(㉡)'(이)라 한다]을 작성할 수 있으며, 전기사용자는 기본공급약관을 갈음하여 (㉡)(으)로 정한 사항을 선택할 수 있다.

개정반영

16 전기사업법 시행규칙 제2조(정의) 규정의 일부이다. (　)에 들어갈 숫자를 쓰시오.

제23회 주관식

> '저압'이란 직류에서는 (㉠)볼트 이하의 전압을 말하고, 교류에서는 (㉡)볼트 이하의 전압을 말한다.

개정반영

17 전기설비의 안전관리에 관하여 규정하고 있는 전기사업법 제61조 규정의 일부이다. (　)에 공통적으로 들어갈 용어를 쓰시오.

제20회 주관식

> 전기사업자는 전기사업용전기설비의 설치공사 또는 변경공사로서 기후에너지환경부령으로 정하는 공사를 하려는 경우에는 그 공사계획에 대하여 기후에너지환경부장관의 (㉠)을(를) 받아야 한다. (㉠)받은 사항을 변경하려는 경우에도 또한 같다.

PART 13 승강기 안전관리법

01 승강기 안전관리법령상 승강기의 설치 및 안전관리에 관한 설명으로 옳지 않은 것은?
제27회

① 설치공사업자는 승강기의 설치를 끝냈을 때에는 승강기의 설치를 끝낸 날부터 10일 이내에 한국승강기안전공단에 승강기의 설치신고를 해야 한다.
② 관리주체가 직접 승강기를 관리하는 경우에는 승강기 안전관리자를 따로 선임할 필요가 없다.
③ 관리주체는 승강기의 사고로 승강기 이용자 등 다른 사람의 생명·신체 또는 재산상의 손해를 발생하게 하는 경우 그 손해에 대한 배상을 보장하기 위한 책임보험에 가입하여야 한다.
④ 책임보험의 보상한도액은 사망의 경우에는 1인당 8천만원 이상이나, 사망에 따른 실손해액이 2천만원 미만인 경우에는 2천만원으로 한다.
⑤ 승강기의 자체점검을 담당하는 사람은 자체점검을 마치면 지체 없이 자체점검 결과를 양호, 주의관찰 또는 긴급수리로 구분하여 자체점검 후 15일 이내에 승강기 안전종합정보망에 입력해야 한다.

02 승강기 안전관리법령상 책임보험 및 승강기의 안전관리에 관한 설명으로 옳은 것은?
제26회

① 책임보험의 종류는 승강기 사고배상책임보험 또는 승강기 사고배상책임보험과 같은 내용이 포함된 보험으로 한다.
② 책임보험에 가입한 관리주체는 책임보험 판매자로 하여금 책임보험의 가입 사실을 가입한 날부터 30일 이내에 승강기안전종합정보망에 입력하게 해야 한다.
③ 관리주체는 승강기의 안전에 관한 자체점검을 월 2회 이상 하여야 한다.
④ 승강기의 안전검사는 정기검사, 임시검사, 정밀안전검사로 구분되며, 국토교통부장관은 안전검사를 받을 수 없다고 인정하면 그 사유가 없어질 때까지 안전검사를 연기할 수 있다.
⑤ 관리주체는 안전검사에 불합격한 승강기에 대하여 안전검사에 불합격한 날부터 3개월 이내에 안전검사를 다시 받아야 한다.

개정반영

03 승강기 안전관리법령상 승강기 안전관리자에 관한 설명으로 옳지 않은 것은? 제25회

① 관리하는 승강기로 인하여 사망자가 발생한 사고인 경우 해당 사고를 한국승강기 안전공단에 통보하는 것은 승강기 안전관리자의 직무범위에 속한다.
② 승강기 안전관리자가 변경되었을 때에는 관리주체는 3개월 이내에 행정안전부장관에게 그 사실을 통보하여야 한다.
③ 관리주체는 승강기 안전관리자로 하여금 행정안전부령으로 정하는 기관이 실시하는 승강기교육을 받게 하여야 한다.
④ 법인인 관리주체가 승강기 안전관리자를 선임하지 않고 직접 승강기를 관리하는 경우에는 그 법인의 대표자가 승강기관리교육을 받아야 한다.
⑤ 승강기관리교육은 집합교육, 현장교육 또는 인터넷 원격교육 등의 방법으로 할 수 있다.

개정반영

04 승강기 안전관리법령상 승강기의 안전검사에 관한 내용이다. ( )에 들어갈 기간을 순서대로 나열한 것은? 제24회

- 설치검사를 받은 날부터 25년이 지난 승강기의 경우 정기검사의 검사주기를 직전 정기검사를 받은 날부터 (㉠)(으)로 한다. 다만, 정기검사의 검사주기 도래일 전에 수시검사 또는 법 제32조 제1항 제3호[나목(승강기의 결함으로 중대한 사고 또는 중대한 고장이 발생한 경우)은 제외]에 따른 정밀안전검사를 받은 경우에는 해당 검사 직후의 정기검사에 한정하여 1년으로 한다.
- 관리주체는 안전검사에 불합격한 승강기에 대하여 안전검사를 받을 수 없는 사유로 인하여 안전검사가 연기되지 않는 한, 안전검사에 불합격한 날부터 (㉡) 이내에 안전검사를 다시 받아야 한다.

① 6개월, 3개월 ② 6개월, 4개월
③ 1년, 3개월   ④ 1년, 4개월
⑤ 1년, 6개월

05 승강기 안전관리법령상 관리주체가 관리하는 승강기에 중대한 고장이 발생하여 한국승강기안전공단에 통보하여야 하는 경우에 해당하지 않는 것은? 제24회

① 엘리베이터가 최상층을 지나 계속 움직인 경우
② 엘리베이터가 출입문이 열린 상태로 움직인 경우
③ 에스컬레이터가 디딤판이 이탈되어 운행되지 않은 경우
④ 운행 중 정전으로 인하여 정지된 엘리베이터에 이용자가 갇히게 된 경우
⑤ 상승 운행 과정에서 에스컬레이터의 디딤판이 하강 방향으로 역행하는 경우

06 승강기 안전관리법령상 승강기의 안전인증에 관한 내용으로 옳은 것을 모두 고른 것은? 제23회

> ㉠ 승강기의 제조·수입업자는 승강기에 대하여 모델별로 국토교통부장관이 실시하는 안전인증을 받아야 한다.
> ㉡ 국토교통부장관은 수출을 목적으로 승강기를 제조하는 경우에는 승강기안전인증의 전부를 면제할 수 있다.
> ㉢ 승강기안전인증을 받은 승강기의 제조·수입업자는 승강기안전인증을 받은 후 제조하거나 수입하는 같은 모델의 승강기에 대하여 안전성에 대한 자체 심사를 하고, 그 기록을 작성·보관하여야 한다.

① ㉢
② ㉠, ㉡
③ ㉠, ㉢
④ ㉡, ㉢
⑤ ㉠, ㉡, ㉢

07 승강기 안전관리법령상 승강기의 자체점검 및 안전검사에 관한 내용으로 옳지 않은 것은? 제23회

① 관리주체는 행정안전부장관이 실시하는 안전검사에서 불합격한 승강기에 대해서는 자체점검의 전부 또는 일부를 면제할 수 있다.
② 관리주체는 승강기의 자체점검을 월 1회 이상 하고, 자체점검 결과를 자체점검 후 7일 이내에 승강기안전종합정보망에 입력하여야 한다.
③ 관리주체는 승강기의 제어반 또는 구동기를 교체한 경우에 행정안전부장관이 실시하는 수시검사를 받아야 한다.
④ 관리주체는 설치검사를 받은 날부터 15년이 지난 경우에 해당할 때에는 행정안전부장관이 실시하는 정밀안전검사를 받고, 그 후 3년마다 정기적으로 정밀안전검사를 받아야 한다.
⑤ 관리주체가 안전검사를 받고 자체점검을 한 경우에는 「건축물관리법」 제12조에 따른 승강기의 유지·관리를 한 것으로 본다.

08 승강기 안전관리법령의 내용으로 옳지 않은 것은? 제22회

① 승강기 소유자와의 계약에 따라 승강기를 안전하게 관리할 책임과 권한을 부여받은 자는 승강기의 관리주체에 해당한다.
② 승강기안전인증이 취소된 승강기의 제조·수입업자는 취소된 날부터 1년 이내에는 같은 모델의 승강기에 대한 승강기안전인증을 신청할 수 없다.
③ 승강기의 제조·수입업자는 설치를 끝낸 승강기에 대하여 설치검사를 받아야 한다.
④ 승강기의 관리주체는 안전검사에 불합격한 승강기에 대하여 안전검사에 불합격한 날부터 2개월 이내에 안전검사를 다시 받아야 한다.
⑤ 정밀안전검사를 받아야 하는 승강기에 대해서는 해당 연도의 정기검사를 면제할 수 있다.

09 승강기 안전관리법령상 자체점검에 관한 설명으로 옳지 않은 것은? 제19회

① 관리주체는 자체점검을 스스로 할 수 없다고 판단하는 경우에는 승강기의 유지관리를 업으로 하기 위하여 등록을 한 자로 하여금 이를 대행하게 할 수 있다.
② 관리주체는 자체점검 결과 승강기에 결함이 있다는 사실을 알았을 경우에는 즉시 보수하여야 하며, 보수가 끝날 때까지 해당 승강기의 운행을 중지하여야 한다.
③ 안전검사가 연기된 승강기에 대해서는 자체점검의 전부 또는 일부를 면제할 수 있다.
④ 관리주체는 승강기의 안전에 관한 자체점검을 분기별로 1회 이상 하고, 그 결과를 승강기안전종합정보망에 입력하여야 한다.
⑤ 안전검사에 불합격한 승강기에 대해서는 자체점검의 전부 또는 일부를 면제할 수 있다.

10 승강기 안전관리법령상 승강기의 설치 및 안전관리에 관한 설명으로 옳은 것은? 제28회

① 승강기 정기검사의 검사기간은 정기검사의 검사주기 도래일 전후 각각 30일 이내로 한다.
② 관리주체는 승강기 안전관리자가 변경되었을 때에는 15일 이내에 시장·군수·구청장에게 그 사실을 통보하여야 한다.
③ 승강기 설치공사업자는 승강기의 설치를 끝낸 날부터 7일 이내에 한국승강기안전공단의 승강기 설치인가를 받아야 한다.
④ 승강기 정기검사의 검사주기는 2년 이하로 하되, 승강기의 종류 및 사용 연수에 따라 승강기별로 검사주기를 다르게 하여서는 아니 된다.
⑤ 승강기 책임보험의 보상한도액은 재산피해의 경우 사고당 2천만원 이상으로 하되, 지급보험금액은 실손해액을 초과할 수 없다.

11 승강기 안전관리법 제33조(안전검사의 면제) 규정이다. (   )에 들어갈 용어를 쓰시오.

제27회 주관식

> 행정안전부장관은 다음 각 호의 구분에 따른 승강기에 대해서는 해당 안전검사를 면제할 수 있다.
> 1. 제18조 제1호부터 제3호까지의 어느 하나에 해당하여 승강기안전인증을 면제받은 승강기: (㉠)검사
> 2. 제32조 제1항 제3호에 따른 정밀안전검사를 받았거나 정밀안전검사를 받아야하는 승강기: 해당 연도의 (㉡)검사

12 승강기 안전관리법 제31조(승강기의 자체점검) 제1항 규정의 일부이다. (   )에 들어갈 아라비아 숫자와 용어를 쓰시오.

제28회 주관식

> 관리주체는 승강기의 안전에 관한 자체점검을 월 (㉠)회 이상 하고, 그 결과를 대통령령으로 정하는 기간 이내에 제73조에 따른 (㉡)에 입력하여야 한다.

개정반영

13 승강기 안전관리법 제31조(승강기의 자체점검) 규정의 일부이다. (   )에 들어갈 용어를 쓰시오.

제22회 주관식

> 관리주체는 승강기의 안전에 관한 자체점검을 월 1회 이상 하고, 그 결과를 대통령령으로 정하는 기간 이내에 법 제73조에 따른 (㉠)에 입력하여야 한다.

14 승강기 안전관리법 제28조(승강기의 설치검사) 제2항 규정이다. (   )에 들어갈 용어를 쓰시오.

제26회 주관식

> 승강기의 제조·수입업자 또는 (㉠)(은)는 설치검사를 받지 아니하거나 설치검사에 불합격한 승강기를 운행하게 하거나 운행하여서는 아니 된다.

15 승강기 안전관리법 제32조(승강기의 안전검사) 제1항 규정의 일부이다. (   )에 들어갈 용어와 아라비아 숫자를 쓰시오.
제25회 주관식

> 관리주체는 승강기에 대하여 행정안전부장관이 실시하는 다음 각 호의 안전검사를 받아야 한다.
> 1. 정기검사: 설치검사 후 정기적으로 하는 검사. 이 경우 검사주기는 (㉠)년 이하로 하되, 행정안전부령으로 정하는 바에 따라 승강기별로 검사주기를 다르게 할 수 있다.
> 3. (㉡)안전검사: 다음 각 목의 어느 하나에 해당하는 경우에 하는 검사.
>   나. 승강기의 결함으로 제48조 제1항에 따른 중대한 사고 또는 중대한 고장이 발생한 경우

16 승강기 안전관리법 제10조 규정의 일부이다. (   )에 들어갈 용어를 쓰시오.
제20회 주관식

> 시·도지사는 법령을 위반하여 제조업 또는 수입업자에게 사업정지를 명하여야 할 경우로서 사업의 정지가 승강기 이용자에게 심한 불편을 주거나 공익을 해칠 우려가 있는 경우에는 사업정지 처분을 갈음하여 1억원 이하의 (㉠)을(를) 부과할 수 있다.

PART 14 집합건물의 소유 및 관리에 관한 법률

정답 및 해설 p.112

01 집합건물의 소유 및 관리에 관한 법령상 공용부분에 관한 설명으로 옳지 않은 것은?

제27회

① 공용부분의 변경에 관한 사항은 관리단집회에서 구분소유자 전원의 동의로써 결정한다.
② 구분소유할 수 있는 건물부분은 규약으로써 공용부분으로 정할 수 있다.
③ 공유자는 그가 가지는 전유부분과 분리하여 공용부분에 대한 지분을 처분할 수 없다.
④ 공용부분에 대한 각 공유자의 지분은 그가 가지는 전유부분의 면적 비율에 따르되, 규약으로써 달리 정할 수 있다.
⑤ 공용부분의 보존행위는 규약으로 달리 정하지 않는 한 각 공유자가 할 수 있다.

02 집합건물의 소유 및 관리에 관한 법률상 규약 및 집회에 관한 설명으로 옳지 않은 것은?

제26회

① 규약의 설정·변경 및 폐지는 관리단집회에서 구분소유자의 4분의 3 이상 및 의결권의 4분의 3 이상의 찬성을 얻어서 한다.
② 규약은 관리인 또는 구분소유자나 그 대리인으로서 건물을 사용하고 있는 자 중 1인이 보관하여야 한다.
③ 관리단집회는 집회소집통지한 사항에 관하여만 결의할 수 있다.
④ 관리단집회는 구분소유자 전원이 동의하면 소집절차를 거치지 아니하고 소집할 수 있다.
⑤ 구분소유자는 관리단집회의 결의 내용이 법령 또는 규약에 위배되는 경우 집회 결의 사실을 안 날부터 90일 이내에 결의취소의 소를 제기하여야 한다.

개정반영

03 집합건물의 소유 및 관리에 관한 법령상 관리단 및 관리단의 기관에 관한 설명으로 옳지 않은 것은?　　　　제25회

① 관리위원회의 의사(議事)는 규약에 달리 정한 바가 없으면 출석위원 과반수의 찬성으로 의결한다.
② 구분소유자가 10인 이상일 때에는 관리단을 대표하고 관리단의 사무를 집행할 관리인을 선임하여야 한다.
③ 관리인은 구분소유자일 필요가 없으며, 그 임기는 2년의 범위에서 규약으로 정한다.
④ 관리인은 규약에 달리 정한 바가 없으면 월 1회 구분소유자 및 그의 승낙을 받아 전유부분을 점유하는 자에게 관리단의 사무 집행을 위한 분담금액과 비용의 산정방법을 서면으로 보고하여야 한다.
⑤ 건물에 대하여 구분소유 관계가 성립되면 구분소유자 전원을 구성원으로 하여 건물과 그 대지 및 부속시설의 관리에 관한 사업의 시행을 목적으로 하는 관리단이 설립된다.

개정반영

04 집합건물의 소유 및 관리에 관한 법령상 관리인에 관한 설명으로 옳지 않은 것은?　　　　제24회

① 관리인은 공용부분의 관리 및 변경에 관한 관리단집회 결의를 집행하는 행위를 할 권한과 의무를 가진다.
② 관리인에게 부정한 행위나 그 밖에 그 직무를 수행하기에 적합하지 아니한 사정이 있을 때에는 각 구분소유자는 관리인의 해임을 법원에 청구할 수 있다.
③ 관리인은 관리단을 대표한 재판상 행위에 관한 사항을 매년 1회 이상 구분소유자 및 그의 승낙을 받아 전유부분을 점유하는 자에게 보고하여야 한다.
④ 관리인의 대표권은 제한할 수 있으나, 이로써 선의의 제3자에게 대항할 수 없다.
⑤ 관리인은 구분소유자일 필요가 없으며, 그 임기는 3년의 범위에서 규약으로 정한다.

05 집합건물의 소유 및 관리에 관한 법령상 관리단에 관한 내용으로 옳지 않은 것은?

제23회

① 건물에 대하여 구분소유 관계가 성립되면 구분소유자 전원을 구성원으로 하여 건물과 그 대지 및 부속시설의 관리에 관한 사업의 시행을 목적으로 하는 관리단이 설립된다.
② 구분소유자가 10인 이상일 때에는 관리단을 대표하고 관리단의 사무를 집행할 관리인을 선임하여야 한다.
③ 관리인은 구분소유자이어야 하며, 그 임기는 2년의 범위에서 규약으로 정한다.
④ 관리인은 관리단을 대표한 재판상 행위에 관한 사항을 매년 1회 이상 구분소유자 및 그의 승낙을 받아 전유부분을 점유하는 자에게 보고하여야 한다.
⑤ 관리인에게 부정한 행위가 있을 때에는 각 구분소유자는 관리인의 해임을 법원에 청구할 수 있다.

06 집합건물의 소유 및 관리에 관한 법령상 규약 및 집회에 관한 설명으로 옳지 않은 것은?

제22회

① 규약은 관리인 또는 구분소유자나 그 대리인으로서 건물을 사용하고 있는 자 중 1인이 보관하여야 한다.
② 관리인은 매년 회계연도 종료 후 3개월 이내에 정기 관리단집회를 소집하여야 한다.
③ 관리단집회는 구분소유자 3분의 2 이상이 동의하면 소집절차를 거치지 아니하고 소집할 수 있다.
④ 규약 및 관리단집회의 결의는 구분소유자의 특별승계인에 대하여도 효력이 있다.
⑤ 구분소유자는 결의 내용이 규약에 위배되는 경우 집회 결의 사실을 안 날부터 6개월 이내에, 결의한 날부터 1년 이내에 결의취소의 소를 제기할 수 있다.

07 집합건물의 소유 및 관리에 관한 법률상 관리단집회에 관한 설명으로 옳은 것은?

제28회

① 관리인은 매년 회계연도가 종료되기 2개월 전에 정기 관리단집회를 소집하여야 한다.
② 관리인이 없는 경우에 구분소유자의 5분의 1 이상은 관리단집회를 소집할 수 있으며, 이 정수는 규약으로 감경할 수 없다.
③ 관리단집회를 소집하려면 관리단집회일 1주일 전에 회의의 목적사항을 구체적으로 밝혀 각 구분소유자에게 통지하여야 하며, 이 기간은 규약으로 달리 정할 수 없다.
④ 관리단집회는 구분소유자 전원이 동의하면 소집절차를 거치지 아니하고 소집할 수 있다.
⑤ 구분소유자의 승낙을 받아 전유부분을 점유하는 자는 관리단집회의 목적사항에 관하여 이해관계가 있는 경우라도 관리단집회에 출석하여 의견을 진술할 수 없다.

08 집합건물의 소유 및 관리에 관한 법률상 건물의 재건축 결의에 관한 설명으로 옳지 않은 것은?

제21회

① 재건축의 내용이 단지 내 다른 건물의 구분소유자에게 특별한 영향을 미칠 때에는 그 구분소유자의 승낙을 받아야 한다.
② 재건축 결의를 위한 관리단집회의 의사록에는 결의에 대한 각 구분소유자의 찬반 의사를 적어야 한다.
③ 재건축 결의는 구분소유자의 5분의 4 이상 및 의결권의 5분의 4 이상의 결의에 따른다.
④ 재건축을 결의할 때에는 새 건물의 구분소유권의 귀속에 관한 사항은 각 구분소유자 사이에 형평이 유지되도록 정하여야 한다.
⑤ 재건축에 참가할 것인지 여부를 회답할 것을 촉구받은 구분소유자가 촉구를 받은 날부터 2개월 이내에 회답하지 아니한 경우 재건축에 참가하겠다는 뜻을 회답한 것으로 본다.

개정반영

09 집합건물의 소유 및 관리에 관한 법령상 관리단 및 관리단의 사무를 집행하는 관리인에 관한 설명으로 옳지 않은 것은?　제20회

① 건물에 대하여 구분소유 관계가 성립되면 구분소유자 전원을 구성원으로 하여 건물과 그 대지 및 부속시설의 관리에 관한 사업의 시행을 목적으로 하는 관리단이 설립된다.
② 관리인은 구분소유자이어야 하며, 그 임기는 3년의 범위에서 규약으로 정한다.
③ 구분소유자의 특별승계인은 승계 전에 발생한 관리단의 채무에 관하여도 책임을 진다.
④ 관리인은 규약에 달리 정한 바가 없으면 월 1회 구분소유자 및 그의 승낙을 받아 전유부분을 점유하는 자에게 관리단의 사무 집행을 위한 분담금액과 비용의 산정방법을 서면으로 보고하여야 한다.
⑤ 관리인에게 부정한 행위나 그 밖에 그 직무를 수행하기에 적합하지 아니한 사정이 있을 때에는 각 구분소유자는 관리인의 해임을 법원에 청구할 수 있다.

10 집합건물의 소유 및 관리에 관한 법령상 공용부분에 관한 설명으로 옳지 않은 것은?　제19회

① 공용부분(共用部分)은 구분소유자 전원의 공유(共有)에 속한다. 다만, 일부의 구분소유자만이 공용하도록 제공되는 것임이 명백한 공용부분은 그들 구분소유자의 공유에 속한다.
② 각 공유자의 지분은 그가 가지는 전유부분(專有部分)의 면적 비율에 따른다.
③ 각 공유자는 규약에 달리 정한 바가 없으면 그 지분의 비율에 따라 공용부분의 관리비용과 그 밖의 의무를 부담하며 공용부분에서 생기는 이익을 취득한다.
④ 각 공유자는 공용부분을 그 용도에 따라 사용할 수 없다.
⑤ 공용부분의 변경이 다른 구분소유자의 권리에 특별한 영향을 미칠 때에는 그 구분소유자의 승낙과 관리단집회의 결의를 받아야 한다.

에듀윌이 너를 지지할게
ENERGY

장애나 고뇌는 나를 굴복시킬 수 없다.
이 모든 것은 분투와 노력에 의해 타파된다.

– 레오나르도 다빈치(Leonardo da Vinci)

SUBJECT 2

공동주택 관리실무

기출문제 완전정복 TIP

- 단원별로 분류한 기출문제를 풀어 보며 본인이 취약한 단원을 확인하세요.
- 한 번 회독할 때마다 문제 번호 하단에 있는 □에 체크하는 방식으로 반복 학습하세요.

- 헷갈리거나 모르는 문제는 해설을 철저히 분석하세요.
- 본인이 취약한 단원은 〈2026 에듀윌 2차 기본서 공동주택관리실무〉 기준으로 작성된 단원을 참고하여 개념보충학습을 하세요.

공동주택관리실무 시험 방식

☑ 100분 동안 총 80문제 공동주택관리실무 40문제 추천 풀이시간 40~60분

공동주택관리실무 시험은 주택관리관계법규와 함께 1교시(09:30~11:10)에 치러지며, 100분 동안 각 과목당 40문제씩 총 80문제를 풀어야 합니다.

2차 1교시 시험은 자신의 전략과목과 취약과목을 파악하여 각 과목당 40~60분에 걸쳐 시간을 배분해 푸는 것이 좋습니다. 검토 및 답안카드 작성에 필요한 시간도 꼭 남겨두세요!

☑ 객관식 문제당 2.5점, 주관식 부분점수 적용, 총 100점 만점

객관식 문항은 2.5점씩이며 주관식 단답형에는 부분점수가 적용됩니다. 채점 기준은 다음과 같습니다.

괄호가 3개인 경우	3개 정답 2.5점, 2개 정답 1.5점, 1개 정답 0.5점
괄호가 2개인 경우	2개 정답 2.5점, 1개 정답 1점
괄호가 1개인 경우	1개 정답 2.5점

☑ 행정관리 45%, 시설·방재관리 55% 내외

- 행정관리: 공동주거관리이론, 공동주택회계관리, 입주자관리, 대외업무, 리모델링, 사무·인사관리 등
- 시설·방재관리: 시설관리, 환경관리, 안전·방재관리, 공동주택 하자관리(보수공사를 포함) 등

PART 01 행정관리

CHAPTER 01 주택의 정의 및 종류

정답 및 해설 p.116

01 민간임대주택에 관한 특별법상 민간임대주택에 관한 내용이다. (   )에 들어갈 용어와 아라비아 숫자를 쓰시오.
제24회 주관식

> • 민간임대주택이란 임대 목적으로 제공하는 주택[토지를 임차하여 건설된 주택 및 오피스텔 등 대통령령으로 정하는 (㉠) 및 대통령령으로 정하는 일부만을 임대하는 주택을 포함한다]으로서 임대사업자가 제5조에 따라 등록한 주택을 말하며, 민간 (㉡)임대주택과 민간매입임대주택으로 구분한다.
> • 장기일반민간임대주택이란 임대사업자가 공공지원민간임대주택이 아닌 주택을 (㉢)년 이상 임대할 목적으로 취득하여 임대하는 민간임대주택[아파트(주택법 제2조 제20호의 도시형 생활주택이 아닌 것을 말한다)를 임대하는 민간매입임대주택은 제외한다]을 말한다.

개정반영

02 민간임대주택에 관한 특별법상 용어 정의에 관한 내용이다. (   )에 들어갈 숫자를 쓰시오.
제22회 주관식

> 장기일반민간임대주택이란 임대사업자가 공공지원민간임대주택이 아닌 주택을 (㉠)년 이상 임대할 목적으로 취득하여 임대하는 민간임대주택[아파트(주택법 제2조 제20호의 도시형 생활주택이 아닌 것을 말한다)를 임대하는 민간매입임대주택은 제외한다]을 말한다.

CHAPTER 02 공동주택관리법의 총칙

01 공동주택관리법상 용어의 정의로서 옳은 것은? 제27회

① '혼합주택단지'란 분양을 목적으로 한 공동주택과 단독주택(임대주택은 제외한다)이 함께 있는 공동주택단지를 말한다.
② '입주자'란 공동주택의 소유자 또는 그 소유자를 대리하는 배우자 및 직계가족(직계비속은 제외한다)을 말한다.
③ '주택관리사등'이란 주택관리사와 주택관리법인을 말한다.
④ '사용자'란 공동주택을 임차하여 사용하는 사람(임대주택의 임차인은 제외한다) 등을 말한다.
⑤ '임대주택'이란 「민간임대주택에 관한 특별법」에 따른 민간임대주택을 말하며, 「공공주택 특별법」에 따른 공공임대주택은 이에 포함되지 않는다.

02 공동주택관리법상 용어 정의에 관한 규정이다. (   )에 들어갈 용어를 쓰시오. 제28회 주관식

"(㉠)"(이)란 분양을 목적으로 한 공동주택과 임대주택이 함께 있는 공동주택단지를 말한다.

03 공동주택관리법상 다른 법률과의 관계에 관한 내용이다. (   )에 들어갈 용어를 쓰시오. 제25회 주관식

제4조(다른 법률과의 관계) ① 공동주택의 관리에 관하여 이 법에서 정하지 아니한 사항에 대하여는 「(㉠)」(을)를 적용한다.
② 임대주택의 관리에 관하여 「민간임대주택에 관한 특별법」 또는 「(㉡)」에서 정하지 아니한 사항에 대하여는 이 법을 적용한다.

04 공동주택관리법령상 의무관리대상 공동주택에 관한 설명이다. ( )에 들어갈 숫자를 쓰시오. 제21회 주관식

> 「건축법」제11조에 따른 건축허가를 받아 주택 외의 시설과 주택을 동일 건축물로 건축한 건축물로서 주택이 (㉠)세대 이상인 건축물은 공동주택관리법령에 따른 의무관리대상 공동주택에 해당된다.

개정반영

05 다음에서 정의하고 있는 공동주택관리법령상의 용어를 쓰시오. 제19회 주관식

> 분양을 목적으로 한 공동주택과 임대주택이 함께 있는 공동주택단지를 의미한다.

CHAPTER 03 관리규약 등
정답 및 해설 p.118

01 공동주택관리법상 공동주택의 입주자등을 보호하고 주거생활의 질서를 유지하기 위하여 대통령령으로 정하는 바에 따라 공동주택의 관리 또는 사용에 관하여 준거가 되는 관리규약의 준칙을 정하여야 하는 주체로 옳지 않은 것은? 제24회

① 서울특별시장
② 부산광역시장
③ 세종특별자치시장
④ 충청남도지사
⑤ 경상북도 경주시장

개정반영

02 공동주택관리법령상 관리규약에 관한 설명으로 옳지 않은 것은? 제22회

① 공동체 생활의 활성화에 필요한 경비 일부를 공동주택을 관리하면서 부수적으로 발생하는 수입에서 지원하는 경우, 그 경비의 지원은 관리규약으로 정하거나 관리규약에 위배되지 아니하는 범위에서 입주자대표회의의 의결로 정한다.
② 공동생활의 질서를 문란하게 한 자에 대한 조치는 관리규약준칙에 포함되어야 한다.
③ 관리규약준칙에는 입주자등이 아닌 자의 기본적인 권리를 침해하는 사항이 포함되어서는 아니 된다.
④ 관리규약의 개정은 전체 입주자등의 10분의 1 이상이 서면으로 제안하고 투표자의 과반수가 찬성하는 방법에 따른다.

⑤ 사업주체는 시장·군수·구청장에게 관리규약의 제정을 신고하는 경우 관리규약의 제정 제안서 및 그에 대한 입주자등의 동의서를 첨부하여야 한다.

개정반영

03 공동주택관리법령상 공동주택의 관리규약준칙에 포함되어야 할 공동주택의 어린이집 임대계약에 대한 임차인 선정기준에 해당하지 않는 것은? (단, 그 선정기준은 영유아보육법에 따른 국공립어린이집 위탁체 선정관리 기준에 따라야 함) 제22회

① 임차인의 신청자격
② 임대기간
③ 임차인 선정을 위한 심사기준
④ 어린이집을 이용하는 입주자등 중 어린이집 임대에 동의하여야 하는 비율
⑤ 시장·군수·구청장이 입주자대표회의가 구성되기 전에 어린이집 임대계약을 체결하려 할 때 입주예정자가 동의하여야 하는 비율

04 공동주택관리법 제19조(관리규약 등의 신고) 규정의 일부이다. ( )에 들어갈 아라비아 숫자를 쓰시오. 제28회 주관식

> 의무관리대상 전환 공동주택의 관리인이 관리규약의 제정 신고를 하지 아니하는 경우에는 입주자등의 (㉠)분의 1 이상이 연서하여 신고할 수 있다.

개정반영

05 공동주택관리법령상 사업주체의 어린이집 등의 임대계약 체결에 관한 내용이다. ( )에 들어갈 용어를 쓰시오. 제25회 주관식

> **시행령 제29조의3(사업주체의 어린이집 등의 임대계약 체결)** ① 시장·군수·구청장은 입주자대표회의가 구성되기 전에 다음 각 호의 주민공동시설의 임대계약 체결이 필요하다고 인정하는 경우에는 사업주체로 하여금 입주예정자 10분의 3 이상의 서면 동의를 받아 해당 시설의 임대계약을 체결하도록 할 수 있다.
> 1. 「영유아보육법」 제10조에 따른 어린이집
> 2. 「아동복지법」 제44조의2에 따른 다함께돌봄센터
> 3. 「아이돌봄 지원법」 제19조에 따른 (㉠)

CHAPTER 04 공동주택의 관리방법

정답 및 해설 p.119

1 공동주택관리법령에 의한 공동주택의 관리방법 등

01 공동주택관리법령상 의무관리대상 공동주택 전환 등에 관한 설명으로 옳은 것은?

제28회

① 의무관리대상 전환 공동주택의 관리인이 의무관리대상 공동주택 전환 신고를 하지 않는 경우 입주자등은 신고할 수 없다.
② 의무관리대상 전환 공동주택의 입주자등은 관리규약의 제정 신고가 수리된 날부터 6개월 이내에 입주자대표회의를 구성하여야 한다.
③ 의무관리대상 전환 공동주택의 입주자등이 공동주택을 위탁관리할 것을 결정한 경우 입주자대표회의는 입주자대표회의의 구성 신고가 수리된 날부터 6개월 이내에 주택관리업자를 선정하여야 한다.
④ 시장·군수·구청장은 의무관리대상 공동주택 전환 신고를 받은 날부터 7일 이내에 신고수리 여부를 신고인에게 통지하여야 한다.
⑤ 의무관리대상 공동주택 전환 신고를 하려는 자는 입주자등의 동의를 받은 날부터 10일 이내에 관할 시장·군수·구청장에게 국토교통부령으로 정하는 신고서를 제출해야 한다.

02 공동주택관리법령상 자치관리에 관한 설명으로 옳지 않은 것은?

제28회

① 자치관리기구 관리사무소장은 입주자대표회의가 입주자대표회의 구성원 3분의 2 이상의 찬성으로 선임한다.
② 주택관리업자에게 위탁관리하다가 자치관리로 관리방법을 변경하는 경우 입주자대표회의는 그 위탁관리 종료일까지 자치관리기구를 구성하여야 한다.
③ 의무관리대상 공동주택의 입주자등이 공동주택을 자치관리할 것을 정한 경우 입주자대표회의는 공동주택의 관리사무소장을 자치관리기구의 대표자로 선임하여야 한다.
④ 입주자대표회의는 선임된 관리사무소장이 해임되었을 때에는 그 사유가 발생한 날부터 30일 이내에 새로운 관리사무소장을 선임하여야 한다.
⑤ 자치관리기구는 입주자대표회의의 감독을 받는다.

03 공동주택관리법령상 위탁관리를 위해 입찰방식으로 주택관리업자를 선정하는 경우에 관한 설명으로 옳지 않은 것은? 제28회

① 국토교통부장관이 정하여 고시하는 경우 외에는 경쟁입찰방식으로 선정하여야 한다.
② 경쟁입찰의 참가자격을 제한하려면 전체 입주자등의 과반수의 동의를 얻어야 한다.
③ 계약기간은 장기수선계획의 조정주기를 고려하여 정하여야 한다.
④ 입주자대표회의의 감사가 입찰과정 참관을 원하는 경우에는 참관할 수 있도록 하여야 한다.
⑤ 기존 주택관리업자의 관리 서비스가 만족스럽지 못한 경우라도 기존 주택관리업자의 입찰참가를 제한할 수 없다.

04 공동주택관리법령상 주택관리업자에게 영업정지를 갈음하여 과징금을 부과할 수 있는 경우를 모두 고른 것은? 제28회

> ㉠ 관리비와 장기수선충당금을 「공동주택관리법」에 따른 용도 외의 목적으로 사용한 경우
> ㉡ 매년 12월 31일을 기준으로 최근 3년간 공동주택의 관리 실적이 없는 경우
> ㉢ 과실로 공동주택을 잘못 관리하여 소유자에게 재산상의 손해를 입힌 경우
> ㉣ 법인인 주택관리업자의 자본금이 2억원에 미달하게 된 경우

① ㉠, ㉡, ㉢ ② ㉠, ㉡, ㉣ ③ ㉠, ㉢, ㉣
④ ㉡, ㉢, ㉣ ⑤ ㉠, ㉡, ㉢, ㉣

05 공동주택관리법령상 공동주택의 관리방법에 관한 설명으로 옳은 것은? 제27회

① 의무관리대상 공동주택은 입주자등이 자치관리할 수 없다.
② 의무관리대상 공동주택의 관리방법은 전체 입주자등의 5분의 1 이상이 서면으로 제안하고 전체 입주자등의 3분의 1 이상이 찬성하는 방법으로 결정할 수 있다.
③ 입주자대표회의는 해당 공동주택의 관리에 필요하다고 인정하는 경우 공동주택을 300세대 이상의 단위로 나누어 관리하게 할 수 있다.
④ 의무관리대상 공동주택 전환 신고를 하려는 자는 입주자등의 동의를 받은 날부터 15일 이내에 관할 시·도지사에게 신고하여야 한다.
⑤ 의무관리대상 전환 공동주택의 입주자등은 관리규약의 제정 신고가 수리된 날부터 3개월 이내에 입주자대표회의를 구성하여야 한다.

06 공동주택관리법령상 의무관리대상 공동주택의 입주자등이 공동주택을 위탁관리할 것을 정한 경우 입주자대표회의가 주택관리업자를 선정하는 기준 및 방식에 관한 설명으로 옳은 것을 모두 고른 것은? 제24회

> ㉠ 입주자등은 기존 주택관리업자의 관리 서비스가 만족스럽지 못한 경우에는 대통령령으로 정하는 바에 따라 새로운 주택관리업자 선정을 위한 입찰에서 기존 주택관리업자의 참가를 제한하도록 입주자대표회의에 요구할 수 있다.
> ㉡ 입주자대표회의는 입주자대표회의의 감사가 입찰과정 참관을 원하는 경우에는 참관할 수 있도록 하여야 한다.
> ㉢ 입주자등이 새로운 주택관리업자 선정을 위한 입찰에서 기존 주택관리업자의 참가를 제한하도록 입주자대표회의에 요구하려면 전체 입주자등 3분의 2 이상의 서면동의가 있어야 한다.

① ㉠
② ㉢
③ ㉠, ㉡
④ ㉡, ㉢
⑤ ㉠, ㉡, ㉢

07 공동주택관리법령상 다음의 요건을 모두 갖춘 혼합주택단지에서 입주자대표회의와 임대사업자가 공동으로 결정하지 않고 각자 결정할 수 있는 사항은? 제22회

> • 분양을 목적으로 한 공동주택과 임대주택이 별개의 동(棟)으로 배치되는 등의 사유로 구분하여 관리가 가능할 것
> • 입주자대표회의와 임대사업자가 공동으로 결정하지 아니하고 각자 결정하기로 합의하였을 것

① 공동주택 관리방법의 결정
② 공동주택 관리방법의 변경
③ 장기수선계획의 조정
④ 주택관리업자의 선정
⑤ 장기수선충당금을 사용하는 주요시설의 교체

08 공동주택관리법령상 공동주택관리에 관한 설명으로 옳지 않은 것은? 제21회

① 관리사무소는 공동주택 공용부분인 부대시설에 해당된다.
② 100세대인 지역난방방식 공동주택은 의무관리대상 공동주택에 해당되지 않는다.
③ 일반인에게 분양되는 복리시설은 공동주택관리의 대상인 공동주택에서 제외된다.
④ 입주자대표회의는 자치관리기구 관리사무소장이 해임되거나 그 밖의 사유로 결원이 되었을 때에는 그 사유가 발생한 날부터 30일 이내에 새로운 자치관리기구 관리사무소장을 선임하여야 한다.
⑤ 입주자대표회의 또는 관리주체는 공동주택 전유부분과 공용부분의 유지·보수 및 관리 등을 위하여 공동주택관리기구를 구성하여야 한다.

개정반영

09 공동주택관리법령상 입주자등이 공동주택의 관리방법을 결정하는 방법 중의 하나에 관한 내용이다. ( )에 들어갈 숫자를 쓰시오. 제23회 주관식

> 전체 입주자등의 10분의 (㉠) 이상이 서면으로 제안하고 전체 입주자등의 과반수가 찬성

10 공동주택관리법상 공동관리와 구분관리에 관한 내용이다. ( )에 들어갈 숫자를 쓰시오. 제22회 주관식

> 입주자대표회의는 해당 공동주택의 관리에 필요하다고 인정하는 경우에는 국토교통부령으로 정하는 바에 따라 인접한 공동주택단지(임대주택단지를 포함한다)와 공동으로 관리하거나 (㉠)세대 이상의 단위로 나누어 관리하게 할 수 있다.

11 공동주택관리법령상 주택관리업자의 관리상 의무에 관한 내용이다. ( )에 들어갈 숫자를 쓰시오. 제22회 주관식

> 주택관리업자는 관리하는 공동주택에 배치된 주택관리사등이 해임 그 밖의 사유로 결원이 된 때에는 그 사유가 발생한 날로부터 (㉠)일 이내에 새로운 주택관리사등을 배치하여야 한다.

12 다음 ( ) 안에 들어갈 공동주택관리법령상의 용어를 쓰시오. 제18회 주관식

> 사업주체는 「공동주택관리법」 제11조 제1항에 따라 입주예정자의 과반수가 입주할 때까지 공동주택을 직접 관리하는 경우에는 입주예정자와 관리계약을 체결하여야 하며, 그 관리계약에 따라 (㉠)을(를) 징수할 수 있다.

2 민간임대주택에 관한 특별법령상 민간임대주택의 관리

13 민간임대주택에 관한 특별법상 주택임대관리업에 관한 설명으로 옳지 않은 것은? 제27회

① 주택임대관리업의 등록기관은 시장·군수·구청장이다.
② 주택임대관리업의 등록기관은 등록 사항의 변경 신고를 받은 때에는 신고를 받은 날부터 10일 이내에 신고수리 여부를 신고인에게 통지하여야 한다.
③ 주택임대관리업의 등록이 말소된 후 2년이 지나지 아니한 자는 주택임대관리업의 등록을 할 수 없다.
④ 거짓으로 주택임대관리업의 등록을 한 경우 주택임대관리업의 등록기관은 그 등록을 말소하여야 한다.
⑤ 임대 목적 주택에 대한 임대차계약의 갱신 및 갱신거절은 주택임대관리업자의 업무범위에 해당한다.

14 민간임대주택에 관한 특별법령상 임대를 목적으로 하는 주택에 대하여 자기관리형 주택임대관리업자가 업무를 위탁받은 경우 작성하는 위·수탁계약서에 포함되어야 하는 사항이 아닌 것은? 제26회

① 임대료
② 계약기간
③ 관리수수료
④ 전대료(轉貸料) 및 전대보증금
⑤ 주택임대관리업자 및 임대인의 권리·의무에 관한 사항

15 민간임대주택에 관한 특별법령상 주택임대관리업의 등록에 관한 설명으로 옳지 않은 것은? 제25회

① 자기관리형 주택임대관리업을 등록한 경우에는 위탁관리형 주택임대관리업도 등록한 것으로 본다.
② 위탁관리형 주택임대관리업의 등록기준 중에서 자본금은 1억원 이상이어야 한다.
③ 주택임대관리업 등록을 한 자는 등록한 사항 중 자본금이 증가한 경우 시장·군수·구청장에게 변경신고를 하여야 한다.
④ 「공동주택관리법」을 위반하여 형의 집행유예를 선고받고 그 유예기간 중에 있는 사람은 주택임대관리업의 등록을 할 수 없다.
⑤ 시장·군수·구청장은 주택임대관리업자가 거짓이나 그 밖의 부정한 방법으로 등록을 한 경우에는 그 등록을 말소하여야 한다.

16 민간임대주택에 관한 특별법령상 임대를 목적으로 하는 주택에 대한 주택임대관리업자의 업무(부수적인 업무 포함) 범위에 해당하는 것을 모두 고른 것은? 제24회

┌─────────────────────────────────────┐
㉠ 시설물 유지·보수·개량
㉡ 임대차계약의 체결·해제·해지·갱신
㉢ 임대료의 부과·징수
㉣ 「공인중개사법」에 따른 중개업
㉤ 임차인의 안전 확보에 필요한 업무
└─────────────────────────────────────┘

① ㉠, ㉡, ㉣
② ㉠, ㉣, ㉤
③ ㉠, ㉡, ㉢, ㉤
④ ㉡, ㉢, ㉣, ㉤
⑤ ㉠, ㉡, ㉢, ㉣, ㉤

17 민간임대주택에 관한 특별법령상 주택임대관리업에 관한 설명으로 옳지 않은 것은?

제23회

① 「민간임대주택에 관한 특별법」을 위반하여 금고 이상의 실형을 선고받고 그 집행이 종료된 날부터 3년이 지나지 아니한 사람은 주택임대관리업을 등록할 수 없다.
② 주택임대관리업의 등록이 말소된 후 3년이 지난 자는 주택임대관리업을 등록할 수 있다.
③ 주택임대관리업자는 임대를 목적으로 하는 주택에 대하여 임대차계약의 체결에 관한 업무를 수행한다.
④ 위탁관리형 주택임대관리업자는 보증보험 가입사항을 시장·군수·구청장에게 신고하여야 한다.
⑤ 자기관리형 주택임대관리업자는 전대료 및 전대보증금을 포함한 위·수탁계약서를 작성하여 주택의 소유자에게 교부하여야 한다.

18 민간임대주택에 관한 특별법령상 주택임대관리업에 관한 설명으로 옳지 않은 것은?

제22회

① 주택임대관리업을 하려는 자가 자기관리형 주택임대관리업을 등록한 경우에는 위탁관리형 주택임대관리업도 등록한 것으로 본다.
② 주택임대관리업에 등록한 자는 자본금이 증가된 경우 이를 시장·군수·구청장에게 신고하여야 한다.
③ 「공동주택관리법」을 위반하여 형의 집행유예를 선고받고 그 유예기간 중에 있는 사람은 주택임대관리업의 등록을 할 수 없다.
④ 시장·군수·구청장은 주택임대관리업자가 정당한 사유 없이 최종 위탁계약 종료일의 다음 날부터 1년 이상 위탁계약 실적이 없어 영업정지 처분을 하여야 할 경우에는 이에 갈음하여 1천만원 이하의 과징금을 부과할 수 있다.
⑤ 시장·군수·구청장은 주택임대관리업자가 거짓이나 그 밖의 부정한 방법으로 주택임대관리업 등록을 한 경우에는 그 등록을 말소하여야 한다.

19 민간임대주택에 관한 특별법령상 주택임대관리업의 결격사유에 해당하지 않는 것은?

제21회

① 피성년후견인
② 파산선고를 받고 복권되지 아니한 자
③ 「민간임대주택에 관한 특별법」을 위반하여 형의 집행유예를 선고받고 그 유예기간 중에 있는 사람
④ 「민간임대주택에 관한 특별법」 제10조에 따라 주택임대관리업의 등록이 말소된 후 2년이 지나지 아니한 자. 이 경우 등록이 말소된 자가 법인인 경우에는 말소 당시의 원인이 된 행위를 한 사람과 대표자를 포함한다.
⑤ 「민간임대주택에 관한 특별법」을 위반하여 금고 이상의 실형을 선고받고 집행이 종료(집행이 종료된 것으로 보는 경우를 포함한다)되거나 그 집행이 면제된 날부터 3년이 지난 사람

20 민간임대주택에 관한 특별법령상 민간임대주택의 관리 및 주택임대관리업 등에 관한 설명으로 옳은 것은?

제20회

① 임대사업자는 민간임대주택이 300세대 이상의 공동주택의 경우에는 「공동주택관리법」에 따른 주택관리업자에게 관리를 위탁하여야 하며, 자체관리할 수 없다.
② 주택임대관리업은 주택의 소유자로부터 주택을 임차하여 자기책임으로 전대하는 형태의 위탁관리형 주택임대관리업과 주택의 소유자로부터 수수료를 받고 임대료 부과·징수 및 시설물 유지·관리 등을 대행하는 형태의 자기관리형 주택임대관리업으로 구분한다.
③ 「지방공기업법」에 따라 설립된 지방공사가 주택임대관리업을 하려는 경우 신청서에 대통령령으로 정하는 서류를 첨부하여 시장·군수·구청장에게 제출하여야 한다.
④ 「민간임대주택에 관한 특별법」에 위반하여 주택임대관리업의 등록이 말소된 후 2년이 지나지 아니한 자는 주택임대관리업의 등록을 할 수 없다.
⑤ 주택임대관리업자는 주택임대관리업자의 현황 중 전문인력의 경우 1개월마다 시장·군수·구청장에게 신고하여야 한다.

21 민간임대주택에 관한 특별법령상 시장·군수·구청장이 주택임대관리업자에게 영업 정지를 갈음하여 부과하는 과징금에 관한 내용이다. ( )에 들어갈 아라비아 숫자를 쓰시오.

제27회 주관식

> 과징금은 영업정지기간 1일당 (㉠)만원을 부과하되, 영업정지 1개월은 30일을 기준으로 한다. 이 경우 과징금은 (㉡)천만원을 초과할 수 없다.

개정반영

22 민간임대주택에 관한 특별법령상 주택임대관리업의 등록에 관한 내용이다. ( )에 들어갈 아라비아 숫자를 쓰시오.

제26회 주관식

> 법 제7조 제1항 단서에서 "대통령령으로 정하는 규모"란 다음 각 호의 구분에 따른 규모를 말한다.
> 1. 자기관리형 주택임대관리업의 경우: 단독주택, 공동주택, 준주택(제2조 제1호에 따른 일반기숙사로 리모델링한 건축물은 제외한다. 이하 이 항에서 같다)을 합산하여 (㉠)호
> 2. 위탁관리형 주택임대관리업의 경우: 단독주택, 공동주택, 준주택을 합산하여 (㉡)호

23 민간임대주택에 관한 특별법령상 주택임대관리업자의 보증상품 가입에 관한 내용이다. ( )에 들어갈 아라비아 숫자를 쓰시오.

제25회 주관식

> **시행령 제13조(주택임대관리업자의 보증상품 가입)** ① 법 제14조 제1항에 따라 자기관리형 주택임대관리업자는 다음 각 호의 보증을 할 수 있는 보증상품에 가입하여야 한다.
> 1. 임대인의 권리보호를 위한 보증: 자기관리형 주택임대관리업자가 약정한 임대료를 지급하지 아니하는 경우 약정한 임대료의 (㉠)개월분 이상의 지급을 책임지는 보증

24 민간임대주택에 관한 특별법령상 주택임대관리업자에 대한 행정처분의 내용이다. ( )에 들어갈 용어를 쓰시오. 제23회 주관식

> 시장·군수·구청장은 주택임대관리업자가 고의 또는 중대한 과실로 임대를 목적으로 하는 주택을 잘못 관리하여 임대인 및 임차인에게 재산상의 손해를 입힌 경우에는 (㉠)을(를) 갈음하여 1천만원 이하의 (㉡)을(를) 부과할 수 있다.

25 주택임대관리업자에 관한 설명이다. (㉠), (㉡)에 들어갈 용어를 순서대로 쓰시오. 제21회 주관식

> 「민간임대주택에 관한 특별법」은 주택임대관리업자의 현황 신고에 관하여 주택임대관리업자는 (㉠)마다 그 (㉠)이(가) 끝나는 달의 다음 달 말일까지 자본금, 전문인력, 관리 호수 등 대통령령으로 정하는 정보를 (㉡)에게 신고하여야 한다.

CHAPTER 05 공동주택의 관리조직

정답 및 해설 p.126

1 공동주택관리법상 관리조직

01 공동주택관리법령상 공동주택의 관리주체에 관한 설명으로 옳은 것은? 제27회

① 임대사업자는 관리주체가 될 수 없다.
② 100세대 이상인 공동주택의 관리주체는 관리규약으로 정하는 바에 따라 입주자대표회의의 회의록을 입주자등에게 공개하여야 한다.
③ 주택내부의 구조물을 교체하는 행위로서 입주자가 창틀을 교체하는 행위는 관리주체의 동의를 받아야 한다.
④ 관리주체는 전체 입주자 3분의 1 이상의 서면동의를 받은 경우에는 3년이 지나기 전에 장기수선계획을 조정할 수 있다.
⑤ 의무관리대상 공동주택의 관리주체는 회계연도마다 사업실적서 및 결산서를 작성하여 회계연도 종료 후 1개월 이내에 입주자대표회의에 제출하여야 한다.

02 공동주택관리법령상 의무관리대상 공동주택의 관리주체에 대한 회계감사 등에 관한 설명으로 옳지 않은 것은?   제27회

① 회계감사는 공동주택 회계의 특수성을 고려하여 제정된 회계감사기준에 따라 실시되어야 한다.
② 입주자대표회의는 입주자등의 10분의 1 이상이 연서하여 감사인의 추천을 요구하는 경우 감사인의 추천을 의뢰한 후 추천을 받은 자 중에서 감사인을 선정하여야 한다.
③ 관리주체는 회계감사를 받은 경우에는 감사보고서 등 회계감사의 결과를 제출받은 날부터 1개월 이내에 입주자대표회의에 보고하고 해당 공동주택단지의 인터넷 홈페이지 및 동별 게시판에 공개하여야 한다.
④ 300세대 이상인 공동주택으로서 해당 연도에 회계감사를 받지 아니하기로 입주자등의 과반수의 서면동의를 받은 경우, 그 연도에는 회계감사를 받지 않아도 된다.
⑤ 회계감사의 감사인은 회계감사 완료일부터 1개월 이내에 회계감사 결과를 해당 공동주택을 관할하는 시장·군수·구청장에게 제출하고 공동주택관리정보시스템에 공개하여야 한다.

03 공동주택관리법령상 선거관리위원회의 위원이 될 수 없는 사람을 모두 고른 것은?   제27회

> ㉠ 피성년후견인 또는 피한정후견인
> ㉡ 동별 대표자 후보자의 직계존비속
> ㉢ 임기 중에 결격사유에 해당하여 동별 대표자에서 퇴임한 사람으로서 그 남은 임기 중에 있는 사람
> ㉣ 선거관리위원회 위원에서 해임된 사람으로서 그 남은 임기 중에 있는 사람

① ㉠
② ㉠, ㉡
③ ㉠, ㉡, ㉢
④ ㉡, ㉢, ㉣
⑤ ㉠, ㉡, ㉢, ㉣

04 공동주택관리법령상 입주자대표회의의 구성에 관한 설명으로 옳지 않은 것은? 제27회

① 입주자대표회의는 4명 이상으로 구성한다.
② 하나의 공동주택단지를 여러 개의 공구로 구분하여 순차적으로 건설하는 경우, 먼저 입주하여 이미 입주자대표회의를 구성한 공구의 입주자들은 다음 공구의 입주예정자의 과반수가 입주한 때에는 다시 입주자대표회의를 구성하여야 한다.
③ 동별 대표자 선출공고에서 정한 각종 서류 제출 마감일을 기준으로, 해당 동별 대표자에서 해임된 날부터 2년이 지나지 아니한 사람은 동별 대표자가 될 수 없으며 그 자격을 상실한다.
④ 동별 대표자는 선거구별로 1명씩 선출하되, 후보자가 1명인 경우 해당 선거구 전체 입주자등의 과반수가 투표하고 투표자 과반수의 찬성으로 선출한다.
⑤ 최초의 입주자대표회의를 구성하기 위하여 동별 대표자를 선출하는 경우, 동별 대표자는 동별 대표자 선출공고에서 정한 각종 서류 제출 마감일을 기준으로 해당 공동주택단지 안에서 주민등록을 마친 후 계속하여 3개월 이상 거주하고 있어야 한다.

05 공동주택관리법령상 입주자등이 관리주체의 동의를 받아야 하는 행위에 해당하지 않는 것은? 제27회

① 장애인 보조견을 사육함으로써 공동주거생활에 피해를 미치는 행위
② 공동주택에 광고물을 부착하는 행위
③ 기계실에 출입하는 행위
④ 방송시설을 사용함으로써 공동주거생활에 피해를 미치는 행위
⑤ 「환경친화적 자동차의 개발 및 보급 촉진에 관한 법률」에 따른 전기자동차의 이동형 충전기를 이용하기 위한 차량무선인식장치[전자태그(RFID tag)를 말한다]를 콘센트 주위에 부착하는 행위

06 공동주택관리법령상 입주자대표회의에 관한 설명으로 옳은 것은? 제26회

① 입주자대표회의에는 회장 1명, 감사 3명 이상, 이사 2명 이상의 임원을 두어야 한다.
② 서류 제출 마감일을 기준으로 「공동주택관리법」을 위반한 범죄로 금고 8월의 실형 선고를 받고 그 집행이 끝난 날부터 16개월이 지난 사람은 동별 대표자로 선출될 수 있다.
③ 입주자대표회의는 그 회의를 개최한 때에는 회의록을 작성하여 입주자대표회의 회장에게 보관하게 하여야 한다.
④ 입주자대표회의 회장은 입주자등의 10분의 1 이상이 요청하는 때에는 해당일부터 7일 이내에 입주자대표회의를 소집해야 한다.
⑤ 입주자대표회의의 회장 후보자가 2명 이상인 경우에는 전체 입주자등의 10분의 1 이상이 투표하고 후보자 중 최다득표자를 선출한다.

07 공동주택관리법령상 관리사무소장 및 경비원의 업무에 관한 설명으로 옳지 않은 것은? 제26회

① 관리사무소장이 집행하는 업무에는 공동주택단지 안에서 발생한 도난사고에 대한 대응조치의 지휘·총괄이 포함된다.
② 관리사무소장의 업무에 대하여 입주자등이 관계 법령에 위반되는 지시를 하는 등 부당하게 간섭하는 행위를 한 경우 관리사무소장은 시장·군수·구청장에게 이를 보고하고, 사실 조사를 의뢰할 수 있다.
③ 경비원은 입주자등에게 수준 높은 근로 서비스를 제공하여야 한다.
④ 주택관리사등이 관리사무소장의 업무를 집행하면서 입주자등에게 재산상의 손해를 입힌 경우에 그 손해를 배상할 책임을 지는 것은 고의 또는 중대한 과실이 있는 경우에 한한다.
⑤ 공동주택에 경비원을 배치한 경비업자는 청소와 이에 준하는 미화의 보조 업무에 경비원을 종사하게 할 수 있다.

08 공동주택관리법령상 의무관리대상 공동주택의 관리사무소장의 업무 등에 관한 설명으로 옳지 않은 것은? 제25회

① 관리사무소장은 업무의 집행에 사용하기 위해 신고한 직인을 변경할 경우 변경신고를 하여야 한다.
② 관리사무소장은 비용지출을 수반하는 건축물의 안전점검에 관한 업무에 대하여는 입주자대표회의의 의결을 거쳐 집행하여야 한다.
③ 관리사무소장은 입주자대표회의에서 의결하는 공동주택의 유지 업무와 관련하여 입주자대표회의를 대리하여 재판상의 행위를 할 수 없다.
④ 300세대의 공동주택에는 주택관리사를 갈음하여 주택관리사보를 해당 공동주택의 관리사무소장으로 배치할 수 있다.
⑤ 주택관리사는 관리사무소장의 업무를 집행하면서 고의 또는 과실로 입주자등에게 재산상 손해를 입힌 경우에는 그 손해를 배상할 책임이 있다.

09 공동주택관리법령상 입주자대표회의에 관한 설명으로 옳지 않은 것은? 제25회

① 입주자대표회의 구성원인 동별 대표자의 선거구는 2개 동 이상으로 묶거나 통로나 층별로 구획하여 관리규약으로 정할 수 있다.
② 동별 대표자를 선출할 때 후보자가 1명인 경우에는 해당 선거구 전체 입주자등의 과반수가 투표하고 투표자 과반수의 찬성으로 선출한다.
③ 감사는 입주자대표회의에서 의결한 안건이 관계 법령 및 관리규약에 위반된다고 판단되는 경우에는 입주자대표회의에 재심의를 요청할 수 있다.
④ 입주자대표회의는 입주자대표회의 구성원 3분의 2의 찬성으로 의결한다.
⑤ 입주자대표회의는 입주자등의 소통 및 화합의 증진을 위하여 그 이사 중 공동체 생활의 활성화에 관한 업무를 담당하는 이사를 선임할 수 있다.

10 공동주택관리법령상 공동주택의 관리주체에 대한 회계감사 등에 관한 설명으로 옳은 것을 모두 고른 것은? 제25회

> ㉠ 재무제표를 작성하는 회계처리기준은 재정경제부장관이 정하여 고시한다.
> ㉡ 회계감사는 공동주택 회계의 특수성을 고려하여 제정된 회계감사기준에 따라 실시되어야 한다.
> ㉢ 감사인은 관리주체가 회계감사를 받은 날부터 3개월 이내에 관리주체에게 감사보고서를 제출하여야 한다.
> ㉣ 회계감사를 받아야 하는 공동주택의 관리주체는 매 회계연도 종료 후 6개월 이내에 회계감사를 받아야 한다.

① ㉡
② ㉠, ㉡
③ ㉢, ㉣
④ ㉠, ㉡, ㉣
⑤ ㉠, ㉢, ㉣

개정반영

11 공동주택관리법령상 공동주택의 입주자등이 관리주체의 동의를 받아 할 수 있는 행위에 해당하지 않는 것은? 제25회

① 「소방시설 설치 및 관리에 관한 법률」 제16조 제1항에 위배되지 아니하는 범위에서 공용부분에 물건을 적재하여 통행·피난 및 소방을 방해하는 행위
② 「주택건설기준 등에 관한 규정」에 따라 세대 안에 냉방설비의 배기장치를 설치할 수 있는 공간이 마련된 공동주택에서 입주자등이 냉방설비의 배기장치를 설치하기 위하여 공동주택의 발코니 난간에 돌출물을 설치하는 행위
③ 「환경친화적 자동차의 개발 및 보급 촉진에 관한 법률」 제2조 제3호에 따른 전기자동차의 이동형 충전기를 이용하기 위한 차량무선인식장치[전자태그(RFID tag)를 말한다]를 콘센트 주위에 부착하는 행위
④ 공동주택에 표지를 부착하는 행위
⑤ 전기실·기계실·정화조시설 등에 출입하는 행위

개정반영

12 공동주택관리법령상 입주자대표회의의 구성 및 운영에 관한 설명으로 옳지 않은 것은?

제24회

① 입주자대표회의는 4명 이상으로 구성하되, 동별 세대수에 비례하여 관리규약으로 정한 선거구에 따라 선출된 대표자로 구성한다.
② 사용자는 입주자인 동별 대표자 후보자 있는 선거구라도 해당 공동주택단지 안에서 주민등록을 마친 후 계속하여 3개월 이상 거주하고 있으면 동별 대표자로 선출될 수 있다.
③ 사용자인 동별 대표자는 입주자인 동별 대표자 중에서 회장 후보자가 없는 경우로서 선출 전에 전체 입주자 과반수의 서면동의를 얻은 경우에는 회장이 될 수 있다.
④ 공동체 생활의 활성화 및 질서유지에 관한 사항은 입주자대표회의 구성원 과반수의 찬성으로 의결한다.
⑤ 입주자대표회의는 주택관리업자가 공동주택을 관리하는 경우에는 주택관리업자의 직원인사·노무관리 등의 업무수행에 부당하게 간섭해서는 아니 된다.

13 공동주택관리법령상 공동주택의 관리주체 및 관리사무소장의 업무에 관한 설명으로 옳지 않은 것은?

제24회

① 의무관리대상 공동주택의 관리주체는 관리비등의 징수·보관·예치·집행 등 모든 거래 행위에 관하여 장부를 월별로 작성하여 그 증빙서류와 함께 해당 회계연도 종료일부터 5년간 보관하여야 한다.
② 관리주체는 장기수선충당금을 해당 주택의 소유자로부터 징수하여 적립하여야 한다.
③ 관리사무소장은 입주자대표회의에서 의결하는 공동주택의 운영·관리업무와 관련하여 입주자대표회의를 대리하여 재판상 행위를 할 수 있다.
④ 관리사무소장은 배치 내용과 업무의 집행에 사용할 직인을 시장·군수·구청장에게 신고하여야 하며, 배치된 날부터 30일 이내에 '관리사무소장 배치 및 직인 신고서'를 시장·군수·구청장에게 제출하여야 한다.
⑤ 의무관리대상 공동주택에 취업한 주택관리사등이 다른 공동주택 및 상가·오피스텔 등 주택 외의 시설에 취업한 경우, 주택관리사등의 자격취소 사유에 해당한다.

개정반영

14 공동주택관리법령상 입주자대표회의의 구성과 임원의 업무범위 등에 관한 설명으로 옳지 않은 것은? 제23회

① 감사는 감사를 한 경우에는 감사보고서를 작성하여 입주자대표회의와 관리주체에게 제출하고 인터넷 홈페이지 및 동별 게시판 등에 공개하여야 한다.
② 동별 대표자가 임기 중에 동별 대표자의 결격사유에 해당하게 된 경우에는 당연히 퇴임한다.
③ 입주자대표회의는 의결사항을 의결할 때 입주자등이 아닌 자로서 해당 공동주택의 관리에 이해관계를 가진 자의 권리를 침해해서는 안 된다.
④ 사용자인 동별 대표자는 회장이 될 수 없으나, 입주자인 동별 대표자 중에서 회장 후보자가 없는 경우로서 선출 전에 전체 입주자등의 과반수의 동의를 얻은 경우에는 회장이 될 수 있다.
⑤ 입주자대표회의는 그 회의를 개최한 때에는 회의록을 작성하여 관리주체에게 보관하게 하여야 한다.

15 공동주택관리법령상 관리비등의 집행을 위한 사업자 선정과 사업계획 및 예산안 수립에 관한 설명으로 옳은 것은? 제23회

① 의무관리대상 공동주택의 관리주체는 회계연도마다 사업실적서 및 결산서를 작성하여 회계연도 종료 후 3개월 이내에 입주자대표회의에 제출하여야 한다.
② 의무관리대상 공동주택의 관리주체는 다음 회계연도에 관한 관리비등의 사업계획 및 예산안을 매 회계연도 개시 2개월 전까지 입주자대표회의에 제출하여 승인을 받아야 한다.
③ 의무관리대상 공동주택의 관리주체는 관리비, 장기수선충당금을 은행, 상호저축은행, 보험회사 중 입주자대표회의가 지정하는 동일한 계좌로 예치·관리하여야 한다.
④ 입주자대표회의는 주민공동시설의 위탁, 물품의 구입과 매각, 잡수입의 취득에 대한 사업자를 선정하고, 관리주체가 이를 집행하여야 한다.
⑤ 입주자대표회의는 하자보수보증금을 사용하여 보수하는 공사에 대한 사업자를 선정하고 집행하여야 한다.

16 공동주택관리법령상 관리사무소장의 업무와 손해배상책임에 관한 설명으로 옳지 않은 것은?

제23회

① 관리사무소장은 하자의 발견 및 하자보수의 청구, 장기수선계획의 조정, 시설물 안전관리계획의 수립 및 안전점검업무가 비용지출을 수반하는 경우 입주자대표 회의의 의결 없이 이를 집행할 수 있다.
② 관리사무소장은 안전관리계획의 조정을 3년마다 하되, 관리여건상 필요하여 입주자대표회의 구성원 과반수의 서면동의를 받은 경우에는 3년이 지나가기 전에 조정할 수 있다.
③ 주택관리사등은 관리사무소장의 업무를 집행하면서 고의 또는 과실로 입주자등에게 재산상의 손해를 입힌 경우에는 그 손해를 배상할 책임이 있다.
④ 관리사무소장은 관리비, 장기수선충당금의 관리업무에 관하여 입주자대표회의를 대리하여 재판상 또는 재판 외의 행위를 할 수 있다.
⑤ 관리사무소장은 입주자대표회의에서 의결하는 공동주택의 운영·관리·유지·보수·교체·개량에 대한 업무를 집행한다.

개정반영

17 공동주택관리법령상 공동주택 관리주체의 회계감사 및 회계서류에 관한 설명으로 옳지 않은 것은?

제23회

① 의무관리대상 공동주택의 관리주체는 대통령령으로 정하는 바에 따라 「주식회사 등의 외부감사에 관한 법률」에 따른 감사인의 회계감사를 매년 1회 이상 받아야 한다.
② 500세대인 공동주택의 관리주체는 해당 공동주택 입주자등의 2분의 1이 회계감사를 받지 아니하기로 서면동의를 한 연도에는 회계감사를 받지 않을 수 있다.
③ 관리주체는 회계감사를 받은 경우에는 회계감사의 결과를 제출받은 날부터 1개월 이내에 입주자대표회의에 보고하여야 한다.
④ 감사인은 관리주체가 회계감사를 받은 날부터 1개월 이내에 관리주체에게 감사보고서를 제출하여야 한다.
⑤ 의무관리대상 공동주택의 관리주체는 관리비등의 징수 등 모든 거래 행위에 관하여 장부를 월별로 작성하여 그 증빙서류와 함께 해당 회계연도 종료일부터 5년간 보관하여야 한다.

18 공동주택관리법령상 관리사무소장의 손해배상책임에 관한 설명으로 옳은 것을 모두 고른 것은?
제22회

> ㉠ 주택관리사등은 관리사무소장의 업무를 집행하면서 고의 또는 과실로 입주자등에게 재산상의 손해를 입힌 경우에는 그 손해를 배상할 책임이 있다.
> ㉡ 임대주택의 경우 주택관리사등은 손해배상책임을 보장하기 위한 보증보험 또는 공제에 가입하거나 공탁을 한 후 해당 공동주택의 관리사무소장으로 배치된 날에 임대사업자에게 보증보험 등에 가입한 사실을 입증하는 서류를 제출하여야 한다.
> ㉢ 주택관리사등이 손해배상책임 보장을 위하여 공탁한 공탁금은 주택관리사등이 해당 공동주택의 관리사무소장의 직을 사임하거나 그 직에서 해임된 날 또는 사망한 날부터 3년 이내에는 회수할 수 없다.
> ㉣ 주택관리사등은 보증보험금·공제금 또는 공탁금으로 손해배상을 한 때에는 지체 없이 보증보험 또는 공제에 다시 가입하거나 공탁금 중 부족하게 된 금액을 보전하여야 한다.

① ㉠
② ㉠, ㉡
③ ㉠, ㉡, ㉢
④ ㉡, ㉢, ㉣
⑤ ㉠, ㉡, ㉢, ㉣

19 공동주택관리법령상 선거관리위원회에 관한 설명으로 옳지 않은 것은?
제22회

① 500세대 이상인 공동주택의 선거관리위원회는 입주자등 중에서 위원장을 포함하여 5명 이상 9명 이하의 위원으로 구성한다.
② 선거관리위원회 위원장은 위원 중에서 호선한다.
③ 500세대 미만인 공동주택은 「선거관리위원회법」에 따른 선거관리위원회 소속 직원 1명을 관리규약으로 정하는 바에 따라 위원으로 위촉한다.
④ 선거관리위원회 위원장은 동별 대표자 후보자에 대하여 동별대표자의 자격요건 충족 여부와 결격사유 해당 여부를 확인하여야 한다.
⑤ 선거관리위원회의 위원장은 동별 대표자의 결격사유 확인에 관한 사무를 수행하기 위하여 불가피한 경우 「개인정보 보호법 시행령」에 따른 주민등록번호가 포함된 자료를 처리할 수 있다.

20 공동주택관리법령상 입주자대표회의의 구성에 관한 설명으로 옳지 않은 것은? 제21회

① 선거구는 2개 동 이상으로 묶거나 통로나 층별로 구획하여 관리규약으로 정할 수 있다.
② 입주자대표회의는 3명 이상으로 구성하되, 동별 세대수에 비례하여 관리규약으로 정한 선거구에 따라 선출된 대표자로 구성한다.
③ 입주자대표회의의 구성원은 특별자치시장·특별자치도지사·시장·군수·자치구청장이 실시하는 입주자대표회의의 운영과 관련하여 필요한 교육 및 윤리교육을 성실히 이수하여야 한다.
④ 하나의 공동주택단지를 수 개의 공구로 구분하여 순차적으로 건설하는 경우(임대주택은 분양전환된 경우를 말한다) 먼저 입주한 공구의 입주자등은 입주자대표회의를 구성할 수 있으며, 다음 공구의 입주예정자의 과반수가 입주한 때에는 다시 입주자대표회의를 구성하여야 한다.
⑤ 동별 대표자 선출공고에서 정한 각종 서류 제출 마감일을 기준으로「공동주택관리법」을 위반한 범죄로 금고 이상의 실형 선고를 받고 그 집행이 끝난 날(집행이 끝난 것으로 보는 경우를 포함한다)부터 2년이 지나지 아니한 사람은 동별 대표자가 될 수 없으며 그 자격을 상실한다.

21 공동주택관리법령상 동별 대표자를 선출하기 위한 선거관리위원회 위원이 될 수 있는 사람은? 제21회

① 사용자
② 동별 대표자
③ 피한정후견인
④ 동별 대표자 후보자의 직계존비속
⑤ 동별 대표자에서 해임된 사람으로서 그 남은 임기 중에 있는 사람

22 공동주택관리법령상 동별 대표자 선출공고에서 정한 각종 서류제출 마감일을 기준으로 동별 대표자가 될 수 없는 자에 해당되지 않는 사람은?　제20회

① 해당 공동주택 관리주체의 소속 임직원
② 관리비를 최근 3개월 이상 연속하여 체납한 사람
③ 공동주택의 소유자가 서면으로 위임한 대리권이 없는 소유자의 배우자
④ 「주택법」을 위반한 범죄로 징역 6개월에 집행유예 1년의 선고를 받고 그 유예기간이 종료한 때로부터 2년이 지난 사람
⑤ 동별 대표자를 선출하기 위해 입주자등에 의해 구성된 선거관리위원회 위원이었으나 1개월 전에 사퇴하였고 그 남은 임기 중에 있는 사람

23 공동주택관리법령상 입주자대표회의에 관한 설명으로 옳지 않은 것은?　제20회

① 입주자대표회의는 4명 이상으로 구성하되, 동별 세대수에 비례하여 시장·군수·구청장이 정한 선거구에 따라 선출된 대표자로 구성한다.
② 입주자대표회의에는 회장 1명, 감사 2명 이상, 이사 1명 이상의 임원을 두어야 한다.
③ 동별 대표자의 임기나 그 제한에 관한 사항, 동별 대표자 또는 입주자대표회의 임원의 선출이나 해임 방법 등 입주자대표회의의 구성 및 운영에 필요한 사항과 입주자대표회의의 의결 방법은 대통령령으로 정한다.
④ 입주자대표회의의 의결사항은 관리규약, 관리비, 시설의 운영에 관한 사항 등으로 한다.
⑤ 의무관리대상 공동주택에 해당하는 하나의 공동주택단지를 수 개의 공구로 구분하여 순차적으로 건설하는 경우 먼저 입주한 공구의 입주자등은 입주자대표회의를 구성할 수 있다. 다만, 다음 공구의 입주예정자의 과반수가 입주한 때에는 다시 입주자대표회의를 구성하여야 한다.

24 공동주택관리법 시행령 제27조에 따른 회계감사를 받아야 하는 경우 그 감사의 대상이 되는 재무제표를 모두 고른 것은?　제20회

㉠ 재무상태표	㉡ 운영성과표
㉢ 이익잉여금처분계산서	㉣ 주석(註釋)
㉤ 현금흐름표	

① ㉠, ㉡
② ㉢, ㉤
③ ㉡, ㉢, ㉣
④ ㉠, ㉡, ㉢, ㉣
⑤ ㉠, ㉡, ㉢, ㉣, ㉤

개정반영

25 공동주택관리법령상 의무관리대상 공동주택의 관리비등에 관한 설명으로 옳지 않은 것은?

제19회

① 관리주체는 장기수선충당금에 대하여 관리비와 구분하여 징수하여야 한다.
② 관리주체는 주민공동시설, 인양기 등 공용시설물의 이용료를 해당 시설의 이용자에게 따로 부과할 수 있다.
③ 관리주체는 보수를 요하는 시설이 2세대 이상의 공동사용에 제공되는 것인 경우에는 이를 직접 보수하고, 당해 입주자등에게 그 비용을 따로 부과할 수 있다.
④ 관리주체는 입주자등이 납부하는 가스사용료 등을 입주자등을 대행하여 그 사용료 등을 받을 자에게 납부할 수 있다.
⑤ 관리주체는 모든 거래 행위에 관하여 장부를 월별로 작성하여 그 증빙서류와 함께 해당 회계연도 종료일부터 3년간 보관하여야 한다.

개정반영

26 공동주택관리법령상 의무관리대상 공동주택의 관리에 관한 설명으로 옳지 않은 것은?

제19회

① 공동주택의 입주자등은 그 공동주택의 유지관리를 위하여 필요한 관리비를 관리주체에게 내야 한다.
② 관리주체는 공동주택의 소유권을 상실한 소유자가 관리비·사용료 및 장기수선충당금 등을 미납한 때에는 관리비예치금에서 정산한 후 그 잔액을 반환할 수 있다.
③ 300세대 이상인 공동주택의 관리주체는 해당 공동주택 입주자등의 3분의 1 이상이 서면으로 회계감사를 받지 아니하는 데 동의한 연도에는 회계감사를 받지 아니할 수 있다.
④ 관리주체는 다음 회계연도에 관한 관리비등의 사업계획 및 예산안을 매 회계연도 개시 1개월 전까지 입주자대표회의에 제출하여 승인을 받아야 한다.
⑤ 관리주체는 관리비등을 입주자대표회의가 지정하는 금융기관에 예치하여 관리하되, 장기수선충당금은 별도의 계좌로 예치·관리하여야 한다.

개정반영

27 공동주택관리법령상 입주자대표회의가 사업자를 선정하고 집행하는 사항은? 제19회

> ㉠ 청소, 경비, 소독, 승강기유지, 지능형 홈네트워크 등을 위한 용역 및 공사
> ㉡ 주민공동시설의 위탁, 물품의 구입과 매각
> ㉢ 하자보수보증금을 사용하여 직접 보수하는 공사
> ㉣ 장기수선충당금을 사용하는 공사

① ㉠
② ㉢
③ ㉣
④ ㉠, ㉡
⑤ ㉢, ㉣

개정반영

28 공동주택관리법령상 공동주택 관리사무소장에 관한 설명으로 옳지 않은 것은? 제18회

① 500세대 미만의 공동주택에는 주택관리사를 갈음하여 주택관리사보를 해당 공동주택의 관리사무소장으로 배치할 수 있다.
② 관리사무소장은 공동주택의 운영·관리·유지·보수·교체·개량에 관한 업무와 관련하여 입주자대표회의를 대리하여 재판상 또는 재판 외의 행위를 할 수 없다.
③ 주택관리사등은 관리사무소장의 업무를 집행하면서 고의 또는 과실로 입주자에게 재산상의 손해를 입힌 경우에는 그 손해를 배상할 책임이 있다.
④ 관리사무소장은 선량한 관리자의 주의로 그 직무를 수행하여야 한다.
⑤ 손해배상 책임을 보장하기 위하여 공탁한 공탁금은 주택관리사등이 해당 공동주택의 관리사무소장의 직책을 사임하거나 그 직에서 해임된 날 또는 사망한 날부터 3년 이내에는 회수할 수 없다.

개정반영

29 공동주택관리법령상 관리주체의 업무에 속하지 않는 것은? 제18회

① 관리비 및 사용료의 징수와 공과금 등의 납부대행
② 관리규약으로 정한 사항의 집행
③ 관리비등의 집행을 위한 사업계획 및 예산의 승인
④ 공동주택단지 안에서 발생한 안전사고 및 도난사고 등에 대한 대응조치
⑤ 입주자등의 공동사용에 제공되고 있는 공동주택단지 안의 토지·부대시설 및 복리시설에 대한 무단 점유행위의 방지 및 위반행위 시의 조치

30 공동주택관리법령상 동별 대표자 등의 선거관리에 관한 설명으로 옳은 것은? 제18회

① 동별 대표자 및 선거관리위원회 위원을 사퇴한 사람으로서 그 남은 임기 중에 있는 사람은 선거관리위원회 위원이 될 수 있다.
② 300세대인 공동주택은 「선거관리위원회법」에 따른 선거관리위원회 소속 직원 1명을 위원으로 위촉하여야 한다.
③ 선거관리위원회의 구성·운영·업무·경비, 위원의 선임·해임 및 임기 등에 관한 사항은 국토교통부령으로 정한다.
④ 선거관리위원회는 그 구성원 과반수의 찬성으로 그 의사를 결정한다.
⑤ 동별 대표자 또는 그 후보자는 선거관리위원회 위원이 될 수 없으나, 그 배우자나 직계존비속은 선거관리위원회 위원이 될 수 있다.

31 다음과 같은 조건의 A시 소재 甲아파트에 근무하는 관리사무소장이 행한 업무처리로 옳지 않은 것은? 제18회

- A시는 특별시·광역시 및 특별자치시가 아닌 인구 20만명의 시
- 甲아파트의 세대수: 600세대
- 甲아파트의 관리방식: 위탁관리
- 경비업무는 별도 업체에 용역 시행
- 관리사무소 직원 수: 10명
- 보일러실 근무자는 근로기준법령상 단속적(斷續的) 근로자로 고용노동부장관의 승인을 받음

① 경비업체에서 채용한 65세인 경비원에 대하여 「경비업법」상 채용이 불가능한 고령자라며 젊은 사람으로 교체를 요구하였다.
② 「동물보호법」상 등록대상동물의 승강기 내 배설물을 소유자등이 즉시 수거하지 않을 경우 50만원 이하의 과태료가 부과될 수 있다고 게시판에 공고하였다.
③ 지하주차장에 장기간 무단으로 방치된 차량을 「자동차관리법」에 의거 A시 시장에게 견인을 요청하였다.
④ 오후 10시부터 오전 6시까지 야간근로한 보일러실 근무 직원에 대해 「근로기준법」에 의거 통상임금의 100분의 50을 가산하여 임금을 산정하였다.
⑤ 「주택관리업자 및 사업자 선정지침」에 의거 재활용품 판매를 위해 매각업체를 경쟁입찰로 선정하였다.

개정반영

32 공동주택관리법령상 입주자대표회의의 구성에 관한 설명으로 옳지 않은 것은? 제18회

① 입주자대표회의는 4명 이상으로 구성하되, 동별 세대수에 비례하여 관리규약으로 정한 선거구에 따라 선출된 대표자로 구성한다.
② 동별 대표자 입후보자가 1명인 경우 해당 선거구 전체 입주자등의 과반수가 투표하고 투표자 과반수 찬성으로 선출한다.
③ 해당 공동주택 관리주체의 소속 임직원과 관리주체에 용역을 공급하거나 사업자로 지정된 자의 소속 임원은 동별 대표자가 될 수 없다.
④ 입주자인 동별 대표자 후보자가 있는 선거구에서 선출공고에서 정한 각종 서류 제출 마감일을 기준으로 해당 공동주택단지 안에서 주민등록을 마친 후 계속하여 3개월 이상 거주하고 있는 사용자도 동별 대표자가 될 수 있다.
⑤ 「공동주택관리법」을 위반한 범죄로 벌금형을 선고받은 후 2년이 지나지 아니한 사람은 동별 대표자가 될 수 없다.

33 공동주택관리법령상 선거관리위원회 구성원 수 등에 관한 규정의 일부이다. ( )에 들어갈 용어와 아라비아 숫자를 쓰시오. 제28회 주관식

> **법 제15조** ① 입주자등은 동별 대표자나 입주자대표회의의 임원을 선출하거나 해임하기 위하여 선거관리위원회를 구성한다.
>
> **시행령 제15조** ① 법 제15조 제1항에 따른 선거관리위원회는 입주자등(서면으로 위임된 대리권이 없는 공동주택 (㉠)의 배우자 및 직계존비속이 그 (㉠)을(를) 대리하는 경우를 포함한다) 중에서 위원장을 포함하여 다음 각 호의 구분에 따른 위원으로 구성한다.
> 1. 500세대 이상인 공동주택: (㉡)명 이상 9명 이하
> 2. 500세대 미만인 공동주택: (㉢)명 이상 9명 이하

34 공동주택관리법령상 의무관리대상 공동주택의 관리사무소장에 관한 내용이다. (   ) 에 들어갈 아라비아 숫자를 쓰시오. 　　　　　　　　　　　　　　　제27회 주관식

- (㉠)세대 미만의 공동주택에는 주택관리사를 갈음하여 주택관리사보를 해당 공동주택의 관리사무소장으로 배치할 수 있다.
- 관리사무소장은 공동주택의 안전관리계획을 (㉡)년마다 조정하되, 관리여건상 필요하여 관리사무소장이 입주자대표회의 구성원 과반수의 서면동의를 받은 경우에는 (㉡)년이 지나기 전에 조정할 수 있다.
- 입주자대표회의는 선임된 자치관리기구 관리사무소장이 해임되거나 그 밖의 사유로 결원이 되었을 때에는 그 사유가 발생한 날부터 (㉢)일 이내에 새로운 관리사무소장을 선임하여야 한다.

35 공동주택관리법령상 관리주체가 주민공동시설을 위탁하기 위한 절차에 관한 내용이다. (   )에 들어갈 용어를 쓰시오. 　　　　　　　　　　　　　　　제27회 주관식

「주택법」 제15조에 따른 사업계획승인을 받아 건설한 건설임대주택의 경우에는 다음 어느 하나에 해당하는 방법으로 제안하고 임차인 과반수의 동의를 받아야 한다.
가. (㉠)의 요청
나. 임차인 10분의 1 이상의 요청

36 공동주택관리법령상 입주자대표회의의 의결을 위한 소집에 관한 설명이다. (   )에 들어갈 아라비아 숫자와 용어를 쓰시오. 　　　　　　　　　　　　　　　제27회 주관식

입주자등의 10분의 1 이상이 요청하는 때에는 입주자대표회의의 회장은 해당일부터 (㉠)일 이내에 입주자대표회의를 소집해야 하며, 회장이 회의를 소집하지 않는 경우에는 (㉡)(으)로 정하는 이사가 그 회의를 소집하고 회장의 직무를 대행한다.

37 공동주택관리법상 회계서류 등의 작성·보관에 관한 설명이다. (   )에 들어갈 아라비아 숫자를 쓰시오. 제27회 주관식

> 의무관리대상 공동주택의 관리주체는 관리비 등의 징수·보관·예치·집행 등 모든 거래행위에 관하여 월별로 작성한 장부 및 그 증빙서류를 해당 회계연도 종료일부터 (㉠)년간 보관하여야 한다. 이 경우 관리주체는 「전자문서 및 전자거래 기본법」 제2조 제2호에 따른 정보처리시스템을 통하여 장부 및 증빙서류를 작성하거나 보관할 수 있다.

38 공동주택관리법령상 선거관리위원회 구성원 수에 관한 내용이다. (   )에 들어갈 아라비아 숫자를 쓰시오. 제26회 주관식

> 500세대 이상인 공동주택의 동별 대표자 선출을 위한 선거관리위원회는 입주자등(서면으로 위임된 대리권이 없는 공동주택 소유자의 배우자 및 직계존비속이 그 소유자를 대리하는 경우를 포함한다) 중에서 위원장을 포함하여 (㉠)명 이상 (㉡)명 이하의 위원으로 구성한다.

39 공동주택관리법령상 주택관리사단체가 제정하는 공제규정에 관한 내용이다. (   )에 들어갈 용어와 아라비아 숫자를 쓰시오. 제25회 주관식

> **시행령 제89조(공제규정)** 법 제82조 제2항에 따른 공제규정에는 다음 각 호의 사항이 포함되어야 한다.
> 1. 〈생략〉
> 2. 회계기준: 공제사업을 손해배상기금과 (㉠)(으)로 구분하여 각 기금별 목적 및 회계원칙에 부합되는 기준
> 3. 책임준비금의 적립비율: 공제료 수입액의 100분의 (㉡) 이상(공제사고 발생률 및 공제금 지급액 등을 종합적으로 고려하여 정한다)

40 공동주택관리법령상 관리주체에 대한 회계감사에 관한 내용이다. ( )에 들어갈 용어를 쓰시오.
제24회 주관식

> 「공동주택관리법」에 따라 회계감사를 받아야 하는 공동주택의 관리주체는 매 회계연도 종료 후 9개월 이내에 다음의 재무제표에 대하여 회계감사를 받아야 한다.
> - 재무상태표
> - 운영성과표
> - 이익잉여금처분계산서(또는 결손금처리계산서)
> - (㉠)

41 공동주택관리법령상 관리주체에 대한 회계감사에 관한 내용이다. ( )에 들어갈 숫자와 용어를 순서대로 쓰시오.
제22회 주관식

> 회계감사를 받아야 하는 공동주택의 관리주체는 매 회계연도 종료 후 (㉠)개월 이내에 다음 각 호의 (㉡)에 대하여 회계감사를 받아야 한다.
> 1. 재무상태표
> 2. 운영성과표
> 3. 이익잉여금처분계산서(또는 결손금처리계산서)
> 4. 주석(註釋)

42 공동주택관리법령상 입주자대표회의 임원의 선출방법에 관한 내용이다. (   )에 들어갈 숫자를 순서대로 쓰시오.   제21회 주관식

> 1. 회장 선출방법
>   가. 〈생략〉
>   나. 후보자가 2명 이상인 경우: 전체 입주자등의 (㉠)분의 1 이상이 투표하고 후보자 중 최다득표자를 선출
>   다. 〈생략〉
>   라. 다음의 경우에는 입주자대표회의 구성원 과반수의 찬성으로 선출하며, 입주자대표회의 구성원 과반수 찬성으로 선출할 수 없는 경우로서 최다득표자가 2인 이상인 경우에는 추첨으로 선출
>   1) 〈생략〉
>   2) 가목부터 다목까지의 규정에도 불구하고 (㉡)세대 미만의 공동주택 단지에서 관리규약으로 정하는 경우

43 공동주택관리법령상 선거관리위원회 구성에 관한 내용이다. (   )에 들어갈 숫자를 순서대로 쓰시오.   제20회 주관식

> 500세대 미만인 의무관리대상 공동주택의 경우 선거관리위원회는 입주자등 중에서 위원장을 포함하여 (㉠)명 이상 (㉡)명 이하의 위원으로 구성한다.

44 공동주택관리법령에 따를 때 1,000세대의 공동주택에 관리사무소장으로 배치된 주택관리사가 관리사무소장의 업무를 집행하면서 고의 또는 과실로 입주자등에게 재산상 손해를 입히는 경우의 손해배상책임을 보장하기 위하여 얼마의 금액을 보장하는 보증보험 또는 공제에 가입하거나 공탁하여야 하는가?   제20회 주관식

개정반영

45 공동주택관리법령상 계약서의 공개에 관한 규정이다. (　) 안에 들어갈 용어와 숫자를 순서대로 각각 쓰시오.　　　　　　　　　　　　　　　　　　　　제19회 주관식

> 의무관리대상 공동주택의 관리주체 또는 (㉠)은(는) 선정한 주택관리업자 또는 사업자와 계약을 체결하는 경우 그 체결일부터 (㉡)개월 이내에 그 계약서를 해당 공동주택단지의 인터넷 홈페이지 및 동별 게시판에 공개하여야 한다.

개정반영

46 공동주택관리법령상 동별 대표자의 결격사유에 관한 규정의 일부이다. (　) 안에 들어갈 숫자를 순서대로 각각 쓰시오.　　　　　　　　　　　　　　　　　　제19회 주관식

> • 「공동주택관리법」또는「주택법」,「민간임대주택에 관한 특별법」,「공공주택 특별법」, 「건축법」,「집합건물의 소유 및 관리에 관한 법률」을 위반한 범죄로 벌금형을 선고받은 후 (㉠)년이 지나지 않은 사람
> • 해당 공동주택의 동별 대표자를 사퇴한 날부터 (㉡)년이 지나지 아니한 사람

개정반영

47 공동주택관리법령상 관리주체의 회계감사에 관한 내용이다. (　) 안에 들어갈 숫자를 순서대로 각각 쓰시오.　　　　　　　　　　　　　　　　　　　　제18회 주관식

> 의무관리대상 공동주택의 관리주체는 매 회계연도 종료 후 (㉠)개월 이내에 재무제표에 대하여「주식회사 등의 외부감사에 관한 법률」에 따른 감사인의 회계감사를 매년 (㉡)회 이상 받아야 한다.

2 민간임대주택에 관한 특별법상 관리조직

개정반영

48 민간임대주택에 관한 특별법령상 임대주택의 관리에 관한 설명으로 옳은 것은?

제18회

① 임대사업자가 민간임대주택을 양도하는 경우에는 특별수선충당금을 「공동주택관리법」에 따라 최초로 구성되는 입주자대표회의에 넘겨주어야 한다.
② 임차인대표회의는 필수적으로 회장 1명, 부회장 1명, 이사 1명 및 감사 1명을 동별 대표자 중에서 선출하여야 한다.
③ 임대사업자가 민간임대주택을 자체관리하려면 대통령령으로 정하는 기술인력 및 장비를 갖추고 국토교통부장관에게 신고해야 한다.
④ 임차인대표회의를 소집하려는 경우에는 소집일 3일 전까지 회의의 목적·일시 및 장소 등을 임차인에게 알리거나 공고하여야 한다.
⑤ 임대사업자는 임차인으로부터 민간임대주택을 관리하는 데에 필요한 경비를 받을 수 없다.

개정반영

49 민간임대주택에 관한 특별법령상 임차인대표회의에 관한 규정이다. ( )에 들어갈 숫자와 용어를 순서대로 쓰시오.

제20회 주관식

〈민간임대주택에 관한 특별법 제52조 제1항 및 제2항〉
① 임대사업자가 (㉠)세대 이상의 범위에서 대통령령으로 정하는 세대 이상의 민간임대주택을 공급하는 공동주택단지에 입주하는 임차인은 임차인대표회의를 구성할 수 있다. 다만, 임대사업자가 150세대 이상의 민간임대주택을 공급하는 공동주택단지 중 대통령령으로 정하는 공동주택단지에 입주하는 임차인은 임차인대표회의를 구성하여야 한다.
② 임대사업자는 입주예정자의 과반수가 입주한 때에는 과반수가 입주한 날부터 30일 이내에 (㉡)와(과) 임차인대표회의를 구성할 수 있다는 사실 또는 구성하여야 한다는 사실을 입주한 임차인에게 통지하여야 한다.

개정반영

50 민간임대주택에 관한 특별법령상 임대주택관리에 관한 규정이다. (㉠), (㉡)에 알맞은 용어를 쓰시오.
제19회 주관식

> (㉠)은(는) 입주예정자의 과반수가 입주한 때에는 과반수가 입주한 날부터 30일 이내에 입주현황과 임차인대표회의를 구성할 수 있다는 사실 또는 구성하여야 한다는 사실을 입주한 임차인에게 통지하여야 한다. 다만, (㉠)이(가) 본문에 따른 통지를 하지 아니하는 경우 (㉡)이(가) 임차인대표회의를 구성하도록 임차인에게 통지할 수 있다.

CHAPTER 06 주택관리사제도

정답 및 해설 p.140

01 공동주택관리법령상 주택관리사등에 관한 설명으로 옳은 것은? 제26회

① 400세대의 의무관리대상 공동주택에는 주택관리사보를 해당 공동주택의 관리사무소장으로 배치할 수 없다.
② 주택관리사보가 공무원으로 주택관련 인·허가 업무에 3년 9개월 종사한 경력이 있다면 주택관리사 자격을 취득할 수 있다.
③ 금고 이상의 형의 집행유예를 선고받고 그 유예기간이 끝난 날부터 1년 6개월이 지난 사람은 주택관리사가 될 수 없다.
④ 주택관리사로서 공동주택의 관리사무소장으로 12년 근무한 사람은 하자분쟁조정위원회의 위원으로 위촉될 수 없다.
⑤ 임원 또는 사원의 3분의 1 이상이 주택관리사인 상사법인은 주택관리업의 등록을 신청할 수 있다.

1 주택관리사등의 자격

02 공동주택관리법령상 주택관리사 자격증을 발급받을 수 있는 주택 관련 실무 경력 기준을 충족시키지 못하는 자는?   제22회

① 주택관리사보 시험에 합격하기 전에 한국토지주택공사의 직원으로 주택관리업무에 종사한 경력이 5년인 자
② 주택관리사보 시험에 합격하기 전에 공무원으로 주택 관련 인·허가 업무 등에 종사한 경력이 3년인 자
③ 주택관리사보 시험에 합격하기 전에 「공동주택관리법」에 따른 주택관리사단체의 직원으로 주택 관련 업무에 종사한 경력이 2년이고, 주택관리사보 시험에 합격한 후에 지방공사의 직원으로 주택관리업무에 종사한 경력이 3년인 자
④ 주택관리사보 시험에 합격한 후에 「주택법」에 따른 사업계획승인을 받아 건설한 100세대인 공동주택의 관리사무소장으로 근무한 경력이 3년인 자
⑤ 주택관리사보 시험에 합격한 후에 「공동주택관리법」에 따른 주택관리사단체 직원으로 주택 관련 업무에 종사한 경력이 5년인 자

개정반영

03 공동주택관리법령상 주택관리사 자격증의 발급 등에 관한 내용이다. (   ) 안에 들어갈 숫자를 순서대로 각각 쓰시오.   제18회 주관식

> 「공동주택관리법」 제67조 제2항 제2호에 따라 특별시장·광역시장·특별자치시장·도지사 또는 특별자치도지사(이하 '시·도지사'라 한다)는 주택관리사보 자격시험에 합격하기 전이나 합격한 후 다음의 어느 하나에 해당하는 경력을 갖춘 자에 대하여 주택관리사 자격증을 발급한다.
> • 주택관리업자의 직원으로 주택관리업무에 종사한 경력 (㉠)년 이상
> • 공무원으로 주택 관련 지도·감독 및 인·허가 업무 등에 종사한 경력 (㉡)년 이상

2 주택관리사등의 행정처분

04 공동주택관리법령상 주택관리사등에 대한 행정처분기준 중 개별기준의 일부이다. ( )에 들어갈 내용을 옳게 나열한 것은? 제25회

위반행위	근거 법조문	행정처분기준		
		1차 위반	2차 위반	3차 위반
고의로 공동주택을 잘못 관리하여 소유자 및 사용자에게 재산상의 손해를 입힌 경우	법 제69조 제1항 제5호	(㉠)	(㉡)	

	㉠	㉡
①	자격정지 2개월	자격정지 3개월
②	자격정지 3개월	자격정지 6개월
③	자격정지 6개월	자격정지 1년
④	자격정지 6개월	자격취소
⑤	자격정지 1년	자격취소

05 공동주택관리법령상 주택관리사등에 대한 행정처분기준 중 개별기준에 관한 규정의 일부이다. ㉠~㉢에 들어갈 내용으로 옳은 것은? 제20회

위반행위	행정처분기준		
	1차 위반	2차 위반	3차 위반
중대한 과실로 공동주택을 잘못 관리하여 소유자 및 사용자에게 재산상의 손해를 입힌 경우	㉠	㉡	㉢

	㉠	㉡	㉢
①	자격정지 3개월	자격정지 3개월	자격정지 6개월
②	자격정지 3개월	자격정지 3개월	자격취소
③	자격정지 3개월	자격정지 6개월	자격정지 6개월
④	자격정지 3개월	자격정지 6개월	자격취소
⑤	자격정지 6개월	자격정지 6개월	자격취소

개정반영

06 공동주택관리법령상 주택관리사등의 자격을 반드시 취소해야 하는 사유에 해당하지 않는 것은? 제19회

① 거짓이나 그 밖의 부정한 방법으로 자격을 취득한 경우
② 의무관리대상 공동주택에 취업한 주택관리사등이 다른 공동주택 및 상가·오피스텔 등 주택 외의 시설에 취업한 경우
③ 공동주택의 관리업무와 관련하여 금고 이상의 형을 선고받은 경우
④ 주택관리사등이 업무와 관련하여 금품수수 등 부당이득을 취한 경우
⑤ 주택관리사등이 다른 사람에게 자기의 명의를 사용하여 「공동주택관리법」에서 정한 업무를 수행하게 하거나 자격증을 대여한 경우

CHAPTER 07 공동주택관리법상 벌칙사항

정답 및 해설 p.142

개정반영

01 공동주택관리법상 과태료 부과금액이 가장 높은 경우는? (단, 가중·감경사유는 고려하지 않음) 제19회

① 수립되거나 조정된 장기수선계획에 따라 주요 시설을 교체하거나 보수하지 않은 경우
② 입주자대표회의등이 하자보수보증금을 법원의 재판 결과에 따른 하자보수비용 외의 목적으로 사용한 경우
③ 관리주체가 장기수선계획에 따라 장기수선충당금을 적립하지 않은 경우
④ 관리사무소장으로 배치받은 주택관리사가 시·도지사로부터 공동주택관리에 관한 교육과 윤리교육을 받지 않은 경우
⑤ 의무관리대상 공동주택의 관리주체가 주택관리업자 또는 사업자와 계약을 체결한 후 1개월 이내에 그 계약서를 공개하지 아니하거나 거짓으로 공개한 경우

CHAPTER 08 입주자관리

1 공동주택관리 분쟁조정위원회

01 공동주택관리법령상 공동주택관리 분쟁조정에 관한 설명으로 옳지 않은 것은? 제25회

① 분쟁당사자가 지방분쟁조정위원회의 조정결과를 수락한 경우에는 당사자 간에 조정조서와 같은 내용의 합의가 성립된 것으로 본다.
② 중앙분쟁조정위원회는 조정을 효율적으로 하기 위하여 필요하다고 인정하면 해당 사건들을 분리하거나 병합할 수 있다.
③ 공동주택관리 분쟁조정위원회는 공동주택의 리모델링에 관한 사항을 심의·조정한다.
④ 둘 이상의 시·군·구의 관할 구역에 걸친 분쟁으로서 300세대의 공동주택단지에서 발생한 분쟁은 지방분쟁조정위원회에서 관할한다.
⑤ 중앙분쟁조정위원회로부터 분쟁조정 신청에 관한 통지를 받은 입주자대표회의와 관리주체는 분쟁조정에 응하여야 한다.

02 공동주택관리법령상 공동주택관리 분쟁조정위원회에 관한 설명으로 옳은 것은?

제22회

① 중앙분쟁조정위원회를 구성할 때에는 성별을 고려하여야 한다.
② 공동주택의 층간소음에 관한 사항은 공동주택관리 분쟁조정위원회의 심의사항에 해당하지 않는다.
③ 국토교통부에 중앙분쟁조정위원회를 두고, 시·도에 지방분쟁조정위원회를 둔다.
④ 300세대인 공동주택단지에서 발생한 분쟁은 중앙분쟁조정위원회에서 관할한다.
⑤ 중앙분쟁조정위원회는 위원장 1명을 제외한 15명 이내의 위원으로 구성한다.

03 공동주택관리법령상 공동주택관리의 분쟁조정에 관한 설명으로 옳지 않은 것은?

제21회

① 관리비·사용료 및 장기수선충당금 등의 징수·사용 등에 관한 사항은 공동주택관리 분쟁조정위원회의 심의·조정사항에 해당된다.
② 분쟁당사자가 쌍방이 합의하여 중앙 공동주택관리 분쟁조정위원회에 조정을 신청하는 분쟁은 중앙 공동주택관리 분쟁조정위원회의 심의·조정사항에 해당된다.
③ 지방 공동주택관리 분쟁조정위원회는 해당 특별자치시·특별자치도·시·군·자치구의 관할 구역에서 발생한 분쟁 중 중앙 공동주택관리 분쟁조정위원회의 심의·조정 대상인 분쟁 외의 분쟁을 심의·조정한다.
④ 조정안을 제시받은 당사자는 그 제시를 받은 날부터 60일 이내에 그 수락 여부를 중앙 공동주택관리 분쟁조정위원회에 서면으로 통보하여야 하며, 60일 이내에 의사표시가 없는 때에는 수락한 것으로 본다.
⑤ 공동주택관리 분쟁(공동주택의 하자담보책임 및 하자보수 등과 관련한 분쟁을 제외한다)을 조정하기 위하여 국토교통부에 중앙 공동주택관리 분쟁조정위원회를 두고, 특별자치시·특별자치도·시·군·자치구에 지방 공동주택관리 분쟁조정위원회를 둔다. 다만, 공동주택 비율이 낮은 특별자치시·특별자치도·시·군·자치구로서 국토교통부장관이 인정하는 특별자치시·특별자치도·시·군·자치구의 경우에는 지방 공동주택관리 분쟁조정위원회를 두지 아니할 수 있다.

2 임대주택분쟁조정위원회

04 민간임대주택에 관한 특별법령상 공공주택사업자 또는 임차인대표회의가 임대주택분쟁조정위원회에 조정을 신청할 수 있는 사항이 아닌 것은?

제28회

① 관리비
② 임대료의 증감
③ 공공임대주택의 분양전환승인
④ 민간임대주택의 공용부분·부대시설 및 복리시설의 유지·보수
⑤ 발행한 어음 및 수표를 기한까지 결제하지 못하여 어음교환소로부터 거래정지 처분을 받은 임대사업자의 민간임대주택에 대한 분양전환

05 민간임대주택에 관한 특별법상 임대주택분쟁조정위원회(이하 '조정위원회'라 한다)에 관한 설명으로 옳은 것은? 　　　　　　　　　　　　　　　　　　　　　　제24회

① 임대료의 증액에 대한 분쟁에 관해서는 조정위원회가 직권으로 조정을 하여야 한다.
② 임차인대표회의는 이 법에 따른 민간임대주택의 관리에 대한 분쟁에 관하여 조정위원회에 조정을 신청할 수 없다.
③ 공무원이 아닌 위원의 임기는 1년으로 하며 연임할 수 있다.
④ 공공주택사업자 또는 임차인대표회의는 공공임대주택의 분양전환승인에 관한 사항의 분쟁에 관하여 조정위원회에 조정을 신청할 수 없다.
⑤ 임차인은 「공공주택 특별법」 제50조의3에 따른 우선 분양전환 자격에 대한 분쟁에 관하여 조정위원회에 조정을 신청할 수 없다.

06 민간임대주택에 관한 특별법령상 임대주택분쟁조정위원회에 관한 설명으로 옳은 것은? 　　　　　　　　　　　　　　　　　　　　　　제20회

① 위원회는 위원장 1명을 포함하여 20명 이내로 구성한다.
② 분쟁조정은 임대사업자와 임차인대표회의의 신청 또는 위원회의 직권으로 개시한다.
③ 공공임대주택의 임차인대표회의는 공공주택사업자와 분양전환승인에 관하여 분쟁이 있는 경우 위원회에 조정을 신청할 수 있다.
④ 위원회의 위원장은 위원 중에서 호선한다.
⑤ 공무원이 아닌 위원의 임기는 2년으로 하며 두 차례만 연임할 수 있다.

07 민간임대주택에 관한 특별법령상 임대주택분쟁조정위원회의 구성에 관한 내용이다. (　　) 안에 들어갈 용어와 숫자를 순서대로 나열한 것은? 　　　　　제19회

- 임대주택분쟁조정위원회의 구성은 (　　)이(가) 한다.
- 임대주택분쟁조정위원회는 위원장 1명을 포함하여 (　　)명 이내로 구성한다.

① 시·도지사, 7
② 지방자치단체의 장, 7
③ 국토교통부장관, 10
④ 임차인대표회장, 10
⑤ 시장·군수·구청장, 10

개정반영

08 민간임대주택에 관한 특별법령상 임대주택분쟁조정위원회와 관련된 내용이다. (   ) 안에 들어갈 숫자와 용어를 순서대로 각각 쓰시오.   제18회 주관식

- 임대주택분쟁조정위원회의 위원장은 해당 지방자치단체의 장이 되며, 위원장은 회의 개최일 (㉠)일 전까지는 회의와 관련된 사항을 위원에게 알려야 한다.
- 임대사업자와 임차인대표회의가 임대주택분쟁조정위원회의 조정안을 받아들이면 당사자간에 (㉡)와(과) 같은 내용의 합의가 성립된 것으로 본다.

CHAPTER 09 사무 및 인사관리

1 문서관리

정답 및 해설 p.145

개정반영

01 공동주택관리와 관련한 문서나 서류 또는 자료의 보존(보관)기간에 관한 설명으로 옳은 것을 모두 고른 것은?   제20회

㉠ 「공동주택관리법」에 의하면 의무관리대상 공동주택의 관리주체는 관리비등의 징수·보관·예치·집행 등 모든 거래 행위에 관하여 장부를 월별로 작성하여 그 증빙서류와 함께 해당 회계연도 종료일부터 5년간 보관하여야 한다.
㉡ 「남녀고용평등과 일·가정 양립 지원에 관한 법률」에 의하면 직장 내 성희롱 예방 교육을 실시해야 하는 사업주는 직장 내 성희롱 예방 교육을 실시하였음을 확인할 수 있는 서류를 1년간 보관하여야 한다.
㉢ 「근로기준법」에 의하면 동법의 적용을 받는 사용자는 근로자 명부와 근로계약서의 경우 3년간 보존하여야 한다.
㉣ 「공동주택관리법 시행규칙」에 의하면 공동주택단지에 설치된 영상정보처리기기에 촬영된 자료는 20일 이상 보관하여야 한다.

① ㉠, ㉢   ② ㉠, ㉣
③ ㉡, ㉢   ④ ㉡, ㉣
⑤ ㉢, ㉣

개정반영

02 공동주택관리와 관련하여 문서의 보존(보관)기간 기준으로 옳게 연결된 것은? 제18회

① 공동주택관리법령상 의무관리대상 공동주택 관리주체의 관리비등의 징수·보관·예치·집행 등 모든 거래 행위에 관한 장부 및 그 증빙서류 – 해당 회계연도 종료일부터 3년
② 소방시설 설치 및 관리에 관한 법령상 소방시설등 자체점검 실시결과 보고서 – 1년
③ 근로기준법령상 근로자 명부 – 해고되거나 퇴직 또는 사망한 날부터 2년
④ 수도법령상 저수조의 수질검사기록 – 6개월
⑤ 어린이놀이시설 안전관리법령상 어린이놀이시설의 안전점검실시대장 – 최종 기재일부터 3년

2 노무관리

정답 및 해설 p.146

01 근로기준법령상 부당해고 등의 구제절차에 관한 설명으로 옳은 것은? 제27회

① 사용자가 근로자에게 부당해고를 하면 노동조합은 부당해고가 있었던 날부터 3개월 이내에 노동위원회에 구제를 신청할 수 있다.
② 노동위원회가 사용자에게 구제명령을 하는 경우 이행기간을 정하여야 하며, 그 이행기한은 사용자가 구제명령을 서면으로 통지받은 날부터 30일 이내로 한다.
③ 중앙노동위원회의 재심판정에 대하여 근로자는 재심판정서를 송달받은 날부터 20일 이내에 행정소송을 제기할 수 있다.
④ 중앙노동위원회의 재심판정은 행정소송 제기에 의하여 그 효력이 정지된다.
⑤ 노동위원회는 최초의 구제명령을 한 날을 기준으로 매년 3회의 범위에서 구제명령이 이행될 때까지 반복하여 이행강제금을 부과·징수할 수 있다.

02 근로기준법령상 근로계약에 관한 설명으로 옳은 것은? 제26회

① 사용자는 전차금(前借金)이나 그 밖에 근로할 것을 조건으로 하는 전대(前貸)채권과 임금을 상계할 수 있다.
② 「근로기준법」에서 정하는 기준에 미치지 못하는 근로조건을 정한 근로계약은 그 계약 전부를 무효로 한다.
③ 사용자는 근로자 명부와 임금대장을 5년간 보존하여야 한다.
④ 노동위원회는 구제명령을 받은 후 이행기한까지 구제명령을 이행하지 아니한 사용자에게 3천만원 이하의 이행강제금을 부과한다.
⑤ 노동위원회의 구제명령, 기각결정 또는 재심판정은 행정소송 제기에 의하여 그 효력이 정지된다.

03 근로기준법상 구제명령과 이행강제금에 관한 설명으로 옳지 않은 것은? 제25회

① 노동위원회는 부당해고가 성립한다고 판정하면 정년의 도래로 근로자가 원직복직이 불가능한 경우에도 사용자에게 구제명령을 하여야 한다.
② 지방노동위원회의 구제명령에 불복하는 사용자는 구제명령서를 통지받은 날부터 10일 이내에 중앙노동위원회에 재심을 신청할 수 있다.
③ 노동위원회의 구제명령은 중앙노동위원회에 대한 재심 신청에 의하여 그 효력이 정지되지 아니한다.
④ 노동위원회는 구제명령을 받은 자가 구제명령을 이행하면 구제명령을 이행하기 전에 이미 부과된 이행강제금을 징수할 수 없다.
⑤ 근로자는 구제명령을 받은 사용자가 이행기한까지 구제명령을 이행하지 아니하면 이행기한이 지난 때부터 15일 이내에 그 사실을 노동위원회에 알려줄 수 있다.

04 근로자퇴직급여 보장법상 확정급여형 퇴직연금제도에 관한 설명으로 옳지 않은 것은?

제25회

① 확정급여형 퇴직연금제도를 설정하려는 사용자는 근로자대표의 동의를 얻어 확정급여형 퇴직연금규약을 작성하여 고용노동부장관의 허가를 받아야 한다.
② 확정급여형 퇴직연금규약에는 퇴직연금사업자 선정에 관한 사항이 포함되어야 한다.
③ 급여 수준은 가입자의 퇴직일을 기준으로 산정한 일시금이 계속근로기간 1년에 대하여 30일분 이상의 평균임금이 되도록 하여야 한다.
④ 급여 종류를 연금으로 하는 경우 연금의 지급기간은 5년 이상이어야 한다.
⑤ 퇴직연금사업자는 매년 1회 이상 적립금액 및 운용수익률 등을 고용노동부령으로 정하는 바에 따라 가입자에게 알려야 한다.

05 남녀고용평등과 일·가정 양립 지원에 관한 법령상 일·가정의 양립 지원에 관한 설명으로 옳은 것은?

제25회

① 사업주는 육아휴직을 시작하려는 날의 전날까지 해당 사업에서 계속 근로한 기간이 5개월인 근로자가 육아휴직을 신청한 경우에 이를 허용하여야 한다.
② 가족돌봄휴가 기간은 근속기간에 포함하지만, 「근로기준법」에 따른 평균임금 산정기간에서는 제외한다.
③ 사업주가 근로자에게 육아기 근로시간 단축을 허용하는 경우 단축 후 근로시간은 주당 15시간 이상이어야 하고 30시간을 넘어서는 아니 된다.
④ 가족돌봄휴직 기간은 연간 최장 120일로 하며, 이를 나누어 사용할 경우 그 1회의 기간은 30일 이상이 되어야 한다.
⑤ 사업주는 육아기 근로시간 단축을 하고 있는 근로자가 단축된 근로시간 외에 연장근로를 명시적으로 청구하는 경우 주 15시간 이내에서 연장근로를 시킬 수 있다.

06 남녀고용평등과 일·가정 양립 지원에 관한 법령상 직장 내 성희롱의 금지 및 예방에 관한 설명으로 옳지 않은 것은? 제24회

① 사업주는 직장 내 성희롱 예방을 위한 교육을 연 1회 이상 하여야 한다.
② 사업주는 성희롱 예방 교육의 내용을 근로자가 자유롭게 열람할 수 있는 장소에 항상 게시하거나 갖추어 두어 근로자에게 널리 알려야 한다.
③ 사업주가 마련해야 하는 성희롱 예방지침에는 직장 내 성희롱 조사절차가 포함되어야 한다.
④ 직장 내 성희롱 발생 사실을 조사한 사람은 해당 조사와 관련된 내용을 사업주에게 보고해서는 아니 된다.
⑤ 사업주가 해야 하는 직장 내 성희롱 예방을 위한 교육에는 직장 내 성희롱에 관한 법령이 포함되어야 한다.

07 근로기준법상 해고에 관한 설명으로 옳은 것은? 제24회

① 사용자는 근로자를 해고하려면 적어도 20일 전에 예고를 하여야 한다.
② 근로자에 대한 해고는 해고사유와 해고시기를 밝히면 서면이 아닌 유선으로 통지하여도 효력이 있다.
③ 노동위원회는 부당해고 구제신청에 대한 심문을 할 때에 직권으로 증인을 출석하게 하여 필요한 사항을 질문할 수는 없다.
④ 지방노동위원회의 해고에 대한 구제명령은 행정소송 제기가 있으면 그 효력이 정지된다.
⑤ 노동위원회는 이행강제금을 부과하기 30일 전까지 이행강제금을 부과·징수한다는 뜻을 사용자에게 미리 문서로써 알려 주어야 한다.

08 최저임금법령상 벌금이나 과태료 부과 사유가 아닌 것은? 제23회

① 사용자가 최저임금에 매월 1회 이상 정기적으로 지급하는 임금을 포함시키기 위하여 1개월을 초과하는 주기로 지급하는 임금을 총액의 변동 없이 매월 지급하는 것으로 취업규칙을 변경하면서 해당 사업 또는 사업장에 근로자의 과반수로 조직된 노동조합의 의견을 듣지 아니한 경우
② 최저임금의 적용을 받는 사용자가 최저임금의 효력발생 연월일을 법령이 정하는 방법으로 근로자에게 널리 알리지 아니한 경우
③ 고용노동부장관이 임금에 관한 사항의 보고를 하게 하였으나 보고를 하지 아니하거나 거짓으로 보고한 경우
④ 근로감독관의 장부제출 요구 또는 물건에 대한 검사를 거부·방해 또는 기피하거나 질문에 대하여 거짓 진술을 하는 경우
⑤ 고용노동부장관이 고시하는 최저임금안이 근로자의 생활안정에 미치지 못함에도 불구하고 사용자가 고시된 날부터 10일 이내에 이의를 제기하지 아니한 경우

09 노동조합 및 노동관계조정법상 쟁의행위에 관한 설명으로 옳은 것은? 제23회

① 노동조합의 쟁의행위는 그 조합원의 직접·비밀·무기명투표에 의한 조합원 3분의 2 이상의 찬성으로 결정하지 아니하면 이를 행할 수 없다.
② 사용자는 쟁의행위에 참가하여 근로를 제공하지 아니한 근로자에 대하여는 그 기간 중의 임금을 지급할 의무가 없다.
③ 노동조합은 쟁의행위 기간에 대한 임금의 지급을 요구하여 이를 관철할 목적으로 쟁의행위를 할 수 있다.
④ 사용자는 쟁의행위 기간 중 그 쟁의행위로 중단된 업무를 도급 또는 하도급 줄 수 있다.
⑤ 사용자는 노동조합의 쟁의행위에 대응하기 위하여 노동조합이 쟁위행위를 개시하기 전에 직장폐쇄를 할 수 있다.

10 최저임금법상 최저임금에 관한 설명으로 옳은 것은? 제22회

① 최저임금액을 일·주 또는 월을 단위로 하여 최저임금액을 정할 때에는 시간급(時間給)으로도 표시하여야 한다.
② 사용자는 「최저임금법」에 따른 최저임금을 이유로 종전의 임금수준을 낮출 수 있다.
③ 최저임금의 사업 종류별 구분은 최저임금위원회가 정한다.
④ 사용자를 대표하는 자는 고시된 최저임금안에 대하여 이의를 제기할 수 없다.
⑤ 고시된 최저임금은 다음 연도 3월 1일부터 효력이 발생하나, 고용노동부장관은 사업의 종류별로 임금교섭시기 등을 고려하여 필요하다고 인정하면 효력발생시기를 따로 정할 수 있다.

11 근로기준법상 해고에 관한 설명으로 옳지 않은 것은? 제22회

① 사용자가 경영상 이유에 의하여 근로자를 해고하려면 긴박한 경영상의 필요가 있어야 한다.
② 정부는 경영상 이유에 의해 해고된 근로자에 대하여 생계안정, 재취업, 직업훈련 등 필요한 조치를 우선적으로 취하여야 한다.
③ 사용자는 근로자를 해고하려면 해고사유와 해고시기를 서면으로 통지하여야 한다.
④ 사용자는 계속 근로한 기간이 3개월 미만인 근로자를 경영상의 이유에 의해 해고하려면 적어도 15일 전에 예고를 하여야 한다.
⑤ 부당해고의 구제신청은 부당해고가 있었던 날부터 3개월 이내에 하여야 한다.

12 근로기준법령상 부당해고등의 구제절차에 관한 설명으로 옳은 것은? 제21회

① 사용자가 근로자에게 부당해고등을 하면 근로자 및 노동조합은 노동위원회에 구제를 신청할 수 있다.
② 부당해고등에 대한 구제신청은 부당해고등이 있었던 날부터 6개월 이내에 하여야 한다.
③ 노동위원회의 구제명령, 기각결정 또는 재심판정은 중앙노동위원회에 대한 재심 신청이나 행정소송 제기에 의하여 그 효력이 정지되지 아니한다.
④ 노동위원회는 이행강제금을 부과하기 40일 전까지 이행강제금을 부과·징수한다는 뜻을 사용자에게 미리 문서로써 알려 주어야 한다.
⑤ 노동위원회는 구제명령을 받은 자가 구제명령을 이행하면 새로운 이행강제금을 부과하지 아니하되, 구제명령을 이행하기 전에 이미 부과된 이행강제금은 징수하지 아니한다.

개정반영

13 근로자퇴직급여 보장법령상 퇴직급여제도에 관한 설명으로 옳은 것은? 제21회

① 사용자는 근로자가 퇴직한 경우에는 그 지급사유가 발생한 날부터 14일 이내에 퇴직금을 지급하여야 하며, 특별한 사정이 있는 경우에도 당사자간의 합의로 그 지급기일을 연장할 수 없다.
② 확정급여형 퇴직연금제도의 설정 전에 해당 사업에서 제공한 근로기간에 대하여도 퇴직금을 미리 정산한 기간을 포함하여 가입기간으로 할 수 있다.
③ 확정급여형 퇴직연금제도의 가입자는 적립금의 운용방법을 스스로 선정할 수 있고, 반기마다 1회 이상 적립금의 운용방법을 변경할 수 있다.
④ 확정기여형 퇴직연금제도에 가입한 근로자는 중도인출을 신청한 날부터 거꾸로 계산하여 5년 이내에 「채무자 회생 및 파산에 관한 법률」에 따라 파산선고를 받은 경우 적립금을 중도인출할 수 있다.
⑤ 퇴직급여제도의 일시금을 수령한 사람은 개인형 퇴직연금제도를 설정할 수 없다.

개정반영

14 남녀고용평등과 일·가정 양립 지원에 관한 법령상 직장 내 성희롱의 예방 및 벌칙에 관한 설명으로 옳지 않은 것은? 제20회

① 직장 내 성희롱 예방 교육을 실시해야 하는 사업주는 그 교육을 연 1회 이상 하여야 한다.
② 성희롱 예방 교육기관은 고용노동부령으로 정하는 기관 중에서 지정하되, 고용노동부령으로 정하는 강사를 1명 이상 두어야 한다.
③ 고용노동부장관은 성희롱 예방 교육기관이 정당한 사유 없이 고용노동부령으로 정하는 강사를 6개월 이상 계속하여 두지 아니한 경우 그 지정을 취소하여야 한다.
④ 이 법의 적용을 받는 사업주가 직장 내 성희롱 피해근로자에게 파면, 해임, 해고, 그 밖에 신분상실에 해당하는 불이익 조치를 하는 경우에는 3년 이하의 징역 또는 3천만원 이하의 벌금에 처한다.
⑤ 직장 내 성희롱을 하여 최근 3년 이내에 과태료처분을 받은 사실이 있는 사업주가 다시 직장 내 성희롱을 한 경우 1천만원의 과태료에 해당한다.

15 최저임금법령상 최저임금의 적용과 효력에 관한 설명으로 옳지 않은 것은? 제20회

① 신체장애로 근로능력이 현저히 낮은 자에 대해서는 사용자가 고용노동부장관의 인가를 받은 경우 최저임금의 효력을 적용하지 아니한다.
② 임금이 도급제나 그 밖에 이와 비슷한 형태로 정해진 경우에 근로시간을 파악하기 어렵다고 인정되면 해당 근로자의 생산고(生産高) 또는 업적의 일정단위에 의하여 최저임금액을 정한다.
③ 최저임금의 적용을 받는 근로자와 사용자 사이의 근로계약 중 최저임금액에 미치지 못하는 금액을 임금으로 정한 부분은 무효로 하며, 이 경우 무효로 된 부분은 「최저임금법」으로 정한 최저임금액과 동일한 임금을 지급하기로 한 것으로 본다.
④ 도급으로 사업을 행하는 경우 도급인이 책임져야 할 사유로 수급인이 근로자에게 최저임금액에 미치지 못하는 임금을 지급한 경우 도급인은 해당 수급인과 연대(連帶)하여 책임을 진다.
⑤ 최저임금의 적용을 받는 근로자가 자기의 사정으로 소정의 근로일의 근로를 하지 아니한 경우 근로하지 아니한 일에 대하여 사용자는 최저임금액의 2분의 1에 해당하는 임금을 지급하여야 한다.

16 남녀고용평등과 일·가정 양립 지원에 관한 법률에 관한 설명으로 옳지 않은 것은?

제19회

① 사업주는 근로자가 배우자의 출산을 이유로 휴가를 고지하는 경우에 20일의 휴가를 주어야 한다.
② 가족돌봄휴직 기간은 연간 최장 180일로 하며, 이를 나누어 사용할 수 있다.
③ 사업주는 성희롱 예방 교육을 고용노동부장관이 지정하는 기관에 위탁하여 실시할 수 있다.
④ 사업주는 사업을 계속할 수 없는 경우를 제외하고 육아휴직을 이유로 해고나 그 밖의 불리한 처우를 하여서는 아니 되며, 육아휴직 기간에는 그 근로자를 해고하지 못한다.
⑤ 사업주는 임금 외에 근로자의 생활을 보조하기 위한 금품의 지급 또는 자금의 융자 등 복리후생에서 남녀를 차별하여서는 아니 된다.

17 근로기준법령상 부당해고등의 구제신청에 관한 설명으로 옳지 않은 것은?

제19회

① 사용자가 근로자에게 부당해고등을 하면 근로자는 노동위원회에 구제를 신청할 수 있다.
② 노동위원회는 부당해고등이 성립한다고 판정하면 사용자에게 구제명령을 하여야 하며, 부당해고등이 성립하지 아니한다고 판정하면 구제신청을 기각하는 결정을 하여야 한다.
③ 지방노동위원회의 구제명령이나 기각결정에 불복하는 사용자나 근로자는 구제명령서나 기각결정서를 통지받은 날부터 10일 이내에 중앙노동위원회에 재심을 신청할 수 있다.
④ 노동위원회의 구제명령, 기각결정 또는 재심판정은 중앙노동위원회에 대한 재심 신청이나 행정소송 제기에 의하여 그 효력이 정지된다.
⑤ 행정소송을 제기하여 확정된 구제명령 또는 구제명령을 내용으로 하는 재심판정을 이행하지 아니한 자는 1년 이하의 징역 또는 1천만원 이하의 벌금에 처한다.

18 노동조합 및 노동관계조정법령상 단체협약에 관한 내용으로 옳지 않은 것은? 제18회

① 행정관청은 단체협약 중 위법한 내용이 있는 경우에는 노동위원회의 의결을 얻어 그 시정을 명할 수 있다.
② 단체협약의 당사자는 단체협약의 체결일부터 30일 이내에 이를 행정관청에게 신고하여야 한다.
③ 단체협약의 유효기간은 3년을 초과하지 않는 범위에서 노사가 합의하여 정할 수 있다.
④ 단체협약에 정한 근로조건 기타 근로자의 대우에 관한 기준에 위반하는 근로계약의 부분은 무효로 한다.
⑤ 하나의 사업 또는 사업장에 상시 사용되는 동종의 근로자 반수 이상이 하나의 단체협약의 적용을 받게 된 때에는 당해 사업 또는 사업장에 사용되는 다른 동종의 근로자에 대하여도 당해 단체협약이 적용된다.

19 근로자퇴직급여 보장법상 퇴직급여제도의 설정에 관한 규정의 일부이다. ( )에 들어갈 아라비아 숫자를 쓰시오. 제28회 주관식

> 제4조 ① 사용자는 퇴직하는 근로자에게 급여를 지급하기 위하여 퇴직급여제도 중 하나 이상의 제도를 설정하여야 한다. 다만, 계속근로기간이 (㉠)년 미만인 근로자, 4주간을 평균하여 1주간의 소정근로시간이 (㉡)시간 미만인 근로자에 대하여는 그러하지 아니하다.

20 남녀고용평등과 일·가정 양립 지원에 관한 법률상 난임치료휴가에 관한 규정의 일부이다. ( )에 들어갈 아라비아 숫자를 쓰시오. 제28회 주관식

> 제18조의3 ① 사업주는 근로자가 인공수정 또는 체외수정 등 난임치료를 받기 위하여 휴가를 청구하는 경우에 연간 (㉠)일 이내의 휴가를 주어야 하며, 이 경우 최초 (㉡)일은 유급으로 한다. 다만, 근로자가 청구한 시기에 휴가를 주는 것이 정상적인 사업 운영에 중대한 지장을 초래하는 경우에는 근로자와 협의하여 그 시기를 변경할 수 있다.

21 최저임금법상 용어의 정의와 최저임금의 결정에 관한 내용이다. ( )에 들어갈 용어를 쓰시오.
　　　　　　　　　　　　　　　　　　　　　　　　　　　　　제27회 주관식

> **제2조(정의)** 이 법에서 "근로자", "사용자" 및 "임금"이란 「(㉠)」 제2조에 따른 근로자, 사용자 및 임금을 말한다.
> **제4조(최저임금의 결정기준과 구분)** ① 최저임금은 근로자의 생계비, 유사 근로자의 임금, 노동생산성 및 소득분배율 등을 고려하여 정한다. 이 경우 사업의 종류별로 구분하여 정할 수 있다.
> ② 제1항에 따른 사업의 종류별 구분은 제12조에 따른 (㉡)의 심의를 거쳐 고용노동부장관이 정한다.

22 남녀고용평등과 일·가정 양립 지원에 관한 법령상 육아휴직의 종료에 관한 내용이다. ( )에 들어갈 아라비아 숫자를 쓰시오.
　　　　　　　　　　　　　　　　　　　　　　　　　　　　　제27회 주관식

> **시행령 제14조(육아휴직의 종료)** ① 육아휴직 중인 근로자는 다음 각 호의 구분에 따른 사유가 발생하면 그 사유가 발생한 날부터 (㉠)일 이내에 그 사실을 사업주에게 알려야 한다.
> 1. 임신 중인 여성 근로자가 육아휴직 중인 경우: 유산 또는 사산
> 2. 제1호 외의 근로자가 육아휴직 중인 경우
> 　　가. 해당 영유아의 사망
> 　　나. 〈생략〉
> ② 사업주는 제1항에 따라 육아휴직 중인 근로자로부터 영유아의 사망 등에 대한 사실을 통지받은 경우에는 통지받은 날부터 (㉡)일 이내로 근무개시일을 지정하여 그 근로자에게 알려야 한다.

23 노동조합 및 노동관계조정법상 근로자의 구속제한에 관한 내용이다. ( )에 들어갈 용어를 쓰시오.
　　　　　　　　　　　　　　　　　　　　　　　　　　　　　제27회 주관식

> **제39조(근로자의 구속제한)** 근로자는 쟁의행위 기간 중에는 (㉠) 외에는 이 법 위반을 이유로 구속되지 아니한다.

24 최저임금법령상 수습 중에 있는 근로자에 대한 최저임금액에 관한 내용이다. ( )에 들어갈 아라비아 숫자를 쓰시오. 제26회 주관식

> 1년 이상의 기간을 정하여 근로계약을 체결하고 수습 중에 있는 근로자로서 수습을 시작한 날부터 (㉠)개월 이내인 사람에 대해서는 시간급 최저임금액(최저임금으로 정한 금액을 말한다)에서 100분의 (㉡)을(를) 뺀 금액을 그 근로자의 시간급 최저임금액으로 한다.

개정반영

25 남녀고용평등과 일·가정 양립 지원에 관한 법률상 배우자 출산휴가에 관한 내용이다. ( )에 들어갈 아라비아 숫자와 용어를 쓰시오. 제26회 주관식

> 제18조의2(배우자 출산휴가) ① 사업주는 근로자가 배우자의 출산을 이유로 휴가(이하 "배우자 출산휴가"라 한다)를 고지하는 경우에 (㉠)일의 휴가를 주어야 한다. 이 경우 사용한 휴가기간은 (㉡)(으)로 한다.
> ② 제1항 후단에도 불구하고 출산전후휴가급여등이 지급된 경우에는 그 금액의 한도에서 지급의 책임을 면한다.
> ③ 배우자 출산휴가는 근로자의 배우자가 출산한 날부터 (㉢)일이 지나면 사용할 수 없다.

26 노동조합 및 노동관계조정법상 부당노동행위에 관한 내용이다. ( )에 들어갈 용어를 쓰시오. 제26회 주관식

> 사용자는 근로자가 어느 노동조합에 가입하지 아니할 것 또는 탈퇴할 것을 고용조건으로 하거나 특정한 노동조합의 조합원이 될 것을 고용조건으로 하는 행위를 할 수 없다. 다만, 노동조합이 당해 사업장에 종사하는 근로자의 3분의 2 이상을 대표하고 있을 때에는 근로자가 그 노동조합의 조합원이 될 것을 고용조건으로 하는 (㉠)의 체결은 예외로 한다.

27 최저임금법상 최저임금액과 최저임금의 효력에 관한 내용이다. ( )에 들어갈 아라비아 숫자와 용어를 쓰시오. 　　　　　　　　　　　　　　　　　　　　제25회 주관식

> 제5조(최저임금액) ① 〈생략〉
> ② 1년 이상의 기간을 정하여 근로계약을 체결하고 수습 중에 있는 근로자로서 수습을 시작한 날부터 (㉠)개월 이내인 사람에 대하여는 대통령령으로 정하는 바에 따라 제1항에 따른 최저임금액과 다른 금액으로 최저임금액을 정할 수 있다. 다만, 단순노무업무로 고용노동부장관이 정하여 고시한 직종에 종사하는 근로자는 제외한다.
> 제6조(최저임금의 효력) ① 〈생략〉
> ② 〈생략〉
> ③ 최저임금의 적용을 받는 근로자와 사용자 사이의 근로계약 중 최저임금액에 미치지 못하는 금액을 임금으로 정한 부분은 (㉡)(으)로 하며, 이 경우 (㉡)(으)로 된 부분은 이 법으로 정한 최저임금액과 동일한 임금을 지급하기로 한 것으로 본다.

28 최저임금법상 최저임금액에 관한 내용이다. ( )에 들어갈 용어를 쓰시오. 　　　　　　　　　　　　　　　　　　　　제24회 주관식

> 최저임금액은 시간·일(日)·주(週) 또는 월(月)을 단위로 하여 정한다. 이 경우 일·주 또는 월을 단위로 하여 최저임금액을 정할 때에는 (㉠)(으)로도 표시하여야 한다.

[개정반영]
29 근로기준법상 직장 내 괴롭힘 발생 시 조치에 관한 내용이다. ( )에 들어갈 용어를 쓰시오. 　　　　　　　　　　　　　　　　　　　　제23회 주관식

> 사용자는 직장 내 괴롭힘 발생 사실을 인지한 경우에는 지체 없이 당사자 등을 대상으로 그 사실 확인을 위하여 객관적으로 조사를 실시하여야 한다. 사용자는 조사 기간 동안 직장 내 괴롭힘과 관련하여 피해근로자등을 보호하기 위하여 필요한 경우 해당 피해근로자등에 대하여 근무장소의 변경, (㉠) 명령 등 적절한 조치를 하여야 한다.

30 근로자퇴직급여 보장법상 퇴직급여에 관한 내용이다. ( )에 들어갈 숫자를 쓰시오.

제23회 주관식

> 사용자에게 지급의무가 있는 '퇴직급여등'은 사용자의 총재산에 대하여 질권 또는 저당권에 의하여 담보된 채권을 제외하고는 조세·공과금 및 다른 채권에 우선하여 변제되어야 한다. 다만, 질권 또는 저당권에 우선하는 조세·공과금에 대하여는 그러하지 아니하다. 그럼에도 불구하고 최종 (㉠)년간의 퇴직급여등은 사용자의 총재산에 대하여 질권 또는 저당권에 의하여 담보된 채권, 조세·공과금 및 다른 채권에 우선하여 변제되어야 한다.

개정반영

31 남녀고용평등과 일·가정 양립 지원에 관한 법률상 모성보호에 관한 내용이다. ( )에 들어갈 용어 또는 숫자를 쓰시오.

제23회 주관식

> 사업주는 근로자가 인공수정 또는 체외수정 등 (㉠)을(를) 받기 위하여 휴가를 청구하는 경우에 연간 (㉡)일 이내의 휴가를 주어야 하며, 이 경우 최초 2일은 유급으로 한다. 다만, 근로자가 청구한 시기에 휴가를 주는 것이 정상적인 사업 운영에 중대한 지장을 초래하는 경우에는 근로자와 협의하여 그 시기를 변경할 수 있다.

32 근로자 퇴직급여 보장법의 용어 정의에 관한 내용이다. ( )에 들어갈 용어를 쓰시오.

제22회 주관식

> (㉠)퇴직연금제도란 가입자의 선택에 따라 가입자가 납입한 일시금이나 사용자 또는 가입자가 납입한 부담금을 적립·운용하기 위하여 설정한 퇴직연금제도로서 급여의 수준이나 부담금의 수준이 확정되지 아니한 퇴직연금제도를 말한다.

33 남녀고용평등과 일·가정 양립 지원에 관한 법령상 직장 내 성희롱 예방 교육에 관한 내용이다. ( )에 들어갈 숫자를 쓰시오.

제22회 주관식

> 상시 (㉠)명 미만의 근로자를 고용하는 사업의 사업주는 근로자가 알 수 있도록 홍보물을 게시하거나 배포하는 방법으로 직장 내 성희롱 예방 교육을 할 수 있다.

34 노동조합 및 노동관계조정법령상 단체협약의 유효기간에 관한 설명이다. ( )에 들어갈 숫자를 순서대로 쓰시오.
_{제21회 주관식}

> - 단체협약의 유효기간이 만료되는 때를 전후하여 당사자 쌍방이 새로운 단체협약을 체결하고자 단체교섭을 계속하였음에도 불구하고 새로운 단체협약이 체결되지 아니한 경우에는 별도의 약정이 있는 경우를 제외하고는 종전의 단체협약은 그 효력만료일부터 (㉠)월까지 계속 효력을 갖는다.
> - 단체협약에 그 유효기간이 경과한 후에도 새로운 단체협약이 체결되지 아니한 때에는 새로운 단체협약이 체결될 때까지 종전 단체협약의 효력을 존속시킨다는 취지의 별도의 약정이 있는 경우에는 그에 따르되, 당사자 일방은 해지하고자 하는 날의 (㉡)월 전까지 상대방에게 통고함으로써 종전의 단체협약을 해지할 수 있다.

35 근로기준법상 이행강제금에 관한 내용이다. ( )에 들어갈 숫자를 순서대로 쓰시오.
_{제20회 주관식}

> 노동위원회는 최초의 구제명령을 한 날을 기준으로 매년 (㉠)회의 범위에서 구제명령이 이행될 때까지 반복하여 이행강제금을 부과·징수할 수 있다. 이 경우 이행강제금은 (㉡)년을 초과하여 부과·징수하지 못한다.

36 근로자퇴직급여 보장법령상 퇴직급여제도의 설정에 관한 규정이다. ( ) 안에 들어갈 숫자를 순서대로 각각 쓰시오.
_{제19회 주관식}

> 사용자는 퇴직하는 근로자에게 급여를 지급하기 위하여 퇴직급여제도 중 하나 이상의 제도를 설정하여야 한다. 다만, 계속근로기간이 (㉠)년 미만인 근로자, 4주간을 평균하여 1주간의 소정근로시간이 (㉡)시간 미만인 근로자에 대하여는 그러하지 아니하다.

37 근로기준법령상 부당해고등의 구제신청에 관한 내용이다. ( ) 안에 들어갈 숫자를 쓰시오.
_{제18회 주관식}

> 사용자가 근로자에게 부당해고등을 하면 근로자는 노동위원회에 구제를 신청할 수 있다. 이에 따른 구제신청은 부당해고등이 있었던 날부터 (㉠)개월 이내에 하여야 한다.

38 근로기준법령상 용어의 정의이다. ( ) 안에 들어갈 숫자를 순서대로 각각 쓰시오.

제18회 주관식

- '평균임금'이란 이를 산정하여야 할 사유가 발생한 날 이전 (㉠)개월 동안에 그 근로자에게 지급된 임금의 총액을 그 기간의 총일수로 나눈 금액을 말한다.
- '단시간근로자'란 1주 동안의 소정근로시간이 그 사업장에서 같은 종류의 업무에 종사하는 통상 근로자의 (㉡)주 동안의 소정근로시간에 비하여 짧은 근로자를 말한다.

3 사회보험

정답 및 해설 p.156

01 산업재해보상보험법상 용어에 관한 설명으로 옳지 않은 것은? 제28회

① 사망한 사람의 배우자(사실상 혼인 관계에 있는 사람 포함)는 "유족"에 해당한다.
② 취업과 관련하여 한 취업장소에서 다른 취업장소로의 이동은 "출퇴근"에 해당하지 않는다.
③ 부상이 치료의 효과를 더 이상 기대할 수 없고 그 증상이 고정된 상태에 이르게 된 것은 "치유"에 해당한다.
④ 업무상의 질병에 따른 정신적 훼손으로 노동능력이 감소된 상태로서 그 질병이 치유되지 아니한 상태는 "중증요양상태"에 해당한다.
⑤ 「근로기준법」에 따른 "임금" 또는 "평균임금"을 결정하기 어렵다고 인정되면 고용노동부장관이 정하여 고시하는 금액을 해당 "임금" 또는 "평균임금"으로 한다.

02 고용보험법상 취업촉진 수당의 종류에 해당하지 않는 것은? 제28회

① 구직급여
② 조기(早期)재취업 수당
③ 직업능력개발 수당
④ 광역 구직활동비
⑤ 이주비

03 국민건강보험법령상 직장가입자가 될 수 있는 자는? 제28회

① 비상근 근로자
② 근로자가 없는 사업장의 사업주
③ 소재지가 일정하지 아니한 사업장의 근로자
④ 고용기간이 1개월인 일용근로자
⑤ 1개월 동안의 소정근로시간이 50시간인 단시간근로자

04 고용보험법령상 고용보험사업에 관한 설명으로 옳은 것을 모두 고른 것은? 　제27회

> ⊙ 배우자의 직계존속이 사망한 경우는 육아휴직 급여 신청기간의 연장 사유에 해당하지 않는다.
> ⓒ 조기재취업 수당의 금액은 구직급여의 소정급여일수 중 미지급일수의 비율에 따라 구직급여일액에 미지급일수의 2분의 1을 곱한 금액으로 한다.
> ⓒ 이주비는 구직급여의 종류에 해당한다.
> ⓔ 실업급여를 받을 권리는 양도할 수 없지만 담보로 제공할 수는 있다.

① ㉠　　　　　　　　　　　　② ㉡
③ ㉠, ㉡　　　　　　　　　　 ④ ㉢, ㉣
⑤ ㉡, ㉢, ㉣

05 국민건강보험법상 건강보험 가입자의 자격 상실 시기로 옳지 않은 것은? 　제27회

① 국내에 거주하지 아니하게 된 날
② 사망한 날의 다음 날
③ 국적을 잃은 날의 다음 날
④ 직장가입자의 피부양자가 된 날
⑤ 건강보험을 적용받고 있던 사람이 유공자등 의료보호대상자가 되어 건강보험의 적용 배제신청을 한 날

06 산업재해보상보험법상 보험급여에 관한 설명으로 옳지 않은 것은? 　제27회

① 직업재활급여는 보험급여의 종류에 해당하지 아니한다.
② 업무상 사유로 인한 부상 또는 질병이 3일 이내의 요양으로 치유될 수 있으면 근로자에게 요양급여를 지급하지 아니한다.
③ 보험급여는 지급 결정일부터 14일 이내에 지급하여야 한다.
④ 유족보상연금 수급자격자인 유족이 사망한 근로자와의 친족 관계가 끝난 경우 그 자격을 잃는다.
⑤ 보험급여로서 지급된 금품에 대하여는 국가나 지방자치단체의 공과금을 부과하지 아니한다.

07 국민건강보험법상 가입자에 관한 설명으로 옳지 않은 것은? 제26회

① 가입자는 「의료급여법」에 따른 수급권자가 된 날의 다음 날에 그 자격을 잃는다.
② 「병역법」에 따른 현역병은 직장가입자에서 제외된다.
③ 유공자등 의료보호대상자이었던 사람은 그 대상자에서 제외된 날에 직장가입자 또는 지역가입자의 자격을 얻는다.
④ 가입자는 국내에 거주하지 아니하게 된 날의 다음 날에 그 자격을 잃는다.
⑤ 직장가입자인 근로자등은 그 사용관계가 끝난 날의 다음 날에 그 자격이 변동된다.

08 고용보험법령상 고용보험법의 적용 제외 대상인 사람을 모두 고른 것은? 제26회

> ㉠ 「사립학교교직원 연금법」의 적용을 받는 사람
> ㉡ 1주간의 소정근로시간이 15시간 미만인 일용근로자
> ㉢ 「별정우체국법」에 따른 별정우체국 직원

① ㉠
② ㉡
③ ㉠, ㉢
④ ㉡, ㉢
⑤ ㉠, ㉡, ㉢

개정반영

09 산업재해보상보험법상 보험급여에 관한 설명으로 옳지 않은 것은? 제26회

① 업무상 사유로 인한 부상 또는 질병이 3일 이내의 요양으로 치유될 수 있으면 근로자에게 요양급여를 지급하지 아니한다.
② 장해보상연금 또는 진폐보상연금의 수급권자가 사망한 경우 그 수급권이 소멸한다.
③ 장해보상연금 수급권자가 재요양을 받는 경우에도 그 연금의 지급을 정지하지 아니한다.
④ 근로자가 사망할 당시 그 근로자와 생계를 같이 하고 있던 유족 중 25세 미만인 자녀는 유족보상연금 수급자격자에 해당한다.
⑤ 유족보상연금 수급자격자인 손자녀가 25세가 된 때에도 그 자격을 잃지 아니한다.

10 고용보험법상 취업촉진 수당의 종류에 해당하는 것을 모두 고른 것은? 제25회

> ㉠ 훈련연장급여
> ㉡ 직업능력개발 수당
> ㉢ 광역 구직활동비
> ㉣ 이주비

① ㉠, ㉡
② ㉡, ㉢
③ ㉢, ㉣
④ ㉠, ㉡, ㉢
⑤ ㉡, ㉢, ㉣

11 고용보험법상 용어 정의 및 피보험자의 관리에 관한 설명으로 옳지 않은 것은? (권한의 위임·위탁은 고려하지 않음) 제24회

① 일용근로자란 3개월 미만 동안 고용되는 사람을 말한다.
② 실업의 인정이란 직업안정기관의 장이 이 법에 따른 수급자격자가 실업한 상태에서 적극적으로 직업을 구하기 위하여 노력하고 있다고 인정하는 것을 말한다.
③ 근로자인 피보험자가 이 법에 따른 적용 제외 근로자에 해당하게 된 경우에는 그 적용 제외 대상자가 된 날에 그 피보험자격을 상실한다.
④ 이 법에 따른 적용 제외 근로자였던 사람이 이 법의 적용을 받게 된 경우에는 그 적용을 받게 된 날에 피보험자격을 취득한 것으로 본다.
⑤ 사업주는 그 사업에 고용된 근로자의 피보험자격의 취득 및 상실 등에 관한 사항을 대통령령으로 정하는 바에 따라 고용노동부장관에게 신고하여야 한다.

12 고용보험법령상 정해진 기간에 대통령령으로 정하는 사유로 육아휴직 급여를 신청할 수 없었던 사람은 그 사유가 끝난 후 30일 이내에 신청하여야 한다. 대통령령으로 정하는 사유가 아닌 것은? 제23회

① 천재지변
② 「병역법」에 따른 의무복무
③ 본인이나 배우자의 질병·부상
④ 본인이나 배우자의 직계존속 및 직계비속의 사망
⑤ 범죄혐의로 인한 구속이나 형의 집행

13 국민건강보험법령상 피부양자의 요건과 자격인정 기준을 충족하는 사람을 모두 고른 것은? 제23회

> ㉠ 직장가입자의 직계존속과 직계비속
> ㉡ 직장가입자의 배우자의 직계존속과 직계비속
> ㉢ 직장가입자의 형제·자매
> ㉣ 직장가입자의 형제·자매의 직계비속

① ㉠, ㉡
② ㉠, ㉢
③ ㉠, ㉡, ㉢
④ ㉠, ㉡, ㉣
⑤ ㉡, ㉢, ㉣

14 고용보험법상의 실업급여에 관한 설명으로 옳지 않은 것은? 제22회

① 구직급여는 실업급여에 포함된다.
② 취업촉진 수당에는 이주비는 포함되지만 조기재취업 수당은 포함되지 않는다.
③ 실업급여수급계좌의 해당 금융기관은 「고용보험법」에 따른 실업급여만이 실업급여수급계좌에 입금되도록 관리하여야 한다.
④ 실업급여를 받을 권리는 양도할 수 없다.
⑤ 실업급여로서 지급된 금품에 대하여는 국가나 지방자치단체의 공과금(국세기본법 또는 지방세기본법에 따른 공과금을 말한다)을 부과하지 아니한다.

15 국민연금법상 연금급여에 관한 설명으로 옳은 것은? 제22회

① 「국민연금법」상 급여의 종류는 노령연금, 장애연금, 유족연금의 3가지로 구분한다.
② 유족연금등의 수급권자가 될 수 있는 자를 고의로 사망하게 한 유족에게는 사망에 따라 발생되는 유족연금의 일부를 지급하지 아니할 수 있다.
③ 수급권자의 청구가 없더라도 급여원인이 발생하면 공단은 급여를 지급한다.
④ 연금액은 지급사유에 따라 기본연금액과 부양가족연금액을 기초로 산정한다.
⑤ 장애연금의 수급권자가 정당한 사유 없이 「국민연금법」에 따른 공단의 진단 요구에 응하지 아니한 때에는 급여의 전부의 지급을 정지한다.

개정반영

16 국민건강보험법령에 관한 설명으로 옳은 것은? 제21회

① 고용 기간이 3개월 미만인 일용근로자나 「병역법」에 따른 현역병(지원에 의하지 아니하고 임용된 하사를 포함한다), 전환복무된 사람 및 군간부후보생은 직장가입자에서 제외된다.
② 가입자는 국적을 잃은 날, 직장가입자의 피부양자가 된 날, 수급권자가 된 날 건강보험자격을 상실한다.
③ 국내에 거주하는 피부양자가 있는 직장가입자가 국외에 체류하고 있는 경우에는 보험료를 면제한다.
④ 국민건강보험료는 가입자의 자격을 취득한 날이 속하는 달의 다음 달부터 가입자의 자격을 잃은 날의 전날이 속하는 달까지 징수하며, 가입자의 자격을 매월 1일에 취득한 경우에는 그달부터 징수한다.
⑤ 과다납부된 본인일부부담금을 돌려받을 권리는 5년 동안 행사하지 아니하면 시효로 소멸한다.

17 산업재해보상보험법령상 보험급여 결정등에 대한 심사청구 및 재심사청구에 관한 설명으로 옳지 않은 것은? 제21회

① 근로복지공단의 보험급여 결정등에 불복하는 자는 그 보험급여 결정등을 한 근로복지공단의 소속 기관을 거쳐 산업재해보상보험 심사위원회에 심사청구를 할 수 있다.
② 근로복지공단이 심사청구에 대한 결정을 연장할 때에는 최초의 결정기간이 끝나기 7일 전까지 심사청구인 및 보험급여 결정등을 한 근로복지공단의 소속 기관에 알려야 한다.
③ 근로복지공단의 보험급여 결정에 대하여 심사청구기간이 지난 후에 제기된 심사청구는 산업재해보상보험 심사위원회의 심의를 거치지 아니할 수 있다.
④ 산업재해보상보험 심사위원회는 위원장 1명을 포함하여 150명 이내의 위원으로 구성하되, 위원 중 2명은 상임으로 한다.
⑤ 업무상질병판정위원회의 심의를 거친 보험급여에 관한 결정에 불복하는 자는 심사청구를 하지 아니하고 재심사청구를 할 수 있다.

18 국민건강보험법상 보험료에 관한 내용이다. ( )에 들어갈 아라비아 숫자와 용어를 쓰시오.
제25회 주관식

> **제73조(보험료율 등)** ① 직장가입자의 보험료율은 1천분의 (㉠)의 범위에서 심의위원회의 의결을 거쳐 대통령령으로 정한다.
>
> **제78조(보험료의 납부기한)** ① 제77조 제1항 및 제2항에 따라 보험료 납부의무가 있는 자는 가입자에 대한 그 달의 보험료를 그 다음 달 (㉡)일까지 납부하여야 한다. 다만, 직장가입자의 보수 외 소득월액보험료 및 지역가입자의 보험료는 보건복지부령으로 정하는 바에 따라 (㉢)별로 납부할 수 있다.

19 산업재해보상보험법상 보험급여에 관한 내용이다. ( )에 들어갈 용어를 쓰시오.
제25회 주관식

> **제66조((㉠))** ① 요양급여를 받는 근로자가 요양을 시작한지 2년이 지난 날 이후에 다음 각 호의 요건 모두에 해당하는 상태가 계속되면 휴업급여 대신 (㉠)(을)를 그 근로자에게 지급한다.
> 1. 그 부상이나 질병이 치유되지 아니한 상태일 것
> 2. 그 부상이나 질병에 따른 중증요양상태의 정도가 대통령령으로 정하는 중증요양상태등급 기준에 해당할 것
> 3. 요양으로 인하여 취업하지 못하였을 것

20 고용보험법상 구직급여에 관한 내용이다. ( )에 들어갈 아라비아 숫자를 쓰시오.

제25회 주관식

> **제48조(수급기간 및 수급일수)** ① 구직급여는 이 법에 따로 규정이 있는 경우 외에는 그 구직급여의 수급자격과 관련된 이직일의 다음 날부터 계산하기 시작하여 (㉠) 개월 내에 제50조 제1항에 따른 소정급여일수를 한도로 하여 지급한다.
>
> **제49조(대기기간)** 제44조에도 불구하고 제42조에 따른 실업의 신고일부터 계산하기 시작하여 (㉡)일간은 대기기간으로 보아 구직급여를 지급하지 아니한다. 다만, 최종 이직 당시 건설일용근로자였던 사람에 대해서는 제42조에 따른 실업의 신고일부터 계산하여 구직급여를 지급한다.
>
> ※ **제44조(실업의 인정)** ① 구직급여는 수급자격자가 실업한 상태에 있는 날 중에서 직업안정기관의 장으로부터 실업의 인정을 받은 날에 대하여 지급한다.

21 산업재해보상보험법상 장례비에 관한 내용이다. ( )에 들어갈 아라비아 숫자를 쓰시오.

제24회 주관식

> 장례비는 근로자가 업무상의 사유로 사망한 경우에 지급하되, 평균임금의 (㉠)일분에 상당하는 금액을 그 장례를 지낸 유족에게 지급한다. 다만, 장례를 지낼 유족이 없거나 그 밖에 부득이한 사유로 유족이 아닌 사람이 장례를 지낸 경우에는 평균임금의 (㉡) 일분에 상당하는 금액의 범위에서 실제 드는 비용을 그 장례를 지낸 사람에게 지급한다.

22 국민건강보험법상 국민건강보험가입자격에 관한 내용이다. ( )에 들어갈 아라비아 숫자를 쓰시오.

제24회 주관식

> - 가입자의 자격이 변동된 경우 직장가입자의 사용자와 지역가입자의 세대주는 그 명세를 보건복지부령으로 정하는 바에 따라 자격이 변동된 날부터 (㉠)일 이내에 보험자에게 신고하여야 한다.
> - 가입자의 자격을 잃은 경우 직장가입자의 사용자와 지역가입자의 세대주는 그 명세를 보건복지부령으로 정하는 바에 따라 자격을 잃은 날부터 (㉡)일 이내에 보험자에게 신고하여야 한다.

23 고용보험법상 실업급여의 기초가 되는 임금일액에 관한 내용이다. (   )에 들어갈 용어를 쓰시오.　　　　　　　　　　　　　　　　　　　　　　　제24회 주관식

> 구직급여의 산정 기초가 되는 임금일액은 「고용보험법」 제43조 제1항에 따른 수급자격의 인정과 관련된 마지막 이직 당시 「근로기준법」 제2조 제1항 제6호에 따라 산정된 (㉠)(으)로 한다. 다만, 마지막 이직일 이전 3개월 이내에 피보험자격을 취득한 사실이 2회 이상인 경우에는 마지막 이직일 이전 3개월간(일용근로자의 경우에는 마지막 이직일 이전 4개월 중 최종 1개월을 제외한 기간)에 그 근로자에게 지급된 임금 총액을 그 산정의 기준이 되는 3개월의 총일수로 나눈 금액을 기초일액으로 한다.

24 산업재해보상보험법상 휴업급여에 관한 내용이다. (   )에 들어갈 숫자를 순서대로 쓰시오.　　　　　　　　　　　　　　　　　　　　　　　제22회 주관식

> 휴업급여는 업무상 사유로 부상을 당하거나 질병에 걸린 근로자에게 요양으로 취업하지 못한 기간에 대하여 지급하되, 1일당 지급액은 평균임금의 100분의 (㉠)에 상당하는 금액으로 한다. 다만, 취업하지 못한 기간이 (㉡)일 이내이면 지급하지 아니한다.

25 국민연금법령상 심사청구에 관한 설명이다. (   )에 들어갈 용어를 순서대로 쓰시오.　　　　　　　　　　　　　　　　　　　　　　　제21회 주관식

> 가입자의 자격, 기준소득월액, 연금보험료, 그 밖의 「국민연금법」에 따른 징수금과 급여에 관한 국민연금공단 또는 국민건강보험공단의 처분에 이의가 있는 자는 그 처분을 한 국민연금공단 또는 국민건강보험공단에 심사청구를 할 수 있으며, 심사청구 사항을 심사하기 위하여 국민연금공단에 (㉠)을(를) 두고, 국민건강보험공단에 (㉡)을(를) 둔다.

26 고용보험법령상 구직급여의 소정급여일수에 관한 설명이다. ( )에 들어갈 숫자를 순서대로 쓰시오. (단, A, B는 구직급여의 수급 요건을 갖춘 자로서 자영업자가 아님)

제21회 주관식

- A는 이직일 현재 연령이 28세인 자로서 피보험기간이 2년인 경우 - (㉠)일
- B는 「장애인고용촉진 및 직업재활법」에 따른 장애인으로서 이직일 현재 연령이 32세인 자로서 피보험기간이 4년인 경우 - (㉡)일

27 산업재해보상보험법상 요양급여와 휴업급여에 관한 내용이다. ( )에 들어갈 숫자를 순서대로 쓰시오.

제20회 주관식

- 요양급여의 경우 업무상의 사유로 인한 근로자의 부상 또는 질병이 (㉠)일 이내의 요양으로 치유될 수 있으면 지급하지 아니한다.
- 휴업급여의 경우 1일당 지급액은 평균임금의 100분의 (㉡)에 상당하는 금액으로 한다. 다만, 취업하지 못한 기간이 3일 이내이면 지급하지 아니한다.

CHAPTER 10 대외업무관리 및 리모델링

정답 및 해설 p.163

1 대외업무관리 등

01 공동주택관리법령상 공동주택의 입주자등 또는 관리주체가 시장·군수·구청장의 허가를 받거나 시장·군수·구청장에게 신고를 하여야 하는 행위가 아닌 것은?

제28회

① 공동주택을 사업계획에 따른 용도 외의 용도에 사용하는 행위
② 급·배수관 등 배관설비의 교체
③ 공동주택의 효율적인 관리에 지장을 주는 행위로서 공동주택의 용도폐지
④ 공동주택을 증축·개축·대수선하는 행위(「주택법」에 따른 리모델링은 제외한다)
⑤ 「주택법」에 따른 세대구분형 공동주택을 설치하는 행위

02 공동주택관리법상 지방자치단체의 장의 감사에 관한 설명으로 옳지 않은 것은?

제26회

① 감사 대상이 되는 업무는 입주자대표회의나 그 구성원, 관리주체, 관리사무소장 또는 선거관리위원회나 그 위원 등의 업무이다.
② 공동주택단지 내 분쟁의 조정이 필요한 경우 공동주택의 입주자등은 지방자치단체의 장에게 감사를 요청할 수 있다.
③ 공동주택의 입주자등이 감사를 요청하려면 전체 입주자등의 과반수의 동의를 받아야 한다.
④ 지방자치단체의 장은 공동주택의 입주자등의 감사 요청이 없더라도 공동주택관리의 효율화와 입주자등의 보호를 위하여 필요하다고 인정하는 경우에는 감사를 실시할 수 있다.
⑤ 지방자치단체의 장은 감사 요청이 이유가 있다고 인정하는 경우에는 감사를 실시한 후 감사를 요청한 입주자등에게 그 결과를 통보하여야 한다.

03 공동주택관리법령상 공동주택의 입주자등 또는 관리주체가 시장·군수·구청장의 허가를 받거나 시장·군수·구청장에게 신고하여야 하는 행위가 아닌 것은?

제23회

① 공동주택의 용도변경
② 입주자 공유가 아닌 복리시설의 비내력벽 철거
③ 세대구분형 공동주택의 설치
④ 부대시설의 대수선
⑤ 입주자 공유인 복리시설의 증설

04 공동주택관리법령상 공동주택의 관리주체가 관할 특별자치시장·특별자치도지사·시장·군수·구청장(자치구의 구청장을 말한다)의 허가를 받거나 신고를 하여야 하는 행위를 모두 고른 것은?

제20회

> ㉠ 급·배수관 등 배관설비의 교체
> ㉡ 지능형 홈네트워크 설비의 교체
> ㉢ 공동주택을 사업계획에 따른 용도 외의 용도에 사용하는 행위
> ㉣ 공동주택의 효율적 관리에 지장을 주는 공동주택의 용도폐지

① ㉠, ㉢
② ㉢, ㉣
③ ㉠, ㉡, ㉣
④ ㉠, ㉢, ㉣
⑤ ㉡, ㉢, ㉣

05 공동주택관리법령상 공동주택의 행위허가 또는 신고의 기준 중 허가기준을 정하고 있지 않은 것은? 제19회

① 입주자 공유가 아닌 복리시설의 용도변경
② 입주자 공유가 아닌 복리시설의 용도폐지
③ 공동주택의 용도폐지
④ 부대시설 및 입주자 공유인 복리시설의 대수선
⑤ 공동주택의 대수선

06 공동주택관리법령상 관리사무소장으로 배치받은 주택관리사등의 교육에 관한 내용이다. ( )에 들어갈 용어를 쓰시오. 제26회 주관식

> 관리사무소장으로 배치받은 주택관리사등은 국토교통부령으로 정하는 바에 따라 관리사무소장으로 배치된 날부터 3개월 이내에 공동주택관리에 관한 교육과 (㉠)교육을 받아야 한다.

07 공동주택관리법령상 관리주체의 공개 의무에 관한 내용이다. ( )에 들어갈 아라비아 숫자를 쓰시오. 제26회 주관식

> 공동주택의 입주자등, 관리주체, 입주자대표회의나 그 구성원이 「공동주택관리법」을 위반하여 지방자치단체의 장이 공사의 중지, 원상복구 또는 그 밖에 필요한 조치를 명하는 경우, 지방자치단체의 장은 그 내용을 해당 공동주택의 입주자대표회의 및 관리주체에게도 통보하여야 한다. 통보를 받은 관리주체는 통보를 받은 날부터 (㉠)일 이내에 그 내용을 공동주택단지의 인터넷 홈페이지 및 동별 게시판에 (㉡)일 이상 공개해야 한다.

08 공동주택관리법상 주택관리업자 등의 교육 및 벌칙에 관한 내용이다. ( )에 들어갈 아라비아 숫자를 쓰시오. 　　　　　　　　　　　　　　　　　　　　　　　　　　제24회 주관식

> 공동주택의 관리사무소장으로 배치받아 근무 중인 주택관리사는 「공동주택관리법」 제70조 제1항 또는 제2항에 따른 교육을 받은 후 (㉠)년마다 국토교통부령으로 정하는 바에 따라 공동주택관리에 관한 교육과 윤리교육을 받아야 하며, 이 교육을 받지 아니한 자에게는 (㉡)만원 이하의 과태료를 부과한다.

09 공동주택관리법령상의 요건을 갖추어 A공동주택의 필로티 부분을 주민공동시설인 입주자집회소로 증축하는 경우의 행위허가 기준에 관한 내용이다. ( )에 들어갈 용어 또는 숫자를 쓰시오. 　　　　　　　　　　　　　　　　　　　　제23회 주관식

> (1) 입주자집회소로 증축하려는 필로티 부분의 면적 합계가 해당 주택단지 안의 필로티 부분 총면적의 100분의 (㉠) 이내일 것
> (2) (1)에 따른 입주자집회소의 증축 면적을 A공동주택의 바닥면적에 산입하는 경우 (㉡)이(가) 관계 법령에 따른 건축 기준에 위반되지 아니할 것

개정반영
10 공동주택관리법령상 공동주택관리에 관한 감독에 대한 내용이다. ( )에 들어갈 숫자를 쓰시오. 　　　　　　　　　　　　　　　　　　　　　　　제20회 주관식

> 공동주택의 입주자등은 입주자대표회의 등이 공동주택 관리규약을 위반한 경우 전체 입주자등의 (㉠) 이상의 동의를 받아 지방자치단체의 장에게 입주자대표회의 등의 업무에 대하여 감사를 요청할 수 있다.

2 공동주택의 리모델링

11 지속가능한 공동주거관리의 방법에 관한 내용이다. (   )에 들어갈 건축법령상 용어를 쓰시오.
제21회 주관식

> (㉠)은(는) 물리적·기능적으로 노후화된 건축물을 대수선하거나 건축물의 일부를 증축 또는 개축하여 수명을 연장시킬 뿐만 아니라 새로운 사회적 기능을 부여함으로써 건축물 총체적 개념의 자산상승을 유발시키는 행위이다.

개정반영

12 주택법령상 수직증축형 리모델링의 허용요건에 관한 내용이다. (   ) 안에 들어갈 숫자를 순서대로 각각 쓰시오.
제19회 주관식

> '대통령령으로 정하는 범위'란 다음 각 호의 구분에 따른 범위를 말한다.
> 1. 수직으로 증축하는 행위(이하 '수직증축형 리모델링'이라 한다)의 대상이 되는 기존 건축물의 층수가 15층 이상인 경우: (㉠)개 층
> 2. 수직증축형 리모델링의 대상이 되는 기존 건축물의 층수가 14층 이하인 경우: (㉡)개 층

CHAPTER 11 공동주거관리이론

정답 및 해설 p.166

01 공동주거관리의 의의와 내용에 관한 설명으로 옳지 않은 것은? 제21회

① 지속적인 커뮤니티로부터의 주거문화 계승 측면에서 공동주거관리 행위가 바람직하게 지속적으로 이루어져야 된다.
② 자연재해로부터의 안전성 확보 측면에서 주민들이 생활변화에 대응하면서 쾌적하게 오랫동안 살 수 있는 주택 스톡(Stock) 대책으로 공동주택이 적절히 유지관리되어야 한다.
③ 공동주거관리 시스템은 물리적 지원 시스템의 구축, 주민의 자율적 참여유도를 위한 인프라의 구축, 관리주체의 전문성 체계의 구축 측면으로 전개되어야 한다.
④ 자원낭비로부터의 환경 보호 측면에서 지속가능한 주거환경을 정착시키기 위해서는 재건축으로 인한 단절보다는 주택의 수명을 연장시키고 오랫동안 이용하고 거주할 수 있는 관리의 모색이 요구되고 있다.
⑤ 공동주거관리는 주민들의 다양한 삶을 담고 있는 공동체를 위하여 휴먼웨어 관리, 하드웨어 관리, 소프트웨어 관리라는 메커니즘 안에서 거주자가 중심이 되어 관리주체와의 상호 신뢰와 협조를 바탕으로 관리해 나가는 능동적 관리이다.

02 공동주거관리의 필요성에 관한 다음의 설명에 부합하는 것은? 제20회

> 지속가능한 주거환경의 정착을 위하여 재건축으로 인한 단절보다는 주택의 수명을 연장시키고 오랫동안 이용하고 거주할 수 있는 관리방식이 요구되고 있다. 특히 공동주택은 건설 시에 대량의 자원과 에너지를 소비하게 되고 제거 시에도 대량의 폐기물이 발생되므로 주택의 수명연장이 필수적이다.

① 양질의 사회적 자산형성
② 자원낭비로부터의 환경보호
③ 자연재해로부터의 안전성 확보
④ 공동주거를 통한 자산가치의 향상
⑤ 지속적인 커뮤니티로부터의 주거문화 계승

03 공동주거관리에서 주민참여의 기능에 관한 설명으로 옳지 않은 것은? 제19회

① 관리사안 결정 및 수행에 주민의 참여가 이루어질 때 입주자대표회의와 관리주체의 업무처리에 대한 신뢰 구축에 긍정적인 영향을 미친다.
② 주민참여는 의결결정권자인 입주자대표회의를 감독하고 관리업무수행의 주체인 관리주체에 대하여 견제할 수 있다.
③ 모든 관리사안 결정에 주민이 참여하는 경우에는 운영과정상의 효율성이 증대된다.
④ 주민참여는 주민들 간의 이해관계가 보다 쉽게 조정될 수 있는 기회를 부여하기도 한다.
⑤ 주민의 개인적 견해와 자기중심적인 이해가 지나치게 반영될 경우, 주민 전체의 이익과 객관성에 문제가 생길 수 있다.

04 공동주거관리에 관한 설명으로 옳지 않은 것은? 제18회

① 공동주거관리는 주택의 수명을 연장시켜 오랫동안 이용하고 거주할 수 있게 함으로써 자원낭비를 방지하고 환경을 보호하기 위해 필요하다.
② 공동주거관리자는 주거문화향상을 위하여 주민, 관리회사, 지방자치단체와 상호협력체제가 원만하게 이루어지도록 하는 휴먼웨어의 네트워크 관리가 필요하다.
③ 공동주거관리자는 입주민 간 또는 동대표 간 분쟁이 발생하였을 때 무엇보다도 법적분쟁절차에 의해 해결하는 것을 최우선으로 하여야 한다.
④ 공동주거관리는 주민들의 삶에 대한 사고전환을 기반으로 관리주체, 민간기업, 지방자치단체, 정부와의 네트워크를 체계적으로 활용하는 관리이다.
⑤ 공동주거관리는 공동주택을 거주자들의 다양한 생활 변화와 요구에 대응하는 공간으로 개선하고, 주민의 삶의 질을 향상시키는 적극적인 관리를 포함한다.

CHAPTER 12 공동주택회계관리

정답 및 해설 p.166

01 공동주택관리법령상 의무관리대상 공동주택의 일반관리비 중 인건비에 해당하지 않는 것은?
제28회

① 식대
② 퇴직금
③ 고용보험료
④ 피복비
⑤ 국민건강보험료

02 공동주택관리법령상 의무관리대상 공동주택의 관리비 및 회계운영에 관한 설명으로 옳지 않은 것은?
제26회

① 관리주체는 입주자등이 납부하는 대통령령으로 정하는 사용료 등을 입주자등을 대행하여 그 사용료 등을 받을 자에게 납부할 수 있다.
② 관리주체는 회계감사를 받은 경우에는 감사보고서의 결과를 제출받은 다음 날부터 2개월 이내에 입주자대표회의에 보고하고 해당 공동주택단지 인터넷 홈페이지에 공개하여야 한다.
③ 공동주택의 소유자가 그 소유권을 상실한 경우 관리주체는 징수한 관리비예치금을 반환하여야 하되, 소유자가 관리비를 미납한 때에는 관리비예치금에서 정산한 후 그 잔액을 반환할 수 있다.
④ 관리주체는 보수가 필요한 시설이 2세대 이상의 공동사용에 제공되는 것인 경우에는 직접 보수하고 해당 입주자등에게 그 비용을 따로 부과할 수 있다.
⑤ 관리주체는 다음 회계연도에 관한 관리비등의 사업계획 및 예산안을 매 회계연도 개시 1개월 전까지 입주자대표회의에 제출하여 승인을 받아야 한다.

1 공동주택관리법령에 의한 관리비 및 회계운영

03 공동주택관리법령상 의무관리대상 공동주택의 일반관리비 중 인건비에 해당하지 않는 것은?
제25회

① 퇴직금
② 상여금
③ 국민연금
④ 산재보험료
⑤ 교육훈련비

04 공동주택관리법령상 관리주체가 관리비와 구분하여 징수하여야 하는 것을 모두 고른 것은?
제24회

⊙ 경비비
ⓒ 장기수선충당금
ⓒ 위탁관리수수료
② 급탕비
⑩ 안전진단 실시비용(하자 원인이 사업주체 외의 자에게 있는 경우)

① ⊙, ⓒ
② ⓒ, ⓒ
③ ⓒ, ⑩
④ ⊙, ⓒ, ②
⑤ ⓒ, ⓒ, ⑩

개정반영

05 공동주택관리법령상 공동주택의 관리비 및 회계운영 등에 관한 설명으로 옳지 않은 것은?
제24회

① 의무관리대상이 아닌 공동주택으로서 100세대 미만인 공동주택의 관리인이 관리비 등의 내역을 공개하는 경우, 공동주택관리정보시스템 공개는 생략할 수 있다.
② 관리주체는 해당 공동주택의 공용부분의 관리 및 운영 등에 필요한 경비(관리비예치금)를 공동주택의 사용자로부터 징수한다.
③ 관리주체는 보수가 필요한 시설이 2세대 이상의 공동사용에 제공되는 것인 경우, 직접 보수하고 해당 입주자등에게 그 비용을 따로 부과할 수 있다.
④ 관리주체는 주민공동시설, 인양기 등 공용시설물의 이용료를 해당 시설의 이용자에게 따로 부과할 수 있다.
⑤ 지방자치단체인 관리주체가 관리하는 공동주택의 관리비가 체납된 경우 지방자치단체는 지방세 체납처분의 예에 따라 강제징수할 수 있다.

개정반영

06 공동주택관리법령상 공동주택의 장기수선충당금에 관한 설명으로 옳은 것을 모두 고른 것은?   제21회

> ㉠ 관리주체는 장기수선계획에 따라 공동주택의 주요 시설의 교체 및 보수에 필요한 장기수선충당금을 해당 주택의 소유자로부터 징수하여 적립하여야 한다.
> ㉡ 해당 공동주택의 입주자 과반수의 서면동의가 있더라도 장기수선충당금을 하자진단 및 감정에 드는 비용으로 사용할 수 없다.
> ㉢ 공동주택 중 분양되지 아니한 세대의 장기수선충당금은 사업주체가 부담하여야 한다.
> ㉣ 장기수선충당금은 관리주체가 「공동주택관리법 시행령」 제31조 제5항 각 호의 사항이 포함된 장기수선충당금 사용계획서를 장기수선계획에 따라 작성하고 입주자대표회의의 의결을 거쳐 사용한다.
> ㉤ 장기수선충당금은 건설임대주택에서 분양전환된 공동주택의 경우에는 임대사업자가 관리주체에게 공동주택의 관리업무를 인계한 날부터 1년이 경과한 날이 속하는 달부터 매달 적립한다.

① ㉠, ㉤   ② ㉡, ㉣   ③ ㉠, ㉢, ㉣
④ ㉡, ㉢, ㉤   ⑤ ㉡, ㉣, ㉤

2 민간임대주택에 관한 특별법령에 의한 회계관리

개정반영

07 민간임대주택에 관한 특별법령상 임대주택관리에 관한 설명으로 옳지 않은 것은?   제9회

① 임대사업자는 민간임대주택이 300세대 이상의 공동주택이면 주택관리업자에게 관리를 위탁하거나 자체관리하여야 한다.
② 임대사업자가 20세대 이상의 범위에서 대통령령으로 정하는 세대 이상의 민간임대주택을 공급하는 공동주택단지에 입주하는 임차인은 임차인대표회의를 구성할 수 있다. 다만, 임대사업자가 150세대 이상의 민간임대주택을 공급하는 공동주택단지 중 대통령령으로 정하는 공동주택단지에 입주하는 임차인은 임차인대표회의를 구성하여야 한다.
③ 임대사업자는 특별수선충당금 적립 여부, 적립금액 등을 관할 시·도지사에게 보고하여야 한다.
④ 임차인대표회의는 민간임대주택의 동별 세대수에 비례하여 선출한 대표자로 구성한다.
⑤ 임차인대표회의는 그 회의에서 의결한 사항, 임대사업자와의 협의결과 등 주요 업무의 추진 상황을 지체 없이 임차인에게 알리거나 공고하여야 한다.

08 민간임대주택에 관한 특별법령상 민간임대주택의 임대사업자의 관리업무에 관한 규정의 일부이다. ( )에 들어갈 용어를 쓰시오. 제28회 주관식

> **법 제51조** ② 임대사업자는 민간임대주택이 300세대 이상의 공동주택 등 대통령령으로 정하는 규모 이상에 해당하면 「공동주택관리법」에 따른 주택관리업자에게 관리를 위탁하거나 자체관리하여야 한다.
>
> **법 제53조** ① 제51조 제2항에 따른 민간임대주택의 임대사업자는 주요 시설을 교체하고 보수하는 데에 필요한 (㉠)을(를) 적립하여야 한다.
>
> **시행령 제43조** ① 법 제53조 제1항에 따른 민간임대주택의 임대사업자는 해당 민간임대주택(제41조 제3항 각 호의 공동주택으로 한정한다)의 공용부분, 부대시설 및 복리시설(분양된 시설은 제외한다)에 대한 장기수선계획을 수립하여 「주택법」 제49조에 따른 사용검사 신청 시 함께 제출하여야 하며, 임대기간 중 해당 민간임대주택단지에 있는 (㉡)에 장기수선계획을 갖춰 놓아야 한다.

PART 02 시설·방재관리

CHAPTER 01 시설관리

1 공동주택관리법령에 의한 시설관리제도

정답 및 해설 p.169

01 공동주택관리법령상 공동주택의 하자담보책임기간이 3년에 해당하는 것은? 제28회
① 마감공사 중 미장공사
② 마감공사 중 수장공사(건축물 내부 마무리 공사)
③ 대지조성공사 중 배수공사
④ 대지조성공사 중 옹벽공사(토목옹벽)
⑤ 옥외급수·위생 관련공사 중 저수조(물탱크)공사

02 공동주택관리법령상 하자심사·분쟁조정위원회의 소위원회의 심의·의결사항을 모두 고른 것은? 제28회

> ㉠ 1천만원 미만의 소액 사건
> ㉡ 전문분야 등을 고려하여 분과위원회에서 소위원회가 의결하도록 결정한 사건
> ㉢ 당사자 쌍방이 소위원회의 조정안을 수락하기로 합의한 사건
> ㉣ 하자의 발견 또는 보수가 쉬운 공용부분에 관한 하자 중 조경공사에서 발생한 하자와 관련된 심사 및 분쟁조정 사건

① ㉠
② ㉡, ㉢
③ ㉠, ㉡, ㉢
④ ㉡, ㉢, ㉣
⑤ ㉠, ㉡, ㉢, ㉣

개정반영
03 다음 중 공동주택관리법 시행규칙상 장기수선계획의 수립기준에서 전면교체 수선주기가 가장 긴 것은? 제27회
① 보도블록
② 어린이놀이시설
③ 울타리
④ 자전거보관소
⑤ 주차차단기

04 공동주택관리법령상 의무관리대상 공동주택의 시설관리에 관한 설명으로 옳지 않은 것은?
제26회

① 관리주체는 장기수선계획에 따라 공동주택의 주요 시설의 교체 및 보수에 필요한 장기수선충당금을 해당 주택의 소유자로부터 징수하여 적립하여야 한다.
② 입주자대표회의와 관리주체는 주요시설을 신설하는 등 관리여건상 필요하여 전체 입주자 3분의 1 이상의 서면동의를 받은 경우에는 장기수선계획을 조정할 수 있다.
③ 공동주택의 안전점검 방법, 안전점검의 실시 시기, 안전점검을 위한 보유 장비, 그 밖에 안전점검에 필요한 사항은 대통령령으로 정한다.
④ 공동주택의 소유자는 장기수선충당금을 사용자가 대신 납부한 경우에는 그 금액을 반환하여야 한다.
⑤ 관리주체는 공동주택의 사용자가 장기수선충당금의 납부 확인을 요구하는 경우에는 지체 없이 확인서를 발급해 주어야 한다.

05 공동주택관리법령상 공동주택의 시설공사별 하자에 대한 담보책임기간으로 옳은 것을 모두 고른 것은?
제26회

㉠ 도배공사: 2년	㉡ 타일공사: 2년
㉢ 공동구공사: 3년	㉣ 방수공사: 3년

① ㉠, ㉡, ㉢
② ㉠, ㉡, ㉣
③ ㉠, ㉢, ㉣
④ ㉡, ㉢, ㉣
⑤ ㉠, ㉡, ㉢, ㉣

개정반영

06 공동주택관리법 시행규칙상 장기수선계획의 수립기준으로 전면교체 수선주기가 긴 것에서 짧은 것의 순서로 옳은 것은?
제25회

① 발전기 – 소화펌프 – 보안등
② 발전기 – 보안등 – 소화펌프
③ 소화펌프 – 발전기 – 보안등
④ 보안등 – 소화펌프 – 발전기
⑤ 보안등 – 발전기 – 소화펌프

07 공동주택관리법령상 하자보수보증금에 관한 설명으로 옳지 않은 것은? 제24회

① 지방공사인 사업주체는 대통령령으로 정하는 바에 따라 하자보수를 보장하기 위하여 하자보수보증금을 담보책임기간 동안 예치하여야 한다.
② 입주자대표회의등은 하자보수보증금을 하자심사·분쟁조정위원회의 하자 여부 판정 등에 따른 하자보수비용 등 대통령령으로 정하는 용도로만 사용하여야 한다.
③ 사업주체는 하자보수보증금을 「은행법」에 따른 은행에 현금으로 예치할 수 있다.
④ 입주자대표회의는 하자보수보증서 발급기관으로부터 하자보수보증금을 지급받기 전에 미리 하자보수를 하는 사업자를 선정해서는 아니 된다.
⑤ 입주자대표회의는 하자보수보증금을 사용한 때에는 그 날부터 30일 이내에 그 사용명세를 사업주체에게 통보하여야 한다.

08 공동주택관리법령상 공동주택의 하자담보책임기간으로 옳은 것을 모두 고른 것은? 제23회

㉠ 지능형 홈네트워크 설비 공사: 3년
㉡ 우수관공사: 3년
㉢ 저수조(물탱크)공사: 3년
㉣ 지붕공사: 5년

① ㉠, ㉡, ㉢
② ㉠, ㉡, ㉣
③ ㉠, ㉢, ㉣
④ ㉡, ㉢, ㉣
⑤ ㉠, ㉡, ㉢, ㉣

개정반영

09 공동주택관리법령상 시설공사별 하자담보책임기간의 연결이 옳지 않은 것은? 제19회

① 소방시설공사 중 자동화재탐지설비공사: 2년
② 지능형 홈네트워크 설비 공사 중 홈네트워크망공사: 3년
③ 난방·냉방·환기, 공기조화 설비공사 중 자동제어설비공사: 3년
④ 대지조성공사 중 포장공사: 5년
⑤ 지붕공사 중 홈통 및 우수관공사: 5년

개정반영

10 공동주택관리법령상 담보책임 및 하자보수 등에 관한 설명으로 옳지 않은 것은?

제18회

① 사업주체에 대한 하자보수청구는 입주자 단독으로는 할 수 없으며 입주자대표회의를 통하여야 한다.
② 하자보수에 대한 담보책임을 지는 사업주체에는 「건축법」에 따라 건축허가를 받아 분양을 목적으로 하는 공동주택을 건축한 건축주도 포함된다.
③ 한국토지주택공사가 사업주체인 경우에는 공동주택관리법령에 따른 하자보수보증금을 예치하지 않아도 된다.
④ 사업주체는 담보책임기간에 공동주택에 하자가 발생한 경우에는 하자 발생으로 인한 손해를 배상할 책임이 있다.
⑤ 시장·군수·구청장은 담보책임기간에 공동주택의 구조안전에 중대한 하자가 있다고 인정하는 경우에는 안전진단기관에 의뢰하여 안전진단을 할 수 있다.

개정반영

11 공동주택관리법령상 장기수선계획 수립기준에 따른 공사종별 수선주기로 옳지 않은 것은?

제18회

① 보안·방범시설 중 영상정보처리기기 및 침입탐지 시설의 전면교체 수선주기 − 5년
② 건물 외부 고분자도막방수 전면수리 수선주기 − 15년
③ 건물 내부 페인트칠 전면도장 수선주기 − 10년
④ 피뢰설비의 부분수선 수선주기 − 10년
⑤ 승강기 및 인양기 설비 중 도어개폐장치의 전면교체 수선주기 − 15년

12 공동주택관리법상 조정등의 처리기간 등에 관한 내용이다. ( )에 들어갈 용어를 쓰시오.

제26회 주관식

> 제45조(조정등의 처리기간 등) ① 하자분쟁조정위원회는 조정등의 신청을 받은 때에는 지체 없이 조정등의 절차를 개시하여야 한다. 이 경우 하자분쟁조정위원회는 그 신청을 받은 날부터 다음 각 호의 구분에 따른 기간(제2항에 따른 흠결보정기간 및 제48조에 따른 하자감정기간은 제외한다) 이내에 그 절차를 완료하여야 한다.
> 1. 하자심사 및 분쟁조정: 60일(공용부분의 경우 90일)
> 2. 분쟁(㉠): 150일(공용부분의 경우 180일)

13 공동주택관리법 시행규칙 제7조(장기수선계획의 수립기준 등)에 관한 내용이다. (   )에 들어갈 용어를 쓰시오.
_{제23회 주관식}

> 입주자대표회의와 관리주체는 「공동주택관리법」 제29조 제2항 및 제3항에 따라 장기수선계획을 조정하려는 경우에는 「에너지이용 합리화법」 제25조에 따라 산업통상자원부장관에게 등록한 에너지절약전문기업이 제시하는 에너지절약을 통한 주택의 (㉠) 감소를 위한 시설 개선 방법을 반영할 수 있다.

14 공동주택관리법령상 사업주체가 예치한 하자보수보증금을 입주자대표회의가 사업주체에게 반환하여야 하는 비율에 관한 내용이다. (   )에 들어갈 숫자를 쓰시오.
_{제23회 주관식}

> - 사용검사일부터 3년이 경과된 때: 하자보수보증금의 100분의 (㉠)
> - 사용검사일부터 5년이 경과된 때: 하자보수보증금의 100분의 (㉡)
> - 사용검사일부터 10년이 경과된 때: 하자보수보증금의 100분의 (㉢)

15 공동주택관리법령상 하자보수보증금의 반환에 관한 규정의 일부이다. (   )에 들어갈 숫자를 순서대로 쓰시오. (단, 하자보수보증금을 사용하지 않은 것으로 전제함)
_{제20회 주관식}

> 입주자대표회의는 사업주체가 예치한 하자보수보증금을 다음 각 호의 구분에 따라 순차적으로 사업주체에게 반환하여야 한다.
> 1. 〈생략〉
> 2. 사용검사일부터 3년이 경과된 때: 하자보수보증금의 100분의 (㉠)
> 3. 사용검사일부터 5년이 경과된 때: 하자보수보증금의 100분의 (㉡)
> 4. 〈생략〉

16 공동주택관리법령상 장기수선계획에 관한 규정이다. ( )에 들어갈 용어와 숫자를 순서대로 쓰시오.
제20회 주관식

> (㉠)와(과) 관리주체는 장기수선계획을 (㉡)년마다 검토하고, 필요한 경우 이를 국토교통부령으로 정하는 바에 따라 조정하여야 하며, 수립 또는 조정된 장기수선계획에 따라 주요 시설을 교체하거나 보수하여야 한다.

개정반영

17 공동주택관리법령상 장기수선계획 수립에 관한 내용이다. ( ) 안에 들어갈 숫자와 용어를 순서대로 각각 쓰시오.
제18회 주관식

> (㉠)세대 이상의 공동주택을 건설·공급하는 사업주체는 대통령령으로 정하는 바에 따라 그 공동주택의 (㉡)에 대한 장기수선계획을 수립하여야 한다.

개정반영

18 공동주택관리법령상 시설공사별 하자담보책임기간에 관한 내용이다. ( ) 안에 들어갈 숫자를 순서대로 각각 쓰시오.
제18회 주관식

> 소방시설공사 중 자동화재탐지설비공사는 하자담보책임기간이 (㉠)년이고, 지붕공사 및 방수공사는 하자담보책임기간이 (㉡)년이다.

2 공동주택의 보존관리

정답 및 해설 p.173

01 습공기선도에서 상대습도가 100%일 경우 같은 값을 갖는 것을 모두 고른 것은?
제26회

> ㉠ 건구온도 ㉡ 습구온도
> ㉢ 유효온도 ㉣ 노점온도
> ㉤ 등가온도

① ㉠, ㉡, ㉢
② ㉠, ㉡, ㉣
③ ㉡, ㉢, ㉣
④ ㉠, ㉢, ㉣, ㉤
⑤ ㉡, ㉢, ㉣, ㉤

02 건축물의 표면결로 방지대책에 관한 설명으로 옳지 않은 것은? 제24회

① 실내의 수증기 발생을 억제한다.
② 환기를 통해 실내 절대습도를 낮춘다.
③ 외벽의 단열강화를 통해 실내 측 표면온도가 낮아지는 것을 방지한다.
④ 벽체의 실내 측 표면온도를 실내공기의 노점온도보다 낮게 유지한다.
⑤ 외기에 접한 창의 경우 일반유리보다 로이(Low-E) 복층유리를 사용하면 표면결로 발생을 줄일 수 있다.

03 건물의 단열에 관한 설명으로 옳지 않은 것은? 제18회

① 열전도율이 낮을수록 우수한 단열재이다.
② 부실한 단열은 결로현상이 유발될 수 있다.
③ 알루미늄박(Foil)은 저항형 단열재이다.
④ 내단열은 외단열에 비해 열교현상의 가능성이 크다.
⑤ 단열원리상 벽체에는 저항형이 반사형보다 유리하다.

3 주택의 건설기준 등

정답 및 해설 p.173

01 주택건설기준 등에 관한 규정상 난간에 관한 내용이다. ( )에 들어갈 내용을 옳게 나열한 것은? 제28회

> 제18조(난간) ① 〈생략〉
> ② 난간의 각 부위의 치수는 다음 각 호의 기준에 적합하여야 한다.
>   1. 난간의 높이: 바닥의 마감면으로부터 (㉠) 센티미터 이상. 다만, 건축물 내부계단에 설치하는 난간, 계단중간에 설치하는 난간 기타 이와 유사한 것으로 위험이 적은 장소에 설치하는 난간의 경우에는 (㉡) 센티미터 이상으로 할 수 있다.
>   2. 난간의 간살의 간격: 안목치수 10센티미터 이하

① ㉠: 100, ㉡: 90 　　② ㉠: 120, ㉡: 60
③ ㉠: 120, ㉡: 90 　　④ ㉠: 150, ㉡: 60
⑤ ㉠: 150, ㉡: 80

02 환경친화적 자동차의 개발 및 보급 촉진에 관한 법률 시행령상 (   )에 들어갈 내용으로 옳은 것은? 제27회

> **제18조의6(전용주차구역의 설치기준)** ① …〈생략〉…. 다만, 2022년 1월 28일 전에 건축허가를 받은 시설(이하 "기축시설"이라 한다) 중 다음 각 호의 자가 소유하고 관리하는 기축시설(이하 "공공기축시설"이라 한다)이 아닌 기축시설의 경우에는 해당 시설의 총주차대수의 (   ) 이상의 범위에서 시·도의 조례로 정한다.
> 1. ~ 2. 〈생략〉

① 100분의 1   ② 100분의 2
③ 100분의 3   ④ 100분의 4
⑤ 100분의 5

03 주택건설기준 등에 관한 규칙상 (   )에 들어갈 내용을 옳게 나열한 것은? 제27회

> **제7조(수해방지)** ① 주택단지(단지경계선 주변외곽부분을 포함한다)에 비탈면이 있는 경우에는 다음 각호에서 정하는 바에 따라 수해방지 등을 위한 조치를 하여야 한다.
> 1. 〈생략〉
> 2. 비탈면의 높이가 3미터를 넘는 경우에는 높이 (㉠)미터 이내마다 그 비탈면의 면적의 (㉡) 이상에 해당하는 면적의 단을 만들 것. 다만, 사업계획승인권자가 그 비탈면의 토질·경사도 등으로 보아 건축물의 안전상 지장이 없다고 인정하는 경우에는 그러하지 아니하다.
> 3. 〈생략〉

① ㉠: 3, ㉡: 2분의 1   ② ㉠: 3, ㉡: 3분의 1
③ ㉠: 3, ㉡: 5분의 1   ④ ㉠: 5, ㉡: 3분의 1
⑤ ㉠: 5, ㉡: 5분의 1

04 주택건설기준 등에 관한 규정상 공동주택을 건설하는 주택단지 안의 도로에 관한 설명으로 옳지 않은 것은? 제26회

① 유선형(流線型) 도로로 설계하여 도로의 설계속도(도로설계의 기초가 되는 속도를 말한다)가 시속 20킬로미터 이하가 되도록 하여야 한다.
② 폭 1.5미터 이상의 보도를 포함한 폭 7미터 이상의 도로(보행자전용도로, 자전거도로는 제외한다)를 설치하여야 한다.
③ 도로 노면의 요철(凹凸) 포장 또는 과속방지턱의 설치를 통하여 도로의 설계속도가 시속 20킬로미터 이하가 되도록 하여야 한다.
④ 300세대 이상의 경우 어린이 통학버스의 정차가 가능하도록 어린이 안전보호구역을 1개소 이상 설치하여야 한다.
⑤ 해당 도로를 이용하는 공동주택의 세대수가 100세대 미만이고 해당 도로가 막다른 도로로서 그 길이가 35미터 미만인 경우 도로의 폭을 4미터 이상으로 할 수 있다.

05 주택건설기준 등에 관한 규칙상 주택단지에 비탈면이 있는 경우 수해방지에 관한 내용으로 옳지 않은 것은? 제26회

① 사업계획승인권자가 건축물의 안전상 지장이 없다고 인정하지 않은 경우, 비탈면의 높이가 3미터를 넘는 경우에는 높이 3미터 이내마다 그 비탈면의 면적의 5분의 1 이상에 해당하는 면적의 단을 만들어야 한다.
② 토양의 유실을 막기 위하여 석재·합성수지재 또는 콘크리트를 사용한 배수로를 설치하여야 한다.
③ 비탈면의 안전을 위하여 필요한 경우에는 돌붙이기를 하거나 콘크리트격자블록 기타 비탈면보호용구조물을 설치하여야 한다.
④ 비탈면 아랫부분에 옹벽 또는 축대(이하 "옹벽등"이라 한다)가 있는 경우에는 그 옹벽등과 비탈면 사이에 너비 1미터 이상의 단을 만들어야 한다.
⑤ 비탈면 윗부분에 옹벽등이 있는 경우에는 그 옹벽등과 비탈면 사이에 너비 1.5미터 이상으로서 당해 옹벽등의 높이의 3분의 1 이상에 해당하는 너비 이상의 단을 만들어야 한다.

06 주차장법 시행규칙상 주차장의 구조 및 설비의 기준에 관한 설명으로 옳지 않은 것은?

제25회

① 노외주차장 내부 공간의 일산화탄소 농도는 주차장을 이용하는 차량이 가장 빈번한 시각의 앞뒤 8시간의 평균치가 100피피엠 이하로 유지되어야 한다.
② 자주식주차장으로서 지하식 노외주차장에서 주차구획(벽면에서부터 50센티미터 이내를 제외한 바닥면)의 최소 조도는 10럭스 이상, 최대 조도는 최소 조도의 10배 이내이어야 한다.
③ 자주식주차장으로서 지하식 노외주차장에서 사람이 출입하는 통로(벽면에서부터 50센티미터 이내를 제외한 바닥면)의 최소 조도는 50럭스 이상이어야 한다.
④ 주차대수 30대를 초과하는 규모의 자주식주차장으로서 지하식 노외주차장에는 관리사무소에서 주차장 내부 전체를 볼 수 있는 폐쇄회로 텔레비전(녹화장치를 포함한다) 또는 네트워크 카메라를 포함하는 방범설비를 설치·관리하여야 한다.
⑤ 주차장 내부 전체를 볼 수 있는 방범설비를 설치·관리하여야 하는 주차장에서 촬영된 자료는 컴퓨터보안시스템을 설치하여 1개월 이상 보관하여야 한다.

07 건축법령상 아파트의 대피공간을 발코니에 설치하여야 하는 경우 대피공간의 설치기준에 관한 내용으로 옳지 않은 것은?

제22회

① 대피공간은 바깥의 공기와 접할 것
② 대피공간의 바닥면적은 인접 세대와 공동으로 설치하는 경우 3제곱미터 이상으로 할 것
③ 대피공간의 바닥면적은 각 세대별로 설치하는 경우 1.5제곱미터 이상으로 할 것
④ 대피공간은 실내의 다른 부분과 방화구획으로 구획될 것
⑤ 대피공간의 설치기준은 국토교통부장관이 정하는 기준에 적합할 것

08 주택건설기준 등에 관한 규정에서 정하고 있는 '에너지절약형 친환경 주택의 건설기준'에 적용되는 기술을 모두 고른 것은?

제21회

| ㉠ 고에너지 건물 조성기술 | ㉡ 에너지 고효율 설비기술 |
| ㉢ 에너지 이용효율 극대화 기술 | ㉣ 신·재생에너지 이용기술 |

① ㉠, ㉢
② ㉡, ㉣
③ ㉠, ㉢, ㉣
④ ㉡, ㉢, ㉣
⑤ ㉠, ㉡, ㉢, ㉣

09 주차장법 시행규칙상 노외주차장의 구조·설비기준에 관한 내용이다. (   )에 들어갈 아라비아 숫자를 쓰시오. 제28회 주관식

> 노외주차장 내부 공간의 일산화탄소 농도는 주차장을 이용하는 차량이 가장 빈번한 시각의 앞뒤 8시간의 평균치가 (㉠)피피엠 이하(「실내공기질 관리법」 제3조 제1항 제19호에 따른 실내주차장은 (㉡)피피엠 이하)로 유지되어야 한다.

10 주택건설기준 등에 관한 규정상 (   )에 들어갈 아라비아 숫자를 쓰시오. 제27회 주관식

> 제14조(세대 간의 경계벽 등) ① 공동주택 각 세대 간의 경계벽 및 공동주택과 주택 외의 시설 간의 경계벽은 내화구조로서 다음 각 호의 어느 하나에 해당하는 구조로 해야 한다.
> 1. 철근콘크리트조 또는 철골철근콘크리트조로서 그 두께(시멘트모르타르, 회반죽, 석고플라스터, 그 밖에 이와 유사한 재료를 바른 후의 두께를 포함한다)가 (㉠)센티미터 이상인 것
> 2. ~ 4. 〈생략〉
> ② ~ ⑥ 〈생략〉

11 주택건설기준 등에 관한 규칙상 주택단지 안의 도로 중 보도에 관한 내용이다. (   )에 들어갈 아라비아 숫자를 쓰시오. 제26회 주관식

> 보도는 보행자의 안전을 위하여 차도면보다 (㉠)센티미터 이상 높게 하거나 도로에 화단, 짧은 기둥, 그 밖에 이와 유사한 시설을 설치하여 차도와 구분되도록 설치할 것

12 주택건설기준 등에 관한 규정상 수해방지에 관한 내용이다. (   )에 들어갈 용어를 쓰시오. 제25회 주관식

> 제30조(수해방지 등) ① 〈생략〉
> ② 〈생략〉
> ③ 주택단지가 저지대등 침수의 우려가 있는 지역인 경우에는 주택단지 안에 설치하는 (㉠)·전화국선용단자함 기타 이와 유사한 전기 및 통신설비는 가능한 한 침수가 되지 아니하는 곳에 이를 설치하여야 한다.

개정반영

13 주택건설기준 등에 관한 규정상 공동주택 세대 내의 층간바닥 구조에 관한 내용이다. ( )에 들어갈 아라비아 숫자를 쓰시오. 제25회 주관식

> **제14조의2(바닥구조)** 공동주택의 세대 내의 층간바닥(화장실의 바닥은 제외한다. 이하 이 조에서 같다)은 다음 각 호의 기준을 모두 충족해야 한다.
> 1. 〈생략〉
> 2. 각 층간 바닥은 바닥충격음 차단성능[바닥의 경량충격음(비교적 가볍고 딱딱한 충격에 의한 바닥충격음을 말한다) 및 중량충격음(무겁고 부드러운 충격에 의한 바닥충격음을 말한다)이 각각 (㉠)데시벨 이하인 성능을 말한다]을 갖춘 구조일 것. 다만, 다음 각 목의 층간바닥은 그렇지 않다.
>   가. 라멘구조의 공동주택(법 제51조 제1항에 따라 인정받은 공업화주택은 제외한다)의 층간바닥
>   나. 가목의 공동주택 외의 공동주택 중 발코니, 현관 등 국토교통부령으로 정하는 부분의 층간바닥

개정반영

14 주택건설기준 등에 관한 규정상 바닥구조에 관한 내용이다. ( )에 들어갈 아라비아 숫자를 쓰시오. 제24회 주관식

> **제14조의2(바닥구조)** 공동주택의 세대 내의 층간바닥(화장실의 바닥은 제외한다. 이하 이 조에서 같다)은 다음 각 호의 기준을 모두 충족하여야 한다.
> 1. 콘크리트 슬래브 두께는 (㉠)밀리미터[라멘구조(보와 기둥을 통해서 내력이 전달되는 구조를 말한다. 이하 이 조에서 같다)의 공동주택은 (㉡)밀리미터] 이상으로 할 것. 다만, 다음 각목의 어느 하나에 해당하는 주택의 층간바닥은 예외로 한다.
>   가. 법 제51조 제1항에 따라 인정받은 공업화주택
>   나. 목구조 (주요구조부를 「목재의 지속가능한 이용에 관한 법률」에 따른 목재 또는 목재제품으로 구성하는 구조를 말한다) 공동주택

15 건축법령상 용어의 정의이다. ( )에 들어갈 용어를 쓰시오.　　제23회 주관식

> - (㉠)구조란 화재에 견딜 수 있는 성능을 가진 구조로서 국토교통부령으로 정하는 기준에 적합한 구조를 말한다.
> - (㉡)구조란 화염의 확산을 막을 수 있는 성능을 가진 구조로서 국토교통부령으로 정하는 기준에 적합한 구조를 말한다.

16 건강친화형 주택 건설기준에 관한 용어의 정의 중 일부이다. 기준에서 명시하고 있는 ( )에 들어갈 용어를 쓰시오.　　제22회 주관식

> '건강친화형 주택'이란 오염물질이 적게 방출되는 건축자재를 사용하고 (㉠) 등을 실시하여 새집증후군 문제를 개선함으로써 거주자에게 건강하고 쾌적한 실내환경을 제공할 수 있도록 일정수준 이상의 (㉡)와(과) (㉢)성능을 확보한 주택으로서 의무기준을 모두 충족하고 … 〈중략〉 … 적합한 주택을 말한다.

[개정반영]

17 다음은 주택건설기준 등에 관한 규정의 세대 간의 경계벽 등에 관한 기준이다. ( )에 들어갈 숫자를 순서대로 쓰시오.　　제20회 주관식

> ① 공동주택 각 세대 간의 경계벽 및 공동주택과 주택 외의 시설 간의 경계벽은 내화구조로서 다음 각 호의 1에 해당하는 구조로 하여야 한다.
>   1. 철근콘크리트조 또는 철골·철근콘크리트조로서 그 두께(시멘트모르타르, 회반죽, 석고플라스터, 그 밖에 이와 유사한 재료를 바른 후의 두께를 포함한다)가 (㉠)센티미터 이상인 것
>   2. 무근콘크리트조·콘크리트블록조·벽돌조 또는 석조로서 그 두께(시멘트모르타르, 회반죽, 석고플라스터, 그 밖에 이와 유사한 재료를 바른 후의 두께를 포함한다)가 (㉡)센티미터 이상인 것

18 다음은 건축법령상 용어의 정의이다. ( ) 안에 들어갈 용어를 쓰시오. 제18회 주관식

> (㉠)재료란 불에 잘 타지 아니하는 성능을 가진 재료로서 국토교통부령으로 정하는 기준에 적합한 재료를 말한다.

19 주택건설기준 등에 관한 규정상 난간에 관한 내용이다. ( ) 안에 들어갈 숫자를 쓰시오. 제18회 주관식

> 난간의 높이는 바닥의 마감면으로부터 (㉠)센티미터 이상. 다만, 건축물 내부계단에 설치하는 난간, 계단중간에 설치하는 난간 기타 이와 유사한 것으로 위험이 적은 장소에 설치하는 난간의 경우에는 90센티미터 이상으로 할 수 있다.

4 건축설비의 개요

정답 및 해설 p.178

01 건축법령상 건축설비의 설치 원칙에 관한 내용이다. 법령에서 명시하고 있는 ( )에 들어갈 용어를 쓰시오. 제22회 주관식

> 건축설비는 건축물의 안전·방화, 위생, 에너지 및 (㉠)의 합리적 이용에 지장이 없도록 설치하여야 하고, 배관피트 및 닥트의 단면적과 수선구의 크기를 해당 설비의 수선에 지장이 없도록 하는 등 설비의 유지·관리가 쉽게 설치하여야 한다.

5 물에 관한 일반사항

정답 및 해설 p.178

01 건축설비의 기본사항에 관한 설명으로 옳지 않은 것은? 제27회

① 잠열은 온도변화에 따라 유입 또는 유출되는 열이다.
② 노점온도는 습공기를 냉각하는 경우 포화상태로 되는 온도이다.
③ 열관류율은 건물외피의 단열성능을 나타내며, 단위는 $W/m^2 \cdot K$이다.
④ 압력의 단위로 Pa이 사용된다.
⑤ 열은 매체를 통해 전도나 대류로 전달되지만 진공 중에서도 전달될 수 있다.

02 설비의 기본사항에 관한 설명으로 옳지 않은 것은? 제25회

① 열용량은 어떤 물질을 1K 올리는 데 필요한 열량이다.
② 단위 질량당 체적을 비체적이라 한다.
③ 온도변화에 따라 유입 또는 유출되는 열은 현열이다.
④ 열관류율의 단위는 $W/m^2 \cdot K$이다.
⑤ 유체의 운동에너지는 배관 내 어느 지점에서나 일정하다.

03 배관 내 흐르는 유체의 마찰저항에 관한 설명으로 옳은 것은? 제25회

① 배관 내경이 2배 증가하면 마찰저항의 크기는 1/4로 감소한다.
② 배관 길이가 2배 증가하면 마찰저항의 크기는 1.4배 증가한다.
③ 배관 내 유체 속도가 2배 증가하면 마찰저항의 크기는 4배 증가한다.
④ 배관 마찰손실계수가 2배 증가하면 마찰저항의 크기는 4배 증가한다.
⑤ 배관 내 유체 밀도가 2배 증가하면 마찰저항의 크기는 1/2로 감소한다.

04 배관 속에 흐르는 유체의 마찰저항에 관한 설명으로 옳은 것은? 제23회

① 배관의 내경이 커질수록 작아진다.
② 유체의 밀도가 커질수록 작아진다.
③ 유체의 속도가 커질수록 작아진다.
④ 배관의 길이가 길어질수록 작아진다.
⑤ 배관의 마찰손실계수가 커질수록 작아진다.

05 단물이라고도 불리는 연수(軟水)에 관한 설명으로 옳지 않은 것은? 제18회

① 총경도 120ppm 이상의 물이다.
② 경수보다 표백용으로 적합하다.
③ 경수보다 비누가 잘 풀린다.
④ 경수보다 염색용으로 적합하다.
⑤ 경수보다 보일러 용수로 적합하다.

6 급수설비

01 펌프에 관한 설명으로 옳은 것은? 제28회

① 펌프의 흡상높이는 수온이 올라갈수록 높아진다.
② 펌프의 회전수를 1.2배로 하면 양수량은 1.73배가 된다.
③ 펌프의 흡입양정을 작게 하면 공동현상(cavitation)의 발생 가능성은 커진다.
④ 펌프의 성능 곡선은 가로축에 양수량, 세로축에 전양정, 효율, 축동력을 나타낸 것이다.
⑤ 비속도는 펌프의 형식을 결정하는 척도로 사용되며, 펌프가 대유량, 저양정일수록 그 값은 작아진다.

02 수도법 시행규칙상 저수조의 설치기준에 관한 내용으로 옳지 않은 것은? 제27회

① 저수조의 물이 일정 수준 이상 넘거나 일정 수준 이하로 줄어들 때 울리는 경보장치를 설치하여야 한다.
② 5세제곱미터를 초과하는 저수조는 청소·위생점검 및 보수 등 유지관리를 위하여 1개의 저수조를 둘 이상의 부분으로 구획하거나 저수조를 2개 이상 설치하여야 한다.
③ 저수조의 바닥은 배출구를 향하여 100분의 1 이상의 경사를 두어 설치하는 등 배출이 쉬운 구조로 하여야 한다.
④ 소화용수가 저수조에 역류되는 것을 방지하기 위한 역류방지장치가 설치되어야 한다.
⑤ 저수조의 맨홀부분은 건축물(천정 및 보 등)으로부터 90센티미터 이상 떨어져야 하며, 그 밖의 부분은 60센티미터 이상의 간격을 띄워야 한다.

03 급수 및 배수 설비에 관한 설명으로 옳지 않은 것은? 제25회

① 터빈펌프는 임펠러의 외주에 안내날개(guide vane)가 달려 있지 않다.
② 보일러에 경수를 사용하면 보일러 수명 단축의 원인이 될 수 있다.
③ 급수용 저수조의 오버플로우(overflow)관은 간접배수 방식으로 한다.
④ 결합통기관은 배수수직관과 통기수직관을 연결하는 통기관이다.
⑤ 기구배수부하단위의 기준이 되는 위생기구는 세면기이다.

04 건축물의 급수 및 급탕설비에 관한 설명으로 옳지 않은 것은? 제24회

① 급수 및 급탕설비에 이용하는 재료는 유해물이 침출되지 않는 것을 사용한다.
② 고층건물의 급수배관을 단일계통으로 하면 하층부보다 상층부의 급수압력이 높아진다.
③ 급수 및 급탕은 위생기구나 장치 등의 기능에 만족하는 수압과 수량(水量)으로 공급한다.
④ 급탕배관에는 관의 온도변화에 따른 팽창과 수축을 흡수할 수 있는 장치를 설치하여야 한다.
⑤ 급수 및 급탕계통에는 역 사이펀 작용에 의한 역류가 발생되지 않아야 한다.

05 다음에서 설명하고 있는 펌프는? 제24회

- 디퓨져 펌프라고도 하며 임펠러 주위에 가이드 베인을 갖고 있다.
- 임펠러를 직렬로 장치하면 고양정을 얻을 수 있다.
- 양정은 회전비의 제곱에 비례한다.

① 터빈 펌프 ② 기어 펌프
③ 피스톤 펌프 ④ 워싱턴 펌프
⑤ 플런저 펌프

06 급수설비에 관한 설명으로 옳지 않은 것은? 제23회

① 초고층 공동주택의 경우 급수압을 조절하기 위해, 중간수조 방식이나 감압밸브 방식을 사용한다.
② 크로스커넥션(Cross Connection)은 급수설비 오염의 원인이 된다.
③ 급수량 산정 시 시간최대 예상급수량은 시간평균 예상급수량의 1.5 ~ 2.0배로 한다.
④ 압력탱크방식은 최고·최저의 압력차가 작아 급수압이 일정하다.
⑤ 고가수조방식은 펌프직송방식에 비해 수질 오염 측면에서 불리하다.

07 펌프에 관한 설명으로 옳은 것은? 제23회

① 펌프의 회전수를 1.2배로 하면 양정은 1.73배가 된다.
② 펌프의 회전수를 1.2배로 하면 양수량은 1.44배가 된다.
③ 동일한 배관계에서는 순환하는 물의 온도가 낮을수록 서징(Surging)의 발생 가능성이 커진다.
④ 동일 성능의 펌프 2대를 직렬운전하면 1대 운전 시보다 양정은 커지나 배관계 저항 때문에 2배가 되지는 않는다.
⑤ 펌프의 축동력을 산정하기 위해서는 양정, 양수량, 여유율이 필요하다.

08 공동주택의 최상층 샤워기에서 최저필요수압을 확보하기 위한 급수펌프의 전양정(m)을 다음 조건을 활용하여 구하면 얼마인가? 제23회

- 지하 저수조에서 펌프직송방식으로 급수하고 있다.
- 펌프에서 최상층 샤워기까지의 높이는 50m, 배관마찰, 국부저항 등으로 인한 손실양정은 10m이다.
- 샤워기의 필요압력은 70kPa로 하며, 1mAq = 10kPa로 환산한다.
- 저수조의 수위는 펌프보다 5m 높은 곳에서 항상 일정하다고 가정한다.
- 그 외의 조건은 고려하지 않는다.

① 52 ② 57 ③ 62
④ 67 ⑤ 72

09 고가수조방식을 적용하는 공동주택에서 각 세대에 공급되는 급수과정 순서로 옳은 것은? 제22회

㉠ 세대 계량기	㉡ 상수도 본관
㉢ 양수장치(급수펌프)	㉣ 지하저수조
㉤ 고가수조	

① ㉠ → ㉣ → ㉤ → ㉢ → ㉡
② ㉡ → ㉣ → ㉢ → ㉤ → ㉠
③ ㉡ → ㉤ → ㉣ → ㉢ → ㉠
④ ㉣ → ㉢ → ㉤ → ㉡ → ㉠
⑤ ㉣ → ㉡ → ㉤ → ㉢ → ㉠

10 다음 조건에 따라 계산된 급수 펌프의 양정(MPa)은? 　제22회

- 부스터 방식이며 펌프(저수조 낮은 수위)에서 최고 수전까지 높이는 30.0mAq
- 배관과 기타 부속의 소요 양정은 펌프에서 최고 수전까지 높이의 40%
- 수전 최소 필요 압력은 7.0mAq
- 수조 1.0mAq는 0.01MPa로 한다.
- 그 외의 조건은 고려하지 않는다.

① 0.30　　② 0.37　　③ 0.49
④ 0.58　　⑤ 0.77

개정반영

11 급배수 위생설비에 관한 내용으로 옳지 않은 것은? 　제21회

① 탱크가 없는 부스터방식은 펌프의 동력을 이용하여 급수하는 방식으로 저수조가 필요 없다.
② 수격작용이란 급수전이나 밸브 등을 급속히 폐쇄했을 때 순간적으로 급수관 내부에 충격압력이 발생하여 소음이나 충격음, 진동 등이 일어나는 현상을 말한다.
③ 매시 최대 예상급수량은 일반적으로 매시 평균 예상급수량의 1.5 ~ 2.0배 정도로 산정한다.
④ 배수수평주관의 관경이 125mm일 경우 원활한 배수를 위한 배관 최소구배는 1/100로 한다.
⑤ 결합통기관은 배수수직관과 통기수직관을 접속하는 것으로 배수수직관 내의 압력변동을 완화하기 위해 설치한다.

12 공동주택 지하저수조 설치방법에 관한 설명으로 옳지 않은 것은? 　제20회

① 저수조에는 청소, 점검, 보수를 위한 맨홀을 설치하고 오염물이 들어가지 않도록 뚜껑을 설치한다.
② 저수조 주위에는 청소, 점검, 보수를 위하여 충분한 공간을 확보한다.
③ 저수조 내부는 위생에 지장이 없는 공법으로 처리한다.
④ 저수조 상부에는 오수배관이나 오염이 염려되는 기기류 설치를 피한다.
⑤ 저수조의 넘침(Over Flow)관은 일반배수계통에 직접 연결한다.

13 수도 본관으로부터 10m 높이에 있는 세면기를 수도직결방식으로 배관하였을 때 수도 본관 연결 부분의 최소필요압력(MPa)은? [단, 수도 본관에서 세면기까지 배관의 총압력손실은 수주(水柱) 높이의 40%, 세면기 최소필요압력은 3mAq, 수주(水柱) 1mAq는 0.01MPa로 한다] 제20회

① 0.07
② 0.11
③ 0.17
④ 0.70
⑤ 1.70

개정반영

14 다음은 수도법령상 급수관의 상태검사 및 조치 등에서 급수설비 상태검사의 구분 및 방법에 관한 내용이다. 옳지 않은 것을 모두 고른 것은? 제20회

㉠ 기초조사 중 문제점 조사에서는 출수불량, 녹물 등 수질불량 등을 조사한다.
㉡ 급수관 수질검사 중 수소이온농도의 기준은 5.8 이상 8.5 이하이다.
㉢ 급수관 수질검사 중 시료 채취 방법은 건물 내 임의의 냉수 수도꼭지 하나 이상에서 물 0.5리터를 채취한다.
㉣ 현장조사 중 유량은 건물 안의 가장 낮은 층의 냉수 수도꼭지 하나 이상에서 유량을 측정한다.
㉤ 현장조사 중 내시경 관찰은 단수시킨 후 지하저수조 급수배관, 입상관(立上管), 건물 내 임의의 냉수 수도꼭지를 하나 이상 분리하여 내시경을 이용하여 진단한다.

① ㉠, ㉡
② ㉠, ㉢
③ ㉡, ㉤
④ ㉢, ㉣
⑤ ㉣, ㉤

15 펌프에 관한 설명으로 옳지 않은 것은? 제19회

① 펌프의 양수량은 펌프의 회전수에 비례한다.
② 펌프의 흡상높이는 수온이 높을수록 높아진다.
③ 워싱턴펌프는 왕복동식 펌프이다.
④ 펌프의 축동력은 펌프의 양정에 비례한다.
⑤ 볼류트펌프는 원심식 펌프이다.

16 급수설비에 관한 설명으로 옳지 않은 것은? 제18회

① 펌프직송방식이 고가수조방식보다 위생적인 급수가 가능하다.
② 급수관경을 정할 때 관균등표 또는 유량선도가 일반적으로 이용된다.
③ 고층건물일 경우 급수압 조절 및 소음방지 등을 위해 적절한 급수 조닝(Zoning)이 필요하다.
④ 급수설비의 오염원인으로 상수와 상수 이외의 물질이 혼합되는 캐비테이션(Cavitation)현상이 있다.
⑤ 급수설비 공사 후 탱크류의 누수 유무를 확인하기 위해 만수시험을 한다.

17 다음 조건의 600인이 거주하는 공동주택에 순간최대 예상급수량(L/min)은? 제18회

- 1인 1일 평균 사용수량: 200L/인·일
- 1일 평균 사용시간: 10시간
- 순간최대 예상급수량은 시간평균 예상급수량의 4배로 한다.
- 그 외의 조건은 고려하지 않는다.

① 400   ② 800
③ 1,000 ④ 1,400
⑤ 2,000

18 주택건설기준 등에 관한 규정상 비상급수시설 중 지하저수조에 관한 내용이다. (   )에 들어갈 아라비아 숫자를 쓰시오. 제24회 주관식

제35조(비상급수시설) ①~② 〈생략〉
  1. 〈생략〉
  2. 지하저수조
    가. 고가수조저수량[매 세대당 (㉠)톤까지 산입한다]을 포함하여 매 세대당 (㉡)톤(독신자용 주택은 0.25톤) 이상의 수량을 저수할 수 있을 것. 다만, 지역별 상수도 시설용량 및 세대당 수돗물 사용량 등을 고려하여 설치기준의 2분의 1의 범위에서 특별시·광역시·특별자치시·특별자치도·시 또는 군의 조례로 완화 또는 강화하여 정할 수 있다.
    나. (㉢)세대(독신자용 주택은 100세대)당 1대 이상의 수동식펌프를 설치하거나 양수에 필요한 비상전원과 이에 의하여 가동될 수 있는 펌프를 설치할 것

19 다음은 급수배관 피복에 관한 내용이다. ( )에 들어갈 용어를 쓰시오.

제22회 주관식

여름철 급수배관 내부에 외부보다 찬 급수가 흐르고 배관 외부가 고온다습할 경우 배관 외부에 결로가 발생하기 쉽다. 또한 겨울철에 급수배관 외부 온도가 영하로 떨어질 때 급수배관계통이 동파하기 쉽다. 이러한 두 가지 현상을 방지하기 위해서는 급수배관에 (㉠)와(과) 방동 목적의 피복을 해야 한다.

20 다음은 배관계 또는 덕트계에서 발생할 수 있는 현상이다. ( )에 들어갈 용어를 쓰시오.

제20회 주관식

운전 중인 펌프 및 배관계 또는 송풍기 및 덕트계에 외부로부터 강제력이 작용되지 않아도 배관(덕트) 내 유량(풍량)과 양정(압력)에 주기적인 변동이 지속되는 것을 (㉠)현상이라 한다.

21 다음은 주택건설기준 등에 관한 규정의 비상급수시설 중 지하저수조에 관한 기준이다. ( )에 들어갈 숫자를 순서대로 쓰시오. (단, 조례는 고려하지 않음) 제20회 주관식

고가수조저수량(매 세대당 0.25톤까지 산입한다)을 포함하여 매 세대당 (㉠)톤[독신자용주택은 (㉡)톤] 이상의 수량을 저수할 수 있을 것

22 급배수설비의 배관시공에 관한 내용이다. ( ) 안에 들어갈 용어를 쓰시오.

제19회 주관식

바닥이나 벽 등을 관통하는 배관의 경우에는 콘크리트를 타설할 때 미리 철판 등으로 만든 (㉠)을(를) 넣고 그 속으로 관을 통과시켜 배관을 한다. 이렇게 배관을 하게 되면 관의 신축에 무리가 생기지 않고 관의 수리나 교체 시 용이하게 할 수 있다.

7 급탕설비

01 급탕설비에 관한 설명으로 옳은 것은? 제28회

① 개별식 급탕방식은 중앙식 급탕방식에 비해 배관길이가 길어져 열손실이 크다.
② 중앙식 급탕방식 중 간접가열식은 고층건물에서 직접가열식에 비해 저압의 보일러로 충분하여 고압용 보일러를 설치할 필요는 없다.
③ 팽창관은 배관 도중에 이상 압력을 차단하는 체크밸브를 설치해야 한다.
④ 2개 이상의 엘보를 이용하여 신축을 흡수하는 이음은 더블 벨로즈형이다.
⑤ 신축이음의 종류에는 슬리브형, 라인형, 컬러형 등이 있다.

02 급탕설비에 관한 내용으로 옳은 것은? 제26회

① 급탕배관에서 하향 공급방식은 급탕관과 반탕(복귀)관을 모두 선하향 구배로 한다.
② 중앙식 급탕법에서 간접가열식은 보일러 내에 스케일이 부착될 염려가 크기 때문에 소규모 건물의 급탕설비에 적합하다.
③ 보일러 내의 온수 체적 팽창과 이상 압력을 흡수하기 위해 설치하는 팽창관에는 안전을 위해 감압밸브와 차단밸브를 설치한다.
④ 급탕배관 계통에서 급탕관과 반탕관의 마찰손실을 같게 하여 균등한 유량이 공급되도록 하는 배관 방식은 직접환수방식이다.
⑤ 급탕배관의 신축이음에서 벨로우즈형은 2개 이상의 엘보를 사용하여 나사 부분의 회전에 의하여 신축을 흡수한다.

03 길이가 50m인 배관의 온도가 20°C에서 60°C로 상승하였다. 이때 배관의 팽창량은?
(단, 배관의 선팽창계수는 $0.2 \times 10^{-4}[1/°C]$이다) 제24회

① 20mm　　　　　　② 30mm
③ 40mm　　　　　　④ 50mm
⑤ 60mm

04 다음 조건에 따라 계산된 전기급탕가열기의 용량(kW)은? 제22회

- 급수온도 10℃, 급탕온도 50℃, 급탕량 150(L/hr)
- 물의 비중 1(kg/L), 물의 비열 4.2(kJ/kg·K), 가열기효율 80%
- 그 외의 조건은 고려하지 않는다.

① 7.55
② 7.75
③ 8.00
④ 8.25
⑤ 8.75

05 공동주택에서 다음과 같은 조건으로 온수보일러를 가동할 경우 사용되는 가스 소비량 (m^3/h)은? 제21회

- 온수생산량: 500kg/h
- 가스 저위발열량: 20,000kJ/m^3
- 보일러 효율: 90%
- 급수온도: 20℃
- 온수온도: 80℃
- 물의 비열: 4.2kJ/kg·K

① 2
② 5
③ 7
④ 9
⑤ 12

06 급탕량이 3m^3/h이고, 급탕온도 60℃, 급수온도 10℃일 때의 급탕부하는? (단, 물의 비열은 4.2kJ/kg·K, 물 1m^3는 1,000kg으로 한다) 제20회

① 175kW
② 185kW
③ 195kW
④ 205kW
⑤ 215kW

07 건물의 급탕설비에 관한 설명으로 옳지 않은 것을 모두 고른 것은? 제19회

┌───┐
│ ㉠ 점검에 대비하여 팽창관에는 게이트밸브를 설치한다.
│ ㉡ 단관식 급탕공급방식은 배관길이가 길어지면 급탕수전에서 온수를 얻기까지의 시간
│   이 길어진다.
│ ㉢ 급탕량 산정은 건물의 사용 인원수에 의한 방법과 급탕기구 수에 의한 방법이 있다.
│ ㉣ 중앙식 급탕방식에서 직접가열식은 보일러에서 만들어진 증기나 고온수를 가열코일
│   을 통해서 저탕탱크 내의 물과 열교환하는 방식이다.
└───┘

① ㉠, ㉡   ② ㉠, ㉣
③ ㉡, ㉢   ④ ㉠, ㉡, ㉣
⑤ ㉡, ㉢, ㉣

08 급탕배관에서 신축이음의 종류가 아닌 것은? 제19회

① 스위블 조인트   ② 슬리브형
③ 벨로즈형   ④ 루프형
⑤ 플랜지형

09 수배관방식의 하나인 역환수(Reverse Return)방식의 목적과 유사한 기능을 갖는 것은? 제18회

① 스트레이너   ② 정유량밸브
③ 체크밸브   ④ 볼조인트
⑤ 열동트랩

10 1인 1일 급탕량 100리터(L), 급탕온도 70℃, 급수온도 10℃, 가열능력비율 1/7, 물의 비열이 4.2kJ/kg·K일 경우 100인이 거주하는 공동주택에서의 급탕가열능력(kW)은? 제19회 주관식

8 배수·통기설비

정답 및 해설 p.186

01 배수배관 계통에 설치되는 통기관 설비에 관한 설명으로 옳지 않은 것은? 제27회

① 공용통기관은 최하류 기구 배수관과 배수수직관 사이에 설치된다.
② 신정통기관은 배수수직관 상부에서 관경을 축소하지 않고 연장하여 대기 중에 개구한 통기관이다.
③ 각개통기관은 자기사이펀 작용의 방지 효과가 있다.
④ 결합통기관은 배수수직관과 통기수직관을 연결한 통기관이다.
⑤ 섹스티아 통기방식은 1개의 배수수직관으로 배수와 통기가 이루어지도록 한다.

02 배수설비 배관 계통에 설치되는 트랩 및 통기관에 관한 설명으로 옳지 않은 것은? 제26회

① 트랩의 유효 봉수 깊이가 깊으면 유수의 저항이 증가하여 통수능력이 감소된다.
② 루프통기관은 배수수직관 상부에서 관경을 축소하지 않고 연장하여 대기 중에 개구한 통기관이다.
③ 통기관은 배수의 흐름을 원활하게 하는 동시에 트랩의 봉수를 보호한다.
④ 각개통기방식은 각 위생기구의 트랩마다 통기관을 설치하기 때문에 안정도가 높은 방식이다.
⑤ 대규모 설비에서 배수 수직관의 하층부 기구에서는 역압에 의한 분출작용으로 봉수가 파괴되는 현상이 발생한다.

03 건축물의 배수·통기설비에 관한 설명으로 옳지 않은 것은? 제24회

① 트랩의 적정 봉수깊이는 50mm 이상 100mm 이하로 한다.
② 트랩은 2중 트랩이 되지 않도록 한다.
③ 드럼 트랩은 트랩부의 수량(水量)이 많기 때문에 트랩의 봉수는 파괴되기 어렵지만 침전물이 고이기 쉽다.
④ 각개통기관의 배수관 접속점은 기구의 최고 수면과 배수 수평지관이 수직관에 접속되는 점을 연결한 동수 구배선보다 상위에 있도록 배관한다.
⑤ 크로스 커넥션은 배수 수직관과 통기 수직관을 연결하여 배수의 흐름을 원활하게 하기 위한 접속법이다.

04 배수배관 계통에 설치되는 트랩과 통기관에 관한 설명으로 옳지 않은 것은? 제23회

① 신정통기관은 가장 높은 곳에 위치한 기구의 물넘침선보다 150mm 이상에서 배수수직관에 연결한다.
② 도피통기관은 배수수평지관의 최하류에서 통기수직관과 연결한다.
③ 트랩은 자기세정이 가능하도록 하고, 적정 봉수의 깊이는 50~100mm 정도로 한다.
④ 장기간 사용하지 않을 때, 모세관 현상이나 증발에 의해 트랩의 봉수가 파괴될 수 있다.
⑤ 섹스티아 통기관에는 배수수평주관에 배수가 원활하게 유입되도록 공기분리 이음쇠가 설치된다.

05 다음에서 설명하고 있는 배수배관의 통기방식은? 제22회

- 봉수 보호의 안정도가 높은 방식이다.
- 위생기구마다 통기관을 설치한다.
- 자기사이펀 작용의 방지 효과가 있다.
- 경제성과 건물의 구조 등 때문에 모두 적용하기 어려운 점이 있다.

① 각개통기 방식 ② 결합통기 방식
③ 루프통기 방식 ④ 신정통기 방식
⑤ 섹스티아 방식

06 국내 아파트의 단위세대에 있는 수평배관이나 수평덕트 중 일반적으로 아래층 천장 속에 설치되는 것은? 제21회

① 거실 환기덕트 ② 주방 급수배관
③ 거실 난방배관 ④ 욕실 배수배관
⑤ 욕실 환기덕트

07 공동주택 배수관에서 발생하는 발포 존(Zone)에 관한 설명으로 옳지 않은 것은?

제20회

① 물은 거품보다 무겁기 때문에 먼저 흘러내리고 거품은 배수수평주관과 같이 수평에 가까운 부분에서 오랫동안 정체한다.
② 각 세대에서 세제가 포함된 배수를 배출할 때 많은 거품이 발생한다.
③ 수직관 내에 어느 정도 높이까지 거품이 충만하면 배수수직관 하층부의 압력상승으로 트랩의 봉수가 파괴되어 거품이 실내로 유입되게 된다.
④ 배수수평주관의 관경은 통상의 관경산정 방법에 의한 관경보다 크게 하는 것이 유리하다.
⑤ 발포 존의 발생 방지를 위하여 저층부와 고층부의 배수수직관을 분리하지 않는다.

08 배수관에 설치하는 청소구(Clean Out)의 설치 위치로 옳지 않은 것은? 제20회

① 배수수직관과 신정통기관의 접속부분
② 배수수평지관 및 배수수평주관의 기점(수평관의 최상단부)
③ 배수수직관의 최하단부
④ 배수배관이 45° 이상 각도로 방향을 바꾸는 부분
⑤ 길이가 긴 배수수평관의 중간 부분

09 다음 그림의 트랩에서 각 부위별 명칭이 옳게 연결된 것은? 제19회

	ⓐ	ⓑ	ⓒ
①	디프	웨어	크라운
②	디프	크라운	웨어
③	웨어	디프	크라운
④	크라운	웨어	디프
⑤	크라운	디프	웨어

10 배수트랩에 관한 설명으로 옳지 않은 것은? 제18회

① 배수트랩의 역할 중 하나는 배수관 내에서 발생한 악취가 실내로 침입하는 것을 방지하는 것이다.
② 배수트랩은 봉수가 파괴되지 않는 형태로 한다.
③ 배수트랩 봉수의 깊이는 50 ~ 100mm로 하는 것이 보통이다.
④ 배수트랩 중 벨트랩은 화장실 등의 바닥배수에 적합한 트랩이다.
⑤ 배수트랩은 배수수직관 가까이에 설치하여 원활한 배수가 이루어지도록 한다.

11 배수계통에 사용되는 트랩으로 옳지 않은 것은? 제18회

① P트랩 ② 벨트랩
③ 기구트랩 ④ 버킷트랩
⑤ 드럼트랩

12 주택건설기준 등에 관한 규정상 급·배수시설에 관한 내용이다. (   )에 들어갈 용어와 아라비아 숫자를 쓰시오.   　제28회 주관식

> 제43조(급·배수시설) ① 1. ~ 3. 〈생략〉
> ② 주택의 화장실에 설치하는 급수·배수용 배관은 다음 각 호의 기준에 적합해야 한다.
>   1. 급수용 배관에는 (㉠)밸브 등 수압을 조절하는 장치를 설치하여 각 세대별 수압이 일정하게 유지되도록 할 것
>   2. 배수용 배관은 층상배관공법(배관을 해당 층의 바닥 슬래브 위에 설치하는 공법을 말한다) 또는 층하배관공법(배관을 바닥 슬래브 아래에 설치하여 아래층 세대 천장으로 노출시키는 공법을 말한다)으로 설치할 수 있으며, 층하배관공법으로 설치하는 경우에는 일반용 경질(단단한 재질) 염화비닐관을 설치하는 경우보다 같은 측정 조건에서 (㉡)데시벨 이상 소음 차단성능이 있는 저소음형 배관을 사용할 것

13 물의 재이용 촉진 및 지원에 관한 법령상 빗물이용시설의 시설기준·관리기준에 관한 내용이다. (   )에 들어갈 숫자를 쓰시오.   　제22회 주관식

> 건축면적이 1만제곱미터 이상의 아파트에 설치된 빗물의 집수시설, 여과장치, 저류조, 펌프·송수관·배수관 등의 빗물이용시설은 연 (㉠)회 이상 주기적으로 위생·안전 상태를 점검하고 이물질을 제거하는 등 청소를 할 것

14 다음이 설명하는 용어를 쓰시오.   　제21회 주관식

> 공동주택에서 지하수조 등에서 배출되는 잡배수를 배수관에 직접 연결하지 않고, 한 번 대기에 개방한 후 물받이용 기구에 받아 배수하는 방식

15 배수수평주관에서 발생되는 현상에 관한 설명으로 ( )에 들어갈 용어를 쓰시오.

제21회 주관식

> 배수수직주관으로부터 배수수평주관으로 배수가 옮겨가는 경우, 굴곡부에서는 원심력에 의해 외측의 배수는 관벽으로 힘이 작용하면서 흐른다. 또한 배수수직주관 내의 유속은 상당히 빠르지만 배수수평주관 내에서는 이 유속이 유지될 수 없기 때문에 급격히 유속이 떨어지게 되고 뒤이어 흘러내리는 배수가 있을 경우에는 유속이 떨어진 배수의 정체로 인하여 수력도약 현상이 발생된다. 이러한 현상이 나타나는 부근에서는 배수관의 연결을 피하고 (㉠)을(를) 설치하여 배수관 내의 압력변화를 완화시켜야 한다.

16 다음은 배수관에 관한 내용이다. ( )에 들어갈 용어를 쓰시오.

제20회 주관식

> 배수수직관에서 흘러내리는 물의 속도는 중력가속도에 의해 급격히 증가하지만 무한정 증가하지는 않는다. 즉, 배수가 흐르면서 배관 내벽 및 배관 내 공기와의 마찰에 의해 속도와 저항이 균형을 이루어 일정한 유속을 유지하는데 이것을 (㉠)유속이라 한다.

17 배수배관의 통기방식에 관한 설명이다. ( ) 안에 들어갈 용어를 쓰시오.

제18회 주관식

> 공동주택 등에서 사용되어지는 통기방식의 하나로 배수수직관의 상부를 그대로 연장하여 대기에 개방되도록 하는 것을 (㉠)통기방식이라 한다.

9 위생기구 및 배관재료

정답 및 해설 p.189

01 관경이 동일한 배관을 직선으로 이음하는 데 사용하는 배관의 부속품이 아닌 것은?

제28회

① 유니언 ② 소켓
③ 부싱 ④ 플랜지
⑤ 니플

02 배관의 부속품으로 사용되는 밸브에 관한 설명으로 옳지 않은 것은? 제23회

① 글로브밸브는 스톱밸브라고도 하며, 게이트밸브에 비해 유체에 대한 저항이 크다.
② 볼탭밸브는 밸브 중간에 위치한 볼의 회전에 의해 유체의 흐름을 조절한다.
③ 게이트밸브는 급수배관의 개폐용으로 주로 사용된다.
④ 체크밸브는 유체의 흐름을 한 방향으로 흐르게 하며, 리프트형 체크밸브는 수평배관에 사용된다.
⑤ 공기빼기밸브는 배관 내 공기가 머물 우려가 있는 곳에 설치된다.

03 양변기의 세정급수 방식을 모두 고른 것은? 제22회

| ㉠ 고가수조식 | ㉡ 로우탱크식 |
| ㉢ 수도직결식 | ㉣ 세정밸브식 |

① ㉠, ㉡
② ㉠, ㉢
③ ㉡, ㉢
④ ㉡, ㉣
⑤ ㉢, ㉣

04 공조설비의 냉온수 공급관과 환수관의 양측 압력을 동시에 감지하여 압력 균형을 유지시키는 용도의 밸브는? 제20회

① 온도조절밸브
② 차압조절밸브
③ 공기빼기밸브
④ 안전밸브
⑤ 감압밸브

05 대변기의 세정방식 중 세정밸브식인 것은? 제19회

① 사이펀 볼텍스식
② 세락식
③ 사이펀식
④ 블로아웃식
⑤ 사이펀 제트식

06 건물의 급수설비에 관한 설명으로 옳은 것을 모두 고른 것은?   제19회

> ㉠ 수격작용을 방지하기 위하여 통기관을 설치한다.
> ㉡ 압력탱크방식은 급수압력이 일정하지 않다.
> ㉢ 체크밸브는 밸브류 앞에 설치하여 배관 내의 흙, 모래 등의 이물질을 제거하기 위한 장치이다.
> ㉣ 토수구 공간을 두는 것은 물의 역류를 방지하기 위함이다.
> ㉤ 슬루스밸브는 스톱밸브라고도 하며 유체에 대한 저항이 큰 것이 결점이다.

① ㉠, ㉢　　　　　　　　　② ㉠, ㉤
③ ㉡, ㉣　　　　　　　　　④ ㉡, ㉤
⑤ ㉢, ㉣

07 다음은 배관설비의 각종 이음부속의 용도를 분류한 것이다. 옳게 짝지어지지 않은 것은?   제18회

① 분기배관: 티, 크로스
② 동일 지름 직선 연결: 소켓, 니플
③ 관단 막음: 플러그, 캡
④ 방향 전환: 유니언, 이경소켓
⑤ 이경관의 연결: 부싱, 이경니플

08 배관재료의 종류별 특성에 관한 설명으로 옳지 않은 것은?   제18회

① 스테인리스강관은 부식에 강하여 급수, 급탕과 같은 위생설비 배관용 등으로 널리 사용된다.
② 주철관은 내식, 내마모성이 우수하여 급수, 오·배수 배관용 등으로 사용된다.
③ 동관은 열전도성이 높고 유연성이 우수하다.
④ 탄소강관은 주철관에 비하여 가볍고 인장강도가 커서 고압용으로 사용된다.
⑤ 라이닝관은 경량이면서 산, 알칼리에 대한 내식성이 낮고 마찰이 커 특수용 배관으로 사용된다.

10 오수정화시설

01 오수 등의 수질지표에 관한 설명으로 옳지 않은 것은? 　제22회
① SS – 물 $1cm^3$ 중의 대장균군 수를 개수로 표시한 것이다.
② BOD – 생물화학적 산소요구량으로 수중 유기물이 미생물에 의해서 분해될 때 필요한 산소량이다.
③ pH – 물이 산성인가 알칼리성인가를 나타내는 것이다.
④ DO – 수중 용존산소량을 나타낸 것이며 이것이 클수록 정화능력도 크다고 할 수 있다.
⑤ COD – 화학적 산소요구량으로 수중 산화되기 쉬운 유기물을 산화제로 산화시킬 때 산화제에 상당하는 산소량이다.

11 난방설비

01 난방설비에 관한 설명으로 옳은 것은? 　제28회
① 중앙난방 방식의 온수난방에는 팽창탱크가 필요하다.
② 증기난방은 온수난방에 비해 부하변동에 따른 실내 온도조절이 용이하다.
③ 온수난방에는 방열기 트랩을 사용하여 열효율을 증가시킨다.
④ 방열기의 상당방열면적은 표준방열량을 방열기의 방열량으로 나눈 값을 말한다.
⑤ 직접환수방식은 역환수방식에 비해 배관설치 비용이 증가한다.

02 난방설비에 관한 설명으로 옳은 것은? 　제27회
① 증기난방은 현열을 이용하므로 온수난방에 비해 열운반능력이 크다.
② 온수난방은 증기난방에 비해 예열시간이 짧다.
③ 복사난방은 대류난방에 비해 열용량이 작아 부하변동에 따른 방열량 조절이 용이하다.
④ 증기난방에 사용되는 트랩으로 열동트랩, 버켓(bucket)트랩 등이 있다.
⑤ 온수난방에서는 배관의 길이를 줄이기 위해 역환수 배관방식이 사용된다.

03 건축물의 설비기준 등에 관한 규칙상 개별난방설비의 기준에 관한 설명으로 옳지 않은 것은? 제24회

① 보일러는 거실 외의 곳에 설치하되, 보일러를 설치하는 곳과 거실 사이의 경계벽은 출입구를 제외하고는 내화구조의 벽으로 구획해야 한다.
② 보일러실의 윗부분에는 그 면적이 0.5제곱미터 이상인 환기창을 설치해야 한다. 다만, 전기보일러의 경우에는 그러하지 아니하다.
③ 보일러실과 거실 사이의 출입구는 그 출입구가 닫힌 경우에는 보일러 가스가 거실에 들어갈 수 없는 구조로 해야 한다.
④ 오피스텔의 경우에는 난방구획을 방화구획으로 구획해야 한다.
⑤ 기름보일러를 설치하는 경우에는 기름저장소를 보일러실 내에 설치해야 한다.

04 난방설비에 관한 설명으로 옳지 않은 것은? 제23회

① 방열기의 상당방열면적은 표준상태에서 전 방열량을 표준 방열량으로 나눈 값이다.
② 증기용 트랩으로 열동트랩, 버킷트랩, 플로트트랩 등이 있다.
③ 천장고가 높은 공간에는 복사난방이 적합하다.
④ 보일러의 정격출력은 난방부하 + 급탕부하 + 배관(손실)부하이다.
⑤ 증기난방은 증기의 잠열을 이용하는 방식이다.

05 온수난방장치에 적용되는 팽창탱크에 관한 설명으로 옳지 않은 것은? 제21회

① 팽창된 물의 배출을 막아 장치의 열취득을 방지한다.
② 운전 중 장치 내를 소정의 압력으로 유지시킨다.
③ 장치 내의 수온상승으로 발생되는 물의 체적팽창과 압력을 흡수한다.
④ 장치 내 물의 누수 등으로 발생되는 공기의 침입을 방지한다.
⑤ 개방형 팽창탱크의 경우 장치 내의 공기 배출구와 온수보일러의 도피관으로 이용된다.

06 건축물의 설비기준 등에 관한 규칙상 공동주택 개별난방설비 설치기준에 관한 내용이다. ( )에 들어갈 아라비아 숫자를 쓰시오. 　　　　　　　　　제26회 주관식

> 제13조(개별난방설비 등) ① 영 제87조 제2항의 규정에 의하여 공동주택과 오피스텔의 난방설비를 개별난방방식으로 하는 경우에는 다음 각 호의 기준에 적합하여야 한다.
> 1. 〈생략〉
> 2. 보일러실의 윗부분에는 그 면적이 (㉠)제곱미터 이상인 환기창을 설치하고, 보일러실의 윗부분과 아랫부분에는 각각 지름 (㉡)센티미터 이상의 공기흡입구 및 배기구를 항상 열려있는 상태로 바깥공기에 접하도록 설치할 것. 다만, 전기보일러의 경우에는 그러하지 아니하다.

07 보일러의 출력표시방법에 관한 내용이다. ( )에 들어갈 용어를 쓰시오. 　　　　　　　　　제24회 주관식

> 보일러의 출력표시방법에서 난방부하와 급탕부하를 합한 용량을 (㉠)출력으로 표시하며 난방부하, 급탕부하, 배관부하, 예열부하를 합한 용량을 (㉡)출력으로 표시한다.

08 다음은 난방원리에 관한 내용이다. ( )에 들어갈 용어를 순서대로 쓰시오. 　　　　　　　　　제20회 주관식

> (㉠)은(는) 물질의 온도를 변화시키는 데 관여하는 열로 일반적으로 온수난방의 원리에 적용되는 것이며, (㉡)은(는) 물질의 상태를 변화시키는 데 관여하는 열로 일반적으로 증기난방의 원리에 적용되는 것이다.

09 보일러의 정격출력에 관한 내용이다. ( ) 안에 들어갈 용어를 쓰시오. 　　　　　　　　　제19회 주관식

> 정격출력 = 난방부하 + 급탕부하 + 손실부하 + (㉠)부하

12 냉동설비

01 냉동설비에 관한 내용으로 옳지 않은 것은? 제28회

① 히트펌프는 냉방용 및 난방용으로 사용할 수 있다.
② 흡수식냉동기는 압축식냉동기에 비해 소음이 작다.
③ 1중효용(단효용) 흡수식냉동기는 2중효용 흡수식냉동기에 비해 에너지효율이 좋다.
④ 히프펌프는 난방운전 시가 냉방운전 시보다 성적계수(COP)가 높다.
⑤ 응축기와 팽창밸브는 압축식냉동기의 구성요소에 포함된다.

02 냉각 목적의 냉동기 성적계수와 가열 목적의 열펌프(Heat Pump) 성적계수에 관한 설명으로 옳은 것은? 제24회

① 냉동기의 성적계수와 열펌프의 성적계수는 같다.
② 냉동기의 성적계수는 열펌프의 성적계수보다 1 크다.
③ 열펌프의 성적계수는 냉동기의 성적계수보다 1 크다.
④ 냉동기의 성적계수는 열펌프의 성적계수보다 2 크다.
⑤ 열펌프의 성적계수는 냉동기의 성적계수보다 2 크다.

03 송풍기의 날개 형식에 의한 분류 중 원심형 송풍기가 아닌 것은? 제24회

① 튜브형　　② 다익형　　③ 익형
④ 방사형　　⑤ 후곡형

04 히트펌프에 관한 내용으로 옳지 않은 것은? 제21회

① 겨울철 온도가 낮은 실외로부터 온도가 높은 실내로 열을 끌어들인다는 의미에서 열펌프라고도 한다.
② 운전에 소비된 에너지보다 대량의 열에너지가 얻어져 일반적으로 성적계수(COP)가 1 이하의 값을 유지한다.
③ 한 대의 기기로 냉방용 또는 난방용으로 사용할 수 있다.
④ 공기열원 히트펌프는 겨울철 난방부하가 큰 날에는 외기온도도 낮으므로 성적계수(COP)가 저하될 우려가 있다.
⑤ 히트펌프의 열원으로는 일반적으로 공기, 물, 지중(땅속)을 많이 이용한다.

05 주택건설기준 등에 관한 규칙상 (   )에 들어갈 아라비아 숫자를 쓰시오. 제27회 주관식

> 제8조(냉방설비 배기장치 설치공간의 기준) ① 영 제37조 제6항에서 "국토교통부령으로 정하는 기준"이란 다음 각 호의 요건을 모두 갖춘 것을 말한다.
> 1. ~ 2. 〈생략〉
> 3. 세대별 주거전용면적이 (㉠)제곱미터를 초과하는 경우로서 세대 내 거실 또는 침실이 2개 이상인 경우에는 거실을 포함한 최소 (㉡)개의 공간에 냉방설비 배기장치 연결배관을 설치할 것

06 지역냉방 등에 적용되는 흡수식 냉동기에 관한 내용으로 (   )에 들어갈 용어를 순서대로 쓰시오. 제21회 주관식

> 흡수식 냉동기는 증발기, 흡수기, 재생기, (㉠)의 4가지 주요 요소별 장치로 구성되며, 냉매로는 (㉡)이(가) 이용된다.

07 압축식 냉동장치를 설명한 그림이다. (   ) 안에 들어갈 기기명칭을 쓰시오. 제18회 주관식

13 배기 및 환기설비

정답 및 해설 p.193

01 건축물의 설비기준 등에 관한 규칙상 비상용승강기의 승강장에 설치하는 배연설비의 구조에 관한 내용으로 옳은 것을 모두 고른 것은? (단, 공기유입방식을 급기가압방식 또는 급·배기방식으로 하는 경우는 제외함) 제28회

> ㉠ 배연구 및 배연풍도는 난연재료로 하고, 화재가 발생한 경우 원활하게 배연시킬 수 있는 규모로서 외기 또는 평상시에 사용하지 아니하는 굴뚝에 연결할 것
> ㉡ 배연구에 설치하는 수동개방장치 또는 자동개방장치(열감지기 또는 연기감지기에 의한 것을 말한다)는 손으로 열고 닫을 수 있도록 할 것
> ㉢ 배연구는 평상시에는 닫힌 상태를 유지하고, 연 경우에는 배연에 의한 기류로 인하여 닫히지 아니하도록 할 것

① ㉠
② ㉡
③ ㉠, ㉡
④ ㉠, ㉢
⑤ ㉡, ㉢

02 가로 20m, 세로 10m, 높이 6m인 기계실의 발열량이 20kW일 때 실내온도를 30℃로 유지하기 위한 환기횟수(회/h)는? (단, 외기온도 25℃, 공기의 비중 1.2kg/㎥, 공기의 비열 1.0kJ/kg·K로 하고, 주어진 조건 외는 고려하지 않음) 제28회

① 5
② 10
③ 15
④ 20
⑤ 30

03 실의 크기가 가로 10m, 세로 10m, 천장고 2.5m인 공동주택 관리사무소의 환기횟수가 2회/h일 때, 이 실내의 CO_2 농도(ppm)는? (단, 재실인원은 10명, 1인당 CO_2 발생량은 20liter/h, 외기의 CO_2 농도는 450ppm으로 하고, 이 외 조건은 고려하지 않음) 제27회

① 750
② 800
③ 850
④ 900
⑤ 950

04 다음의 조건에서 관리사무소의 환기횟수(회/h)는? (단, 주어진 조건 외는 고려하지 않음)

제26회

- 근무인원: 8명
- 1인당 CO_2 발생량: 15L/h
- 실내의 CO_2 허용농도: 1000ppm
- 외기 중의 CO_2 농도: 500ppm
- 사무실의 크기: 10m(가로) × 8m(세로) × 3m(높이)

① 0.5 ② 0.75
③ 1.0 ④ 1.25
⑤ 1.5

05 주택건설기준 등에 관한 규칙상 주택의 부엌·욕실 및 화장실에 설치하는 배기설비에 관한 설명으로 옳지 않은 것은?

제25회

① 배기구는 반자 또는 반자아래 80센티미터 이내의 높이에 설치하고, 항상 개방될 수 있는 구조로 한다.
② 세대간 배기통을 서로 연결하고 직접 외기에 개방되도록 설치하여 연기나 냄새의 역류를 방지한다.
③ 배기구는 외기의 기류에 의하여 배기에 지장이 생기지 아니하는 구조로 한다.
④ 배기통에는 그 최상부 및 배기구를 제외하고 개구부를 두지 아니한다.
⑤ 부엌에 설치하는 배기구에는 전동환기설비를 설치한다.

06 아파트에서 환기설비가 설치되는 실의 명칭들이다. 이 중 압력을 중심으로 환기설비를 계획할 경우 요구되는 실내압력의 특성이 같은 것을 모두 고른 것은?

제21회

㉠ 화장실 ㉡ 주방
㉢ 욕실   ㉣ 특별피난계단 부속실

① ㉠, ㉢
② ㉡, ㉣
③ ㉠, ㉡, ㉢
④ ㉡, ㉢, ㉣
⑤ ㉠, ㉡, ㉢, ㉣

07 가로 10m, 세로 20m, 천장 높이 5m인 기계실에서, 기기의 발열량이 40kW일 때 필요한 최소 환기횟수(회/h)는? (단, 실내 설정온도 28℃, 외기온도 18℃, 공기의 비중 1.2kg/m³, 공기의 비열 1.0kJ/kg·K로 하고, 주어진 조건 외의 사항은 고려하지 않음)

제20회

① 10　　　　　　　　② 12
③ 14　　　　　　　　④ 16
⑤ 18

08 건축물의 설비기준 등에 관한 규칙상 신축공동주택등의 기계환기설비의 설치기준에 관한 내용이다. ( )에 들어갈 아라비아 숫자를 쓰시오.

제27회 주관식

> 외부에 면하는 공기흡입구와 배기구는 교차오염을 방지할 수 있도록 (㉠)미터 이상의 이격거리를 확보하거나, 공기흡입구와 배기구의 방향이 서로 (㉡)도 이상 되는 위치에 설치되어야 하고 화재 등 유사 시 안전에 대비할 수 있는 구조와 성능이 확보되어야 한다.

09 건축물의 설비기준 등에 관한 규칙상 신축공동주택등의 기계환기설비의 설치기준에 관한 내용이다. ( )에 들어갈 아라비아 숫자를 쓰시오.

제26회 주관식

> 제11조 제1항의 규정에 의한 신축공동주택등의 환기횟수를 확보하기 위하여 설치되는 기계환기설비의 설계·시공 및 성능평가방법은 다음 각 호의 기준에 적합하여야 한다.
> 1. ~ 14. 〈생략〉
> 15. 기계환기설비의 에너지 절약을 위하여 열회수형 환기장치를 설치하는 경우에는 한국산업표준(KS B 6879)에 따라 시험한 열회수형 환기장치의 유효환기량이 표시용량의 (㉠)퍼센트 이상이어야 한다.

10 건축물의 설비기준 등에 관한 규칙상 환기설비기준에 관한 내용이다. (　)에 들어갈 아라비아 숫자를 쓰시오.　　　　　　　　　　　　　　　　　　　　제25회 주관식

> 제11조(공동주택 및 다중이용시설의 환기설비기준 등) ① 영 제87조 제2항의 규정에 따라 신축 또는 리모델링하는 다음 각 호의 어느 하나에 해당하는 주택 또는 건축물(이하 '신축공동주택등'이라 한다)은 시간당 (㉠)회 이상의 환기가 이루어질 수 있도록 자연환기설비 또는 기계환기설비를 설치해야 한다.
> 1. (㉡)세대 이상의 공동주택
> 2. 주택을 주택 외의 시설과 동일 건축물로 건축하는 경우로서 주택이 30세대 이상인 건축물

개정반영

11 건축물의 설비기준 등에 관한 규칙상 환기구의 안전 기준에 관한 내용이다. (　)에 들어갈 숫자를 쓰시오.　　　　　　　　　　　　　　　　　　　　　제23회 주관식

> 환기구[건축물의 환기설비에 부속된 급기(給氣) 및 배기(排氣)를 위한 건축구조물의 개구부(開口部)를 말한다. 이하 같다]는 보행자 및 건축물 이용자의 안전이 확보되도록 바닥으로부터 (㉠)미터 이상의 높이에 설치해야 한다. 다만, 다음 각 호의 어느 하나에 해당하는 경우에는 예외로 한다.
> 1. 환기구를 벽면에 설치하는 등 사람이 올라설 수 없는 구조로 설치하는 경우. 이 경우 배기를 위한 환기구는 배출되는 공기가 보행자 및 건축물 이용자에게 직접 닿지 아니하도록 설치되어야 한다.
> 2. 안전울타리 또는 조경 등을 이용하여 접근을 차단하는 구조로 하는 경우

12 주택건설기준 등에 관한 규칙상 '주택의 부엌·욕실 및 화장실에 설치하는 배기설비' 기준이다. (　)에 들어갈 용어를 쓰시오.　　　　　　　　　　　　　　　제21회 주관식

> 배기통은 연기나 냄새 등이 실내로 역류하는 것을 방지할 수 있도록 다음에 해당하는 구조로 할 것
> 가. 세대 안의 배기통에 (㉠) 또는 이와 동일한 기능의 배기설비 장치를 설치할 것

13 다음 조건의 경우 정상상태의 실내 이산화탄소 농도를 1,000ppm 이하로 유지하기 위한 최소 외기도입량(m^3/h)을 구하시오. 제21회 주관식

- 총 재실자 수: 5명
- 1인당 이산화탄소 발생량: $0.024m^3/(h \cdot 인)$
- 외기의 이산화탄소 농도: 400ppm
- 기타: 인체에서 발생한 이산화탄소는 즉시 실 전체로 일정하게 확산하며, 틈새바람은 고려하지 않음

개정반영

14 건축물의 설비기준 등에 관한 규칙에서 공동주택 및 다중이용시설의 환기설비기준 등에 관한 내용이다. ( ) 안에 들어갈 숫자를 쓰시오. 제19회 주관식

신축 또는 리모델링하는 30세대 이상의 공동주택은 시간당 (㉠)회 이상의 환기가 이루어질 수 있도록 자연환기설비 또는 기계환기설비를 설치하여야 한다.

15 고층아파트의 공기유동에 관한 설명이다. ( ) 안에 들어갈 용어를 쓰시오. 제18회 주관식

고층아파트의 경우, 겨울철 실내·외 온도 차에 의해 저층부에서 외기가 유입되어 계단실이나 엘리베이터 샤프트를 통하여 상층부로 기류(공기)가 상승하는 현상을 (㉠) 효과(현상)라고 한다.

14 소방시설

정답 및 해설 p.197

01 소방시설 설치 및 관리에 관한 법률 시행령에서 정하고 있는 소방시설 중 경보설비가 아닌 것은? 제28회

① 시각경보기
② 비상경보설비
③ 비상방송설비
④ 자동화재탐지설비
⑤ 무선통신보조설비

02 소방시설 설치 및 관리에 관한 법령상 화재를 진압하거나 인명구조활동을 위하여 사용하는 소화활동설비가 아닌 것은? 제26회

① 연결송수관설비
② 비상콘센트설비
③ 비상방송설비
④ 연소방지설비
⑤ 무선통신보조설비

03 연결송수관설비의 화재안전성능기준(NFPC 502)에 관한 설명으로 옳지 않은 것은? 제26회

① 체절운전은 펌프의 성능시험을 목적으로 펌프 토출측의 개폐밸브를 닫은 상태에서 펌프를 운전하는 것을 말한다.
② 연결송수관설비의 송수구는 지면으로부터 높이가 0.5미터 이상 1미터 이하의 위치에 설치하며, 구경 65밀리미터의 쌍구형으로 설치해야 한다.
③ 방수구는 연결송수관설비의 전용방수구 또는 옥내소화전방수구로서 구경 65밀리미터의 것으로 설치해야 한다.
④ 지상 11층 이상인 특정소방대상물의 연결송수관설비의 배관은 건식설비로 설치해야 한다.
⑤ 지표면에서 최상층 방수구의 높이가 70미터 이상의 특정소방대상물에는 연결송수관설비의 가압송수장치을 설치해야 한다.

개정반영

04 국가화재안전성능기준(NFPC)상 소화기구 및 자동소화장치의 화재안전성능기준에 관한 내용으로 옳지 않은 것은? 제23회

① '소형소화기'란 능력단위가 1단위 이상이고 대형소화기의 능력단위 미만인 소화기를 말한다.
② '주거용 주방자동소화장치'란 주거용 주방에 설치된 열발생 조리기구의 사용으로 인한 화재 발생 시 열원(전기 또는 가스)을 자동으로 차단하며 소화약제를 방출하는 소화장치를 말한다.
③ '소화약제'란 소화기구 및 자동소화장치에 사용되는 소화성능이 있는 고체·액체 및 기체의 물질을 말한다.
④ 소화기는 특정소방대상물의 각 부분으로부터 1개의 소화기까지의 보행거리가 소형소화기의 경우에는 20미터 이내, 대형소화기의 경우에는 30미터 이내가 되도록 배치한다.
⑤ 소화기구(자동확산소화기를 제외한다)는 거주자 등이 손쉽게 사용할 수 있는 장소에 바닥으로부터 높이 1.6미터 이하의 곳에 비치한다.

개정반영

05 다음은 국가화재안전성능기준(NFPC 502)상 연결송수관설비의 기준이다. ( )에 들어갈 숫자를 옳게 나열한 것은? 제22회

> 제5조(배관 등) ① 연결송수관설비의 배관은 다음 각 호의 기준에 따라 설치하여야 한다.
> 1. 주배관의 구경은 100밀리미터 이상의 전용배관으로 할 것. 다만, 주배관의 구경이 100밀리미터 이상인 옥내소화전설비의 배관과는 겸용할 수 있다.
> 2. 지면으로부터의 높이가 (㉠)미터 이상인 특정소방대상물 또는 지상 (㉡)층 이상인 특정소방대상물에 있어서는 습식설비로 할 것

	㉠	㉡		㉠	㉡
①	20	7	②	21	7
③	25	7	④	30	11
⑤	31	11			

개정반영

06 국가화재안전성능기준(NFPC 303)상 유도등 및 유도표지의 화재안전성능기준에 관한 설명으로 옳은 것은? 제21회

① 복도통로유도등은 복도에 설치하며, 구부러진 모퉁이 및 「유도등 및 유도표지의 화재안전성능기준(NFPC 303)」 제6조 제1항 제1호 가목에 따라 설치된 통로 유도등을 기점으로 보행거리 20미터마다 설치하여야 한다.
② 피난구유도등은 피난통로를 안내하기 위한 유도등으로 복도통로유도등, 거실 통로유도등, 계단통로유도등을 말한다.
③ 계단통로유도등은 각 층의 경사로 참 또는 계단참마다 바닥으로부터 높이 1.5미터 이하의 위치에 설치하여야 한다.
④ 피난구유도등은 바닥면적이 1,000제곱미터 미만인 층으로서 옥내로부터 직접 지상으로 통하는 출입구에 설치하여야 한다.
⑤ 피난구유도표지는 출입구 상단에 설치하고, 통로유도표지는 바닥으로부터 높이 1.5미터 이하의 위치에 설치하여야 한다.

개정반영

07 국가화재안전성능기준(NFPC 103)상 스프링클러설비의 화재안전성능기준에 관한 용어로 옳은 것은? 제21회

① 압력수조: 구조물 또는 지형지물 등에 설치하여 자연낙차 압력으로 급수하는 수조
② 충압펌프: 배관 내 압력손실에 따른 주펌프의 빈번한 기동을 방지하기 위하여 충압역할을 하는 펌프
③ 일제개방밸브: 폐쇄형 스프링클러헤드를 사용하는 건식 스프링클러설비에 설치하는 밸브로서 화재발생 시 자동 또는 수동식 기동장치에 따라 밸브가 열리는 것
④ 진공계: 대기압 이상의 압력과 대기압 이하의 압력을 측정할 수 있는 계측기
⑤ 체절운전: 펌프의 성능시험을 목적으로 펌프토출 측의 개폐밸브를 개방한 상태에서 펌프를 운전하는 것

개정반영

08 국가화재안전성능기준(NFPC)상 소화기구 및 자동소화장치의 주거용 주방자동소화장치에 관한 설치기준이다. ( )에 들어갈 내용을 옳게 나열한 것은? 제20회

> 주거용 주방자동소화장치는 다음 각 목의 기준에 따라 설치할 것
> • (㉠)는 형식승인 받은 유효한 높이 및 위치에 설치할 것
> • 가스용 주방자동소화장치를 사용하는 경우 (㉡)는 수신부와 분리하여 설치하되, 공기와 비교한 가연성가스의 무거운 정도를 고려하여 적합한 위치에 설치할 것

	㉠	㉡		㉠	㉡
①	감지부	탐지부	②	환기구	감지부
③	수신부	환기구	④	감지부	중계부
⑤	수신부	탐지부			

개정반영

09 국가화재안전성능기준(NFPC)상 자동화재탐지설비에 관한 내용으로 옳은 것은? 제20회

① 수신기란 화재 시 발생하는 열, 연기, 불꽃 또는 연소생성물을 자동적으로 감지하여 중계기에 화재신호 등을 발신하는 장치를 말한다.
② 하나의 경계구역의 면적은 600제곱미터 이하로 하고 한 변의 길이는 60미터 이하로 할 것
③ 음향장치는 정격전압의 90퍼센트의 전압에서 음향을 발할 수 있는 것으로 해야 하며 음량은 부착된 음향장치의 중심으로부터 1미터 떨어진 위치에서 80데시벨 이상이 되는 것으로 해야 한다.
④ 자동화재탐지설비에는 그 설비에 대한 감시상태를 60분간 지속한 후 유효하게 10분 이상 경보할 수 있는 비상전원으로서 축전지설비 또는 전기저장장치를 설치해야 한다.
⑤ 수신기의 조작 스위치는 바닥으로부터의 높이가 1.6미터 이상인 장소에 설치해야 한다.

개정반영

10 국가화재안전성능기준(NFPC)상 유도등 및 유도표지에 관한 용어의 정의로 옳지 않은 것은?
제19회

① '피난구유도등'이란 피난구 또는 피난경로로 사용되는 출입구를 표시하여 피난을 유도하는 등을 말한다.
② '피난구유도표지'란 피난구 또는 피난경로로 사용되는 출입구를 표시하여 피난을 유도하는 표지를 말한다.
③ '복도통로유도등'이란 거주, 집무, 작업, 집회, 오락 그 밖에 이와 유사한 목적을 위하여 계속적으로 사용하는 거실, 주차장 등 개방된 통로에 설치하는 유도등으로 피난의 방향을 명시하는 것을 말한다.
④ '계단통로유도등'이란 피난통로가 되는 계단이나 경사로에 설치하는 통로유도등으로 바닥면 및 디딤 바닥면을 비추는 것을 말한다.
⑤ '통로유도표지'란 피난통로가 되는 복도, 계단 등에 설치하는 것으로서 피난구의 방향을 표시하는 유도표지를 말한다.

개정반영

11 국가화재안전성능기준(NFPC)상 소화기구 및 자동소화장치의 소화기 설치기준에 관한 내용이다. ( ) 안에 들어갈 숫자를 순서대로 나열한 것은?
제19회

> 특정소방대상물의 각 부분으로부터 1개의 소화기까지의 보행거리가 소형소화기의 경우에는 ( )미터 이내, 대형소화기의 경우에는 ( )미터 이내가 되도록 배치할 것

① 20, 40   ② 20, 30
③ 25, 30   ④ 25, 35
⑤ 30, 35

개정반영

12 국가화재안전성능기준(NFPC)상 옥내소화전설비의 송수구 설치기준에 관한 설명으로 옳지 않은 것은?
제19회

① 지면으로부터 높이가 0.8미터 이상 1.5미터 이하의 위치에 설치할 것
② 구경 65밀리미터의 쌍구형 또는 단구형으로 할 것
③ 송수구의 가까운 부분에 자동배수밸브(또는 직경 5밀리미터의 배수공) 및 체크밸브를 설치할 것
④ 송수구에는 이물질을 막기 위한 마개를 씌울 것
⑤ 송수구는 송수 및 그 밖의 소화작업에 지장을 주지 않도록 설치할 것

개정반영

13 국가화재안전성능기준(NFPC)상 무선통신보조설비의 증폭기 설치기준에 관한 내용이다. ( ) 안에 들어갈 작동시간으로 옳은 것은? 제18회

> 증폭기 및 무선중계기를 설치하는 경우에는 다음 각 호의 기준에 따라 설치해야 한다.
> 1. 상용전원은 전기가 정상적으로 공급되는 축전지설비, 전기저장장치 또는 교류전압의 옥내간선으로 하고, 전원까지의 배선은 전용으로 하며, 증폭기 전면에는 전원의 정상 여부를 표시할 수 있는 장치를 설치할 것
> 2. 증폭기에는 비상전원이 부착된 것으로 하고 해당 비상전원 용량은 무선통신보조설비를 유효하게 ( ) 이상 작동시킬 수 있는 것으로 할 것
> 3. 증폭기 및 무선중계기를 설치하는 경우에는 「전파법」 제58조의2에 따른 적합성평가를 받은 제품으로 설치하고 임의로 변경하지 않도록 할 것
> 4. 디지털 방식의 무전기를 사용하는데 지장이 없도록 설치할 것

① 5분
② 10분
③ 15분
④ 20분
⑤ 30분

14 다음 자동화재탐지설비의 감지기에서 열감지기만을 모두 고른 것은? 제18회

> ㉠ 정온식   ㉡ 차동식
> ㉢ 보상식   ㉣ 광전식
> ㉤ 이온식

① ㉠, ㉡, ㉢
② ㉠, ㉢, ㉣
③ ㉠, ㉣, ㉤
④ ㉡, ㉢, ㉣
⑤ ㉢, ㉣, ㉤

15 화재의 예방 및 안전관리에 관한 법률 시행령상 특급 소방안전관리대상물에 관한 내용이다. ( )에 들어갈 아라비아 숫자를 쓰시오. 제28회 주관식

> 1. 특급 소방안전관리대상물
>   가. 특급 소방안전관리대상물의 범위
>   「소방시설 설치 및 관리에 관한 법률 시행령」 별표 2의 특정소방대상물 중 다음의 어느 하나에 해당하는 것
>   1) (㉠)층 이상(지하층은 제외한다)이거나 지상으로부터 높이가 (㉡)미터 이상인 아파트
>   2) ~ 3) 〈생략〉

16 피난기구의 화재안전기술기준(NFTC 301)상 승강식 피난기 및 하향식 피난구용 내림식사다리에 관한 내용이다. ( )에 들어갈 아라비아 숫자를 쓰시오. 제28회 주관식

> 대피실의 면적은 (㉠)m²(2세대 이상일 경우에는 3m²) 이상으로 하고, 「건축법 시행령」 제46조 제4항 각 호의 규정에 적합하여야 하며 하강구(개구부) 규격은 직경 60cm 이상일 것. 다만, 외기와 개방된 장소에는 그렇지 않다.

17 소방시설 설치 및 관리에 관한 법률 시행규칙상 소방시설등 자체점검 시 준수해야 할 사항에 관한 내용이다. ( )에 들어갈 아라비아 숫자를 쓰시오. 제27회 주관식

> 6. 공동주택(아파트등으로 한정한다) 세대별 점검방법은 다음과 같다.
>   가. ~ 나. 〈생략〉
>   다. 관리자는 수신기에서 원격 점검이 불가능한 경우 매년 작동점검만 실시하는 공동주택은 1회 점검 시마다 전체 세대수의 (㉠)퍼센트 이상, 종합점검을 실시하는 공동주택은 1회 점검 시마다 전체 세대수의 (㉡)퍼센트 이상 점검하도록 자체점검 계획을 수립·시행해야 한다.

18 공동주택의 화재안전성능기준(NFPC 608)상 ( )에 들어갈 아라비아 숫자를 쓰시오.

제27회 주관식

> 제7조(스프링클러설비) 스프링클러설비는 다음 각 호의 기준에 따라 설치해야 한다.
> 1. ~ 3. 〈생략〉
> 4. 아파트등의 세대 내 스프링클러헤드를 설치하는 경우 천장·반자·천장과 반자 사이·덕트·선반등의 각 부분으로부터 하나의 스프링클러헤드까지의 수평거리는 (㉠)미터 이하로 할 것.
> 5. 외벽에 설치된 창문에서 (㉡)미터 이내에 스프링클러헤드를 배치하고, 배치된 헤드의 수평거리 이내에 창문이 모두 포함되도록 할 것. 다만, 다음 각 목의 어느 하나에 해당하는 경우에는 그렇지 않다.
>   가. 〈생략〉
>   나. 창문과 창문 사이의 수직부분이 내화구조로 (㉢)센티미터 이상 이격되어 있거나, 「발코니 등의 구조변경절차 및 설치기준」 제4조 제1항부터 제5항까지에서 정하는 구조와 성능의 방화판 또는 방화유리창을 설치한 경우
>   다. 〈생략〉

개정반영

19 소방시설 설치 및 관리에 관한 법률 시행령상 건물의 소방시설에 관한 내용이다. ( )에 들어갈 용어를 쓰시오.

제25회 주관식

> [별표 1] 소방시설
> 1 ~ 4. 〈생략〉
> 5. (㉠): 화재를 진압하거나 인명구조활동을 위하여 사용하는 설비로서 다음 각 목의 것
>   가. 제연설비
>   나. 연결송수관설비
>   다. 연결살수설비
>   라. 비상콘센트설비
>   마. (㉡)
>   바. 연소방지설비

개정반영

20 옥내소화전설비의 화재안전성능기준(NFPC 102)상 가압송수장치에 관한 내용이다. ( )에 들어갈 아라비아 숫자를 쓰시오.
제25회 주관식

> 제5조(가압송수장치) ① 〈생략〉
> 1 ~ 2. 〈생략〉
> 3. 특정소방대상물의 어느 층에 있어서도 해당 층의 옥내소화전(두 개 이상 설치된 경우에는 두 개의 옥내소화전)을 동시에 사용할 경우 각 소화전의 노즐선단에서의 방수압력이 (㉠)메가파스칼(호스릴옥내소화전설비를 포함한다) 이상이고, 방수량이 분당 (㉡)리터(호스릴옥내소화전설비를 포함한다) 이상이 되는 성능의 것으로 할 것. 다만, 하나의 옥내소화전을 사용하는 노즐선단에서의 방수압력이 (㉢)메가파스칼을 초과할 경우에는 호스접결구의 인입 측에 감압장치를 설치해야 한다.

개정반영

21 화재의 예방 및 안전관리에 관한 법령상 소방안전관리자를 선임해야 하는 특정소방대상물 중 1급 소방안전관리대상물에 관한 내용이다. ( )에 들어갈 아라비아 숫자를 쓰시오.
제24회 주관식

> **화재의 예방 및 안전관리에 관한 법률 시행령 [별표 4]**
> 소방안전관리자를 선임해야 하는 소방안전관리대상물의 범위와 소방안전관리자의 선임 대상별 자격 및 인원기준(제25조 제1항 관련)
> 1. 〈생략〉
> 2. 1급 소방안전관리대상물
>   가. 1급 소방안전관리대상물의 범위
>   「소방시설 설치 및 관리에 관한 법률 시행령」[별표 2]의 특정소방대상물 중 다음의 어느 하나에 해당하는 것(제1호에 따른 특급 소방안전관리대상물은 제외한다)
>   1) (㉠)층 이상(지하층은 제외한다)이거나 지상으로부터 높이가 (㉡)미터 이상인 아파트

개정반영

22 피난기구의 화재안전성능기준(NFPC 301)상 적응성 및 설치개수에 관한 내용이다. ( )에 들어갈 아라비아 숫자를 쓰시오.   제24회 주관식

> 제5조(적응성 및 설치개수 등) ① ~ ② 〈생략〉
> ③ 피난기구는 다음 각 호의 기준에 따라 설치해야 한다.
> 1.~8. 〈생략〉
> 9. 승강식 피난기 및 하향식 피난구용 내림식사다리는 다음 각 목에 적합하게 설치할 것
>   가. 〈생략〉
>   나. 대피실의 면적은 2제곱미터(2세대 이상일 경우에는 3제곱미터) 이상으로 하고, 「건축법 시행령」 제46조 제4항의 규정에 적합하여야 하며 하강구(개구부) 규격은 직경 (㉠)센티미터 이상일 것

개정반영

23 다음은 옥외소화전설비의 화재안전성능기준(NFPC 109)의 일부이다. ( )에 들어갈 숫자를 쓰시오.   제23회 주관식

> 제6조(배관 등) ① 호스접결구는 지면으로부터 높이가 0.5미터 이상 (㉠)미터 이하의 위치에 설치하고 특정소방대상물의 각 부분으로부터 하나의 호스접결구까지의 수평거리가 (㉡)미터 이하가 되도록 설치해야 한다.

개정반영

24 화재의 예방 및 안전관리에 관한 법령상 소방안전관리대상물 근무자 및 거주자 등에 대한 소방훈련 등에 관한 내용이다. 법령에서 명시하고 있는 ( )에 들어갈 용어를 쓰시오.   제22회 주관식

> 소방안전관리대상물의 관계인은 그 장소에 근무하거나 거주하는 사람 등에게 소화·(㉠)·피난 등의 훈련과 소방안전관리에 필요한 교육을 하여야 하고, 피난훈련은 그 소방대상물에 출입하는 사람을 안전한 장소로 대피시키고 유도하는 훈련을 포함하여야 한다.

25 소방시설 설치 및 안전관리에 관한 법률 시행규칙상 '소방시설등 자체점검'은 다음과 같이 구분하고 있다. ( )에 공통으로 들어갈 용어를 쓰시오. 　　제21회 주관식

> 작동점검은 소방시설등을 인위적으로 조작하여 소방시설이 정상적으로 작동하는지를 소방청장이 정하여 고시하는 소방시설등 작동점검표에 따라 점검하는 것을 말하며, (㉠)은(는) 소방시설등의 작동점검을 포함하여 소방시설등의 설비별 주요 구성 부품의 구조기준이 화재안전기준과 「건축법」 등 관련 법령에서 정하는 기준에 적합한지 여부를 소방청장이 정하여 고시하는 소방시설등 (㉡)표에 따라 점검하는 것을 말한다.

26 다음은 국가화재안전성능기준(NFPC)상 옥외소화전설비의 소화전함 설치기준이다. ( )에 들어갈 숫자를 쓰시오. 　　제20회 주관식

> 옥외소화전설비에는 옥외소화전마다 그로부터 (㉠)미터 이내의 장소에 소화전함을 설치해야 한다.

27 소방시설 설치 및 관리에 관한 법령상의 자동소화장치에 관한 내용이다. ( ) 안에 들어갈 용어를 쓰시오. 　　제18회 주관식

> 자동소화장치를 설치해야 하는 특정소방대상물은 다음의 어느 하나에 해당하는 특정소방대상물 중 후드 및 덕트가 설치되어 있는 주방이 있는 특정소방대상물로 한다. 이 경우 해당 주방에 자동소화장치를 설치해야 한다.
> 1. 주거용 (㉠)자동소화장치를 설치해야 하는 것: 아파트등 및 오피스텔의 모든 층
> 2. 〈생략〉
> 3. 캐비닛형 자동소화장치, 가스자동소화장치, 분말자동소화장치 또는 고체에어로졸자동소화장치를 설치해야 하는 것: 화재안전기준에서 정하는 장소

개정반영

28 국가화재안전성능기준(NFPC)상 옥내소화전설비의 배관에 관한 내용이다. ( ) 안에 들어갈 숫자를 쓰시오. 제18회 주관식

> 연결송수관설비의 배관과 겸용할 경우의 주배관은 구경 (㉠)밀리미터 이상, 방수구로 연결되는 배관의 구경은 65밀리미터 이상의 것으로 해야 한다.

15 가스설비

정답 및 해설 p.206

01 LPG와 LNG에 관한 내용으로 옳은 것은? 제22회

① LNG의 주성분은 탄소수 3 ~ 4의 탄화수소이다.
② LPG의 주성분은 메탄이다.
③ 기화된 LPG는 대기압 상태에서 공기보다 비중이 낮다.
④ 기화된 LNG의 표준상태 용적당 발열량은 기화된 LPG보다 높다.
⑤ 액체 상태의 LNG 비점은 액체 상태의 LPG보다 낮다.

02 도시가스사업법 시행규칙상 가스사용시설의 시설·기술·검사기준에 관한 내용이다. ( )에 들어갈 용어와 아라비아 숫자를 쓰시오. 제28회 주관식

> 1. 배관 및 배관설비
>   가. 시설기준
>   1) ~ 2) 〈생략〉
>   3) 배관설비기준
>   가) ~ 아) 〈생략〉
>   자) 배관은 안전을 확보하기 위하여 배관임을 명확하게 알아볼 수 있도록 다음 기준에 따라 도색 및 표시를 할 것
>   ① 〈생략〉
>   ② 지상배관은 부식방지도장 후 표면색상을 황색으로 도색하고, 지하매설배관은 최고사용압력이 (㉠)인 배관은 황색으로, 중압 이상인 배관은 붉은색으로 할 것. 다만, 지상배관의 경우 건축물의 내·외벽에 노출된 것으로서 바닥(2층 이상의 건물의 경우에는 각 층의 바닥을 말한다)에서 (㉡)m의 높이에 폭 3cm의 황색띠를 2중으로 표시한 경우에는 표면색상을 황색으로 하지 아니할 수 있다.
>   차) ~ 타) 〈생략〉

03
도시가스사업법 시행규칙상 가스사용시설의 시설·기술·검사기준에 관한 내용이다. ( )에 들어갈 아라비아 숫자를 쓰시오. 제27회 주관식

> 입상관과 화기(그 시설 안에서 사용하는 자체화기는 제외한다) 사이에 유지해야 하는 거리는 우회거리 (㉠)m 이상으로 하고, 환기가 양호한 장소에 설치해야 하며 입상관의 밸브는 바닥으로부터 (㉡)m 이상 2m 이내에 설치할 것. 다만, 보호 상자에 설치하는 경우에는 그러하지 아니하다.

04
도시가스사업법령상 가스사용시설의 시설·기술·검사기준에 관한 내용이다. ( )에 들어갈 아라비아 숫자를 쓰시오. 제24회 주관식

> 1. 배관 및 배관설비
>   가. 시설기준
>   1) 배치기준
>   가) 가스계량기는 다음 기준에 적합하게 설치할 것
>   ① 가스계량기와 화기(그 시설 안에서 사용하는 자체화기는 제외한다) 사이에 유지하여야 하는 거리: (㉠)m 이상

05
도시가스사업법령상 가스사용시설의 시설·기술·검사기준에 관한 내용이다. ( )에 들어갈 숫자를 쓰시오. 제23회 주관식

> 가스계량기와 전기계량기 및 전기개폐기와의 거리는 (㉠)cm 이상, 굴뚝(단열조치를 하지 아니한 경우만을 말한다)·전기점멸기 및 전기접속기와의 거리는 (㉡)cm 이상, 절연조치를 하지 아니한 전선과의 거리는 (㉢)cm 이상의 거리를 유지할 것

06
다음은 도시가스사업법령상 시설기준과 기술기준 중 가스사용시설의 시설·기술·검사기준이다. ( )에 들어갈 숫자를 순서대로 쓰시오. 제20회 주관식

> 가스계량기($30m^3$/hr 미만인 경우만을 말한다)의 설치높이는 바닥으로부터 (㉠)m 이상 (㉡)m 이내에 수직·수평으로 설치하고 밴드·보호가대 등 고정장치로 고정시킬 것. 다만, 격납상자에 설치하는 경우, 기계실 및 보일러실(가정에 설치된 보일러실은 제외한다)에 설치하는 경우와 문이 달린 파이프 덕트 안에 설치하는 경우에는 설치 높이의 제한을 하지 아니한다.

16 전기설비

정답 및 해설 p.207

01 실의 크기가 가로 10m, 세로 12m, 천장고 2.7m인 공동주택 관리사무소에 설치된 30개의 형광등을 동일한 개수의 LED 램프로 교체했을 때, 예상되는 평균조도(lx)는? (단, LED 램프의 광속은 4,000lm/개, 보수율은 0.8, 조명률은 0.5로 함) 제25회

① 400
② 480
③ 520
④ 585
⑤ 625

02 건축물의 설비기준 등에 관한 규칙상 피뢰설비의 기준에 관한 내용이다. (　)에 들어갈 숫자를 옳게 나열한 것은? 제24회

> 제20조(피뢰설비) 〈생략〉
> 1. 〈생략〉
> 2. 돌침은 건축물의 맨 윗부분으로부터 (㉠)센티미터 이상 돌출시켜 설치하되, 「건축물의 구조기준 등에 관한 규칙」 제9조에 따른 설계하중에 견딜 수 있는 구조일 것
> 3. 피뢰설비의 재료는 최소 단면적이 피복이 없는 동선(銅線)을 기준으로 수뢰부, 인하도선 및 접지극은 (㉡)제곱밀리미터 이상이거나 이와 동등 이상의 성능을 갖출 것

	㉠	㉡		㉠	㉡
①	20	30	②	20	50
③	25	30	④	25	50
⑤	30	30			

03 주택건설기준 등에 관한 규정상 공동주택의 세대당 전용면적이 80m²일 때, 각 세대에 설치해야 할 전기시설의 최소 용량(kW)은? 제23회

① 3.0
② 3.5
③ 4.0
④ 4.5
⑤ 5.0

04 실의 면적이 100m², 천장고가 2.8m인 관리사무소의 평균조도를 400lx로 유지하기 위해 LED램프로 조명을 교체하고자 할 때, 필요한 최소 개수는? (단, LED램프의 광속 4,000lm/개, 감광보상률 1.3, 조명률은 0.5로 함) 제23회

① 20개　　　　　　　　　② 22개
③ 26개　　　　　　　　　④ 28개
⑤ 30개

05 다음에서 설명하고 있는 전기배선 공사방법은? 제23회

- 철근콘크리트 건물의 매입 배선 등에 사용된다.
- 화재에 대한 위험성이 낮다.
- 기계적 손상에 대해 안전하여 다양한 유형의 건물에 시공이 가능하다.

① 금속관 공사　　　　　　② 목재몰드 공사
③ 애자사용 공사　　　　　④ 버스덕트 공사
⑤ 경질비닐관 공사

06 조명설비에 관한 설명이다. (　)에 들어갈 용어를 순서대로 나열한 것은? 제21회

- (　): 빛을 받는 면에 입사하는 단위면적당 광속
- (　): 램프의 사용시간 경과에 따라 감광되거나 먼지부착 등에 의한 조명기구 효율 저하를 보완하기 위한 보정계수
- (　): 실내의 작업범위(수평면)에서 최저조도를 최고조도로 나눈 값

① 광도, 감소율, 균제도
② 광도, 감소율, 조명률
③ 조도, 감소율, 조명률
④ 조도, 보수율, 조명률
⑤ 조도, 보수율, 균제도

07 지능형 홈네트워크 설비 설치 및 기술기준에서 '감지기'에 관한 설명으로 옳지 않은 것은?　　　　제21회

① 가스누설, 주거침입 등 세대 내의 상황을 감지하는 데 필요한 기기를 말한다.
② 감지기는 홈네트워크사용기기에 포함된다.
③ 가스감지기는 LNG인 경우에는 바닥 쪽에, LPG인 경우에는 천장 쪽에 설치하여야 한다.
④ 감지기에서 수집된 상황정보는 단지서버에 전송하여야 한다.
⑤ 동체감지기는 유효감지반경을 고려하여 설치하여야 한다.

08 건축물의 설비기준 등에 관한 규칙상 피뢰설비의 설치기준에 관한 내용으로 옳지 않은 것은?　　　　제21회

① 피뢰설비의 재료는 최소 단면적이 피복이 없는 동선을 기준으로 수뢰부, 인하도선 및 접지극은 50제곱밀리미터 이상이거나 이와 동등 이상의 성능을 갖출 것
② 접지(接地)는 환경오염을 일으킬 수 있는 시공방법이나 화학 첨가물 등을 사용하지 아니할 것
③ 피뢰설비는 한국산업표준이 정하는 피뢰레벨 등급에 적합한 피뢰설비일 것. 다만, 위험물저장 및 처리시설에 설치하는 피뢰설비는 한국산업표준이 정하는 피뢰시스템레벨Ⅱ 이상이어야 할 것
④ 급수·급탕·난방·가스 등을 공급하기 위하여 건축물에 설치하는 금속배관 및 금속재 설비는 전위(電位)가 균등하게 이루어지도록 전기적으로 접속할 것
⑤ 전기설비의 접지계통과 건축물의 피뢰설비 및 통신설비 등의 접지극을 공용하는 통합접지공사를 하는 경우에는 낙뢰 등으로 인한 과전압으로부터 전기설비 등을 보호하기 위하여 한국산업표준에 적합한 배선용 차단기를 설치할 것

09 전압을 구분한 표이다. ( ) 안에 들어갈 숫자를 옳게 나열한 것은?

구분	저압	고압	특고압
직류	(㉠)V 이하	(㉠)V 초과 ~ 7,000V 이하	7,000V 초과
교류	(㉡)V 이하	(㉡)V 초과 ~ 7,000V 이하	

	㉠	㉡
①	750	600
②	600	750
③	900	950
④	1,000	1,500
⑤	1,500	1,000

10 지능형 홈네트워크 설비 설치 및 기술기준에서 사용하는 용어의 정의로 옳지 않은 것은?

① '집중구내통신실(TPS실)'이란 통신용 파이프 샤프트 및 통신단자함을 설치하기 위한 공간을 말한다.
② '세대단자함'이란 세대 내에 인입되는 통신선로, 방송공동수신설비 또는 홈네트워크 설비 등의 배선을 효율적으로 분배·접속하기 위하여 이용자의 전유부분에 포함되어 실내공간에 설치되는 분배함을 말한다.
③ '원격검침시스템'이란 주택 내부 및 외부에서 전력, 가스, 난방, 온수, 수도 등의 사용량 정보를 원격으로 검침하는 시스템을 말한다.
④ '세대단말기'란 세대 및 공용부의 다양한 설비의 기능 및 성능을 제어하고 확인할 수 있는 기기로 사용자인터페이스를 제공하는 장치를 말한다.
⑤ '원격제어기기'란 주택 내부 및 외부에서 가스, 조명, 전기 및 난방, 출입 등을 원격으로 제어할 수 있는 기기를 말한다.

11 전기설비에 사용하는 합성수지관에 관한 설명으로 옳지 않은 것은? 제19회

① 기계적 충격에 약하다.
② 금속관보다 무게가 가볍고 내식성이 있다.
③ 대부분 경질비닐관이 사용된다.
④ 열적 영향을 받기 쉬운 곳에 사용된다.
⑤ 관 자체의 절연성능이 우수하다.

12 건축물의 설비기준 등에 관한 규칙상 피뢰설비에 관한 내용이다. ( )에 공통으로 들어갈 아라비아 숫자를 쓰시오. 제28회 주관식

> 제20조(피뢰설비) 영 제87조 제2항에 따라 낙뢰의 우려가 있는 건축물, 높이 (㉠)미터 이상의 건축물 또는 영 제118조 제1항에 따른 공작물로서 높이 (㉠)미터 이상의 공작물(건축물에 영 제118조 제1항에 따른 공작물을 설치하여 그 전체 높이가 (㉠)미터 이상인 것을 포함한다)에는 다음 각 호의 기준에 적합하게 피뢰설비를 설치해야 한다.
> 1. ~ 9. 〈생략〉

13 건축물의 설비기준 등에 관한 규칙 제20조(피뢰설비)에 관한 내용이다. ( )에 들어갈 아라비아 숫자를 쓰시오. 제26회 주관식

> 측면 낙뢰를 방지하기 위하여 높이가 (㉠)미터를 초과하는 건축물 등에는 지면에서 건축물 높이의 5분의 4가 되는 지점부터 최상단부분까지의 측면에 수뢰부를 설치하여야 하며, 지표레벨에서 최상단부의 높이가 150미터를 초과하는 건축물은 (㉡)미터 지점부터 최상단부분까지의 측면에 수뢰부를 설치할 것

14 건축전기설비 설계기준상의 수·변전설비 용량계산에 관한 내용이다. ( )에 들어갈 용어를 쓰시오. 제23회 주관식

$$(㉠) = \frac{각\ 부하의\ 최대수요전력\ 합계}{합성최대수요전력}$$

개정반영

15 전기안전관리법령상의 용어의 정의이다. 법령에서 명시하고 있는 ( )에 들어갈 용어를 쓰시오.

제22회 주관식

(㉠)(이)란 타인의 전기설비 또는 구내발전설비로부터 전기를 공급받아 구내배전설비로 전기를 공급하기 위한 전기설비로서 수전지점으로부터 배전반(구내배전설비로 전기를 배전하는 전기설비를 말한다)까지의 설비를 말한다.

17 운송설비

정답 및 해설 p.210

01 승강기 안전관리법상 승강기의 안전검사에 관한 내용으로 옳지 않은 것은? 제28회

① 관리주체가 요청하는 경우는 수시검사를 받아야 한다.
② 승강기의 제어반(制御盤) 또는 구동기(驅動機)를 교체한 경우는 수시검사를 받아야 한다.
③ 설치검사를 받은 날부터 15년이 지난 경우는 정밀안전검사를 받아야 한다.
④ 관리주체는 승강기에 대하여 국토교통부장관이 실시하는 안전검사를 받아야 한다.
⑤ 정기검사는 설치검사 후 정기적으로 하는 검사이다.

개정반영

02 건축물의 설비기준 등에 관한 규칙상 비상용승강기의 승강장과 승강로에 관한 설명으로 옳은 것은?

제26회

① 각층으로부터 피난층까지 이르는 승강로는 화재대피의 효율성을 위해 단일구조로 연결하지 않는다.
② 승강장은 각층의 내부와 연결될 수 있도록 하되, 그 출입구(승강로의 출입구를 제외한다)에는 30분 방화문을 설치한다. 다만, 피난층에는 60분+ 방화문 또는 60분 방화문을 설치하여야 한다.
③ 승강로는 당해 건축물의 다른 부분과 방화구조로 구획하여야 한다.
④ 옥외에 승강장을 설치하는 경우 승강장의 바닥면적은 비상용승강기 1대에 대하여 6제곱미터 이상으로 한다.
⑤ 승강장의 벽 및 반자가 실내에 접하는 부분의 마감재료(마감을 위한 바탕을 포함한다)는 불연재료를 사용한다.

03 승강기 안전관리법령상 승강기의 검사 및 점검에 관한 설명으로 옳지 않은 것은?

제25회

① 승강기의 제조·수입업자 또는 관리주체는 설치검사를 받지 아니하거나 설치검사에 불합격한 승강기를 운행하게 하거나 운행하여서는 아니 된다.
② 새로운 유지관리기법의 도입 등 대통령령으로 정하는 사유에 해당하여 자체점검의 주기조정이 필요한 승강기에 대해서는 자체점검의 전부 또는 일부를 면제할 수 있다.
③ 승강기 실무경력이 2년 이상이고, 법규에 따른 직무교육을 이수한 사람이 자체점검을 담당할 수 있다.
④ 자체점검을 담당하는 사람은 자체점검을 마치면 지체 없이 자체점검 결과를 양호, 주의관찰 또는 긴급수리로 구분하여 관리주체에 통보해야 한다.
⑤ 원격점검 및 실시간 고장 감시 등 행정안전부장관이 정하여 고시하는 원격관리기능이 있는 승강기를 관리하는 경우는 유지관리기법의 도입 등 대통령령으로 정하는 사유에 해당한다.

개정반영

04 승강기 안전관리법상 승강기의 안전검사에 관한 설명으로 옳은 것은?

제24회

① 정기검사의 검사주기는 3년 이하로 하되, 행정안전부령으로 정하는 바에 따라 승강기별로 검사주기를 다르게 할 수 있다.
② 승강기의 제어반 또는 구동기를 교체한 경우 수시검사를 받아야 한다.
③ 승강기 설치검사를 받은 날부터 20년이 지난 경우 정밀안전검사를 받아야 한다.
④ 승강기의 결함으로 중대한 사고 또는 중대한 고장이 발생한 경우 수시검사를 받아야 한다.
⑤ 승강기의 종류, 제어방식, 정격(기기의 사용조건 및 성능의 범위를 말한다)속도, 정격용량 또는 왕복운행거리를 변경한 경우 정밀안전검사를 받아야 한다.

05
다음은 주택건설기준 등에 관한 규정의 승강기 등에 관한 기준이다. ( )에 들어갈 숫자를 옳게 나열한 것은? 제20회

① 6층 이상인 공동주택에는 국토교통부령이 정하는 기준에 따라 대당 (㉠)인승 이상인 승용승강기를 설치하여야 한다. 다만, 「건축법 시행령」 제89조의 규정에 해당하는 공동주택의 경우에는 그러하지 아니하다.
② (㉡)층 이상인 공동주택의 경우에는 제1항의 승용승강기를 비상용승강기의 구조로 하여야 한다.
③ 10층 이상인 공동주택에는 이삿짐 등을 운반할 수 있는 다음 각 호의 기준에 적합한 화물용승강기를 설치하여야 한다.
〈1. ~ 3. 생략〉
4. 복도형인 공동주택의 경우에는 (㉢)세대까지 1대를 설치하되, (㉢)세대를 넘는 경우에는 (㉢)세대마다 1대를 추가로 설치할 것

	㉠	㉡	㉢
①	5	8	100
②	6	8	50
③	6	10	100
④	8	10	50
⑤	8	10	200

06
엘리베이터의 안전장치 중 엘리베이터 카(Car)가 최상층이나 최하층에서 정상 운행 위치를 벗어나 그 이상으로 운행하는 것을 방지하기 위한 안전장치는? 제18회

① 완충기 ② 추락방지판
③ 리미트스위치 ④ 전자브레이크
⑤ 조속기

07
승강기 안전관리법상 승강기의 정밀안전검사에 관한 내용이다. ( )에 들어갈 아라비아 숫자를 쓰시오. 제26회 주관식

승강기는 설치검사를 받은 날부터 (㉠)년이 지난 경우 정밀안전검사를 받고, 그 후 (㉡)년마다 정기적으로 정밀안전검사를 받아야 한다.

08 건축물의 설비기준 등에 관한 규칙상 건축물에 설치하는 승용승강기의 설치기준에 관한 내용이다. ( )에 공통으로 들어갈 숫자를 쓰시오. _{제23회 주관식}

> 공동주택에서 15인승 승용승강기는 6층 이상의 거실면적의 합계가 3천제곱미터 이하일 때는 (㉠)대, 3천제곱미터를 초과하는 경우는 (㉡)대에 3천제곱미터를 초과하는 3천제곱미터 이내마다 1대를 더한 대수를 설치한다.

09 승강기의 유지관리 시 원활한 부품 및 장비의 수급을 위해 승강기 안전관리법령에서 다음과 같이 승강기 유지관리용 부품 등의 제공기간을 정하고 있다. 법령에서 명시하고 있는 ( )에 들어갈 숫자를 쓰시오. _{제22회 주관식}

> 제11조(승강기 유지관리용 부품 등의 제공기간 등) ① 법 제6조 제1항 전단에 따라 제조업 또는 수입업을 하기 위해 등록을 한 자(이하 '제조·수입업자'라 한다)는 법 제8조 제1항 제1호에 따른 승강기 유지관리용 부품(이하 '유지관리용 부품'이라 한다) 및 같은 항 제2호에 따른 장비 또는 소프트웨어(이하 '장비등'이라 한다)의 원활한 제공을 위해 동일한 형식의 유지관리용 부품 및 장비등을 최종 판매하거나 양도한 날부터 (㉠)년 이상 제공할 수 있도록 해야 한다. 다만, 비슷한 다른 유지관리용 부품 또는 장비등의 사용이 가능한 경우로서 그 부품 또는 장비등을 제공할 수 있는 경우에는 그렇지 않다.

CHAPTER 02 환경관리

1 실내공기질관리 및 수질관리, 소음관리

01 건축물의 에너지절약설계기준상 건축부분의 의무사항에서 기밀 및 결로방지 등을 위한 조치에 관한 내용으로 옳지 않은 것은? 제28회

① 단열부위가 만나는 모서리 부위에 알루미늄박 또는 플라스틱계 필름 등을 사용할 경우 그 이음부는 80mm 이상 중첩되게 시공하여야 한다.
② 건축물 외피 단열부위의 접합부, 틈 등은 밀폐될 수 있도록 코킹과 가스켓 등을 사용하여 기밀하게 처리하여야 한다.
③ 방풍구조를 설치하여야 하는 출입문에서 회전문과 일반문이 같이 설치되어진 경우, 일반문 부위는 방풍실 구조의 이중문을 설치하여야 한다.
④ 외기에 직접 면하고 1층 또는 지상으로 연결된 출입문은 방풍구조로 하여야 한다. 다만, 너비 1.2미터 이하의 출입문은 그러하지 않을 수 있다.
⑤ 건축물의 거실의 창이 외기에 직접 면하는 부위인 경우에는 기밀성 창을 설치하여야 한다.

02 실내공기질 관리법 시행규칙상 신축 공동주택의 실내공기질 측정항목에 해당하는 것을 모두 고른 것은? 제28회

| ㉠ 라돈 | ㉡ 에틸벤젠 | ㉢ 석면 | ㉣ 스티렌 |

① ㉠
② ㉡, ㉢
③ ㉢, ㉣
④ ㉠, ㉡, ㉢
⑤ ㉠, ㉡, ㉣

03 실내공기질 관리법 시행규칙상 신축 공동주택의 실내공기질 권고기준으로 옳지 않은 것은? 제27회

① 폼알데하이드: $210\mu g/m^3$ 이하
② 벤젠: $300\mu g/m^3$ 이하
③ 톨루엔: $1,000\mu g/m^3$ 이하
④ 에틸벤젠: $360\mu g/m^3$ 이하
⑤ 라돈: $148Bq/m^2$ 이하

04 먹는물 수질기준 및 검사 등에 관한 규칙상 심미적 영향물질에 관한 기준 항목에 해당하지 않는 것은? 제27회

① 염소이온 ② 경도
③ 색도 ④ 페놀
⑤ 수소이온 농도

개정반영

05 실내공기질 관리법 시행규칙에 관한 설명으로 옳지 않은 것은? 제26회

① 주택 공기질 측정결과 보고(공고)는 주민 입주 7일 전부터 30일간 주민들에게 공고하여야 한다.
② 벽지와 바닥재의 폼알데하이드 방출기준은 $0.02mg/m^2 \cdot h$ 이하이다.
③ 신축 공동주택의 실내공기질 측정항목에는 폼알데하이드, 벤젠, 톨루엔, 에틸벤젠, 자일렌, 스티렌, 라돈이 있다.
④ 신축 공동주택의 실내공기질 권고기준에서 라돈은 $148Bq/m^3$ 이하이다.
⑤ 신축 공동주택의 시공자는 스스로 측정하거나 측정대행업자로 하여금 측정하도록 하는 경우 「환경분야 시험·검사 등에 관한 법률」에 따른 환경오염공정시험기준에 따라 하여야 한다.

개정반영

06 신에너지 및 재생에너지 개발·이용·보급 촉진법에서 정의하는 재생에너지에 해당하지 않는 것은? 제26회

① 풍력 ② 수력
③ 원자력 ④ 해양에너지
⑤ 지열에너지

07 건축물의 에너지절약설계기준상 기계 및 전기부문의 의무사항에 해당하는 것은?

제25회

① 기계환기설비를 사용하여야 하는 지하주차장의 환기용 팬은 대수제어 방식을 도입하여야 한다.
② 환기를 통한 에너지손실 저감을 위해 성능이 우수한 열회수형환기장치를 설치하여야 한다.
③ 공동주택 각 세대 내의 현관, 계단실의 조명기구는 인체감지점멸형 또는 일정 시간 후에 자동 소등되는 조도자동조절조명기구를 채택하여야 한다.
④ 공동주택의 지하주차장에 자연채광용 개구부가 설치되는 경우에는 주위 밝기를 감지하여 전등군별로 자동 점멸되도록 하여야 한다.
⑤ 여러 대의 승강기가 설치되는 경우에는 군관리 운행방식을 채택하여야 한다.

08 수변전 설비에 관한 내용으로 옳은 것을 모두 고른 것은?

제25회

㉠ 수전전압 25kV 이하의 수전설비에서는 변압기의 무부하손실을 줄이기 위하여 충분한 안전성이 확보된다면 직접강압방식을 채택한다.
㉡ 역률개선용커패시터(콘덴서)라 함은 역률을 개선하기 위하여 변압기 또는 전동기 등에 직렬로 설치하는 커패시터를 말한다.
㉢ 수용률이라 함은 부하설비 용량 합계에 대한 최대 수용전력의 백분율을 말한다.
㉣ 부등률은 부하종별 최대수요전력이 생기는 시간차에 의한 값이다.

① ㉠, ㉡
② ㉠, ㉢
③ ㉡, ㉣
④ ㉠, ㉢, ㉣
⑤ ㉡, ㉢, ㉣

09 건축물의 에너지절약설계기준 및 녹색건축물 조성 지원법상 용어의 정의에 관한 내용이다. ( )에 들어갈 용어의 영문 약어는?

제25회

( )(이)란 건축물의 쾌적한 실내환경 유지와 효율적인 에너지 관리를 위하여 에너지 사용내역을 모니터링하여 최적화된 건축물에너지 관리방안을 제공하는 계측·제어·관리·운영 등이 통합된 시스템을 말한다.

① BAS
② BEMS
③ DDC
④ TAB
⑤ CCMS

10 먹는물 수질 및 검사 등에 관한 규칙상 수돗물의 수질기준으로 옳지 않은 것은?

제25회

① 경도(硬度)는 300mg/L를 넘지 아니할 것
② 동은 1mg/L를 넘지 아니할 것
③ 색도는 5도를 넘지 아니할 것
④ 염소이온은 350mg/L를 넘지 아니할 것
⑤ 수소이온 농도는 pH 5.8 이상 pH 8.5 이하이어야 할 것

11 공동주택 층간소음의 범위와 기준에 관한 규칙상 층간소음의 기준으로 옳은 것은?

제24회

① 직접충격 소음의 1분간 등가소음도는 주간 47dB(A), 야간 43dB(A)이다.
② 직접충격 소음의 최고소음도는 주간 59dB(A), 야간 54dB(A)이다.
③ 공기전달 소음의 5분간 등가소음도는 주간 45dB(A), 야간 40dB(A)이다.
④ 1분간 등가소음도 및 5분간 등가소음도는 측정한 값 중 가장 낮은 값으로 한다.
⑤ 최고소음도는 1시간에 5회 이상 초과할 경우 그 기준을 초과한 것으로 본다.

12 실내공기질 관리법령상 신축 공동주택의 실내공기질 권고기준으로 옳은 것을 모두 고른 것은?

제22회

┌─────────────────────────────────┐
│ ㉠ 폼알데하이드 210μg/m³ 이하
│ ㉡ 벤젠 60μg/m³ 이하
│ ㉢ 톨루엔 1,000μg/m³ 이하
│ ㉣ 에틸벤젠 400μg/m³ 이하
│ ㉤ 자일렌 900μg/m³ 이하
│ ㉥ 스티렌 500μg/m³ 이하
└─────────────────────────────────┘

① ㉠, ㉡   ② ㉠, ㉢
③ ㉡, ㉣   ④ ㉢, ㉥
⑤ ㉣, ㉤

13 공동주택관리법령상 층간소음에 관한 설명으로 옳지 않은 것은? 제20회

① 공동주택 층간소음의 범위와 기준은 국토교통부와 기후에너지환경부의 공동부령으로 정한다.
② 층간소음으로 피해를 입은 입주자등은 관리주체에게 층간소음 발생 사실을 알리고, 관리주체가 층간소음 피해를 끼친 해당 입주자등에게 층간소음 발생을 중단하거나 소음차단 조치를 권고하도록 요청할 수 있다.
③ 관리주체는 필요한 경우 입주자등을 대상으로 층간소음의 예방, 분쟁의 조정 등을 위한 교육을 실시할 수 있다.
④ 욕실에서 급수·배수로 인하여 발생하는 소음의 경우 공동주택 층간소음의 범위에 포함되지 않는다.
⑤ 관리주체 또는 층간소음위원회의 조치에도 불구하고 층간소음 발생이 계속될 경우에는 층간소음 피해를 입은 입주자등은 「공동주택관리법」에 따른 공동주택관리 분쟁조정위원회가 아니라 「환경분쟁 조정 및 환경피해 구제 등에 관한 법률」에 따른 환경분쟁조정피해구제위원회에 조정을 신청하여야 한다.

14 공동주택관리법령상 층간소음 실태조사에 관한 규정의 일부이다. ( )에 들어갈 용어를 쓰시오. 제28회 주관식

> **법 제85조의2** ③ 국토교통부장관 또는 지방자치단체의 장은 층간소음에 관한 실태조사 업무를 대통령령으로 정하는 기관 또는 단체에 위탁하여 실시할 수 있다.
>
> **시행령 제91조의2** ② 법 제85조의2 제3항에서 "대통령령으로 정하는 기관 또는 단체"란 다음 각 호의 기관 또는 단체를 말한다.
>   1. 법 제86조에 따른 공동주택관리 (㉠)

15 신에너지 및 재생에너지 개발·이용·보급 촉진법상 용어의 정의에 관한 내용이다. ( )에 들어갈 용어를 쓰시오. 제28회 주관식

> 제2조(정의) 이 법에서 사용하는 용어의 뜻은 다음과 같다.
> 1. 〈생략〉
> 2. "재생에너지"란 햇빛·물·지열(地熱)·강수(降水)·생물유기체 등을 포함하는 재생 가능한 에너지를 변환시켜 이용하는 에너지로서 다음 각 목의 어느 하나에 해당하는 것을 말한다.
>   가. (㉠)에너지
>   나. (㉡)
>   다. 수력
>   라. 해양에너지
>   마. 지열에너지
>   바. 생물자원을 변환시켜 이용하는 (㉢)에너지로서 대통령령으로 정하는 기준 및 범위에 해당하는 에너지
>   사. 폐기물에너지(비재생폐기물로부터 생산된 것은 제외한다)로서 대통령령으로 정하는 기준 및 범위에 해당하는 에너지
>   아. 그 밖에 석유·석탄·원자력 또는 천연가스가 아닌 에너지로서 대통령령으로 정하는 에너지

16 먹는물 수질기준 및 검사 등에 관한 규칙상 먹는물의 수질기준에 관한 내용이다. ( )에 들어갈 아라비아 숫자를 쓰시오. 제28회 주관식

> 1. 〈생략〉
> 2. 건강상 유해영향 무기물질에 관한 기준
>   가. 납은 (㉠)mg/L를 넘지 아니할 것
>   나. 불소는 1.5mg/L(샘물·먹는샘물 및 염지하수·먹는 염지하수의 경우에는 2.0mg/L)를 넘지 아니할 것
>   다. ~ 하. 〈생략〉

17 신에너지 및 재생에너지 개발·이용·보급 촉진법상 ( )에 들어갈 용어를 쓰시오.

제27회 주관식

제2조(정의) 이 법에서 사용하는 용어의 뜻은 다음과 같다.
1. "신에너지"란 기존의 화석연료를 변환시켜 이용하거나 수소·산소 등의 화학 반응을 통하여 전기 또는 열을 이용하는 에너지로서 다음 각 목의 어느 하나에 해당하는 것을 말한다.
   가. (㉠)
   나. 연료전지
   다. 석탄을 액화·가스화한 에너지 및 중질잔사유(重質殘査油)를 가스화한 에너지로서 대통령령으로 정하는 기준 및 범위에 해당하는 에너지
   라. 그 밖에 석유·석탄·원자력 또는 천연가스가 아닌 에너지로서 대통령령으로 정하는 에너지

18 건축물의 에너지절약설계기준상 전기설비부문에 관한 용어의 정의이다. ( )에 들어갈 용어를 쓰시오.

제27회 주관식

(㉠)(이)라 함은 승강기가 균형추보다 무거운 상태로 하강(또는 반대의 경우)할 때 모터는 순간적으로 발전기로 동작하게 되며, 이 때 생산되는 전력을 다른 회로에서 전원으로 활용하는 방식으로 전력소비를 절감하는 장치를 말한다.

19 건축물의 에너지절약설계기준의 용어에 관한 설명이다. ( )에 들어갈 용어를 쓰시오.

제26회 주관식

(㉠)층이라 함은 습한 공기가 구조체에 침투하여 결로발생의 위험이 높아지는 것을 방지하기 위해 설치하는 투습도가 24시간당 30g/m² 이하 또는 투습계수 0.28g/m²·h·mmHg 이하의 투습저항을 가진 층을 말한다.

20 먹는물 수질 및 검사 등에 관한 규칙상 수돗물 수질기준에 관한 내용이다. ( )에 들어갈 아라비아 숫자를 쓰시오.　　　　　　　　　　　　　　　　　　제26회 주관식

> 5. 심미적(審美的) 영향물질에 관한 기준
>   가. 경도(硬度)는 1,000mg/L(수돗물의 경우 (㉠)mg/L, 먹는염지하수 및 먹는해양심층수의 경우 1,200mg/L)를 넘지 아니할 것. 다만, 샘물 및 염지하수의 경우에는 적용하지 아니한다.
>   나. ~ 아. 〈생략〉
>   자. 염소이온은 (㉡)mg/L를 넘지 아니할 것(염지하수의 경우에는 적용하지 아니한다)

21 실내공기질 관리법 시행규칙상 건축자재의 오염물질 방출 기준에 관한 내용이다. ( )에 들어갈 아라비아 숫자를 쓰시오.　　　　　　　　　　　　　　제25회 주관식

구분＼오염물질 종류	톨루엔	폼알데하이드
접착제, 페인트, 퍼티, 벽지, 바닥재	(㉠) 이하	(㉡) 이하

비고: 위 표에서 오염물질의 종류별 측정단위는 $mg/m^2 \cdot h$로 한다.

22 신에너지 및 재생에너지 개발·이용·보급 촉진법상 용어의 정의에 관한 내용이다. ( )에 들어갈 용어를 쓰시오.　　　　　　　　　　　　　　　　　　제25회 주관식

> 제2조(정의) 이 법에서 사용하는 용어의 뜻은 다음과 같다.
>   1. '신에너지'란 기존의 (㉠)(을)를 변환시켜 이용하거나 수소·산소 등의 화학 반응을 통하여 전기 또는 열을 이용하는 에너지로서 다음 각 목의 어느 하나에 해당하는 것을 말한다.
>   가. 수소에너지
>   나. (㉡)
>   다. 석탄을 액화·가스화한 에너지 및 중질잔사유(重質殘渣油)를 가스화한 에너지로서 대통령령으로 정하는 기준 및 범위에 해당하는 에너지
>   라. 그 밖에 석유·석탄·원자력 또는 천연가스가 아닌 에너지로서 대통령령으로 정하는 에너지

23 공동주택관리법 제20조 제5항에 따라 정한 「공동주택 층간소음의 범위와 기준에 관한 규칙」상 층간소음의 범위에 관한 내용이다. (   )에 들어갈 용어를 쓰시오.

제24회 주관식

> 공동주택 층간소음의 범위는 입주자 또는 사용자의 활동으로 인하여 발생하는 소음으로서 다른 입주자 또는 사용자에게 피해를 주는 다음의 소음으로 한다. 다만, 욕실, 화장실 및 다용도실 등에서 급수·배수로 인하여 발생하는 소음은 제외한다.
> - (㉠) 소음: 뛰거나 걷는 동작 등으로 인하여 발생하는 소음
> - (㉡) 소음: 텔레비전, 음향기기 등의 사용으로 인하여 발생하는 소음

24 신에너지 및 재생에너지 개발·이용·보급 촉진법령상 용어의 정의이다. (   )에 들어갈 용어를 쓰시오.

제24회 주관식

> '재생에너지'란 재생 가능한 에너지를 변환시켜 이용하는 에너지이다. 그 종류에는 태양에너지, 풍력, 수력, 해양에너지, (㉠)에너지, 생물자원을 변환시켜 이용하는 바이오에너지로서 대통령령으로 정하는 기준 및 범위에 해당하는 에너지, 폐기물에너지(비재생폐기물로부터 생산된 것은 제외한다)로서 대통령령으로 정하는 기준 및 범위에 해당하는 에너지, 그 밖에 석유·석탄·원자력 또는 천연가스가 아닌 에너지로서 대통령령으로 정하는 에너지가 있다.

25 공동주택 층간소음의 범위와 기준에 관한 규칙상 층간소음의 기준에 관한 것이다. (   )에 들어갈 숫자를 쓰시오.

제23회 주관식

층간소음의 구분		층간소음의 기준[단위: dB(A)]	
		주간 (06:00~22:00)	야간 (22:00~06:00)
공기전달 소음 (텔레비전, 음향기기 등의 사용으로 인하여 발생하는 소음)	5분간 등가소음도 (Leq)	(㉠)	(㉡)

26 건축물의 에너지절약설계기준 중 기계설비 부분에 관한 용어의 정의이다. 기준에서 명시하고 있는 ( )에 들어갈 용어를 쓰시오.   제22회 주관식

> (㉠)형환기장치라 함은 난방 또는 냉방을 하는 장소의 환기장치로 실내의 공기를 배출할 때 급기되는 공기와 열교환하는 구조를 가진 것을 말한다.

27 공동주택관리법상 층간소음의 방지 등에 관한 내용이다. ( )에 들어갈 용어를 각각 쓰시오.   제22회 주관식

> 공동주택 층간소음의 범위와 기준은 (㉠)와(과) (㉡)의 공동부령으로 정한다.

28 건축물의 에너지절약설계기준상 다음에서 정의하고 있는 용어를 순서대로 쓰시오.   제21회 주관식

> - (㉠): 기기의 출력값과 목표값의 편차에 비례하여 입력량을 조절하여 최적운전상태를 유지할 수 있도록 운전하는 방식을 말한다.
> - (㉡): 수용가에서 일정 기간 중 사용한 전력의 최대치를 말한다.

29 건축물의 에너지절약설계기준상 '기밀 및 결로방지 등을 위한 조치'에 관한 내용이다. ( )에 들어갈 용어를 쓰시오.   제21회 주관식

> 벽체 내표면 및 내부에서의 결로를 방지하고 단열재의 성능 저하를 방지하기 위하여 단열조치를 하여야 하는 부위(창 및 문과 난방공간 사이의 층간 바닥 제외)에는 (㉠)을(를) 단열재의 실내 측에 설치하여야 한다.

개정반영

30 공동주택관리법령상 공동주택 층간소음의 방지 등에 관한 내용이다. (㉠), (㉡)에 알맞은 용어를 쓰시오. 　　　　　　　　　　　　　　　　　　　　　　제19회 주관식

> 공동주택의 층간소음으로 피해를 입은 입주자등은 (㉠)에게 층간소음 발생 사실을 알리고, (㉠)이(가) 층간소음 피해를 끼친 해당 입주자등에게 층간소음 발생을 중단하거나 소음차단 조치를 권고하도록 요청할 수 있다. 이에 따른 (㉠)의 조치에도 불구하고 층간소음 발생이 계속될 경우에는 층간소음 피해를 입은 입주자등은 공동주택 (㉡)에 조정을 신청할 수 있다.

31 공동주택 층간소음의 범위와 기준에 관한 규칙에서 층간소음의 기준 중 일부분이다. ( ) 안에 들어갈 숫자를 순서대로 각각 쓰시오. 　　　　　　　　　　제19회 주관식

층간소음의 구분		층간소음의 기준[단위: dB(A)]	
		주간 (06:00~22:00)	야간 (22:00~06:00)
직접충격 소음 (뛰거나 걷는 동작 등으로 인하여 발생하는 소음)	1분간 등가소음도 (Leq)	39	34
	최고소음도 (Lmax)	(㉠)	(㉡)

개정반영

32 실내공기질 관리법령상 신축 공동주택의 실내공기질 측정물질들을 나열한 것이다. ( ) 안에 들어갈 물질을 쓰시오. 　　　　　　　　　　　　　　　　제19회 주관식

> 폼알데하이드, 벤젠, 톨루엔, 에틸벤젠, (㉠), 스티렌, 라돈

| CHAPTER 03 | 안전관리 | 정답 및 해설 p.220 |

1 공동주택관리법에 의한 안전관리

01 공동주택관리법령상 시설의 안전관리에 관한 기준 및 진단사항에 관한 내용이다. 대상 시설별 진단사항과 점검횟수의 연결이 옳은 것을 모두 고른 것은? 제24회

> ㉠ 어린이 놀이터의 안전진단 − 연 2회 이상 점검
> ㉡ 변전실의 안전진단 − 매 분기 1회 이상 점검
> ㉢ 노출배관의 동파방지 월동기진단 − 연 1회 점검
> ㉣ 저수시설의 위생진단 − 연 1회 점검

① ㉠, ㉢
② ㉠, ㉣
③ ㉡, ㉢
④ ㉠, ㉡, ㉣
⑤ ㉡, ㉢, ㉣

02 공동주택관리법령상 의무관리대상 공동주택의 관리주체의 안전관리계획과 안전점검 및 안전진단에 관한 설명으로 옳지 않은 것은? 제23회

① 건축물과 공중의 안전 확보를 위하여 건축물의 안전점검과 재난예방에 필요한 예산을 매년 확보하여야 한다.
② 사용검사일부터 30년이 경과한 15층 이하의 공동주택에 대하여 반기마다 대통령 령으로 정하는 자로 하여금 안전점검을 실시하도록 하여야 한다.
③ 석축과 옹벽, 법면은 해빙기 진단 연 1회(2월 또는 3월)와 우기진단 연 1회(6월) 가 이루어지도록 안전관리계획을 수립하여야 한다.
④ 해당 공동주택의 시설물로 인한 안전사고를 예방하기 위하여 대통령령으로 정한 바에 따라 안전관리계획을 수립하고 시설물별로 안전관리자 및 안전관리책임자를 지정하여 이를 시행하여야 한다.
⑤ 변전실, 맨홀(정화조 뚜껑 포함), 펌프실, 전기실, 기계실 및 어린이 놀이터의 안전진단에 대하여 연 3회 이상 실시하도록 안전관리계획을 수립하여야 한다.

03 공동주택관리법령상 공동주택 시설의 안전관리에 관한 기준 및 진단사항으로 옳지 않은 것은?
제22회

① 저수시설의 위생진단은 연 2회 이상 실시한다.
② 어린이놀이터의 안전진단은 연 2회 실시한다.
③ 노출배관의 동파방지 월동기진단은 연 1회 실시한다.
④ 석축, 옹벽의 우기진단은 연 1회 실시한다.
⑤ 법면의 해빙기진단은 연 1회 실시한다.

04 공동주택관리법령상 업무의 위탁에 관한 규정의 일부이다. ( )에 들어갈 용어를 쓰시오.
제28회 주관식

> **시행령 제95조** ⑧ 시장·군수·구청장은 법 제89조 제2항에 따라 소규모 공동주택의 안전관리 업무를 다음 각 호의 어느 하나에 해당하는 법인을 지정하여 위탁한다.
> 1. 국토안전관리원
> 2. (㉠)
> 3. 그 밖에 (㉡)이 소규모 공동주택의 안전관리 업무를 수행할 수 있다고 인정하여 고시하는 법인
> ※ 법 제89조(권한의 위임·위탁)

개정반영

05 공동주택관리법령상 안전점검에 관한 규정이다. ( ) 안에 들어갈 숫자를 순서대로 각각 쓰시오.
제19회 주관식

> 의무관리대상 공동주택의 관리주체는 그 공동주택의 기능유지와 안전성 확보로 입주자 등을 재해 및 재난 등으로부터 보호하기 위하여 「시설물의 안전 및 유지관리에 관한 특별법」 제21조에 따른 지침에서 정하는 안전점검의 실시 방법 및 절차 등에 따라 공동주택의 안전점검을 실시하여야 한다. 다만, (㉠)층 이상의 공동주택 및 사용연수, 세대수, 안전등급, 층수 등을 고려하여 대통령령으로 정하는 (㉡)층 이하의 공동주택에 대하여는 대통령령으로 정하는 자로 하여금 안전점검을 실시하도록 하여야 한다.

2 시설물의 안전 및 유지관리에 관한 특별법에 의한 안전관리

06 시설물의 안전 및 유지관리에 관한 특별법 시행령상 정밀안전점검 및 긴급안전점검의 결과보고서에 포함되어야 할 사항에 해당하지 않는 것은? _{제27회}

① 설계도면, 구조계산서 및 보수·보강 이력 등 자료 수집 및 분석
② 외관조사 결과분석, 재료시험 및 측정 결과분석 등 현장조사 및 시험
③ 콘크리트 또는 강재 등 시설물의 상태평가
④ 시설물의 구조해석 등 안전성 평가
⑤ 종합결론 및 건의사항

07 시설물의 안전 및 유지관리에 관한 특별법 시행령의 안전점검 및 진단의 실시 시기에 관한 내용이다. ( )에 들어갈 아라비아 숫자를 쓰시오. _{제26회 주관식}

| 안전등급 | 정기안전점검 | 정밀안전점검 | | 정밀안전진단 | 성능평가 |
		건축물	건축물 외 시설물		
D·E 등급	1년에 (㉠)회 이상	2년에 1회 이상	1년에 1회 이상	(㉡)년에 1회 이상	(㉢)년에 1회 이상

08 시설물의 안전 및 유지관리에 관한 특별법령상 용어의 정의에 관한 내용이다. ( )에 들어갈 용어를 쓰시오. _{제25회 주관식}

> 제2조(정의) 이 법에서 사용하는 용어의 뜻은 다음과 같다.
> 1 ~ 5. 〈생략〉
> 6. (㉠)(이)란 시설물의 물리적·기능적 결함을 발견하고 그에 대한 신속하고 적절한 조치를 하기 위하여 구조적 안전성과 결함의 원인 등을 조사·측정·평가하여 보수·보강 등의 방법을 제시하는 행위를 말한다.

3 어린이놀이시설 안전관리법에 의한 어린이놀이터시설의 안전관리

09 어린이놀이시설 안전관리법 시행령상 어린이놀이시설로 인하여 이용자가 피해를 입은 사고 중에서 "대통령령이 정하는 중대한 사고"에 해당하는 것을 모두 고른 것은? 제27회

> ㉠ 1도 이상의 화상
> ㉡ 부상 면적이 신체 표면의 5퍼센트 이상인 부상
> ㉢ 하나의 사고로 인한 3명 이상의 부상
> ㉣ 골절상

① ㉠, ㉡
② ㉠, ㉣
③ ㉢, ㉣
④ ㉠, ㉡, ㉢
⑤ ㉡, ㉢, ㉣

10 어린이놀이시설 안전관리법령상 안전관리에 관한 설명으로 옳지 않은 것은? 제26회

① 정기시설검사는 안전검사기관으로부터 3년에 1회 이상 받아야 한다.
② 관리주체는 안전점검을 월 1회 이상 실시하여야 한다.
③ 안전관리자가 변경된 경우, 변경된 날부터 3개월 이내에 안전교육을 받도록 하여야 한다.
④ 관리주체는 어린이놀이시설을 인도받은 날부터 30일 이내에 어린이놀이시설 사고배상책임보험에 가입하여야 한다.
⑤ 안전관리자의 안전교육의 주기는 2년에 1회 이상으로 하고, 1회 안전교육 시간은 4시간 이상으로 한다.

11 다음은 어린이놀이시설 안전관리법의 용어 정의에 관한 내용이다. (   )에 들어갈 용어를 순서대로 쓰시오. 　　　　　　　　　　　　　　　제20회 주관식

- (㉠)(이)라 함은 어린이놀이시설의 관리주체 또는 관리주체로부터 어린이놀이시설의 안전관리를 위임받은 자가 육안 또는 점검기구 등에 의하여 검사를 하여 어린이놀이시설의 위험요인을 조사하는 행위를 말한다.
- (㉡)(이)라 함은 제4조의 안전검사기관이 어린이놀이시설에 대하여 조사·측정·안전성 평가 등을 하여 해당 어린이놀이시설의 물리적·기능적 결함을 발견하고 그에 대한 신속하고 적절한 조치를 하기 위하여 수리·개선 등의 방법을 제시하는 행위를 말한다.

개정반영

12 어린이놀이시설 안전관리법령상 어린이놀이시설의 설치검사 등에 관한 내용이다. (   ) 안에 들어갈 숫자를 쓰시오. 　　　　　　　　　　　　　　　제19회 주관식

관리주체는 설치검사를 받은 어린이놀이시설에 대하여 대통령령으로 정하는 방법 및 절차에 따라 안전검사기관으로부터 (㉠)년에 1회 이상 정기시설검사를 받아야 한다.

2025년도 제28회 주택관리사보 2차 국가자격시험

교시	문제형별	시험시간	시험 과목
1교시	A	100분	① 주택관리관계법규 ② 공동주택관리실무

수험번호		성 명	

【 수험자 유의사항 】

1. 시험문제는 **단일 형별(A형)**이며, 답안카드 형별 기재란에 표시된 형별(A형)을 확인하시기 바랍니다. 시험문제지의 **총면수, 문제번호 일련순서, 인쇄상태** 등을 확인하시고, 문제지 표지에 수험번호와 성명을 기재하시기 바랍니다.

2. 답은 각 문제마다 요구하는 **가장 적합하거나 가까운 답 1개만** 선택하고, 답안카드 작성 시 시험문제지 **마킹착오**로 인한 불이익은 전적으로 **수험자에게 책임**이 있음을 알려 드립니다.

3. 수험자 인적사항 및 답안지 등 작성은 **반드시 검은색 필기구만을 계속 사용**하여야 합니다. (그 외 연필류, 유색필기구, 지워지는 펜 등으로 작성한 답항은 0점 처리됩니다.)

4. 답안 정정 시에는 두 줄(=)을 긋고 다시 기재 또는 수정테이프 사용이 가능하며, 수정액을 사용할 경우 채점상의 불이익을 받을 수 있으므로 **사용하지 마시기 바랍니다.**

5. **감독위원의 지시에 불응하거나 시험시간 종료 후 답안지를 제출하지 않을 경우** 불이익이 발생할 수 있음을 알려 드립니다.

6. 주관식 문제 답안 작성시 법령 등의 규정을 인용한 문제는 **해당 규정의 정확한 표현대로 작성하는 경우에만 정답**으로 인정함을 알려드립니다.

7. 시험문제지는 시험 종료 후 가져가시기 바랍니다.

◆ **기출문제 사용법**

- **문제집을 풀기 전 실력 점검의 용도로 사용하세요.**
  지금까지 배웠던 이론 내용을 바탕으로 문제를 풀면서 현재 내 실력이 어느 정도인지 파악해 보세요.

- **문제집을 풀어 본 후 마무리용으로 사용하세요.**
  시험 전 최신 경향은 물론, 본인의 취약 부분을 파악할 수 있어 효과가 더욱 좋습니다.

주택관리관계법규(객관식)

1. 주택법령상 리모델링에 관한 설명으로 옳은 것은?
   ① 공동주택 리모델링의 허가는 시·도지사가 한다.
   ② 리모델링에 동의한 소유자는 입주자대표회의가 시·도지사에게 허가신청서를 제출한 후 7일 이내에 서면으로 동의를 철회할 수 있다.
   ③ 50세대 이상으로 세대수가 증가하는 리모델링을 허가하려는 경우 기반시설에의 영향이나 도시·군관리계획과의 부합 여부 등에 대하여 「국토의 계획 및 이용에 관한 법률」에 따라 설치된 시·군·구도시계획위원회의 심의를 거쳐야 한다.
   ④ 「공동주택관리법」에 따른 입주자대표회의가 리모델링을 하려면 주택단지 입주자 과반수의 동의를 받아야 한다.
   ⑤ 공동주택의 관리주체가 리모델링을 하려는 경우 공사기간, 공사방법 등이 적혀 있는 동의서에 입주자 3분의 2 이상의 동의를 받아야 한다.

2. 주택법령상 토지임대부 분양주택의 입주자의 거주의무에 관한 설명으로 옳은 것은?
   ① 입주자의 거주의무는 입주자뿐만 아니라 그 입주자의 상속인에게도 적용된다.
   ② 입주자의 거주의무기간은 5년이다.
   ③ 거주의무자는 거주의무기간 중에는 해당 주택을 매매할 수 없으나 증여는 할 수 있다.
   ④ 토지임대부 분양주택에 입주하기 위해 준비기간이 필요한 경우 해당 주택에 거주한 것으로 보는 기간은 최초 입주가능일부터 60일까지로 한다.
   ⑤ 국토교통부장관 또는 행정안전부장관은 거주의무자등의 실제 거주 여부를 확인하기 위하여 거주의무자등에게 필요한 서류 등의 제출을 요구할 수 있다.

3. 주택법령상 입주자저축에 관한 설명으로 옳지 않은 것은?
   ① "입주자저축"이란 국민주택과 민영주택을 공급받기 위하여 가입하는 주택청약종합저축을 말한다.
   ② 입주자저축계좌를 취급하는 기관은 「은행법」에 따른 은행 중 국토교통부장관이 지정한다.
   ③ 입주자저축은 한 사람이 한 계좌만 가입할 수 있다.
   ④ 국토교통부장관은 입주자저축에 관한 국토교통부령을 개정할 때에는 기획재정부장관과 미리 협의해야 한다.
   ⑤ 입주자저축취급기관의 장이 국토교통부장관에게 입주자저축정보를 제공한 경우 「금융실명거래 및 비밀보장에 관한 법률」에 따라 입주자저축정보의 제공사실을 명의인에게 통보하여야 한다.

4. 주택법령상 주택건설사업을 완료한 경우 주택의 사용검사에 관한 설명으로 옳은 것을 모두 고른 것은?

> ㄱ. 한국토지주택공사가 주택건설사업의 사업주체인 경우 시장·군수·구청장의 사용검사를 받아야 한다.
> ㄴ. 사용검사권자는 사용검사를 할 때 주택이 사업계획의 내용에 적합한지 여부를 확인해야 한다.
> ㄷ. 사용검사는 신청일부터 15일 이내에 하여야 한다.
> ㄹ. 사업주체가 파산 등으로 사용검사를 받을 수 없는 경우에는 해당 주택의 시공을 보증한 자 또는 입주예정자는 대통령령으로 정하는 바에 따라 사용검사를 받을 수 있다.

① ㄱ
② ㄱ, ㄷ
③ ㄴ, ㄷ
④ ㄴ, ㄷ, ㄹ
⑤ ㄱ, ㄴ, ㄷ, ㄹ

5. 주택법령상 투기과열지구에 관한 설명으로 옳은 것은?
① 투기과열지구는 국토교통부장관 또는 시·도지사가 지정한다.
② 투기과열지구에서 전매행위 제한규정에 위반하여 전매행위 제한기간 내에 주택을 전매하는 행위는 「주택법」에 따른 벌칙의 적용대상이 아니다.
③ 투기과열지구는 그 지정 목적을 달성할 수 있는 최소한의 범위에서 시·도 또는 시·군·구 단위로 지정한다.
④ 투기과열지구지정직전월의 주택분양실적이 전달보다 20퍼센트 이상 감소한 곳으로 주택공급이 위축될 우려가 있는 곳은 투기과열지구로 지정될 수 있다.
⑤ 「수도권정비계획법」에 따른 수도권의 투기과열지구에서 건설·공급되는 주택의 전매행위 제한기간은 1년이다.

6. 공동주택관리법령상 의무관리대상 공동주택의 관리방법 등에 관한 설명으로 옳지 않은 것은?
   ① 시장·군수·구청장은 관할구역내 공동주택의 관리에 필요하다고 인정하는 경우에는 인접한 공동주택단지를 공동으로 관리하게 할 수 있다.
   ② 입주자대표회의 구성원은 자치관리기구의 직원을 겸할 수 없다.
   ③ 입주자등이 공동주택의 관리방법을 변경하는 경우, 전체 입주자등의 10분의 1 이상이 서면으로 제안하고 전체 입주자등의 과반수가 찬성하는 방법으로 관리방법을 변경할 수 있다.
   ④ 입주자등이 공동주택의 관리방법을 정하는 경우, 입주자대표회의의 의결로 제안하고 전체 입주자의 과반수가 찬성하는 방법으로 관리방법을 결정할 수 있다.
   ⑤ 입주자대표회의는 해당 공동주택의 관리에 필요하다고 인정하는 경우에는 국토교통부령으로 정하는 바에 따라 500세대 이상의 단위로 나누어 관리하게 할 수 있다.

7. 공동주택관리법상 입주자대표회의의 구성 등에 관한 설명으로 옳지 않은 것은?
   ① 입주자대표회의는 4명 이상으로 구성한다.
   ② 입주자대표회의의 구성을 위한 동별 대표자 선거구는 2개 동 이상으로 묶거나 통로나 층별로 구획하여 정할 수 있다.
   ③ 동별 대표자 선출공고에서 정한 각종 서류 제출 마감일을 기준으로는 미성년자였으나 선거일 기준으로는 성년이 된 자의 경우에는 동별 대표자가 될 수 있다.
   ④ 동별 대표자가 임기 중에 파산자가 된 경우에는 당연히 퇴임한다.
   ⑤ 입주자인 동별 대표자 중에서 회장 후보자가 있는 경우, 사용자인 동별 대표자는 회장이 될 수 없다.

8. 공동주택관리법령상 관리주체가 관리비를 예치할 수 있도록 입주자대표회의가 지정할 수 있는 금융기관에 해당하지 않는 것은?
   ① 「산림조합법」에 따른 산림조합
   ② 「한국주택금융공사법」에 따른 한국주택금융공사
   ③ 「보험업법」에 따른 보험회사
   ④ 「수산업협동조합법」에 따른 수산업협동조합
   ⑤ 「건설기술 진흥법」에 따른 공제조합

9. 공동주택관리법령상 주택관리업의 등록신청을 할 때 그 신청서에 첨부하여야 하는 서류에 해당하지 않는 것은?
   ① 장비보유현황 및 그 증명서류
   ② 기술자의 기술자격 및 주택관리사의 자격에 관한 증명서 사본
   ③ 사무실 확보를 증명하는 서류(건물 임대차 계약서 사본 등 사용에 관한 권리를 증명하는 서류)
   ④ 법인인 경우에는 납입자본금에 관한 증명서류
   ⑤ 개인인 경우에는 보증보험 가입증명서 및 관련 서류

10. 공동주택관리법령상 의무관리대상 공동주택의 안전점검의 결과 건축물의 구조·설비의 안전도가 매우 낮아 위해 발생의 우려가 있는 경우에 관리주체가 시장·군수·구청장에게 보고해야 할 사항으로 명시된 것이 아닌 것은?
    ① 점검기관의 정보 및 검사기간
    ② 점검대상 구조·설비
    ③ 취약의 정도
    ④ 발생 가능한 위해의 내용
    ⑤ 조치할 사항

11. 건축법령상 위반 건축물에 대한 조치 등에 관한 설명으로 옳지 않은 것은?
    ① 허가권자는 위반 건축물에 대하여 시정명령을 하는 경우 건축물대장에 위반내용을 적어야 한다.
    ② 위반 건축물에 대한 실태조사는 현장조사의 방법으로 실시하여야 하며, 서면조사의 방법으로 할 수는 없다.
    ③ 허가권자는 위반 건축물에 대한 실태조사를 하려는 경우에는 조사 목적·기간·대상 및 방법 등이 포함된 실태조사 계획을 수립해야 한다.
    ④ 허가권자는 위반 건축물의 실태를 파악하기 위한 조사를 매년 정기적으로 한다.
    ⑤ 허가권자는 위반 건축물의 체계적인 사후 관리와 정비를 위하여 위반 건축물 관리대장을 작성·관리해야 한다.

12. 건축법령상 건축물의 구조 등에 관한 설명으로 옳은 것은? (단, 주어진 조건 외의 다른 조건은 고려하지 않음)

   ① 높이가 10미터 이상인 건축물의 건축주는 해당 건축물의 설계자로부터 구조 안전의 확인 서류를 받아 착공신고를 하는 때에 허가권자에게 제출하여야 한다.
   ② 옥상광장의 주위에는 높이 1.5미터 이상의 난간을 설치하여야 한다.
   ③ 주요구조부가 내화구조이거나 불연재료인 연면적 1천 제곱미터 이상인 건축물은 방화벽으로 구획하되, 각 구획된 바닥면적의 합계는 1천 제곱미터 미만이어야 한다.
   ④ 아파트의 4층 이상인 층에서는 발코니의 경계벽에 피난구를 설치한 경우에도 발코니에 대피공간을 설치하여야 한다.
   ⑤ 주요구조물의 해체 없이 주계단·피난계단 또는 특별피난계단을 수선하는 경우 미리 특별자치시장·특별자치도지사 또는 시장·군수·구청장에게 국토교통부령으로 정하는 바에 따라 신고를 하면 건축허가를 받은 것으로 본다.

13. 건축법령상 국토교통부장관이 정하여 고시하는 범죄예방 기준에 따라 건축하여야 하는 건축물이 아닌 것은?

   ① 아파트
   ② 수련시설
   ③ 업무시설 중 오피스텔
   ④ 교육연구시설 중 도서관
   ⑤ 제1종 근린생활시설 중 일용품을 판매하는 소매점

14. 건축법령상 승강기에 관한 설명으로 옳은 것을 모두 고른 것은? (단, 특례규정은 고려하지 않음)

   > ㄱ. 건축주는 연면적이 1천8백제곱미터인 7층의 건축물을 건축하려면 승강기를 설치하여야 한다.
   > ㄴ. 층수가 30층인 건축물에는 승용승강기 중 1대 이상을 피난용승강기로 설치하여야 한다.
   > ㄷ. 고층건축물의 피난용승강기는 각 층으로부터 피난층까지 이르는 승강로를 단일구조로 연결하여 설치할 수 없다.
   > ㄹ. 승강기탑은 바닥면적에 산입하지 않는다.

   ① ㄱ
   ② ㄴ
   ③ ㄱ, ㄷ
   ④ ㄴ, ㄹ
   ⑤ ㄴ, ㄷ, ㄹ

15. 소방기본법령상 소방신호의 종류에 해당하지 않는 것은?
   ① 피난신호
   ② 경계신호
   ③ 발화신호
   ④ 훈련신호
   ⑤ 해제신호

16. 공공주택 특별법령상 공공주택의 운영·관리 등에 관한 설명으로 옳은 것은?
   ① 공공임대주택의 공공주택사업자는 임대료 증액이 있은 후 3년 이내에는 증액하지 못한다.
   ② 공공주택사업자는 임차인이 월 임대료를 2개월 이상 연속하여 연체한 경우에는 임대차계약의 재계약을 거절할 수 있다.
   ③ 임대의무기간이 10년인 공공임대주택의 임차인의 세대구성원 중 1인이 6개월 이상 국외에 머무를 경우로서 공공주택사업자의 동의를 받은 경우에는 임차권을 전대할 수 있다.
   ④ 지분적립형 분양주택의 공공주택사업자는 거주의무자가 거주의무기간 동안 계속하여 거주하여야 함을 소유권에 관한 등기에 부기등기하여야 하며, 이 경우 부기등기는 소유권보존등기와 동시에 하여야 한다.
   ⑤ 공공임대주택의 임차인은 공공주택사업자의 귀책사유로 입주기간 종료일부터 2개월 이내에 입주할 수 없는 경우 임대차계약을 해제 또는 해지할 수 있다.

17. 민간임대주택에 관한 특별법령상 임대사업자 등에 관한 설명으로 옳지 않은 것은?
   ① 공공지원민간임대주택의 임차인은 거짓이나 그 밖의 부정한 방법으로 공공지원민간임대주택을 공급받아서는 아니 된다.
   ② 100세대 이상의 공동주택을 임대하는 임대사업자는 임대차기간을 변경한 날부터 3개월 이내에 시장·군수·구청장에게 변경신고를 하여야 한다.
   ③ 장기일반민간임대주택의 임대사업자는 임대기간 중 임차인 자격 및 선정방법 등에 대하여 임대사업자가 정한 기준에 따라 공급하여야 한다.
   ④ 임대사업자가 민간임대주택에 대한 임대차계약을 체결하려는 경우에는 국토교통부령으로 정하는 표준임대차계약서를 사용하여야 한다.
   ⑤ 임대사업자가 공급하는 150세대 이상의 공동주택으로서 승강기가 설치된 공동주택에 입주하는 임차인은 임차인대표회의를 구성하여야 한다.

18. 시설물의 안전 및 유지관리에 관한 특별법령상 시설물의 안전관리에 관한 설명으로 옳지 않은 것은?
    ① 제3종 시설물에 대한 정밀안전점검은 정기안전점검 결과 해당 시설물의 안전등급이 D등급(미흡) 또는 E등급(불량)인 경우에 한정하여 실시한다.
    ② 관리주체는 해당 시설물을 설계·시공·감리한 자 또는 그 계열회사인 안전진단전문기관에 정밀안전진단을 의뢰해서는 아니 된다.
    ③ 국토교통부장관은 지방자치단체가 관리주체인 소규모 취약시설에 대하여 해당 시설의 관리자가 요청하는 경우 안전점검 등을 실시하여야 한다.
    ④ 관리주체는 시설물의 하자담보책임기간이 끝나기 전에 마지막으로 실시하는 정밀안전점검의 경우에는 안전진단전문기관이나 국토안전관리원에 의뢰하여 실시하여야 한다.
    ⑤ 관리주체는 시설물의 구조상 공중의 안전한 이용에 미치는 영향이 중대하여 긴급한 조치가 필요하다고 인정되는 경우에는 시설물의 사용제한 사용금지·철거, 주민대피 등의 안전조치를 하여야 한다.

19. 집합건물의 소유 및 관리에 관한 법률상 관리단집회에 관한 설명으로 옳은 것은?
    ① 관리인은 매년 회계연도가 종료되기 2개월 전에 정기 관리단집회를 소집하여야 한다.
    ② 관리인이 없는 경우에 구분소유자의 5분의 1 이상은 관리단집회를 소집할 수 있으며, 이 정수는 규약으로 감경할 수 없다.
    ③ 관리단집회를 소집하려면 관리단집회일 1주일 전에 회의의 목적사항을 구체적으로 밝혀 각 구분소유자에게 통지하여야 하며, 이 기간은 규약으로 달리 정할 수 없다.
    ④ 관리단집회는 구분소유자 전원이 동의하면 소집절차를 거치지 아니하고 소집할 수 있다.
    ⑤ 구분소유자의 승낙을 받아 전유부분을 점유하는 자는 관리단집회의 목적사항에 관하여 이해관계가 있는 경우라도 관리단집회에 출석하여 의견을 진술할 수 없다.

20. 도시재정비 촉진을 위한 특별법상 재정비촉진지구 등에 관한 설명으로 옳지 않은 것은?
    ① 재정비촉진지구의 면적은 10만제곱미터 이상으로 한다.
    ② 재정비촉진지구는 지구의 특성에 따라 주거지형, 중심지형, 고밀복합형으로 구분한다.
    ③ 재정비촉진지구 지정을 고시한 날부터 1년이 되는 날까지 재정비촉진계획이 결정되지 아니하면 그 1년이 되는 날에 재정비촉진지구 지정의 효력이 상실된다.
    ④ 사업시행자가 기반시설의 설치를 위하여 필요한 부지를 제공하는 경우에는 해당 재정비촉진계획에 용적률, 건축물의 높이 등을 조정하는 내용을 포함시킬 수 있다.
    ⑤ 재정비촉진지구는 2개 이상의 재정비촉진사업을 포함하여 지정하여야 한다.

21. 승강기 안전관리법령상 승강기의 설치 및 안전관리에 관한 설명으로 옳은 것은?
   ① 승강기 정기검사의 검사기간은 정기검사의 검사주기 도래일 전후 각각 30일 이내로 한다.
   ② 관리주체는 승강기 안전관리자가 변경되었을 때에는 15일 이내에 시장·군수·구청장에게 그 사실을 통보하여야 한다.
   ③ 승강기 설치공사업자는 승강기의 설치를 끝낸 날부터 7일 이내에 한국승강기안전공단의 승강기 설치인가를 받아야 한다.
   ④ 승강기 정기검사의 검사주기는 2년 이하로 하되, 승강기의 종류 및 사용 연수에 따라 승강기별로 검사주기를 다르게 하여서는 아니 된다.
   ⑤ 승강기 책임보험의 보상한도액은 재산피해의 경우 사고당 2천만원 이상으로 하되, 지급보험금액은 실손해액을 초과할 수 없다.

22. 전기사업법령상 전기판매사업자에 관한 설명으로 옳은 것을 모두 고른 것은?

   > ㄱ. 전기판매사업자는 전기요금을 산정하기 위하여 행정안전부장관 또는 지방자치단체의 장에게 「주민등록법」에 따른 주민등록전산정보자료를 요청할 수 있다.
   > ㄴ. 전기판매사업자는 설비용량이 2만킬로와트 이하인 발전사업자가 생산한 전력을 전력시장운영규칙으로 정하는 바에 따라 우선적으로 구매할 수 있다.
   > ㄷ. 구역전기사업자가 부족한 전력 또는 남는 전력을 전기판매사업자와 거래하는 경우 전기판매사업자는 보완공급약관을 작성하여 전기위원회의 허가를 받아야 한다.

   ① ㄱ
   ② ㄷ
   ③ ㄱ, ㄴ
   ④ ㄴ, ㄷ
   ⑤ ㄱ, ㄴ, ㄷ

23. 도시 및 주거환경정비법령상 조합임원에 관한 설명으로 옳지 않은 것은?
   ① 금고 이상의 실형을 선고받고 그 집행이 면제된 날부터 2년이 지나지 아니한 자는 조합임원이 될 수 없다.
   ② 조합의 감사는 대의원회의 대의원이 될 수 없다.
   ③ 조합장은 정관으로 정하는 바에 따라 대의원회의 소집청구가 있는 때에는 해당일부터 14일 이내에 대의원회를 소집하여야 한다.
   ④ 조합임원의 사임 후 6개월 이상 조합임원이 선임되지 아니한 경우에는 시장·군수등이 조합임원 선출을 위한 총회를 소집할 수 있다.
   ⑤ 조합의 조합장은 선임일부터 정비사업의 준공인가를 받을 때까지는 해당 정비구역에서 거주하여야 한다.

24. 소방시설 설치 및 관리에 관한 법령상 소방용품에 관한 설명으로 옳지 않은 것은?
   ① 경보설비를 구성하는 음향장치 중 경종은 소방용품에 해당한다.
   ② 하나의 소방용품에 성능인증 사항이 두 가지 이상 결합된 경우에는 해당 성능인증시험을 모두 실시하여야 하며, 하나의 성능인증을 할 수는 없다.
   ③ 소방청장으로부터 소방용품의 형식승인을 받은 자는 그 소방용품에 대하여 소방청장이 실시하는 제품검사를 받아야 한다.
   ④ 분말형태의 소화약제를 사용하는 소화기의 내용연수는 10년으로 한다.
   ⑤ 소방용품의 성능인증이 취소된 자는 그 취소된 날부터 2년 이내에는 성능인증이 취소된 소방용품과 동일한 품목에 대하여는 성능인증을 받을 수 없다.

공동주택관리실무(객관식)

25. 공동주택관리법령상 공동주택의 입주자등 또는 관리주체가 시장·군수·구청장의 허가를 받거나 시장·군수·구청장에게 신고를 하여야 하는 행위가 아닌 것은?

    ① 공동주택을 사업계획에 따른 용도 외의 용도에 사용하는 행위
    ② 급·배수관 등 배관설비의 교체
    ③ 공동주택의 효율적 관리에 지장을 주는 행위로서 공동주택의 용도폐지
    ④ 공동주택을 증축·개축·대수선하는 행위(「주택법」에 따른 리모델링은 제외한다)
    ⑤ 「주택법」에 따른 세대구분형 공동주택을 설치하는 행위

26. 공동주택관리법령상 의무관리대상 공동주택 전환 등에 관한 설명으로 옳은 것은?

    ① 의무관리대상 전환 공동주택의 관리인이 의무관리대상 공동주택 전환 신고를 하지 않는 경우 입주자들은 신고를 할 수 없다.
    ② 의무관리대상 전환 공동주택의 입주자등은 관리규약의 제정 신고가 수리된 날부터 6개월 이내에 입주자대표회의를 구성하여야 한다.
    ③ 의무관리대상 전환 공동주택의 입주자등이 공동주택을 위탁관리할 것을 결정한 경우 입주자대표회의는 입주자대표회의의 구성 신고가 수리된 날부터 6개월 이내에 주택관리업자를 선정하여야 한다.
    ④ 시장·군수·구청장은 의무관리대상 공동주택 전환 신고를 받은 날부터 7일 이내에 신고수리 여부를 신고인에게 통지하여야 한다.
    ⑤ 의무관리대상 공동주택 전환 신고를 하려는 자는 입주자등의 동의를 받은 날부터 10일 이내에 관할 시장·군수·구청장에게 국토교통부령으로 정하는 신고서를 제출해야 한다.

27. 공동주택관리법령상 공동주택의 하자담보책임기간이 3년에 해당하는 것은?

    ① 마감공사 중 미장공사
    ② 마감공사 중 수장공사(건축물 내부 마무리 공사)
    ③ 대지조성공사 중 배수공사
    ④ 대지조성공사 중 옹벽공사(토목옹벽)
    ⑤ 옥외급수·위생 관련공사 중 저수조(물탱크)공사

28. 공동주택관리법령상 자치관리에 관한 설명으로 옳지 않은 것은?
   ① 자치관리기구 관리사무소장은 입주자대표회의가 입주자대표회의 구성원 3분의 2 이상의 찬성으로 선임한다.
   ② 주택관리업자에게 위탁관리하다가 자치관리로 관리방법을 변경하는 경우 입주자대표회의는 그 위탁관리의 종료일까지 자치관리기구를 구성하여야 한다.
   ③ 의무관리대상 공동주택의 입주자등이 공동주택을 자치관리할 것을 정한 경우 입주자대표회의는 공동주택의 관리사무소장을 자치관리기구의 대표자로 선임하여야 한다.
   ④ 입주자대표회의는 선임된 관리사무소장이 해임되었을 때에는 그 사유가 발생한 날부터 30일 이내에 새로운 관리사무소장을 선임하여야 한다.
   ⑤ 자치관리기구는 입주자대표회의의 감독을 받는다.

29. 공동주택관리법령상 의무관리대상 공동주택의 일반관리비 중 인건비에 해당하지 않는 것은?
   ① 식대
   ② 퇴직금
   ③ 고용보험료
   ④ 피복비
   ⑤ 국민건강보험료

30. 공동주택관리법령상 주택관리업자에게 영업정지를 갈음하여 과징금을 부과할 수 있는 경우를 모두 고른 것은?

   > ㄱ. 관리비와 장기수선충당금을 「공동주택관리법」에 따른 용도 외의 목적으로 사용한 경우
   > ㄴ. 매년 12월 31일을 기준으로 최근 3년간 공동주택의 관리 실적이 없는 경우
   > ㄷ. 과실로 공동주택을 잘못 관리하여 소유자에게 재산상의 손해를 입힌 경우
   > ㄹ. 법인인 주택관리업자의 자본금이 2억원에 미달하게 된 경우

   ① ㄱ, ㄴ, ㄷ
   ② ㄱ, ㄴ, ㄹ
   ③ ㄱ, ㄷ, ㄹ
   ④ ㄴ, ㄷ, ㄹ
   ⑤ ㄱ, ㄴ, ㄷ, ㄹ

31. 공동주택관리법령상 하자심사·분쟁조정위원회 소위원회의 심의·의결사항을 모두 고른 것은?

> ㄱ. 1천만원 미만의 소액 사건
> ㄴ. 전문분야 등을 고려하여 분과위원회에서 소위원회가 의결하도록 결정한 사건
> ㄷ. 당사자 쌍방이 소위원회의 조정안을 수락하기로 합의한 사건
> ㄹ. 하자의 발견 또는 보수가 쉬운 공용부분에 관한 하자 중 조경공사에서 발생한 하자와 관련된 심사 및 분쟁조정 사건

① ㄱ
② ㄴ, ㄷ
③ ㄱ, ㄴ, ㄷ
④ ㄴ, ㄷ, ㄹ
⑤ ㄱ, ㄴ, ㄷ, ㄹ

32. 공동주택관리법령상 위탁관리를 위해 입찰방식으로 주택관리업자를 선정하는 경우에 관한 설명으로 옳지 않은 것은?
① 국토교통부장관이 정하여 고시하는 경우 외에는 경쟁입찰방식으로 선정하여야 한다.
② 경쟁입찰의 참가자격을 제한하려면 전체 입주자등의 과반수의 동의를 얻어야 한다.
③ 계약기간은 장기수선계획의 조정 주기를 고려하여 정하여야 한다.
④ 입주자대표회의의 감사가 입찰과정 참관을 원하는 경우에는 참관할 수 있도록 하여야 한다.
⑤ 기존 주택관리업자의 관리 서비스가 만족스럽지 못한 경우라도 기존 주택관리업자의 입찰 참가를 제한할 수 없다.

33. 민간임대주택에 관한 특별법령상 공공주택사업자 또는 임차인대표회의가 임대주택분쟁조정위원회에 조정을 신청할 수 있는 사항이 아닌 것은?
① 관리비
② 임대료의 증감
③ 공공임대주택의 분양전환승인
④ 민간임대주택의 공용부분, 부대시설 및 복리시설의 유지·보수
⑤ 발행한 어음 및 수표를 기한까지 결제하지 못하여 어음교환소로부터 거래정지 처분을 받은 임대사업자의 민간임대주택에 대한 분양전환

34. 국민건강보험법령상 직장가입자가 될 수 있는 자는?
    ① 비상근 근로자
    ② 근로자가 없는 사업장의 사업주
    ③ 소재지가 일정하지 아니한 사업장의 근로자
    ④ 고용 기간이 1개월인 일용근로자
    ⑤ 1개월 동안의 소정근로시간이 50시간인 단시간근로자

35. 산업재해보상보험법상 용어에 관한 설명으로 옳지 않은 것은?
    ① 사망한 사람의 배우자(사실상 혼인 관계에 있는 사람 포함)는 "유족"에 해당한다.
    ② 취업과 관련하여 한 취업장소에서 다른 취업장소로의 이동은 "출퇴근"에 해당하지 않는다.
    ③ 부상이 치료의 효과를 더 이상 기대할 수 없고 그 증상이 고정된 상태에 이르게 된 것은 "치유"에 해당한다.
    ④ 업무상의 질병에 따른 정신적 훼손으로 노동능력이 감소된 상태로서 그 질병이 치유되지 아니한 상태는 "중증요양상태"에 해당한다.
    ⑤ 「근로기준법」에 따라 "임금" 또는 "평균임금"을 결정하기 어렵다고 인정되면 고용노동부장관이 정하여 고시하는 금액을 해당 "임금" 또는 "평균임금"으로 한다.

36. 고용보험법상 취업촉진 수당의 종류에 해당하지 않는 것은?
    ① 구직급여
    ② 조기(早期)재취업 수당
    ③ 직업능력개발 수당
    ④ 광역 구직활동비
    ⑤ 이주비

37. 건축물의 에너지절약설계기준상 건축부문의 의무사항에서 기밀 및 결로방지 등을 위한 조치에 관한 내용으로 옳지 않은 것은?
    ① 단열부위가 만나는 모서리 부위에 알루미늄박 또는 플라스틱계 필름 등을 사용할 경우 그 이음부는 80mm 이상 중첩되게 시공하여야 한다.
    ② 건축물 외피 단열부위의 접합부, 틈 등은 밀폐될 수 있도록 코킹과 가스켓 등을 사용하여 기밀하게 처리하여야 한다.
    ③ 방풍구조를 설치하여야 하는 출입문에서 회전문과 일반문이 같이 설치되어진 경우, 일반문 부위는 방풍실 구조의 이중문을 설치하여야 한다.
    ④ 외기에 직접 면하고 1층 또는 지상으로 연결된 출입문은 방풍구조로 하여야 한다. 다만, 너비 1.2미터 이하의 출입문은 그러하지 않을 수 있다.
    ⑤ 건축물의 거실의 창이 외기에 직접 면하는 부위인 경우에는 기밀성 창을 설치하여야 한다.

38. 건축물의 설비기준 등에 관한 규칙상 비상용승강기의 승강장에 설치하는 배연설비의 구조에 관한 내용으로 옳은 것을 모두 고른 것은? (단, 공기유입방식을 급기가압방식 또는 급·배기방식으로 하는 경우는 제외함)

> ㄱ. 배연구 및 배연풍도는 난연재료로 하고, 화재가 발생한 경우 원활하게 배연시킬 수 있는 규모로서 외기 또는 평상시에 사용하지 아니하는 굴뚝에 연결할 것
> ㄴ. 배연구에 설치하는 수동개방장치 또는 자동개방장치(열감지기 또는 연기감지기에 의한 것을 말한다)는 손으로도 열고 닫을 수 있도록 할 것
> ㄷ. 배연구는 평상시에는 닫힌 상태를 유지하고, 연 경우에는 배연에 의한 기류로 인하여 닫히지 아니하도록 할 것

① ㄱ
② ㄴ
③ ㄱ, ㄴ
④ ㄱ, ㄷ
⑤ ㄴ, ㄷ

39. 승강기 안전관리법상 승강기의 안전검사에 관한 내용으로 옳지 않은 것은?
① 관리주체가 요청하는 경우는 수시검사를 받아야 한다.
② 승강기의 제어반(制御盤) 또는 구동기(驅動機)를 교체한 경우는 수시검사를 받아야 한다.
③ 설치검사를 받은 날부터 15년이 지난 경우는 정밀안전검사를 받아야 한다.
④ 관리주체는 승강기에 대하여 국토교통부장관이 실시하는 안전검사를 받아야 한다.
⑤ 정기검사는 설치검사 후 정기적으로 하는 검사이다.

40. 주택건설기준 등에 관한 규정상 난간에 관한 내용이다. ( )에 들어갈 내용을 옳게 나열한 것은?

> 제18조(난간) ① 〈생략〉
> ② 난간의 각 부위의 치수는 다음 각 호의 기준에 적합하여야 한다.
>   1. 난간의 높이: 바닥의 마감면으로부터 (ㄱ) 센티미터 이상. 다만, 건축물 내부계단에 설치하는 난간, 계단중간에 설치하는 난간 기타 이와 유사한 것으로 위험이 적은 장소에 설치하는 난간의 경우에는 (ㄴ)센티미터 이상으로 할 수 있다.
>   2. 난간의 간살의 간격: 안목치수 10 센티미터 이하

① ㄱ: 100, ㄴ: 90
② ㄱ: 120, ㄴ: 60
③ ㄱ: 120, ㄴ: 90
④ ㄱ: 150, ㄴ: 60
⑤ ㄱ: 150, ㄴ: 80

41. 실내공기질 관리법 시행규칙상 신축 공동주택의 실내공기질 측정항목에 해당하는 것을 모두 고른 것은?

| ㄱ. 라돈 | ㄴ. 에틸벤젠 | ㄷ. 석면 | ㄹ. 스티렌 |

① ㄱ
② ㄴ, ㄷ
③ ㄷ, ㄹ
④ ㄱ, ㄴ, ㄷ
⑤ ㄱ, ㄴ, ㄹ

42. 관경이 동일한 배관을 직선으로 이음하는 데 사용하는 배관의 부속품이 아닌 것은?
① 유니언 ② 소켓 ③ 부싱 ④ 플랜지 ⑤ 니플

43. 급탕설비에 관한 설명으로 옳은 것은?
① 개별식 급탕방식은 중앙식 급탕방식에 비해 배관길이가 길어져 열손실이 크다.
② 중앙식 급탕방식 중 간접가열식은 고층건물에서 직접가열식에 비해 저압의 보일러로 충분하여 고압용 보일러를 설치할 필요는 없다.
③ 팽창관은 배관 도중에 이상 압력을 차단하는 체크밸브를 설치해야 한다.
④ 2개 이상의 엘보를 이용하여 신축을 흡수하는 이음은 더블 벨로즈형이다.
⑤ 신축이음의 종류에는 슬리브형, 라인형, 컬러형 등이 있다.

44. 펌프에 관한 설명으로 옳은 것은?
① 펌프의 흡상높이는 수온이 올라갈수록 높아진다.
② 펌프의 회전수를 1.2배로 하면 양수량은 1.73배가 된다.
③ 펌프의 흡입양정을 작게 하면 공동현상(cavitation)의 발생 가능성은 커진다.
④ 펌프의 성능 곡선은 가로축에 양수량, 세로축에 전양정, 효율, 축동력을 나타낸 것이다.
⑤ 비속도는 펌프의 형식을 결정하는 척도로 사용되며, 펌프가 대유량, 저양정일수록 그 값은 작아진다.

45. 난방설비에 관한 설명으로 옳은 것은?
   ① 중앙난방 방식의 온수난방에는 팽창탱크가 필요하다.
   ② 증기난방은 온수난방에 비해 부하변동에 따른 실내 온도조절이 용이하다.
   ③ 온수난방에는 방열기 트랩을 사용하여 열효율을 증가시킨다.
   ④ 방열기의 상당방열면적은 표준방열량을 방열기의 방열량으로 나눈 값을 말한다.
   ⑤ 직접환수방식은 역환수방식에 비해 배관설치 비용이 증가한다.

46. 냉동설비에 관한 내용으로 옳지 않은 것은?
   ① 히트펌프는 냉방용 및 난방용으로 사용할 수 있다.
   ② 흡수식냉동기는 압축식냉동기에 비해 소음이 작다.
   ③ 1중효용(단효용) 흡수식냉동기는 2중효용 흡수식냉동기에 비해 에너지 효율이 좋다.
   ④ 히트펌프는 난방운전 시가 냉방운전 시보다 성적계수(COP)가 높다.
   ⑤ 응축기와 팽창밸브는 압축식냉동기의 구성요소에 포함된다.

47. 소방시설 설치 및 관리에 관한 법률 시행령에서 정하고 있는 소방시설 중 경보설비가 아닌 것은?
   ① 시각경보기
   ② 비상경보설비
   ③ 비상방송설비
   ④ 자동화재탐지설비
   ⑤ 무선통신보조설비

48. 가로 20m, 세로 10m, 높이 6m인 기계실의 발열량이 20kW일 때 실내온도를 30℃로 유지하기 위한 환기횟수(회/h)는? (단, 외기온도 25℃, 공기의 비중 1.2kg/m², 공기의 비열 1.0kJ/kg·K로 하고, 주어진 조건 외는 고려하지 않음)
   ① 5   ② 10   ③ 15   ④ 20   ⑤ 30

주택관리관계법규(주관식)

49. 주택법 제2조(정의) 규정의 일부이다. ( )에 들어갈 용어를 쓰시오.

> "공구"란 하나의 (ㄱ)에서 대통령령으로 정하는 기준에 따라 둘 이상으로 구분되는 일단의 구역으로, 착공신고 및 (ㄴ)을(를) 별도로 수행할 수 있는 구역을 말한다.

50. 주택법 시행령 제86조(주택상환사채의 상환 등) 제1항 규정이다. ( )에 들어갈 아라비아 숫자를 쓰시오.

> 주택상환사채의 상환기간은 (ㄱ)년을 초과할 수 없다.

51. 주택법 제75조(리모델링 지원센터의 설치·운영) 제2항 규정이다. ( )에 들어갈 용어를 쓰시오.

> 리모델링 지원센터는 다음 각 호의 업무를 수행할 수 있다.
> 1. (ㄱ) 설립을 위한 업무 지원
> 2. 설계자 및 (ㄴ) 선정 등에 대한 지원
> 3. (ㄷ) 수립에 관한 지원
> 4. 그 밖에 지방자치단체의 조례로 정하는 사항

52. 공동주택관리법 제7조(위탁관리) 제1항 규정의 일부이다. ( )에 들어갈 용어를 쓰시오.

> 의무관리대상 공동주택의 입주자등이 공동주택을 위탁관리할 것을 정한 경우에는 입주자대표회의는 다음 각 호의 기준에 따라 (ㄱ)을(를) 선정하여야 한다.
> 1의2. 다음 각 목의 구분에 따른 사항에 대하여 전체 입주자등의 과반수의 동의를 얻을 것
>   가. (ㄴ)입찰: 입찰의 종류 및 방법, 낙찰방법, 참가자격 제한 등 입찰과 관련한 중요사항
>   나. (ㄷ)계약: 계약상대자 선정, 계약 조건 등 계약과 관련한 중요사항
> 2. 그 밖에 입찰의 방법 등 대통령령으로 정하는 방식을 따를 것

53. 공동주택관리법 시행령 제21조의3(층간소음관리위원회 구성원의 교육) 제2항 규정이다. ( )에 들어갈 아라비아 숫자를 쓰시오.

> 층간소음관리위원회의 구성원은 매년 (ㄱ)시간의 층간소음예방등교육을 이수해야 한다.

54. 공동주택관리법 시행령 제26조(관리비 등의 사업계획 및 예산안 수립 등) 제1항 규정이다. ( )에 들어갈 아라비아 숫자와 용어를 쓰시오.

> 의무관리대상 공동주택의 관리주체는 다음 회계연도에 관한 관리비 등의 사업계획 및 예산안을 매 회계연도 개시 (ㄱ)개월 전까지 (ㄴ)에 제출하여 승인을 받아야 하며, 승인사항에 변경이 있는 때에는 변경승인을 받아야 한다.

55. 건축법 제51조(방화지구 안의 건축물) 규정의 일부이다. ( )에 들어갈 용어와 아라비아 숫자를 쓰시오.

> ① 「국토의 계획 및 이용에 관한 법률」 제37조 제1항 제3호에 따른 방화지구 안에서는 건축물의 주요구조부와 지붕·외벽을 (ㄱ)구조로 하여야 한다. 다만, 대통령령으로 정하는 경우에는 그러하지 아니하다.
> ② 방화지구 안의 공작물로서 간판, 광고탑, 그 밖에 대통령령으로 정하는 공작물 중 건축물의 지붕 위에 설치하는 공작물이나 높이 (ㄴ)미터 이상의 공작물은 주요부를 불연(不燃)재료로 하여야 한다.

56. 건축법 시행령 제34조(직통계단의 설치) 제4항 규정이다. ( )에 들어갈 아라비아 숫자를 쓰시오.

> 준초고층 건축물에는 피난층 또는 지상으로 통하는 직통계단과 직접 연결되는 피난안전구역을 해당 건축물 전체 층수의 (ㄱ)분의 1에 해당하는 층으로부터 상하 (ㄴ)개층 이내에 1개소 이상 설치하여야 한다. 다만, 국토교통부령으로 정하는 기준에 따라 피난층 또는 지상으로 통하는 직통계단을 설치하는 경우에는 그러하지 아니하다.

57. 건축법 시행령 제119조(면적 등의 산정방법) 제1항 규정의 일부이다. ( )에 들어갈 용어를 쓰시오.

> 법 제84조에 따라 건축물의 면적·높이 및 층수 등은 다음 각 호의 방법에 따라 산정한다.
> 6. (ㄱ)높이: 지표면으로부터 건축물의 지붕틀 또는 이와 비슷한 수평재를 지지하는 벽·깔도리 또는 기둥의 상단까지의 높이로 한다.

58. 공공주택 특별법 제2조(정의) 규정의 일부이다. ( )에 들어갈 아라비아 숫자를 쓰시오.

"공공주택지구"란 공공주택의 공급을 위하여 공공주택이 전체주택 중 100분의 (ㄱ) 이상이 되고, 제6조 제1항에 따라 지정·고시하는 지구를 말한다.

59. 민간임대주택에 관한 특별법 제50조(준주택의 용도제한) 제1항 규정이다. ( )에 들어갈 용어를 쓰시오.

민간임대주택으로 등록한 준주택은 (ㄱ)이(가) 아닌 용도로 사용할 수 없다.

60. 시설물의 안전 및 유지관리에 관한 특별법 제56조(비용의 부담) 규정이다. ( )에 들어갈 용어를 쓰시오.

안전점검등과 성능평가에 드는 비용은 (ㄱ)이(가) 부담한다. 다만, 하자담보책임기간 내에 (ㄴ)이(가) 책임져야 할 사유로 정밀안전진단을 실시하여야 하는 경우 그에 드는 비용은 (ㄴ)이(가) 부담한다.

61. 화재의 예방 및 안전관리에 관한 법률 제2조(정의) 규정의 일부이다. ( )에 들어갈 용어를 쓰시오.

"(ㄱ)"(이)란 화재가 발생할 경우 사회·경제적으로 피해 규모가 클 것으로 예상되는 소방대상물에 대하여 화재위험요인을 조사하고 그 위험성을 평가하여 개선대책을 수립하는 것을 말한다.

62. 승강기 안전관리법 제31조(승강기의 자체점검) 제1항 규정의 일부이다. ( )에 들어갈 아라비아 숫자와 용어를 쓰시오.

관리주체는 승강기의 안전에 관한 자체점검을 월 (ㄱ)회 이상 하고, 그 결과를 대통령령으로 정하는 기간 이내에 제73조에 따른 (ㄴ)에 입력하여야 한다.

63. 전기사업법 제2조(정의) 규정의 일부이다. ( )에 들어갈 용어를 쓰시오.

12의2. "(ㄱ)"(이)란 전기자동차충전사업, 소규모전력중개사업, 재생에너지전기공급사업, 통합발전소사업, 재생에너지전기저장판매사업 및 송전제약발생지역전기공급사업을 말한다.
15. "(ㄴ) 공급"이란 전기사용자가 언제 어디서나 적정한 요금으로 전기를 사용할 수 있도록 전기를 공급하는 것을 말한다.

64. 도시 및 주거환경정비법 시행령 제40조(조합임원의 수) 규정이다. ( )에 들어갈 아라비아 숫자를 쓰시오.

> 법 제41조 제1항에 따라 조합에 두는 이사의 수는 (ㄱ)명 이상으로 하고, 감사의 수는 1명 이상 3명 이하로 한다. 다만, 토지등소유자의 수가 (ㄴ)인을 초과하는 경우에는 이사의 수를 5명 이상으로 한다.

공동주택관리실무(주관식)

65. 공동주택관리법상 용어 정의에 관한 규정이다. (   )에 들어갈 용어를 쓰시오.

> "(ㄱ)"(이)란 분양을 목적으로 한 공동주택과 임대주택이 함께 있는 공동주택단지를 말한다.

66. 공동주택관리법령상 선거관리위원회 구성원 수 등에 관한 규정의 일부이다. (   )에 들어갈 용어와 아라비아 숫자를 쓰시오.

> ○ 법 제15조 ① 입주자등은 동별 대표자나 입주자대표회의 임원을 선출하거나 해임하기 위하여 선거관리위원회를 구성한다.
> ○ 시행령 제15조 ① 법 제15조 제1항에 따른 선거관리위원회는 입주자등(서면으로 위임된 대리권이 없는 공동주택 (ㄱ)의 배우자 및 직계존비속이 그 (ㄱ)을(를) 대리하는 경우를 포함한다) 중에서 위원장을 포함하여 다음 각 호의 구분에 따른 위원으로 구성한다.
> 1. 500세대 이상인 공동주택: (ㄴ)명 이상 9명 이하
> 2. 500세대 미만인 공동주택: (ㄷ)명 이상 9명 이하

67. 공동주택관리법 제19조(관리규약 등의 신고) 규정의 일부이다. (   )에 들어갈 아라비아 숫자를 쓰시오.

> 의무관리대상 전환 공동주택의 관리인이 관리규약의 제정 신고를 하지 아니하는 경우에는 입주자등의 (ㄱ)분의 1 이상이 연서하여 신고할 수 있다.

68. 공동주택관리법령상 업무의 위탁에 관한 규정의 일부이다. (   )에 들어갈 용어를 쓰시오.

> 시행령 제95조 ⑧ 시장·군수·구청장은 법 제89조 제2항에 따라 소규모 공동주택의 안전관리 업무를 다음 각 호의 어느 하나에 해당하는 법인을 지정하여 위탁한다.
> 1. 국토안전관리원
> 2. (ㄱ)
> 3. 그 밖에 (ㄴ)이 소규모 공동주택의 안전관리 업무를 수행할 수 있다고 인정하여 고시하는 법인
> ※법 제89조(권한의 위임·위탁)

69. 공동주택관리법령상 층간소음 실태조사에 관한 규정의 일부이다. ( )에 들어갈 용어를 쓰시오.

> ○ 법 제85조의2 ③ 국토교통부장관 또는 지방자치단체의 장은 층간소음에 관한 실태조사 업무를 대통령령으로 정하는 기관 또는 단체에 위탁하여 실시할 수 있다.
> ○ 시행령 제91조의2 ② 법 제85조의2 제3항에서 "대통령령으로 정하는 기관 또는 단체"란 다음 각 호의 기관 또는 단체를 말한다.
>   1. 법 제86조에 따른 공동주택관리 (ㄱ)

70. 근로자퇴직급여 보장법상 퇴직급여제도의 설정에 관한 규정의 일부이다. ( )에 들어갈 아라비아 숫자를 쓰시오.

> 제4조 ① 사용자는 퇴직하는 근로자에게 급여를 지급하기 위하여 퇴직급여제도 중 하나 이상의 제도를 설정하여야 한다. 다만, 계속근로기간이 (ㄱ)년 미만인 근로자, 4주간을 평균하여 1주간의 소정근로시간이 (ㄴ)시간 미만인 근로자에 대하여는 그러하지 아니하다.

71. 민간임대주택에 관한 특별법령상 민간임대주택의 임대사업자의 관리업무에 관한 규정의 일부이다. ( )에 들어갈 용어를 쓰시오.

> ○ 법 제51조 ② 임대사업자는 민간임대주택이 300세대 이상의 공동주택 등 대통령령으로 정하는 규모 이상에 해당하면 「공동주택관리법」에 따른 주택 관리업자에게 관리를 위탁하거나 자체관리하여야 한다.
> ○ 법 제53조 ① 제51조 제2항에 따른 민간임대주택의 임대사업자는 주요 시설을 교체하고 보수하는 데에 필요한 (ㄱ)을(를) 적립하여야 한다.
> ○ 시행령 제43조 ① 법 제53조 제1항에 따른 민간임대주택의 임대사업자는 해당 민간임대주택(제41조 제3항 각 호의 공동주택으로 한정한다)의 공용부분, 부대시설 및 복리시설(분양된 시설은 제외한다)에 대한 장기수선계획을 수립하여 「주택법」 제49조에 따른 사용검사 신청 시 함께 제출하여야 하며, 임대기간 중 해당 민간임대주택단지에 있는 (ㄴ)에 장기수선계획을 갖춰 놓아야 한다.

72. 남녀고용평등과 일·가정 양립 지원에 관한 법률상 난임치료휴가에 관한 규정의 일부이다. ( )에 들어갈 아라비아 숫자를 쓰시오.

> 제18조의3 ① 사업주는 근로자가 인공수정 또는 체외수정 등 난임치료를 받기 위하여 휴가를 청구하는 경우에 연간 (ㄱ)일 이내의 휴가를 주어야 하며, 이 경우 최초 (ㄴ)일은 유급으로 한다. 다만, 근로자가 청구한 시기에 휴가를 주는 것이 정상적인 사업 운영에 중대한 지장을 초래하는 경우에는 근로자와 협의하여 그 시기를 변경할 수 있다.

73. 주택건설기준 등에 관한 규정상 급·배수시설에 관한 내용이다. ( )에 들어갈 용어와 아라비아 숫자를 쓰시오.

> 제43조(급·배수시설) ① 1. ~ 3. 〈생략〉
> ② 주택의 화장실에 설치하는 급수·배수용 배관은 다음 각 호의 기준에 적합해야 한다.
>   1. 급수용 배관에는 (ㄱ)밸브 등 수압을 조절하는 장치를 설치하여 각 세대별 수압이 일정하게 유지되도록 할 것
>   2. 배수용 배관은 층상배관공법(배관을 해당 층의 바닥 슬래브 위에 설치하는 공법을 말한다) 또는 층하배관공법(배관을 바닥 슬래브 아래에 설치하여 아래층 세대 천장으로 노출시키는 공법을 말한다)으로 설치할 수 있으며, 층하배관공법으로 설치하는 경우에는 일반용 경질(단단한 재질) 염화비닐관을 설치하는 경우보다 같은 측정조건에서 (ㄴ)데시벨 이상 소음 차단 성능이 있는 저소음형 배관을 사용할 것

74. 주차장법 시행규칙상 노외주차장의 구조·설비기준에 관한 내용이다. ( )에 들어갈 아라비아 숫자를 쓰시오.

> 노외주차장 내부 공간의 일산화탄소 농도는 주차장을 이용하는 차량이 가장 빈번한 시각의 앞뒤 8시간의 평균치가 (ㄱ)피피엠 이하(「실내공기질 관리법」 제3조 제1항 제19호에 따른 실내주차장은 (ㄴ)피피엠 이하)로 유지되어야 한다.

75. 건축물의 설비기준 등에 관한 규칙상 피뢰설비에 관한 내용이다. ( )에 공통으로 들어갈 아라비아 숫자를 쓰시오.

> 제20조(피뢰설비) 영 제87조 제2항에 따라 낙뢰의 우려가 있는 건축물, 높이 (ㄱ)미터 이상의 건축물 또는 영 제118조 제1항에 따른 공작물로서 높이 (ㄱ)미터 이상의 공작물(건축물에 영 제118조 제1항에 따른 공작물을 설치하여 그 전체 높이가 (ㄱ)미터 이상인 것을 포함한다)에는 다음 각 호의 기준에 적합하게 피뢰설비를 설치해야 한다.
>   1. ~ 9. 〈생략〉

76. 신에너지 및 재생에너지 개발·이용·보급 촉진법상 용어의 정의에 관한 내용이다. ( )에 들어갈 용어를 쓰시오.

> 제2조(정의) 이 법에서 사용하는 용어의 뜻은 다음과 같다.
> 1. 〈생략〉
> 2. "재생에너지"란 햇빛·물·지열(地熱)·강수(降水)·생물유기체 등을 포함하는 재생 가능한 에너지를 변환시켜 이용하는 에너지로서 다음 각 목의 어느 하나에 해당하는 것을 말한다.
>   가. (ㄱ)에너지
>   나. (ㄴ)
>   다. 수력
>   라. 해양에너지
>   마. 지열에너지
>   바. 생물자원을 변환시켜 이용하는 (ㄷ)에너지로서 대통령령으로 정하는 기준 및 범위에 해당하는 에너지
>   사. 폐기물에너지(비재생폐기물로부터 생산된 것은 제외한다)로서 대통령령으로 정하는 기준 및 범위에 해당하는 에너지
>   아. 그 밖에 석유·석탄·원자력 또는 천연가스가 아닌 에너지로서 대통령령으로 정하는 에너지

77. 먹는물 수질기준 및 검사 등에 관한 규칙상 먹는물의 수질기준에 관한 내용이다. ( )에 들어갈 아라비아 숫자를 쓰시오.

> 1. 〈생략〉
> 2. 건강상 유해영향 무기물질에 관한 기준
>   가. 납은 (ㄱ) mg/L를 넘지 아니할 것
>   나. 불소는 1.5mg/L(샘물·먹는샘물 및 염지하수·먹는염지하수의 경우에는 2.0mg/L)를 넘지 아니할 것
>   다. ~하. 〈생략〉

78. 도시가스사업법 시행규칙상 가스사용시설의 시설·기술·검사기준에 관한 내용이다. (   )에 들어갈 용어와 아라비아 숫자를 쓰시오.

> 1. 배관 및 배관설비
>   가. 시설기준
>   1) ~ 2) 〈생략〉
>   3) 배관설비기준
>   가) ~ 아) 〈생략〉
>   자) 배관은 안전을 확보하기 위하여 배관임을 명확하게 알아볼 수 있도록 다음 기준에 따라 도색 및 표시를 할 것
>   ① 〈생략〉
>   ② 지상배관은 부식방지도장 후 표면색상을 황색으로 도색하고, 지하매설배관은 최고사용압력이 (ㄱ)인 배관은 황색으로, 중압 이상인 배관은 붉은색으로 할 것. 다만, 지상배관의 경우 건축물의 내·외벽에 노출된 것으로서 바닥(2층 이상의 건물의 경우에는 각 층의 바닥을 말한다)에서 (ㄴ)m의 높이에 폭 3cm의 황색띠를 2중으로 표시한 경우에는 표면색상을 황색으로 하지 아니할 수 있다.
>   차) ~ 타) 〈생략〉

79. 화재의 예방 및 안전관리에 관한 법률 시행령상 특급 소방안전관리대상물에 관한 내용이다. (   )에 들어갈 아라비아 숫자를 쓰시오.

> 1. 특급 소방안전관리대상물
>   가. 특급 소방안전관리대상물의 범위
>   「소방시설 설치 및 관리에 관한 법률 시행령」 별표 2의 특정소방대상물 중 다음의 어느 하나에 해당하는 것
>   1) (ㄱ)층 이상(지하층은 제외한다)이거나 지상으로부터 높이가 (ㄴ)미터 이상인 아파트
>   2) ~ 3) 〈생략〉

80. 피난기구의 화재안전기술기준(NFTC 301)상 승강식 피난기 및 하향식 피난구용내림식사다리에 관한 내용이다. (   )에 들어갈 아라비아 숫자를 쓰시오.

> 대피실의 면적은 (ㄱ)m²(2세대 이상일 경우에는 3m²) 이상으로 하고, 「건축법 시행령」 제46조 제4항 각 호의 규정에 적합하여야 하며 하강구(개구부)규격은 직경 60cm 이상일 것. 다만, 외기와 개방된 장소에는 그렇지 않다.

2025년 제28회 주택관리사(보) 2차 시험 정답

[주택관리관계법규]

1	③	2	②	3	⑤	4	④	5	①
6	①	7	③	8	⑤	9	⑤	10	①
11	②	12	⑤	13	④	14	④	15	①
16	④	17	②	18	③	19	④	20	③
21	①	22	③	23	⑤	24	②		

[공동주택관리실무]

25	②	26	③	27	⑤	28	①	29	④
30	④	31	③	32	⑤	33	③	34	④
35	②	36	①	37	①	38	⑤	39	④
40	③	41	⑤	42	③	43	②	44	④
45	①	46	③	47	⑤	48	②		

[주택관리관계법규(주관식)]

49	ㄱ: 주택단지, ㄴ: 사용검사	50	3
51	ㄱ: 리모델링주택조합, ㄴ: 시공자, ㄷ: 권리변동계획	52	ㄱ: 주택관리업자, ㄴ: 경쟁, ㄷ: 수의
53	4	54	ㄱ: 1, ㄴ: 입주자대표회의
55	ㄱ: 내화, ㄴ: 3	56	ㄱ: 2, ㄴ: 5
57	처마	58	50
59	주거용	60	ㄱ: 관리주체, ㄴ: 시공자
61	화재예방안전진단	62	ㄱ: 1, ㄴ: 승강기안전종합정보망
63	ㄱ: 전기사업, ㄴ: 보편적	64	ㄱ: 3, ㄴ: 100

[공동주택관리실무(주관식)]

65	혼합주택단지	66	ㄱ: 소유자, ㄴ: 5, ㄷ: 3
67	10	68	ㄱ: 주택관리사단체, ㄴ: 국토교통부장관
69	지원기구	70	ㄱ: 1, ㄴ: 15
71	ㄱ: 특별수선충당금, ㄴ: 관리사무소	72	ㄱ: 6, ㄴ: 2
73	ㄱ: 감압, ㄴ: 5	74	ㄱ: 50, ㄴ: 25
75	20	76	ㄱ: 태양, ㄴ: 풍력, ㄷ: 바이오
77	0.01	78	ㄱ: 저압, ㄴ: 1
79	ㄱ: 50, ㄴ: 200	80	2

memo

memo

삶의 순간순간이
아름다운 마무리이며
새로운 시작이어야 한다.

- 법정 스님

여러분의 작은 소리
에듀윌은 크게 듣겠습니다.

본 교재에 대한 여러분의 목소리를 들려주세요.
공부하시면서 어려웠던 점, 궁금한 점,
칭찬하고 싶은 점, 개선할 점, 어떤 것이라도 좋습니다.

에듀윌은 여러분께서 나누어 주신 의견을
통해 끊임없이 발전하고 있습니다.

에듀윌 도서몰 book.eduwill.net
- 부가학습자료 및 정오표: 에듀윌 도서몰 → 도서자료실
- 교재 문의: 에듀윌 도서몰 → 문의하기 → 교재(내용, 출간) / 주문 및 배송

2026 에듀윌 주택관리사 2차 단원별 기출문제집

발 행 일	2026년 1월 11일 초판
편 저 자	윤동섭, 김영곤
펴 낸 이	양형남
펴 낸 곳	(주)에듀윌
I S B N	979-11-360-3969-9
등록번호	제25100-2002-000052호
주 소	08378 서울특별시 구로구 디지털로34길 55 코오롱싸이언스밸리 2차 3층

* 이 책의 무단 인용·전재·복제를 금합니다.

www.eduwill.net
대표전화 1600-6700

11,800여 건의 생생한 후기

한○수 합격생

에듀윌로 합격과 취업 모두 성공

저는 1년 정도 에듀윌에서 공부하여 합격하였습니다. 수많은 주택관리사 합격생을 배출해 낸 1위 기업이라는 점 때문에 에듀윌을 선택하였고, 선택은 틀리지 않았습니다. 에듀윌에서 제시하는 커리큘럼은 상대평가에 최적화되어 있으며, 나에게 맞는 교수님을 선택할 수 있었기 때문에 만족하며 공부를 할 수 있었습니다. 또한 합격 후에는 에듀윌 취업지원센터의 도움을 통해 취업까지 성공할 수 있었습니다. 에듀윌만 믿고 따라간다면 합격과 취업 모두 문제가 없을 것입니다.

박○현 합격생

20년 군복무 끝내고 주택관리사로 새 출발

육군 소령 전역을 앞두고 70세까지 전문직으로 할 수 있는 제2의 직업이 뭘까 고민하다가 주택관리사 시험에 도전하게 됐습니다. 주택관리사를 검색하면 에듀윌이 가장 먼저 올라오고, 취업까지 연결해 주는 프로그램이 잘 되어 있어서 에듀윌을 선택하였습니다. 특히, 언제 어디서나 지원되는 동영상 강의와 시험을 앞두고 진행되는 특강, 모의고사가 많은 도움이 되었습니다. 거기에 오답노트를 만들어서 틈틈이 공부했던 것까지가 제 합격의 비법인 것 같습니다.

이○준 합격생

에듀윌에서 공인중개사, 주택관리사 준비해 모두 합격

에듀윌에서 준비해 제27회 공인중개사 시험에 합격한 후, 취업 전망을 기대하고 주택관리사에도 도전하게 됐습니다. 높은 합격률, 차별화된 학습 커리큘럼, 훌륭한 교수진, 취업지원센터를 통한 취업 연계 등 여러 가지 이유로 다시 에듀윌을 선택했습니다. 에듀윌 학원은 체계적으로 학습 관리를 해 주고, 공부할 수 있는 공간이 많아서 좋았습니다. 교수님과 자기 자신을 믿고, 에듀윌에서 시작하면 반드시 합격할 수 있습니다.

다음 합격의 주인공은 당신입니다!

더 많은
합격 비법

* 에듀윌 홈페이지 게시 건수 기준 (2025년 10월 기준)

1위 에듀윌만의
체계적인 합격 커리큘럼

온라인 강의
원하는 시간과 장소에서, 1:1 관리까지 한번에

① 전 과목 최신 교재 제공
② 업계 최강 교수진의 전 강의 수강 가능
③ 교수진이 직접 답변하는 1:1 Q&A 서비스

쉽고 빠른 합격의 첫걸음 **기초용어집** 무료 신청

직영학원
최고의 학습 환경과 빈틈 없는 학습 관리

① 현장 강의와 온라인 강의를 한번에
② 시험일까지 온라인 강의 무제한 수강
③ 강의실, 자습실 등 프리미엄 호텔급 학원 시설

설명회 참석 당일 등록 시 **특별 수강 할인권** 제공

친구 추천 이벤트

" **친구 추천**하고 한 달 만에
920만원 받았어요 "

친구 1명 추천할 때마다 현금 10만원 제공
추천 참여 횟수 무제한 반복 가능

 친구 추천 이벤트 바로가기

※ *a*o*h**** 회원의 2021년 2월 실제 리워드 금액 기준
※ 해당 이벤트는 예고 없이 변경되거나 종료될 수 있습니다.

* 2023 대한민국 브랜드만족도 주택관리사 교육 1위 (한경비즈니스)

에듀윌이
너를
지지할게
ENERGY

처음에는 당신이 원하는 곳으로
갈 수는 없겠지만,
당신이 지금 있는 곳에서
출발할 수는 있을 것이다.

– 작자 미상

● **합격할 때까지 책임지는 개정법령 원스톱 서비스!**

기준 및 법령 개정이 잦은 주택관리사 시험,
개정사항을 어떻게 확인해야 할지 막막하고 걱정스러우신가요?
에듀윌에서는 필요한 개정법령만을 빠르게! 한번에! 제공해 드립니다.

| 에듀윌 도서몰 접속
(book.eduwill.net) | ▶ | 도서자료실
클릭 |

개정법령
확인하기

2026
에듀윌 주택관리사

단원별 기출문제집 2차

정답 및 해설

차례

SUBJECT 1 주택관리관계법규

PART 01 | 주택법

CHAPTER 01 | 총칙 ... 8
CHAPTER 02 | 주택의 건설 등 ... 12
CHAPTER 03 | 주택의 공급 등 ... 20
CHAPTER 04 | 리모델링 및 보칙 ... 24

PART 02 | 공동주택관리법

CHAPTER 01 | 총칙 ... 29
CHAPTER 02 | 공동주택의 관리방법 등 ... 30
CHAPTER 03 | 관리비 등, 장기수선계획 및 장기수선충당금 ... 37
CHAPTER 04 | 하자담보책임 등 ... 42
CHAPTER 05 | 공동주택의 전문관리 등 ... 43

PART 03 | 민간임대주택에 관한 특별법

CHAPTER 01 | 총칙, 임대사업자 및 주택임대관리업자 ... 49
CHAPTER 02 | 민간임대주택의 공급 및 관리 등 ... 52

PART 04 | 공공주택 특별법

CHAPTER 01 | 총칙 및 공공주택지구 등 ... 54
CHAPTER 02 | 공공주택의 공급 및 운영·관리 등 ... 55

PART 05 | 건축법

CHAPTER 01 | 총칙 ... 59
CHAPTER 02 | 건축물의 건축 ... 63
CHAPTER 03 | 건축의 규제 ... 66

PART 06 | 도시 및 주거환경정비법 ... 79

PART 07 | 도시재정비 촉진을 위한 특별법 ... 85

PART 08 | 시설물의 안전 및 유지관리에 관한 특별법 ... 87

PART 09 | 소방기본법 ... 91

PART 10 | 화재의 예방 및 안전관리에 관한 법률 ... 93

PART 11 | 소방시설 설치 및 관리에 관한 법률 ... 98

PART 12 | 전기사업법 ... 100

PART 13 | 승강기 안전관리법 ... 107

PART 14 | 집합건물의 소유 및 관리에 관한 법률 ... 112

SUBJECT 2 공동주택관리실무

PART 01 | 행정관리

CHAPTER 01	주택의 정의 및 종류 116
CHAPTER 02	공동주택관리법의 총칙 116
CHAPTER 03	관리규약 등 118
CHAPTER 04	공동주택의 관리방법 119
CHAPTER 05	공동주택의 관리조직 126
CHAPTER 06	주택관리사제도 140
CHAPTER 07	공동주택관리법상 벌칙사항 142
CHAPTER 08	입주자관리 142
CHAPTER 09	사무 및 인사관리 145
1 문서관리 145
2 노무관리 146
3 사회보험 156
CHAPTER 10	대외업무관리 및 리모델링 163
CHAPTER 11	공동주거관리이론 166
CHAPTER 12	공동주택회계관리 166

PART 02 | 시설·방재관리

CHAPTER 01 | 시설관리 169
  1 공동주택관리법령에 의한 시설관리제도 169
  2 공동주택의 보존관리 173
  3 주택의 건설기준 등 173
  4 건축설비의 개요 178
  5 물에 관한 일반사항 178
  6 급수설비 179
  7 급탕설비 183
  8 배수·통기설비 186
  9 위생기구 및 배관재료 189
  10 오수정화시설 190
  11 난방설비 190
  12 냉동설비 192
  13 배기 및 환기설비 193
  14 소방시설 197
  15 가스설비 206
  16 전기설비 207
  17 운송설비 210

CHAPTER 02 | 환경관리 213

CHAPTER 03 | 안전관리 220

SUBJECT 1

주택관리
관계법규

정답 및 해설

PART 01 주택법   8
PART 02 공동주택관리법   29
PART 03 민간임대주택에 관한 특별법   49
PART 04 공공주택 특별법   54
PART 05 건축법   59
PART 06 도시 및 주거환경정비법   79
PART 07 도시재정비 촉진을 위한 특별법   85
PART 08 시설물의 안전 및 유지관리에 관한 특별법   87
PART 09 소방기본법   91
PART 10 화재의 예방 및 안전관리에 관한 법률   93
PART 11 소방시설 설치 및 관리에 관한 법률   98
PART 12 전기사업법   100
PART 13 승강기 안전관리법   107
PART 14 집합건물의 소유 및 관리에 관한 법률   112

PART 01 주택법

CHAPTER 01 총칙
▶ 연계학습: 기본서 상권 pp. 20~32

01	③	02	②	03	⑤
04	④	05	④	06	②
07	⑤	08	②	09	①
10	300, 100	11	장수명 주택	12	20
13	㉠ 20, ㉡ 8	14	㉠ 주거환경, ㉡ 주택시장	15	㉠ 건강친화형 주택
16	㉠ 공구	17	㉠ 주택단지, ㉡ 사용검사	18	㉠ 지역난방시설, ㉡ 기간시설
19	30, 40				

01 ③

[정답해설] 복리시설은 다음과 같다.
가. 어린이놀이터, 근린생활시설, 유치원, 주민운동시설 및 경로당
나. 그 밖에 입주자 등의 생활복리를 위하여 대통령령으로 정하는 다음의 공동시설
  1. 「건축법 시행령」 별표 1 제3호에 따른 제1종 근린생활시설
  2. 「건축법 시행령」 별표 1 제4호에 따른 제2종 근린생활시설(총포판매소, 장의사, 다중생활시설, 단란주점 및 안마시술소는 제외한다)
  3. 「건축법 시행령」 별표 1 제6호에 따른 종교시설
  4. 「건축법 시행령」 별표 1 제7호에 따른 판매시설 중 소매시장 및 상점
  5. 「건축법 시행령」 별표 1 제10호에 따른 교육연구시설
  6. 「건축법 시행령」 별표 1 제11호에 따른 노유자시설
  7. 「건축법 시행령」 별표 1 제12호에 따른 수련시설
  8. 「건축법 시행령」 별표 1 제14호에 따른 업무시설 중 금융업소
  9. 「산업집적활성화 및 공장설립에 관한 법률」 제2조 제13호에 따른 지식산업센터
  10. 「사회복지사업법」 제2조 제5호에 따른 사회복지관
  11. 공동작업장
  12. 주민공동시설
  13. 도시·군계획시설인 시장
  14. 그 밖에 제1호부터 제13호까지의 시설과 비슷한 시설로서 국토교통부령으로 정하는 공동시설 또는 사업계획승인권자가 거주자의 생활복리 또는 편익을 위하여 필요하다고 인정하는 시설

02 ②

정답해설 경로당은 '복리시설'에 해당한다.

부대시설이란 주택에 딸린 다음 각 목의 시설 또는 설비를 말한다.

가. 주차장, 관리사무소, 담장 및 주택단지 안의 도로
나. 「건축법」 제2조 제1항 제4호에 따른 건축설비
다. 가목 및 나목의 시설·설비에 준하는 것으로서 대통령령으로 정하는 다음의 시설 또는 설비

  1. 보안등, 대문, 경비실 및 자전거보관소
  2. 조경시설, 옹벽 및 축대
  3. 안내표지판 및 공중화장실
  4. 저수시설, 지하양수시설 및 대피시설
  5. 쓰레기 수거 및 처리시설, 오수처리시설, 정화조
  6. 소방시설, 냉난방공급시설(지역난방공급시설은 제외한다) 및 방범설비
  7. 「환경친화적 자동차의 개발 및 보급 촉진에 관한 법률」 제2조 제3호에 따른 전기자동차에 전기를 충전하여 공급하는 시설
  8. 「전기통신사업법」 등 다른 법령에 따라 거주자의 편익을 위해 주택단지에 의무적으로 설치해야 하는 시설로서 사업주체 또는 입주자의 설치 및 관리 의무가 없는 시설
  9. 그 밖에 제1호부터 제8호까지의 시설 또는 설비와 비슷한 것으로서 사업계획승인권자가 주택의 사용 및 관리를 위해 필요하다고 인정하는 시설 또는 설비

03 ⑤

정답해설 주민운동시설은 주택단지의 입주자 등의 생활복리를 위한 공동시설(복리시설)에 속한다.

04 ④

정답해설 어린이놀이터는 '복리시설'에 해당한다.

05 ④

정답해설
1. '기반시설'이란 「국토의 계획 및 이용에 관한 법률」 제2조 제6호에 따른 기반시설을 말한다.
2. '기간시설'이란 도로·상하수도·전기시설·가스시설·통신시설·지역난방시설 등을 말한다.
3. '간선시설'이란 도로·상하수도·전기시설·가스시설·통신시설 및 지역난방시설 등 주택단지(둘 이상의 주택단지를 동시에 개발하는 경우에는 각각의 주택단지를 말한다) '안'의 기간시설을 그 주택단지 '밖'에 있는 같은 종류의 기간시설에 연결시키는 시설을 말한다. 다만, 가스시설·통신시설 및 지역난방시설의 경우에는 주택단지 '안'의 기간시설을 포함한다.

06 ②

정답해설 「건축법 시행령」상 '다중주택' 및 '다가구주택'은 주택법령상 공동주택이 아닌 단독주택에 속하며, 「건축법 시행령」상 '오피스텔'은 주택법령상 주택이 아니라 준주택에 속한다.

07 ⑤

정답해설 ⓒ의 기숙사, ⓒ의 오피스텔, ⓔ의 노인복지주택은 모두 '준주택'으로서 '주택'이 아니다.
오답해설 ⓐ의 다중주택은 '단독주택'으로서 '주택'에 해당한다.

08 ②

오답해설
① '복리시설'이란 주택단지의 입주자 등의 생활복리를 위한 어린이놀이터, 근린생활시설, 유치원, 주민운동시설 및 경로당을 말한다. 주차장, 관리사무소는 '부대시설'에 속한다.
③ '세대구분형 공동주택'은 공동주택의 주택 내부 공간의 일부를 세대별로 구분하여 생활이 가능한 구조로 하되, 그 구분된 공간의 일부를 구분소유할 수 없는 주택을 말한다.
④ '도시형 생활주택'은 300세대 미만의 국민주택규모에 해당하는 주택으로서 대통령령으로 정하는 주택을 말한다.
⑤ '건강친화형 주택'은 건강하고 쾌적한 실내환경의 조성을 위하여 실내공기의 오염물질 등을 최소화할 수 있도록 대통령령으로 정하는 기준에 따라 건설된 주택을 말하며, '에너지 절약형 친환경주택'은 저에너지 건물 조성기술 등 대통령령으로 정하는 기술을 이용하여 에너지 사용량을 절감하거나 이산화탄소 배출량을 저감할 수 있도록 건설된 주택을 말한다.

09 ①

정답해설 '주택'이란 세대(世帶)의 구성원이 장기간 독립된 주거생활을 할 수 있는 구조로 된 건축물의 전부 또는 일부 및 그 부속토지를 말하며, 단독주택과 공동주택으로 구분한다. 즉, '부속토지'를 포함한다.

10 300, 100

11 장수명 주택

12 20

13 ㉠ 20, ㉡ 8

정답해설 "주택단지"란 주택건설사업계획 또는 대지조성사업계획의 승인을 받아 주택과 그 부대시설 및 복리시설을 건설하거나 대지를 조성하는 데 사용되는 일단(一團)의 토지를 말한다. 다만, 다음 각 목의 시설로 분리된 토지는 각각 별개의 주택단지로 본다.
가. 철도·고속도로·자동차전용도로
나. 폭 20미터 이상인 일반도로
다. 폭 8미터 이상인 도시계획예정도로
라. 가목부터 다목까지의 시설에 준하는 것으로서 대통령령으로 정하는 시설

14 ㉠ 주거환경, ㉡ 주택시장

정답해설 이 법은 쾌적하고 살기 좋은 주거환경 조성에 필요한 주택의 건설·공급 및 주택시장의 관리 등에 관한 사항을 정함으로써 국민의 주거안정과 주거수준의 향상에 이바지함을 목적으로 한다.

15 ㉠ 건강친화형 주택

정답해설 '건강친화형 주택'이란 건강하고 쾌적한 실내환경의 조성을 위하여 실내공기의 오염물질 등을 최소화할 수 있도록 대통령령으로 정하는 기준에 따라 건설된 주택을 말한다.

16 ㉠ 공구

정답해설 공구란 하나의 주택단지에서 대통령령으로 정하는 기준에 따라 둘 이상으로 구분되는 일단의 구역으로, 착공신고 및 사용검사를 별도로 수행할 수 있는 구역을 말한다.

17 ㉠ 주택단지, ㉡ 사용검사

18 ㉠ 지역난방시설, ㉡ 기간시설

19 30, 40

CHAPTER 02 주택의 건설 등
▶ 연계학습: 기본서 상권 pp. 33~105

01	①	02	⑤	03	③
04	③	05	⑤	06	①
07	②	08	⑤	09	③
10	㉠ 소유권	11	⑤	12	①
13	㉠ 50	14	㉠ 2, ㉡ 과반수	15	㉠ 3, ㉡ 발기인, ㉢ 2
16	㉠ 2, ㉡ 2, ㉢ 20	17	⑤	18	입주자 모집공고
19	③	20	⑤	21	⑤
22	①	23	④	24	⑤
25	20, 20	26	준주거지역, 300	27	50
28	㉠ 14, ㉡ 7	29	㉠ 사전방문, ㉡ 사용검사, ㉢ 조례		

1 주택조합

01 ①
[정답해설] 청약 철회를 서면으로 하는 경우에는 청약 철회의 의사를 표시한 서면을 발송한 날에 그 효력이 발생한다.

02 ⑤
[정답해설] ㉠, ㉡, ㉢, ㉣ 모두 조합원 모집 신고를 수리할 수 없는 경우이다.

[고난도]

03 ③
[정답해설] '고용자가 확인한 근무확인서'는 직장주택조합의 경우에 한하여 첨부하여야 할 서류이다.

[고난도 TIP] 주택조합설립인가를 받기 위해 첨부하여야 할 서류 중 '고용자가 확인한 근무확인서'는 직장주택조합의 경우에 한하여 첨부하여야 할 서류임을 숙지해야 한다.

04 ③
[오답해설] ① 10억원 이상의 자산평가액을 보유한 「공인중개사법」에 따른 개인 중개업자는 A지역 주택조합의 조합설립인가 신청을 대행할 수 있다.
② 관할 시장의 설립인가가 있은 이후에도 甲은 조합을 탈퇴할 수 있다.

④ A지역주택조합은 조합원 모집에 관하여 설명한 내용을 조합 가입 신청자가 이해하였음을 서면으로 확인받아 가입 신청자에게 교부하고, 그 사본을 5년간 보관하여야 한다.
⑤ 甲의 사망으로 A지역주택조합이 조합원을 충원하는 경우, 충원되는 자가 조합원 자격 요건을 갖추었는지는 A지역주택조합의 설립인가 신청일을 기준으로 판단한다.

고난도

05 ⑤

정답해설 업무대행자에게 대행시킬 수 있는 주택조합의 업무는 다음과 같다.
1. 조합원 모집, 토지 확보, 조합설립인가 신청 등 조합설립을 위한 업무의 대행
2. 사업성 검토 및 사업계획서 작성업무의 대행
3. 설계자 및 시공자 선정에 관한 업무의 지원
4. 법 제15조에 따른 사업계획승인 신청 등 사업계획승인을 위한 업무의 대행
5. 계약금 등 자금의 보관 및 그와 관련된 업무의 대행
6. 그 밖에 총회의 운영업무 지원 등 국토교통부령으로 정하는 다음의 사항
   ㉠ 총회 일시·장소 및 안건의 통지 등 총회 운영업무 지원
   ㉡ 조합 임원 선거 관리업무 지원

함정 CHECK 주의, 위 5.
5. 계약금 등 자금의 보관 업무는 오직 신탁업자에게 대행하도록 하여야 한다.
   (즉, 위 5.는 모든 업무대행자에게 대행시킬 수 있는 업무가 아니다)

06 ①

정답해설 표준업무대행계약서의 작성, 보급은 '국토교통부장관의 업무'이다.
[업무대행자에게 대행시킬 수 있는 주택조합의 업무]는 다음 각 호와 같다.
1. 조합원 모집, 토지 확보, 조합설립인가 신청 등 조합설립을 위한 업무의 대행
2. 사업성 검토 및 사업계획서 작성업무의 대행
3. 설계자 및 시공자 선정에 관한 업무의 지원
4. 법 제15조에 따른 사업계획승인 신청 등 사업계획승인을 위한 업무의 대행
5. 계약금 등 자금의 보관 및 그와 관련된 업무의 대행
6. 그 밖에 총회의 운영업무 지원 등 국토교통부령으로 정하는 다음의 사항
   ㉠ 총회 일시·장소 및 안건의 통지 등 총회 운영업무 지원
   ㉡ 조합 임원 선거 관리업무 지원

함정 CHECK 주의, 위 5.
5. 계약금 등 자금의 보관 업무는 오직 신탁업자에게 대행하도록 하여야 한다.

> 고난도

07 ②

정답해설 주택조합 업무대행자가 될 수 있는 자는 다음의 어느 하나에 해당하는 자를 말한다.
1. 법인인 경우: 5억원 이상의 자본금을 보유한 자
2. 개인인 경우: 10억원 이상의 자산평가액을 보유한 사람

오답해설 ① A는 계약금 등 자금의 보관 업무를 수임하여 대행할 수 없다.
③ 업무대행자는 업무의 실적보고서를 해당 분기의 말일부터 20일 이내에 주택조합 또는 주택조합의 발기인에게 제출해야 한다.
④ A가 주택조합의 발기인인 경우, 자신의 귀책사유로 주택조합 또는 조합원에게 손해를 입힌 경우에는 손해배상책임이 있다.
⑤ 국토교통부장관은 주택조합의 원활한 사업추진 및 조합원의 권리 보호를 위하여 공정거래위원회 위원장과 협의를 거쳐 표준업무대행계약서를 작성·보급할 수 있다. 따라서 발기인과 A는 주택조합의 원활한 사업추진 및 조합원의 권리 보호를 위하여 국토교통부장관이 작성·보급한 표준업무대행계약서를 사용해야 한다.

> 고난도 TIP ① 계약금 등 자금의 보관 업무는 오직 신탁업자에게 대행하도록 해야 하므로 A는 해당 업무를 대행할 수 없다는 것을 숙지해야 한다.

08 ⑤

오답해설 ① 국민주택을 공급받기 위하여 직장주택조합을 설립하려는 자는 관할 특별자치시장, 특별자치도지사, 시장·군수·구청장에게 신고를 하여야 한다.
② 지역주택조합을 해산하려는 경우에는 관할 특별자치시장, 특별자치도지사, 시장·군수·구청장의 인가를 받아야 한다.
③ 주택조합의 임원이 결격사유에 해당되어 당연퇴직된 경우 퇴직된 임원이 퇴직 전에 관여한 행위는 그 효력이 상실되는 것은 아니다.
④ 공개모집 이후 조합원의 사망·자격상실·탈퇴 등으로 인한 결원을 충원하거나 미달된 조합원을 재모집하는 경우 선착순의 방법으로 조합원을 모집할 수 있다.

> 함정 CHECK ② 주택조합을 설립하는 경우에는 '인가'를 받아야 하며, 인가받은 내용을 변경하거나 주택조합을 해산하려는 경우에도 '인가'를 받아야 한다.

09 ③

정답해설 주택을 마련하기 위하여 주택조합설립인가를 받으려는 자는 다음의 요건을 모두 갖추어야 한다.
1. 해당 주택건설대지의 80퍼센트 이상에 해당하는 토지의 사용권원을 확보할 것
2. 해당 주택건설대지의 15퍼센트 이상에 해당하는 토지의 소유권을 확보할 것

10 ㉠ 소유권

정답해설 주택을 마련하기 위하여 주택조합설립인가를 받으려는 자는 다음의 요건을 모두 갖추어야 한다.
1. 해당 주택건설대지의 80퍼센트 이상에 해당하는 토지의 사용권원을 확보할 것
2. 해당 주택건설대지의 15퍼센트 이상에 해당하는 토지의 소유권을 확보할 것

11 ⑤

오답해설 ① '수직증축형 리모델링'의 대상이 되는 기존 건축물의 층수가 15층 이상인 경우에는 3개 층까지, 기존 건축물의 층수가 14층 이하인 경우에는 2개 층까지 리모델링할 수 있다.
② 리모델링주택조합이 주택단지 '전체'를 리모델링하는 경우에는 주택단지 '전체' 구분소유자 및 의결권의 각 75퍼센트 이상의 동의와 '각 동별' 구분소유자 및 의결권의 각 50퍼센트 이상의 동의를 받아야 하며, '동'을 리모델링하는 경우에는 그 동의 구분소유자 및 의결권의 각 75퍼센트 이상의 동의를 받아야 한다.
③ 많은 수의 구성원이 주택을 마련하거나 리모델링하기 위하여 주택조합을 설립하려는 경우에는 관할 '시장·군수·구청장'의 인가를 받아야 한다.
④ '대수선'인 리모델링을 하려고 리모델링주택조합의 설립인가를 신청하는 경우에는 10년이 지났음을 증명하는 서류를 첨부하여야 하며, '증축'인 리모델링의 경우에는 15년[15년 이상 20년 미만의 연수 중 특별시·광역시·특별자치시·도 또는 특별자치도('시·도')의 조례로 정하는 경우에는 그 연수로 한다]이 지났음을 증명하는 서류를 첨부하여야 한다.

함정 CHECK ③ 국민주택을 공급받기 위하여 '직장주택조합'을 설립하려는 자는 관할 시장·군수·구청장에게 신고하여야 하지만, 리모델링하기 위하여 주택조합을 설립하려는 경우에는 관할 '시장·군수·구청장'의 인가를 받아야 한다. 즉, 리모델링하기 위하여 주택조합을 설립하려는 경우(리모델링 대상 공동주택의 규모를 불문)에는 '신고'가 아니라 항상 '인가'를 받아야 함을 숙지하여야 한다.

12 ①

정답해설 '리모델링주택조합의 조합원'은 해당 리모델링주택에 6개월 이상 거주한 임차인 중 주택조합의 설립에 동의한 자가 아니라, 다음의 어느 하나에 해당하는 사람으로 한다.
1. 「주택법」 제15조에 따른 사업계획승인을 받아 건설한 공동주택의 소유자
2. 복리시설을 함께 리모델링하는 경우에는 해당 복리시설의 소유자
3. 「건축법」 제11조에 따른 건축허가를 받아 분양을 목적으로 건설한 공동주택의 소유자(해당 건축물에 공동주택 외의 시설이 있는 경우에는 해당 시설의 소유자를 포함한다)

함정 CHECK 선지 ④의 경우는 '사업계획승인신청일까지'이고, 선지 ⑤의 경우는 '주택조합의 설립인가신청일을 기준'으로 함을 유의하여야 한다.

13 ㉠ 50

14 ㉠ 2, ㉡ 과반수

15 ㉠ 3, ㉡ 발기인, ㉢ 2

정답해설
- 주택조합은 주택조합의 설립인가를 받은 날부터 <u>3년</u>이 되는 날까지 사업계획승인을 받지 못하는 경우 대통령령으로 정하는 바에 따라 총회의 의결을 거쳐 해산 여부를 결정하여야 한다.
- 주택조합의 <u>발기인</u>은 조합원 모집 신고가 수리된 날부터 <u>2년</u>이 되는 날까지 주택조합 설립인가를 받지 못하는 경우 대통령령으로 정하는 바에 따라 주택조합 가입 신청자 전원으로 구성되는 총회 의결을 거쳐 주택조합 사업의 종결 여부를 결정하도록 하여야 한다.

고난도

16 ㉠ 2, ㉡ 2, ㉢ 20

정답해설
- 주택조합의 발기인은 제11조의3 제1항에 따른 조합원 모집 신고가 수리된 날부터 <u>2년</u>이 되는 날까지 주택조합 설립인가를 받지 못하는 경우 대통령령으로 정하는 바에 따라 주택조합 가입 신청자 전원으로 구성되는 총회 의결을 거쳐 주택조합 사업의 종결 여부를 결정하도록 하여야 한다.
- 법 제14조의2 제2항에 따라 개최하는 총회는 다음의 요건을 모두 충족해야 한다.
  1. 주택조합 가입 신청자의 <u>3분의 2</u> 이상의 찬성으로 의결할 것
  2. 주택조합 가입 신청자의 <u>100분의 20</u> 이상이 직접 출석할 것. 다만, 영 제20조 제5항 전단에 해당하는 경우는 제외한다.
  3. 위 2.의 단서의 경우에는 영 제20조 제5항 후단 및 같은 조 제6항에 따를 것. 이 경우 '조합원'은 '주택조합 가입 신청자'로 본다.

> 고난도 TIP '사업 종결 여부의 결정'과 '조합 해산 여부의 결정'을 구분하여 숙지해야 한다.

2 주택건설기준 등

17 ⑤

정답해설 인정제품을 정당한 사유 없이 계속하여 1개월 이상 생산하지 아니한 경우는 바닥충격음 성능등급 인정기관이 성능등급을 인정받은 제품에 대해 그 인정을 취소할 수 있는 경우에 해당하지 않는다.

18 입주자 모집공고

3 주택의 건설 절차 등

19 ③

정답해설 다음의 요건을 모두 갖춘 사업의 경우 사업계획승인을 받을 필요가 없다.
1. 「국토의 계획 및 이용에 관한 법률 시행령」에 따른 '준주거지역' 또는 '상업지역(유통상업지역은 제외한다)'에서 300세대 미만의 주택과 주택 외의 시설을 동일 건축물로 건축하는 경우일 것
2. 해당 건축물의 연면적에서 주택의 연면적이 차지하는 비율이 90퍼센트 미만일 것

20 ⑤

정답해설 감리자의 업무는 다음과 같다.
가. 시공자가 설계도서에 맞게 시공하는지 여부의 확인
나. 시공자가 사용하는 건축자재가 관계 법령에 따른 기준에 맞는 건축자재인지 여부의 확인
다. 주택건설공사에 대하여 「건설기술 진흥법」 제55조에 따른 품질시험을 하였는지 여부의 확인
라. 시공자가 사용하는 마감자재 및 제품이 제54조 제3항에 따라 사업주체가 시장·군수·구청장에게 제출한 마감자재 목록표 및 영상물 등과 동일한지 여부의 확인
마. 주택건설공사의 하수급인(「건설산업기본법」 제2조 제14호에 따른 하수급인을 말한다)이 「건설산업기본법」 제16조에 따른 시공자격을 갖추었는지 여부의 확인
바. 그 밖에 주택건설공사의 감리에 관한 사항으로서 대통령령으로 정하는 다음의 사항
  1. 설계도서가 해당 지형 등에 적합한지에 대한 확인
  2. 설계변경에 관한 적정성 확인
  3. 시공계획·예정공정표 및 시공도면 등의 검토·확인
  4. 국토교통부령으로 정하는 주요 공정이 예정공정표대로 완료되었는지 여부의 확인
  5. 예정공정표보다 공사가 지연된 경우 대책의 검토 및 이행 여부의 확인
  6. 방수·방음·단열시공의 적정성 확보, 재해의 예방, 시공상의 안전관리 및 그 밖에 건축공사의 질적 향상을 위하여 국토교통부장관이 정하여 고시하는 사항에 대한 검토·확인

21 ⑤

정답해설

주택법 제44조(감리자의 업무 등) ① 감리자는 자기에게 소속된 자를 대통령령으로 정하는 바에 따라 감리원으로 배치하고, 다음 각 호의 업무를 수행하여야 한다.
1. 시공자가 설계도서에 맞게 시공하는지 여부의 확인
2. 시공자가 사용하는 건축자재가 관계 법령에 따른 기준에 맞는 건축자재인지 여부의 확인
3. 주택건설공사에 대하여 「건설기술 진흥법」 제55조에 따른 품질시험을 하였는지 여부의 확인
4. 시공자가 사용하는 마감자재 및 제품이 법 제54조 제3항에 따라 사업주체가 시장·군수·구청장에게 제출한 마감자재 목록표 및 영상물 등과 동일한지 여부의 확인
4의2. 주택건설공사의 하수급인(「건설산업기본법」 제2조 제14호에 따른 하수급인을 말한다)이 「건설산업기본법」 제16조에 따른 시공자격을 갖추었는지 여부의 확인
5. 그 밖에 주택건설공사의 시공감리에 관한 사항으로서 대통령령으로 정하는 사항

주택법 시행령 제49조(감리자의 업무) ① 법 제44조 제1항 제5호에서 '대통령령으로 정하는 사항'이란 다음 각 호의 업무를 말한다.
1. 설계도서가 해당 지형 등에 적합한지에 대한 확인
2. 설계변경에 관한 적정성 확인
3. 시공계획·예정공정표 및 시공도면 등의 검토·확인
4. 국토교통부령으로 정하는 주요 공정이 예정공정표대로 완료되었는지 여부의 확인
5. 예정공정표보다 공사가 지연된 경우 대책의 검토 및 이행 여부의 확인
6. 방수·방음·단열시공의 적정성 확보, 재해의 예방, 시공상의 안전관리 및 그 밖에 건축공사의 질적 향상을 위하여 국토교통부장관이 정하여 고시하는 사항에 대한 검토·확인

22 ①

정답해설 감리자는 그의 업무를 수행하면서 위반 사항을 발견하였을 때에는 지체 없이 시공자 및 사업주체에게 위반 사항을 시정할 것을 통지하고, 7일 이내에 사업계획승인권자에게 그 내용을 보고하여야 한다.

23 ④

오답해설 ㉠ 사업주체는 사업계획승인을 받아 시행하는 주택건설사업 또는 대지조성사업을 완료한 경우에는 주택 또는 대지에 대하여 시장·군수·구청장[국가 또는 한국토지주택공사가 사업주체인 경우와 대통령령으로 정하는 경우(국토교통부장관으로부터 사업계획승인을 받은 경우)에는 국토교통부장관을 말한다]의 사용검사를 받아야 한다.

> 고난도

24 ⑤

정답해설 품질점검단은 '대통령령으로 정하는 규모 및 범위 등에 해당하는 공동주택'(「주택법」 제2조 제10호 다목 및 라목에 해당하는 사업주체가 건설하는 <u>300세대 이상인 공동주택</u>. 다만, <u>시·도지사</u>가 필요하다고 인정하는 경우에는 조례로 정하는 바에 따라 <u>300세대 미만인 공동주택</u>)의 건축·구조·안전·품질관리 등에 대한 시공품질을 대통령령으로 정하는 바에 따라 점검하여 그 결과를 시·도지사(「주택법」 제48조의3 제1항 후단의 경우에는 대도시 시장을 말한다)와 사용검사권자에게 제출하여야 한다.

> 이론 PLUS 「주택법」 제2조
> 10. '사업주체'란 법 제15조에 따른 주택건설사업계획 또는 대지조성사업계획의 승인을 받아 그 사업을 시행하는 다음의 자를 말한다.
>   가. 국가·지방자치단체
>   나. 한국토지주택공사 또는 지방공사
>   다. 법 제4조에 따라 등록한 주택건설사업자 또는 대지조성사업자
>   라. 그 밖에 이 법에 따라 주택건설사업 또는 대지조성사업을 시행하는 자

> 고난도 TIP 국가 등인 사업주체가 건설하는 공동주택은 점검대상이 아닌 점을 유의해야 한다.

25 20, 20

26 준주거지역, 300

27 50

28 ㉠ 14, ㉡ 7

29 ㉠ 사전방문, ㉡ 사용검사, ㉢ 조례

정답해설 시·도지사는 제48조의2에 따른 <u>사전방문</u>을 실시하고 <u>사용검사</u>를 신청하기 전에 공동주택의 품질을 점검하여 사업계획의 내용에 적합한 공동주택이 건설되도록 할 목적으로 주택 관련 분야 등의 전문가로 구성된 공동주택 품질점검단(이하 "품질점검단"이라 한다)을 설치·운영할 수 있다. 이 경우 시·도지사는 품질점검단의 설치·운영에 관한 사항을 <u>조례</u>로 정하는 바에 따라 대도시 시장에게 위임할 수 있다.

CHAPTER 03	주택의 공급 등			▶ 연계학습: 기본서 상권 pp. 106~137	
01	⑤	02	②	03	④
04	④	05	①	06	①
07	②	08	②	09	③
10	①	11	④	12	㉠ 입주금, ㉡ 기획재정부장관
13	2	14	㉠ 3, ㉡ 20	15	㉠ 4, ㉡ 3, ㉢ 5
16	㉠ 주택상환사채, ㉡ 10				

01 ⑤

[정답해설] 입주자저축정보를 제공한 입주자저축취급기관의 장은 「금융실명거래 및 비밀보장에 관한 법률」 제4조의2 제1항에도 불구하고 입주자저축정보의 제공사실을 '명의인'에게 통보하지 아니할 수 있다. 다만, 입주자저축정보를 제공하는 입주자저축취급기관의 장은 입주자저축정보의 '명의인이 요구할 때'에는 입주자저축정보의 제공사실을 '통보'하여야 한다.

02 ②

[정답해설] ② '거주의무기간'은 다음과 같다.
1. 사업주체가 '수도권'에서 건설·공급하는 분양가상한제 적용주택의 경우
    가. 공공택지에서 건설·공급되는 주택의 경우
        1) 분양가격이 인근지역주택매매가격의 80퍼센트 미만인 주택: 5년
        2) 분양가격이 인근지역주택매매가격의 80퍼센트 이상 100퍼센트 미만: 3년
    나. 공공택지 외의 택지에서 건설·공급되는 주택의 경우
        1) 분양가격이 인근지역주택매매가격의 80퍼센트 미만인 주택: 3년
        2) 분양가격이 인근지역주택매매가격의 80퍼센트 이상 100퍼센트 미만: 2년
2. 토지임대부 분양주택: 5년
[참고] 다음 어느 하나에 해당하는 주택의 입주자(상속받은 자는 제외한다. 이하 "거주의무자")는 해당 주택의 최초 입주가능일부터 3년 이내(토지임대부 분양주택의 경우는 최초 입주가능일을 말한다)에 입주하여야 하고, 해당 주택의 분양가격과 국토교통부장관이 고시한 방법으로 결정된 인근지역 주택매매가격의 비율에 따라 5년 이내 범위에서 대통령령으로 정하는 기간(이하 "거주의무기간"이라 한다) 동안 계속하여 해당 주택에 거주하여야 한다. 다만, 해외 체류 등 대통령령으로 정하는 부득이한 사유가 있는 경우 그 기간은 해당 주택에 거주한 것으로 본다.
    1. 사업주체가 「수도권정비계획법」 제2조 제1호에 따른 수도권에서 건설·공급하는 분양가상한제 적용주택
    2. 토지임대부 분양주택
[참고, 전매제한기간] 토지임대부 분양주택: 10년

03 ④

정답해설 '소유권이전등기를 신청할 수 있는 날'이란 사업주체가 입주예정자에게 통보한 '입주가능일'을 말한다.

고난도 TIP 이 문제는 저당권 설정 제한에 대한 수준 높은 사례문제로서 해당 부분을 정확하게 이해하여야 풀 수 있다. 선지 ④의 경우, '소유권이전등기를 신청할 수 있는 날'이란 사업주체가 입주예정자에게 통보한 '입주가능일'을 말하며, '입주예정자가 실제로 입주한 날'이 아님을 숙지하여야 한다. 향후 이런 문제 유형의 출제가 늘어날 것으로 예상되는 만큼 이에 대한 철저한 대비를 해야 한다.

04 ④

정답해설 해당 주택단지에 「공동주택관리법」에 따른 주택관리업자가 선정되어 있는 경우에는 그 주택관리업자가 甲에 대한 매도청구에 관한 소송을 제기할 수 있는 것이 아니라, 주택(복리시설을 포함한다)의 소유자들이 매도청구에 관한 소송을 제기할 수 있다.

고난도 TIP 이 문제는 '사용검사 후 매도청구'에 대한 수준 높은 사례문제로서 해당 부분을 정확하게 이해하여야 풀 수 있는 문제이다. 선지 ④의 경우 주택(복리시설을 포함한다)의 소유자들이 매도청구에 관한 소송을 제기하는 것이지, 주택관리업자가 매도청구에 관한 소송을 제기하는 것이 아님을 숙지하여야 한다.

05 ①

정답해설 주택의 소유자들이 甲에게 해당 토지에 대한 매도청구를 하는 경우 시가를 기준으로 하여야 한다.

06 ①

오답해설 ② 투기과열지구에서 전매행위 제한규정에 위반하여 전매행위 제한기간 내에 주택을 전매하는 행위는 「주택법」에 따른 벌칙의 적용대상으로서 3년 이하의 징역 또는 3천만원 이하의 벌금에 처한다.
③ 투기과열지구는 그 지정목적을 달성할 수 있는 최소한의 범위에서 시·군·구 또는 읍·면·동의 지역 단위로 지정하되, 택지개발지구 등 해당 지역 여건을 고려하여 지정 단위를 조정할 수 있다.
④ 투기과열지구지정직전월의 주택분양실적이 전 달보다 30퍼센트 이상 감소한 곳으로 주택공급이 위축될 우려가 있는 곳은 투기과열지구로 지정될 수 있다.
⑤ 「수도권정비계획법」에 따른 수도권의 투기과열지구에서 건설·공급되는 주택의 전매행위 제한기간은 해당 주택의 입주자로 선정된 날부터 3년이다.

07 ②

정답해설 A지역에서 주택을 보유하고 있던 자는 투기과열지구의 지정 이후 일정 기간 주택의 전매행위가 제한되는 것이 아니라, A지역에서 건설·공급되는 주택의 입주자로 선정된 지위를 일정 기간 전매하는 행위가 제한된다.

고난도 TIP 이 문제는 '투기과열지구'에 대한 사례문제로서 해당 부분을 정확하게 이해하여야 풀 수 있는 문제이다. 선지 ②의 경우 A지역에서 주택을 보유하고 있던 자는 투기과열지구의 지정 이후 일정 기간 주택의 전매행위가 제한되는 것이 아니라, A지역에서 건설·공급되는 주택의 입주자로 선정된 지위를 일정 기간 전매하는 행위가 제한됨을 숙지하여야 한다.

08 ②

정답해설 투기과열지구를 지정하는 경우에는 그 지정 목적을 달성할 수 있는 최소한의 범위에서 시·군·구 또는 읍·면·동의 지역 단위로 지정하되, 택지개발지구(「택지개발촉진법」 제2조 제3호에 따른 택지개발지구를 말한다) 등 해당 지역 여건을 고려하여 지정 단위를 조정할 수 있다.

09 ③

정답해설 「건축법」 제11조에 따른 건축허가 건수가 직전연도보다 급격하게 감소하여 주택공급이 위축될 우려가 있는 곳이 투기과열지구의 지정 기준에 포함된다.

함정 CHECK ③ 「건축법」 제11조에 따른 건축허가 건수가 직전연도보다 급격하게 감소하여 주택공급이 위축될 우려가 있는 곳이 투기과열지구의 지정 기준에 포함된다. 선지 ③은 '직전연도'를 '직전월'로 제시하여 혼동을 유발하였다.

10 ①

오답해설 ② 국토교통부장관은 주거정책심의위원회의 심의를 거쳐 조정대상지역을 지정할 수 있다.
③ 국토교통부장관은 조정대상지역을 지정하였을 때에는 지체 없이 이를 공고하고, 그 조정대상지역을 관할하는 시장·군수·구청장에게 공고 내용을 통보하여야 한다.
④ 조정대상지역으로 지정된 지역의 시장·군수·구청장은 조정대상지역 지정 후 조정대상지역으로 유지할 필요가 없다고 판단되는 경우에는 국토교통부장관에게 그 지정의 해제를 요청할 수 있다.
⑤ 조정대상지역이 지정된 경우, 시장·군수·구청장은 사업주체로 하여금 입주자 모집공고 시 해당 주택건설 지역이 조정대상지역에 포함된 사실을 공고하게 하여야 한다.

함정 CHECK ③ 시·도지사와 시장·군수·구청장의 혼동을 유발하는 선지이다. 국토교통부장관은 조정대상지역을 지정하였을 때에는 지체 없이 이를 공고하고, '시·도지사'가 아니라, 그 조정대상지역을 관할하는 '시장·군수·구청장'에게 공고 내용을 통보하여야 한다.

고난도

11 ④

정답해설 주택가격, 청약경쟁률, 분양권 전매량 및 주택보급률 등을 고려하였을 때 주택 분양 등이 과열될 우려가 있는 지역에 대한 조정대상지역의 지정은 그 지정 목적을 달성할 수 있는 최소한의 범위로 한다.

고난도 TIP 조정대상지역의 지정 시 그 지정 목적을 달성할 수 있는 최소한의 범위로 해야 할 지역은 과열지역에 한정된다는 점에 유의해야 한다.

12 ㉠ 입주금, ㉡ 기획재정부장관

정답해설
- 국토교통부장관은 주택을 공급받으려는 자에게 미리 입주금의 전부 또는 일부를 저축(이하 '입주자저축'이라 한다)하게 할 수 있다.
- 국토교통부장관은 법 제56조 제9항에 따라 입주자저축에 관한 국토교통부령을 제정하거나 개정할 때에는 기획재정부장관과 미리 협의해야 한다.

13 ②

고난도 TIP '분양가상한제 적용 지역', '투기과열지구' 및 '조정대상지역'으로 지정될 수 있는 지역 등은 자주 출제되는 만큼 각각 비교하여 필히 암기하여야 한다.

14 ㉠ 3, ㉡ 20

정답해설 2. 분양가상한제적용직전월부터 소급하여 3개월간의 주택매매거래량이 전년 동기 대비 20퍼센트 이상 증가한 지역은 분양가상한제 적용 지역으로 지정될 수 있다.

15 ㉠ 4, ㉡ 3, ㉢ 5

16 ㉠ 주택상환사채, ㉡ 10

> **정답해설**
> **주택법 제65조(공급질서 교란 금지)** ① 누구든지 이 법에 따라 건설·공급되는 주택을 공급받거나 공급받게 하기 위하여 다음 각 호의 어느 하나에 해당하는 증서 또는 지위를 양도·양수(매매·증여나 그 밖에 권리 변동을 수반하는 모든 행위를 포함하되, 상속·저당의 경우는 제외한다) …를 하여서는 아니 되며, 〈이하 본문 생략〉
> 1. 법 제11조에 따라 주택을 공급받을 수 있는 지위
> 2. 법 제56조에 따른 입주자저축 증서
> 3. 법 제80조에 따른 <u>주택상환사채</u>
> 4. 그 밖에 주택을 공급받을 수 있는 증서 또는 지위로서 대통령령으로 정하는 것
> ②~④〈생략〉
> ⑤ 국토교통부장관은 제1항을 위반한 자에 대하여 <u>10년</u>의 범위에서 국토교통부령으로 정하는 바에 따라 주택의 입주자자격을 제한할 수 있다.

CHAPTER 04 리모델링 및 보칙

▶ 연계학습: 기본서 상권 pp. 138~160

01	③	02	②	03	①
04	④	05	⑤	06	①
07	50	08	100	09	㉠ 리모델링주택조합, ㉡ 시공자, ㉢ 권리변동계획
10	③	11	①	12	②
13	㉠ 40, ㉡ 75, ㉢ 지상권	14	③	15	②
16	⑤	17	3	18	300

1 리모델링

01 ③

> **오답해설** ① 공동주택(부대시설과 복리시설을 포함한다)의 입주자·사용자 또는 관리주체가 공동주택을 리모델링하려고 하는 경우에는 허가와 관련된 면적, 세대수 또는 입주자 등의 동의비율에 관하여 대통령령으로 정하는 기준 및 절차 등에 따라 '<u>시장·군수·구청장</u>'의 허가를 받아야 한다.
> ② 리모델링에 동의한 소유자는 리모델링주택조합 또는 입주자대표회의가 <u>시장·군수·구청장</u>에게 '<u>허가신청서를 제출하기 전까지</u>' '<u>서면</u>'으로 동의를 철회할 수 있다.
> ④ 「공동주택관리법」에 따른 입주자대표회의가 리모델링을 하려면 주택단지의 <u>소유자 전원</u>의 동의를 받아야 한다.
> ⑤ 공동주택의 관리주체가 리모델링을 하려는 경우 공사기간, 공사방법 등이 적혀 있는 동의서에 <u>입주자 전체</u>의 동의를 받아야 한다.

02 ②

정답해설 리모델링주택조합이 '동'을 리모델링하는 경우에는 그 동의 구분소유자 및 의결권의 각 75퍼센트 이상의 동의를 받아야 한다.

03 ①

오답해설
② 주택의 소유자 전원의 동의를 받은 경우 「공동주택관리법」에 따른 입주자대표회의는 리모델링을 할 수 있다.
③ 50세대 이상으로 세대수가 증가하는 리모델링을 허가하려는 경우에는 「국토의 계획 및 이용에 관한 법률」에 따라 설치된 시·군·구도시계획위원회의 심의를 거쳐야 한다.
④ 증축형 리모델링이 아닌 경우에도 허가받은 리모델링 공사를 완료하였을 때 따로 사용검사를 받아야 된다.
⑤ 동(棟)을 리모델링하기 위하여 리모델링주택조합을 설립하려는 경우에는 그 동의 구분소유자 및 의결권의 각 3분의 2 이상의 결의를 얻어야 한다.

이론 PLUS 「주택법」 제66조
⑦ 공동주택의 입주자·사용자·관리주체·입주자대표회의 또는 리모델링주택조합이 「주택법」 제66조 제1항 또는 제2항에 따른 리모델링에 관하여 시장·군수·구청장의 허가를 받은 후 그 공사를 완료하였을 때에는 시장·군수·구청장의 사용검사를 받아야 하며, 사용검사에 관하여는 「주택법」 제49조(사용검사 등)를 준용한다.

04 ④

정답해설 특별시장·광역시장 및 대도시의 시장으로부터 리모델링 기본계획과 관련하여 협의를 요청받은 관계 행정기관의 장은 특별한 사유가 없으면 그 요청을 받은 날부터 30일 이내에 의견을 제시하여야 한다.

05 ⑤

정답해설 '수직증축형 리모델링'은 수직증축형 리모델링의 대상이 되는 기존 건축물의 신축 당시의 구조도를 보유하고 있어야 한다.

함정 CHECK ⑤ 기존 건축물의 신축 당시의 구조도를 보유하고 있어야 하는 경우는 '수직증축형 리모델링'인 점을 숙지하여야 한다.

06 ①

정답해설 '안전진단결과보고서'는 권리변동계획의 내용에 포함되지 않는다.

> **이론 PLUS** 권리변동계획의 내용에 포함되는 것
> 1. 리모델링 전후의 대지 및 건축물의 권리변동 명세
> 2. 조합원의 비용분담
> 3. 사업비
> 4. 조합원 외의 자에 대한 분양계획
> 5. 그 밖에 리모델링과 관련된 권리 등에 대하여 해당 시·도 또는 시·군의 조례로 정하는 사항

07 50

08 100

09 ㉠ 리모델링주택조합, ㉡ 시공자, ㉢ 권리변동계획

2 토지임대부 분양주택

10 ③

오답해설 ① 토지임대부 분양주택의 토지에 대한 임대차기간은 <u>40년 이내</u>로 한다. 이 경우 토지임대부 분양주택 소유자의 75퍼센트 이상이 계약갱신을 청구하는 경우 <u>40년의 범위</u>에서 이를 갱신할 수 있다.
② 토지임대부 분양주택을 공급받은 자가 토지소유자와 임대차계약을 체결한 경우 해당 주택의 구분소유권을 목적으로 그 토지 위에 임대차기간 동안 <u>지상권</u>이 설정된 것으로 본다.
④ 토지임대료는 월별 임대료를 원칙으로 하되, 토지소유자와 주택을 공급받은 자가 합의한 경우 임대료를 보증금으로 <u>전환하여 납부할 수 있다</u>.
⑤ 토지임대부 분양주택에 관하여「주택법」에서 정하지 아니한 사항은「<u>집합건물의 소유 및 관리에 관한 법률</u>」,「<u>민법</u>」 순으로 적용한다.

11 ①

오답해설 ② 토지임대부 분양주택의 경우, <u>토지의 소유권</u>은 사업계획의 승인을 받아 토지임대부 분양주택 건설사업을 시행하는 자가 가지고, <u>건축물 및 복리시설 등에 대한 소유권</u>(건축물의 전유부분에 대한 구분소유권은 이를 분양받은 자가 가지고, <u>건축물의 공용부분·부속건물 및 복리시설은 분양받은 자들이 공유한다</u>)은 <u>주택을 분양받은 자</u>가 가진다.

③ 토지임대부 분양주택을 <u>양수한 자</u> 또는 상속받은 자는 토지의 임대차계약을 <u>승계한다</u>. 따라서 임대차계약을 따로 체결하여야 하는 것은 아니다.
④ 토지임대료는 '<u>월별 임대료</u>'를 <u>원칙</u>으로 하되, 토지소유자와 주택을 공급받은 자가 합의한 경우 대통령령으로 정하는 바에 따라 임대료를 <u>보증금으로 전환</u>하여 납부할 수 있다.
⑤ 토지임대부 분양주택의 소유자가 임대차기간이 만료되기 전에 「도시 및 주거환경정비법」 등 도시개발 관련 법률에 따라 해당 주택을 철거하고 재건축을 하고자 하는 경우 「집합건물의 소유 및 관리에 관한 법률」 제47조부터 제49조까지에 따라 토지소유자의 동의를 받아 재건축할 수 있으며, 이에 따라 재건축한 주택은 <u>토지임대부 분양주택</u>으로 한다. 다만, 토지소유자와 주택소유자가 '<u>합의</u>'한 경우에는 <u>토지임대부 분양주택이 아닌 주택</u>으로 전환할 수 있다.

12 ②

정답해설 ② '거주의무기간'은 다음과 같다.
㉠ ①의 ㉠에 따른 주택의 경우
ⓐ 공공택지에서 건설·공급되는 주택의 경우
ⅰ) 분양가격이 인근지역주택매매가격의 80퍼센트 미만인 주택: 5년
ⅱ) 분양가격이 인근지역주택매매가격의 80퍼센트 이상 100퍼센트 미만인 주택: 3년
ⓑ 공공택지 외의 택지에서 건설·공급되는 주택의 경우
ⅰ) 분양가격이 인근지역주택매매가격의 80퍼센트 미만인 주택: 3년
ⅱ) 분양가격이 인근지역주택매매가격의 80퍼센트 이상 100퍼센트 미만인 주택: 2년
㉡ '토지임대부 분양주택'의 경우: <u>5년</u>

오답해설 ① 다음의 어느 하나에 해당하는 주택의 입주자(<u>상속받은 자는 제외한다</u>. 이하 '거주의무자'라 한다)는 해당 주택의 '최초 입주가능일'부터 3년 이내(토지임대부 분양주택의 경우에는 '최초 입주가능일'을 말한다)에 '입주'하여야 하고, 해당 주택의 분양가격과 국토교통부장관이 고시한 방법으로 결정된 인근지역 주택매매가격의 비율에 따라 5년 이내의 범위에서 '대통령령으로 정하는 기간'(이하 '거주의무기간'이라 한다) 동안 계속하여 해당 주택에 거주하여야 한다. 다만, 해외 체류 등 대통령령으로 정하는 부득이한 사유가 있는 경우 그 기간은 해당 주택에 거주한 것으로 본다.
㉠ 사업주체가 「수도권정비계획법」 제2조 제1호에 따른 수도권에서 건설·공급하는 분양가상한제 적용주택
㉡ 토지임대부 분양주택
③ 거주의무자는 위 ①에 따른 거주의무를 이행하지 아니한 경우 해당 주택을 양도(<u>매매·증여나 그 밖에 권리 변동을 수반하는 모든 행위를 포함하되, 상속의 경우는 제외한다</u>)할 수 없다.
④ 토지임대부 분양주택에 입주하기 위해 준비기간이 필요한 경우. 이 경우 해당 주택에 거주한 것으로 보는 기간은 <u>최초 입주가능일부터 90일까지</u>로 한다.

⑤ 국토교통부장관 또는 지방자치단체의 장은 거주의무자등의 실제 거주 여부를 확인하기 위하여 거주의무자등에게 필요한 서류 등의 제출을 요구할 수 있으며, 소속 공무원으로 하여금 해당 주택에 출입하여 조사하게 하거나 관계인에게 필요한 질문을 하게 할 수 있다. 이 경우 서류 등의 제출을 요구받거나 해당 주택의 출입·조사 또는 필요한 질문을 받은 거주의무자등은 모든 세대원의 해외출장 등 특별한 사유가 없으면 이에 따라야 한다.

13 ㉠ 40, ㉡ 75, ㉢ 지상권

정답해설

> 주택법 제78조(토지임대부 분양주택의 토지에 관한 임대차 관계) ① 토지임대부 분양주택의 토지에 대한 임대차기간은 <u>40년</u> 이내로 한다. 이 경우 토지임대부 분양주택 소유자의 <u>75퍼센트</u> 이상이 계약갱신을 청구하는 경우 40년의 범위에서 이를 갱신할 수 있다.
> ② 토지임대부 분양주택을 공급받은 자가 토지소유자와 임대차계약을 체결한 경우 해당 주택의 구분소유권을 목적으로 그 토지 위에 제1항에 따른 임대차기간 동안 <u>지상권</u>이 설정된 것으로 본다.

3 주택상환사채

14 ③

정답해설 「주택법」에 따라 등록사업자의 등록이 말소된 경우에도 <u>등록사업자가 발행한 주택상환사채의 효력에는 영향을 미치지 아니한다.</u>

15 ②

정답해설 주택상환사채를 발행하려는 자는 대통령령으로 정하는 바에 따라 주택상환사채발행계획을 수립하여 <u>국토교통부장관의 승인</u>을 받아야 한다.

16 ⑤

정답해설 주택상환사채의 납입금은 <u>해당 보증기관과 주택상환사채발행자가 협의하여 정하는 금융기관</u>에서 관리한다.

17 3

18 300

PART 02 공동주택관리법

CHAPTER 01 총칙

▶ 연계학습: 기본서 상권 pp. 164~168

| 01 | ① | 02 | 입주자, 사용자 | 03 | 관리주체, 주택임대관리업자 |
| 04 | ㉠ 임대주택 | 05 | ㉠ 300, ㉡ 150, ㉢ 150 | | |

01 ①

[정답해설] 150세대 이상으로서 승강기가 설치된 공동주택이 원칙적으로 '의무관리대상 공동주택'이다. 다만, 개정이 되어 승강기가 설치된 100세대의 공동주택도 입주자등이 대통령령으로 정하는 기준(전체 입주자등의 3분의 2 이상이 서면으로 동의하는 방법)에 따라 동의하여 정하는 경우, '의무관리대상 공동주택'이 될 수 있다.

> **이론 PLUS 의무관리대상 공동주택의 범위**
> 1. 300세대 이상의 공동주택
> 2. 150세대 이상으로서 승강기가 설치된 공동주택
> 3. 150세대 이상으로서 중앙집중식 난방방식(지역난방방식을 포함한다)의 공동주택
> 4. 「건축법」제11조에 따른 건축허가를 받아 주택 외의 시설과 주택을 동일 건축물로 건축한 건축물로서 주택이 150세대 이상인 건축물
> 5. 위 1.부터 4.까지에 해당하지 아니하는 공동주택 중 입주자등이 대통령령으로 정하는 기준에 따라 동의하여 정하는 공동주택

02 입주자, 사용자

03 관리주체, 주택임대관리업자

04 ㉠ 임대주택

[정답해설] '혼합주택단지'란 분양을 목적으로 한 공동주택과 임대주택이 함께 있는 공동주택단지를 말한다.

05 ㉠ 300, ㉡ 150, ㉢ 150

정답해설 '의무관리대상 공동주택'이란 해당 공동주택을 전문적으로 관리하는 자를 두고 자치 의결기구를 의무적으로 구성하여야 하는 등 일정한 의무가 부과되는 공동주택으로서, 다음 중 어느 하나에 해당하는 공동주택을 말한다.
  가. 300세대 이상의 공동주택
  나. 150세대 이상으로서 승강기가 설치된 공동주택
  다. 〈생략〉
  라. 「건축법」 제11조에 따른 건축허가를 받아 주택 외의 시설과 주택을 동일 건축물로 건축한 건축물로서 주택이 150세대 이상인 건축물
  마. 〈생략〉

CHAPTER 02 공동주택의 관리방법 등
▶ 연계학습: 기본서 상권 pp. 169~195

01	②	02	②	03	②
04	①	05	①	06	①
07	①	08	㉠ 6, ㉡ 관리사무소장	09	㉠ 주택관리업자, ㉡ 경쟁, ㉢ 수의
10	③	11	②	12	③
13	⑤	14	③	15	③
16	④	17	②	18	③
19	②	20	④	21	④
22	⑤	23	①	24	30
25	㉠ 300, ㉡ 관리규약	26	㉠ 4		

1 공동주택의 관리방법

01 ②

정답해설 의무관리대상 공동주택의 입주자등이 공동주택을 자치관리할 것을 정한 경우에는 입주자대표회의는 법 제11조 제1항에 따른 요구가 있은 날(의무관리대상 공동주택으로 전환되는 경우에는 입주자대표회의의 구성 신고가 수리된 날을 말한다)부터 6개월 이내에 공동주택의 관리사무소장을 자치관리기구의 대표자로 선임하고, 대통령령으로 정하는 기술인력 및 장비를 갖춘 자치관리기구를 구성하여야 한다.

02 ②

정답해설 관리사무소장은 자치관리기구가 갖추어야 하는 기술인력을 겸직할 수 없다.

이론 PLUS 「공동주택관리법 시행령」[별표 1]의 비고 1.
  1. 관리사무소장과 기술인력 상호간에는 겸직할 수 없다.

03 ②

오답해설
① 의무관리대상 공동주택의 관리방법을 변경하는 경우에는 국토교통부장관의 인가를 받을 의무가 없으며 다음의 방법으로 관리방법을 변경한다.
  1. 입주자대표회의의 의결로 제안하고 전체 입주자등의 과반수가 찬성
  2. 전체 입주자등의 10분의 1 이상이 서면으로 제안하고 전체 입주자등의 과반수가 찬성
③ 위탁관리의 경우 「공동주택관리법」에 따른 전자입찰방식의 세부기준, 절차 및 방법 등은 국토교통부장관이 정하여 고시한다.
④ 혼합주택단지의 관리에 관한 사항은 장기수선계획의 조정에 관한 사항을 포함하여 입주자대표회의와 임대사업자가 공동으로 결정하여야 한다.
⑤ 의무관리대상 공동주택을 건설한 사업주체가 그 공동주택에 대하여 관리하여야 하는 기간은 입주예정자의 과반수가 입주할 때까지이다.

04 ①

오답해설
② 입주자등은 전체 입주자등의 과반수가 찬성하는 방법으로 공동주택의 관리방법을 결정하여야 한다.
③ 입주자등이 자치관리할 것을 정한 경우, 입주자대표회의는 관리사무소장을 대표자로 한 자치관리기구를 구성하여야 한다.
④ 주택관리업자 재선정은 입주자대표회의 의결로 제안하고 전체 입주자등 과반수 동의로 선정한다. 〈개정〉
⑤ 입주자대표회의가 인접한 공동주택단지와 공동으로 관리하고자 하는 경우 단지별로 입주자등의 과반수 동의를 받아야 한다.

함정 CHECK
③ 용어의 혼동을 유발하는 선지로서, 정확히 암기해야 한다. 자치관리기구의 대표자는 회장이나 입주자대표회의의 임원이 아니라, 관리사무소장이다.

05 ①

정답해설 주택관리업자에게 위탁관리하다가 자치관리로 관리방법을 변경하는 경우 입주자대표회의는 그 위탁관리의 종료일까지 자치관리기구를 구성하여야 한다.

함정 CHECK
① 의무관리대상 공동주택의 입주자등이 공동주택을 자치관리할 것을 정한 경우에는 입주자대표회의는 법 제11조 제1항에 따른 요구가 있은 날부터 6개월 이내에 자치관리기구를 구성하여야 하나, 주택관리업자에게 위탁관리하다가 자치관리로 관리방법을 변경하는 경우에는 입주자대표회의는 그 위탁관리의 종료일까지 자치관리기구를 구성하여야 한다.

06 ①

정답해설 의무관리대상 공동주택의 입주자등이 공동주택을 자치관리할 것을 정한 경우에는 입주자대표회의는 「공동주택관리법」 제11조 제1항에 따른 요구가 있은 날(제2조 제1항 제2호 마목에 따라 의무관리대상 공동주택으로 전환되는 경우에는 제19조 제1항 제2호에 따른 입주자대표회의의 구성 신고가 수리된 날을 말한다)부터 6개월 이내에 공동주택의 관리사무소장을 자치관리기구의 대표자로 선임하고, 대통령령으로 정하는 기술인력 및 장비를 갖춘 자치관리기구를 구성하여야 한다.

함 정 CHECK ① 자치관리기구의 대표자는 '관리사무소장'이며, 입주자대표회의의 대표자는 '회장'임을 숙지하여야 한다.

07 ①

정답해설 입주자대표회의는 해당 공동주택의 관리에 필요하다고 인정하는 경우에는 '국토교통부령으로 정하는 바'에 따라 인접한 공동주택단지(임대주택단지를 포함한다)와 공동으로 관리하거나 500세대 이상의 단위로 나누어 관리하게 할 수 있다. [24회, 26회 기출]

08 ㉠ 6, ㉡ 관리사무소장

정답해설 의무관리대상 공동주택의 입주자등이 공동주택을 자치관리할 것을 정한 경우에는 입주자대표회의는 법 제11조 제1항에 따른 요구가 있은 날(의무관리대상 공동주택으로 전환되는 경우에는 입주자대표회의의 구성 신고가 수리된 날을 말한다)부터 6개월 이내에 공동주택의 관리사무소장을 자치관리기구의 대표자로 선임하고, 대통령령으로 정하는 기술인력 및 장비를 갖춘 자치관리기구를 구성하여야 한다.

09 ㉠ 주택관리업자, ㉡ 경쟁, ㉢ 수의

2 입주자대표회의 및 관리규약 등

10 ③

정답해설 서류 제출 마감일을 기준으로 다음의 어느 하나에 해당하는 사람은 동별 대표자가 될 수 없으며 그 자격을 상실한다. [22회 기출]
  ㉠ 미성년자, 피성년후견인 또는 피한정후견인
  ㉡ 파산자로서 복권되지 아니한 사람
  즉, 서류 제출 마감일을 기준으로 결격 여부를 판단하므로 선거일 기준으로 성년이 된 자의 경우에는 동별 대표자가 될 수 없다.

오답해설 ④ 동별 대표자가 임기 중에 파산자가 된 경우에는 당연히 퇴임한다. 다만, 추후 복권이 된 경우에는 동별 대표자가 될 수 있다.

11 ②

정답해설 가. 동별 대표자는 동별 대표자 선출공고에서 정한 각종 서류 제출 마감일을 기준으로 다음 각 호의 요건을 갖춘 입주자(입주자가 법인인 경우에는 그 대표자를 말한다) 중에서 대통령령으로 정하는 바에 따라 선거구 입주자등의 보통·평등·직접·비밀선거를 통하여 선출한다. 다만, 입주자인 동별 대표자 후보자가 없는 선거구에서는 다음 각 호 및 대통령령으로 정하는 요건을 갖춘 사용자도 동별 대표자로 선출될 수 있다.
1. 해당 공동주택단지 안에서 주민등록을 마친 후 계속하여 3개월 이상 거주하고 있을 것[최초의 입주자대표회의를 구성하거나 제2항 단서('다음 공구'의 입주예정자의 과반수가 입주한 때에는 다시 입주자대표회의를 구성하여야 한다)에 따른 입주자대표회의를 구성하기 위하여 동별 대표자를 선출하는 경우는 제외한다]
2. 해당 선거구에 주민등록을 마친 후 거주하고 있을 것

나. 사용자인 동별 대표자는 회장이 될 수 없다. 다만, 입주자인 동별 대표자 중에서 회장 후보자가 없는 경우로서 선출 전에 전체 입주자 과반수의 서면동의를 얻은 경우에는 그러하지 아니하다.

12 ③

오답해설 ① 관리규약은 입주자등의 지위를 승계한 사람에 대하여도 효력이 있다.
② 특별시장·광역시장·특별자치시장·도지사 또는 특별자치도지사(이하 "시·도지사"라 한다)는 공동주택의 입주자등을 보호하고 주거생활의 질서를 유지하기 위하여 대통령령으로 정하는 바에 따라 공동주택의 관리 또는 사용에 관하여 준거가 되는 관리규약의 준칙을 정하여야 한다.
④ 공동주택 층간소음의 범위와 기준은 국토교통부와 기후에너지환경부의 공동부령으로 정한다.
⑤ 의무관리대상 공동주택의 입주자대표회의, 관리주체 및 선거관리위원회는 입주자등의 참여를 확대하기 위하여 제1항에 따른 공동주택의 관리와 관련한 의사결정에 대하여 전자적 방법을 우선적으로 이용하도록 노력하여야 한다.

13 ⑤

정답해설 입주자대표회의의 회장(관리규약의 제정의 경우에는 사업주체 또는 의무관리대상 전환 공동주택의 관리인을 말한다)은 다음의 사항을 시장·군수·구청장에게 신고하여야 하며, 신고한 사항이 변경되는 경우에도 또한 같다. 다만, 의무관리대상 전환 공동주택의 관리인이 관리규약의 제정 신고를 하지 아니하는 경우에는 입주자등의 10분의 1 이상이 연서하여 신고할 수 있다.
1. 관리규약의 제정·개정
2. 입주자대표회의 구성·변경
3. 그 밖에 필요한 사항으로서 대통령령으로 정하는 사항

14 ③

오답해설
① 입주자등은 시·도지사가 정한 관리규약준칙을 참조하여 관리규약을 정한다.
② 공동주택의 관리주체는 관리규약을 보관하여야 하고, 입주자등이 열람을 청구하거나 복사를 요구하면 이에 응하여야 한다.
④ 입주자등의 지위를 승계한 사람에게는 관리규약의 효력이 미친다.
⑤ 입주자대표회의가 공동주택 관리규약을 위반한 경우 공동주택의 입주자등은 전체 입주자등의 10분의 2 이상의 동의를 받아 지방자치단체의 장에게 감사를 요청할 수 있다.

15 ③

정답해설 관리규약은 입주자등의 지위를 승계한 사람에 대하여도 그 효력이 있다.

16 ④

정답해설 '장기수선계획 및 안전관리계획의 수립 또는 조정'('비용지출을 수반하는 경우'로 한정한다)은 입주자대표회의의 의결사항이다.

17 ②

정답해설 입주자대표회의가 의결하는 사항인 '주민공동시설 위탁 운영의 제안'에 주민공동시설 중 어린이집, 다함께돌봄센터 및 공동육아나눔터는 제외된다.

> **함정 CHECK** ② '주민공동시설 위탁 운영의 제안'은 입주자대표회의가 의결하는 사항이지만, 주민공동시설 중 '어린이집, 다함께돌봄센터 및 공동육아나눔터'의 위탁 운영의 제안은 입주자대표회의가 의결하는 사항이 아니라는 점을 유의하여야 한다.

18 ③

정답해설
ⓒ 공동주택 소유자의 조카(3촌)로서 해당 주택에 거주하고 있으면서 소유자가 서면으로 위임한 대리권이 있는 자(불가능): 조카(3촌)는 대리권이 있더라도 불가능하다.
ⓔ 「주택법」을 위반한 범죄로 징역 1년, 집행유예 2년을 선고받고 동별 대표자 선출공고에서 정한 각종 서류 제출 마감일 기준 그 집행유예기간 중인 공동주택의 소유자(불가능): 집행유예기간 중에는 불가능하다.

오답해설
㉠ 최초의 입주자대표회의를 구성하기 위한 동별 대표자를 선출하는 경우, 해당 선거구에 주민등록을 마친 후 계속하여 동별 대표자 선출공고에서 정한 각종 서류 제출 마감일 기준 2개월째 거주하고 있는 공동주택의 소유자(가능): 최초의 입주자대표회의를 구성하기 위한 동별 대표자를 선출하는 경우에는 거주요건이 불필요하다.
ⓑ 파산자였으나 동별 대표자 선출공고에서 정한 각종 서류 제출 마감일 기준 1개월 전에 복권된 공동주택의 소유자(가능): 복권되었으므로 가능하다.

| 고난도 TIP | ㉠ 원칙적으로 3개월 이상 거주요건을 요하므로 2개월째 거주하고 있는 공동주택의 소유자는 동별 대표자가 될 수 없는 것으로 오해하기 쉬우나, 최초의 입주자대표회의를 구성하기 위한 동별 대표자를 선출하는 경우에는 거주요건이 불필요하다는 점을 필히 숙지하여야 한다.
㉢ 소유자가 서면으로 위임한 대리권이 있는 자 중 동별 대표자가 될 수 있는 자는 소유자의 배우자 및 직계존비속에 한하므로 조카(3촌)는 동별 대표자가 될 수 없다. |

19 ②

정답해설 ② 입주자대표회의에는 다음의 임원을 두어야 한다.
  1. 회장 1명   2. 감사 2명 이상   3. 이사 1명 이상

이론 PLUS **임원의 선출 및 해임**

1. 임원의 선출
   '임원'은 동별 대표자 중에서 다음의 구분에 따른 방법으로 선출한다.
   ① '회장' 선출방법
      ㉠ 입주자등의 보통·평등·직접·비밀선거를 통하여 선출
      ㉡ 후보자가 2명 이상인 경우: 전체 입주자등의 10분의 1 이상이 투표하고 후보자 중 최다득표자를 선출
      ㉢ 후보자가 1명인 경우: 전체 입주자등의 10분의 1 이상이 투표하고 투표자 과반수의 찬성으로 선출
      ㉣ 다음의 경우에는 입주자대표회의 구성원 과반수의 찬성으로 선출하며, 입주자대표회의 구성원 과반수 찬성으로 선출할 수 없는 경우로서 최다득표자가 2인 이상인 경우에는 추첨으로 선출
         ⓐ '후보자가 없거나' '위 ㉠부터 ㉢까지의 규정에 따라 선출된 자가 없는 경우'
         ⓑ '위 ㉠부터 ㉢까지의 규정에도 불구'하고 500세대 미만의 공동주택 단지에서 관리규약으로 정하는 경우
   ② '감사' 선출방법
      ㉠ 입주자등의 보통·평등·직접·비밀선거를 통하여 선출
      ㉡ 후보자가 선출필요인원을 초과하는 경우: 전체 입주자등의 10분의 1 이상이 투표하고 후보자 중 다득표자 순으로 선출
      ㉢ 후보자가 선출필요인원과 같거나 미달하는 경우: 후보자별로 전체 입주자등의 10분의 1 이상이 투표하고 투표자 과반수의 찬성으로 선출
      ㉣ 다음의 경우에는 입주자대표회의 구성원 과반수의 찬성으로 선출하며, 입주자대표회의 구성원 과반수 찬성으로 선출할 수 없는 경우로서 최다득표자가 2인 이상인 경우에는 추첨으로 선출
         ⓐ '후보자가 없거나' '위 ㉠부터 ㉢까지의 규정에 따라 선출된 자가 없는 경우'
            (선출된 자가 선출필요인원에 미달하여 추가선출이 필요한 경우를 포함한다)
         ⓑ '위 ㉠부터 ㉢까지의 규정에도 불구'하고 500세대 미만의 공동주택 단지에서 관리규약으로 정하는 경우

③ '이사' 선출방법 〈개정〉
㉠ 후보자가 선출필요인원을 '초과'하는 경우: 입주자대표회의 구성원 과반수가 투표하고 후보자 중 다득표자 순으로 선출하며, 순위 내에 득표수가 같은 후보자가 있는 경우로서 그 득표수가 같은 후보자를 모두 선출하면 선출필요인원을 초과하는 경우에는 그 득표수가 같은 후보자들 간에는 '추첨'으로 선출
㉡ 후보자가 선출필요인원과 '같거나' '미달'하는 경우: '후보자별'로 입주자대표회의 구성원의 과반수가 투표하고 투표자 과반수의 찬성으로 선출
㉢ 위 ㉠ 및 ㉡에도 불구하고 '관리규약'에서 '입주자대표회의의 정원'과 '임원의 정원'을 같은 수로 정한 경우에는 회장과 감사가 모두 선출된 후 남은 동별 대표자를 별도의 투표 또는 동의 절차 없이 '이사'로 선출

2. 임원의 해임
① 회장 및 감사: 전체 입주자등의 10분의 1 이상이 투표하고 투표자 과반수의 찬성으로 해임. 다만, 위 1.의 ①의 ㉣의 ⓑ 및 위 1.의 ②의 ㉣의 ⓑ에 따라 입주자대표회의에서 선출된 회장 및 감사는 관리규약으로 정하는 절차에 따라 해임한다.
② 이사: 관리규약으로 정하는 절차에 따라 해임

고난도
20 ④
오답해설 ① 동별 대표자 선거구는 2개 동 이상으로 묶거나 통로나 층별로 구획하여 정할 수 있다.
② 동별 대표자 선거관리위원회 위원을 사퇴한 사람으로서 동별 대표자 선출공고에서 정한 서류 제출 마감일을 기준으로 그 남은 임기 중에 있는 사람은 동별 대표자가 될 수 없다.
③ 동별 대표자가 임기 중에 관리비를 최근 3개월 이상 연속하여 체납한 경우에는 그 자격을 상실한다. 동별 대표자가 임기 중에 해당 결격사유에 해당하게 된 경우에는 당연히 퇴임한다.
⑤ 공동주택을 임차하여 사용하는 사람의 동별 대표자 결격사유는 그를 대리하는 자에게 미친다.

21 ④
오답해설 ㉠ 300세대인 공동주택의 입주자대표회의는 4명 이상으로 구성하되, 동별 세대 수에 비례하여 관리규약으로 정한 선거구에 따라 선출된 대표자로 구성한다.

22 ⑤
정답해설 입주자대표회의 구성원에 대한 교육 내용에 포함하여야 할 사항은 다음과 같다.
1. 공동주택의 관리에 관한 관계 법령 및 관리규약의 준칙에 관한 사항
2. 입주자대표회의의 구성원의 직무·소양 및 윤리에 관한 사항
3. 공동주택단지 공동체의 활성화에 관한 사항
4. 관리비·사용료 및 장기수선충당금에 관한 사항
5. 공동주택 회계처리에 관한 사항
6. 층간소음 예방 및 입주민 간 분쟁의 조정에 관한 사항

7. 하자보수에 관한 사항
8. 그 밖에 입주자대표회의의 운영에 필요한 사항

고난도 TIP 이 문제는 입주자대표회의 구성원에 대한 교육 내용에 포함하여야 할 사항에 관한 질문으로서 전체적으로 이해 및 암기를 하고 있는지 물어보는 문제이다. 향후 이런 유형의 문제가 점진적으로 늘어날 것으로 예상되므로 이에 대비하여야 한다.

23 ①
정답해설 대각선에 위치한 인접한 세대 간의 소음도 층간소음에 포함된다.

24 30

25 ㉠ 300, ㉡ 관리규약
정답해설 300세대 이상인 공동주택의 관리주체는 관리규약으로 정하는 범위·방법 및 절차 등에 따라 회의록을 입주자등에게 공개하여야 하며, 300세대 미만인 공동주택의 관리주체는 관리규약으로 정하는 바에 따라 회의록을 공개할 수 있다. 이 경우 관리주체는 입주자등이 회의록의 열람을 청구하거나 자기의 비용으로 복사를 요구하는 때에는 관리규약으로 정하는 바에 따라 이에 응하여야 한다.

26 ㉠ 4

CHAPTER 03	관리비 등, 장기수선계획 및 장기수선충당금		▶ 연계학습: 기본서 상권 pp. 196~216	
01	⑤	02	①	03	⑤
04	④	05	⑤	06	⑤
07	⑤	08	③	09	③
10	①	11	㉠ 1, ㉡ 입주자대표회의	12	㉠ 300, ㉡ 과반수
13	㉠ 9, ㉡ 운영성과표, ㉢ 이익잉여금처분계산서	14	입주자대표회의	15	5
16	㉠ 12, ㉡ 총공급면적 (순서 무관)	17	15, 30		

01 ⑤

정답해설 관리주체는 관리비 등을 다음의 금융기관 중 '입주자대표회의가 지정하는 금융기관'에 예치하여 관리하되, 장기수선충당금은 '별도의 계좌'로 예치·관리하여야 한다. 이 경우 계좌는 관리사무소장의 '직인' 외에 입주자대표회의 회장 '인감'을 복수로 등록할 수 있다.

㉠ 「은행법」에 따른 은행
㉡ 「중소기업은행법」에 따른 중소기업은행
㉢ 「상호저축은행법」에 따른 상호저축은행
㉣ 「보험업법」에 따른 보험회사
㉤ 그 밖의 법률에 따라 금융업무를 하는 기관으로서 '국토교통부령으로 정하는 다음의 기관'(규칙 제6조의2)
　ⓐ 「농업협동조합법」에 따른 조합, 농업협동조합중앙회 및 농협은행
　ⓑ 「수산업협동조합법」에 따른 수산업협동조합 및 수산업협동조합중앙회
　ⓒ 「신용협동조합법」에 따른 신용협동조합 및 신용협동조합중앙회
　ⓓ 「새마을금고법」에 따른 새마을금고 및 새마을금고중앙회
　ⓔ 「산림조합법」에 따른 산림조합 및 산림조합중앙회
　ⓕ 「한국주택금융공사법」에 따른 한국주택금융공사
　ⓖ 「우체국예금·보험에 관한 법률」에 따른 체신관서

02 ①

정답해설 관리주체는 다음의 비용에 대해서는 관리비와 구분하여 징수하여야 한다.
1. 장기수선충당금
2. 영 제40조 제2항 단서에 따른 안전진단 실시비용

03 ⑤

정답해설 회계감사의 감사인 선정은 관리주체의 직무가 아니며, 회계감사의 감사인은 입주자대표회의가 선정한다. 이 경우 입주자대표회의는 시장·군수·구청장 또는 「공인회계사법」 제41조에 따른 한국공인회계사회에 감사인의 추천을 의뢰할 수 있으며, 입주자등의 10분의 1 이상이 연서하여 감사인의 추천을 요구하는 경우 입주자대표회의는 감사인의 추천을 의뢰한 후 추천을 받은 자 중에서 감사인을 선정하여야 한다.

04 ④

오답해설 ㉠ 입주자대표회의가 사업자를 선정하고 관리주체가 집행하는 사항은 다음과 같다.
　가. 장기수선충당금을 사용하는 공사
　나. 전기안전관리(전기안전관리법 제22조 제2항 및 제3항에 따라 전기설비의 안전관리에 관한 업무를 위탁 또는 대행하게 하는 경우를 말한다)를 위한 용역

05 ⑤

정답해설 의무관리대상 공동주택의 관리주체는 다음의 시설에 관한 안전관리계획을 수립해야 한다.
가. 고압가스·액화석유가스 및 도시가스시설
나. 중앙집중식 난방시설
다. 발전 및 변전시설
라. 위험물 저장시설
마. 소방시설 및 피난·방화시설
바. 승강기 및 인양기
사. 연탄가스배출기(세대별로 설치된 것은 제외한다)
아. 주차장
자. 그 밖에 국토교통부령으로 정하는 다음의 시설
  1. 석축, 옹벽, 담장, 맨홀, 정화조 및 하수도
  2. 옥상 및 계단 등의 난간
  3. 우물 및 비상저수시설
  4. 펌프실, 전기실 및 기계실
  5. 경로당 또는 어린이놀이터에 설치된 시설
  6. 「주택건설기준 등에 관한 규정」 제32조의2에 따른 지능형 홈네트워크 설비
  7. 주민운동시설
  8. 주민휴게시설

06 ⑤

정답해설 다음의 어느 하나에 해당하는 공동주택을 건설·공급하는 사업주체 등은 그 공동주택의 공용부분에 대한 장기수선계획을 수립하여 사용검사 등을 신청할 때에 사용검사권자에게 제출하고, 사용검사권자는 이를 그 공동주택의 관리주체에게 인계하여야 한다.
1. 300세대 이상의 공동주택
2. 승강기가 설치된 공동주택
3. 중앙집중식 난방방식 또는 지역난방방식의 공동주택
4. 「건축법」 제11조에 따른 건축허가를 받아 주택 외의 시설과 주택을 동일 건축물로 건축한 건축물

07 ⑤

정답해설 연탄가스배출기(세대별로 설치된 것은 제외한다)는 의무관리대상 공동주택의 관리주체가 수립하여야 하는 안전관리계획 대상시설에 해당한다.

08 ③

정답해설 '주택 내 전기시설'은 안전관리계획에 포함되지 않는 시설물이다.

> **이론 PLUS** 안전관리계획에 포함되는 시설물
> 1. 고압가스·액화석유가스 및 도시가스시설
> 2. 중앙집중식 난방시설
> 3. 발전 및 변전시설
> 4. 위험물 저장시설
> 5. 소방시설 및 피난·방화시설
> 6. 승강기 및 인양기
> 7. 연탄가스배출기(세대별로 설치된 것은 제외한다)
> 8. 주차장
> 9. 그 밖에 국토교통부령으로 정하는 다음의 시설
>   ⊙ 석축, 옹벽, 담장, 맨홀, 정화조 및 하수도
>   ⓒ 옥상 및 계단 등의 난간
>   ⓒ 우물 및 비상저수시설
>   ⓔ 펌프실, 전기실 및 기계실
>   ⓜ 경로당 또는 어린이놀이터에 설치된 시설
>   ⓑ 지능형 홈네트워크 설비
>   ⓢ 주민운동시설
>   ⓞ 주민휴게시설

09 ③

오답해설 ① 관리비는 일반관리비, 청소비 등 월별 금액의 합계액을 매월 납부한다.
② 관리주체는 관리비, 사용료 등의 내역(항목별 산출내역을 말하며, 세대별 부과내역은 제외한다)을 대통령령으로 정하는 바에 따라 해당 공동주택단지의 인터넷 홈페이지(인터넷 홈페이지가 없는 경우에는 인터넷 포털을 통하여 관리주체가 운영·통제하는 유사한 기능의 웹사이트 또는 관리사무소의 게시판을 말한다. 이하 같다) 및 동별 게시판(통로별 게시판이 설치된 경우에는 이를 포함한다. 이하 같다)과 법 제88조 제1항에 따라 국토교통부장관이 구축·운영하는 공동주택관리정보시스템에 공개하여야 한다.
④ 관리주체는 소유자가 공동주택의 소유권을 상실한 경우에는 징수한 관리비예치금을 반환하여야 한다. 다만, 소유자가 관리비·사용료 및 장기수선충당금 등을 미납한 때에는 관리비예치금에서 정산한 후 그 잔액을 반환할 수 있다.
⑤ 하자보수보증금을 사용하여 보수하는 공사를 할 경우에는 입주자대표회의가 사업자를 선정하고 집행하여야 한다.

10 ①

정답해설 '관리주체'는 안전점검의 결과 건축물의 구조·설비의 안전도가 매우 낮아 위해 발생의 우려가 있는 경우에는 다음의 사항을 '시장·군수·구청장'에게 '보고'하고, 그 보고내용에 따른 조치를 취하여야 한다.
㉠ 점검대상 구조·설비
㉡ 취약의 정도
㉢ 발생 가능한 위해의 내용
㉣ 조치할 사항

11 ㉠ 1, ㉡ 입주자대표회의

12 ㉠ 300, ㉡ 과반수

정답해설 의무관리대상 공동주택의 관리주체는 대통령령으로 정하는 바에 따라 「주식회사 등의 외부감사에 관한 법률」 제2조 제7호에 따른 감사인의 회계감사를 매년 1회 이상 받아야 한다. 다만, 다음의 구분에 따른 연도에는 그러하지 아니하다.
1. 300세대 이상인 공동주택: 해당 연도에 회계감사를 받지 아니하기로 입주자등의 3분의 2 이상의 서면동의를 받은 경우 그 연도
2. 300세대 미만인 공동주택: 해당 연도에 회계감사를 받지 아니하기로 입주자등의 과반수의 서면동의를 받은 경우 그 연도

13 ㉠ 9, ㉡ 운영성과표, ㉢ 이익잉여금처분계산서

정답해설 법 제26조 제1항 각 호 외의 부분 본문에 따라 회계감사를 받아야 하는 공동주택의 관리주체는 매 회계연도 종료 후 9개월 이내에 다음의 재무제표에 대하여 회계감사를 받아야 한다.
1. 재무상태표
2. 운영성과표
3. 이익잉여금처분계산서(또는 결손금처리계산서)
4. 주석(註釋)

14 입주자대표회의

15 5

16 ㉠ 12, ㉡ 총공급면적 (순서 무관)

17 15, 30

CHAPTER 04	하자담보책임 등			▶ 연계학습: 기본서 상권 pp. 217~246	
01	③	02	④	03	④
04	②	05	③	06	①
07	㉠ 25	08	㉠ 내력구조부별, ㉡ 10		

01 ③

정답해설 시장·군수·구청장은 사업주체에게 하자보수를 청구할 수 있는 자가 아니다.

사업주체는 담보책임기간에 하자가 발생한 경우에는 <u>다음의 자</u>의 청구에 따라 그 하자를 보수하여야 한다.
1. 입주자
2. 입주자대표회의
3. 관리주체(하자보수청구 등에 관하여 입주자 또는 입주자대표회의를 대행하는 관리주체를 말한다)
4. 「집합건물의 소유 및 관리에 관한 법률」에 따른 관리단
5. 공공임대주택의 임차인 또는 임차인대표회의(이하 '임차인등'이라 한다)

02 ④

정답해설 담보책임의 기간(이하 "담보책임기간")은 하자의 중대성, 시설물의 사용 가능 햇수 및 교체 가능성 등을 고려하여 공동주택의 내력구조부별 및 시설공사별로 10년의 범위에서 대통령령으로 정한다. 이 경우 담보책임기간은 다음의 날부터 기산한다.
1. <u>전유부분</u>: 입주자(공공임대주택의 담보책임은 임차인)에게 <u>인도한 날</u>
2. <u>공용부분</u>: 「주택법」제49조에 따른 <u>사용검사일</u>(공동주택의 '전부'에 대하여 임시 사용승인을 받은 경우에는 그 <u>임시 사용승인일</u>을 말하고, '분할 사용검사'나 '동별 사용검사'를 받은 경우에는 그 <u>분할 사용검사일</u> 또는 <u>동별 사용검사일</u>을 말한다) 또는 「건축법」제22조에 따른 공동주택의 <u>사용승인일</u>

03 ④

정답해설 사업주체와 다음의 구분에 따른 자는 하자보수가 끝난 때에는 공동으로 담보책임 종료확인서를 작성해야 한다. 이 경우 <u>담보책임기간이 만료되기 전</u>에 담보책임 종료확인서를 작성해서는 <u>안 된다</u>.
1. 전유부분: 입주자
2. 공용부분: 입주자대표회의의 회장(의무관리대상 공동주택이 아닌 경우에는 「집합건물의

소유 및 관리에 관한 법률」에 따른 관리인을 말한다) 또는 5분의 4 이상의 입주자(입주자대표회의의 구성원 중 사용자인 동별 대표자가 과반수인 경우만 해당한다)

04 ②
정답해설 공공임대주택의 임차인대표회의는 공용부분의 하자에 대해 하자보수의 청구를 할 수 있다.

05 ③
정답해설 '방수공사'의 하자담보책임기간은 5년이다.

06 ①
오답해설 ② 「공공주택 특별법」에 따라 임대한 후 분양전환을 목적으로 공급하는 공동주택을 공급한 사업주체의 분양전환이 되기 전까지의 전유부분에 대한 하자담보책임기간은 임차인에게 인도한 날부터 기산한다.
③ 내력구조부별(「건축법」 제2조 제1항 제7호에 따른 건물의 주요구조부) 하자에 대한 담보책임기간은 10년이다.
④ 태양광설비공사 등 신재생에너지 설비공사의 담보책임기간은 3년이다.
⑤ 한국토지주택공사는 하자보수보증금을 예치하여야 할 의무가 없다.

07 ㉠ 25
정답해설 공동주택관리법 시행령 제45조 제1항 내용

08 ㉠ 내력구조부별, ㉡ 10
정답해설 담보책임의 기간은 하자의 중대성, 시설물의 사용 가능 햇수 및 교체 가능성 등을 고려하여 공동주택의 내력구조부별 및 시설공사별로 10년의 범위에서 대통령령으로 정한다.

CHAPTER 05 공동주택의 전문관리 등
▶ 연계학습: 기본서 상권 pp. 247~289

01	④	02	⑤	03	③
04	③	05	④	06	④
07	⑤	08	②	09	⑤
10	2	11	㉠ 500	12	2, 3
13	㉠ 1, ㉡ 금고, ㉢ 자격정지	14	㉠ 3, ㉡ 5	15	5
16	㉠ 30, ㉡ 정본, ㉢ 화해	17	㉠ 공동주택관리정보시스템	18	㉠ 주택도시기금

01 ④

오답해설
① 주택관리업을 하려는 자는 대통령령으로 정하는 바에 따라 시장·군수·구청장에게 등록하여야 한다.
② 등록을 한 주택관리업자가 그 등록이 말소된 후 2년이 지나지 아니한 때에는 다시 등록할 수 없다.
③ 주택관리업의 등록을 하려는 자는 자본금(법인이 아닌 경우 자산평가액을 말한다)이 2억원 이상이어야 한다.
⑤ 주택관리업자의 지위에 관하여 「공동주택관리법」에 규정이 있는 것 외에는 「민법」 중 위임에 관한 규정을 준용한다.

02 ⑤

정답해설
주택관리업의 등록을 하려는 자는 신청서를 제출할 때에는 다음의 서류를 첨부하여야 한다.
㉠ 법인인 경우에는 납입자본금에 관한 증명서류, 개인인 경우에는 자산평가서와 그 증명서류
㉡ 장비보유현황 및 그 증명서류
㉢ 기술자의 기술자격 및 주택관리사의 자격에 관한 증명서 사본
㉣ 사무실 확보를 증명하는 서류(건물 임대차계약서 사본 등 사용에 관한 권리를 증명하는 서류)

03 ③

정답해설
보증보험 또는 공제에 가입한 주택관리사등으로서 보증기간이 만료되어 다시 보증설정을 하려는 자는 그 보증기간이 만료되기 전에 다시 보증설정을 하여야 한다.

함정 CHECK
③ 보증보험 또는 공제에 가입한 주택관리사등으로서 보증기간이 만료되어 다시 보증설정을 하려는 자는 '그 보증기간이 만료되기 전'에 다시 보증설정을 하여야 하며, 그 보증설정을 다른 보증설정으로 변경하려는 경우에는 '해당 보증설정의 효력이 있는 기간 중'에 다른 보증설정을 하여야 함을 비교하여 숙지하여야 한다.

04 ③

정답해설
③은 자격을 취소하여야 하는 경우가 아니라, 자격을 정지시킬 수 있는 사유이다.
시·도지사는 주택관리사등이 다음의 어느 하나에 해당하면 그 자격을 취소하거나 1년 이내의 기간을 정하여 그 자격을 정지시킬 수 있다. 다만, 제1호부터 제4호까지, 제7호 중 어느 하나에 해당하는 경우에는 그 자격을 취소하여야 한다.
1. 거짓이나 그 밖의 부정한 방법으로 자격을 취득한 경우
2. 공동주택의 관리업무와 관련하여 금고 이상의 형을 선고받은 경우
3. 의무관리대상 공동주택에 취업한 주택관리사등이 다른 공동주택 및 상가·오피스텔 등 주택 외의 시설에 취업한 경우

4. 주택관리사등이 자격정지기간에 공동주택관리업무를 수행한 경우
5. 고의 또는 중대한 과실로 공동주택을 잘못 관리하여 소유자 및 사용자에게 재산상의 손해를 입힌 경우
6. 주택관리사등이 업무와 관련하여 금품수수(收受) 등 부당이득을 취한 경우
7. 법 제90조 제4항을 위반하여 다른 사람에게 자기의 명의를 사용하여 이 법에서 정한 업무를 수행하게 하거나 자격증을 대여한 경우
8. 법 제93조 제1항에 따른 보고, 자료의 제출, 조사 또는 검사를 거부·방해 또는 기피하거나 거짓으로 보고를 한 경우
9. 법 제93조 제3항·제4항에 따른 감사를 거부·방해 또는 기피한 경우

05 ④

정답해설 '주택관리사등이 업무와 관련하여 금품수수(收受) 등 부당이득을 취한 경우'는 자격을 취소하여야 하는 경우가 아니라, 자격을 정지시킬 수 있는 사유이다.

> 「공동주택관리법」 제69조(주택관리사등의 자격취소 등) ① 시·도지사는 주택관리사등이 다음의 어느 하나에 해당하면 그 자격을 취소하거나 1년 이내의 기간을 정하여 그 자격을 정지시킬 수 있다. 다만, 제1호부터 제4호까지, 제7호 중 어느 하나에 해당하는 경우에는 그 자격을 취소하여야 한다.
> 1. 거짓이나 그 밖의 부정한 방법으로 자격을 취득한 경우
> 2. 공동주택의 관리업무와 관련하여 금고 이상의 형을 선고받은 경우
> 3. 의무관리대상 공동주택에 취업한 주택관리사등이 다른 공동주택 및 상가·오피스텔 등 주택 외의 시설에 취업한 경우
> 4. 주택관리사등이 자격정지기간에 공동주택관리업무를 수행한 경우
> 5. 고의 또는 중대한 과실로 공동주택을 잘못 관리하여 소유자 및 사용자에게 재산상의 손해를 입힌 경우
> 6. 주택관리사등이 업무와 관련하여 금품수수(收受) 등 부당이득을 취한 경우
> 7. 법 제90조 제4항을 위반하여 다른 사람에게 자기의 명의를 사용하여 이 법에서 정한 업무를 수행하게 하거나 자격증을 대여한 경우
> 8. 법 제93조 제1항에 따른 보고, 자료의 제출, 조사 또는 검사를 거부·방해 또는 기피하거나 거짓으로 보고를 한 경우
> 9. 법 제93조 제3항·제4항에 따른 감사를 거부·방해 또는 기피한 경우

06 ④

오답해설 ① 의무관리대상 공동주택을 관리하는 주택관리업자 등은 '주택관리사'를 해당 공동주택의 관리사무소장으로 배치하여야 한다. 다만, '500세대 미만'의 공동주택에는 '주택관리사'를 갈음하여 '주택관리사보'를 해당 공동주택의 관리사무소장으로 배치할 수 있다.
② 관리사무소장은 그 배치 내용과 업무의 집행에 사용할 직인을 국토교통부령으로 정하는 바에 따라 '시장·군수·구청장'에게 신고하여야 한다. 신고한 배치 내용과 직인을 변경할 때에도 또한 같다.
③ 주택관리사등은 관리사무소장의 업무를 집행하면서 고의 또는 과실로 입주자등에게 재산상의 손해를 입힌 경우에는 그 손해를 배상할 책임이 있다.
⑤ 주택관리업자(법인인 경우에는 그 대표자를 말한다) 또는 관리사무소장으로 배치받은 주택관리사등은 배치된 날(주택관리사보로서 관리사무소장이던 사람이 주택관리사의 자격을 취득한 경우에는 그 자격취득일을 말한다)부터 3개월 이내에 국토교통부령으로 정하는 바에 따라 시·도지사로부터 공동주택관리에 관한 교육과 윤리교육을 받아야 한다. 또한 공동주택의 관리사무소장으로 배치받아 근무 중인 주택관리사등은 시·도지사로부터 공동주택관리에 관한 교육과 윤리교육을 받은 후 3년마다 국토교통부령으로 정하는 바에 따라 공동주택관리에 관한 교육과 윤리교육을 받아야 한다.

함정 CHECK ③ 주택관리사등은 관리사무소장의 업무를 집행하면서 고의인 경우뿐만 아니라, 과실로 입주자등에게 재산상의 손해를 입힌 경우에도 그 손해를 배상할 책임이 있다는 점을 숙지하여야 한다.

07 ⑤

오답해설 ① 분쟁조정위원회는 공동주택 공용부분의 유지·보수·개량 등에 관한 사항을 심의·조정한다.
② 중앙분쟁조정위원회는 해당 사건들을 분리하거나 병합한 경우에는 조정의 당사자에게 지체 없이 서면으로 그 뜻을 알려야 한다. 즉, 동의를 받아야 하는 것은 아니다.
③ 500세대 이상의 공동주택단지에서 발생한 분쟁은 중앙분쟁조정위원회의 관할이다.
④ 중앙분쟁조정위원회에는 판사·검사 또는 변호사의 직에 6년 이상 재직한 사람이 3명 이상 포함되어야 한다.

08 ②

정답해설 공동주택의 하자담보책임 및 하자보수 등과 관련한 분쟁에 관한 사항은 공동주택관리 분쟁조정위원회의 분쟁조정 사항이 아니고, 하자심사·분쟁조정위원회의 분쟁조정 사항이다.

09 ⑤

오답해설 ① 국토교통부장관은 공동주택 관리비리와 관련된 불법행위 신고의 접수·처리 등에 관한 업무를 효율적으로 수행하기 위하여 공동주택 관리비리 신고센터(이하 '신고센터'라 한다)를 설치·운영할 수 있다(공동주택관리법 제93조의2 제1항).

[참고] 국토교통부장관은 법 제93조의2 제1항에 따라 국토교통부에 공동주택 관리비리 신고센터(이하 '신고센터'라 한다)를 설치한다(공동주택관리법 시행령 제96조의2 제1항).

② 공동주택 관리와 관련한 불법행위를 인지한 자는 공동주택 관리비리 신고센터에 그 사실을 신고할 수 있다. 이 경우 신고를 하려는 자는 자신의 인적사항과 신고의 취지·이유·내용을 적고 서명한 문서와 함께 신고 대상 및 증거 등을 제출하여야 한다.

③ 공동주택 관리비리 신고센터의 장은 국토교통부의 공동주택 관리업무를 총괄하는 부서의 장으로 하고, 구성원은 공동주택 관리와 관련된 업무를 담당하는 공무원으로 한다.

④ 공동주택 관리비리 신고센터는 신고서가 신고자의 인적사항이나 신고 내용의 특정에 필요한 사항을 갖추지 못한 경우에는 신고자로 하여금 15일 이내의 기간을 정하여 이를 보완하게 할 수 있다. 다만, 15일 이내에 자료를 보완하기 곤란한 사유가 있다고 인정되는 경우에는 신고자와 협의하여 보완기간을 따로 정할 수 있다. 또한 신고센터는 신고자가 위의 보완요구를 받고도 보완기간 내 보완하지 아니한 경우에는 접수된 신고를 종결할 수 있다.

함정 CHECK ④ 신고서가 신고 내용의 특정에 필요한 사항을 갖추지 못한 경우에는 즉시 접수된 신고를 종결하는 것이 아니라, 보완요구를 먼저 하고 그 보완요구를 받고도 보완기간 내에 보완하지 아니한 경우에 비로소 접수된 신고를 종결할 수 있다.

10 2

11 ㉠ 500

정답해설 관리사무소장으로 배치된 주택관리사등은 손해배상책임을 보장하기 위하여 다음의 구분에 따른 금액을 보장하는 보증보험 또는 공제에 가입하거나 공탁을 하여야 한다.
1. 500세대 미만의 공동주택: 3천만원
2. 500세대 이상의 공동주택: 5천만원

12 2, 3

13 ㉠ 1, ㉡ 금고, ㉢ 자격정지

14 ㉠ 3, ㉡ 5

정답해설 법 제64조 제1항에 따라 관리사무소장으로 배치된 주택관리사등은 법 제66조 제1항에 따른 손해배상책임을 보장하기 위하여 다음의 구분에 따른 금액을 보장하는 보증보험 또는 공제에 가입하거나 공탁을 하여야 한다.
1. 500세대 미만의 공동주택: <u>3천만원</u>
2. 500세대 이상의 공동주택: <u>5천만원</u>

15 5

16 ㉠ 30, ㉡ 정본, ㉢ 화해

정답해설
- 조정안을 제시받은 당사자는 그 제시를 받은 날부터 <u>30일</u> 이내에 그 수락 여부를 중앙분쟁조정위원회에 서면으로 통보하여야 한다. 이 경우 <u>30일</u> 이내에 의사표시가 없는 때에는 수락한 것으로 본다.
- 당사자가 조정안을 수락하거나 수락한 것으로 보는 경우 중앙분쟁조정위원회는 조정서를 작성하고, 위원장 및 각 당사자가 서명·날인한 후 조정서 <u>정본</u>을 지체 없이 각 당사자 또는 그 대리인에게 송달하여야 한다. 다만, 수락한 것으로 보는 경우에는 각 당사자의 서명·날인을 생략할 수 있다.
- 당사자가 조정안을 수락하거나 수락한 것으로 보는 때에는 그 조정서의 내용은 재판상 <u>화해</u>와 동일한 효력을 갖는다. 다만, 당사자가 임의로 처분할 수 없는 사항에 관한 것은 그러하지 아니하다.

17 ㉠ 공동주택관리정보시스템

정답해설 국토교통부장관은 공동주택관리의 투명성과 효율성을 제고하기 위하여 공동주택관리에 관한 정보를 종합적으로 관리할 수 있는 <u>공동주택관리정보시스템</u>을 구축·운영할 수 있고, 이에 관한 정보를 관련 기관·단체 등에 제공할 수 있다.

18 ㉠ 주택도시기금

정답해설 국가는 공동주택의 보수·개량, 층간소음 저감재 설치 등에 필요한 비용의 일부를 <u>주택도시기금</u>에서 융자할 수 있다.

PART 03 민간임대주택에 관한 특별법

CHAPTER 01 총칙, 임대사업자 및 주택임대관리업자

▶ 연계학습: 기본서 상권 pp. 292~317

01	⑤	02	②	03	⑤
04	①	05	③	06	㉠ 10
07	복합지원시설	08	민간매입임대주택	09	공동주택관리법
10	㉠ 30, ㉡ 7	11	㉠ 3, ㉡ 12	12	⑤
13	㉠ 50	14	3, 2		

01 ⑤

정답해설
- ㉣ 민간임대주택으로 등록할 주택을 소유한 자는 임대사업자로 등록할 수 있으나, 민간임대주택으로 사용하기 위하여 주택을 임차한 자는 임대사업자로 등록할 수 없다.
- ㉤ 임대사업자로 등록할 수 있는 경우, 2인 이상이 공동으로 건설하거나 소유하는 주택의 경우에는 공동 명의로 등록해야 한다.

함정 CHECK
- ㉣ 민간임대주택으로 등록할 주택을 소유하거나 소유할 예정인 자는 임대사업자로 등록할 수 있으나, 민간임대주택으로 사용하기 위하여 주택을 임차한 자는 임대사업자로 등록할 수 없다.

02 ②

오답해설
① 모집주체는 민간임대협동조합 가입 계약 체결일부터 30일이 지난 경우 예치기관의 장에게 가입비등의 지급을 요청할 수 있다.
③ 청약 철회를 서면으로 하는 경우에는 청약 철회의 의사를 표시한 서면을 발송한 날에 그 효력이 발생한다.
④ 예치기관은 가입비등을 '예치기관의 명의'로 예치해야 하고, 이를 다른 금융자산과 분리하여 관리해야 한다.
⑤ 조합가입신청자가 30일 이내에 청약 철회를 하는 경우 '모집주체'는 조합가입신청자에게 청약 철회를 이유로 위약금 또는 손해배상을 청구할 수 없다.

03 ⑤

오답해설
① 자기관리형 주택임대관리업을 등록한 경우에는 위탁관리형 주택임대관리업도 등록한 것으로 본다.
② 자본금의 증가 등 국토교통부령으로 정하는 경미한 사항의 변경은 신고하지 아니하여도 된다.
③ 주택임대관리업자는 분기마다 그 분기가 끝나는 달의 다음 달 말일까지 위탁받아 관리하는 주택의 호수·세대수 및 소재지를 시장·군수·구청장에게 신고하여야 한다.
④ 자기관리형 주택임대관리업을 하는 주택임대관리업자는 임대인 및 임차인의 권리보호를 위하여 보증상품에 가입하여야 한다.

04 ①

정답해설
'주택임대관리업'이란 주택의 소유자로부터 임대관리를 위탁받아 관리하는 업(業)을 말하며, 다음으로 구분한다.
가. 자기관리형 주택임대관리업: 주택의 소유자로부터 주택을 임차하여 자기책임으로 전대(轉貸)하는 형태의 업
나. 위탁관리형 주택임대관리업: 주택의 소유자로부터 수수료를 받고 임대료 부과·징수 및 시설물 유지·관리 등을 대행하는 형태의 업

> **이론 PLUS**
> 다음의 주택임대관리업의 경우에는 등록하여야 한다. [개정 2025.2.25.]
> ㉠ 자기관리형 주택임대관리업: 단독주택, 공동주택, 준주택(법 제2조 제1호에 따른 일반기숙사로 리모델링한 건축물은 제외한다. 다음 나.에서 같다)을 합산하여 100호 이상
> ㉡ 위탁관리형 주택임대관리업: 단독주택, 공동주택, 준주택을 합산하여 300호 이상

05 ③

정답해설
다음의 어느 하나에 해당하는 자는 주택임대관리업의 등록을 할 수 없다. 법인의 경우 그 임원 중 다음의 어느 하나에 해당하는 사람이 있을 때에도 또한 같다.
1. 파산선고를 받고 복권되지 아니한 자
2. 피성년후견인 또는 피한정후견인
3. 주택임대관리업의 등록이 말소된 후 2년이 지나지 아니한 자. 이 경우 등록이 말소된 자가 법인인 경우에는 말소 당시의 원인이 된 행위를 한 사람과 대표자를 포함한다.
4. 「민간임대주택에 관한 특별법」, 「주택법」, 「공공주택 특별법」 또는 「공동주택관리법」을 위반하여 금고 이상의 실형을 선고받고 집행이 종료(집행이 종료된 것으로 보는 경우를 포함한다)되거나 그 집행이 면제된 날부터 3년이 지나지 아니한 사람
5. 「민간임대주택에 관한 특별법」, 「주택법」, 「공공주택 특별법」 또는 「공동주택관리법」을 위반하여 형의 집행유예를 선고받고 그 유예기간 중에 있는 사람

06 ㉠ 10

정답해설 '장기일반민간임대주택'이란 임대사업자가 공공지원민간임대주택이 아닌 주택을 <u>10년</u> 이상 임대할 목적으로 취득하여 임대하는 민간임대주택[아파트(주택법 제2조 제20호의 도시형 생활주택이 아닌 것을 말한다)를 임대하는 민간매입임대주택은 제외한다]을 말한다.

07 복합지원시설

08 민간매입임대주택

09 공동주택관리법

10 ㉠ 30, ㉡ 7

정답해설
1. 조합가입신청자는 민간임대협동조합 가입 계약체결일부터 <u>30일</u> 이내에 민간임대협동조합 가입에 관한 청약을 철회할 수 있다.
2. 모집주체는 조합가입신청자가 청약 철회를 한 경우 청약 철회 의사가 도달한 날부터 <u>7일</u> 이내에 예치기관의 장에게 가입비등의 반환을 요청하여야 한다.

11 ㉠ 3, ㉡ 12

정답해설 시장·군수·구청장은 주택임대관리업자가 다음의 어느 하나에 해당하면 그 등록을 말소하거나 1년 이내의 기간을 정하여 영업의 전부 또는 일부의 정지를 명할 수 있다. 다만, <u>제1호, 제2호</u> 또는 제6호에 해당하는 경우에는 그 등록을 말소하여야 한다.
1. 거짓이나 그 밖의 부정한 방법으로 등록을 한 경우
2. 영업정지기간 중에 주택임대관리업을 영위한 경우 또는 최근 <u>3년간</u> 2회 이상의 영업정지 처분을 받은 자로서 그 정지처분을 받은 기간이 합산하여 <u>12개월</u>을 초과한 경우
3. 고의 또는 중대한 과실로 임대를 목적으로 하는 주택을 잘못 관리하여 임대인 및 임차인에게 재산상의 손해를 입힌 경우
4. 정당한 사유 없이 최종 위탁계약 종료일의 다음 날부터 1년 이상 위탁계약 실적이 없는 경우
5. 법 제8조에 따른 등록기준을 갖추지 못한 경우. 다만, 일시적으로 등록기준에 미달하는 등 대통령령으로 정하는 경우는 그러하지 아니하다.
6. 법 제16조 제1항을 위반하여 다른 자에게 자기의 명의 또는 상호를 사용하여 이 법에서 정한 사업이나 업무를 수행하게 하거나 그 등록증을 대여한 경우
7. 법 제61조에 따른 보고, 자료의 제출 또는 검사를 거부·방해 또는 기피하거나 거짓으로 보고한 경우

1 공공지원민간임대주택 공급촉진지구

12 ⑤

정답해설 지정권자는 다음의 어느 하나에 해당하는 경우에는 촉진지구의 지정을 해제할 수 있다.
1. 촉진지구가 지정고시된 날부터 2년 이내에 지구계획 승인을 신청하지 아니하는 경우
2. 공공지원민간임대주택 개발사업이 완료된 경우

함정 CHECK ⑤ 촉진지구가 지정고시된 날부터 2년 이내에 공공지원민간임대주택의 건축을 시작하지 아니하는 경우에 지정권자가 촉진지구의 지정을 해제할 수 있는 것이 아니라, 촉진지구가 지정고시된 날부터 2년 이내에 지구계획 승인을 신청하지 아니하는 경우에 촉진지구의 지정을 해제할 수 있다.

13 ㉠ 50

14 3, 2

CHAPTER 02 민간임대주택의 공급 및 관리 등 ▶ 연계학습: 기본서 상권 pp. 318~359

01	④	02	①	03	②
04	②	05	㉠ 20, ㉡ 150	06	㉠ 주거용

01 ④

정답해설 임대사업자는 보증의 수수료를 1년 단위로 재산정하여 분할납부할 수 있으며, 임대사업자가 보증 가입 후 1년이 지났으나 재산정한 보증수수료를 보증회사에 납부하지 아니하는 경우에는 보증회사는 그 보증계약을 해지할 수 있다. 다만, 임차인이 보증수수료를 납부하는 경우에는 그러하지 아니하다.

02 ①

정답해설 동별 대표자가 될 수 있는 사람은 해당 민간임대주택단지에서 6개월 이상 계속 거주하고 있는 임차인으로 한다. 다만, 최초로 임차인대표회의를 구성하는 경우에는 그러하지 아니하다.

03 ②

정답해설 임대사업자는 민간임대주택의 임대차기간 등 임대차계약에 관한 사항을 임대차계약을 체결한 날(종전 임대차계약이 있는 경우 민간임대주택으로 등록한 날을 말한다) 또는 임대차계약을 변경한 날부터 <u>3개월</u> 이내에 시장·군수·구청장에게 '<u>신고</u>' 또는 '<u>변경신고</u>'를 하여야 한다. 다만, <u>100세대 이상</u>의 공동주택을 임대하는 임대사업자가 임대차계약에 관한 사항을 변경하여 신고하는 경우에는 <u>변경예정일 1개월 전까지 신고하여야</u> 한다.

[고난도]

04 ②

오답해설 ① <u>공공주택사업자</u>는 관리비를 둘러싼 분쟁에 관하여 임대주택분쟁조정위원회에 조정을 <u>신청할 수 있다</u>.
③ <u>공공주택사업자</u>는 공공임대주택의 분양전환가격에 관한 분쟁에 대하여 임대주택분쟁조정위원회에 조정을 신청할 수 있다.
④ 조정위원회는 <u>위원장 1명</u>을 포함하여 <u>10명</u> 이내로 구성하되, 조정위원회의 운영, 절차 등에 필요한 사항은 대통령령으로 정한다. 이 경우 <u>위원장</u>은 <u>해당 지방자치단체의 장이 되며</u>, <u>부위원장은 위원 중에서 호선</u>한다.
⑤ <u>조정의 각 당사자가 조정위원회의 조정안을 받아들이면 당사자 간에 조정조서와 같은 내용의 합의가 성립된 것으로 본다</u>.

함정 CHECK ③ 공공임대주택의 분양전환가격에 관한 분쟁은 <u>임대사업자가 조정을 신청할 수 있는 것이 아니라 공공주택사업자가 신청할 수 있다는 점을 유의해야</u> 한다.

05 ㉠ 20, ㉡ 150

정답해설 임대사업자가 <u>20세대 이상</u>의 범위에서 대통령령으로 정하는 세대 이상의 민간임대주택을 공급하는 공동주택단지에 입주하는 임차인은 임차인대표회의를 구성할 수 있다. 다만, 임대사업자가 <u>150세대</u> 이상의 민간임대주택을 공급하는 공동주택단지 중 대통령령으로 정하는 공동주택단지에 입주하는 임차인은 임차인대표회의를 구성하여야 한다.

06 ㉠ 주거용

PART 04 공공주택 특별법

CHAPTER 01 총칙 및 공공주택지구 등
▶ 연계학습: 기본서 상권 pp. 372~400

01	②	02	②	03	㉠ 행복주택
04	㉠ 지분적립형, ㉡ 30	05	㉠ 50	06	㉠ 35, ㉡ 30
07	㉠ 난개발, ㉡ 10				

01 ②

정답해설 국토교통부장관은 다음의 자 중에서 공공주택사업자를 지정한다.

가. 국가 또는 지방자치단체
나. 「한국토지주택공사법」에 따른 한국토지주택공사
다. 「지방공기업법」 제49조에 따라 주택사업을 목적으로 설립된 지방공사
라. 「공공기관의 운영에 관한 법률」 제5조에 따른 공공기관 중 대통령령으로 정하는 다음의 기관
    1. 「한국농어촌공사 및 농지관리기금법」에 따른 한국농어촌공사
    2. 「한국철도공사법」에 따른 한국철도공사
    3. 「국가철도공단법」에 따른 국가철도공단
    4. 「공무원연금법」에 따른 공무원연금공단
    5. 「제주특별자치도 설치 및 국제자유도시 조성을 위한 특별법」에 따른 제주국제자유도시개발센터(제주특별자치도에서 개발사업을 하는 경우만 해당한다)
    6. 「주택도시기금법」에 따른 주택도시보증공사
    7. 「한국자산관리공사 설립 등에 관한 법률」에 따른 한국자산관리공사
    8. 「공공기관의 운영에 관한 법률」 제5조 제4항 제2호 가목에 따른 기금관리형 준정부기관
마. 위 가.부터 라.까지의 규정 중 어느 하나에 해당하는 자가 총지분의 100분의 50을 초과하여 출자·설립한 법인
바. 주택도시기금 또는 위 가.부터 라.까지의 규정 중 어느 하나에 해당하는 자가 총지분의 전부(도심 공공주택 복합사업의 경우에는 100분의 50을 초과한 경우를 포함한다)를 출자(공동으로 출자한 경우를 포함한다)하여 「부동산투자회사법」에 따라 설립한 부동산투자회사

02 ②

정답해설 공공주택사업자는 조성된 토지가 다음의 어느 하나에 해당하는 경우에는 경쟁입찰의 방법으로 공급해야 한다.

1. 판매시설용지 등 영리를 목적으로 사용될 토지
2. 법 제35조 또는 「주택법」 제15조에 따라 사업계획의 승인을 받아 건설하는 공동주택건설용지 외의 토지(공공주택사업자가 토지가격의 안정과 공공목적을 위하여 필요하다고 인정하는 경우는 제외한다)

03 ㉠ 행복주택

04 ㉠ 지분적립형, ㉡ 30

정답해설 '지분적립형 분양주택'이란 제4조에 따른 공공주택사업자가 직접 건설하거나 매매 등으로 취득하여 공급하는 공공분양주택으로서 주택을 공급받은 자가 20년 이상 30년 이하의 범위에서 대통령령으로 정하는 기간 동안 공공주택사업자와 주택의 소유권을 공유하면서 대통령령으로 정하는 바에 따라 소유 지분을 적립하여 취득하는 주택을 말한다.

05 ㉠ 50

06 ㉠ 35, ㉡ 30

07 ㉠ 난개발, ㉡ 10

정답해설 국토교통부장관은 주택지구를 해제할 때 국토교통부령으로 정하는 일정 규모 이상으로서 체계적인 관리계획을 수립하여 관리하지 아니할 경우 난개발이 우려되는 지역에 대하여 10년의 범위에서 특별관리지역으로 지정할 수 있다.

CHAPTER 02 공공주택의 공급 및 운영·관리 등 ▶연계학습: 기본서 상권 pp. 419~444

01	⑤	02	①	03	①
04	④	05	③	06	①
07	③	08	㉠ 특별수선충당금	09	㉠ 30, ㉡ 20
10	㉠ 6	11	㉠ 5, ㉡ 1	12	㉠ 5, ㉡ 1
13	㉠ 3, ㉡ 3				

01 ⑤

정답해설 공공주택사업자는 특별수선충당금을 사용하려면 미리 해당 공공임대주택의 주소지를 관할하는 시장·군수 또는 구청장과 협의하여야 한다. 다만, 다음의 어느 하나에 해당하는 경우에는 그렇지 않다.

⊙ 「주택법 시행령」 제53조의2 제4항 각 호에 따른 중대한 하자가 발생한 경우
ⓒ 천재지변이나 그 밖의 재해로 장기수선계획 수립 대상물이 파손되거나 멸실되어 긴급하게 교체·보수가 필요한 경우

오답해설 ① 1997년 3월 1일 전에 주택건설사업계획의 승인을 받은 공공임대주택은 특별수선충당금을 적립할 의무가 없다.
② 공공주택사업자는 특별수선충당금을 사용검사일(임시 사용승인을 받은 경우에는 임시 사용승인일을 말한다)부터 1년이 지난날이 속하는 달부터 매달 적립한다.
③ 특별수선충당금의 적립요율은 다음의 비율에 따른다. 다만, 다음의 주택이 「공동주택관리법」에 따른 혼합주택단지 안에 있는 경우(혼합주택단지의 입주자대표회의와 공공주택사업자가 장기수선충당금 및 특별수선충당금을 사용하는 주요시설의 교체 및 보수에 관한 사항을 각자 결정하는 경우는 제외한다) 해당 주택에 대한 특별수선충당금의 적립요율에 관하여는 관리규약으로 정하는 장기수선충당금의 요율을 준용한다.
　⊙ 영구임대주택, 국민임대주택, 행복주택, 통합공공임대주택 및 장기전세주택: 국토교통부장관이 고시하는 표준건축비의 1만분의 4
　ⓒ 위 ⊙에 해당하지 아니하는 공공임대주택: 「주택법」 제15조 제1항에 따른 사업계획승인 당시 표준건축비의 1만분의 1
④ 특별수선충당금의 적립요율은 시장·군수·구청장의 허가를 받아 변경할 수 없다.

고난도
02 ①
오답해설 ② 공공주택사업자는 공공임대주택의 임대조건 등 임대차계약에 관한 사항에 대하여 시장·군수 또는 구청장에게 신고하여야 한다.
③ 공공주택사업자가 임차인에게 우선 분양전환을 통보한 날부터 6개월(임대의무기간이 10년인 공공건설임대주택의 경우에는 12개월을 말한다) 이내에 임차인이 우선 분양전환 계약을 하지 아니한 경우 공공주택사업자는 해당 임대주택을 제3자에게 매각할 수 있다.
④ 공공주택사업자가 임대차계약을 체결할 때 임대차 계약기간이 끝난 후 임대주택을 그 임차인에게 분양전환할 예정이면 「주택임대차보호법」 제4조 제1항에도 불구하고 임대차 계약기간을 2년 이내로 할 수 있다.
⑤ 공공주택사업자의 귀책사유 없이 임차인이 표준임대차계약서상의 임대차 계약기간이 시작된 날부터 3개월 이내에 입주하지 아니한 경우 공공주택사업자는 임대차계약을 해제 또는 해지하거나 재계약을 거절할 수 있다.

고난도 TIP ③ 공공주택사업자가 해당 임대주택을 제3자에게 매각할 수 있는 경우는 6개월 또는 12개월 이내에 임차인이 우선 분양전환 계약을 하지 않은 경우임을 숙지해야 한다.

03 ①

오답해설 ⓒ 장기전세주택: 20년
ⓔ 국민임대주택: 30년

04 ④

오답해설
① 공공임대주택의 공공주택사업자는 임대료 증액이 있은 후 1년 이내에는 증액하지 못한다.
② 공공주택사업자는 임차인이 월 임대료를 3개월 이상 연속하여 연체한 경우에는 임대차계약을 해제 또는 해지하거나 재계약을 거절할 수 있다.
③ 임대의무기간이 10년 이하인 공공임대주택의 임차인의 세대구성원 모두가 공공임대주택 입주 후 국외로 이주하거나 1년 이상 국외에 머무를 경우로서 공공주택사업자의 동의를 받은 경우에는 임차권을 양도하거나 전대할 수 있다.
⑤ 공공임대주택의 임차인은 공공주택사업자의 귀책사유로 입주기간 종료일부터 3개월 이내에 입주할 수 없는 경우 임대차계약을 해제 또는 해지하거나 재계약을 거절할 수 있다.

05 ③

정답해설 공공주택사업자는 공공주택사업자의 귀책사유 없이 표준임대차계약서상의 임대차 계약기간이 시작된 날부터 3개월 이내에 임차인이 입주하지 아니한 경우, 임대차계약을 해제 또는 해지하거나 재계약을 거절할 수 있다.

06 ①

정답해설 공공주택사업자는 임차인의 보육수요 충족을 위하여 필요하다고 판단하는 경우 해당 공공임대주택의 일부 세대를 6년 이내의 범위에서 「영유아보육법」 제10조 제5호에 따른 가정어린이집을 설치·운영하려는 자에게 임대할 수 있다.

07 ③

오답해설 ⓔ 국토교통부장관은 공공주택의 건설, 매입 또는 임차에 주택도시기금을 우선적으로 배정하여야 한다.

08 ㉠ **특별수선충당금**

09 ㉠ 30, ㉡ 20

10 ㉠ 6

11 ㉠ 5, ㉡ 1

정답해설 공공임대주택의 공공주택사업자가 임대료 증액을 청구하는 경우(재계약을 하는 경우를 포함한다)에는 임대료의 100분의 5 이내의 범위에서 주거비 물가지수, 인근 지역의 주택 임대료 변동률 등을 고려하여 증액하여야 한다. 이 경우 증액이 있은 후 1년 이내에는 증액하지 못한다.

12 ㉠ 5, ㉡ 1

13 ㉠ 3, ㉡ 3

정답해설 법 제49조의3 제1항 제6호에서 '기간 내 입주 의무, 임대료 납부 의무, 분납금 납부 의무 등 대통령령으로 정하는 의무를 위반한 경우'란 다음의 어느 하나에 해당하는 경우를 말한다.
1. 공공주택사업자의 귀책사유 없이 법 제49조의2에 따른 표준임대차계약서상의 임대차계약기간이 시작된 날부터 3개월 이내에 입주하지 아니한 경우
2. 월 임대료를 3개월 이상 연속하여 연체한 경우
3. 분납임대주택의 분납금(분할하여 납부하는 분양전환금을 말한다)을 3개월 이상 연체한 경우

PART 05 건축법

CHAPTER 01 총칙

▶ 연계학습: 기본서 상권 pp. 456~497

01	④	02	㉠ 안전, ㉡ 환경	03	㉠ 부속
04	㉠ 완충공간, ㉡ 외벽	05	㉠ 발코니	06	㉠ 발코니
07	㉠ 결합건축	08	㉠ 구조 계산서, ㉡ 시방서	09	㉠ 공사감리자
10	㉠ 용적률	11	③	12	②
13	⑤	14	③	15	㉠ 바닥면적, ㉡ 50
16	㉠ 필로티, ㉡ 660	17	㉠ 공동주택, ㉡ 120		

1 목적 및 용어의 정의

01 ④

오답해설
① '건축'이란 건축물을 신축·증축·개축·재축(再築)하거나 건축물을 이전하는 것을 말한다.
② '리모델링'이란 건축물의 노후화를 억제하거나 기능 향상 등을 위하여 대수선하거나 건축물의 일부를 증축 또는 개축하는 행위를 말한다.
③ '건축주'란 건축물의 건축·대수선·용도변경, 건축설비의 설치 또는 공작물의 축조에 관한 공사를 발주하거나 현장 관리인을 두어 스스로 그 공사를 하는 자를 말한다.
⑤ '주요구조부'란 내력벽(耐力壁), 기둥, 바닥, 보, 지붕틀 및 주계단(主階段)을 말한다. 다만, 사이 기둥, 최하층 바닥, 작은 보, 차양, 옥외 계단, 그 밖에 이와 유사한 것으로 건축물의 구조상 중요하지 아니한 부분은 제외한다.

02 ㉠ 안전, ㉡ 환경

03 ㉠ 부속

04 ㉠ 완충공간, ㉡ 외벽

정답해설 '발코니'란 건축물의 내부와 외부를 연결하는 완충공간으로서 전망이나 휴식 등의 목적으로 건축물 외벽에 접하여 부가적(附加的)으로 설치되는 공간을 말한다. 이 경우 주택에 설치되는 발코니로서 국토교통부장관이 정하는 기준에 적합한 발코니는 필요에 따라 거실·침실·창고 등의 용도로 사용할 수 있다.

05 ㉠ 발코니

06 ㉠ 발코니

정답해설 발코니란 건축물의 내부와 외부를 연결하는 완충공간으로서 전망이나 휴식 등의 목적으로 건축물 외벽에 접하여 부가적(附加的)으로 설치되는 공간을 말한다. 이 경우 주택에 설치되는 발코니로서 국토교통부장관이 정하는 기준에 적합한 발코니는 필요에 따라 거실·침실·창고 등의 용도로 사용할 수 있다.

07 ㉠ 결합건축

08 ㉠ 구조 계산서, ㉡ 시방서

09 ㉠ 공사감리자

10 ㉠ 용적률

2 건축법상의 행위 및 용도

11 ③

정답해설 건축물의 외벽에 사용하는 마감재료(건축법 제52조 제2항에 따른 마감재료를 말한다)를 증설 또는 해체하거나 벽면적 30제곱미터 이상 수선 또는 변경하는 것이 '대수선'에 속한다.

12 ②

정답해설 가. 연립주택: 주택으로 쓰는 1개 동의 바닥면적(2개 이상의 동을 지하주차장으로 연결하는 경우에는 각각의 동으로 본다) 합계가 660제곱미터를 초과하고, 층수가 4개 층 이하인 주택
나. 다세대주택: 주택으로 쓰는 1개 동의 바닥면적 합계가 660제곱미터 이하이고, 층수가 4개 층 이하인 주택(2개 이상의 동을 지하주차장으로 연결하는 경우에는 각각의 동으로 본다)
다. 다가구주택: 다음의 요건을 모두 갖춘 주택으로서 공동주택에 해당하지 아니하는 것을 말한다.
   1) 주택으로 쓰는 층수(지하층은 제외한다)가 3개 층 이하일 것. 다만, 1층의 전부 또는 일부를 필로티 구조로 하여 주차장으로 사용하고 나머지 부분을 주택(주거 목적으로 한정한다) 외의 용도로 쓰는 경우에는 해당 층을 주택의 층수에서 제외한다.

2) 1개 동의 주택으로 쓰이는 바닥면적의 합계가 660제곱미터 이하일 것
3) 19세대(대지 내 동별 세대수를 합한 세대를 말한다) 이하가 거주할 수 있을 것

13 ⑤

정답해설 다음의 어느 하나에 해당하는 건축물에는 건축법을 적용하지 아니한다.
1. 「문화유산의 보존 및 활용에 관한 법률」에 따른 지정문화유산이나 임시지정문화유산 또는 「자연유산의 보존 및 활용에 관한 법률」에 따라 지정된 천연기념물등이나 임시지정천연기념물, 임시지정명승, 임시지정시·도자연유산, 임시자연유산자료
2. 철도나 궤도의 선로 부지(敷地)에 있는 다음의 시설
    가. 운전보안시설
    나. 철도 선로의 위나 아래를 가로지르는 보행시설
    다. 플랫폼
    라. 해당 철도 또는 궤도사업용 급수(給水)·급탄(給炭) 및 급유(給油) 시설
3. 고속도로 통행료 징수시설
4. 컨테이너를 이용한 간이창고(「산업집적활성화 및 공장설립에 관한 법률」 제2조 제1호에 따른 공장의 용도로만 사용되는 건축물의 대지에 설치하는 것으로서 이동이 쉬운 것만 해당된다)
5. 「하천법」에 따른 하천구역 내의 수문조작실

14 ③

정답해설 법 제5조 제1항에 따라 완화하여 적용하는 건축물 및 기준은 다음과 같다.
1. 수면 위에 건축하는 건축물 등 대지의 범위를 설정하기 곤란한 경우: 법 제40조부터 제47조까지, 법 제55조(건축물의 건폐율), 제56조(건축물의 용적률), 제57조까지, 법 제60조 및 법 제61조에 따른 기준
2.~4. 〈생략〉
5. 경사진 대지에 계단식으로 건축하는 공동주택으로서 지면에서 직접 각 세대가 있는 층으로의 출입이 가능하고, 위층 세대가 아래층 세대의 지붕을 정원 등으로 활용하는 것이 가능한 형태의 건축물과 초고층 건축물인 경우: 법 제55조(건축물의 건폐율)에 따른 기준
6. 다음의 어느 하나에 해당하는 건축물인 경우: 법 제42조, 제43조, 제46조, 제55조, 제56조(건축물의 용적률), 제58조, 제60조, 제61조 제2항에 따른 기준
    가. 허가권자가 리모델링 활성화가 필요하다고 인정하여 지정·공고한 구역(이하 '리모델링 활성화 구역'이라 한다) 안의 건축물
    나. 사용승인을 받은 후 15년 이상이 되어 리모델링이 필요한 건축물
    다. 이하 〈생략〉

고난도

15 ㉠ 바닥면적, ㉡ 50

정답해설
- 연립주택: 주택으로 쓰는 1개 동의 <u>바닥면적</u>(2개 이상의 동을 지하주차장으로 연결하는 경우에는 각각의 동으로 본다) 합계가 660제곱미터를 초과하고, 층수가 4개 층 이하인 주택
- 기숙사: 다음의 어느 하나에 해당하는 건축물로서 공간의 구성과 규모 등에 관하여 국토교통부장관이 정하여 고시하는 기준에 적합한 것. 다만, <u>구분소유된 개별 실(室)</u>은 제외한다.
  1) 일반기숙사: 학교 또는 공장 등의 학생 또는 종업원 등을 위하여 사용하는 것으로서 해당 기숙사의 <u>공동취사시설 이용 세대 수</u>가 전체 세대 수(건축물의 일부를 기숙사로 사용하는 경우에는 기숙사로 사용하는 세대 수로 한다)의 <u>50퍼센트 이상인 것</u>(「교육기본법」 제27조 제2항에 따른 학생복지주택을 포함한다)
  2) <u>임대형기숙사</u>: 「공공주택 특별법」 제4조에 따른 공공주택사업자 또는 「민간임대주택에 관한 특별법」 제2조 제7호에 따른 임대사업자가 임대사업에 사용하는 것으로서 임대 목적으로 제공하는 실이 <u>20실 이상</u>이고 해당 기숙사의 <u>공동취사시설 이용 세대 수</u>가 전체 세대 수의 <u>50퍼센트 이상</u>인 것

| 고난도 TIP | 「건축법」상 '건축면적'과 '바닥면적'의 차이를 명확히 구별해야 한다. 또한 '바닥면적'과 '연면적'의 관계를 정확하게 숙지해야 한다.

16 ㉠ 필로티, ㉡ 660

정답해설
2. 공동주택[공동주택의 형태를 갖춘 가정어린이집·공동생활가정·지역아동센터·공동육아나눔터·작은도서관·노인복지시설(노인복지주택은 제외한다) 및 「주택법 시행령」 제10조 제1항 제1호에 따른 아파트형 주택을 포함한다]. 다만, 가목이나 나목에서 층수를 산정할 때 1층 전부를 <u>필로티</u> 구조로 하여 주차장으로 사용하는 경우에는 <u>필로티</u> 부분을 층수에서 제외하고, 〈생략〉
   가. 아파트: 〈생략〉
   나. 연립주택: 주택으로 쓰는 1개 동의 바닥면적(2개 이상의 동을 지하주차장으로 연결하는 경우에는 각각의 동으로 본다) 합계가 <u>660제곱미터</u>를 초과하고, 층수가 4개 층 이하인 주택
   다. 다세대주택: 〈생략〉

17 ㉠ 공동주택, ㉡ 120

정답해설 리모델링이 쉬운 구조의 <u>공동주택</u>의 건축을 촉진하기 위하여 <u>공동주택</u>을 대통령령으로 정하는 구조로 하여 건축허가를 신청하면 제56조, 제60조 및 제61조에 따른 기준을 <u>100분의 120</u>의 범위에서 대통령령으로 정하는 비율로 완화하여 적용할 수 있다.

CHAPTER 02 건축물의 건축

▶ 연계학습: 기본서 상권 pp. 498~540

01	①	02	③	03	②
04	②	05	③	06	④
07	④	08	③	09	④
10	④	11	㉠ 1		

01 ①

정답해설 공작물을 축조(건축물과 분리하여 축조하는 것을 말한다)할 때 특별자치시장·특별자치도지사 또는 시장·군수·구청장에게 신고를 해야 하는 공작물은 다음과 같다.

1. 높이 6미터를 넘는 굴뚝
2. 〈삭제〉
3. 높이 4미터를 넘는 장식탑, 기념탑, 첨탑, 광고탑, 광고판, 그 밖에 이와 비슷한 것
4. 높이 8미터를 넘는 고가수조나 그 밖에 이와 비슷한 것
5. 높이 2미터를 넘는 옹벽 또는 담장
6. 바닥면적 30제곱미터를 넘는 지하대피호
7. 높이 6미터를 넘는 골프연습장 등의 운동시설을 위한 철탑, 주거지역·상업지역에 설치하는 통신용 철탑, 그 밖에 이와 비슷한 것
8. 높이 8미터(위험을 방지하기 위한 난간의 높이는 제외한다) 이하의 기계식 주차장 및 철골 조립식 주차장(바닥면이 조립식이 아닌 것을 포함한다)으로서 외벽이 없는 것
9. 건축조례로 정하는 제조시설, 저장시설(시멘트사일로를 포함한다), 유희시설, 그 밖에 이와 비슷한 것
10. 건축물의 구조에 심대한 영향을 줄 수 있는 중량물로서 건축조례로 정하는 것
11. 높이 5미터를 넘는 「신에너지 및 재생에너지 개발·이용·보급 촉진법」 제2조 제2호 가목에 따른 태양에너지를 이용하는 발전설비와 그 밖에 이와 비슷한 것

02 ③

정답해설 안전영향평가 결과는 건축위원회의 심의를 거쳐 확정한다. 이 경우 건축위원회의 심의를 받아야 하는 건축물은 건축위원회 심의에 안전영향평가 결과를 포함하여 심의할 수 있다.

고난도

03 ②

오답해설 ① 연면적의 합계가 10만제곱미터 이상인 건축물을 특별시나 광역시에 건축하려면 특별시장이나 광역시장의 허가를 받아야 하나, 공장은 그러하지 아니하다.
③ 허가권자는 허가를 받은 자가 다음의 어느 하나에 해당하면 허가를 취소하여야 한다. 다만, 제1호에 해당하는 경우로서 정당한 사유가 있다고 인정되면 1년의 범위에서 공사의 착수기간을 연장할 수 있다.
  1. 허가를 받은 날부터 2년(「산업집적활성화 및 공장설립에 관한 법률」 제13조에 따라 공장의 신설·증설 또는 업종변경의 승인을 받은 공장은 3년) 이내에 공사에 착수하지 아니한 경우
  2. 제1호의 기간 이내에 공사에 착수하였으나 공사의 완료가 불가능하다고 인정되는 경우
  3. 착공신고 전에 경매 또는 공매 등으로 건축주가 대지의 소유권을 상실한 때부터 6개월이 지난 이후 공사의 착수가 불가능하다고 판단되는 경우
④ 연면적의 합계가 100제곱미터 이하인 건축물의 건축(신축 포함)은 신고대상이다. 그러므로 바닥면적의 합계가 85제곱미터인 단층건물을 신축하려는 자는 건축허가를 받을 필요가 없으며, 신고를 하면 건축허가를 받은 것으로 본다.
⑤ 건축허가를 받으려는 자는 해당 대지의 소유권을 확보하여야 한다. 다만, 다음의 어느 하나에 해당하는 경우에는 그러하지 아니하다.
  1. 건축주가 대지의 소유권을 확보하지 못하였으나 그 대지를 사용할 수 있는 권원을 확보한 경우. 다만, 분양을 목적으로 하는 공동주택은 제외한다.
  2. 건축주가 건축물의 노후화 또는 구조안전 문제 등 대통령령으로 정하는 사유로 건축물을 신축·개축·재축 및 리모델링을 하기 위하여 건축물 및 해당 대지의 공유자 수의 100분의 80 이상의 동의를 얻고 동의한 공유자의 지분 합계가 전체 지분의 100분의 80 이상인 경우 등
  3.~6. 〈생략〉

함정 CHECK ④ 연면적의 합계가 100제곱미터 이하인 건축물의 건축(신축 포함)이 신고대상인데, 선지상 바닥면적의 합계가 85제곱미터인 단층건물을 신축하는 것은 위의 내용에 포함되므로 틀린 선지임을 유의해야 한다.

04 ②

정답해설 A의 창고가 「농지법」에 따른 농지전용허가의 대상인 경우에는 건축허가를 받으면 농지전용허가를 받은 것으로 의제된다.

05 ③

정답해설 특별시, 광역시 또는 특별자치시가 아닌 '시'에 21층 이상의 건축물을 건축하려면 '시장'의 허가를 받아야 하며, 이 경우 '시장'이 허가를 하려면 미리 '도지사'의 승인을 받아야 한다.

함 정 CHECK ③ 특별시, 광역시에서 21층 이상의 건축물을 건축하려면 '특별시장, 광역시장'의 허가를 받아야 하지만, 특별시, 광역시 또는 특별자치시가 아닌 '시'에서 21층 이상의 건축물을 건축하려면 '시장'의 허가를 받아야 하고, 이 경우 '시장'이 허가를 하려면 미리 '도지사'의 승인을 받아야 한다.

06 ④

정답해설 야외흡연실 용도로 쓰는 가설건축물로서 연면적이 50제곱미터 이하인 것이 신고 대상이므로, 연면적이 75제곱미터 이상인 야외흡연실 용도로 쓰는 가설건축물은 허가 대상이다.

07 ④

정답해설 운동시설은 영업시설군에 해당한다.

08 ③

정답해설 상위군으로의 용도변경이 허가대상이다. '단독주택'은 8. 주거업무시설군인데, 제1종 근린생활시설(㉠)은 7. 근린생활시설군이고, 공장(㉣)은 2. 산업 등 시설군이며, 노유자시설(㉤)은 6. 교육 및 복지시설군이다. 즉, 단독주택의 용도를 ㉠, ㉣, ㉤의 용도로 변경하는 것은 모두 상위군으로의 용도변경이므로 허가대상이다.

오답해설 공동주택(㉡) 및 업무시설(㉢)은 8. 주거업무시설군으로서 단독주택과 같은 시설군으로의 용도변경이다. 따라서 건축물대장 기재내용의 변경신청 대상이다.

09 ④

오답해설 ① 건축주가 제11조(건축허가)·제14조(건축신고) 또는 제20조 제1항(가설건축물의 허가)에 따라 허가를 받았거나 신고를 한 건축물의 건축공사를 완료한 후 그 건축물을 사용하려면 공사감리자가 작성한 감리완료보고서와 공사완료도서 등 국토교통부령으로 정하는 서류를 첨부하여 허가권자에게 사용승인을 신청하여야 한다.
② 도시·군계획시설에서 가설건축물 건축을 위한 허가를 받은 경우에도 사용승인을 받아야 한다(위 ① 참고).
③ 임시사용승인의 기간은 2년 이내로 한다. 다만, 허가권자는 대형 건축물 또는 암반공사 등으로 인하여 공사기간이 긴 건축물에 대하여는 그 기간을 연장할 수 있다.
⑤ 허가권자인 구청장이 건축물의 사용승인을 하려는 경우, 관할 특별시장 또는 광역시장의 동의를 받을 의무가 없다.

함정 CHECK ② 도시·군계획시설에서 가설건축물을 건축하는 경우에는 허가를 받아야 하고, 허가대상 가설건축물의 경우는 사용승인을 받아야 하나, 신고대상 가설건축물의 경우는 사용승인을 받을 의무가 없다는 점을 숙지하여야 한다.

10 ④

정답해설 건축허가를 받아야 하거나 건축신고를 하여야 하는 건축물 또는 「주택법」 제66조 제1항 또는 제2항에 따른 리모델링을 하는 건축물의 건축등을 위한 설계는 건축사가 아니면 할 수 없다. 다만, 다음의 어느 하나에 해당하는 경우에는 그러하지 아니하다.
1. 바닥면적의 합계가 85제곱미터 미만인 증축·개축 또는 재축
2. 연면적이 200제곱미터 미만이고 층수가 3층 미만인 건축물의 대수선
3. 그 밖에 건축물의 특수성과 용도 등을 고려하여 대통령령으로 정하는 다음 건축물의 건축등
   가. 읍·면지역(시장 또는 군수가 지역계획 또는 도시·군계획에 지장이 있다고 인정하여 지정·공고한 구역은 제외한다)에서 건축하는 건축물 중 연면적이 200제곱미터 이하인 창고 및 농막(「농지법」에 따른 농막을 말한다)과 연면적 400제곱미터 이하인 축사, 작물재배사, 종묘배양시설, 화초 및 분재 등의 온실
   나. 영 제15조 제5항 각 호의 어느 하나에 해당하는 가설건축물로서 건축조례로 정하는 가설건축물

11 ㉠ 1

CHAPTER 03		건축의 규제		▶ 연계학습: 기본서 상권 pp. 541~627	
01	③	02	③	03	④
04	③	05	②	06	①
07	①	08	①	09	④
10	⑤	11	①	12	⑤
13	④	14	①	15	④
16	③	17	①	18	④
19	⑤	20	②	21	④
22	③	23	②	24	⑤
25	③	26	㉠ 6, ㉡ 4	27	㉠ 주요구조부, ㉡ 50
28	㉠ 2, ㉡ 5	29	㉠ 3	30	㉠ 주요구조부
31	㉠ 내화, ㉡ 3	32	㉠ 60분+, ㉡ 열	33	㉠ 건축물, ㉡ 대지
34	㉠ 건축선, ㉡ 6	35	㉠ 대지경계선	36	㉠ 전용주거지역, ㉡ 중심상업지역
37	㉠ 2	38	㉠ 31	39	㉠ 위반면적, ㉡ 100
40	㉠ 수평투영면적	41	㉠ 처마		

01 ③

오답해설
① 녹지지역은 조경의무가 없다.
② 가설건축물은 조경의무가 없다.
④ 농림지역은 조경의무가 없다.
⑤ 관리지역은 조경의무가 없다.

고난도 TIP 이 문제는 건축법 시행령 제27조의 조경의무가 없는 경우 전반에 대해 이해 및 암기를 하고 있는지를 묻는 문제로서, 한 주제에 대한 전체적인 이해가 필요하다.

02 ③

오답해설 다음의 어느 하나에 해당하는 지역의 환경을 쾌적하게 조성하기 위하여 대통령령으로 정하는 용도와 규모의 건축물은 일반이 사용할 수 있도록 소규모 휴식시설 등의 공개 공지(空地: 공터) 또는 공개 공간(이하 '공개공지등'이라 한다)을 설치하여야 한다.

1. 일반주거지역, 준주거지역
2. 상업지역
3. 준공업지역
4. 특별자치시장·특별자치도지사 또는 시장·군수·구청장이 도시화의 가능성이 크거나 노후 산업단지의 정비가 필요하다고 인정하여 지정·공고하는 지역

03 ④

오답해설
① 면적 5천제곱미터 미만인 대지에 건축하는 공장에 대하여는 조경 등의 조치를 하여야 할 의무가 없다.
② 법령에 따라 건축물에 공개공지등을 설치하는 경우에는 법 제55조(건축물의 건폐율), 법 제56조(건축물의 용적률, 1.2배 이하) 및 법 제60조(건축물의 높이 제한, 1.2배 이하)를 대통령령으로 정하는 바에 따라 완화하여 적용할 수 있다.
③ 공개공지등의 면적은 대지면적의 100분의 10 이하의 범위에서 건축조례로 정한다. 이 경우 조경면적과 「매장유산 보호 및 조사에 관한 법률」 제14조 제1항 제1호에 따른 매장유산의 현지보존 조치 면적을 공개공지등의 면적으로 할 수 있다.
⑤ 건축물의 대지는 2미터 이상이 도로(자동차만의 통행에 사용되는 도로는 제외한다)에 접하여야 한다. 다만, 다음의 어느 하나에 해당하면 그러하지 아니하다.
  1. 해당 건축물의 출입에 지장이 없다고 인정되는 경우
  2. 건축물의 주변에 대통령령으로 정하는 공지(광장, 공원, 유원지, 그 밖에 관계 법령에 따라 건축이 금지되고 공중의 통행에 지장이 없는 공지로서 허가권자가 인정한 것)가 있는 경우
  3. 「농지법」 제2조 제1호 나목에 따른 농막을 건축하는 경우

04 ③

정답해설 공개공지등을 확보할 때에는 일반이 사용할 수 있도록 대통령령으로 정하는 기준에 따라 공개공지 또는 공개공간을 설치하여야 한다. 이 경우 공개공지는 필로티의 구조로 설치할 수 있다.

05 ②

오답해설
① 허가권자는 도로의 위치를 지정·공고하려면 국토교통부령으로 정하는 바에 따라 그 도로에 대한 이해관계인의 동의를 받아야 한다. 다만, 다음의 어느 하나에 해당하면 이해관계인의 동의를 받지 아니하고 건축위원회의 심의를 거쳐 도로를 지정할 수 있다.
  1. 허가권자가 이해관계인이 해외에 거주하는 등의 사유로 이해관계인의 동의를 받기가 곤란하다고 인정하는 경우
  2. 주민이 오랫동안 통행로로 이용하고 있는 사실상의 통로로서 해당 지방자치단체의 조례로 정하는 것인 경우
③ 도로면으로부터 높이 4.5미터 이하에 있는 출입구, 창문, 그 밖에 이와 유사한 구조물을 열고 닫을 때 건축선의 수직면을 넘지 아니하는 구조로 하여야 한다.
④ 건축물의 대지는 2미터 이상이 도로(자동차만의 통행에 사용되는 도로는 제외한다)에 접하여야 한다. 다만, 다음의 어느 하나에 해당하면 그러하지 아니하다.
  1. 해당 건축물의 출입에 지장이 없다고 인정되는 경우
  2. 건축물의 주변에 대통령령으로 정하는 공지(광장, 공원, 유원지, 그 밖에 관계 법령에 따라 건축이 금지되고 공중의 통행에 지장이 없는 공지로서 허가권자가 인정한 것)가 있는 경우
  3. 「농지법」 제2조 제1호 나목에 따른 농막을 건축하는 경우
⑤ 건축물과 담장은 건축선의 수직면(垂直面)을 넘어서는 아니 된다. 다만, 지표(地表) 아래 부분은 그러하지 아니하다.

이론 PLUS '도로모퉁이 대지'의 경우, 건축선이 후퇴하는 거리는 다음과 같다.

교차도로의 너비	90° 미만	90° 이상 120° 미만
큰 도로와 큰 도로	4미터	3미터
큰 도로와 작은 도로	3미터	2미터
작은 도로와 작은 도로	2미터	2미터

※ 큰 도로: 6미터 이상 8미터 미만, 작은 도로: 4미터 이상 6미터 미만

06 ①

정답해설 다음의 어느 하나에 해당하는 건축물에는 국토교통부령으로 정하는 기준에 따라 그 건축물로부터 바깥쪽으로 나가는 출구를 설치하여야 한다.

1. 제2종 근린생활시설 중 공연장·종교집회장·인터넷컴퓨터게임시설제공업소(해당 용도로 쓰는 바닥면적의 합계가 각각 300제곱미터 이상인 경우만 해당한다)
2. 문화 및 집회시설(전시장 및 동·식물원은 제외한다)
3. 종교시설
4. 판매시설
5. 업무시설 중 국가 또는 지방자치단체의 청사
6. 위락시설
7. 연면적이 5천 제곱미터 이상인 창고시설
8. 교육연구시설 중 학교
9. 장례시설
10. 승강기를 설치하여야 하는 건축물

07 ①

정답해설 다음의 어느 하나에 해당하는 건축물에는 국토교통부령으로 정하는 기준에 따라 관람실 또는 집회실로부터의 출구를 설치해야 한다.

1. 제2종 근린생활시설 중 공연장·종교집회장(해당 용도로 쓰는 바닥면적의 합계가 각각 300제곱미터 이상인 경우만 해당한다)
2. 문화 및 집회시설(전시장 및 동·식물원은 제외한다)
3. 종교시설
4. 위락시설
5. 장례시설

08 ①

정답해설 다음의 어느 하나에 해당하는 건축물의 층간바닥(화장실의 바닥은 제외한다)은 국토교통부령으로 정하는 기준에 따라 설치하여야 한다.

1. 단독주택 중 다가구주택
2. 공동주택(「주택법」 제15조에 따른 주택건설사업계획승인 대상은 제외한다)
3. 업무시설 중 오피스텔
4. 제2종 근린생활시설 중 다중생활시설
5. 숙박시설 중 다중생활시설

고난도 TIP 이 문제는 국토교통부령으로 정하는 기준에 따라 층간바닥(화장실의 바닥은 제외)을 설치하여야 하는 건축물을 암기하고 있는지 확인하는 고난도 문제이다. 관련 내용을 꼼꼼히 암기해야 한다.

09 ④

정답해설 공동주택 중 아파트로서 <u>4층 이상인 층</u>의 각 세대가 2개 이상의 직통계단을 사용할 수 없는 경우에는 발코니(발코니의 외부에 접하는 경우를 포함한다)에 인접 세대와 공동으로 또는 각 세대별로 다음의 요건을 모두 갖춘 대피공간을 하나 이상 설치하여야 한다. 이 경우 인접 세대와 공동으로 설치하는 대피공간은 인접 세대를 통하여 2개 이상의 직통계단을 쓸 수 있는 위치에 우선 설치되어야 한다.
1. 대피공간은 바깥의 공기와 접할 것
2. 대피공간은 실내의 다른 부분과 방화구획으로 구획될 것
3. 대피공간의 바닥면적은 인접 세대와 공동으로 설치하는 경우에는 <u>3제곱미터 이상</u>, 각 세대별로 설치하는 경우에는 <u>2제곱미터 이상</u>일 것
4. 대피공간으로 통하는 출입문은 '<u>60분+ 방화문</u>'으로 설치할 것
5. 국토교통부장관이 정하는 기준에 적합할 것

10 ⑤

정답해설 방화문은 다음과 같이 구분한다.
1. 60분+ 방화문: 연기 및 불꽃을 차단할 수 있는 시간이 60분 이상이고, 열을 차단할 수 있는 시간이 30분 이상인 방화문
2. 60분 방화문: 연기 및 불꽃을 차단할 수 있는 시간이 60분 이상인 방화문
3. <u>30분 방화문</u>: 연기 및 불꽃을 차단할 수 있는 시간이 30분 이상 60분 미만인 방화문

11 ①

오답해설 ② 방화지구 안의 공작물로서 간판, 광고탑, 그 밖에 대통령령으로 정하는 공작물 중 건축물의 지붕 위에 설치하는 공작물이나 높이 3미터 이상의 공작물은 주요부를 <u>불연(不燃)재료</u>로 하여야 한다.
③ 인접 대지경계선으로부터 직선거리 <u>2미터</u> 이내에 이웃 주택의 내부가 보이는 창문 등을 설치하는 경우에는 차면시설(遮面施設)을 설치하여야 한다.
④ 옥상광장 또는 2층 이상인 층에 있는 노대 등[노대(露臺)나 그 밖에 이와 비슷한 것을 말한다]의 주위에는 <u>높이 1.2미터 이상의 난간을 설치하여야</u> 한다. 다만, 그 노대 등에 <u>출입할 수 없는 구조인 경우에는</u> 그러하지 아니하다.
⑤ 5층 이상인 층이 제2종 근린생활시설 중 공연장·종교집회장·인터넷컴퓨터게임시설제공업소(해당 용도로 쓰는 바닥면적의 합계가 각각 300제곱미터 이상인 경우만 해당한다), 문화 및 집회시설(전시장 및 동·식물원은 제외한다), 종교시설, 판매시설, 위락시설 중 주점영업 또는 장례시설의 용도로 쓰는 경우에는 피난 용도로 쓸 수 있는 광장을 옥상에 설치하여야 한다.

| 고난도 TIP | ② 방화지구 안의 공작물로서 지붕 위에 설치하는 모든 공작물은 주요부를 난연재료가 아니라 불연(不燃)재료로 하여야 함을 숙지하여야 한다.
④ 노대 등에 출입할 수 없는 구조인 경우에는 높이 1.2미터 이상의 난간을 설치할 의무가 없다.
⑤ 동·식물원의 경우에는 피난 용도로 쓸 수 있는 광장을 옥상에 설치하여야 할 의무가 없다.
④, ⑤와 같이 제외되는 경우도 꼼꼼히 학습해야 한다. |

12 ⑤

정답해설 허가대상 건축물이라 하더라도 다음의 어느 하나에 해당하는 경우에는 미리 특별자치시장·특별자치도지사 또는 시장·군수·구청장에게 국토교통부령으로 정하는 바에 따라 신고를 하면 건축허가를 받은 것으로 본다.

※ 이 문제는 이의제기 대상 문제입니다. 주요구조물 → 주요구조부

1.~3. 〈생략〉
4. 주요구조부의 해체가 없는 등 대통령령으로 정하는 다음의 대수선
   ㉠ 내력벽의 면적을 30제곱미터 이상 수선하는 것
   ㉡ 기둥을 세 개 이상 수선하는 것
   ㉢ 보를 세 개 이상 수선하는 것
   ㉣ 지붕틀을 세 개 이상 수선하는 것
   ㉤ 방화벽 또는 방화구획을 위한 바닥 또는 벽을 수선하는 것
   ㉥ 주계단·피난계단 또는 특별피난계단을 수선하는 것

오답해설 ① 구조 안전을 확인한 건축물 중 다음의 어느 하나에 해당하는 건축물의 건축주는 해당 건축물의 설계자로부터 구조 안전의 확인 서류를 받아 착공신고를 하는 때에 그 확인 서류를 허가권자에게 제출하여야 한다. 다만, 표준설계도서에 따라 건축하는 건축물은 제외한다.
   ㉠ 층수가 2층[주요 구조부인 기둥과 보를 설치하는 건축물로서 그 기둥과 보가 목재인 목구조 건축물(이하 '목구조 건축물'이라 한다)의 경우에는 3층] 이상인 건축물
   ㉡ 연면적이 200제곱미터(목구조 건축물의 경우에는 500제곱미터) 이상인 건축물. 다만, 창고, 축사, 작물재배사는 제외한다.
   ㉢ 높이가 13미터 이상인 건축물
   ㉣ 처마높이가 9미터 이상인 건축물
   ㉤ 기둥과 기둥 사이의 거리가 10미터 이상인 건축물
   ㉥ 건축물의 용도 및 규모를 고려한 중요도가 높은 건축물로서 국토교통부령으로 정하는 건축물(「건축물의 구조기준 등에 관한 규칙」[별표 11]에 따른 중요도 특 또는 중요도 1에 해당하는 건축물)
   ㉦ 국가적 문화유산으로 보존할 가치가 있는 건축물로서 국토교통부령으로 정하는 것(국가적 문화유산으로 보존할 가치가 있는 박물관·기념관 그 밖에 이와 유사한 것으로서 연면적의 합계가 5천 제곱미터 이상인 건축물, 「건축물의 구조기준 등에 관한 규칙」 제56조 제3항)
   ㉧ 「건축법 시행령」 제2조 제18호(특수구조 건축물) 중 다음의 건축물

ⓐ 한쪽 끝은 고정되고 다른 끝은 지지되지 아니한 구조로 된 보·차양 등이 외벽(외벽이 없는 경우에는 외곽 기둥을 말한다)의 중심선으로부터 3미터 이상 돌출된 건축물
ⓑ <u>무량판 구조</u>(보가 없이 바닥판·기둥으로 구성된 구조를 말한다)를 가진 건축물로서 <u>무량판 구조인 어느 하나의 층에 수직으로 배치된 주요구조부의 전체 단면적에서 보가 없이 배치된 기둥의 전체 단면적이 차지하는 비율이 4분의 1 이상</u>인 건축물
ⓒ 특수한 설계·시공·공법 등이 필요한 건축물로서 국토교통부장관이 정하여 고시하는 구조로 된 건축물
ⓩ [별표 1] 제1호의 단독주택 및 같은 표 제2호의 공동주택

② 옥상광장 또는 2층 이상인 층에 있는 노대 등[노대(露臺)나 그 밖에 이와 비슷한 것을 말한다]의 주위에는 높이 <u>1.2미터 이상의 난간을 설치하여야 한다</u>. 다만, 그 노대 등에 출입할 수 없는 구조인 경우에는 그러하지 아니하다.

③ <u>법 제50조(건축물의 내화구조와 방화벽) 제2항에 따라 연면적 1천 제곱미터 이상인 건축물은 방화벽으로 구획하되, 각 구획된 바닥면적의 합계는 1천 제곱미터 미만</u>이어야 한다. 다만, <u>주요구조부가 내화구조이거나 불연재료인 건축물과「건축법 시행령」제56조 제1항 제5호 단서에 따른 건축물 또는 내부설비의 구조상 방화벽으로 구획할 수 없는 창고시설의 경우에는 그러하지 아니하다.</u>

> **이론 PLUS** 「건축법 시행령」 제46조
> ① 주요구조부가 <u>내화구조 또는 불연재료로 된 건축물로서 연면적이 1천 제곱미터를 넘는 것은</u> 국토교통부령으로 정하는 기준에 따라 다음의 구조물로 구획(이하 '방화구획'이라 한다)을 해야 한다.
> ㉠ 내화구조로 된 바닥 및 벽
> ㉡ 제64조 제1항 제1호(60분+ 방화문)·제2호(60분 방화문)에 따른 방화문 또는 자동방화셔터(국토교통부령으로 정하는 기준에 적합한 것을 말한다)

④ 공동주택 중 아파트로서 4층 이상인 층의 각 세대가 2개 이상의 직통계단을 사용할 수 없는 경우에는 발코니(발코니의 외부에 접하는 경우를 포함한다)에 인접 세대와 공동으로 또는 각 세대별로 일정한 요건을 모두 갖춘 대피공간을 하나 이상 설치해야 한다. 이 경우 인접 세대와 공동으로 설치하는 대피공간은 인접 세대를 통하여 2개 이상의 직통계단을 쓸 수 있는 위치에 우선 설치되어야 한다. 다만, 아파트의 4층 이상인 층에서 발코니(ⓔ의 경우에는 발코니의 외부에 접하는 경우를 포함한다)에 다음의 어느 하나에 해당하는 구조 또는 시설을 갖춘 경우에는 <u>대피공간을 설치하지 않을 수 있다</u>.
㉠ 발코니와 인접 세대와의 경계벽이 파괴하기 쉬운 경량구조 등인 경우
㉡ <u>발코니의 경계벽에 피난구를 설치한 경우</u>
㉢ 발코니의 바닥에 <u>국토교통부령으로 정하는 하향식 피난구를 설치한 경우</u>
㉣ 국토교통부장관이 법령에 따른 대피공간과 동일하거나 그 이상의 성능이 있다고 인정하여 고시하는 구조 또는 시설(이하 '대체시설'이라 한다)을 갖춘 경우

13 ④

정답해설 대통령령으로 정하는 다음의 건축물은 범죄예방 기준에 따라 건축하여야 한다.
  ㉠ 다가구주택, 아파트, 연립주택 및 다세대주택
  ㉡ 제1종 근린생활시설 중 일용품을 판매하는 소매점
  ㉢ 제2종 근린생활시설 중 다중생활시설
  ㉣ 문화 및 집회시설(동·식물원은 제외한다)
  ㉤ 교육연구시설(연구소 및 도서관은 제외한다)
  ㉥ 노유자시설
  ㉦ 수련시설
  ㉧ 업무시설 중 오피스텔
  ㉨ 숙박시설 중 다중생활시설

14 ①

정답해설 고층건축물에는 법 제64조 제1항에 따라 건축물에 설치하는 승용승강기 중 1대 이상을 대통령령으로 정하는 바에 따라 피난용승강기로 설치하여야 한다.

고난도

15 ④

정답해설 연면적이 500제곱미터 이상인 건축물의 대지에는 국토교통부령으로 정하는 바에 따라 「전기사업법」 제2조 제2호에 따른 전기사업자가 전기를 배전(配電)하는 데 필요한 전기설비를 설치할 수 있는 공간을 확보하여야 한다.

고난도 TIP 건축설비 설치의 원칙에 관한 문제로서 수치 등을 정확히 암기해야 한다.

16 ③

오답해설 ① 국토교통부장관은 지능형건축물의 건축을 활성화하기 위하여 지능형건축물 인증제도를 실시하여야 한다.
② 지능형건축물의 인증을 받으려는 자는 국토교통부장관이 지정한 인증기관에 인증을 신청하여야 한다.
④ 지능형건축물로 인증을 받은 건축물에 대하여 조경설치면적을 100분의 85까지 완화 하여 적용할 수 있다.
⑤ 지능형건축물로 인증을 받은 건축물에 대하여 용적률 및 건축물의 높이를 100분의 115의 범위에서 완화하여 적용할 수 있다.

17 ①

정답해설 ① 층수가 30층 이상인 건축물은 고층건축물로서 피난용승강기 설치의무가 있다.

오답해설 ② 건축물에는 방송수신에 지장이 없도록 공동시청 안테나, 유선방송 수신시설, 위성방송 수신설비, 에프엠(FM)라디오방송 수신설비 또는 방송 공동수신설비를 설치할 수 있다. 다만, 다음의 건축물에는 방송 공동수신설비를 설치하여야 한다.
　1. 공동주택
　2. 바닥면적의 합계가 5천 제곱미터 이상으로서 업무시설이나 숙박시설의 용도로 쓰는 건축물
③ 지능형건축물로 인증을 받은 건축물에 대해서는 용적률 및 건축물의 높이를 100분의 115의 범위에서 완화하여 적용할 수 있다.
④ 높이 31미터를 초과하는 건축물에는 비상용승강기를 추가로 설치하여야 한다.
⑤ 연면적이 500제곱미터 이상인 건축물의 대지에는 「전기사업법」에 따른 전기사업자가 전기를 배전하는 데 필요한 전기설비를 설치할 수 있는 공간을 확보하여야 한다.

함 정 CHECK ④ 높이 31미터를 초과하는 건축물에는 비상용승강기를 추가로 설치하여야 하므로, 높이 31미터인 건축물에는 비상용승강기를 설치할 의무가 없다.

18 ④

오답해설 ㉠ 건축주는 6층 이상으로서 연면적이 2천 제곱미터 이상인 건축물(대통령령으로 정하는 건축물은 제외한다)을 건축하려면 승강기를 설치하여야 한다. 이 경우 승강기의 규모 및 구조는 국토교통부령으로 정한다.
㉢ 피난용승강기(피난용승강기의 승강장 및 승강로를 포함한다)는 다음의 기준에 맞게 설치하여야 한다.
　1. 승강장의 바닥면적은 승강기 1대당 6제곱미터 이상으로 할 것
　2. 각 층으로부터 피난층까지 이르는 승강로를 단일구조로 연결하여 설치할 것
　3. 예비전원으로 작동하는 조명설비를 설치할 것
　4. 승강장의 출입구 부근의 잘 보이는 곳에 해당 승강기가 피난용승강기임을 알리는 표지를 설치할 것
　5. 그 밖에 화재예방 및 피해경감을 위하여 국토교통부령으로 정하는 구조 및 설비 등의 기준에 맞을 것

19 ⑤

정답해설 시·도지사 및 시장·군수·구청장(이하 '건축협정인가권자'라 한다)이 도시 및 주거환경개선이 필요하다고 인정하여 해당 지방자치단체의 조례로 정하는 구역이 건축협정을 체결할 수 있는 지역 또는 구역에 해당한다.

20 ②

정답해설 위반 건축물에 대한 실태조사는 서면 또는 현장조사의 방법으로 실시할 수 있다.

21 ④

정답해설 법 제80조 제1항 제1호에서 '대통령령으로 정하는 비율'이란 다음의 구분에 따른 비율을 말한다. 다만, 건축조례로 다음의 비율을 낮추어 정할 수 있되, 낮추는 경우에도 그 비율은 100분의 60 이상이어야 한다(「건축법 시행령」 제115조의3 제1항).
1. 건폐율을 초과하여 건축한 경우: 100분의 80
2. 용적률을 초과하여 건축한 경우: 100분의 90
3. 허가를 받지 아니하고 건축한 경우: 100분의 100
4. 신고를 하지 아니하고 건축한 경우: 100분의 70

22 ③

오답해설 ① 이행강제금을 부과하기 전에 이행강제금을 부과·징수한다는 뜻을 미리 문서로써 계고(戒告)하여야 한다.
② 이행강제금을 부과하는 경우 금액, 부과 사유, 납부기한, 수납기관, 이의제기 방법 및 이의제기 기관 등을 구체적으로 밝힌 문서로 하여야 한다.
④ 시정명령을 받은 자가 이를 이행하면 새로운 이행강제금의 부과는 즉시 중지하되, 이미 부과된 이행강제금은 징수하여야 한다.
⑤ 이행강제금 부과처분을 받은 자가 이행강제금을 납부기한까지 내지 아니하면 「지방행정제재·부과금의 징수 등에 관한 법률」에 따라 징수한다.

23 ②

오답해설 ① 허가권자는 시정명령을 받고 이행하지 아니한 건축물에 대하여는 다른 법령에 따른 영업이나 그 밖의 행위를 허가·면허·인가·등록·지정 등을 하지 아니하도록 요청할 수 있다. 다만, 허가권자가 기간을 정하여 그 사용 또는 영업, 그 밖의 행위를 허용한 주택과 대통령령으로 정하는 경우(바닥면적의 합계가 400제곱미터 미만인 축사와 바닥면적의 합계가 400제곱미터 미만인 농업용·임업용·축산업용 및 수산업용 창고)에는 그러하지 아니하다.
③ 허가권자는 시정명령을 받은 자가 이를 이행하면 새로운 이행강제금의 부과를 즉시 중지하되, 이미 부과된 이행강제금은 징수하여야 한다.
④ 임대 등 영리를 목적으로 허가나 신고 없이 다세대주택의 세대수 또는 다가구주택의 가구수를 증가시킨 경우(5세대 또는 5가구 이상 증가시킨 경우로 한정한다) 허가권자는 이행강제금의 금액을 100분의 100의 범위에서 해당 지방자치단체의 조례로 정하는 바에 따라 가중하여야 한다. 다만, 위반행위 후 소유권이 변경된 경우는 제외한다.

⑤ 동일인이 최근 3년 내에 2회 이상 「건축법」 또는 「건축법」에 따른 명령이나 처분을 위반한 경우 허가권자는 이행강제금의 금액을 100분의 100의 범위에서 해당 지방자치단체의 조례로 정하는 바에 따라 가중하여야 한다. 다만, <u>위반행위 후 소유권이 변경된 경우</u>는 제외한다.

> **고난도 TIP** 이 문제는 '위반건축물에 대한 조치'에 대해 전반적으로 물어보는 고난도 문제로서, 선지 ①의 <u>400제곱미터 미만인 농업용·임업용·축산업용 및 수산업용 창고의 경우는 본문의 예외</u>이며, 선지 ⑤의 <u>위반행위 후 소유권이 변경된 경우는 가중사유의 예외</u>임을 숙지하여야 한다.

24 ⑤
오답해설 ① 지하층은 건축물의 층수에 <u>산입하지 아니한다</u>.
② 건축물 지상층에 일반인이 통행할 수 있도록 설치한 보행통로는 건축면적에 <u>산입하지 아니한다</u>.
③ 공동주택으로서 지상층에 설치한 어린이놀이터의 면적은 바닥면적에 <u>산입하지 아니한다</u>.
④ 지하층의 면적은 용적률을 산정할 때에는 연면적에서 <u>제외</u>한다.

25 ③
정답해설 부과권자는 위반행위의 정도, 동기와 그 결과 등을 고려하여 법정 과태료 금액의 2분의 1의 범위에서 그 금액을 늘릴 수 있다.

26 ㉠ 6, ㉡ 4

27 ㉠ 주요구조부, ㉡ 50
정답해설 건축물(지하층에 설치하는 것으로서 바닥면적의 합계가 300제곱미터 이상인 공연장·집회장·관람장 및 전시장은 제외한다)의 <u>주요구조부</u>가 내화구조 또는 불연재료로 된 건축물은 그 보행거리가 <u>50미터</u>(층수가 16층 이상인 공동주택의 경우 16층 이상인 층에 대해서는 40미터) 이하가 되도록 설치할 수 있으며, 자동화 생산시설에 스프링클러 등 자동식 소화설비를 설치한 공장으로서 국토교통부령으로 정하는 공장인 경우에는 그 보행거리가 75미터(무인화 공장인 경우에는 100미터) 이하가 되도록 설치할 수 있다.

28 ㉠ 2, ㉡ 5

29 ㉠ 3

30 ㉠ 주요구조부

정답해설 문화 및 집회시설, 의료시설, 공동주택 등 대통령령으로 정하는 건축물은 국토교통부령으로 정하는 기준에 따라 주요구조부와 지붕을 내화(耐火)구조로 하여야 한다. 다만, 막구조 등 대통령령으로 정하는 구조는 주요구조부에만 내화구조로 할 수 있다.

31 ㉠ 내화, ㉡ 3

고난도

32 ㉠ 60분+, ㉡ 열

정답해설
> 건축법 시행령 제64조(방화문의 구분) ① 방화문은 다음 각 호와 같이 구분한다.
> 1. 60분+ 방화문: 연기 및 불꽃을 차단할 수 있는 시간이 60분 이상이고, 열을 차단할 수 있는 시간이 30분 이상인 방화문
> 2. 60분 방화문: 연기 및 불꽃을 차단할 수 있는 시간이 60분 이상인 방화문
> 3. 30분 방화문: 연기 및 불꽃을 차단할 수 있는 시간이 30분 이상 60분 미만인 방화문

고난도 TIP 60분 방화문과 60분+ 방화문을 구별하여 숙지해야 한다.

33 ㉠ 건축물, ㉡ 대지

34 ㉠ 건축선, ㉡ 6

정답해설 건축물을 건축하는 경우에는 「국토의 계획 및 이용에 관한 법률」에 따른 용도지역·용도지구, 건축물의 용도 및 규모 등에 따라 건축선 및 인접 대지경계선으로부터 6미터 이내의 범위에서 대통령령으로 정하는 바에 따라 해당 지방자치단체의 조례로 정하는 거리 이상을 띄워야 한다.

35 ㉠ 대지경계선

정답해설 전용주거지역과 일반주거지역 안에서 건축하는 건축물의 높이는 일조 등의 확보를 위하여 정북방향(正北方向)의 인접 대지경계선으로부터의 거리에 따라 대통령령으로 정하는 높이 이하로 하여야 한다.

36 ㉠ 전용주거지역, ㉡ 중심상업지역

37 ㉠ 2

38 ㉠ 31
정답해설 높이 31미터를 초과하는 건축물에는 대통령령으로 정하는 바에 따라 제1항에 따른 승강기뿐만 아니라 비상용승강기를 추가로 설치하여야 한다. 다만, 국토교통부령으로 정하는 건축물의 경우에는 그러하지 아니하다.

39 ㉠ 위반면적, ㉡ 100

40 ㉠ 수평투영면적
정답해설 법 제84조에 따라 건축물의 면적·높이 및 층수 등은 다음의 방법에 따라 산정한다.
1. 대지면적: 〈생략〉
2. 건축면적: 건축물의 외벽(외벽이 없는 경우에는 외곽 부분의 기둥을 말한다)의 중심선으로 둘러싸인 부분의 수평투영면적으로 한다. 〈이하 생략〉
3. 바닥면적: 건축물의 각 층 또는 그 일부로서 벽, 기둥, 그 밖에 이와 비슷한 구획의 중심선으로 둘러싸인 부분의 수평투영면적으로 한다. 〈이하 생략〉

41 ㉠ 처마

PART 06 도시 및 주거환경정비법

▶ 연계학습: 기본서 하권 pp. 8~133

01	④	02	⑤	03	④
04	③	05	①	06	①
07	⑤	08	③	09	①
10	⑤	11	㉠ 정비기반시설	12	㉠ 30, ㉡ 정비사업조합
13	㉠ 3, ㉡ 100	14	㉠ 세입자, ㉡ 30	15	㉠ 주거환경개선
16	㉠ 지분형	17	㉠ 60	18	㉠ 90, ㉡ 30

01 ④

오답해설
① 재건축사업은 정비기반시설은 양호하나 노후·불량건축물에 해당하는 공동주택이 밀집한 지역에서 주거환경을 개선하기 위한 사업이다.
② 재건축사업에 있어 토지등소유자는 정비구역에 위치한 건축물 및 그 부속토지의 소유자를 말한다.
③ 재건축사업은 주택단지를 대상으로 하며, 주택단지가 아닌 지역을 정비구역에 포함할 수 있다.
⑤ 재건축사업의 경우 재건축사업에 동의하지 않은 토지등소유자는 정비사업의 조합원이 될 수 없다.

02 ⑤

오답해설

도시 및 주거환경정비법 제12조(재건축사업을 위한 재건축진단) ① 시장·군수등은 제5조 제1항 제10호에 따른 정비예정구역별 정비계획의 수립시기가 도래한 때부터 사업시행계획인가 전까지 재건축진단을 실시하여야 한다. 〈개정 2024.12.3.〉
② 시장·군수등은 위 ①에도 불구하고 다음의 어느 하나에 해당하는 경우에는 재건축진단을 실시하여야 한다. 이 경우 시장·군수등은 재건축진단에 드는 비용을 해당 재건축진단의 실시를 요청하는 자에게 부담하게 할 수 있다. 〈개정 2024.12.3.〉
1. 법 제13조의2에 따라 정비계획의 입안을 요청하려는 자가 입안을 요청하기 전에 해당 정비예정구역 또는 사업예정구역에 위치한 건축물 및 그 부속토지의 소유자 10분의 1 이상의 동의를 받아 재건축진단의 실시를 요청하는 경우
2. 법 제14조에 따라 정비계획의 입안을 제안하려는 자가 입안을 제안하기 전에 해당 정비예정구역에 위치한 건축물 및 그 부속토지의 소유자 10분의 1 이상의 동의를 받아 재건축진단의 실시를 요청하는 경우
3. 법 제5조 제2항에 따라 정비예정구역을 지정하지 아니한 지역에서 재건축사업을 하려는 자가 사업예정구역에 있는 건축물 및 그 부속토지 소유자 10분의 1 이상의 동의를 받아 재건축진단의 실시를 요청하는 경우

4. 법 제2조 제3호 나목에 해당하는 건축물의 소유자로서 재건축사업을 시행하려는 자가 해당 사업예정구역에 위치한 건축물 및 그 부속토지 소유자 10분의 1 이상의 동의를 받아 재건축진단의 실시를 요청하는 경우
5. 법 제15조에 따라 정비계획을 입안하여 주민에게 공람한 지역 또는 법 제16조에 따라 정비구역으로 지정된 지역에서 재건축사업을 시행하려는 자가 해당 구역에 위치한 건축물 및 그 부속토지의 소유자 10분의 1 이상의 동의를 받아 재건축진단의 실시를 요청하는 경우
6. 법 제31조에 따라 시장·군수등의 승인을 받은 조합설립추진위원회(이하 '추진위원회'라 한다) 또는 사업시행자가 재건축진단의 실시를 요청하는 경우

03 ④

정답해설 정비계획에는 다음의 사항이 포함되어야 한다.
1. 정비사업의 명칭
2. 정비구역 및 그 면적
2의2. 토지등소유자 유형별 분담금 추산액 및 산출근거
3. 도시·군계획시설의 설치에 관한 계획
4. 공동이용시설 설치계획
5. 건축물의 주용도·건폐율·용적률·높이에 관한 계획
6. 환경보전 및 재난방지에 관한 계획
7. 정비구역 주변의 교육환경 보호에 관한 계획
8. 세입자 주거대책
9. 정비사업시행 예정시기
10. 정비사업을 통하여 공공지원민간임대주택을 공급하거나 같은 조 제11호에 따른 주택임대관리업자에게 임대할 목적으로 주택을 위탁하려는 경우에는 다음의 사항. 다만, 나.와 다.의 사항은 건설하는 주택 전체 세대수에서 공공지원민간임대주택 또는 임대할 목적으로 주택임대관리업자에게 위탁하려는 주택(이하 '임대관리 위탁주택'이라 한다)이 차지하는 비율이 100분의 20 이상, 임대기간이 8년 이상의 범위 등에서 대통령령으로 정하는 요건에 해당하는 경우로 한정한다.
    가. 공공지원민간임대주택 또는 임대관리 위탁주택에 관한 획지별 토지이용계획
    나. 주거·상업·업무 등의 기능을 결합하는 등 복합적인 토지이용을 증진시키기 위하여 필요한 건축물의 용도에 관한 계획
    다. 「국토의 계획 및 이용에 관한 법률」 제36조 제1항 제1호 가목에 따른 주거지역을 세분 또는 변경하는 계획과 용적률에 관한 사항
    라. 그 밖에 공공지원민간임대주택 또는 임대관리 위탁주택의 원활한 공급 등을 위하여 대통령령으로 정하는 사항
11. 「국토의 계획 및 이용에 관한 법률」 제52조 제1항 각 호의 사항에 관한 계획(필요한 경우로 한정)
12. 그 밖에 정비사업의 시행을 위하여 필요한 사항으로서 대통령령으로 정하는 사항

04 ③

오답해설 ㉠ 및 ㉢은 사업시행계획서에 포함되어야 할 사항이 아니다.

이론 PLUS 사업시행자는 정비계획에 따라 다음의 사항을 포함하는 사업시행계획서를 작성하여야 한다.
1. 토지이용계획(건축물배치계획을 포함한다)
2. 정비기반시설 및 공동이용시설의 설치계획
3. 임시거주시설을 포함한 주민이주대책
4. 세입자의 주거 및 이주 대책
5. 사업시행기간 동안 정비구역 내 가로등 설치, 폐쇄회로 텔레비전 설치 등 범죄예방대책
6. 법 제10조에 따른 임대주택의 건설계획(재건축사업의 경우는 제외한다)
7. 국민주택규모 주택의 건설계획(주거환경개선사업의 경우는 제외한다)
8. 공공지원민간임대주택 또는 임대관리 위탁주택의 건설계획(필요한 경우로 한정한다)
9. 건축물의 높이 및 용적률 등에 관한 건축계획
10. 정비사업의 시행과정에서 발생하는 폐기물의 처리계획
11. 교육시설의 교육환경 보호에 관한 계획(정비구역부터 200미터 이내에 교육시설이 설치되어 있는 경우로 한정한다)
12. 정비사업비
13. 그 밖에 사업시행을 위한 사항으로서 대통령령으로 정하는 바에 따라 시·도조례로 정하는 사항

[고난도]

05 ①

정답해설 사업시행자는 분양신청기간이 종료된 때에는 분양신청의 현황을 기초로 다음의 사항이 포함된 관리처분계획을 수립하여 시장·군수등의 인가를 받아야 하며, 관리처분계획을 변경·중지 또는 폐지하려는 경우에도 또한 같다. 다만, 대통령령으로 정하는 경미한 사항을 변경하려는 경우에는 시장·군수등에게 신고하여야 한다.

1. 분양설계
2. 분양대상자의 주소 및 성명
3. 분양대상자별 분양예정인 대지 또는 건축물의 추산액(임대관리 위탁주택에 관한 내용을 포함한다)
4. 다음에 해당하는 보류지 등의 명세와 추산액 및 처분방법. 다만, 나목의 경우에는 법 제30조 제1항에 따라 선정된 임대사업자의 성명 및 주소(법인인 경우에는 법인의 명칭 및 소재지와 대표자의 성명 및 주소)를 포함한다.
   가. 일반 분양분
   나. 공공지원민간임대주택
   다. 임대주택
   라. 그 밖에 부대시설·복리시설 등
5. 분양대상자별 종전의 토지 또는 건축물 명세 및 사업시행계획인가 고시가 있은 날을 기준으로 한 가격(사업시행계획인가 전에 법 제81조 제3항에 따라 철거된 건축물은 시장·군수등에게 허가를 받은 날을 기준으로 한 가격)

6. 정비사업비의 추산액(재건축사업의 경우에는 「재건축초과이익 환수에 관한 법률」에 따른 재건축부담금에 관한 사항을 포함한다) 및 그에 따른 조합원 분담규모 및 분담시기
7. 분양대상자의 종전 토지 또는 건축물에 관한 소유권 외의 권리명세
8. 세입자별 손실보상을 위한 권리명세 및 그 평가액
9. 그 밖에 정비사업과 관련한 권리 등에 관하여 대통령령으로 정하는 다음의 사항
   가. 정비사업의 시행으로 인하여 새롭게 설치되는 정비기반시설의 명세와 용도가 폐지되는 정비기반시설의 명세
   나. 기존 건축물의 철거 예정시기 등

06 ①

정답해설 재건축사업의 경우에는 다음의 기준에 따라 토지등소유자를 산정한다.
   가. 소유권 또는 구분소유권을 여럿이서 공유하는 경우에는 그 여럿을 대표하는 1인을 토지등소유자로 산정할 것
   나. 1인이 둘 이상의 소유권 또는 구분소유권을 소유하고 있는 경우에는 소유권 또는 구분소유권의 수에 관계없이 토지등소유자를 1인으로 산정할 것
   다. 둘 이상의 소유권 또는 구분소유권을 소유한 공유자가 동일한 경우에는 그 공유자 여럿을 대표하는 1인을 토지등소유자로 할 것

07 ⑤

오답해설 ① 재개발사업의 경우 '토지등소유자'는 정비구역에 위치한 토지 또는 건축물의 소유자 또는 그 지상권자를 말한다.
② 재개발사업은 관리처분계획에 따라 건축물을 건설하여 공급하거나 환지로 공급하는 방법으로 한다.
③ 재개발사업은 다음의 어느 하나에 해당하는 방법으로 시행할 수 있다.
   1. 조합이 시행하거나 조합이 조합원의 과반수의 동의를 받아 시장·군수등, 토지주택공사등, 건설업자, 등록사업자 또는 대통령령으로 정하는 요건을 갖춘 자와 공동으로 시행하는 방법
   2. 토지등소유자가 20인 미만인 경우에는 토지등소유자가 시행하거나 토지등소유자가 토지등소유자의 과반수의 동의를 받아 시장·군수등, 토지주택공사등, 건설업자, 등록사업자 또는 대통령령으로 정하는 요건을 갖춘 자와 공동으로 시행하는 방법
④ 재건축사업의 시행 여부를 결정하려면 시장·군수등은 정비예정구역별 정비계획의 수립시기가 도래한 때부터 사업시행계획인가 전까지 재건축진단을 실시하여야 한다. 〈개정 2024.12.3.〉

08 ③

정답해설 설립된 조합이 인가받은 사항을 변경하고자 하는 때에는 총회에서 조합원의 3분의 2 이상의 찬성으로 의결하고, 정관, 정비사업비와 관련된 자료 등 국토교통부령으로 정하는 서류, 그 밖에 시·도 조례로 정하는 서류를 첨부하여 시장·군수등의 인가를 받아야 한다.

09 ①

오답해설
② 총회의 의결사항 중 정비사업전문관리업자의 선정 및 변경에 관한 사항은 대의원회가 총회의 권한을 대행할 수 없다.
③ 조합임원은 같은 목적의 정비사업을 하는 다른 조합의 임원 또는 직원을 겸할 수 없다.
④ 조합장이 아닌 조합임원은 대의원이 될 수 없다.
⑤ 재개발사업의 추진위원회가 조합을 설립하려면 토지등소유자의 4분의 3 이상 및 토지면적의 2분의 1 이상의 토지소유자의 동의를 받아야 한다.

함정 CHECK ② 대의원회는 총회의 의결사항 중 정비사업전문관리업자의 선정 및 변경에 관한 사항 등 대통령령으로 정하는 사항 '외'에는 총회의 권한을 대행할 수 있다.

10 ⑤

정답해설 조합은 조합원으로서 정비구역에 위치한 건축물 또는 토지(재건축사업의 경우에는 건축물과 그 부속토지를 말한다)를 소유한 자[하나의 건축물 또는 토지의 소유권을 다른 사람과 공유한 경우에는 가장 많은 지분을 소유(2인 이상의 공유자가 가장 많은 지분을 소유한 경우를 포함한다)한 경우로 한정한다] 중 다음의 어느 하나의 요건을 갖춘 조합장 1명과 이사, 감사를 임원으로 둔다. 이 경우 조합장은 선임일부터 관리처분계획인가를 받을 때까지는 해당 정비구역에서 거주(영업을 하는 자의 경우 영업을 말한다)하여야 한다.
㉠ 정비구역에 위치한 건축물 또는 토지를 5년 이상 소유할 것
㉡ 정비구역에서 거주하고 있는 자로서 선임일 직전 3년 동안 정비구역에서 1년 이상 거주할 것

11 ㉠ 정비기반시설

12 ㉠ 30, ㉡ 정비사업조합

13 ㉠ 3, ㉡ 100

14 ㉠ 세입자, ㉡ 30

정답해설
- 사업시행자는 주거환경개선사업 및 재개발사업의 시행으로 철거되는 주택의 소유자 또는 세입자에게 해당 정비구역 안과 밖에 위치한 임대주택 등의 시설에 임시로 거주하게 하거나 주택자금의 융자를 알선하는 등 임시거주에 상응하는 조치를 하여야 한다.
- 사업시행자는 정비사업의 공사를 완료한 때에는 완료한 날부터 30일 이내에 임시거주시설을 철거하고, 사용한 건축물이나 토지를 원상회복하여야 한다.

15 ㉠ 주거환경개선

정답해설 정비사업이란「도시 및 주거환경정비법」에서 정한 절차에 따라 도시기능을 회복하기 위하여 정비구역에서 정비기반시설을 정비하거나 주택 등 건축물을 개량 또는 건설하는 사업으로서, 주거환경개선사업, 재개발사업, 재건축사업을 말한다.

16 ㉠ 지분형

17 ㉠ 60

정답해설 지분형주택의 규모는 주거전용면적 60제곱미터 이하인 주택으로 한정한다.

18 ㉠ 90, ㉡ 30

PART 07 도시재정비 촉진을 위한 특별법

▶ 연계학습: 기본서 하권 pp. 134~169

01	③	02	③	03	⑤
04	①	05	㉠ 고밀복합	06	㉠ 75
07	㉠ 75, ㉡ 85	08	㉠ 2, ㉡ 재정비촉진계획	09	㉠ 사업시행자

01 ③

정답해설 '토지등소유자'란 다음의 구분에 따른 자를 말한다.

가. 「도시 및 주거환경정비법」에 따른 주거환경개선사업·재개발사업 및 「빈집 및 소규모주택 정비에 관한 특례법」에 따른 가로주택정비사업·소규모재개발사업, 「전통시장 및 상점가 육성을 위한 특별법」에 따른 시장정비사업 및 「국토의 계획 및 이용에 관한 법률」에 따른 도시·군계획시설사업의 경우: 재정비촉진구역에 있는 토지 또는 건축물의 소유자와 그 지상권자

나. 「도시 및 주거환경정비법」에 따른 재건축사업 및 「빈집 및 소규모주택 정비에 관한 특례법」에 따른 소규모재건축사업의 경우: 재정비촉진구역에 있는 건축물 및 그 부속토지의 소유자

다. 「도시개발법」에 따른 도시개발사업의 경우: 재정비촉진구역에 있는 토지의 소유자와 그 지상권자

라. 「도시재생 활성화 및 지원에 관한 특별법」에 따른 주거재생혁신지구의 혁신지구재생사업의 경우: 재정비촉진구역에 있는 토지·물건 또는 권리의 소유자

마. 「공공주택 특별법」에 따른 도심 공공주택 복합사업의 경우: 재정비촉진구역에 있는 토지 또는 건축물의 소유자

02 ③

정답해설 재정비촉진지구 지정을 고시한 날부터 2년이 되는 날까지 재정비촉진계획이 결정되지 아니하면 그 2년이 되는 날의 다음 날에 재정비촉진지구 지정의 효력이 상실된다. 다만, 시·도지사 또는 대도시 시장은 해당 기간을 1년의 범위에서 연장할 수 있다.

03 ⑤

정답해설 모두 재정비촉진사업에 해당한다.

> **이론 PLUS** ⑤ '재정비촉진사업'이란 재정비촉진지구에서 시행되는 다음의 사업을 말한다.
> 가. 「도시 및 주거환경정비법」에 따른 주거환경개선사업, 재개발사업 및 재건축사업, 「빈집 및 소규모주택 정비에 관한 특례법」에 따른 가로주택정비사업, 소규모재건축사업 및 소규모재개발사업
> 나. 「도시개발법」에 따른 도시개발사업
> 다. 「도시재생 활성화 및 지원에 관한 특별법」에 따른 주거재생혁신지구의 혁신지구재생사업
> 라. 「공공주택 특별법」에 따른 도심 공공주택 복합사업
> 마. 「전통시장 및 상점가 육성을 위한 특별법」에 따른 시장정비사업
> 바. 「국토의 계획 및 이용에 관한 법률」에 따른 도시·군계획시설사업

04 ①

정답해설 「택지개발촉진법」에 따른 도시형 생활주택단지조성사업은 재정비촉진사업에 해당하지 않는다.

05 ⊙ 고밀복합

06 ⊙ 75

정답해설 사업시행자는 세입자의 주거안정과 개발이익의 조정을 위하여 해당 재정비촉진사업으로 증가되는 용적률의 75퍼센트 범위에서 대통령령으로 정하는 비율을 임대주택으로 공급하여야 한다.

07 ⊙ 75, ⓒ 85

정답해설
> **도시재정비 촉진을 위한 특별법 제31조(임대주택의 건설)** ① 사업시행자는 세입자의 주거안정과 개발이익의 조정을 위하여 해당 재정비촉진사업으로 증가되는 용적률의 75퍼센트 범위에서 대통령령으로 정하는 바에 따라 임대주택 및 분양주택(이하 이 조에서 '임대주택등'이라 한다)으로 공급하여야 한다. 〈이하 생략〉
> ② 제1항에 따라 건설되는 임대주택등 중 주거전용면적이 85제곱미터를 초과하는 주택의 비율은 50퍼센트 이하의 범위에서 대통령령으로 정한다.

08 ⊙ 2, ⓒ 재정비촉진계획

정답해설 제5조에 따라 재정비촉진지구 지정을 고시한 날부터 2년이 되는 날까지 제12조에 따른 재정비촉진계획이 결정되지 아니하면 그 2년이 되는 날의 다음 날에 재정비촉진지구 지정의 효력이 상실된다.

09 ⊙ 사업시행자

PART 08 시설물의 안전 및 유지관리에 관한 특별법

▶ 연계학습: 기본서 하권 pp. 170~225

01	④	02	③	03	④
04	③	05	①	06	⑤
07	④	08	⑤	09	③
10	㉠ 관리주체, ㉡ 15	11	㉠ 평가, ㉡ 제1종	12	㉠ 21, ㉡ 5
13	㉠ 16, ㉡ 3	14	㉠ 행정대집행	15	㉠ 정밀안전진단
16	㉠ 긴급안전점검, ㉡ 내진성능평가	17	㉠ 관리주체, ㉡ 시공자		

01 ④

오답해설 ① 제1종 및 제2종 시설물 중 D·E등급 시설물의 정기안전점검은 해빙기·우기·동절기 전 각각 1회 이상 실시한다.
② 최초로 실시하는 정밀안전점검은 시설물의 준공일 또는 사용승인일을 기준으로 3년 이내(건축물은 4년 이내)에 실시한다.
③ 정기안전점검 결과 안전등급이 D등급(미흡) 또는 E등급(불량)으로 지정된 제3종시설물의 최초 정밀안전점검은 해당 정기안전점검을 완료한 날부터 1년 이내에 실시하여야 한다.
⑤ 증축, 개축 및 리모델링 등을 위하여 공사 중이거나 철거예정인 시설물로서, 사용되지 않는 시설물에 대해서는 국토교통부장관과 협의하여 안전점검, 정밀안전진단 및 성능평가의 실시를 생략하거나 그 시기를 조정할 수 있다.

02 ③

오답해설 ㉢ 안전진단전문기관, 안전점검전문기관 또는 국토안전관리원은 관리주체로부터 안전점검 등의 실시에 관한 도급을 받은 경우에는 이를 하도급할 수 없다. 다만, 총 도급금액의 100분의 50 이하의 범위에서 전문기술이 필요한 경우 등 대통령령으로 정하는 경우에는 분야별로 한 차례만 하도급할 수 있다.

03 ④

정답해설 관리주체 또는 시장·군수·구청장은 소관 시설물의 안전과 기능을 유지하기 위하여 정기안전점검 및 정밀안전점검을 실시해야 한다. 다만, 제3종시설물에 대한 정밀안전점검은 정기안전점검 결과 해당 시설물의 안전등급이 D등급(미흡) 또는 E등급(불량)인 경우에 한정하여 실시한다.

04 ③

정답해설 ㉠ 연면적이 3만제곱미터인 21층의 업무시설인 건축물은 제1종시설물에 해당한다.
㉡ 국토교통부장관은 시설물이 안전하게 유지관리될 수 있도록 하기 위하여 5년마다 시설물의 안전 및 유지관리에 관한 기본계획을 수립·시행하여야 한다.
㉣ 시설물의 유지관리에 드는 비용은 관리주체가 부담하며, 관리주체는 건설사업자 또는 그 시설물을 시공한 자[하자담보책임기간(동일한 시설물의 각 부분별 하자담보책임기간이 다른 경우에는 가장 긴 하자담보책임기간을 말한다) 내인 경우에 한정한다]로 하여금 시설물의 유지관리를 대행하게 할 수 있다.

05 ①

정답해설 정밀안전진단이란 시설물의 물리적·기능적 결함을 발견하고 그에 대한 신속하고 적절한 조치를 하기 위하여 구조적 안전성과 결함의 원인 등을 조사·측정·평가하여 보수·보강 등의 방법을 제시하는 행위를 말한다.

06 ⑤

정답해설 ㉢ A는 긴급안전점검을 실시한 경우 그 결과보고서를 국토교통부장관에게 제출하여야 한다.
㉣ A가 아니라 시장·군수·구청장이 X에 대한 시설물관리계획을 수립하는 경우 시설물의 보수·보강 등 유지관리 및 그에 필요한 비용에 관한 사항을 생략할 수 있다.

07 ④

오답해설 ① 안전진단전문기관은 등록된 기술인력이 변경된 때에는 그날부터 30일 이내에 시·도지사에게 신고하여야 한다.
② 위험표지의 글씨의 색상은 검정으로 하되, 붕괴위험지역은 빨강으로 한다.
③ 준공 또는 사용승인 후부터 최초 안전등급이 지정되기 전까지의 기간에 실시하는 정기안전점검은 반기에 1회 이상 실시한다.
⑤ 안전진단전문기관이 소속 임직원인 기술자가 수행하여야 할 안전점검등 또는 성능평가 업무를 소속 임직원이 아닌 기술자에게 수행하게 한 경우 시·도지사는 그 등록을 취소할 수 있다.

> **고난도 TIP** ⑤ 안전진단전문기관이 소속 임직원인 기술자가 수행하여야 할 안전점검등 또는 성능평가 업무를 소속 임직원이 아닌 기술자에게 수행하게 한 경우 시·도지사는 그 등록을 취소하여야 하는 것이 아니라, 취소할 수 있다. 필요적 취소사유인지 임의적 취소사유인지 여부를 구별하는 문제가 다수 출제되므로 이에 대비하여야 한다.

08 ⑤

정답해설 시설물의 안전점검등 또는 성능평가를 대행하려는 자는 기술인력 및 장비 등 대통령령으로 정하는 분야별 등록기준을 갖추어 시·도지사에게 안전진단전문기관으로 등록을 하여야 한다.

09 ③

정답해설 국토교통부장관은 제7조 각 호의 시설물이 아닌 시설 중에서 안전에 취약하거나 재난의 위험이 있다고 판단되는 사회복지시설 등 대통령령으로 정하는 시설(이하 '소규모 취약시설'이라 한다)에 대하여 해당 시설의 관리자, 소유자 또는 관계 행정기관의 장이 요청하는 경우 안전점검등을 실시할 수 있다.

10 ㉠ 관리주체, ㉡ 15

11 ㉠ 평가, ㉡ 제1종

12 ㉠ 21, ㉡ 5

13 ㉠ 16, ㉡ 3

정답해설 제2종시설물: 제1종시설물 외에 사회기반시설 등 재난이 발생할 위험이 높거나 재난을 예방하기 위하여 계속적으로 관리할 필요가 있는 시설물로서 다음의 어느 하나에 해당하는 시설물 등 대통령령으로 정하는 시설물
가. 연장 100미터 이상의 도로 및 철도 교량
나. 고속국도, 일반국도, 특별시도 및 광역시도 도로터널 및 특별시 또는 광역시에 있는 철도터널
다. 연장 500미터 이상의 방파제
라. 지방상수도 전용댐 및 총저수용량 1백만톤 이상의 용수전용댐
마. 16층 이상 또는 연면적 3만제곱미터 이상의 건축물
바. 포용저수량 1천만톤 이상의 방조제
사. 1일 공급능력 3만톤 미만의 지방상수도

고난도

14 ㉠ 행정대집행

정답해설
- 시장·군수·구청장은 시설물의 중대한 결함등을 통보받는 등 시설물의 구조상 공중의 안전한 이용에 미치는 영향이 중대하여 긴급한 조치가 필요하다고 인정되는 경우에는 관리주체에게 시설물의 사용제한·사용금지·철거, 주민대피 등의 안전조치를 명할 수 있다. 이 경우 관리주체는 신속하게 안전조치명령을 이행하여야 한다.
- 시장·군수·구청장은 안전조치명령을 받은 자가 그 명령을 이행하지 아니하는 경우에는 그에 대신하여 필요한 안전조치를 할 수 있다. 이 경우 「행정대집행법」을 준용한다.

15 ㉠ 정밀안전진단

정답해설 관리주체는 제11조에 따른 안전점검 또는 제13조에 따른 긴급안전점검을 실시한 결과 재해 및 재난을 예방하기 위하여 필요하다고 인정되는 경우에는 정밀안전진단을 실시하여야 한다.

16 ㉠ 긴급안전점검, ㉡ 내진성능평가

정답해설
- 긴급안전점검이란 시설물의 붕괴·전도 등으로 인한 재난 또는 재해가 발생할 우려가 있는 경우에 시설물의 물리적·기능적 결함을 신속하게 발견하기 위하여 실시하는 점검을 말한다.
- 내진성능평가란 지진으로부터 시설물의 안전성을 확보하고 기능을 유지하기 위하여 「지진·화산재해대책법」 제14조 제1항에 따라 시설물별로 정하는 내진설계기준(耐震設計基準)에 따라 시설물이 지진에 견딜 수 있는 능력을 평가하는 것을 말한다.

17 ㉠ 관리주체, ㉡ 시공자

PART 09 소방기본법

▶ 연계학습: 기본서 하권 pp. 226~257

01	②	02	③	03	③
04	④	05	③	06	①
07	㉠ 11, ㉡ 9				

01 ②

정답해설 소방활동에 종사한 사람은 시·도지사로부터 소방활동의 비용을 지급받을 수 있다. 다만, 다음의 어느 하나에 해당하는 사람의 경우에는 그러하지 아니하다.
1. 소방대상물에 화재, 재난·재해, 그 밖의 위급한 상황이 발생한 경우 그 관계인
2. 고의 또는 과실로 화재 또는 구조·구급 활동이 필요한 상황을 발생시킨 사람
3. 화재 또는 구조·구급 현장에서 물건을 가져간 사람

02 ③

정답해설 다음의 어느 하나에 해당하는 지역 또는 장소에서 화재로 오인할 만한 우려가 있는 불을 피우거나 연막(煙幕) 소독을 하려는 자는 시·도의 조례로 정하는 바에 따라 관할 소방본부장 또는 소방서장에게 신고하여야 한다.
1. 시장지역
2. 공장·창고가 밀집한 지역
3. 목조건물이 밀집한 지역
4. 위험물의 저장 및 처리시설이 밀집한 지역
5. 석유화학제품을 생산하는 공장이 있는 지역
6. 그 밖에 시·도의 조례로 정하는 지역 또는 장소

03 ③

정답해설 소방시설 오작동 신고에 따른 조치 활동은 생활안전활동에 해당하지 아니하며, 소방지원활동에 해당한다.

04 ④

정답해설 시·도지사는 소방활동에 필요한 소화전(消火栓)·급수탑(給水塔)·저수조(貯水槽)(이하 '소방용수시설'이라 한다)를 설치하고 유지·관리하여야 한다. 다만, 「수도법」 제45조에 따라 소화전을 설치하는 일반수도사업자는 관할 소방서장과 사전협의를 거친 후 소화전을 설치하여야 하며, 설치 사실을 관할 소방서장에게 통지하고, 그 소화전을 유지·관리하여야 한다.

05 ③

오답해설
① '관계인'이란 소방대상물의 소유자·관리자 또는 점유자를 말한다.
② 소방청장은 화재, 재난·재해, 그 밖의 위급한 상황으로부터 국민의 생명·신체 및 재산을 보호하기 위하여 소방업무에 관한 종합계획을 5년마다 수립·시행하여야 하고, 이에 필요한 재원을 확보하도록 노력하여야 한다.
④ 시·도지사는 다음의 어느 하나에 해당하는 지역을 화재예방강화지구로 지정하여 관리할 수 있다.
 1. 시장지역
 2. 공장·창고가 밀집한 지역
 3. 목조건물이 밀집한 지역
 4. 노후·불량건축물이 밀집한 지역
 5. 위험물의 저장 및 처리 시설이 밀집한 지역
 6. 석유화학제품을 생산하는 공장이 있는 지역
 7. 「산업입지 및 개발에 관한 법률」 제2조 제8호에 따른 산업단지
 8. 소방시설·소방용수시설 또는 소방출동로가 없는 지역
 9. 「물류시설의 개발 및 운영에 관한 법률」 제2조 제6호에 따른 물류단지
 10. 그 밖에 1.부터 9.까지에 준하는 지역으로서 소방관서장이 화재예방강화지구로 지정할 필요가 있다고 인정하는 지역
 ※ 해당 내용은 시험 시행 당시에는 「소방기본법」에 명시되어 있었으나, 2021.11.30. 「화재예방법」이 새롭게 제정되면서 「화재예방법」 제18조로 이관되었다.
⑤ 한국소방안전원은 정관을 변경하려면 소방청장의 인가를 받아야 한다.

06 ①

정답해설 소방신호의 종류는 다음과 같다.
 ㉠ 경계신호: 화재예방상 필요하다고 인정되거나 「화재의 예방 및 안전관리에 관한 법률」 제20조의 규정에 의한 화재위험경보 시 발령
 ㉡ 발화신호: 화재가 발생한 때 발령
 ㉢ 해제신호: 소화활동이 필요없다고 인정되는 때 발령
 ㉣ 훈련신호: 훈련상 필요하다고 인정되는 때 발령

07 ㉠ 11, ㉡ 9

PART 10 화재의 예방 및 안전관리에 관한 법률

▶ 연계학습: 기본서 하권 pp. 258~305

01	⑤	02	③	03	②
04	⑤	05	④	06	④
07	②	08	㉠ 화재예방강화지구	09	㉠ 화재예방안전진단
10	㉠ 11, ㉡ 지하가	11	㉠ 11	12	㉠ 화재안전조사

01 ⑤

오답해설

① 「건축법 시행령」상 아파트 중 300세대 이상인 아파트의 경우에는 소방안전관리보조자를 추가로 선임하여야 한다.

② 특급 소방안전관리대상물의 경우에는 자격이 있는 소방안전관리자 1명을 선임하여야 한다.

③ 50층 이상(지하층은 제외한다)이거나 지상으로부터 높이가 200미터 이상인 아파트는 특급 소방안전관리대상물에 해당하며, 30층 이상(지하층은 제외한다)이거나 지상으로부터 높이가 120미터 이상인 아파트는 1급 소방안전관리대상물에 해당한다.

④ 특정소방대상물(소방안전관리대상물은 제외한다)의 관계인과 소방안전관리대상물의 소방안전관리자는 다음의 업무를 수행한다. 다만, 제1호·제2호·제5호 및 제7호의 업무는 소방안전관리대상물의 경우에만 해당한다.

1. 제36조에 따른 피난계획에 관한 사항과 대통령령으로 정하는 사항이 포함된 소방계획서의 작성 및 시행
2. 자위소방대(自衛消防隊) 및 초기대응체계의 구성, 운영 및 교육
3. 「소방시설 설치 및 관리에 관한 법률」 제16조에 따른 피난시설, 방화구획 및 방화시설의 관리
4. 소방시설이나 그 밖의 소방 관련 시설의 관리
5. 제37조에 따른 소방훈련 및 교육
6. 화기(火氣) 취급의 감독
7. 행정안전부령으로 정하는 바에 따른 소방안전관리에 관한 업무수행에 관한 기록·유지(제3호·제4호 및 제6호의 업무를 말한다)
8. 화재발생 시 초기대응
9. 그 밖에 소방안전관리에 필요한 업무

02 ③

정답해설 지상으로부터 높이가 135미터인 40층 아파트는 1급 소방안전관리대상물에 해당한다.

> **이론 PLUS** 소방안전관리자를 두어야 하는 특정소방대상물

1. 특급 소방안전관리대상물의 범위
   「소방시설 설치 및 관리에 관한 법률 시행령」[별표 2]의 특정소방대상물 중 다음의 어느 하나에 해당하는 것
   ① 50층 이상(지하층은 제외한다)이거나 지상으로부터 높이가 200미터 이상인 아파트
   ② 30층 이상(지하층을 포함한다)이거나 지상으로부터 높이가 120미터 이상인 특정소방대상물(아파트는 제외한다)
   ③ 위 ②에 해당하지 않는 특정소방대상물로서 연면적이 10만제곱미터 이상인 특정소방대상물(아파트는 제외한다)

2. 1급 소방안전관리대상물의 범위
   「소방시설 설치 및 관리에 관한 법률 시행령」[별표 2]의 특정소방대상물 중 다음의 어느 하나에 해당하는 것(제1호에 따른 특급 소방안전관리대상물은 제외한다)
   ① 30층 이상(지하층은 제외한다)이거나 지상으로부터 높이가 120미터 이상인 아파트
   ② 연면적 1만 5천제곱미터 이상인 특정소방대상물(아파트 및 연립주택은 제외한다)
   ③ 위 ②에 해당하지 않는 특정소방대상물로서 지상층의 층수가 11층 이상인 특정소방대상물(아파트는 제외한다)
   ④ 가연성 가스를 1천톤 이상 저장·취급하는 시설

3. 2급 소방안전관리대상물의 범위
   「소방시설 설치 및 관리에 관한 법률 시행령」[별표 2]의 특정소방대상물 중 다음의 어느 하나에 해당하는 것(제1호에 따른 특급 소방안전관리대상물 및 제2호에 따른 1급 소방안전관리대상물은 제외한다)
   ① 「소방시설 설치 및 관리에 관한 법률 시행령」[별표 4] 제1호 다목에 따라 옥내소화전설비를 설치해야 하는 특정소방대상물, 같은 호 라목에 따라 스프링클러설비를 설치해야 하는 특정소방대상물 또는 같은 호 바목에 따라 물분무등소화설비[화재안전기준에 따라 호스릴(hose reel) 방식의 물분무등소화설비만을 설치할 수 있는 특정소방대상물은 제외한다]를 설치해야 하는 특정소방대상물
   ② 가스 제조설비를 갖추고 도시가스사업의 허가를 받아야 하는 시설 또는 가연성 가스를 100톤 이상 1천톤 미만 저장·취급하는 시설
   ③ 지하구
   ④ 「공동주택관리법」제2조 제1항 제2호의 어느 하나에 해당하는 공동주택(「소방시설 설치 및 관리에 관한 법률 시행령」[별표 4] 제1호 다목 또는 라목에 따른 옥내소화전설비 또는 스프링클러설비가 설치된 공동주택으로 한정한다)
   ⑤ 「문화유산의 보존 및 활용에 관한 법률」제23조에 따라 보물 또는 국보로 지정된 목조건축물

4. 3급 소방안전관리대상물의 범위
   「소방시설 설치 및 관리에 관한 법률 시행령」[별표 2]의 특정소방대상물 중 다음의 어느 하나에 해당하는 것(제1호에 따른 특급 소방안전관리대상물, 제2호에 따른 1급 소방안전관리대상물 및 제3호에 따른 2급 소방안전관리대상물은 제외한다)
   ① 「소방시설 설치 및 관리에 관한 법률 시행령」[별표 4] 제1호 마목에 따라 간이스프링클러설비(주택전용 간이스프링클러설비는 제외한다)를 설치해야 하는 특정소방대상물
   ② 「소방시설 설치 및 관리에 관한 법률 시행령」[별표 4] 제2호 다목에 따른 자동화재탐지설비를 설치해야 하는 특정소방대상물

고난도

03 ②

정답해설 특정소방대상물(소방안전관리대상물은 제외한다)의 관계인과 소방안전관리대상물의 소방안전관리자는 다음의 업무를 수행한다. 다만, 제1호·제2호·제5호 및 제7호의 업무는 소방안전관리대상물의 경우에만 해당한다.
1. 법 제36조에 따른 피난계획에 관한 사항과 대통령령으로 정하는 사항이 포함된 소방계획서의 작성 및 시행
2. 자위소방대(自衛消防隊) 및 초기대응체계의 구성, 운영 및 교육
3. 「소방시설 설치 및 관리에 관한 법률」제16조에 따른 피난시설, 방화구획 및 방화시설의 관리
4. 소방시설이나 그 밖의 소방 관련 시설의 관리
5. 법 제37조에 따른 소방훈련 및 교육
6. 화기(火氣) 취급의 감독
7. 행정안전부령으로 정하는 바에 따른 소방안전관리에 관한 업무수행에 관한 기록·유지(제3호·제4호 및 제6호의 업무를 말한다)
8. 화재발생 시 초기대응
9. 그 밖에 소방안전관리에 필요한 업무

04 ⑤

정답해설 누구든지 화재예방강화지구 및 이에 준하는 대통령령으로 정하는 장소에서는 다음의 어느 하나에 해당하는 행위를 하여서는 아니 된다. 다만, 행정안전부령으로 정하는 바에 따라 안전조치를 한 경우에는 그러하지 아니한다.
1. 모닥불, 흡연 등 화기의 취급
2. 풍등 등 소형열기구 날리기
3. 용접·용단 등 불꽃을 발생시키는 행위
4. 그 밖에 대통령령으로 정하는 화재 발생 위험이 있는 행위

고난도

05 ④

오답해설 ① 30층 이상(지하층을 제외한다)이거나 지상으로부터 높이가 120미터 이상인 아파트는 소방안전관리자를 선임하여야 하는 1급 소방안전관리대상물에 해당한다.
② 50층 이상(지하층을 제외한다)이거나 지상으로부터 높이가 200미터 이상인 아파트는 소방안전관리자를 선임하여야 하는 특급 소방안전관리대상물에 해당한다.
③ 소방안전관리대상물의 관계인이 소방안전관리자 또는 소방안전관리보조자를 선임한 경우에는 행정안전부령으로 정하는 바에 따라 선임한 날부터 14일 이내에 소방본부장 또는 소방서장에게 신고하고, 소방안전관리대상물의 출입자가 쉽게 알 수 있도록 소방안전관리자의 성명과 그 밖에 행정안전부령으로 정하는 사항을 게시하여야 한다.

⑤ 소방안전관리대상물의 관계인은 소방안전관리보조자를 해임한 경우에는 소방안전관리보조자가 <u>해임된 날부터</u> 30일 이내에 소방안전관리보조자를 선임하여야 한다.

> **고난도 TIP** 소방안전관리대상물의 층수를 산정함에 있어 지하층을 제외하는 경우와 포함하는 경우를 구별하여 암기해야 한다.

06 ④

정답해설 <u>소방본부장 또는 소방서장</u>(이하 '소방관서장'이라 한다)은 화재예방강화지구 안의 관계인에 대하여 대통령령으로 정하는 바에 따라 소방에 필요한 훈련 및 교육을 연 1회 이상 <u>실시할 수 있다</u>.

> **함정 CHECK** ④ 화재예방강화지구 안의 <u>소방대상물의 위치·구조 및 설비</u> 등에 대하여 <u>화재안전조사</u>는 연 1회 이상 <u>실시해야</u> 하나, 화재예방강화지구 안의 관계인에 대한 <u>소방에 필요한 훈련 및 교육</u>은 연 1회 이상 <u>실시할 수 있다</u>.

07 ②

정답해설 시장지역 중 화재발생 우려가 높은 지역에 대한 화재예방강화지구 지정은 <u>시·도지사</u>가 하며, 소방본부장이나 소방서장이 명령하거나 취할 수 있는 화재의 예방조치 등에 해당하지 않는다.

08 ㉠ 화재예방강화지구

정답해설 '화재예방강화지구'란 특별시장·광역시장·특별자치시장·도지사 또는 특별자치도지사(이하 '시·도지사'라 한다)가 화재발생 우려가 크거나 화재가 발생할 경우 피해가 클 것으로 예상되는 지역에 대하여 화재의 예방 및 안전관리를 강화하기 위해 지정·관리하는 지역을 말한다.

09 ㉠ 화재예방안전진단

고난도

10 ㉠ 11, ㉡ 지하가

> **화재의 예방 및 안전관리에 관한 법률 제35조**(관리의 권원이 분리된 특정소방대상물의 소방안전관리) 다음의 어느 하나에 해당하는 특정소방대상물로서 그 관리의 권원(權原)이 분리되어 있는 특정소방대상물의 경우 그 관리의 권원별 관계인은 대통령령으로 정하는 바에 따라 제24조 제1항에 따른 소방안전관리자를 선임하여야 한다. 다만, 소방본부장 또는 소방서장은 관리의 권원이 많아 효율적인 소방안전관리가 이루어지지 아니한다고 판단되는 경우 대통령령으로 정하는 바에 따라 관리의 권원을 조정하여 소방안전관리자를 선임하도록 할 수 있다.
> 1. 복합건축물(지하층을 제외한 층수가 <u>11층 이상</u> 또는 연면적 3만제곱미터 이상인 건축물)
> 2. <u>지하가</u>(지하의 인공구조물 안에 설치된 상점 및 사무실, 그 밖에 이와 비슷한 시설이 연속하여 지하도에 접하여 설치된 것과 그 지하도를 합한 것을 말한다)
> 3. 그 밖에 대통령령으로 정하는 특정소방대상물

11 ㉠ 11

12 ㉠ 화재안전조사

PART 11 소방시설 설치 및 관리에 관한 법률

▶ 연계학습: 기본서 하권 pp. 306~361

01	①	02	⑤	03	①
04	②	05	④	06	㉠ 2
07	㉠ 특정소방대상물	08	㉠ 30, ㉡ 50	09	㉠ 피난층
10	㉠ 간이피난유도선				

01 ①

정답해설 다음의 주택의 소유자는 소화기 등 대통령령으로 정하는 소방시설(이하 '주택용소방시설'이라 한다)을 설치하여야 한다.
1. 「건축법」 제2조 제2항 제1호의 단독주택
2. 「건축법」 제2조 제2항 제2호의 공동주택(아파트 및 기숙사는 제외한다)

02 ⑤

정답해설 제연설비는 소화활동설비이나, 옥외소화전설비는 소화설비에 해당한다.

03 ①

정답해설 건축물의 높이가 200미터 이상인 아파트등과 건축물의 높이가 120미터 이상인 특정소방대상물(아파트등은 제외한다)은 '성능위주설계를 하여야 하는 특정소방대상물'이다.

> 소방시설 설치 및 관리에 관한 법률 시행령 제9조(성능위주설계를 해야 하는 특정소방대상물의 범위) 법 제8조 제1항에서 '대통령령으로 정하는 특정소방대상물'이란 다음의 어느 하나에 해당하는 특정소방대상물(신축하는 것만 해당한다)을 말한다.
> 1. 연면적 20만제곱미터 이상인 특정소방대상물. 다만, [별표 2] 제1호 가목에 따른 아파트등(이하 '아파트등'이라 한다)은 제외한다.
> 2. 50층 이상(지하층은 제외한다)이거나 지상으로부터 높이가 200미터 이상인 아파트등
> 3. 30층 이상(지하층을 포함한다)이거나 지상으로부터 높이가 120미터 이상인 특정소방대상물(아파트등은 제외한다)
> 4. 연면적 3만제곱미터 이상인 특정소방대상물로서 다음의 어느 하나에 해당하는 특정소방대상물
>   가. [별표 2] 제6호 나목의 철도 및 도시철도 시설
>   나. [별표 2] 제6호 다목의 공항시설
> 5. [별표 2] 제16호의 창고시설 중 연면적 10만제곱미터 이상인 것 또는 지하층의 층수가 2개 층 이상이고 지하층의 바닥면적의 합계가 3만제곱미터 이상인 것
> 6. 하나의 건축물에 「영화 및 비디오물의 진흥에 관한 법률」 제2조 제10호에 따른 영화상영관이 10개 이상인 특정소방대상물

> 7. 「초고층 및 지하연계 복합건축물 재난관리에 관한 특별법」 제2조 제2호에 따른 지하연계 복합건축물에 해당하는 특정소방대상물
> 8. [별표 2] 제27호의 터널 중 수저(水底)터널 또는 길이가 5천미터 이상인 것

04 ②

정답해설 하나의 소방용품에 성능인증 사항이 두 가지 이상 결합된 경우에는 <u>해당 성능인증 시험을 모두 실시하고 하나의 성능인증을 할 수 있다</u>.

05 ④

정답해설 내용연수를 설정하여야 하는 소방용품은 분말형태의 소화약제를 사용하는 소화기로 하며, 그 소방용품의 내용연수는 <u>10년</u>으로 한다.

06 ㉠ 2

07 ㉠ 특정소방대상물

08 ㉠ 30, ㉡ 50

09 ㉠ 피난층

정답해설 <u>피난층</u>이란 곧바로 지상으로 갈 수 있는 출입구가 있는 층을 말한다.

10 ㉠ 간이피난유도선

PART 12 전기사업법

▶ 연계학습: 기본서 하권 pp. 362~426

01	②	02	③	03	④
04	⑤	05	⑤	06	③
07	①	08	③	09	④
10	㉠ 전기신사업, ㉡ 보편적	11	㉠ 보편적 공급	12	㉠ 개폐소, ㉡ 5
13	㉠ 전기위원회	14	㉠ 일반용	15	㉠ 전력계통, ㉡ 선택공급약관
16	㉠ 1,500, ㉡ 1,000	17	㉠ 인가		

01 ②

정답해설 전기자동차충전사업자는 법 제96조의5 제1항에 따라 충전요금을 표시하는 경우에는 충전요금 정보를 소비자가 쉽게 알아볼 수 있도록 표시판을 설치하거나 인터넷 홈페이지 또는 이동통신단말장치에서 사용되는 애플리케이션(Application)에 게시하는 방법 등으로 충전요금을 표시하여야 한다.

오답해설 ① 전기자동차충전사업을 하려는 자는 전기신사업의 종류별로 기후에너지환경부장관에게 등록하여야 한다.
③ 전기자동차충전사업자는 재생에너지를 이용하여 생산한 전기를 전력시장을 거치지 아니하고 전기자동차에 공급할 수 있다.
④ 전기자동차충전사업자는 요금과 그 밖의 이용조건에 관한 약관을 작성하여 기후에너지환경부장관에게 신고할 수 있다. 이를 변경한 경우에도 또한 같다.
⑤ '전기판매사업'이란 전기사용자에게 전기를 공급하는 것을 주된 목적으로 하는 사업(전기자동차충전사업, 재생에너지전기공급사업 및 재생에너지전기저장판매사업은 제외한다)을 말한다.

02 ③

오답해설 ㉢ 구역전기사업자는 사고나 그 밖에 기후에너지환경부령으로 정하는 사유로 전력이 부족하거나 남는 경우에는 부족한 전력 또는 남는 전력을 전기판매사업자와 거래할 수 있으며, 전기판매사업자는 정당한 사유 없이 해당 거래를 거부하여서는 아니 된다. 이 경우, 전기판매사업자는 해당 거래에 따른 전기요금과 그 밖의 거래조건에 관한 사항을 내용으로 하는 약관(이하 '보완공급약관'이라 한다)을 작성하여 기후에너지환경부장관의 인가를 받아야 하며, 기후에너지환경부장관은 해당 인가를 하려는 경우에는 전기위원회의 심의를 거쳐야 한다.

03 ④

오답해설 ① 발전사업자 및 전기판매사업자는 전력시장운영규칙으로 정하는 바에 따라 전력시장에서 전력거래를 하여야 한다. 다만, 도서지역 등 대통령령으로 정하는 다음의 경우에는 그러하지 아니하다.

1. 한국전력거래소가 운영하는 전력계통에 연결되어 있지 아니한 도서지역에서 전력을 거래하는 경우
2. 「신에너지 및 재생에너지 개발·이용·보급 촉진법」 제2조 제5호에 따른 신·재생에너지발전사업자(이하 '신·재생에너지발전사업자'라 한다)가 발전설비용량이 1천킬로와트 이하인 발전설비를 이용하여 생산한 전력을 거래하는 경우
3. 기후에너지환경부장관이 정하여 고시하는 요건을 갖춘 신·재생에너지발전사업자(자가용전기설비를 설치한 자는 제외한다. 이 호 및 제4호에서 같다)가 발전설비용량(둘 이상의 신·재생에너지발전사업자가 공동으로 공급하는 경우에는 그 발전설비용량을 합산한다. 이하 제4호에서 같다)이 1천킬로와트를 초과하는 발전설비를 이용하여 생산한 전력을 전기판매사업자에게 공급하고, 전기판매사업자가 그 전력을 기후에너지환경부장관이 정하여 고시하는 요건을 갖춘 전기사용자에게 공급하는 방법으로 전력을 거래하는 경우
4. 기후에너지환경부장관이 정하여 고시하는 요건을 갖춘 신·재생에너지발전사업자가 발전설비를 이용하여 생산한 전력을 재생에너지전기공급사업자에게 공급하는 경우로서 다음의 어느 하나에 해당하는 경우
   가. 발전설비용량이 1천킬로와트를 초과하는 발전설비를 이용하여 생산한 전력을 공급하는 경우
   나. 발전설비용량이 1천킬로와트 이하인 발전설비를 이용하여 생산한 전력을 송전용 또는 배전용 전기설비 없이 공급하는 경우
5. 「수소경제 육성 및 수소 안전관리에 관한 법률」 제2조 제7호의4에 따른 수소발전사업자가 생산한 전력을 같은 법 제25조의6 제2항에 따른 수소발전 입찰시장에서 거래하는 경우
6. 기후에너지환경부장관이 정하여 고시하는 요건을 갖춘 재생에너지발전사업자(신·재생에너지발전사업자 중 재생에너지를 이용하여 발전사업을 하는 자를 말한다. 이하 같다)가 발전설비용량이 1천킬로와트(송전용 또는 배전용 전기설비 없이 공급하는 경우에는 5백킬로와트)를 초과하는 발전설비를 이용하여 생산한 전력을 재생에너지전기저장판매사업자에게 공급하는 경우
7. 기후에너지환경부장관이 정하여 고시하는 요건을 갖춘 재생에너지발전사업자가 발전설비를 이용하여 생산한 전력을 전기자동차충전사업자에게 공급하는 경우

② 자가용전기설비를 설치한 자는 그가 생산한 전력을 전력시장에서 거래할 수 없다. 다만, 대통령령으로 정하는 다음의 경우에는 그러하지 아니하다.

1. 태양광 설비를 설치한 자가 해당 설비를 통하여 생산한 전력 중 자기가 사용하고 남은 전력을 거래하는 경우

2. 태양광 설비 외의 설비를 설치한 자가 해당 설비를 통하여 생산한 전력의 연간 총생산량의 30퍼센트 미만의 범위에서 전력을 거래하는 경우 〈개정 2025.1.7.〉

③ 전기판매사업자는 다음의 어느 하나에 해당하는 자가 생산한 전력을 전력시장운영규칙으로 정하는 바에 따라 우선적으로 구매할 수 있다.

1. 대통령령으로 정하는 규모 이하(설비용량이 2만킬로와트 이하)의 발전사업자
2. 자가용전기설비를 설치한 자(법 제31조 제2항 단서에 따라 전력거래를 하는 경우만 해당한다)
3. 「신에너지 및 재생에너지 개발·이용·보급 촉진법」 제2조 제1호 및 제2호에 따른 신에너지 및 재생에너지를 이용하여 전기를 생산하는 발전사업자
4. 「집단에너지사업법」 제48조에 따라 발전사업의 허가를 받은 것으로 보는 집단에너지사업자
5. 수력발전소를 운영하는 발전사업자

⑤ 소규모전력중개사업자는 모집한 소규모전력자원에서 생산 또는 저장한 전력을 전력시장운영규칙으로 정하는 바에 따라 전력시장에서 거래하여야 한다.

04 ⑤

정답해설 전기사업자는 전기설비의 설치·유지 및 안전관리를 위하여 필요한 경우에는 다른 자의 토지등에 출입할 수 있다. 이 경우 전기사업자는 출입방법 및 출입기간 등에 대하여 미리 토지등의 소유자 또는 점유자와 협의하여야 하며, 전기사업자는 협의가 성립되지 아니하거나 협의를 할 수 없는 경우에는 시장·군수 또는 구청장의 허가를 받아 토지등에 출입할 수 있다.

05 ⑤

오답해설 ㉠ 전기신사업이란 전기자동차충전사업, 소규모전력중개사업, 재생에너지전기공급사업, 통합발전소사업, 재생에너지전기저장판매사업 및 송전제약발생지역전기공급사업을 말한다.

㉡ 전기판매사업자는 대통령령으로 정하는 바에 따라 전기요금과 그 밖의 공급조건에 관한 약관(이하 '기본공급약관'이라 한다)을 작성하여 기후에너지환경부장관의 인가를 받아야 한다. 이를 변경하려는 경우에도 또한 같다.

고난도

06 ③

오답해설 ① 송전선로란 발전소 상호간, 변전소 상호간, 발전소와 변전소 간을 연결하는 전선로와 이에 속하는 전기설비를 말한다.

② 「전기사업법」 제2조 제18호에 따른 일반용전기설비는 다음의 어느 하나에 해당하는 전기설비로 한다.

1. 저압에 해당하는 용량 75킬로와트(제조업 또는 심야전력을 이용하는 전기설비는 용량 100킬로와트) 미만의 전력을 타인으로부터 수전하여 그 수전장소(담·울타리 또는 그 밖의 시설물로 타인의 출입을 제한하는 구역을 포함한다)에서 그 전기를 사용하기 위한 전기설비
2. 저압에 해당하는 용량 10킬로와트 이하인 발전설비

> **고난도 TIP** 일반용전기설비에 속하는 발전설비와 사용전검사에 관한 문제로서, 최근 개정된 부분을 정확히 암기하고 숙지해야 한다.

07 ①

오답해설
② 발전사업자는 발전용 전기설비의 정기적인 보수기간 중 전기 공급의 요청이 있는 경우에는 전기의 공급을 거부할 수 있다.
③ 전기판매사업자는 기본공급약관을 작성하여 기후에너지환경부장관의 인가를 받아야 한다.
④ 전기사업자의 지위가 승계되면 종전의 전기사업자에 대한 사업정지처분의 효과는 그 지위를 승계받은 자에게 승계된다.
⑤ 전력시장에서 전력을 직접 구매하는 전기사용자는 시간대별로 전력거래량을 측정할 수 있는 전력량계를 설치·관리하여야 한다.

> **고난도 TIP** ② 용어의 혼동을 유발하는 선지로서, 정확히 암기해야 한다. 전기사업자 중 '전기판매사업자'가 아닌 '발전사업자'의 경우에 한하여 발전용 전기설비의 정기적인 보수기간 중 전기 공급의 요청이 있는 경우에는 전기의 공급을 거부할 수 있다.

08 ③

정답해설 '전기공급을 거부할 수 있는 정당한 사유'란 다음의 어느 하나에 해당하는 경우를 말한다.
1. 전기요금을 납기일까지 납부하지 아니한 전기사용자가 납기일의 다음 날부터 공급약관에서 정하는 기한까지 해당 요금을 납부하지 아니하는 경우
1의2. 전기사용자가 다음의 약관이나 계약에서 정한 기한까지 전기요금을 지급하지 않은 경우
　가. 법 제16조의2에 따른 전기신사업(소규모전력중개사업 및 통합발전소사업은 제외한다) 약관
　나. 법 제16조의5 제4항에 따라 재생에너지전기공급사업자, 재생에너지전기저장판매사업자 및 송전제약발생지역전기공급사업자와 전기사용자 간에 체결한 전기공급 계약
　다. 제19조 제1항 제3호에 따라 전기판매사업자와 전기사용자 간에 체결한 전기공급 계약
2. 전기의 공급을 요청하는 자가 불합리한 조건을 제시하거나 전기판매사업자, 전기자동차충전사업자, 재생에너지전기공급사업자, 재생에너지전기저장판매사업자 및 송전제약발생지역전기공급사업자의 정당한 조건에 따르지 않고 다른 방법으로 전기의 공급을 요청하는 경우
2의2. 발전사업자[한국전력거래소가 법 제45조에 따라 전력계통의 운영을 위하여 전기공급

을 지시한 발전사업자는 제외한다]가 법 제5조에 따라 환경을 적정하게 관리·보존하는 데 필요한 조치로서 전기공급을 정지하는 경우
3. 전기사용자가 법 제18조 제1항에 따른 전기의 품질에 적합하지 아니한 전기의 공급을 요청하는 경우
4. 발전용 전기설비의 정기적인 보수기간 중 전기의 공급을 요청하는 경우(발전사업자만 해당한다)
4의2. 전기설비의 정기적인 점검 및 보수 등 제1호의2 각 목의 약관이나 계약에서 정한 정당한 전기공급 중단 또는 정지 사유가 발생하는 경우
5. 전기를 대량으로 사용하려는 자가 다음에서 정하는 시기까지 전기판매사업자에게 미리 전기의 공급을 요청하지 아니하는 경우
   가. 사용량이 5천킬로와트(「건축법 시행령」 별표 1 제14호 나목의 일반업무시설인 경우에는 2천킬로와트) 이상 1만킬로와트 미만인 경우: 사용 예정일 1년 전
   나. 사용량이 1만킬로와트 이상 10만킬로와트 미만인 경우: 사용 예정일 2년 전
   다. 사용량이 10만킬로와트 이상 30만킬로와트 미만인 경우: 사용 예정일 3년 전
   라. 사용량이 30만킬로와트 이상인 경우: 사용 예정일 4년 전
5의2. 제5호에 따라 전기를 대량으로 사용하려는 자에 대한 전기의 공급으로 전기판매사업자가 다음의 기준을 유지하기 어려운 경우
   가. 법 제18조 제1항에 따른 전기의 품질 유지 기준
   나. 법 제27조의2 제1항에 따른 전력계통의 신뢰도 유지 기준
6. 「전기안전관리법」 제12조 제1항 본문에 따른 일반용전기설비의 사용전점검을 받지 아니하고 전기공급을 요청하는 경우
7. 「전기안전관리법」 제12조 제9항 또는 다른 법률에 따라 시장·군수·구청장(자치구의 구청장을 말한다) 또는 그 밖의 행정기관의 장이 전기공급의 정지를 요청하는 경우
8. 재난이나 그 밖의 비상사태로 인하여 전기공급이 불가능한 경우

> **고난도 TIP** 이 문제는 '전기판매사업자'가 '전기공급을 거부할 수 있는 정당한 사유'에 대해 묻고 있다. 그러나 '발전용 전기설비의 정기적인 보수기간 중 전기의 공급을 요청하는 경우'는 '발전사업자만 해당'하므로 선지 ③은 틀린 내용임을 이해하여야 한다.

09 ④

정답해설 한국전력거래소의 회원은 다음의 자로 한다.
1. 전력시장에서 전력거래를 하는 발전사업자
2. 전기판매사업자
3. 전력시장에서 전력을 직접 구매하는 전기사용자
4. 전력시장에서 전력거래를 하는 자가용전기설비를 설치한 자
5. 전력시장에서 전력거래를 하는 구역전기사업자
6. 전력시장에서 전력거래를 하지 아니하는 자 중 한국전력거래소의 정관으로 정하는 요건을 갖춘 자

7. 전력시장에서 전력거래를 하는 수요관리사업자
8. 전력시장에서 전력거래를 하는 소규모전력중개사업자
9. 전력시장에서 전력거래를 하는 통합발전소사업자

> **고난도 TIP** ④ 전력시장에서 전력거래를 하는 자가용전기설비를 설치한 자는 한국전력거래소의 회원이 될 수 있다. 기타 한국전력거래소의 회원이 될 수 있는 경우에 대해서도 숙지하여야 한다.

10 ㉠ 전기신사업, ㉡ 보편적

11 ㉠ 보편적 공급

12 ㉠ 개폐소, ㉡ 5

13 ㉠ 전기위원회

> **정답해설** ① 전기판매사업자는 대통령령으로 정하는 바에 따라 전기요금과 그 밖의 공급조건에 관한 약관(이하 '기본공급약관'이라 한다)을 작성하여 기후에너지환경부장관의 인가를 받아야 한다. 이를 변경하려는 경우에도 또한 같다.
> ② 기후에너지환경부장관은 제1항에 따른 인가를 하려는 경우에는 전기위원회의 심의를 거쳐야 한다.

14 ㉠ 일반용

> **정답해설** '자가용전기설비'란 전기사업용전기설비 및 일반용전기설비 외의 전기설비를 말한다.

> **이론 PLUS**
> 1. '전기사업용전기설비'란 전기설비 중 전기사업자가 전기사업에 사용하는 전기설비를 말한다.
> 2. '일반용전기설비'란 기후에너지환경부령으로 정하는 소규모의 전기설비로서 한정된 구역에서 전기를 사용하기 위하여 설치하는 전기설비를 말한다.

15 ㉠ 전력계통, ㉡ 선택공급약관

> **전기사업법 제2조(정의)** 이 법에서 사용하는 용어의 뜻은 다음과 같다.
> 14. '전력계통'이란 전기의 원활한 흐름과 품질유지를 위하여 전기의 흐름을 통제·관리하는 체제를 말한다.
>
> **전기사업법 제16조(전기의 공급약관)** ③ 전기판매사업자는 그 전기수요를 효율적으로 관리하기 위하여 필요한 범위에서 기본공급약관으로 정한 것과 다른 요금이나 그 밖의 공급조건을 내용으로 정하는 약관(이하 '선택공급약관'이라 한다)을 작성할 수 있으며, 전기사용자는 기본공급약관을 갈음하여 선택공급약관으로 정한 사항을 선택할 수 있다.

16 ㉠ 1,500, ㉡ 1,000

'저압'이란 직류에서는 1,500볼트 이하의 전압을 말하고, 교류에서는 1,000볼트 이하의 전압을 말한다.

17 ㉠ 인가

PART 13 승강기 안전관리법

▶ 연계학습: 기본서 하권 pp. 428~491

01	⑤	02	①	03	②
04	②	05	④	06	①
07	②	08	④	09	④
10	①	11	㉠ 안전, ㉡ 정기	12	㉠ 1, ㉡ 승강기안전종합정보망
13	㉠ 승강기안전종합정보망	14	㉠ 관리주체	15	㉠ 2, ㉡ 정밀
16	㉠ 과징금				

01 ⑤

정답해설 자체점검을 담당하는 사람은 자체점검을 마치면 지체 없이 자체점검 결과를 양호, 주의관찰 또는 긴급수리로 구분하여 관리주체에 통보해야 하며, 관리주체는 자체점검 결과를 자체점검 실시일부터 10일 이내에 승강기안전종합정보망에 입력해야 한다.

02 ①

오답해설
② 책임보험에 가입(재가입을 포함한다)한 관리주체는 책임보험 판매자로 하여금 책임보험의 가입 사실을 가입한 날부터 14일 이내에 승강기안전종합정보망에 입력하게 해야 한다.
③ 관리주체는 승강기의 안전에 관한 자체점검을 월 1회 이상 하고, 그 결과를 자체점검 실시일부터 10일 이내에 승강기안전종합정보망에 입력하여야 한다.
④ 승강기의 안전검사는 정기검사, 수시검사, 정밀안전검사로 구분되며, 행정안전부장관은 행정안전부령으로 정하는 바에 따라 안전검사를 받을 수 없다고 인정하면 그 사유가 없어질 때까지 안전검사를 연기할 수 있다.
⑤ 관리주체는 안전검사를 받지 아니하거나 안전검사에 불합격한 승강기를 운행할 수 없으며, 운행을 하려면 안전검사에 합격하여야 한다. 이 경우 관리주체는 안전검사에 불합격한 승강기에 대하여 행정안전부령으로 정하는 기간(안전검사에 불합격한 날부터 4개월 이내)에 안전검사를 다시 받아야 한다.

03 ②

정답해설 관리주체는 승강기 안전관리자(관리주체가 직접 승강기를 관리하는 경우에는 그 관리주체를 말한다)를 선임하였을 때에는 행정안전부령으로 정하는 바에 따라 30일 이내에 행정안전부장관에게 그 사실을 통보하여야 한다. 승강기 안전관리자나 관리주체가 변경되었을 때에도 또한 같다.

04 ②

정답해설
- 정기검사의 검사주기는 직전 정기검사를 받은 날부터 다음의 구분에 따른 기간으로 한다.
  1. 설치검사를 받은 날부터 25년이 지난 승강기: 6개월. 다만, 정기검사의 검사주기 도래일 전에 수시검사 또는 법 제32조 제1항 제3호[나목(승강기의 결함으로 중대한 사고 또는 중대한 고장이 발생한 경우)은 제외]에 따른 정밀안전검사를 받은 경우에는 해당 검사 직후의 정기검사에 한정하여 1년으로 한다.
  2. 승강기의 결함으로 중대한 사고 또는 중대한 고장이 발생한 후 2년이 지나지 않은 승강기: 6개월
- 관리주체는 안전검사를 받지 아니하거나 안전검사에 불합격한 승강기를 운행할 수 없으며, 운행을 하려면 안전검사에 합격하여야 한다. 이 경우 관리주체는 안전검사에 불합격한 승강기에 대하여 행정안전부령으로 정하는 기간(안전검사에 불합격한 날부터 4개월 이내)에 안전검사를 다시 받아야 한다.

05 ④

정답해설 '중대한 고장'이란 다음의 구분에 따른 고장을 말한다.
1. 엘리베이터 및 휠체어리프트: 다음의 경우에 해당하는 고장
   - 가. 출입문이 열린 상태로 움직인 경우
   - 나. 출입문이 이탈되거나 파손되어 운행되지 않는 경우
   - 다. 최상층 또는 최하층을 지나 계속 움직인 경우
   - 라. 운행하려는 층으로 운행되지 않은 고장으로서 이용자가 운반구에 갇히게 된 경우(정전 또는 천재지변으로 인해 발생한 경우는 제외한다)
   - 마. 운행 중 정지된 고장으로서 이용자가 운반구에 갇히게 된 경우(정전 또는 천재지변으로 인해 발생한 경우는 제외한다)
   - 바. 운반구 또는 균형추(均衡鎚)에 부착된 매다는 장치 또는 보상수단(각각 그 부속품을 포함한다) 등이 이탈되거나 추락된 경우
2. 에스컬레이터: 다음의 경우에 해당하는 고장
   - 가. 손잡이 속도와 디딤판 속도의 차이가 행정안전부장관이 고시하는 기준을 초과하는 경우
   - 나. 하강 운행 과정에서 행정안전부장관이 고시하는 기준을 초과하는 과속이 발생한 경우
   - 다. 상승 운행 과정에서 디딤판이 하강 방향으로 역행하는 경우
   - 라. 과속 또는 역행을 방지하는 장치가 정상적으로 작동하지 않은 경우
   - 마. 디딤판이 이탈되거나 파손되어 운행되지 않은 경우

06 ①

오답해설 ㉠ 승강기의 제조·수입업자는 승강기에 대하여 모델별로 행정안전부장관이 실시하는 안전인증을 받아야 한다.
㉡ 행정안전부장관은 수출을 목적으로 승강기를 제조하는 경우에는 승강기안전인증의 전부 또는 일부를 면제할 수 있다.

07 ②

정답해설 관리주체는 승강기의 안전에 관한 자체점검(이하 '자체점검'이라 한다)을 월 1회 이상 하고, 그 결과를 제73조에 따른 승강기안전종합정보망에 입력하여야 한다. 자체점검을 담당하는 사람은 자체점검을 마치면 지체 없이 자체점검 결과를 양호, 주의관찰 또는 긴급수리로 구분하여 관리주체에게 통보해야 하며, 관리주체는 자체점검 결과를 자체점검 실시일부터 10일 이내에 승강기안전종합정보망에 입력하여야 한다.

08 ④

정답해설 승강기의 관리주체는 안전검사에 불합격한 승강기에 대하여 안전검사에 불합격한 날부터 4개월 이내에 안전검사를 다시 받아야 한다.

09 ④

정답해설 관리주체는 승강기의 안전에 관한 자체점검을 월 1회 이상 하고, 그 결과를 대통령령으로 정하는 기간(자체점검 실시일부터 10일) 이내에 승강기안전종합정보망에 입력하여야 한다.

10 ①

오답해설 ② 관리주체는 승강기 안전관리자(관리주체가 직접 승강기를 관리하는 경우에는 그 관리주체를 말한다)를 선임하였을 때에는 행정안전부령으로 정하는 바에 따라 30일 이내에 행정안전부장관에게 그 사실을 통보하여야 한다. 승강기 안전관리자나 관리주체가 변경되었을 때에도 또한 같다.
③ 승강기 설치공사업자는 승강기의 설치를 끝낸 날부터 10일 이내에 한국승강기안전공단에 승강기의 설치신고를 해야 한다.
④ 승강기 정기검사의 검사주기는 2년 이하로 하되, 다음의 사항을 고려하여 행정안전부령으로 정하는 바에 따라 승강기별로 검사주기를 다르게 할 수 있다.
㉠ 승강기의 종류 및 사용 연수
㉡ 제48조 제1항에 따른 중대한 사고 또는 중대한 고장의 발생 여부
㉢ 그 밖에 행정안전부령(승강기가 설치되는 건축물 또는 고정된 시설물의 용도)으로 정하는 사항
⑤ 승강기 책임보험의 보상한도액은 다음의 기준에 해당하는 금액 이상으로 한다. 다만, 지급보험금액은 ㉠의 단서의 경우를 제외하고는 실손해액을 초과할 수 없다.

㉠ 사망의 경우에는 1인당 8천만원. 다만, 사망에 따른 실손해액이 2천만원 미만인 경우에는 2천만원으로 한다.
㉡ 부상의 경우에는 1인당 [별표 6] 제1호에 따른 상해 등급별 보험금액에서 정하는 금액
㉢ 부상의 경우 그 치료가 완료된 후 그 부상이 원인이 되어 신체장애(이하 '후유장애'라 한다)가 생긴 경우에는 1인당 [별표 6] 제2호에 따른 후유장애 등급별 보험금액에서 정하는 금액
㉣ 재산피해의 경우에는 사고당 1천만원
㉤ 부상자가 치료 중에 그 부상이 원인이 되어 사망한 경우에는 위 ㉠ 및 ㉡의 금액을 더한 금액
㉥ 부상한 사람에게 그 부상이 원인이 되어 후유장애가 생긴 경우에는 위 ㉡ 및 ㉢의 금액을 더한 금액
㉦ 위 ㉢의 금액을 지급한 후 그 부상이 원인이 되어 사망한 경우에는 위 ㉠의 금액에서 위 ㉢에 따라 지급한 금액을 뺀 금액

11 ㉠ 안전, ㉡ 정기

12 ㉠ 1, ㉡ 승강기안전종합정보망

13 ㉠ 승강기안전종합정보망

14 ㉠ 관리주체
정답해설 승강기의 제조·수입업자 또는 관리주체는 설치검사를 받지 아니하거나 설치검사에 불합격한 승강기를 운행하게 하거나 운행하여서는 아니 된다.

15 ㉠ 2, ㉡ 정밀

정답해설 1. 정기검사: 설치검사 후 정기적으로 하는 검사. 이 경우 검사주기는 <u>2년 이하</u>로 하되, 다음의 사항을 고려하여 행정안전부령으로 정하는 바에 따라 승강기별로 검사주기를 다르게 할 수 있다.
  가. 승강기의 종류 및 사용 연수
  나. 법 제48조 제1항에 따른 중대한 사고 또는 중대한 고장의 발생 여부
  다. 그 밖에 행정안전부령으로 정하는 사항
3. <u>정밀안전검사</u>: 다음의 어느 하나에 해당하는 경우에 하는 검사. 이 경우 다목에 해당할 때에는 정밀안전검사를 받고, 그 후 3년마다 정기적으로 정밀안전검사를 받아야 한다.
  가. 정기검사 또는 수시검사 결과 결함의 원인이 불명확하여 사고 예방과 안전성 확보를 위하여 행정안전부장관이 정밀안전검사가 필요하다고 인정하는 경우
  나. 승강기의 결함으로 법 제48조 제1항에 따른 중대한 사고 또는 중대한 고장이 발생한 경우
  다. 설치검사를 받은 날부터 15년이 지난 경우
  라. 그 밖에 승강기 성능의 저하로 승강기 이용자의 안전을 위협할 우려가 있어 행정안전부장관이 정밀안전검사가 필요하다고 인정한 경우

16 ㉠ 과징금

PART 14 집합건물의 소유 및 관리에 관한 법률

▶ 연계학습: 기본서 하권 pp. 492~531

01	①	02	⑤	03	①
04	⑤	05	③	06	③
07	④	08	⑤	09	②
10	④				

01 ①

정답해설 공용부분의 변경에 관한 사항은 관리단집회에서 구분소유자의 <u>3분의 2 이상</u> 및 의결권의 <u>3분의 2 이상</u>의 결의로써 결정한다. 다만, <u>다음의 어느 하나에 해당하는 경우</u>에는 통상의 집회결의로써 결정할 수 있다.
1. 공용부분의 개량을 위한 것으로서 지나치게 많은 비용이 드는 것이 아닐 경우
2. 「관광진흥법」 제3조 제1항 제2호 나목에 따른 휴양 콘도미니엄업의 운영을 위한 휴양 콘도미니엄의 공용부분 변경에 관한 사항인 경우

02 ⑤

정답해설 구분소유자는 다음의 어느 하나에 해당하는 경우에는 집회 결의 사실을 안 날부터 <u>6개월 이내</u>에, 결의한 날부터 <u>1년 이내</u>에 결의취소의 소를 제기할 수 있다.
1. 집회의 소집 절차나 결의 방법이 법령 또는 규약에 위반되거나 현저하게 불공정한 경우
2. 결의 내용이 법령 또는 규약에 위배되는 경우

고난도

03 ①

정답해설 관리위원회의 의사(議事)는 규약에 달리 정한 바가 없으면 관리위원회 <u>재적위원 과반수</u>의 찬성으로 의결한다.

고난도 TIP 관리위원회의 의사는 <u>출석위원의 과반수</u>가 아니라 <u>재적위원 과반수의 찬성</u>으로 의결한다.

04 ⑤

정답해설 관리인은 구분소유자일 필요가 없으며, 그 임기는 <u>2년의 범위</u>에서 규약으로 정한다.

05 ③
정답해설 관리인은 <u>구분소유자일 필요가 없으며</u>, 그 임기는 2년의 범위에서 규약으로 정한다.

06 ③
정답해설 관리단집회는 구분소유자 <u>전원</u>이 동의하면 소집절차를 거치지 아니하고 소집할 수 있다.

07 ④
오답해설 ① 관리인은 매년 회계연도 <u>종료 후 3개월 이내</u>에 정기 관리단집회를 소집하여야 한다.
② 관리인이 없는 경우에는 구분소유자의 5분의 1 이상은 관리단집회를 소집할 수 있다. 이 정수는 규약으로 <u>감경할 수 있다</u>.
③ 관리단집회를 소집하려면 관리단집회일 1주일 전에 회의의 목적사항을 구체적으로 밝혀 각 구분소유자에게 통지하여야 한다. 다만, 이 기간은 규약으로 <u>달리 정할 수 있다</u>.
⑤ 구분소유자의 승낙을 받아 전유부분을 점유하는 자는 집회의 목적사항에 관하여 이해관계가 있는 경우에는 집회에 출석하여 <u>의견을 진술할 수 있다</u>.

08 ⑤
정답해설 재건축에 참가할 것인지 여부를 회답할 것을 촉구받은 구분소유자는 촉구를 받은 날부터 2개월 이내에 회답하지 아니한 경우 <u>재건축에 참가하지 아니하겠다는 뜻을 회답한 것으로 본다</u>.

09 ②
정답해설 관리인은 <u>구분소유자일 필요가 없으며</u>, 그 임기는 <u>2년</u>의 범위에서 규약으로 정한다.

10 ④
정답해설 각 공유자는 공용부분을 그 용도에 따라 사용할 수 <u>있다</u>.

SUBJECT 2

공동주택 관리실무

정답 및 해설

PART 01 행정관리 116
PART 02 시설·방재관리 169

PART 01 행정관리

CHAPTER 01 주택의 정의 및 종류
▶ 연계학습: 기본서 상권 pp. 20~33

01 ㉠ 준주택, ㉡ 건설, ㉢ 10

정답해설
- 민간임대주택이란 임대 목적으로 제공하는 주택[토지를 임차하여 건설된 주택 및 오피스텔 등 대통령령으로 정하는 <u>준주택</u>(이하 '준주택'이라 한다) 및 대통령령으로 정하는 일부만을 임대하는 주택을 포함한다. 이하 같다]으로서 임대사업자가 등록한 주택을 말하며, <u>민간건설임대주택</u>과 민간매입임대주택으로 구분한다(민간임대주택에 관한 특별법 제2조 제1호).
- 장기일반민간임대주택이란 임대사업자가 공공지원민간임대주택이 아닌 주택을 <u>10년</u> 이상 임대할 목적으로 취득하여 임대하는 민간임대주택[아파트(주택법 제2조 제20호의 도시형 생활주택이 아닌 것을 말한다)를 임대하는 민간매입임대주택은 제외한다]을 말한다(민간임대주택에 관한 특별법 제2조 제5호).

02 ㉠ 10

정답해설 장기일반민간임대주택이란 임대사업자가 공공지원민간임대주택이 아닌 주택을 <u>10년</u> 이상 임대할 목적으로 취득하여 임대하는 민간임대주택[아파트(주택법 제2조 제20호의 도시형 생활주택이 아닌 것을 말한다)를 임대하는 민간매입임대주택은 제외한다]을 말한다(민간임대주택에 관한 특별법 제2조 제5호).

CHAPTER 02 공동주택관리법의 총칙
▶ 연계학습: 기본서 상권 pp. 34~39

| 01 | ④ | 02 | ㉠ 혼합주택단지 | 03 | ㉠ 주택법, ㉡ 공공주택 특별법 |
| 04 | ㉠ 150 | 05 | ㉠ 혼합주택단지 | | |

01 ④

오답해설
① '혼합주택단지'란 분양을 목적으로 한 공동주택과 임대주택이 함께 있는 공동주택단지를 말한다(공동주택관리법 제2조 제1항 제4호).
② '입주자'란 공동주택의 소유자 또는 그 소유자를 대리하는 배우자 및 직계존비속(直系尊卑屬)을 말한다(공동주택관리법 제2조 제1항 제5호).

③ '주택관리사등'이란 주택관리사보와 주택관리사를 말한다(공동주택관리법 제2조 제1항 제13호).
⑤ '임대주택'이란 「민간임대주택에 관한 특별법」에 따른 민간임대주택 및 「공공주택 특별법」에 따른 공공임대주택을 말한다(공동주택관리법 제2조 제1항 제19호).

02 ㉠ 혼합주택단지

정답해설 '혼합주택단지'란 분양을 목적으로 한 공동주택과 임대주택이 함께 있는 공동주택단지를 말한다(공동주택관리법 제2조 제1항 제4호).

03 ㉠ 주택법, ㉡ 공공주택 특별법

정답해설
> **공동주택관리법 제4조(다른 법률과의 관계)** ① 공동주택의 관리에 관하여 이 법에서 정하지 아니한 사항에 대하여는 <u>「주택법」</u>을 적용한다.
> ② 임대주택의 관리에 관하여 「민간임대주택에 관한 특별법」 또는 <u>「공공주택 특별법」</u>에서 정하지 아니한 사항에 대하여는 이 법을 적용한다.

학습 POINT 「공동주택관리법」 총칙에 관한 문제로 자주 출제될 가능성이 높지는 않지만, 주택관리관계법규의 시험범위에도 해당하므로 이에 대해 대비해야 한다.

04 ㉠ 150

정답해설
1. 공동주택이란 다음의 주택 및 시설을 말한다. 이 경우 일반인에게 분양되는 복리시설은 제외한다(공동주택관리법 제2조 제1항 제1호).
   가. 「주택법」 제2조 제3호에 따른 공동주택
   나. 「건축법」 제11조에 따른 건축허가를 받아 주택 외의 시설과 주택을 동일 건축물로 건축하는 건축물
   다. 「주택법」 제2조 제13호에 따른 부대시설 및 같은 조 제14호에 따른 복리시설
2. <u>의무관리대상 공동주택</u>이란 해당 공동주택을 전문적으로 관리하는 자를 두고 자치 의결기구를 의무적으로 구성하여야 하는 등 일정한 의무가 부과되는 공동주택으로서, 다음 중 어느 하나에 해당하는 공동주택을 말한다(공동주택관리법 제2조 제1항 제2호).
   가. 300세대 이상의 공동주택
   나. 150세대 이상으로서 승강기가 설치된 공동주택
   다. 150세대 이상으로서 중앙집중식 난방방식(지역난방방식을 포함한다)의 공동주택
   라. <u>「건축법」 제11조에 따른 건축허가를 받아 주택 외의 시설과 주택을 동일 건축물로 건축한 건축물로서 주택이 150세대 이상인 건축물</u>
   마. 위 가.부터 라.까지에 해당하지 아니하는 공동주택 중 입주자등이 대통령령으로 정하는 기준에 따라 동의하여 정하는 공동주택

05 ㉠ 혼합주택단지

정답해설 혼합주택단지란 분양을 목적으로 한 공동주택과 임대주택이 함께 있는 공동주택단지를 말한다(공동주택관리법 제2조 제1항 제4호).

CHAPTER 03	관리규약 등			▶ 연계학습: 기본서 상권 pp. 40~50	
01	⑤	02	④	03	⑤
04	㉠ 10	05	㉠ 공동육아나눔터		

01 ⑤

오답해설 ①②③④ 특별시장·광역시장·특별자치시장·도지사 또는 특별자치도지사(이하 '시·도지사'라 한다)는 공동주택의 입주자등을 보호하고 주거생활의 질서를 유지하기 위하여 대통령령으로 정하는 바에 따라 공동주택의 관리 또는 사용에 관하여 준거가 되는 관리규약의 준칙을 정하여야 한다(공동주택관리법 제18조 제1항).

02 ④

정답해설 관리규약의 개정은 다음의 어느 하나에 해당하는 방법으로 한다(공동주택관리법 시행령 제20조 제5항 및 제3조).
1. 입주자대표회의의 의결로 제안하고 전체 입주자등의 과반수가 찬성
2. 전체 입주자등의 10분의 1 이상이 서면으로 제안하고 전체 입주자등의 과반수가 찬성

03 ⑤

정답해설 관리규약의 준칙(이하 '관리규약준칙'이라 한다)에는 다음의 사항이 포함되어야 한다. 이 경우 입주자등이 아닌 자의 기본적인 권리를 침해하는 사항이 포함되어서는 안 된다(공동주택관리법 시행령 제19조 제1항 제21호).
21. 공동주택의 어린이집 임대계약(지방자치단체에 무상임대하는 것을 포함한다)에 대한 다음의 임차인 선정기준. 이 경우 그 기준은 「영유아보육법」 제24조 제2항 각 호 외의 부분 후단에 따른 국공립어린이집 위탁체 선정관리 기준에 따라야 한다.
　가. 임차인의 신청자격
　나. 임차인 선정을 위한 심사기준
　다. 어린이집을 이용하는 입주자등 중 어린이집 임대에 동의하여야 하는 비율
　라. 임대료 및 임대기간
　마. 그 밖에 어린이집의 적정한 임대를 위하여 필요한 사항

04 ㉠ 10

정답해설 입주자대표회의의 회장(관리규약의 제정의 경우에는 사업주체 또는 의무관리대상 전환 공동주택의 관리인을 말한다)은 다음 각 호의 사항을 대통령령으로 정하는 바에 따라 시장·군수·구청장에게 신고하여야 하며, 신고한 사항이 변경되는 경우에도 또한 같다. 다만, <u>의무관리대상 전환 공동주택의 관리인이 관리규약의 제정 신고를 하지 아니하는 경우에는 입주자등의 10분의 1 이상이 연서하여 신고할 수 있다</u>(공동주택관리법 제19조 제1항).
1. 관리규약의 제정·개정
2. 입주자대표회의의 구성·변경
3. 그 밖에 필요한 사항으로서 대통령령으로 정하는 사항

05 ㉠ 공동육아나눔터

정답해설 시장·군수·구청장은 입주자대표회의가 구성되기 전에 다음 각 호의 주민공동시설의 임대계약 체결이 필요하다고 인정하는 경우에는 사업주체로 하여금 입주예정자 10분의 3 이상 서면 동의를 받아 해당 시설의 임대계약을 체결하도록 할 수 있다(공동주택관리법 시행령 제29조의3 제1항).
1. 「영유아보육법」 제10조에 따른 어린이집
2. 「아동복지법」 제44조의2에 따른 다함께돌봄센터
3. 「아이돌봄 지원법」 제19조에 따른 <u>공동육아나눔터</u>

학습 POINT 1.과 2.에 제시된 시설도 주관식으로 대비해야 한다.

CHAPTER 04 공동주택의 관리방법 ▶연계학습: 기본서 상권 pp. 51~88

01	③	02	①	03	⑤
04	④	05	⑤	06	③
07	⑤	08	⑤	09	㉠ 1
10	㉠ 500	11	㉠ 15	12	㉠ 관리비예치금
13	②	14	③	15	③
16	③	17	④	18	②
19	⑤	20	④	21	㉠ 3, ㉡ 1
22	㉠ 100, ㉡ 300	23	㉠ 3	24	㉠ 영업정지, ㉡ 과징금
25	㉠ 분기, ㉡ 시장·군수·구청장				

1 공동주택관리법령에 의한 공동주택의 관리방법 등

01 ③

오답해설 ① 의무관리대상 전환 공동주택의 관리인이 신고하지 않는 경우에는 입주자등의 10분의 1 이상이 연서하여 신고할 수 있다(공동주택관리법 제10조의2 제1항 단서).
② 의무관리대상 전환 공동주택의 입주자등은 관리규약의 제정 신고가 수리된 날부터 3개월 이내에 입주자대표회의를 구성하여야 한다(공동주택관리법 제10조의2 제2항 전단).
④ 시장·군수·구청장은 의무관리대상 공동주택 전환 신고를 받은 날부터 10일 이내에 신고수리 여부를 신고인에게 통지하여야 한다(공동주택관리법 제10조의2 제5항).
⑤ 의무관리대상 공동주택 제외 신고를 하려는 입주자대표회의의 회장(직무를 대행하는 경우에는 그 직무를 대행하는 사람을 포함한다. 이하 같다)은 입주자등의 동의를 받은 날부터 30일 이내에 시장·군수·구청장에게 국토교통부령으로 정하는 신고서를 제출해야 한다(공동주택관리법 시행령 제7조의2 제2항).

02 ①

정답해설 자치관리기구 관리사무소장은 입주자대표회의가 입주자대표회의 구성원(관리규약으로 정한 정원을 말하며, 해당 입주자대표회의 구성원의 3분의 2 이상이 선출되었을 때에는 그 선출된 인원을 말한다. 이하 같다) 과반수의 찬성으로 선임한다(공동주택관리법 시행령 제4조 제3항).

03 ⑤

정답해설 입주자등은 기존 주택관리업자의 관리 서비스가 만족스럽지 못한 경우에는 대통령령으로 정하는 바에 따라 새로운 주택관리업자 선정을 위한 입찰에서 기존 주택관리업자의 참가를 제한하도록 입주자대표회의에 요구할 수 있다. 이 경우 입주자대표회의는 그 요구에 따라야 한다(공동주택관리법 제7조 제2항).

04 ④

정답해설 시장·군수·구청장은 주택관리업자가 다음의 어느 하나에 해당하는 경우에는 대통령령으로 정하는 바에 따라 영업정지를 갈음하여 2천만원 이하의 과징금을 부과할 수 있다(공동주택관리법 제53조 제2항).
1. 고의 또는 과실로 공동주택을 잘못 관리하여 소유자 및 사용자에게 재산상의 손해를 입힌 경우
2. 매년 12월 31일을 기준으로 최근 3년간 공동주택의 관리 실적이 없는 경우
3. 등록요건에 미달하게 된 경우
　　ㄱ. 자본금(법인이 아닌 경우 자산평가액을 말한다)이 2억원 이상일 것
　　ㄴ. 대통령령으로 정하는 인력·시설 및 장비를 보유할 것

4. 공동주택관리법 제52조 제4항에 따른 관리방법 및 업무내용 등을 위반하여 공동주택을 관리한 경우
5. 공동주택관리에 관한 감독에 따른 보고, 자료의 제출, 조사 또는 검사를 거부·방해 또는 기피하거나 거짓으로 보고를 한 경우
6. 입주자등의 감사요청에 의한 지방자치단체의 감사를 거부·방해 또는 기피한 경우

05 ⑤

오답해설
① 입주자등은 의무관리대상 공동주택을 자치관리하거나 주택관리업자에게 위탁하여 관리하여야 한다(공동주택관리법 제5조 제1항).
② 공동주택 관리방법의 결정 또는 변경은 다음 각 호의 어느 하나에 해당하는 방법으로 한다(공동주택관리법 시행령 제3조).
   1. 입주자대표회의의 의결로 제안하고 전체 입주자등의 과반수가 찬성
   2. 전체 입주자등의 10분의 1 이상이 서면으로 제안하고 전체 입주자등의 과반수가 찬성
③ 입주자대표회의는 해당 공동주택의 관리에 필요하다고 인정하는 경우에는 국토교통부령으로 정하는 바에 따라 인접한 공동주택단지(임대주택단지를 포함한다)와 공동으로 관리하거나 500세대 이상의 단위로 나누어 관리하게 할 수 있다(공동주택관리법 제8조 제1항).
④ 의무관리대상 공동주택 전환 신고를 하려는 자는 입주자등의 동의를 받은 날부터 30일 이내에 관할 특별자치시장·특별자치도지사·시장·군수·구청장(구청장은 자치구의 구청장을 말하며, 이하 "시장·군수·구청장"이라 한다)에게 국토교통부령으로 정하는 신고서를 제출해야 한다(공동주택관리법 시행령 제7조의2 제1항).

06 ③

오답해설
ⓒ 입주자등이 새로운 주택관리업자 선정을 위한 입찰에서 기존 주택관리업자의 참가를 제한하도록 입주자대표회의에 요구하려면 전체 입주자등 과반수의 서면동의가 있어야 한다(공동주택관리법 시행령 제5조 제3항).

07 ⑤

정답해설 다음의 요건을 모두 갖춘 혼합주택단지에서는 장기수선충당금 및 특별수선충당금(민간임대주택에 관한 특별법 또는 공공주택 특별법에 따른 특별수선충당금을 말한다)을 사용하는 주요시설의 교체 및 보수에 관한 사항과 관리비등을 사용하여 시행하는 각종 공사 및 용역에 관한 사항을 입주자대표회의와 임대사업자가 각자 결정할 수 있다(공동주택관리법 시행령 제7조 제2항).
1. 분양을 목적으로 한 공동주택과 임대주택이 별개의 동(棟)으로 배치되는 등의 사유로 구분하여 관리가 가능할 것
2. 입주자대표회의와 임대사업자가 공동으로 결정하지 아니하고 각자 결정하기로 합의하였을 것

08 ⑤

정답해설 입주자대표회의 또는 관리주체는 공동주택 공용부분의 유지·보수 및 관리 등을 위하여 공동주택관리기구(자치관리기구를 포함한다)를 구성하여야 한다(공동주택관리법 제9조 제1항).

09 ㉠ 1

정답해설 공동주택 관리방법의 결정 또는 변경은 다음의 어느 하나에 해당하는 방법으로 한다(공동주택관리법 시행령 제3조).
1. 입주자대표회의의 의결로 제안하고 전체 입주자등의 과반수가 찬성
2. 전체 입주자등의 10분의 1 이상이 서면으로 제안하고 전체 입주자등의 과반수가 찬성

10 ㉠ 500

정답해설 입주자대표회의는 해당 공동주택의 관리에 필요하다고 인정하는 경우에는 국토교통부령으로 정하는 바에 따라 인접한 공동주택단지(임대주택단지를 포함한다)와 공동으로 관리하거나 500세대 이상의 단위로 나누어 관리하게 할 수 있다(공동주택관리법 제8조 제1항).

11 ㉠ 15

정답해설
> **공동주택관리법 시행령 제66조(주택관리업자의 관리상 의무)** ① 법 제52조 제4항에 따라 주택관리업자는 관리하는 공동주택에 배치된 주택관리사등이 해임 그 밖의 사유로 결원이 된 때에는 그 사유가 발생한 날부터 15일 이내에 새로운 주택관리사등을 배치하여야 한다.

12 ㉠ 관리비예치금

정답해설 사업주체는 「공동주택관리법」 제11조 제1항에 따라 입주예정자의 과반수가 입주할 때까지 공동주택을 직접 관리하는 경우에는 입주예정자와 관리계약을 체결하여야 하며, 그 관리계약에 따라 관리비예치금을 징수할 수 있다(공동주택관리법 시행령 제24조).

2 민간임대주택에 관한 특별법령상 민간임대주택의 관리

13 ②

정답해설 시장·군수·구청장은 등록 사항의 변경 신고를 받은 때에는 신고를 받은 날부터 5일 이내에 신고수리 여부를 신고인에게 통지하여야 한다(민간임대주택에 관한 특별법 제7조 제4항).

14 ③

정답해설 위·수탁계약서에 포함되어야 하는 사항으로, 관리수수료는 위탁관리형 주택임대관리업자만 해당한다(민간임대주택에 관한 특별법 제13조 제2항, 동법 시행령 제12조 제1호).

학습 POINT 주택임대관리업에 관한 문제는 관계법규에서도 출제가 된다. 위 문제는 관계법규에서는 출제가 되지 않았지만 관계법규와 연계 학습이 필요하다.

15 ③

정답해설 등록한 자가 등록한 사항을 변경하거나 말소하고자 할 경우 시장·군수·구청장에게 신고하여야 한다. 다만, 자본금의 증가 등 국토교통부령으로 정하는 경미한 사항은 신고하지 아니하여도 된다(민간임대주택에 관한 특별법 제7조 제3항).

학습 POINT 주택임대관리업에 관한 사항은 매회 공동주택관리실무와 주택관리관계법규에서 2문제 이상 출제되고 있으며, 출제 빈도가 높은 만큼 전체 내용을 학습하여 객관식과 주관식 모두에 대해 대비해야 한다.

16 ③

오답해설 ㄹ. 주택임대관리업자의 업무에는 「공인중개사법」 제2조 제3호에 따른 중개업은 제외한다(민간임대주택에 관한 특별법 제11조 및 동법 시행령 제10조).

17 ④

정답해설 자기관리형 주택임대관리업자는 보증보험 가입사항을 시장·군수·구청장에게 신고하여야 한다(민간임대주택에 관한 특별법 시행령 제11조 제1항 제5호).

18 ②

정답해설 주택임대관리업을 등록한 자가 등록한 사항을 변경하거나 말소하고자 할 경우 시장·군수·구청장에게 신고하여야 한다. 다만, 자본금의 증가 등 국토교통부령으로 정하는 경미한 사항은 신고하지 아니하여도 된다(민간임대주택에 관한 특별법 제7조 제3항).

19 ⑤

정답해설 「민간임대주택에 관한 특별법」, 「주택법」, 「공공주택 특별법」 또는 「공동주택관리법」을 위반하여 금고 이상의 실형을 선고받고 집행이 종료(집행이 종료된 것으로 보는 경우를 포함한다)되거나 그 집행이 면제된 날부터 3년이 지나지 아니한 사람은 주택임대관리업의 등록을 할 수 없다(민간임대주택에 관한 특별법 제9조 제4호).

20 ④

오답해설 ① 임대사업자는 민간임대주택이 300세대 이상의 공동주택 등 대통령령으로 정하는 규모 이상에 해당하면「공동주택관리법」에 따른 주택관리업자에게 관리를 위탁하거나 자체 관리하여야 한다(민간임대주택에 관한 특별법 제51조 제2항).

② 주택임대관리업이란 주택의 소유자로부터 임대관리를 위탁받아 관리하는 업(業)을 말하며, 다음으로 구분한다(민간임대주택에 관한 특별법 제2조 제10호).
  가. 자기관리형 주택임대관리업: 주택의 소유자로부터 주택을 임차하여 자기책임으로 전대(轉貸)하는 형태의 업
  나. 위탁관리형 주택임대관리업: 주택의 소유자로부터 수수료를 받고 임대료 부과·징수 및 시설물 유지·관리 등을 대행하는 형태의 업

③ 주택임대관리업을 하려는 자는 시장·군수·구청장에게 등록할 수 있다. 다만, 100호 이상의 범위에서 대통령령으로 정하는 규모 이상으로 주택임대관리업을 하려는 자(국가, 지방자치단체, 공공기관의 운영에 관한 법률에 따른 공공기관, 지방공기업법에 따라 설립된 지방공사는 제외한다)는 등록하여야 한다(민간임대주택에 관한 특별법 제7조 제1항).

⑤ 주택임대관리업자는 분기마다 그 분기가 끝나는 달의 다음 달 말일까지 자본금, 전문인력, 관리 호수 등 대통령령으로 정하는 정보를 시장·군수·구청장에게 신고하여야 한다. 이 경우 신고받은 시장·군수·구청장은 국토교통부장관에게 이를 보고하여야 한다(민간임대주택에 관한 특별법 제12조 제1항).

21 ㉠ 3, ㉡ 1

정답해설 과징금은 영업정지기간 1일당 3만원을 부과하되, 영업정지 1개월은 30일을 기준으로 한다. 이 경우 과징금은 1천만원을 초과할 수 없다(민간임대주택에 관한 특별법 시행령 제9조 제3항).

22 ㉠ 100, ㉡ 300

학습 POINT 이 문제는 관리실무에서 몇 번 출제된 문제로 관계법규와 같은 시험 범위이므로 연계학습을 해야 하며, 객관식으로도 출제가 될 수 있는 문제이다.

23 ㉠ 3

정답해설 법 제14조 제1항에 따라 자기관리형 주택임대관리업자는 다음 각 호의 보증을 할 수 있는 보증상품에 가입하여야 한다(민간임대주택에 관한 특별법 시행령 제13조 제1항).
  1. 임대인의 권리보호를 위한 보증: 자기관리형 주택임대관리업자가 약정한 임대료를 지급하지 아니하는 경우 약정한 임대료의 3개월분 이상의 지급을 책임지는 보증

24 ㉠ 영업정지, ㉡ 과징금

정답해설 시장·군수·구청장은 주택임대관리업자가 제1항 제3호부터 제5호까지 및 제7호 중 어느 하나에 해당하는 경우에는 영업정지를 갈음하여 1천만원 이하의 과징금을 부과할 수 있다(민간임대주택에 관한 특별법 제10조 제2항).

이론 PLUS 「민간임대주택에 관한 특별법」 제10조

① 시장·군수·구청장은 주택임대관리업자가 다음의 어느 하나에 해당하면 그 등록을 말소하거나 1년 이내의 기간을 정하여 영업의 전부 또는 일부의 정지를 명할 수 있다. 다만, 다음의 1., 2. 또는 6.에 해당하는 경우에는 그 등록을 말소하여야 한다.
1. 거짓이나 그 밖의 부정한 방법으로 등록을 한 경우
2. 영업정지기간 중에 주택임대관리업을 영위한 경우 또는 최근 3년간 2회 이상의 영업정지처분을 받은 자로서 그 정지처분을 받은 기간이 합산하여 12개월을 초과한 경우
3. 고의 또는 중대한 과실로 임대를 목적으로 하는 주택을 잘못 관리하여 임대인 및 임차인에게 재산상의 손해를 입힌 경우
4. 정당한 사유 없이 최종 위탁계약 종료일의 다음 날부터 1년 이상 위탁계약 실적이 없는 경우
5. 법 제8조에 따른 등록기준을 갖추지 못한 경우. 다만, 일시적으로 등록기준에 미달하는 등 대통령령으로 정하는 경우는 그러하지 아니하다.
6. 법 제16조 제1항을 위반하여 다른 자에게 자기의 명의 또는 상호를 사용하여 이 법에서 정한 사업이나 업무를 수행하게 하거나 그 등록증을 대여한 경우
7. 법 제61조에 따른 보고, 자료의 제출 또는 검사를 거부·방해 또는 기피하거나 거짓으로 보고한 경우

25 ㉠ 분기, ㉡ 시장·군수·구청장

정답해설 주택임대관리업자는 분기마다 그 분기가 끝나는 달의 다음 달 말일까지 자본금, 전문인력, 관리 호수 등 대통령령으로 정하는 정보를 시장·군수·구청장에게 신고하여야 한다. 이 경우 신고받은 시장·군수·구청장은 국토교통부장관에게 이를 보고하여야 한다(민간임대주택에 관한 특별법 제12조 제1항).

CHAPTER 05 공동주택의 관리조직

▶ 연계학습: 기본서 상권 pp. 89~135

01	③	02	④	03	⑤
04	⑤	05	①	06	⑤
07	④	08	③	09	④
10	①	11	②	12	②
13	④	14	④	15	⑤
16	①	17	②	18	③
19	③	20	②	21	①
22	④	23	①	24	④
25	⑤	26	③	27	②
28	②	29	③	30	④
31	①	32	④	33	㉠ 소유자, ㉡ 5, ㉢ 3
34	㉠ 500, ㉡ 3, ㉢ 30	35	㉠ 임대사업자	36	㉠ 14, ㉡ 관리규약
37	㉠ 5	38	㉠ 5, ㉡ 9	39	㉠ 복지기금 ㉡ 10
40	㉠ 주석	41	㉠ 9, ㉡ 재무제표	42	㉠ 10, ㉡ 500
43	㉠ 3, ㉡ 9	44	5천만원	45	㉠ 입주자대표회의, ㉡ 1
46	㉠ 2, ㉡ 1	47	㉠ 9, ㉡ 1	48	①
49	㉠ 20, ㉡ 입주현황	50	㉠ 임대사업자 ㉡ 시장·군수·구청장		

1 공동주택관리법상 관리조직

01 ③

오답해설 ① "관리주체"란 공동주택을 관리하는 다음의 자를 말한다(공동주택관리법 제2조 제1항 제10호).
  가. 자치관리기구의 대표자인 공동주택의 관리사무소장
  나. 관리업무를 인계하기 전의 사업주체
  다. 주택관리업자
  라. 임대사업자
  마. 「민간임대주택에 관한 특별법」에 따른 주택임대관리업자(시설물 유지·보수·개량 및 그 밖의 주택관리 업무를 수행하는 경우에 한정한다)
② 300세대 이상인 공동주택의 관리주체는 관리규약으로 정하는 범위·방법 및 절차 등에 따라 회의록을 입주자등에게 공개하여야 하며, 300세대 미만인 공동주택의 관리주체는 관리규약으로 정하는 바에 따라 회의록을 공개할 수 있다. 이 경우 관리주체는 입주자등이 회의록의 열람을 청구하거나 자기의 비용으로 복사를 요구하는 때에는 관리규약으로 정하는 바에 따라 이에 응하여야 한다(공동주택관리법 제14조 제9항).
④ 입주자대표회의와 관리주체는 주요시설을 신설하는 등 관리여건상 필요하여 전체 입주자 과반수의 서면동의를 받은 경우에는 3년이 지나기 전에 장기수선계획을 조정할 수

있다(공동주택관리법 제29조 제3항).
⑤ 의무관리대상 공동주택의 관리주체는 회계연도마다 사업실적서 및 결산서를 작성하여 회계연도 종료 후 2개월 이내에 입주자대표회의에 제출하여야 한다(공동주택관리법 시행령 제26조 제3항).

02 ④

정답해설 의무관리대상 공동주택의 관리주체는 대통령령으로 정하는 바에 따라 「주식회사 등의 외부감사에 관한 법률」 제2조 제7호에 따른 감사인(이하 이 조에서 "감사인"이라 한다)의 회계감사를 매년 1회 이상 받아야 한다. 다만, 다음의 구분에 따른 연도에는 그러하지 아니하다(공동주택관리법 제26조 제1항).
1. 300세대 이상인 공동주택: 해당 연도에 회계감사를 받지 아니하기로 입주자등의 3분의 2 이상의 서면동의를 받은 경우 그 연도
2. 300세대 미만인 공동주택: 해당 연도에 회계감사를 받지 아니하기로 입주자등의 과반수의 서면동의를 받은 경우 그 연도

03 ⑤

정답해설 다음의 어느 하나에 해당하는 사람은 선거관리위원회 위원이 될 수 없으며 그 자격을 상실한다(공동주택관리법 제15조 제2항, 동법 시행령 제16조).
1. 동별 대표자 또는 그 후보자
2. 제1호에 해당하는 사람의 배우자 또는 직계존비속
3. 미성년자, 피성년후견인 또는 피한정후견인
4. 동별 대표자를 사퇴하거나 그 지위에서 해임된 사람 또는 퇴임한 사람으로서 그 남은 임기 중에 있는 사람
5. 선거관리위원회 위원을 사퇴하거나 그 지위에서 해임 또는 해촉된 사람으로서 그 남은 임기 중에 있는 사람

04 ⑤

정답해설 동별 대표자는 동별 대표자 선출공고에서 정한 각종 서류 제출 마감일(이하 이 조에서 "서류 제출 마감일"이라 한다)을 기준으로 다음의 요건을 갖춘 입주자(입주자가 법인인 경우에는 그 대표자를 말한다) 중에서 대통령령으로 정하는 바에 따라 선거구 입주자등의 보통·평등·직접·비밀선거를 통하여 선출한다. 다만, 입주자인 동별 대표자 후보자가 없는 선거구에서는 다음 및 대통령령으로 정하는 요건을 갖춘 사용자도 동별 대표자로 선출될 수 있다(공동주택관리법 제14조 제3항, 동법 시행령 제11조 제3항).
1. 해당 공동주택단지 안에서 주민등록을 마친 후 계속하여 3개월 이상 거주하고 있을 것(최초의 입주자대표회의를 구성하거나 공동주택관리법 제14조 제2항 단서에 따른 입주자대표회의를 구성하기 위하여 동별 대표자를 선출하는 경우는 제외한다)
2. 해당 선거구에 주민등록을 마친 후 거주하고 있을 것

05 ①

정답해설 장애인 보조견을 사육함으로써 공동주거생활에 피해를 미치는 행위는 관리주체의 동의를 받아야 하는 행위에서 제외한다(공동주택관리법 시행령 제19조 제2항 제4호).

06 ⑤

오답해설 ① 입주자대표회의에는 다음의 임원을 두어야 한다(공동주택관리법 시행령 제12조 제1항).
  1. 회장 1명
  2. 감사 2명 이상
  3. 이사 1명 이상
② 「공동주택관리법」, 또는 「주택법」, 「민간임대주택에 관한 특별법」, 「공공주택 특별법」, 「건축법」, 「집합건물의 소유 및 관리에 관한 법률」을 위반한 범죄로 금고 이상의 실형선고를 받고 그 집행이 끝나거나(집행이 끝난 것으로 보는 경우를 포함한다) 집행이 면제된 날부터 2년이 지나지 아니한 사람은 동별 대표자가 될 수 없으며 그 자격을 상실한다(공동주택관리법 제14조 제4항 제3호).
③ 입주자대표회의는 그 회의를 개최한 때에는 회의록을 작성하여 관리주체에게 보관하게 하여야 한다. 이 경우 입주자대표회의는 관리규약으로 정하는 바에 따라 입주자등에게 회의를 실시간 또는 녹화·녹음 등의 방식으로 중계하거나 방청하게 할 수 있다(공동주택관리법 제14조 제8항).
④ 입주자대표회의는 관리규약으로 정하는 바에 따라 회장이 그 명의로 소집한다. 다만, 다음의 어느 하나에 해당하는 때에는 회장은 해당일부터 14일 이내에 입주자대표회의를 소집해야 하며, 회장이 회의를 소집하지 않는 경우에는 관리규약으로 정하는 이사가 그 회의를 소집하고 회장의 직무를 대행한다(공동주택관리법 시행령 제14조 제4항).
  1. 입주자대표회의 구성원 3분의 1 이상이 청구하는 때
  2. 입주자등의 10분의 1 이상이 요청하는 때
  3. 전체 입주자의 10분의 1 이상이 요청하는 때(제2항 제14호 중 장기수선계획의 수립 또는 조정에 관한 사항만 해당한다)

학습POINT 입주자대표회의와 관련하여 구성과 운영에 관한 종합문제로 출제되었다. 모든 선지들이 중요한 내용이므로 출제될 가능성이 높다. 따라서 각 선지의 중요 키워드를 숙지해야 한다.

07 ④

정답해설 주택관리사등은 관리사무소장의 업무를 집행하면서 고의 또는 과실로 입주자등에게 재산상의 손해를 입힌 경우에는 그 손해를 배상할 책임이 있다(공동주택관리법 제66조 제1항).

학습POINT 관리사무소장의 손해배상책임에 관련된 문제는 빈출문제이며, 단독문제로도 출제가 되므로 손해배상책임에 관한 단독문제를 객관식과 주관식으로 대비해야 한다.

08 ③

정답해설 관리사무소장은 제2항 제1호 가목 및 나목과 관련하여 입주자대표회의를 대리하여 재판상 또는 재판 외의 행위를 할 수 있다(공동주택관리법 제64조 제3항).

학습 POINT 관리사무소장의 업무 등에 관한 문제는 빈출 문제이다. 선지 ②④⑤는 빈출 선지이므로 다시 출제될 가능성이 높다.

09 ④

정답해설 입주자대표회의는 입주자대표회의 구성원 과반수의 찬성으로 의결한다(공동주택관리법 시행령 제14조 제1항).

학습 POINT 입주자대표회의와 관련하여 구성과 운영에 관한 종합문제로 출제되었다. 모든 선지들이 중요한 내용이므로 출제될 가능성이 높다. 따라서 각 선지의 중요 키워드를 숙지해야 한다.

10 ①

오답해설 ㉠ 재무제표를 작성하는 회계처리기준은 국토교통부장관이 정하여 고시한다(공동주택관리법 시행령 제27조 제2항).

㉢ 감사인은 관리주체가 회계감사를 받은 날부터 1개월 이내에 관리주체에게 감사보고서를 제출하여야 한다(공동주택관리법 시행령 제27조 제6항).

㉣ 회계감사를 받아야 하는 공동주택의 관리주체는 매 회계연도 종료 후 9개월 이내에 회계감사를 받아야 한다(공동주택관리법 시행령 제27조 제1항).

학습 POINT 관리주체에 대한 회계감사에 관한 문제는 매회 객관식이나 주관식으로 출제되고 있으므로 회계감사에 관한 전체 내용을 숙지해야 한다.

11 ②

정답해설 「주택건설기준 등에 관한 규정」 제37조 제5항 본문에 따라 세대 안에 냉방설비의 배기장치를 설치할 수 있는 공간이 마련된 공동주택의 경우 입주자등은 냉방설비의 배기장치를 설치하기 위하여 돌출물을 설치하는 행위를 하여서는 아니 된다(공동주택관리법 시행령 제19조 제3항).

학습 POINT 관리주체의 동의사항은 예전에는 빈출 문제였으나 제25회 시험에 개정된 사항을 반영하여 출제되었다. 개정된 사항 중 출제되지 않은 부분을 중점적으로 학습해야 한다.

12 ②
정답해설 사용자는 입주자인 동별 대표자 후보자가 없는 선거구에서만 동별 대표자로 선출될 수 있다(공동주택관리법 제14조 제3항 단서).

13 ④
정답해설 배치 내용과 업무의 집행에 사용할 직인을 신고하려는 관리사무소장은 배치된 날부터 15일 이내에 관리사무소장 배치 및 직인 신고서를 주택관리사단체에 제출하여야 한다(공동주택관리법 시행규칙 제30조 제2항).

14 ④
정답해설 사용자인 동별 대표자는 회장이 될 수 없다. 다만, 입주자인 동별 대표자 중에서 회장 후보자가 없는 경우로서 선출 전에 전체 입주자 과반수의 서면동의를 얻은 경우에는 그러하지 아니하다(공동주택관리법 제14조 제7항).

15 ⑤
오답해설 ① 의무관리대상 공동주택의 관리주체는 회계연도마다 사업실적서 및 결산서를 작성하여 회계연도 종료 후 2개월 이내에 입주자대표회의에 제출하여야 한다(공동주택관리법 시행령 제26조 제3항).
② 의무관리대상 공동주택의 관리주체는 다음 회계연도에 관한 관리비등의 사업계획 및 예산안을 매 회계연도 개시 1개월 전까지 입주자대표회의에 제출하여 승인을 받아야 하며, 승인사항에 변경이 있는 때에는 변경승인을 받아야 한다(공동주택관리법 시행령 제26조 제1항).
③ 관리주체는 관리비 등을 다음의 금융기관 중 입주자대표회의가 지정하는 금융기관에 예치하여 관리하되, 장기수선충당금은 별도의 계좌로 예치·관리하여야 한다. 이 경우 계좌는 관리사무소장의 직인 외에 입주자대표회의의 회장 인감을 복수로 등록할 수 있다(공동주택관리법 시행령 제23조 제7항).
  1. 「은행법」에 따른 은행
  2. 「중소기업은행법」에 따른 중소기업은행
  3. 「상호저축은행법」에 따른 상호저축은행
  4. 「보험업법」에 따른 보험회사
  5. 그 밖의 법률에 따라 금융업무를 하는 기관으로서 국토교통부령으로 정하는 기관
④ 주민공동시설의 위탁, 물품의 구입과 매각, 잡수입의 취득에 대한 사항은 관리주체가 사업자를 선정하고 집행한다(공동주택관리법 시행령 제25조 제1항 제1호).

16 ①
정답해설 관리사무소장은 하자의 발견 및 하자보수의 청구, 장기수선계획의 조정, 시설물 안전관리계획의 수립 및 안전점검업무가 비용지출을 수반하는 경우 입주자대표회의의 의결을 거쳐야 한다(공동주택관리법 제64조 제2항 제2호).

17 ②

정답해설 의무관리대상 공동주택의 관리주체는 대통령령으로 정하는 바에 따라 「주식회사 등의 외부감사에 관한 법률」 제2조 제7호에 따른 감사인(이하 이 조에서 "감사인"이라 한다)의 회계감사를 매년 1회 이상 받아야 한다. 다만, 다음의 구분에 따른 연도에는 그러하지 아니하다(공동주택관리법 제26조 제1항).

1. 300세대 이상인 공동주택: 해당 연도에 회계감사를 받지 아니하기로 입주자등의 3분의 2 이상의 서면동의를 받은 경우 그 연도
2. 300세대 미만인 공동주택: 해당 연도에 회계감사를 받지 아니하기로 입주자등의 과반수의 서면동의를 받은 경우 그 연도

18 ③

오답해설 ㉣ 주택관리사등은 보증보험금·공제금 또는 공탁금으로 손해배상을 한 때에는 15일 이내에 보증보험 또는 공제에 다시 가입하거나 공탁금 중 부족하게 된 금액을 보전하여야 한다(공동주택관리법 시행령 제72조 제2항).

19 ③

정답해설 500세대 이상인 공동주택은 「선거관리위원회법」 제2조에 따른 선거관리위원회 소속 직원 1명을 관리규약으로 정하는 바에 따라 위원으로 위촉할 수 있다(공동주택관리법 시행령 제15조 제3항).

20 ②

정답해설 입주자대표회의는 4명 이상으로 구성하되, 동별 세대수에 비례하여 관리규약으로 정한 선거구에 따라 선출된 대표자(이하 '동별 대표자'라 한다)로 구성한다. 이 경우 선거구는 2개 동 이상으로 묶거나 통로나 층별로 구획하여 정할 수 있다(공동주택관리법 제14조 제1항).

21 ①

정답해설 다음의 어느 하나에 해당하는 사람은 선거관리위원회 위원이 될 수 없으며 그 자격을 상실한다(공동주택관리법 제15조 제2항, 동법 시행령 제16조).

1. 동별 대표자 또는 그 후보자
2. 위 1.에 해당하는 사람의 배우자 또는 직계존비속
3. 미성년자, 피성년후견인 또는 피한정후견인
4. 동별 대표자를 사퇴하거나 그 지위에서 해임된 사람 또는 「공동주택관리법」 제14조 제5항에 따라 퇴임한 사람으로서 그 남은 임기 중에 있는 사람
5. 선거관리위원회 위원을 사퇴하거나 그 지위에서 해임 또는 해촉된 사람으로서 그 남은 임기 중에 있는 사람

22 ④

정답해설 금고 이상의 형의 집행유예 선고를 받고 그 유예기간 중에 있는 사람이 동별 대표자가 될 수 없는 사람이다(공동주택관리법 제14조 제4항).

23 ①

정답해설 입주자대표회의는 4명 이상으로 구성하되, 동별 세대수에 비례하여 관리규약으로 정한 선거구에 따라 선출된 대표자로 구성한다(공동주택관리법 제14조 제1항).

24 ④

정답해설 회계감사를 받아야 하는 공동주택의 관리주체는 매 회계연도 종료 후 9개월 이내에 다음의 재무제표에 대하여 회계감사를 받아야 한다(공동주택관리법 시행령 제27조 제1항).
1. 재무상태표
2. 운영성과표
3. 이익잉여금처분계산서(또는 결손금처리계산서)
4. 주석(註釋)

25 ⑤

정답해설 의무관리대상 공동주택의 관리주체는 관리비등의 징수·보관·예치·집행 등 모든 거래 행위에 관하여 장부를 월별로 작성하여 그 증빙서류와 함께 해당 회계연도 종료일부터 5년간 보관하여야 한다(공동주택관리법 제27조 제1항 제1호).

26 ③

정답해설 의무관리대상 공동주택의 관리주체는 대통령령으로 정하는 바에 따라 「주식회사 등의 외부감사에 관한 법률」 제2조 제7호에 따른 감사인(이하 이 조에서 "감사인"이라 한다)의 회계감사를 매년 1회 이상 받아야 한다. 다만, 다음의 구분에 따른 연도에는 그러하지 아니하다(공동주택관리법 제26조 제1항).
1. 300세대 이상인 공동주택: 해당 연도에 회계감사를 받지 아니하기로 입주자등의 3분의 2 이상의 서면동의를 받은 경우 그 연도
2. 300세대 미만인 공동주택: 해당 연도에 회계감사를 받지 아니하기로 입주자등의 과반수의 서면동의를 받은 경우 그 연도

27 ②

정답해설 ⓒ 입주자대표회의가 사업자를 선정하고 집행하는 사항이다(공동주택관리법 시행령 제25조 제1항).

오답해설 ㉠㉡ 관리주체가 사업자를 선정하고 집행하는 사항이다(공동주택관리법 시행령 제25조 제1항).
㉣ 입주자대표회의가 사업자를 선정하고 관리주체가 집행하는 사항이다(공동주택관리법 시행령 제25조 제1항).

28 ②

정답해설 관리사무소장은 공동주택의 운영·관리·유지·보수·교체·개량에 관한 업무와 관리비·장기수선충당금이나 그 밖의 경비의 청구·수령·지출 및 그 금액을 관리하는 업무와 관련하여 입주자대표회의를 대리하여 재판상 또는 재판 외의 행위를 할 수 있다(공동주택관리법 제64조 제2항 및 제3항).

29 ③

정답해설 구성원 과반수 찬성으로 관리비등의 집행을 위한 사업계획 및 예산의 승인을 의결하는 주체는 입주자대표회의이다(공동주택관리법 시행령 제14조 제1항 및 제2항 제4호).

30 ④

오답해설 ①⑤ 다음의 어느 하나에 해당하는 사람은 선거관리위원회 위원이 될 수 없으며 그 자격을 상실한다(공동주택관리법 제15조 제2항 및 동법 시행령 제16조).
1. 동별 대표자 또는 그 후보자
2. 1.에 해당하는 사람의 배우자 또는 직계존비속
3. 미성년자, 피성년후견인 또는 피한정후견인
4. 동별 대표자를 사퇴하거나 그 지위에서 해임된 사람 또는 법 제14조 제5항에 따라 퇴임한 사람으로서 그 남은 임기 중에 있는 사람
5. 선거관리위원회 위원을 사퇴하거나 그 지위에서 해임 또는 해촉된 사람으로서 그 남은 임기 중에 있는 사람
② 500세대 이상인 공동주택은 「선거관리위원회법」 제2조에 따른 선거관리위원회 소속 직원 1명을 관리규약으로 정하는 바에 따라 위원으로 위촉할 수 있다(공동주택관리법 시행령 제15조 제3항).
③ 선거관리위원회의 구성·운영·업무(동별 대표자 결격사유의 확인을 포함한다)·경비, 위원의 선임·해임 및 임기 등에 관한 사항은 관리규약으로 정한다(공동주택관리법 시행령 제15조 제5항).

31 ①

정답해설 「경비업법」상 아파트의 경비원은 일반경비원으로, 일반경비원은 만 18세 미만인 자를 결격사유로 규정하고 있으나 상한의 제한은 없다. 만 60세 이상인 자를 결격사유로 규정하는 것은 특수경비원이다.

32 ④

정답해설 동별 대표자는 동별 대표자 선출공고에서 정한 각종 서류 제출 마감일(이하 '서류 제출 마감일'이라 한다)을 기준으로 다음의 요건을 갖춘 입주자(입주자가 법인인 경우에는 그 대표자를 말한다) 중에서 대통령령으로 정하는 바에 따라 선거구 입주자등의 보통·평등·직접·비밀선거를 통하여 선출한다. 다만, 입주자인 동별 대표자 후보자가 없는 선거구에서는 다음 및 대통령령으로 정하는 요건을 갖춘 사용자도 동별 대표자로 선출될 수 있다(공동주택관리법 제14조 제3항 및 동법 시행령 제11조 제3항).
1. 해당 공동주택단지 안에서 주민등록을 마친 후 계속하여 3개월 이상 거주하고 있을 것(최초의 입주자대표회의를 구성하거나 공동주택관리법 제14조 제2항 단서에 따른 입주자대표회의를 구성하기 위하여 동별 대표자를 선출하는 경우는 제외한다)
2. 해당 선거구에 주민등록을 마친 후 거주하고 있을 것

33 ㉠ 소유자, ㉡ 5, ㉢ 3

정답해설 선거관리위원회는 입주자등(서면으로 위임된 대리권이 없는 공동주택 소유자의 배우자 및 직계존비속이 그 소유자를 대리하는 경우를 포함한다) 중에서 위원장을 포함하여 다음 각 호의 구분에 따른 위원으로 구성한다(공동주택관리법 시행령 제15조 제1항).
1. 500세대 이상인 공동주택: 5명 이상 9명 이하
2. 500세대 미만인 공동주택: 3명 이상 9명 이하

34 ㉠ 500, ㉡ 3, ㉢ 30

정답해설
- 의무관리대상 공동주택을 관리하는 다음 각 호의 어느 하나에 해당하는 자는 주택관리사를 해당 공동주택의 관리사무소장으로 배치하여야 한다. 다만, 500세대 미만의 공동주택에는 주택관리사를 갈음하여 주택관리사보를 해당 공동주택의 관리사무소장으로 배치할 수 있다(공동주택관리법 제64조 제1항, 동법 시행령 제69조 제1항).
  1. 입주자대표회의(자치관리의 경우에 한정한다)
  2. 관리업무를 인계하기 전의 사업주체
  3. 주택관리업자
  4. 임대사업자
- 관리사무소장은 공동주택의 안전관리계획을 3년마다 조정하되, 관리여건상 필요하여 관리사무소장이 입주자대표회의 구성원 과반수의 서면동의를 받은 경우에는 3년이 지나기 전에 조정할 수 있다(공동주택관리법 시행규칙 제30조 제1항 제3호).
- 입주자대표회의는 선임된 자치관리기구 관리사무소장이 해임되거나 그 밖의 사유로 결원이 되었을 때에는 그 사유가 발생한 날부터 30일 이내에 새로운 관리사무소장을 선임하여야 한다(공동주택관리법 시행령 제4조 제4항).

35 ㉠ 임대사업자

정답해설 관리주체는 제1항에 따라 주민공동시설을 위탁하려면 다음의 구분에 따른 절차를 거쳐야 한다.

관리주체가 위탁 여부를 변경하는 경우에도 또한 같다(공동주택관리법 시행령 제29조 제2항).
1. 「주택법」 제15조에 따른 사업계획승인을 받아 건설한 공동주택 중 건설임대주택을 제외한 공동주택의 경우에는 다음의 어느 하나에 해당하는 방법으로 제안하고 입주자등 과반수의 동의를 받을 것
   가. 입주자대표회의의 의결
   나. 입주자등 10분의 1 이상의 요청
2. 「주택법」 제15조에 따른 사업계획승인을 받아 건설한 건설임대주택의 경우에는 다음의 어느 하나에 해당하는 방법으로 제안하고 임차인 과반수의 동의를 받을 것
   가. 임대사업자의 요청
   나. 임차인 10분의 1 이상의 요청
3. 「건축법」 제11조에 따른 건축허가를 받아 주택 외의 시설과 주택을 동일건축물로 건축한 건축물의 경우에는 다음의 어느 하나에 해당하는 방법으로 제안하고 입주자등 과반수의 동의를 받을 것
   가. 입주자대표회의의 의결
   나. 입주자등 10분의 1 이상의 요청

36 ㉠ 14, ㉡ 관리규약

정답해설 입주자대표회의는 관리규약으로 정하는 바에 따라 회장이 그 명의로 소집한다. 다만, 다음의 어느 하나에 해당하는 때에는 회장은 해당일부터 14일 이내에 입주자대표회의를 소집해야 하며, 회장이 회의를 소집하지 않는 경우에는 관리규약으로 정하는 이사가 그 회의를 소집하고 회장의 직무를 대행한다(공동주택관리법 시행령 제14조 제4항).
1. 입주자대표회의 구성원 3분의 1 이상이 청구하는 때
2. 입주자등의 10분의 1 이상이 요청하는 때
3. 전체 입주자의 10분의 1 이상이 요청하는 때(제2항 제14호 중 장기수선계획의 수립 또는 조정에 관한 사항만 해당한다)

37 ㉠ 5

정답해설 의무관리대상 공동주택의 관리주체는 다음의 구분에 따른 기간 동안 해당 장부 및 증빙서류를 보관하여야 한다. 이 경우 관리주체는 「전자문서 및 전자거래 기본법」 제2조 제2호에 따른 정보처리시스템을 통하여 장부 및 증빙서류를 작성하거나 보관할 수 있다(공동주택관리법 제27조 제1항).
1. 관리비등의 징수·보관·예치·집행 등 모든 거래 행위에 관하여 월별로 작성한 장부 및 그 증빙서류: 해당 회계연도 종료일부터 5년간
2. 제7조 및 제25조에 따른 주택관리업자 및 사업자 선정 관련 증빙서류: 해당 계약 체결일부터 5년간

38 ㉠ 5, ㉡ 9

정답해설 선거관리위원회는 입주자등(서면으로 위임된 대리권이 없는 공동주택 소유자의 배우자 및 직계존비속이 그 소유자를 대리하는 경우를 포함한다) 중에서 위원장을 포함하여 다음 각 호의 구분에 따른 위원으로 구성한다(공동주택관리법 시행령 제15조 제1항).
1. 500세대 이상인 공동주택: 5명 이상 9명 이하
2. 500세대 미만인 공동주택: 3명 이상 9명 이하

학습 POINT 500세대 미만 공동주택의 구성원 수에 대해서도 학습을 해야 한다.

39 ㉠ 복지기금, ㉡ 10

정답해설 법 제82조 제2항에 따른 공제규정에는 다음 각 호의 사항이 포함되어야 한다(공동주택관리법 시행령 제89조).
1. 〈생략〉
2. 회계기준: 공제사업을 손해배상기금과 복지기금으로 구분하여 각 기금별 목적 및 회계원칙에 부합되는 기준
3. 책임준비금의 적립비율: 공제료 수입액의 100분의 10 이상(공제사고 발생률 및 공제금 지급액 등을 종합적으로 고려하여 정한다)

학습 POINT 공제규정은 부칙에 관한 사항으로 자주 출제되지는 않지만, 기출문제를 응용하여 주관식으로 출제되었다. 지문의 용어와 숫자들은 앞으로도 출제될 가능성을 염두에 두고 대비해야 한다.

40 ㉠ 주석

정답해설 회계감사를 받아야 하는 공동주택의 관리주체는 매 회계연도 종료 후 9개월 이내에 다음의 재무제표에 대하여 회계감사를 받아야 한다(공동주택관리법 시행령 제27조 제1항).
1. 재무상태표
2. 운영성과표
3. 이익잉여금처분계산서(또는 결손금처리계산서)
4. 주석(註釋)

41 ㉠ 9, ㉡ 재무제표

정답해설
> **공동주택관리법 시행령 제27조(관리주체에 대한 회계감사 등)** ① 법 제26조 제1항에 따라 회계감사를 받아야 하는 공동주택의 관리주체는 매 회계연도 종료 후 9개월 이내에 다음 각 호의 재무제표에 대하여 회계감사를 받아야 한다.
> 1. 재무상태표
> 2. 운영성과표
> 3. 이익잉여금처분계산서(또는 결손금처리계산서)
> 4. 주석(註釋)

42 ㉠ 10, ㉡ 500

정답해설

공동주택관리법 시행령 제12조(입주자대표회의 임원의 선출 등) ② 법 제14조 제10항에 따라 제1항의 임원은 동별 대표자 중에서 다음 각 호의 구분에 따른 방법으로 선출한다.

1. 회장 선출방법
    가. 입주자등의 보통·평등·직접·비밀선거를 통하여 선출
    나. 후보자가 2명 이상인 경우: 전체 입주자등의 10분의 1 이상이 투표하고 후보자 중 최다득표자를 선출
    다. 후보자가 1명인 경우: 전체 입주자등의 10분의 1 이상이 투표하고 투표자 과반수의 찬성으로 선출
    라. 다음의 경우에는 입주자대표회의 구성원 과반수의 찬성으로 선출하며, 입주자대표회의 구성원 과반수 찬성으로 선출할 수 없는 경우로서 최다득표자가 2인 이상인 경우에는 추첨으로 선출
        1) 후보자가 없거나 가목부터 다목까지의 규정에 따라 선출된 자가 없는 경우
        2) 가목부터 다목까지의 규정에도 불구하고 500세대 미만의 공동주택 단지에서 관리규약으로 정하는 경우
2. 감사 선출방법
    가. 입주자등의 보통·평등·직접·비밀선거를 통하여 선출
    나. 후보자가 선출필요인원을 초과하는 경우: 전체 입주자등의 10분의 1 이상이 투표하고 후보자 중 다득표자 순으로 선출
    다. 후보자가 선출필요인원과 같거나 미달하는 경우: 후보자별로 전체 입주자등의 10분의 1 이상이 투표하고 투표자 과반수의 찬성으로 선출
    라. 다음의 경우에는 입주자대표회의 구성원 과반수의 찬성으로 선출하며, 입주자대표회의 구성원 과반수 찬성으로 선출할 수 없는 경우로서 최다득표자가 2인 이상인 경우에는 추첨으로 선출
        1) 후보자가 없거나 가목부터 다목까지의 규정에 따라 선출된 자가 없는 경우(선출된 자가 선출필요인원에 미달하여 추가선출이 필요한 경우를 포함한다)
        2) 가목부터 다목까지의 규정에도 불구하고 500세대 미만의 공동주택 단지에서 관리규약으로 정하는 경우
3. 이사 선출방법: 입주자대표회의 구성원 과반수의 찬성으로 선출하며, 입주자대표회의 구성원 과반수 찬성으로 선출할 수 없는 경우로서 최다득표자가 2인 이상인 경우에는 추첨으로 선출

43 ㉠ 3, ㉡ 9

정답해설 선거관리위원회는 입주자등(서면으로 위임된 대리권이 없는 공동주택 소유자의 배우자 및 직계존비속이 그 소유자를 대리하는 경우를 포함한다) 중에서 위원장을 포함하여 다음의 구분에 따른 위원으로 구성한다(공동주택관리법 시행령 제15조 제1항).

1. 500세대 이상인 공동주택: 5명 이상 9명 이하
2. 500세대 미만인 공동주택: 3명 이상 9명 이하

44 5천만원

정답해설 관리사무소장으로 배치된 주택관리사등은 「공동주택관리법」 제66조 제1항에 따른 손해배상책임을 보장하기 위하여 다음의 구분에 따른 금액을 보장하는 보증보험 또는 공제에 가입하거나 공탁을 하여야 한다(공동주택관리법 시행령 제70조).
1. 500세대 미만의 공동주택: 3천만원
2. 500세대 이상의 공동주택: 5천만원

45 ㉠ 입주자대표회의, ㉡ 1

정답해설 의무관리대상 공동주택의 관리주체 또는 입주자대표회의는 제7조 제1항 또는 제25조에 따라 선정한 주택관리업자 또는 공사, 용역 등을 수행하는 사업자와 계약을 체결하는 경우 계약 체결일부터 1개월 이내에 그 계약서를 해당 공동주택단지의 인터넷 홈페이지 및 동별 게시판에 공개하여야 한다. 이 경우 고유식별정보 등 개인의 사생활의 비밀 또는 자유를 침해할 우려가 있는 정보는 제외하고 공개하여야 한다(공동주택관리법 제28조).

46 ㉠ 2, ㉡ 1

정답해설 서류 제출 마감일을 기준으로 다음의 어느 하나에 해당하는 사람은 동별 대표자가 될 수 없으며 그 자격을 상실한다(규정 일부 생략).
- 「공동주택관리법」 또는 「주택법」, 「민간임대주택에 관한 특별법」, 「공공주택 특별법」, 「건축법」, 「집합건물의 소유 및 관리에 관한 법률」을 위반한 범죄로 벌금형을 선고받은 후 2년이 지나지 않은 사람(공동주택관리법 시행령 제11조 제4항 제1호)
- 해당 공동주택의 동별 대표자를 사퇴한 날부터 1년(해당 동별 대표자에 대한 해임이 요구된 후 사퇴한 경우에는 2년을 말한다)이 지나지 아니하거나 해임된 날부터 2년이 지나지 아니한 사람(공동주택관리법 시행령 제11조 제4항 제5호)

47 ㉠ 9, ㉡ 1

정답해설
- 「공동주택관리법」 제26조 제1항에 따라 회계감사를 받아야 하는 공동주택의 관리주체는 매 회계연도 종료 후 9개월 이내에 다음의 재무제표에 대하여 회계감사를 받아야 한다(공동주택관리법 시행령 제27조 제1항).
  1. 재무상태표
  2. 운영성과표
  3. 이익잉여금처분계산서(또는 결손금처리계산서)
  4. 주석(註釋)
- 의무관리대상 공동주택의 관리주체는 대통령령으로 정하는 바에 따라 「주식회사 등의 외부감사에 관한 법률」 제2조 제7호에 따른 감사인(이하 이 조에서 "감사인"이라 한다)의 회계감사를 매년 1회 이상 받아야 한다. 다만, 다음의 구분에 따른 연도에는 그러하지 아니하다(공동주택관리법 제26조 제1항).

1. 300세대 이상인 공동주택: 해당 연도에 회계감사를 받지 아니하기로 입주자등의 3분의 2 이상의 서면동의를 받은 경우 그 연도
2. 300세대 미만인 공동주택: 해당 연도에 회계감사를 받지 아니하기로 입주자등의 과반수의 서면동의를 받은 경우 그 연도

2 민간임대주택에 관한 특별법상 관리조직

48 ①

오답해설
② 임차인대표회의는 회장 1명, 부회장 1명 및 감사 1명을 동별 대표자 중에서 선출하여야 한다(민간임대주택에 관한 특별법 시행령 제42조 제8항).
③ 임대사업자가 민간임대주택을 자체관리하려면 대통령령으로 정하는 기술인력 및 장비를 갖추고 국토교통부령으로 정하는 바에 따라 시장·군수·구청장의 인가를 받아야 한다(민간임대주택에 관한 특별법 제51조 제3항).
④ 임차인대표회의를 소집하려는 경우에는 소집일 5일 전까지 회의의 목적·일시 및 장소 등을 임차인에게 알리거나 공고하여야 한다(민간임대주택에 관한 특별법 시행령 제42조 제9항).
⑤ 임대사업자는 국토교통부령으로 정하는 바에 따라 임차인으로부터 민간임대주택을 관리하는 데에 필요한 경비를 받을 수 있다(민간임대주택에 관한 특별법 제51조 제5항).

49 ㉠ 20, ㉡ 입주현황

정답해설
- 임대사업자가 20세대 이상의 범위에서 대통령령으로 정하는 세대 이상의 민간임대주택을 공급하는 공동주택단지에 입주하는 임차인은 임차인대표회의를 구성할 수 있다. 다만, 임대사업자가 150세대 이상의 민간임대주택을 공급하는 공동주택단지 중 대통령령으로 정하는 공동주택단지에 입주하는 임차인은 임차인대표회의를 구성하여야 한다(민간임대주택에 관한 특별법 제52조 제1항).
- 임대사업자는 입주예정자의 과반수가 입주한 때에는 과반수가 입주한 날부터 30일 이내에 입주현황과 임차인대표회의를 구성할 수 있다는 사실 또는 구성하여야 한다는 사실을 입주한 임차인에게 통지하여야 한다. 다만, 임대사업자가 본문에 따른 통지를 하지 아니하는 경우 시장·군수·구청장이 임차인대표회의를 구성하도록 임차인에게 통지할 수 있다(민간임대주택에 관한 특별법 제52조 제2항).

50 ㉠ 임대사업자, ㉡ 시장·군수·구청장

정답해설 임대사업자는 입주예정자의 과반수가 입주한 때에는 과반수가 입주한 날부터 30일 이내에 입주현황과 임차인대표회의를 구성할 수 있다는 사실 또는 구성하여야 한다는 사실을 입주한 임차인에게 통지하여야 한다. 다만, 임대사업자가 본문에 따른 통지를 하지 아니하는 경우 시장·군수·구청장이 임차인대표회의를 구성하도록 임차인에게 통지할 수 있다(민간임대주택에 관한 특별법 제52조 제2항).

CHAPTER 06 주택관리사제도

▶ 연계학습: 기본서 상권 pp. 136~143

| 01 | ⑤ | 02 | ② | 03 | ㉠ 5, ㉡ 5 |
| 04 | ③ | 05 | ③ | 06 | ④ |

01 ⑤

오답해설 ① 500세대 미만의 의무관리대상 공동주택에는 주택관리사보를 해당 공동주택의 관리사무소장으로 배치할 수 있다(공동주택관리법 제64조 제1항, 동법 시행령 제69조 제1항).
② 주택관리사보가 공무원으로 주택관련 인·허가 업무에 5년 이상 종사한 경력이 있다면 주택관리사 자격을 취득할 수 있다(공동주택관리법 시행령 제73조 제1항 제4호).
③ 금고 이상의 형의 집행유예를 선고받고 그 유예기간 중에 있는 사람은 주택관리사등이 될 수 없으며 그 자격을 상실한다(공동주택관리법 제67조 제4항 제4호).
④ 주택관리사로서 공동주택의 관리사무소장으로 10년 이상 근무한 사람은 하자분쟁조정위원회의 위원으로 위촉될 수 있다(공동주택관리법 제40조 제7항 제5호).

학습 POINT 공동주택관리법령에서 주택관리사등과 관련된 내용은 분야별로 단독문제로 출제가 될 수도 있으므로 관련단원을 중심으로 세부적인 학습이 필요하다.

1 주택관리사등의 자격

02 ②

정답해설 공무원으로 주택 관련 지도·감독 및 인·허가 업무 등에 종사한 경력 5년 이상에 해당하는 경력을 갖춘 자에 대하여 주택관리사 자격증을 발급한다(공동주택관리법 시행령 제73조 제1항 제4호).

03 ㉠ 5, ㉡ 5

정답해설 「공동주택관리법」 제67조 제2항 제2호에 따라 특별시장·광역시장·특별자치시장·도지사 또는 특별자치도지사(이하 '시·도지사'라 한다)는 주택관리사보 자격시험에 합격하기 전이나 합격한 후 다음의 어느 하나에 해당하는 경력을 갖춘 자에 대하여 주택관리사 자격증을 발급한다(공동주택관리법 시행령 제73조 제1항).
1. 「주택법」에 따른 사업계획승인을 받아 건설한 50세대 이상 500세대 미만의 공동주택(건축법에 따른 건축허가를 받아 주택과 주택 외의 시설을 동일 건축물로 건축한 건축물 중 주택이 50세대 이상 300세대 미만인 건축물을 포함한다)의 관리사무소장으로 근무한 경력 3년 이상

2. 「주택법」에 따른 사업계획승인을 받아 건설한 50세대 이상의 공동주택(건축법에 따른 건축허가를 받아 주택과 주택 외의 시설을 동일 건축물로 건축한 건축물 중 주택이 50세대 이상 300세대 미만인 건축물을 포함한다)의 관리사무소의 직원(경비원, 청소원 및 소독원은 제외한다) 또는 주택관리업자의 직원으로 주택관리업무에 종사한 경력 5년 이상
3. 한국토지주택공사 또는 지방공사의 직원으로 주택관리업무에 종사한 경력 5년 이상
4. 공무원으로 주택 관련 지도·감독 및 인·허가 업무 등에 종사한 경력 5년 이상
5. 「공동주택관리법」에 따른 주택관리사단체와 국토교통부장관이 정하여 고시하는 공동주택관리와 관련된 단체의 임직원으로 주택 관련 업무에 종사한 경력 5년 이상
6. 위 1.부터 5.까지의 경력을 합산한 기간 5년 이상

2 주택관리사등의 행정처분

04 ③

정답해설 주택관리사등에 대한 행정처분기준(공동주택관리법 시행령 제81조 관련 별표 8)

위반행위	근거 법조문	행정처분기준		
		1차 위반	2차 위반	3차 위반
마. 고의 또는 중대한 과실로 공동주택을 잘못 관리하여 소유자 및 사용자에게 재산상의 손해를 입힌 경우 1) 고의로 공동주택을 잘못 관리하여 소유자 및 사용자에게 재산상의 손해를 입힌 경우	법 제69조 제1항 제5호	자격정지 6개월	자격정지 1년	

학습 POINT 주택관리사등의 행정처분의 개별기준은 지엽적인 문제이지만 공동주택관리실무 과목에서 주관식과 객관식으로 종종 출제된다. 주택관리관계법규 과목의 시험범위에도 해당하므로 연계하여 정리 및 학습해야 한다.

05 ③

정답해설 중대한 과실로 공동주택을 잘못 관리하여 소유자 및 사용자에게 재산상의 손해를 입힌 경우의 행정처분기준은 1차 위반 시 자격정지 3개월, 2차 위반 시 자격정지 6개월, 3차 위반 시 자격정지 6개월이다(공동주택관리법 시행령 제81조 관련 별표 8).

06 ④

정답해설 시·도지사는 주택관리사등이 다음의 어느 하나에 해당하면 그 자격을 취소하거나 1년 이내의 기간을 정하여 그 자격을 정지시킬 수 있다. 다만, 제1호부터 제4호까지, 제7호 중 어느 하나에 해당하는 경우에는 그 자격을 취소하여야 한다(공동주택관리법 제69조 제1항).
1. 거짓이나 그 밖의 부정한 방법으로 자격을 취득한 경우
2. 공동주택의 관리업무와 관련하여 금고 이상의 형을 선고받은 경우
3. 의무관리대상 공동주택에 취업한 주택관리사등이 다른 공동주택 및 상가·오피스텔 등 주택 외의 시설에 취업한 경우
4. 주택관리사등이 자격정지기간에 공동주택관리업무를 수행한 경우
5. 고의 또는 중대한 과실로 공동주택을 잘못 관리하여 소유자 및 사용자에게 재산상의 손해를 입힌 경우
6. 주택관리사등이 업무와 관련하여 금품수수 등 부당이득을 취한 경우
7. 제90조 제4항을 위반하여 다른 사람에게 자기의 명의를 사용하여 이 법에서 정한 업무를 수행하게 하거나 자격증을 대여한 경우
8. 제93조 제1항에 따른 보고, 자료의 제출, 조사 또는 검사를 거부·방해 또는 기피하거나 거짓으로 보고를 한 경우
9. 제93조 제3항·제4항에 따른 감사를 거부·방해 또는 기피한 경우

CHAPTER 07 공동주택관리법상 벌칙사항 ▶ 연계학습: 기본서 상권 pp. 144~153

01 ②

정답해설 2천만원 이하의 과태료(공동주택관리법 제102조 제1항)
오답해설 ① 1천만원 이하의 과태료(공동주택관리법 제102조 제2항)
③④⑤ 500만원 이하의 과태료(공동주택관리법 제102조 제3항)

CHAPTER 08 입주자관리 ▶ 연계학습: 기본서 상권 pp. 154~172

01	④	02	①	03	④
04	③	05	④	06	⑤
07	⑤	08	㉠ 2, ㉡ 조정조서		

1 공동주택관리 분쟁조정위원회

01 ④

정답해설 둘 이상의 시·군·구의 관할 구역에 걸친 분쟁은 중앙분쟁조정위원회에서 관할한다(공동주택관리법 제72조 제1항 제1호).

학습 POINT 공동주택관리 분쟁조정위원회에 관한 문제도 매회 출제되고 있는 사항이다. 중앙분쟁조정위원회를 중심으로 전체를 종합적으로 묻는 문제가 출제되므로 전체 내용을 학습해야 한다.

02 ①

오답해설
② 공동주택의 층간소음에 관한 사항은 공동주택관리 분쟁조정위원회의 심의사항에 해당한다(공동주택관리법 제71조 제2항 제6호).
③ 공동주택관리 분쟁(공동주택의 하자담보책임 및 하자보수 등과 관련한 분쟁을 제외한다. 이하 같다)을 조정하기 위하여 국토교통부에 중앙 공동주택관리 분쟁조정위원회(이하 '중앙분쟁조정위원회'라 한다)를 두고, 시·군·구(자치구를 말하며, 이하 같다)에 지방 공동주택관리 분쟁조정위원회(이하 '지방분쟁조정위원회'라 한다)를 둔다. 다만, 공동주택 비율이 낮은 시·군·구로서 국토교통부장관이 인정하는 시·군·구의 경우에는 지방분쟁조정위원회를 두지 아니할 수 있다(공동주택관리법 제71조 제1항).
④ 500세대 이상인 공동주택단지에서 발생한 분쟁은 중앙분쟁조정위원회에서 관할한다(공동주택관리법 제72조 제1항, 동법 시행령 제82조의2 제1호).
⑤ 중앙분쟁조정위원회는 위원장 1명을 포함한 15명 이내의 위원으로 구성한다(공동주택관리법 제73조 제1항).

03 ④

정답해설 조정안을 제시받은 당사자는 그 제시를 받은 날부터 30일 이내에 그 수락 여부를 중앙분쟁조정위원회에 서면으로 통보하여야 한다. 이 경우 30일 이내에 의사표시가 없는 때에는 수락한 것으로 본다(공동주택관리법 제74조 제4항).

2 임대주택분쟁조정위원회

04 ③

정답해설 공공임대주택의 분양전환승인에 관한 사항은 조정신청 사항에서 제외한다(민간임대주택에 관한 특별법 제56조 제2항 제2호).

05 ④

오답해설
① 조정은 임대사업자 또는 임차인대표회의의 신청에 의해 할 수 있으며, 조정위원회의 직권으로는 할 수 없다(민간임대주택에 관한 특별법 제56조 제1항).
② 임차인대표회의는 이 법에 따른 민간임대주택의 관리에 대한 분쟁에 관하여 조정위원회에 조정을 신청할 수 있다(민간임대주택에 관한 특별법 제56조 제1항).
③ 공무원이 아닌 위원의 임기는 2년으로 하며 두 차례만 연임할 수 있다(민간임대주택에 관한 특별법 제55조 제5항).
⑤ 공공주택사업자, 임차인대표회의 또는 임차인은 「공공주택 특별법」 제50조의3에 따른 우선 분양전환 자격에 대한 분쟁에 관하여 조정위원회에 조정을 신청할 수 있다(민간임대주택에 관한 특별법 제56조 제3항).

06 ⑤

오답해설
① 조정위원회는 위원장 1명을 포함하여 10명 이내로 구성하되, 조정위원회의 운영, 절차 등에 필요한 사항은 대통령령으로 정한다(민간임대주택에 관한 특별법 제55조 제2항).
② 분쟁조정은 위원회의 직권으로 개시할 수 없다.
③ 공공주택사업자와 임차인대표회의는 공공임대주택의 분양전환가격에 해당하는 분쟁에 관하여 조정위원회에 조정을 신청할 수 있다. 다만, 분양전환승인에 관한 사항은 제외한다(민간임대주택에 관한 특별법 제56조 제2항 제2호).
④ 위원장은 해당 지방자치단체의 장이 된다(민간임대주택에 관한 특별법 제55조 제3항).

07 ⑤

정답해설
- 시장·군수·구청장은 임대주택(민간임대주택 및 공공임대주택을 말한다. 이하 같다)에 관한 학식 및 경험이 풍부한 자 등으로 임대주택분쟁조정위원회(이하 '조정위원회'라 한다)를 구성한다(민간임대주택에 관한 특별법 제55조 제1항).
- 조정위원회는 위원장 1명을 포함하여 10명 이내로 구성하되, 조정위원회의 운영, 절차 등에 필요한 사항은 대통령령으로 정한다(민간임대주택에 관한 특별법 제55조 제2항).

08 ㉠ 2, ㉡ 조정조서

정답해설
- 위원장은 회의 개최일 2일 전까지 회의와 관련된 사항을 위원에게 알려야 한다(민간임대주택에 관한 특별법 시행령 제45조 제2항).
- 임대사업자와 임차인대표회의가 조정위원회의 조정안을 받아들이면 당사자간에 조정조서와 같은 내용의 합의가 성립된 것으로 본다(민간임대주택에 관한 특별법 제57조).

CHAPTER 09 사무 및 인사관리

▶ 연계학습: 기본서 상권 pp. 173~336

1 문서관리

01 ①

오답해설 ⓒ 직장 내 성희롱 예방 교육을 실시해야 하는 사업주는 직장 내 성희롱 예방 교육을 실시하였음을 확인할 수 있는 서류를 3년간 보관하여야 한다(남녀고용평등과 일·가정 양립 지원에 관한 법률 제33조 및 동법 시행령 제19조).
② 공동주택단지에 설치된 영상정보처리기기에 촬영된 자료는 컴퓨터보안시스템을 설치하여 30일 이상 보관하여야 한다(공동주택관리법 시행규칙 제8조 제2항).

02 ⑤

오답해설 ① 공동주택관리법령상 의무관리대상 공동주택 관리주체의 관리비등의 징수·보관·예치·집행 등 모든 거래 행위에 관한 장부 및 그 증빙서류 - 해당 회계연도 종료일부터 5년(공동주택관리법 제27조 제1항 제1호)
② 소방시설 설치 및 관리에 관한 법령상 소방시설등 자체점검 실시결과 보고서 - 2년(소방시설 설치 및 관리에 관한 법률 시행규칙 제23조 제4항)
③ 근로기준법령상 근로자 명부 - 해고되거나 퇴직 또는 사망한 날부터 3년(근로기준법 제42조 및 동법 시행령 제22조 제2항)
④ 수도법령상 저수조의 수질검사기록 - 2년(수도법 시행규칙 제22조의6)

2 노무관리

01	②	02	④	03	④
04	①	05	②	06	④
07	⑤	08	⑤	09	②
10	①	11	④	12	③
13	④	14	③	15	⑤
16	②	17	④	18	②
19	㉠ 1, ㉡ 15	20	㉠ 6, ㉡ 2	21	㉠ 근로기준법, ㉡ 최저임금위원회
22	㉠ 7, ㉡ 30	23	㉠ 현행범	24	㉠ 3, ㉡ 10
25	㉠ 20, ㉡ 유급, ㉢ 120	26	㉠ 단체협약	27	㉠ 3, ㉡ 무효
28	㉠ 시간급	29	㉠ 유급휴가	30	㉠ 3
31	㉠ 난임치료, ㉡ 6	32	㉠ 개인형	33	㉠ 10
34	㉠ 3, ㉡ 6	35	㉠ 2, ㉡ 2	36	㉠ 1, ㉡ 15
37	㉠ 3	38	㉠ 3, ㉡ 1		

01 ②

오답해설 ① 사용자가 근로자에게 부당해고를 하면 근로자는 부당해고가 있었던 날부터 3개월 이내에 노동위원회에 구제를 신청할 수 있다(근로기준법 제28조 제1항 및 제2항).

③ 중앙노동위원회의 재심판정에 대하여 사용자나 근로자는 재심판정서를 송달받은 날부터 15일 이내에 「행정소송법」의 규정에 따라 소(訴)를 제기할 수 있다(근로기준법 제31조 제2항).

④ 노동위원회의 구제명령, 기각결정 또는 재심판정은 중앙노동위원회에 대한 재심 신청이나 행정소송 제기에 의하여 그 효력이 정지되지 아니한다(근로기준법 제32조).

⑤ 노동위원회는 최초의 구제명령을 한 날을 기준으로 매년 2회의 범위에서 구제명령이 이행될 때까지 반복하여 이행강제금을 부과·징수할 수 있다. 이 경우 이행강제금은 2년을 초과하여 부과·징수하지 못한다(근로기준법 제33조 제5항).

02 ④

오답해설
① 사용자는 전차금(前借金)이나 그 밖에 근로할 것을 조건으로 하는 전대(前貸)채권과 임금을 상계하지 못한다(근로기준법 제21조).
② 「근로기준법」에서 정하는 기준에 미치지 못하는 근로조건을 정한 근로계약은 그 부분에 한정하여 무효로 한다(근로기준법 제15조 제1항).
③ 사용자는 근로자 명부와 임금대장을 3년간 보존하여야 한다(근로기준법 제42조, 동법 시행령 제22조).
⑤ 노동위원회의 구제명령, 기각결정 또는 재심판정은 중앙노동위원회에 대한 재심 신청이나 행정소송 제기에 의하여 그 효력이 정지되지 아니한다(근로기준법 제32조).

학습 POINT 근로기준법에서 해고제도는 해마다 출제가 되고 있다. 26회 시험에서는 근로계약과 연계하여 출제가 되었으며, 근로계약을 폭 넓게 학습할 필요가 있다.

03 ④

정답해설 노동위원회는 구제명령을 받은 자가 구제명령을 이행하면 새로운 이행강제금을 부과하지 아니하되, 구제명령을 이행하기 전에 이미 부과된 이행강제금은 징수하여야 한다(근로기준법 제33조 제6항).

학습 POINT 「근로기준법」상 해고 제도는 출제 빈도가 높으며, 해고 제도에 관한 모든 선지들이 중요하므로 전체적으로 학습을 해 두어야 한다.

04 ①

정답해설 확정급여형 퇴직연금제도를 설정하려는 사용자는 근로자대표의 동의를 얻거나 의견을 들어 확정급여형 퇴직연금규약을 작성하여 고용노동부장관에게 신고하여야 한다(근로자퇴직급여 보장법 제13조).

학습 POINT 확정급여형 퇴직연금제도에서는 선지 ③④⑤가 타 전문인 시험에서 틀린 지문으로 제시되는 경우가 많으므로 이를 중심으로 학습해 두도록 한다. 또한 연금의 수급요건 및 지급기간은 주관식으로도 대비해야 한다.

05 ②

오답해설
① 사업주는 임신 중인 여성 근로자가 모성을 보호하거나 근로자가 만 8세 이하 또는 초등학교 2학년 이하의 자녀(입양한 자녀를 포함한다. 이하 같다)를 양육하기 위하여 휴직(이하 '육아휴직'이라 한다)을 신청하는 경우에 이를 허용하여야 한다. 다만, 육아휴직을 시작하려는 날(이하 '휴직개시예정일'이라 한다)의 전날까지 해당 사업에서 계속 근로한 기간이 6개월 미만인 근로자가 신청한 경우에는 그러하지 아니하다(남녀고용평등과 일·가정 양립 지원에 관한 법률 제19조 제1항, 동법 시행령 제10조).
③ 사업주가 근로자에게 육아기 근로시간 단축을 허용하는 경우 단축 후 근로시간은 주당 15시간 이상이어야 하고 35시간을 넘어서는 아니 된다(남녀고용평등과 일·가정 양립 지원에 관한 법률 제19조의2 제3항).
④ 가족돌봄휴직 기간은 연간 최장 90일로 하며, 이를 나누어 사용할 경우 그 1회의 기간은 30일 이상이 되어야 한다(남녀고용평등과 일·가정 양립 지원에 관한 법률 제22조의2 제4항 제1호).
⑤ 사업주는 육아기 근로시간 단축을 하고 있는 근로자가 명시적으로 청구하는 경우에는 사업주는 주 12시간 이내에서 연장근로를 시킬 수 있다(남녀고용평등과 일·가정 양립 지원에 관한 법률 제19조의3 제3항 단서).

학습 POINT 일·가정의 양립 지원에 관한 모든 선지는 타 전문인 시험에서도 중요한 내용이므로 선지에 있는 관련 숫자는 주관식으로 대비해야 한다.

06 ④

정답해설 직장 내 성희롱 발생 사실을 조사한 사람, 조사 내용을 보고받은 사람 또는 그 밖에 조사 과정에 참여한 사람은 해당 조사 과정에서 알게 된 비밀을 피해근로자등의 의사에 반하여 다른 사람에게 누설하여서는 아니 된다. 다만, 조사와 관련된 내용을 사업주에게 보고하거나 관계 기관의 요청에 따라 필요한 정보를 제공하는 경우는 제외한다(남녀고용평등과 일·가정 양립 지원에 관한 법률 제14조 제7항).

07 ⑤

오답해설
① 사용자는 근로자를 해고하려면 적어도 30일 전에 예고를 하여야 한다(근로기준법 제26조).
② 사용자는 근로자를 해고하려면 해고사유와 해고시기를 서면으로 통지하여야 하며, 근로자에 대한 해고는 서면으로 통지하여야 효력이 있다(근로기준법 제27조 제1항 및 제2항).
③ 노동위원회는 부당해고 구제신청에 대한 심문을 할 때에 관계 당사자의 신청이나 직권으로 증인을 출석하게 하여 필요한 사항을 질문할 수 있다(근로기준법 제29조 제2항).
④ 노동위원회의 구제명령, 기각결정 또는 재심판정은 중앙노동위원회에 대한 재심 신청이나 행정소송 제기에 의하여 그 효력이 정지되지 아니한다(근로기준법 제32조).

08 ⑤

정답해설 벌칙규정이 적용되지 않는다.

오답해설 ① 500만원 이하 벌금
②③④ 100만원 이하 과태료

09 ②

오답해설 ① 노동조합의 쟁의행위는 그 조합원(법 제29조의2에 따라 교섭대표노동조합이 결정된 경우에는 그 절차에 참여한 노동조합의 전체 조합원)의 직접·비밀·무기명투표에 의한 조합원 과반수의 찬성으로 결정하지 아니하면 이를 행할 수 없다. 이 경우 조합원 수 산정은 종사근로자인 조합원을 기준으로 한다(노동조합 및 노동관계조정법 제41조 제1항).
③ 노동조합은 쟁의행위 기간에 대한 임금의 지급을 요구하여 이를 관철할 목적으로 쟁의행위를 하여서는 아니 된다(노동조합 및 노동관계조정법 제44조 제2항).
④ 사용자는 쟁의행위 기간 중 그 쟁의행위로 중단된 업무를 도급 또는 하도급 줄 수 없다(노동조합 및 노동관계조정법 제43조 제2항).
⑤ 사용자는 노동조합이 쟁의행위를 개시한 이후에만 직장폐쇄를 할 수 있다(노동조합 및 노동관계조정법 제46조 제1항).

10 ①

오답해설 ② 사용자는 「최저임금법」에 따른 최저임금을 이유로 종전의 임금수준을 낮추어서는 아니 된다(최저임금법 제6조 제2항).
③ 최저임금의 사업의 종류별 구분은 최저임금위원회의 심의를 거쳐 고용노동부장관이 정한다(최저임금법 제4조 제2항).
④ 근로자를 대표하는 자나 사용자를 대표하는 자는 제1항에 따라 고시된 최저임금안에 대하여 이의가 있으면 고시된 날부터 10일 이내에 대통령령으로 정하는 바에 따라 고용노동부장관에게 이의를 제기할 수 있다. 이 경우 근로자를 대표하는 자나 사용자를 대표하는 자의 범위는 대통령령으로 정한다(최저임금법 제9조 제2항).
⑤ 고시된 최저임금은 다음 연도 1월 1일부터 효력이 발생한다. 다만, 고용노동부장관은 사업의 종류별로 임금교섭시기 등을 고려하여 필요하다고 인정하면 효력발생 시기를 따로 정할 수 있다(최저임금법 제10조 제2항).

11 ④

정답해설 사용자는 근로자를 해고(경영상 이유에 의한 해고를 포함한다)하려면 적어도 30일 전에 예고를 하여야 하고, 30일 전에 예고를 하지 아니하였을 때에는 30일분 이상의 통상임금을 지급하여야 한다. 다만, 다음의 어느 하나에 해당하는 경우에는 그러하지 아니하다(근로기준법 제26조).
1. 근로자가 계속 근로한 기간이 3개월 미만인 경우
2. 천재·사변, 그 밖의 부득이한 사유로 사업을 계속하는 것이 불가능한 경우
3. 근로자가 고의로 사업에 막대한 지장을 초래하거나 재산상 손해를 끼친 경우로서 고용노동부령으로 정하는 사유에 해당하는 경우

12 ③

오답해설 ① 사용자가 근로자에게 부당해고등을 하면 근로자는 노동위원회에 구제를 신청할 수 있다(근로기준법 제28조 제1항).
② 부당해고등에 대한 구제신청은 부당해고등이 있었던 날부터 3개월 이내에 하여야 한다(근로기준법 제28조 제2항).
④ 노동위원회는 이행강제금을 부과하기 30일 전까지 이행강제금을 부과·징수한다는 뜻을 사용자에게 미리 문서로써 알려 주어야 한다(근로기준법 제33조 제2항).
⑤ 노동위원회는 구제명령을 받은 자가 구제명령을 이행하면 새로운 이행강제금을 부과하지 아니하되, 구제명령을 이행하기 전에 이미 부과된 이행강제금은 징수하여야 한다(근로기준법 제33조 제6항).

13 ④

오답해설 ① 사용자는 근로자가 퇴직한 경우에는 그 지급사유가 발생한 날부터 14일 이내에 퇴직금을 지급하여야 한다. 다만, 특별한 사정이 있는 경우에는 당사자간의 합의에 따라 지급기일을 연장할 수 있다(근로자퇴직급여 보장법 제9조 제1항).
② 해당 퇴직연금제도(확정급여형 퇴직연금제도)의 설정 전에 해당 사업에서 제공한 근로기간에 대하여도 가입기간으로 할 수 있다. 이 경우 퇴직금을 미리 정산한 기간은 제외한다(근로자퇴직급여 보장법 제14조 제2항).
③ 확정기여형 퇴직연금제도의 가입자는 적립금의 운용방법을 스스로 선정할 수 있고, 반기마다 1회 이상 적립금의 운용방법을 변경할 수 있다(근로자퇴직급여 보장법 제21조 제1항).
⑤ 다음의 어느 하나에 해당하는 사람은 개인형 퇴직연금제도를 설정할 수 있다(근로자퇴직급여 보장법 제24조 제2항).
  1. 퇴직급여제도의 일시금을 수령한 사람
  2. 확정급여형 퇴직연금제도, 확정기여형 퇴직연금제도 또는 중소기업퇴직연금기금제도의 가입자로서 자기의 부담으로 개인형 퇴직연금제도를 추가로 설정하려는 사람
  3. 자영업자 등 안정적인 노후소득 확보가 필요한 사람으로서 대통령령으로 정하는 사람

14 ③

정답해설 고용노동부장관은 성희롱 예방 교육기관이 다음의 어느 하나에 해당하면 그 지정을 취소할 수 있다(남녀고용평등과 일·가정 양립 지원에 관한 법률 제13조의2 제5항).
1. 거짓이나 그 밖의 부정한 방법으로 지정을 받은 경우
2. 정당한 사유 없이 고용노동부령으로 정하는 강사를 3개월 이상 계속하여 두지 아니한 경우
3. 2년 동안 직장 내 성희롱 예방 교육 실적이 없는 경우

15 ⑤

정답해설 다음의 어느 하나에 해당하는 사유로 근로하지 아니한 시간 또는 일에 대하여 사용자가 임금을 지급할 것을 강제하는 것은 아니다(최저임금법 제6조 제6항).
1. 근로자가 자기의 사정으로 소정근로시간 또는 소정의 근로일의 근로를 하지 아니한 경우
2. 사용자가 정당한 이유로 근로자에게 소정근로시간 또는 소정의 근로일의 근로를 시키지 아니한 경우

16 ②

정답해설 가족돌봄휴직 기간은 연간 최장 90일로 하며, 이를 나누어 사용할 수 있다. 이 경우 나누어 사용하는 1회의 기간은 30일 이상이 되어야 한다(남녀고용평등과 일·가정 양립 지원에 관한 법률 제22조의2 제4항 제1호).

17 ④

정답해설 노동위원회의 구제명령, 기각결정 또는 재심판정은 중앙노동위원회에 대한 재심신청이나 행정소송 제기에 의하여 그 효력이 정지되지 아니한다(근로기준법 제32조).

18 ②

정답해설 단체협약의 당사자는 단체협약의 체결일부터 15일 이내에 이를 행정관청에게 신고하여야 한다(노동조합 및 노동관계조정법 제31조 제2항).

19 ㉠ 1, ㉡ 15

정답해설 사용자는 퇴직하는 근로자에게 급여를 지급하기 위하여 퇴직급여제도 중 하나 이상의 제도를 설정하여야 한다. 다만, 계속근로기간이 1년 미만인 근로자, 4주간을 평균하여 1주간의 소정근로시간이 15시간 미만인 근로자에 대하여는 그러하지 아니하다(근로자퇴직급여 보장법 제4조 제1항).

20 ㉠ 6, ㉡ 2

[정답해설] 사업주는 근로자가 인공수정 또는 체외수정 등 난임치료를 받기 위하여 휴가(이하 '난임치료휴가'라 한다)를 청구하는 경우에 연간 6일 이내의 휴가를 주어야 하며, 이 경우 최초 2일은 유급으로 한다. 다만, 근로자가 청구한 시기에 휴가를 주는 것이 정상적인 사업 운영에 중대한 지장을 초래하는 경우에는 근로자와 협의하여 그 시기를 변경할 수 있다(남녀고용평등과 일·가정 양립 지원에 관한 법률 제18조의3 제1항).

21 ㉠ 근로기준법, ㉡ 최저임금위원회

[정답해설]
- 이 법에서 "근로자", "사용자" 및 "임금"이란 「근로기준법」 제2조에 따른 근로자, 사용자 및 임금을 말한다(최저임금법 제2조).
- 제1항에 따른 사업의 종류별 구분은 제12조에 따른 최저임금위원회의 심의를 거쳐 고용노동부장관이 정한다(최저임금법 제4조).

22 ㉠ 7, ㉡ 30

[정답해설] ① 육아휴직 중인 근로자는 다음 각 호의 구분에 따른 사유가 발생하면 그 사유가 발생한 날부터 7일 이내에 그 사실을 사업주에게 알려야 한다(남녀고용평등과 일·가정 양립 지원에 관한 법률 시행령 제14조 제1항).
  1. 임신 중인 여성 근로자가 육아휴직 중인 경우: 유산 또는 사산
  2. 제1호 외의 근로자가 육아휴직 중인 경우
     가. 해당 영유아의 사망
     나. 〈생략〉
② 사업주는 제1항에 따라 육아휴직 중인 근로자로부터 영유아의 사망 등에 대한 사실을 통지받은 경우에는 통지받은 날부터 30일 이내로 근무개시일을 지정하여 그 근로자에게 알려야 한다(남녀고용평등과 일·가정 양립 지원에 관한 법률 시행령 제14조 제2항).

23 ㉠ 현행범

[정답해설] 근로자는 쟁의행위 기간 중에는 현행범 외에는 이 법 위반을 이유로 구속되지 아니한다(노동조합 및 노동관계조정법 제39조).

24 ㉠ 3, ㉡ 10

> **학습 POINT** 최근 기출문제를 분석하면, 최저임금법령은 주로 주관식으로 출제가 되고 있으므로, 다른 법조항도 주관식으로 대비한 학습이 필요하다.

25 ㉠ 20, ㉡ 유급, ㉢ 120

학습 POINT 배우자 출산휴가에 관련된 문제는 공인노무사 시험에서 객관식으로 많이 출제가 되므로, 객관식 유형으로 학습이 필요하다.

26 ㉠ 단체협약

학습 POINT 부당노동행위 유형은 부당노동행위 구제절차와 종합적으로 출제가 되므로, 부당노동행위 유형과 부당노동행위 구제절차에 관한 종합적인 객관식 문제를 대비한 학습이 필요하다.

27 ㉠ 3, ㉡ 무효

정답해설

> **최저임금법 제5조(최저임금액)** ① 〈생략〉
> ② 1년 이상의 기간을 정하여 근로계약을 체결하고 수습 중에 있는 근로자로서 수습을 시작한 날부터 3개월 이내인 사람에 대하여는 대통령령으로 정하는 바에 따라 제1항에 따른 최저임금액과 다른 금액으로 최저임금액을 정할 수 있다. 다만, 단순노무업무로 고용노동부장관이 정하여 고시한 직종에 종사하는 근로자는 제외한다.
>
> **최저임금법 제6조(최저임금의 효력)** ① 〈생략〉
> ② 〈생략〉
> ③ 최저임금의 적용을 받는 근로자와 사용자 사이의 근로계약 중 최저임금액에 미치지 못하는 금액을 임금으로 정한 부분은 무효로 하며, 이 경우 무효로 된 부분은 이 법으로 정한 최저임금액과 동일한 임금을 지급하기로 한 것으로 본다.

학습 POINT 제시된 지문들은 주로 타 전문인 시험에서 객관식 지문으로 제시되므로 객관식에 대해 대비해 두어야 한다.

28 ㉠ 시간급

정답해설 최저임금액은 시간·일·주 또는 월을 단위로 하여 정한다. 이 경우 일·주 또는 월을 단위로 하여 최저임금액을 정할 때에는 시간급으로도 표시하여야 한다(최저임금법 제5조 제1항).

29 ㉠ 유급휴가

정답해설 사용자는 직장 내 괴롭힘 발생 사실을 인지한 경우에는 지체 없이 당사자 등을 대상으로 그 사실 확인을 위하여 객관적으로 조사를 실시하여야 한다. 사용자는 조사 기간 동안 직장 내 괴롭힘과 관련하여 피해근로자등을 보호하기 위하여 필요한 경우 해당 피해근로자등에 대하여 근무장소의 변경, 유급휴가 명령 등 적절한 조치를 하여야 한다. 이 경우 사용자는 피해근로자등의 의사에 반하는 조치를 하여서는 아니 된다(근로기준법 제76조의3 제2항 및 제3항).

30 ㉠ 3

정답해설 사용자에게 지급의무가 있는 '퇴직급여등'은 사용자의 총재산에 대하여 질권 또는 저당권에 의하여 담보된 채권을 제외하고는 조세·공과금 및 다른 채권에 우선하여 변제되어야 한다. 다만, 질권 또는 저당권에 우선하는 조세·공과금에 대하여는 그러하지 아니하다. 그럼에도 불구하고 최종 3년간의 퇴직급여등은 사용자의 총재산에 대하여 질권 또는 저당권에 의하여 담보된 채권, 조세·공과금 및 다른 채권에 우선하여 변제되어야 한다(근로자퇴직급여 보장법 제12조 제1항 및 제2항).

31 ㉠ 난임치료, ㉡ 6

정답해설 사업주는 근로자가 인공수정 또는 체외수정 등 난임치료를 받기 위하여 휴가(이하 '난임치료휴가'라 한다)를 청구하는 경우에 연간 6일 이내의 휴가를 주어야 하며, 이 경우 최초 2일은 유급으로 한다. 다만, 근로자가 청구한 시기에 휴가를 주는 것이 정상적인 사업 운영에 중대한 지장을 초래하는 경우에는 근로자와 협의하여 그 시기를 변경할 수 있다(남녀고용평등과 일·가정 양립 지원에 관한 법률 제18조의3 제1항).

32 ㉠ 개인형

정답해설 개인형퇴직연금제도란 가입자의 선택에 따라 가입자가 납입한 일시금이나 사용자 또는 가입자가 납입한 부담금을 적립·운용하기 위하여 설정한 퇴직연금제도로서 급여의 수준이나 부담금의 수준이 확정되지 아니한 퇴직연금제도를 말한다(근로자퇴직급여 보장법 제2조 제10호).

33 ㉠ 10

정답해설
남녀고용평등과 일·가정 양립 지원에 관한 법률 시행령 제3조(직장 내 성희롱 예방 교육)
④ 제2항 및 제3항에도 불구하고 다음 각 호의 어느 하나에 해당하는 사업의 사업주는 제2항 제1호부터 제4호까지의 내용을 근로자가 알 수 있도록 교육자료 또는 홍보물을 게시하거나 배포하는 방법으로 직장 내 성희롱 예방 교육을 할 수 있다.
1. 상시 10명 미만의 근로자를 고용하는 사업
2. 사업주 및 근로자 모두가 남성 또는 여성 중 어느 한 성(性)으로 구성된 사업

34 ㉠ 3, ㉡ 6

정답해설
- 단체협약의 유효기간이 만료되는 때를 전후하여 당사자 쌍방이 새로운 단체협약을 체결하고자 단체교섭을 계속하였음에도 불구하고 새로운 단체협약이 체결되지 아니한 경우에는 별도의 약정이 있는 경우를 제외하고는 종전의 단체협약은 그 효력만료일부터 3월까지 계속 효력을 갖는다(노동조합 및 노동관계조정법 제32조 제3항 본문).

- 단체협약에 그 유효기간이 경과한 후에도 새로운 단체협약이 체결되지 아니한 때에는 새로운 단체협약이 체결될 때까지 종전 단체협약의 효력을 존속시킨다는 취지의 별도의 약정이 있는 경우에는 그에 따르되, 당사자 일방은 해지하고자 하는 날의 6월 전까지 상대방에게 통고함으로써 종전의 단체협약을 해지할 수 있다(노동조합 및 노동관계조정법 제32조 제3항 단서).

35 ㉠ 2, ㉡ 2
정답해설 노동위원회는 최초의 구제명령을 한 날을 기준으로 매년 2회의 범위에서 구제명령이 이행될 때까지 반복하여 제1항에 따른 이행강제금을 부과·징수할 수 있다. 이 경우 이행강제금은 2년을 초과하여 부과·징수하지 못한다(근로기준법 제33조 제5항).

36 ㉠ 1, ㉡ 15
정답해설 사용자는 퇴직하는 근로자에게 급여를 지급하기 위하여 퇴직급여제도 중 하나 이상의 제도를 설정하여야 한다. 다만, 계속근로기간이 1년 미만인 근로자, 4주간을 평균하여 1주간의 소정근로시간이 15시간 미만인 근로자에 대하여는 그러하지 아니하다(근로자퇴직급여 보장법 제4조 제1항).

37 ㉠ 3
정답해설 구제신청은 부당해고등이 있었던 날부터 3개월 이내에 하여야 한다(근로기준법 제28조 제2항).

38 ㉠ 3, ㉡ 1
정답해설
- 평균임금이란 이를 산정하여야 할 사유가 발생한 날 이전 3개월 동안에 그 근로자에게 지급된 임금의 총액을 그 기간의 총일수로 나눈 금액을 말한다. 근로자가 취업한 후 3개월 미만인 경우도 이에 준한다(근로기준법 제2조 제6호).
- 단시간근로자란 1주 동안의 소정근로시간이 그 사업장에서 같은 종류의 업무에 종사하는 통상 근로자의 1주 동안의 소정근로시간에 비하여 짧은 근로자를 말한다(근로기준법 제2조 제9호).

3 사회보험

01	②	02	①	03	④
04	③	05	①	06	①
07	①	08	③	09	⑤
10	⑤	11	①	12	④
13	③	14	②	15	④
16	④	17	①	18	㉠ 80, ㉡ 10, ㉢ 분기
19	㉠ 상병보상연금	20	㉠ 12, ㉡ 7	21	㉠ 120, ㉡ 120
22	㉠ 14, ㉡ 14	23	㉠ 평균임금	24	㉠ 70, ㉡ 3
25	㉠ 국민연금심사위원회, ㉡ 징수심사위원회	26	㉠ 150, ㉡ 210	27	㉠ 3, ㉡ 70

01 ②

정답해설 "출퇴근"이란 취업과 관련하여 주거와 취업장소 사이의 이동 또는 한 취업장소에서 다른 취업장소로의 이동을 말한다(산업재해보상보험법 제5조 제8호).

02 ①

정답해설 취업촉진 수당의 종류는 다음과 같다(고용보험법 제37조 제2항).
1. 조기(早期)재취업 수당
2. 직업능력개발 수당
3. 광역 구직활동비
4. 이주비

03 ④

정답해설 고용 기간이 1개월 미만인 일용근로자는 직장가입자가 될 수 없으나, 고용 기간이 1개월인 일용근로자는 직장가입자가 된다(국민건강보험법 제6조 제2항 제1호).

04 ③

오답해설 ㉢ 이주비는 취업촉진 수당의 종류에 해당한다(고용보험법 제37조 제2항).
㉣ 실업급여를 받을 권리는 양도 또는 압류하거나 담보로 제공할 수 없다(고용보험법 제38조 제1항).

05 ①

정답해설 국내에 거주하지 아니하게 된 날의 다음 날에 건강보험 자격을 잃는다(국민건강보험법 제10조 제1항 제3호).

06 ①

정답해설 직업재활급여는 보험급여의 종류에 해당한다(산업재해보상보험법 제36조 제1항 제8호).

07 ①

정답해설 가입자는 다음의 어느 하나에 해당하게 된 날에 그 자격을 잃는다(국민건강보험법 제10조).
1. 사망한 날의 다음 날
2. 국적을 잃은 날의 다음 날
3. 국내에 거주하지 아니하게 된 날의 다음 날
4. 직장가입자의 피부양자가 된 날
5. 수급권자가 된 날
6. 건강보험을 적용받고 있던 사람이 유공자등 의료보호대상자가 되어 건강보험의 적용배제 신청을 한 날

학습 POINT 국민건강보험에서 자격의 취득시기와 자격상실시기는 빈출문제이며, 각각 신고기간과 연계하여 학습이 필요하다.

08 ③

오답해설 다음의 어느 하나에 해당하는 근로자는 「고용보험법」 적용 대상으로 한다(고용보험법 시행령 제3조 제2항).
1. 해당 사업에서 3개월 이상 계속하여 근로를 제공하는 근로자
2. 일용근로자

학습 POINT 고용보험에서 피보험자 관리는 관리실무에서 많이 출제가 되고 있으며, 피보험자격의 취득과 상실시기를 연계하는 학습이 필요하다.

09 ⑤

정답해설 유족보상연금 수급자격자인 유족이 다음의 어느 하나에 해당하면 그 자격을 잃는다(산업재해보상보험법 제64조 제1항).
1. 사망한 경우
2. 재혼한 때(사망한 근로자의 배우자만 해당하며, 재혼에는 사실상 혼인 관계에 있는 경우를 포함한다)
3. 사망한 근로자와의 친족 관계가 끝난 경우
4. 자녀가 25세가 된 때
5. 손자녀가 25세가 된 때
6. 형제자매가 19세가 된 때
7. 제63조 제1항 제4호에 따른 장애인이었던 사람으로서 그 장애 상태가 해소된 경우
8. 근로자가 사망할 당시 대한민국 국민이었던 유족보상연금 수급자격자가 국적을 상실하고 외국에서 거주하고 있거나 외국에서 거주하기 위하여 출국하는 경우
9. 대한민국 국민이 아닌 유족보상연금 수급자격자가 외국에서 거주하기 위하여 출국하는 경우

학습 POINT 산업재해보상보험법에서 보험급여의 종류별 문제는 해마다 객관식과 주관식으로 출제가 되고 있으며, 개정사항을 반영한 학습이 필요하다.

10 ⑤

정답해설 취업촉진 수당의 종류는 다음과 같다(고용보험법 제37조 제2항).
1. 조기(早期)재취업 수당
2. 직업능력개발 수당
3. 광역 구직활동비
4. 이주비

학습 POINT 취업촉진 수당에 관한 문제는 주관식으로도 대비해야 한다.

11 ①

정답해설 일용근로자란 1개월 미만 동안 고용되는 사람을 말한다(고용보험법 제2조 제6호).

12 ④

정답해설 육아휴직 급여 신청기간의 연장 사유: 「고용보험법」 제70조 제2항 단서에서 대통령령으로 정하는 사유란 다음의 어느 하나에 해당하는 사유를 말한다(고용보험법 시행령 제94조).
1. 천재지변
2. 본인이나 배우자의 질병·부상

3. 본인이나 배우자의 직계존속 및 직계비속의 질병·부상
4. 「병역법」에 따른 의무복무
5. 범죄혐의로 인한 구속이나 형의 집행

13 ③

정답해설 피부양자는 다음의 어느 하나에 해당하는 사람 중 직장가입자에게 주로 생계를 의존하는 사람으로서 소득 및 재산이 보건복지부령으로 정하는 기준 이하에 해당하는 사람을 말한다(국민건강보험법 제5조 제2항).
1. 직장가입자의 배우자
2. 직장가입자의 직계존속(배우자의 직계존속을 포함한다)
3. 직장가입자의 직계비속(배우자의 직계비속을 포함한다)과 그 배우자
4. 직장가입자의 형제·자매

14 ②

정답해설 취업촉진 수당의 종류는 다음과 같다(고용보험법 제37조 제2항).
1. 조기(早期)재취업 수당
2. 직업능력개발 수당
3. 광역 구직활동비
4. 이주비

15 ④

오답해설 ① 「국민연금법」에 따른 급여의 종류는 다음과 같다(국민연금법 제49조).
  1. 노령연금
  2. 장애연금
  3. 유족연금
  4. 반환일시금
② 다음의 어느 하나에 해당하는 사람에게는 사망에 따라 발생되는 유족연금, 미지급급여, 반환일시금 및 사망일시금(이하 '유족연금등'이라 한다)을 지급하지 아니한다(국민연금법 제82조 제3항).
  1. 가입자 또는 가입자였던 자를 고의로 사망하게 한 유족
  2. 유족연금등의 수급권자가 될 수 있는 자를 고의로 사망하게 한 유족
  3. 다른 유족연금등의 수급권자를 고의로 사망하게 한 유족연금등의 수급권자
③ 급여는 수급권자의 청구에 따라 공단이 지급한다(국민연금법 제50조 제1항).
⑤ 수급권자가 다음의 어느 하나에 해당하면 급여의 전부 또는 일부의 지급을 정지할 수 있다(국민연금법 제86조 제1항).
  1. 수급권자가 정당한 사유 없이 공단의 서류, 그 밖의 자료 제출 요구에 응하지 아니한 때
  2. 장애연금 또는 유족연금의 수급권자가 정당한 사유 없이 국민연금공단의 진단 요구

또는 확인에 응하지 아니한 때
3. 장애연금 수급권자가 고의나 중대한 과실로 요양 지시에 따르지 아니하거나 정당한 사유 없이 요양 지시에 따르지 아니하여 회복을 방해한 때
4. 수급권자가 정당한 사유 없이 수급권의 발생·변경·소멸·정지 및 급여액의 산정·지급 등에 관련된 사항으로서 보건복지부령으로 정하는 사항을 국민연금공단에 신고를 하지 아니한 때

16 ④

오답해설
① 고용 기간이 1개월 미만인 일용근로자는 직장가입자에서 제외된다(국민건강보험법 제6조 제2항 제1호).
② 가입자는 국적을 잃은 날의 다음 날에 자격을 상실한다(국민건강보험법 제10조 제1항 제2호).
③ 국내에 거주하는 피부양자가 없는 직장가입자가 국외에 체류하고 있는 경우에는 보험료를 면제한다(국민건강보험법 제54조 및 제74조 제1항).
⑤ 과다납부된 본인일부부담금을 돌려받을 권리는 3년 동안 행사하지 아니하면 시효로 소멸한다(국민건강보험법 제91조 제1항 제5호).

17 ①

정답해설 근로복지공단의 보험급여 결정등에 불복하는 자는 근로복지공단에 심사청구를 할 수 있다(산업재해보상보험법 제103조 제1항).

18 ㉠ 80, ㉡ 10, ㉢ 분기

정답해설

> **국민건강보험법 제73조(보험료율 등)** ① 직장가입자의 보험료율은 1천분의 80의 범위에서 심의위원회의 의결을 거쳐 대통령령으로 정한다.
>
> **국민건강보호법 제78조(보험료의 납부기한)** ① 제77조 제1항 및 제2항에 따라 보험료 납부의무가 있는 자는 가입자에 대한 그 달의 보험료를 그 다음 달 10일까지 납부하여야 한다. 다만, 직장가입자의 보수 외 소득월액보험료 및 지역가입자의 보험료는 보건복지부령으로 정하는 바에 따라 분기별로 납부할 수 있다.

학습 POINT 출제된 숫자와 용어는 타 전문인 시험에서 객관식으로도 출제되고 있으므로 객관식에 대해 대비해야 한다.

19 ㉠ 상병보상연금

정답해설

> **산업재해보상보험법 제66조(상병보상연금)** ① 요양급여를 받는 근로자가 요양을 시작한지 2년이 지난 날 이후에 다음 각 호의 요건 모두에 해당하는 상태가 계속되면 휴업급여 대신 상병보상연금을 그 근로자에게 지급한다.
> 1. 그 부상이나 질병이 치유되지 아니한 상태일 것
> 2. 그 부상이나 질병에 따른 중증요양상태의 정도가 대통령령으로 정하는 중증요양상태등급 기준에 해당할 것
> 3. 요양으로 인하여 취업하지 못하였을 것

학습 POINT 타 전문인 시험에서는 객관식으로도 출제되므로 대비해 두도록 한다.

20 ㉠ 12, ㉡ 7

정답해설

> **고용보험법 제48조(수급기간 및 수급일수)** ① 구직급여는 이 법에 따로 규정이 있는 경우 외에는 그 구직급여의 수급자격과 관련된 이직일의 다음 날부터 계산하기 시작하여 12개월 내에 제50조 제1항에 따른 소정급여일수를 한도로 하여 지급한다.
>
> **고용보험법 제49조(대기기간)** 제44조에도 불구하고 제42조에 따른 실업의 신고일부터 계산하기 시작하여 7일간은 대기기간으로 보아 구직급여를 지급하지 아니한다. 다만, 최종 이직 당시 건설일용근로자였던 사람에 대해서는 제42조에 따른 실업의 신고일부터 계산하여 구직급여를 지급한다.

학습 POINT 고용보험에서 실업급여에 관한 사항은 출제 빈도가 높으므로 종합적으로 학습하여 객관식과 주관식 모두에 대해 준비해야 한다.

21 ㉠ 120, ㉡ 120

정답해설 장례비는 근로자가 업무상의 사유로 사망한 경우에 지급하되, 평균임금의 120일분에 상당하는 금액을 그 장례를 지낸 유족에게 지급한다. 다만, 장례를 지낼 유족이 없거나 그 밖에 부득이한 사유로 유족이 아닌 사람이 장례를 지낸 경우에는 평균임금의 120일분에 상당하는 금액의 범위에서 실제 드는 비용을 그 장례를 지낸 사람에게 지급한다(산업재해보상보험법 제71조 제1항).

22 ㉠ 14, ㉡ 14

정답해설
- 제1항에 따라 자격이 변동된 경우 직장가입자의 사용자와 지역가입자의 세대주는 다음의 구분에 따라 그 명세를 보건복지부령으로 정하는 바에 따라 자격이 변동된 날부터 14일 이내에 보험자에게 신고하여야 한다(국민건강보험법 제9조 제2항).
  1. 제1항 제1호 및 제2호에 따라 자격이 변동된 경우: 직장가입자의 사용자
  2. 제1항 제3호부터 제5호까지의 규정에 따라 자격이 변동된 경우: 지역가입자의 세대주
- 제1항에 따라 자격을 잃은 경우 직장가입자의 사용자와 지역가입자의 세대주는 그 명세를 보건복지부령으로 정하는 바에 따라 자격을 잃은 날부터 14일 이내에 보험자에게 신고하여야 한다(국민건강보험법 제10조 제2항).

23 ㉠ 평균임금

정답해설
구직급여의 산정 기초가 되는 임금일액(이하 '기초일액'이라 한다)은 수급자격의 인정과 관련된 마지막 이직 당시 「근로기준법」 제2조 제1항 제6호에 따라 산정된 평균임금으로 한다. 다만, 마지막 이직일 이전 3개월 이내에 피보험자격을 취득한 사실이 2회 이상인 경우에는 마지막 이직일 이전 3개월간(일용근로자의 경우에는 마지막 이직일 이전 4개월 중 최종 1개월을 제외한 기간)에 그 근로자에게 지급된 임금 총액을 그 산정의 기준이 되는 3개월의 총일수로 나눈 금액을 기초일액으로 한다(고용보험법 제45조 제1항).

24 ㉠ 70, ㉡ 3

정답해설
휴업급여는 업무상 사유로 부상을 당하거나 질병에 걸린 근로자에게 요양으로 취업하지 못한 기간에 대하여 지급하되, 1일당 지급액은 평균임금의 100분의 70에 상당하는 금액으로 한다. 다만, 취업하지 못한 기간이 3일 이내이면 지급하지 아니한다(산업재해보상보험법 제52조).

25 ㉠ 국민연금심사위원회, ㉡ 징수심사위원회

정답해설
- 가입자의 자격, 기준소득월액, 연금보험료, 그 밖의 「국민연금법」에 따른 징수금과 급여에 관한 공단 또는 건강보험공단의 처분에 이의가 있는 자는 그 처분을 한 공단 또는 건강보험공단에 심사청구를 할 수 있다(국민연금법 제108조 제1항).
- 「국민연금법」 제108조에 따른 심사청구 사항을 심사하기 위하여 공단에 국민연금심사위원회를 두고, 건강보험공단에 징수심사위원회를 둔다(국민연금법 제109조 제1항).

26 ㉠ 150, ㉡ 210

정답해설
하나의 수급자격에 따라 구직급여를 지급받을 수 있는 날(이하 '소정급여일수'라 한다)은 대기기간이 끝난 다음 날부터 계산하기 시작하여 피보험기간과 연령에 따라 [별표 1]에서 정한 일수가 되는 날까지로 한다(고용보험법 제50조 제1항).

▶ **구직급여의 소정급여일수(고용보험법 제50조 제1항 관련 별표 1)**

구분		피보험기간				
		1년 미만	1년 이상 3년 미만	3년 이상 5년 미만	5년 이상 10년 미만	10년 이상
이직일 현재 연령	50세 미만	120일	150일	180일	210일	240일
	50세 이상	120일	180일	210일	240일	270일

[비고]「장애인고용촉진 및 직업재활법」제2조 제1호에 따른 장애인은 50세 이상인 것으로 보아 위 표를 적용한다.

27 ㉠ 3, ㉡ 70

정답해설

산업재해보상보험법 제40조(요양급여) ① 요양급여는 근로자가 업무상의 사유로 부상을 당하거나 질병에 걸린 경우에 그 근로자에게 지급한다.
② 제1항에 따른 요양급여는 제43조 제1항에 따른 산재보험 의료기관에서 요양을 하게 한다. 다만, 부득이한 경우에는 요양을 갈음하여 요양비를 지급할 수 있다.
③ 제1항의 경우에 부상 또는 질병이 3일 이내의 요양으로 치유될 수 있으면 요양급여를 지급하지 아니한다.

산업재해보상보험법 제52조(휴업급여) 휴업급여는 업무상 사유로 부상을 당하거나 질병에 걸린 근로자에게 요양으로 취업하지 못한 기간에 대하여 지급하되, 1일당 지급액은 평균임금의 100분의 70에 상당하는 금액으로 한다. 다만, 취업하지 못한 기간이 3일 이내이면 지급하지 아니한다.

CHAPTER 10 대외업무관리 및 리모델링

▶ 연계학습: 기본서 상권 pp. 337~380

01	②	02	③	03	②
04	②	05	①	06	㉠ 윤리
07	㉠ 10, ㉡ 7	08	㉠ 3, ㉡ 500	09	㉠ 30, ㉡ 용적률
10	㉠ 2/10	11	㉠ 리모델링	12	㉠ 3, ㉡ 2

1 대외업무관리 등

01 ②

정답해설 급·배수관 등 배관설비의 교체는 국토교통부령이 정하는 경미한 행위로서 허가 또는 신고행위에서 제외된다(공동주택관리법 시행규칙 제15조 제1항).

02 ③
정답해설 공동주택의 입주자등은 전체 입주자등의 10분의 2 이상의 동의를 받아 지방자치단체의 장에게 입주자대표회의나 그 구성원, 관리주체, 관리사무소장 또는 선거관리위원회나 그 위원 등의 업무에 대하여 감사를 요청할 수 있다(공동주택관리법 제93조 제2항 전단).

03 ②
정답해설 입주자 공유가 아닌 복리시설의 비내력벽 철거는 허가 및 신고대상 행위에서 제외된다(공동주택관리법 시행령 제35조 제1항 관련 별표 3).

04 ②
오답해설 ㉠㉡ 급·배수관 등 배관설비의 교체와 지능형 홈네트워크 설비의 교체는 국토교통부령이 정하는 경미한 행위로서 허가 또는 신고행위에서 제외된다(공동주택관리법 시행규칙 제15조 제1항).

05 ①
정답해설 입주자 공유가 아닌 복리시설의 용도변경은 신고기준만 규정하고 있다.
오답해설 ②③④⑤ 모두 허가기준만을 규정하고 있다(공동주택관리법 시행령 제35조 제1항 관련 별표 3).

06 ㉠ 윤리

학습 POINT 주택관리사등 교육내용은 관리실무와 관계법규에 빈출로 출제가 되고 있으므로 관리실무에서 출제된 기출문제를 관계법규에 적용한 연계학습이 필요하다.

07 ㉠ 10, ㉡ 7

학습 POINT 이 문제는 관계법규와 같은 시험범위이므로 관계법규와 연계하여 학습을 해야 한다.

08 ㉠ 3, ㉡ 500
정답해설 공동주택의 관리사무소장으로 배치받아 근무 중인 주택관리사등은 제1항 또는 제2항에 따른 교육을 받은 후 3년마다 국토교통부령으로 정하는 바에 따라 공동주택관리에 관한 교육과 윤리교육을 받아야 하며(공동주택관리법 제70조 제3항), 이 교육을 받지 아니한 자에게는 500만원 이하의 과태료를 부과한다(공동주택관리법 제102조 제3항 제25호).

09　㉠ 30, ㉡ 용적률

정답해설 (1) 입주자집회소로 증축하려는 필로티 부분의 면적 합계가 해당 주택단지 안의 필로티 부분 총면적의 100분의 30 이내일 것(공동주택관리법 시행규칙 제15조 제3항 제2호)
(2) (1)에 따른 입주자집회소의 증축 면적을 A공동주택의 바닥면적에 산입하는 경우 용적률이 관계 법령에 따른 건축 기준에 위반되지 아니할 것(공동주택관리법 시행규칙 제15조 제3항 제3호)

10　㉠ 2/10

정답해설 공동주택의 입주자등은 제1항 제2호(이 법 또는 이 법에 따른 명령이나 처분을 위반하여 조치가 필요한 경우), 제3호(공동주택단지 내 분쟁의 조정이 필요한 경우) 또는 제5호(입주자대표회의 등이 공동주택 관리규약을 위반한 경우)에 해당하는 경우 전체 입주자등의 10분의 2 이상의 동의를 받아 지방자치단체의 장에게 입주자대표회의나 그 구성원, 관리주체, 관리사무소장 또는 선거관리위원회나 그 위원 등의 업무에 대하여 감사를 요청할 수 있다. 이 경우 감사 요청은 그 사유를 소명하고 이를 뒷받침할 수 있는 자료를 첨부하여 서면으로 하여야 한다(공동주택관리법 제93조 제2항).

2　공동주택의 리모델링

11　㉠ 리모델링

정답해설 리모델링이란 건축물의 노후화를 억제하거나 기능 향상 등을 위하여 대수선하거나 건축물의 일부를 증축 또는 개축하는 행위를 말한다(건축법 제2조 제1항 제10호).

12　㉠ 3, ㉡ 2

정답해설 「주택법」 제2조 제25호 다목 1)에서 대통령령으로 정하는 범위란 다음의 구분에 따른 범위를 말한다(주택법 시행령 제13조 제1항).
1. 수직으로 증축하는 행위(이하 '수직증축형 리모델링'이라 한다)의 대상이 되는 기존 건축물의 층수가 15층 이상인 경우: 3개 층
2. 수직증축형 리모델링의 대상이 되는 기존 건축물의 층수가 14층 이하인 경우: 2개 층

CHAPTER 11	공동주거관리이론			▶ 연계학습: 기본서 상권 pp. 381~390	
01	②	02	②	03	③
04	③				

01 ②

정답해설 주택난 해결을 위해 양적으로만 공급했던 '고도 경제성장기의 사회'로부터 삶의 질을 추구하고 안정된 주거생활을 영위하는 '저성장 경제사회'가 도래하면서 주택은 양적으로나 질적으로나 공동 사회적 자산으로서의 풍요로움이 더해 갈 것으로 예상된다. 따라서 성숙된 사회로의 발전을 위해 생활변화에 대응하면서 쾌적하게 오랫동안 살 수 있는 주택 스톡(Stock) 대책으로 공동주택의 적절한 유지관리는 필수적이다. 즉, '자연재해로부터의 안전성 확보 측면'으로 보기가 어렵다.

02 ②

정답해설 공동주거관리의 필요성 중 자원낭비로부터의 환경보호에 관한 설명이다.

03 ③

정답해설 모든 관리사안 결정에 주민이 참여하는 경우에는 그 처리가 늦어질 수 있다. 따라서 운영과 정상의 효율성이 증대된다고 보기 어렵다.

04 ③

정답해설 공동주거관리자는 입주민 간 또는 동대표 간 분쟁이 발생했을 경우에는 무엇보다도 관리규약에 의거한 충분한 의사소통과 합의의 노력을 최우선으로 해야 한다.

CHAPTER 12	공동주택회계관리			▶ 연계학습: 기본서 상권 pp. 391~413	
01	④	02	②	03	⑤
04	③	05	②	06	③
07	③	08	㉠ 특별수선충당금, ㉡ 관리사무소			

01 ④

정답해설 관리비의 비목별 세부명세(공동주택관리법 시행령 제23조 제1항 관련 별표 2)

관리비 항목	구성명세
1. 일반관리비	가. 인건비: 급여, 제수당, 상여금, 퇴직금, 산재보험료, 고용보험료, 국민연금, 국민건강보험료 및 식대 등 복리후생비 나. 제사무비: 일반사무용품비, 도서인쇄비, 교통통신비 등 관리사무에 직접 소요되는 비용 다. 제세공과금: 관리기구가 사용한 전기료, 통신료, 우편료 및 관리기구에 부과되는 세금 등 라. 피복비 마. 교육훈련비 바. 차량유지비: 연료비, 수리비, 보험료 등 차량유지에 직접 소요되는 비용 사. 그 밖의 부대비용: 관리용품구입비, 회계감사비 그 밖에 관리업무에 소요되는 비용

02 ②

정답해설 관리주체는 회계감사를 받은 경우에는 감사보고서 등 회계감사의 결과를 제출받은 날부터 1개월 이내에 입주자대표회의에 보고하고 해당 공동주택단지의 인터넷 홈페이지 및 동별 게시판에 공개하여야 한다(공동주택관리법 제26조 제3항).

학습 POINT 관리주체의 업무 중에서 관리비 및 회계운영에 관한 업무는 매년 출제가 되고 있으며, 특히 개정사항에 대한 학습이 필요하다.

1 공동주택관리법령에 의한 관리비 및 회계운영

03 ⑤

정답해설 관리비의 비목별 세부명세(공동주택관리법 시행령 제23조 제1항 관련 별표 2)

관리비 항목	구성명세
1. 일반관리비	가. 인건비: 급여, 제수당, 상여금, 퇴직금, 산재보험료, 고용보험료, 국민연금, 국민건강보험료 및 식대 등 복리후생비 나. 제사무비: 일반사무용품비, 도서인쇄비, 교통통신비 등 관리사무에 직접 소요되는 비용 다. 제세공과금: 관리기구가 사용한 전기료, 통신료, 우편료 및 관리기구에 부과되는 세금 등 라. 피복비 마. 교육훈련비 바. 차량유지비: 연료비, 수리비, 보험료 등 차량유지에 직접 소요되는 비용 사. 그 밖의 부대비용: 관리용품구입비, 회계감사비 그 밖에 관리업무에 소요되는 비용

학습 POINT 관리비의 비목별 세부명세에서 지엽적으로 출제되었다. 주로 일반관리비와 수선유지비의 구성명세가 출제되므로 세부항목을 학습해야 한다.

04 ③
정답해설 관리주체는 다음의 비용에 대해서는 관리비와 구분하여 징수하여야 한다(공동주택관리법 시행령 제23조 제2항).
1. 장기수선충당금
2. 안전진단 실시비용(하자 원인이 사업주체 외의 자에게 있는 경우)

05 ②
정답해설 관리주체는 해당 공동주택의 공용부분의 관리 및 운영 등에 필요한 경비(이하 '관리비예치금'이라 한다)를 공동주택의 소유자로부터 징수할 수 있다(공동주택관리법 제24조 제1항).

06 ③
오답해설 ⓒ 해당 공동주택의 입주자 과반수의 서면동의가 있는 경우에는 장기수선충당금을 하자진단 및 감정에 드는 비용으로 사용할 수 있다(공동주택관리법 제30조 제2항 제2호).
ⓜ 장기수선충당금은 건설임대주택에서 분양전환된 공동주택의 경우에는 임대사업자가 관리주체에게 공동주택의 관리업무를 인계한 날이 속하는 달부터 적립한다(공동주택관리법 시행령 제31조 제6항).

2 민간임대주택에 관한 특별법령에 의한 회계관리

07 ③
정답해설 시장·군수·구청장은 국토교통부령으로 정하는 방법에 따라 임대사업자의 특별수선충당금 적립 여부, 적립금액 등을 관할 시·도지사에게 보고하여야 하며, 시·도지사는 시장·군수·구청장의 보고를 종합하여 국토교통부장관에게 보고하여야 한다(민간임대주택에 관한 특별법 시행령 제43조 제6항).

08 ㉠ 특별수선충당금, ㉡ 관리사무소
정답해설
- 제51조 제2항에 따른 민간임대주택의 임대사업자는 주요 시설을 교체하고 보수하는 데에 필요한 특별수선충당금을 적립하여야 한다(민간임대주택에 관한 특별법 제53조 제1항).
- 법 제53조 제1항에 따른 민간임대주택의 임대사업자는 해당 민간임대주택(제41조 제3항 각 호의 공동주택으로 한정한다)의 공용부분, 부대시설 및 복리시설(분양된 시설은 제외한다)에 대한 장기수선계획을 수립하여 「주택법」 제49조에 따른 사용검사 신청 시 함께 제출하여야 하며, 임대기간 중 해당 민간임대주택단지에 있는 관리사무소에 장기수선계획을 갖춰 놓아야 한다(민간임대주택에 관한 특별법 시행령 제43조 제1항).

PART 02 시설·방재관리

CHAPTER 01 시설관리

▶ 연계학습: 기본서 하권 pp. 8~446

1 공동주택관리법령에 의한 시설관리제도

01	⑤	02	③	03	③
04	②	05	①	06	②
07	①	08	③	09	①
10	①	11	③	12	㉠ 재정
13	㉠ 온실가스	14	㉠ 40, ㉡ 25, ㉢ 20	15	㉠ 40, ㉡ 25
16	㉠ 입주자대표회의, ㉡ 3	17	㉠ 300, ㉡ 공용부분	18	㉠ 3, ㉡ 5

01 ⑤
오답해설 ①② 2년, ③④ 5년(공동주택관리법 시행령 제36조 제1항 제2호 관련 별표 4)

02 ③
오답해설 ㉣ 하자의 발견 또는 보수가 쉬운 전유부분에 관한 하자 중 마감공사 또는 하나의 시설공사에서 발생한 하자와 관련된 심사 및 분쟁조정 사건(공동주택관리법 제42조 제4항, 동법 시행령 제52조)

03 ③
오답해설 ⑤는 전면교체 수선주기 10년, ①②④는 전면교체 수선주기 15년, ③은 전면교체 수선주기 20년(공동주택관리법 시행규칙 별표 1 장기수선계획의 수립기준)

04 ②
정답해설 입주자대표회의와 관리주체는 주요시설을 신설하는 등 관리여건상 필요하여 전체 입주자 과반수의 서면동의를 받은 경우에는 3년이 지나기 전에 장기수선계획을 조정할 수 있다(공동주택관리법 제29조 제3항).

학습 POINT 장기수선계획과 장기수선충당금에 관한 사항이 종합적으로 출제가 되었지만 각각 나눠서 출제가 되는 경우가 많으므로 세부적인 학습을 요한다.

05 ①
오답해설 ㄹ 5년(공동주택관리법 시행령 별표 4)

> **학습 POINT** 공동주택관리법령상 하자담보책임기간은 매년 출제가 되는 문제이며, 주관식으로도 출제된 사례가 있으므로 시설공사별 하자담보책임기간은 꼭 암기해야 한다.

06 ②
정답해설 「공동주택관리법 시행규칙」 제7조 제1항, 제9조 관련 [별표 1]
- 발전기 수선주기: 30년
- 보안등 수선주기: 25년
- 소화펌프 수선주기: 20년

> **학습 POINT** 장기수선계획의 수선주기는 지엽적인 문제이지만 공동주택관리실무에서 종종 주관식으로도 출제되므로 주관식과 객관식에 대비해야 한다.

07 ①
정답해설 사업주체는 대통령령으로 정하는 바에 따라 하자보수를 보장하기 위하여 하자보수보증금을 담보책임기간(보증기간은 공용부분을 기준으로 기산한다) 동안 예치하여야 한다. 다만, 국가·지방자치단체·한국토지주택공사 및 지방공사인 사업주체의 경우에는 그러하지 아니하다(공동주택관리법 제38조 제1항).

08 ③
오답해설 ㄴ 우수관공사: 5년(공동주택관리법 시행령 제36조 제1항 제2호 관련 별표 4)

09 ①
정답해설 소방시설공사 중 자동화재탐지설비공사의 하자담보책임기간은 3년이다(공동주택관리법 시행령 제36조 제1항 제2호 관련 별표 4).

10 ①
정답해설 사업주체(건설산업기본법 제28조에 따라 하자담보책임이 있는 자로서 사업주체로부터 건설공사를 일괄 도급받아 건설공사를 수행한 자가 따로 있는 경우에는 그 자를 말한다)는 담보책임기간에 하자가 발생한 경우에는 해당 공동주택의 다음의 1.부터 4.까지에 해당하는 자(이하 '입주자대표회의등'이라 한다) 또는 5.에 해당하는 자의 청구에 따라 그 하자를 보수하여야 한다. 이 경우 하자보수의 절차 및 종료 등에 필요한 사항은 대통령령으로 정한다(공동주택관리법 제37조 제1항).

1. 입주자
2. 입주자대표회의
3. 관리주체(하자보수청구 등에 관하여 입주자 또는 입주자대표회의를 대행하는 관리주체를 말한다)
4. 「집합건물의 소유 및 관리에 관한 법률」에 따른 관리단
5. 공공임대주택의 임차인 또는 임차인대표회의

11 ③

정답해설 건물 내부 페인트칠의 전면도장 수선주기는 8년이다(공동주택관리법 시행규칙 제7조 제1항 및 제9조 관련 별표 1).

12 ㉠ 재정

학습 POINT 이 문제의 핵심은 조정기간의 숫자이므로 관련 숫자를 주관식과 객관식으로 대비하여 학습을 해야 한다.

13 ㉠ 온실가스

정답해설 입주자대표회의와 관리주체는 「공동주택관리법」 제29조 제2항 및 제3항에 따라 장기수선계획을 조정하려는 경우에는 「에너지이용 합리화법」 제25조에 따라 산업통상자원부장관에게 등록한 에너지절약전문기업이 제시하는 에너지절약을 통한 주택의 온실가스 감소를 위한 시설 개선 방법을 반영할 수 있다(공동주택관리법 시행규칙 제7조 제3항).

14 ㉠ 40, ㉡ 25, ㉢ 20

정답해설
> **공동주택관리법 시행령 제45조(하자보수보증금의 반환)** ① 입주자대표회의는 사업주체가 예치한 하자보수보증금을 다음 각 호의 구분에 따라 순차적으로 사업주체에게 반환하여야 한다.
> 1. 다음 각 목의 구분에 따른 날(이하 이 조에서 '사용검사일'이라 한다)부터 2년이 경과된 때: 하자보수보증금의 100분의 15
>   가. 「주택법」 제49조에 따른 사용검사(공동주택단지 안의 공동주택 전부에 대하여 같은 조에 따른 임시 사용승인을 받은 경우에는 임시 사용승인을 말한다)를 받은 날
>   나. 「건축법」 제22조에 따른 사용승인(공동주택단지 안의 공동주택 전부에 대하여 같은 조에 따른 임시 사용승인을 받은 경우에는 임시 사용승인을 말한다)을 받은 날
> 2. 사용검사일부터 3년이 경과된 때: 하자보수보증금의 100분의 40
> 3. 사용검사일부터 5년이 경과된 때: 하자보수보증금의 100분의 25
> 4. 사용검사일부터 10년이 경과된 때: 하자보수보증금의 100분의 20

15 ㉠ 40, ㉡ 25

정답해설

공동주택관리법 시행령 제45조(하자보수보증금의 반환) ① 입주자대표회의는 사업주체가 예치한 하자보수보증금을 다음 각 호의 구분에 따라 순차적으로 사업주체에게 반환하여야 한다.
1. 다음 각 목의 구분에 따른 날(이하 이 조에서 '사용검사일'이라 한다)부터 2년이 경과된 때: 하자보수보증금의 100분의 15
   가. 「주택법」 제49조에 따른 사용검사(공동주택단지 안의 공동주택 전부에 대하여 같은 조에 따른 임시 사용승인을 받은 경우에는 임시 사용승인을 말한다)를 받은 날
   나. 「건축법」 제22조에 따른 사용승인(공동주택단지 안의 공동주택 전부에 대하여 같은 조에 따른 임시 사용승인을 받은 경우에는 임시 사용승인을 말한다)을 받은 날
2. 사용검사일부터 3년이 경과된 때: 하자보수보증금의 100분의 40
3. 사용검사일부터 5년이 경과된 때: 하자보수보증금의 100분의 25
4. 사용검사일부터 10년이 경과된 때: 하자보수보증금의 100분의 20

16 ㉠ 입주자대표회의, ㉡ 3

정답해설 입주자대표회의와 관리주체는 장기수선계획을 3년마다 검토하고, 필요한 경우 이를 국토교통부령으로 정하는 바에 따라 조정하여야 하며, 수립 또는 조정된 장기수선계획에 따라 주요 시설을 교체하거나 보수하여야 한다. 이 경우 입주자대표회의와 관리주체는 장기수선계획에 대한 검토사항을 기록하고 보관하여야 한다(공동주택관리법 제29조 제2항).

17 ㉠ 300, ㉡ 공용부분

정답해설 다음의 어느 하나에 해당하는 공동주택을 건설·공급하는 사업주체(건축법에 따른 건축허가를 받아 주택 외의 시설과 주택을 동일 건축물로 건축하는 건축주를 포함한다. 이하 같다) 또는 「주택법」에 따라 리모델링을 하는 자는 대통령령으로 정하는 바에 따라 그 공동주택의 공용부분에 대한 장기수선계획을 수립하여 「주택법」에 따른 사용검사(다음의 4.의 경우에는 건축법에 따른 사용승인을 말한다. 이하 같다)를 신청할 때에 사용검사권자에게 제출하고, 사용검사권자는 이를 그 공동주택의 관리주체에게 인계하여야 한다. 이 경우 사용검사권자는 사업주체 또는 리모델링을 하는 자에게 장기수선계획의 보완을 요구할 수 있다(공동주택관리법 제29조 제1항).
1. 300세대 이상의 공동주택
2. 승강기가 설치된 공동주택
3. 중앙집중식 난방방식 또는 지역난방방식의 공동주택
4. 「건축법」에 따른 건축허가를 받아 주택 외의 시설과 주택을 동일 건축물로 건축한 건축물

18 ㉠ 3, ㉡ 5

정답해설 소방시설공사 중 자동화재탐지설비공사는 하자담보책임기간이 3년이고, 지붕공사 및 방수공사는 하자담보책임기간이 5년이다(공동주택관리법 시행령 제36조 제1항 제2호 관련 별표 4).

2 공동주택의 보존관리

01 ②

정답해설 포화공기(상대습도가 100%)에서는 건구온도, 습구온도, 노점온도가 동일하다.

학습POINT 습공기의 선도에 관한 문제는 만점 방지용 문제로 생각된다. 이 문제에서 노점온도가 제시되었으므로 노점온도과 관련된 결로현상에 대한 학습이 필요하다.

02 ④

정답해설 벽체의 실내 측 표면온도를 실내공기의 노점온도보다 높게 유지한다.

03 ③

정답해설 알루미늄박(Foil)은 반사형 단열재이다.

3 주택의 건설기준 등

01	③	02	②	03	③
04	④	05	⑤	06	①
07	③	08	④	09	㉠ 50, ㉡ 25
10	㉠ 15	11	㉠ 10	12	㉠ 수전실
13	㉠ 49	14	㉠ 210, ㉡ 150	15	㉠ 내화, ㉡ 방화
16	㉠ 환기, ㉡ 실내공기질	17	㉠ 15, ㉡ 20	18	㉠ 난연
19	㉠ 120				

01 ③

정답해설 난간의 각 부위의 치수는 다음의 기준에 적합하여야 한다(주택건설기준 등에 관한 규정 제18조 제2항).
1. 난간의 높이: 바닥의 마감면으로부터 120센티미터 이상. 다만, 건축물내부계단에 설치하는 난간, 계단중간에 설치하는 난간 기타 이와 유사한 것으로 위험이 적은 장소에 설치하는 난간의 경우에는 90센티미터 이상으로 할 수 있다.
2. 난간의 간살의 간격: 안목치수 10센티미터 이하

02 ②

정답해설 환경친화적 자동차 전용주차구역(이하 "전용주차구역"이라 한다)의 수는 해당 시설의 총주차대수의 100분의 5 이상의 범위에서 시·도의 조례로 정한다. 다만, 2022년 1월 28일 전에 건축허가를 받은 시설(이하 "기축시설"이라 한다) 중 다음의 자가 소유하고 관리하는 기축시설(이하 "공공기축시설"이라 한다)이 아닌 기축시설의 경우에는 해당 시설의 총주차대수의 100분의 2 이상의 범위에서 시·도의 조례로 정한다(환경친화적 자동차의 개발 및 보급 촉진에 관한 법률 시행령 제18조의6 제1항).
1. 국가, 지방자치단체, 공공기관 및 지방공기업
2. 제18조의9 제1항 각 호의 자

03 ③

정답해설 비탈면의 높이가 3미터를 넘는 경우에는 높이 3미터 이내마다 그 비탈면의 면적의 5분의 1이상에 해당하는 면적의 단을 만들 것. 다만, 사업계획승인권자가 그 비탈면의 토질·경사도 등으로 보아 건축물의 안전상 지장이 없다고 인정하는 경우에는 그러하지 아니하다(주택건설기준 등에 관한 규칙 제7조 제1항 제2호).

04 ④

정답해설 500세대 이상의 공동주택을 건설하는 주택단지 안의 도로에는 어린이 통학버스의 정차가 가능하도록 국토교통부령으로 정하는 기준에 적합한 어린이 안전보호구역을 1개소 이상 설치하여야 한다(주택건설기준 등에 관한 규정 제26조 제4항).

학습 POINT 주택건설기준등에 관한 규정은 주관식에서도 해마다 출제가 되므로, 문제지문에 있는 숫자들은 주관식문제로 대비해야 한다.

05 ⑤

정답해설 비탈면 윗부분에 옹벽등이 있는 경우에는 그 옹벽등과 비탈면 사이에 너비 1.5미터이상으로서 당해 옹벽등의 높이의 2분의 1이상에 해당하는 너비 이상의 단을 만들 것(주택건설기준 등에 관한 규칙 제7조 제2항 제3호).

학습 POINT 수해방지 관련 문제는 시사성 문제로 해마다 출제가 되고 있으며, 주택건설기준등에 관한 규정은 주관식에서도 해마다 출제가 되므로, 문제 지문에 있는 숫자들은 주관식문제로 대비해야 한다.

06 ①

정답해설 노외주차장 내부 공간의 일산화탄소 농도는 주차장을 이용하는 차량이 가장 빈번한 시각의 앞뒤 8시간의 평균치가 50피피엠 이하(「실내공기질관리법」 제3조 제1항 제19호에 따른 실내주차장은 25피피엠 이하)로 유지되어야 한다(주차장법 시행규칙 제6조 제1항 제8호).

학습 POINT 주차장의 구조 및 설비의 기준에 관한 사항은 타 전문인 시험에서 주로 숫자와 관련 있는 선지가 제시되었으므로 이에 대해 주관식으로도 대비해 두도록 한다.

07 ③

정답해설 대피공간의 바닥면적은 각 세대별로 설치하는 경우 2제곱미터 이상으로 할 것(건축법 시행령 제46조 제4항 제3호)

08 ④

오답해설 ㉠ 에너지절약형 친환경 주택의 건설기준은 저에너지 건물 조성기술이다(주택건설기준 등에 관한 규정 제64조 제1항).

> **주택건설기준 등에 관한 규정 제64조(에너지절약형 친환경 주택의 건설기준 등)** ① 「주택법」 제15조에 따른 사업계획승인을 받은 공동주택을 건설하는 경우에는 다음 각 호의 어느 하나 이상의 기술을 이용하여 주택의 총 에너지사용량 또는 총 이산화탄소배출량을 절감할 수 있는 에너지절약형 친환경 주택(이하 이 장에서 '친환경 주택'이라 한다)으로 건설하여야 한다.
> 1. 고단열·고기능 외피구조, 기밀설계, 일조확보 및 친환경자재 사용 등 저에너지 건물 조성기술
> 2. 고효율 열원설비, 제어설비 및 고효율 환기설비 등 에너지 고효율 설비기술
> 3. 태양열, 태양광, 지열 및 풍력 등 신·재생에너지 이용기술
> 4. 자연지반의 보존, 생태면적률의 확보 및 빗물의 순환 등 생태적 순환기능 확보를 위한 외부 환경 조성기술
> 5. 건물에너지 정보화 기술, 자동제어장치 및 「지능형전력망의 구축 및 이용촉진에 관한 법률」 제2조 제2호에 따른 지능형전력망 등 에너지 이용효율을 극대화하는 기술

09 ㉠ 50, ㉡ 25

정답해설 노외주차장 내부 공간의 일산화탄소 농도는 주차장을 이용하는 차량이 가장 빈번한 시각의 앞뒤 8시간의 평균치가 50피피엠 이하(「실내공기질관리법」 제3조 제1항 제19호에 따른 실내주차장은 25피피엠 이하)로 유지되어야 한다(주차장법 시행규칙 제6조 제1항 제8호).

10 ㉠ 15

정답해설 공동주택 각 세대 간의 경계벽 및 공동주택과 주택 외의 시설 간의 경계벽은 내화구조로서 다음의 어느 하나에 해당하는 구조로 해야 한다(주택건설기준 등에 관한 규정 제14조 제1항).
1. 철근콘크리트조 또는 철골·철근콘크리트조로서 그 두께(시멘트모르타르, 회반죽, 석고플라스터, 그 밖에 이와 유사한 재료를 바른 후의 두께를 포함한다)가 15센티미터 이상인 것
2. 무근콘크리트조·콘크리트블록조·벽돌조 또는 석조로서 그 두께(시멘트모르타르, 회반죽, 석고플라스터, 그 밖에 이와 유사한 재료를 바른 후의 두께를 포함한다)가 20센티미터 이상인 것
3. 조립식주택부재인 콘크리트판으로서 그 두께가 12센티미터 이상인 것

4. 제1호 내지 제3호의 것외에 국토교통부장관이 정하여 고시하는 기준에 따라 한국건설기술연구원장이 차음성능을 인정하여 지정하는 구조인 것

11 ㉠ 10

학습POINT 이 문제는 관리실무 객관식에서 출제된 지문으로 앞으로는 객관식 대비용으로 학습이 필요하다.

12 ㉠ 수전실

정답해설 주택단지가 저지대등 침수의 우려가 있는 지역인 경우에는 주택단지 안에 설치하는 수전실·전화국선용단자함 기타 이와 유사한 전기 및 통신설비는 가능한 한 침수가 되지 아니하는 곳에 이를 설치하여야 한다(주택건설기준 등에 관한 규정 제30조 제3항).

학습POINT 전화국선용단자함에 대해 주관식으로 대비해야 한다.

13 ㉠ 49

정답해설 각 층간 바닥은 바닥충격음 차단성능[바닥의 경량충격음(비교적 가볍고 딱딱한 충격에 의한 바닥충격음을 말한다) 및 중량충격음(무겁고 부드러운 충격에 의한 바닥충격음을 말한다)이 각각 49데시벨 이하인 성능을 말한다]을 갖춘 구조일 것. 다만, 다음 각 목의 층간바닥은 그렇지 않다(주택건설기준 등에 관한 규정 제14조의2 제2호).
  가. 라멘구조의 공동주택(법 제51조 제1항에 따라 인정받은 공업화주택은 제외한다)의 층간바닥
  나. 가목의 공동주택 외의 공동주택 중 발코니, 현관 등 국토교통부령으로 정하는 부분의 층간바닥

학습POINT 층간소음에 관한 사항은 중요 사항이며 법령 개정이 된 후 곧바로 반영된 문제이다. 시설개론 및 주택관리관계법규와 중첩되는 내용이므로 다른 과목과 연계학습을 해야 한다.

14 ㉠ 210, ㉡ 150

정답해설 공동주택의 세대 내의 층간바닥(화장실의 바닥은 제외한다. 이하 이 조에서 같다)은 다음의 기준을 모두 충족하여야 한다(주택건설기준 등에 관한 규정 제14조의2).
  1. 콘크리트 슬래브 두께는 210밀리미터[라멘구조(보와 기둥을 통해서 내력이 전달되는 구조를 말한다. 이하 이 조에서 같다)의 공동주택은 150밀리미터] 이상으로 할 것. 다만, 다음 각목의 어느 하나에 해당하는 주택의 층간바닥은 예외로 한다.
    가. 법 제51조 제1항에 따라 인정받은 공업화주택

나. 목구조(주요 구조부를 「목재의 지속가능한 이용에 관한 법률」에 따른 목재 또는 목재 제품으로 구성하는 구조를 말한다) 공동주택

15 ㉠ 내화, ㉡ 방화

정답해설
- 내화구조란 화재에 견딜 수 있는 성능을 가진 구조로서 국토교통부령으로 정하는 기준에 적합한 구조를 말한다(건축법 시행령 제2조 제7호).
- 방화구조란 화염의 확산을 막을 수 있는 성능을 가진 구조로서 국토교통부령으로 정하는 기준에 적합한 구조를 말한다(건축법 시행령 제2조 제8호).

16 ㉠ 환기, ㉡ 실내공기질

정답해설 건강친화형 주택이란 오염물질이 적게 방출되는 건축자재를 사용하고 환기 등을 실시하여 새집증후군 문제를 개선함으로써 거주자에게 건강하고 쾌적한 실내환경을 제공할 수 있도록 일정수준 이상의 실내공기질과 환기성능을 확보한 주택으로서 의무기준을 모두 충족하고 권장기준 1호 중 2개 이상, 2호 중 1개 이상 이상의 항목에 적합한 주택을 말한다(건강친화형 주택 건설기준 제2조 제1호).

17 ㉠ 15, ㉡ 20

정답해설

> **주택건설기준 등에 관한 규정 제14조(세대 간의 경계벽등)** ① 공동주택 각 세대 간의 경계벽 및 공동주택과 주택 외의 시설 간의 경계벽은 내화구조로서 다음 각 호의 1에 해당하는 구조로 하여야 한다.
> 1. 철근콘크리트조 또는 철골·철근콘크리트조로서 그 두께(시멘트모르타르, 회반죽, 석고플라스터, 그 밖에 이와 유사한 재료를 바른 후의 두께를 포함한다)가 15센티미터 이상인 것
> 2. 무근콘크리트조·콘크리트블록조·벽돌조 또는 석조로서 그 두께(시멘트모르타르, 회반죽, 석고플라스터, 그 밖에 이와 유사한 재료를 바른 후의 두께를 포함한다)가 20센티미터 이상인 것
> 3. 조립식주택부재인 콘크리트판으로서 그 두께가 12센티미터 이상인 것
> 4. 제1호 내지 제3호의 것 외에 국토교통부장관이 정하여 고시하는 기준에 따라 한국건설기술연구원장이 차음성능을 인정하여 지정하는 구조인 것

18 ㉠ 난연

정답해설 난연재료(難燃材料)란 불에 잘 타지 아니하는 성능을 가진 재료로서 국토교통부령으로 정하는 기준에 적합한 재료를 말한다(건축법 시행령 제2조 제9호).

19 ㉠ 120

정답해설 난간의 높이는 바닥의 마감면으로부터 120센티미터 이상. 다만, 건축물 내부계단에 설치하는 난간, 계단중간에 설치하는 난간 기타 이와 유사한 것으로 위험이 적은 장소에 설치하는 난간의 경우에는 90센티미터 이상으로 할 수 있다(주택건설기준 등에 관한 규정 제18조 제2항 제1호).

4 건축설비의 개요

01 ㉠ 정보통신

정답해설 건축설비는 건축물의 안전·방화, 위생, 에너지 및 정보통신의 합리적 이용에 지장이 없도록 설치하여야 하고, 배관피트 및 닥트의 단면적과 수선구의 크기를 해당 설비의 수선에 지장이 없도록 하는 등 설비의 유지·관리가 쉽게 설치하여야 한다(건축법 시행령 제87조 제1항).

5 물에 관한 일반사항

01	①	02	⑤	03	③
04	①	05	①		

01 ①

정답해설
1. 잠열: 물체의 온도를 바꾸지 않고 상태변화에 따라 이동하는 열
2. 현열: 물체의 온도가 변화하는 것에 의해 출입하는 열

02 ⑤

정답해설 베르누이의 정리 ⇨ 에너지보존의 법칙을 유체의 흐름에 적용한 것으로서 유체가 갖고 있는 운동에너지, 중력에 의한 위치에너지 및 압축에너지의 총합은 흐름 내 어디에서나 일정하다.

> **학습 POINT** 설비의 기본사항은 주로 시설개론에서 출제되었으나, 처음으로 공동주택관리실무에 출제되었다. 선지 ⑤의 베르누이의 정리는 타 전문인 시험에서도 빈출 문제이므로 베르누이의 정리를 숙지해 두고, 베르누이의 정리를 찾아 풀 수 있도록 대비해야 한다.

03 ③

오답해설 ① 배관 내경은 마찰저항에 반비례하므로 내경이 2배 증가하면 마찰저항의 크기는 1/2배로 감소한다.

② 배관 길이는 마찰저항에 비례하므로 길이가 2배 증가하면 마찰저항의 크기는 2배 증가한다.
④ 배관 마찰손실계수는 마찰저항에 비례하므로 마찰손실계수가 2배 증가하면 마찰저항의 크기는 2배 증가한다.
⑤ 배관 내 유체 밀도는 마찰저항에 비례하므로 밀도가 2배 증가하면 마찰저항의 크기는 2배로 증가한다.

학습 POINT 마찰손실에 관한 사항은 주로 이론 문제로 출제되었지만 타 전문인 시험에서는 계산 문제로도 많이 출제되므로 마찰손실수두와 마찰손실압력에 관한 사항은 계산 문제로도 대비해야 한다.

04 ①

오답해설
② 유체의 마찰저항은 유체의 밀도와 비례하므로 밀도가 커질수록 마찰저항은 커진다.
③ 유체의 마찰저항은 유속의 제곱에 비례하므로 속도가 커질수록 마찰저항은 커진다.
④ 유체의 마찰저항은 배관의 길이에 비례하므로 배관의 길이가 길어질수록 마찰저항은 커진다.
⑤ 유체의 마찰저항은 배관의 마찰손실계수와 비례하므로 마찰손실계수가 커질수록 마찰저항은 커진다.

05 ①

정답해설 연수는 총경도 90ppm 이하이며, 경수는 총경도 110ppm 이상의 물이다.

6 급수설비

01	④	02	⑤	03	①
04	②	05	①	06	④
07	④	08	③	09	②
10	③	11	①	12	⑤
13	③	14	④	15	②
16	④	17	②	18	㉠ 0.25, ㉡ 0.5, ㉢ 50
19	㉠ 방로(또는 결로방지)	20	㉠ 서징(또는 서어징, 맥동, 써어징, 써징)	21	㉠ 0.5, ㉡ 0.25
22	㉠ 슬리브				

01 ④
오답해설 ① 펌프의 흡상높이는 수온이 올라갈수록 낮아진다.
② 펌프의 회전수를 1.2배로 하면 양수량은 1.2배가 된다.
③ 펌프의 흡입양정을 크게 하면 공동현상(cavitation)의 발생 가능성은 커진다.
⑤ 비속도는 펌프의 형식을 결정하는 척도로 사용되며, 펌프가 대유량, 저양정일수록 그 값은 커진다.

02 ⑤
정답해설 저수조의 맨홀부분은 건축물(천정 및 보 등)으로부터 100센티미터 이상 떨어져야 하며, 그 밖의 부분은 60센티미터 이상의 간격을 띄워야 한다(수도법 시행규칙 별표 3의2 저수조설치기준).

03 ①
정답해설 터빈펌프는 임펠러의 외주에 안내날개(guide vane)가 달려 있다.

> **학습POINT** ①~⑤의 모든 선지는 빈출 내용이므로 숙지해야 한다.

04 ②
정답해설 고층건물의 급수배관을 단일계통으로 하면 상층부보다 하층부의 급수압력이 높아진다. 따라서 하층부의 급수압력을 줄이기 위해 급수조닝을 하여야 한다.

05 ①
정답해설 터빈 펌프(디퓨져 펌프)는 축과 날개차(임펠러) 이외에 안내날개(가이드 베인)가 달려 있어 물의 흐름을 조절하며, 20m 이상의 고양정에 사용한다.

06 ④
정답해설 압력탱크방식은 최고·최저의 압력차가 크므로 급수압의 변동이 크다.

07 ④
오답해설 ① 펌프의 양정은 회전수의 제곱에 비례하므로 회전수를 1.2배로 하면 양정은 1.44배가 된다.
② 펌프의 회전수와 양수량은 비례하므로 회전수를 1.2배로 하면 양수량은 1.2배가 된다.
③ 서징(Surging)의 발생은 순환하는 물의 온도와 관련이 없다.
⑤ 펌프의 축동력을 산정하기 위해서는 물의 밀도, 양수량, 양정, 펌프의 효율이 필요하다.

08 ③

정답해설 저수조 수위가 펌프보다 높은 경우의 전양정을 구하는 공식은 다음과 같다.
전양정(m) = 토출 측 실양정 + 마찰손실수두 − 압입수두
= (50m + 7m) + 10m − 5m = 62m

09 ②

정답해설 고가수조방식의 급수과정 순서는 '상수도 본관(ⓒ) → 지하저수조(ⓔ) → 양수장치(급수펌프)(ⓒ) → 고가수조(ⓜ) → 세대 계량기(⊙)' 순이다.

10 ③

정답해설 급수 펌프의 양정(MPa) = {30 + (30 × 0.4) + 7} × 0.01 = 0.49(MPa)

11 ①

정답해설 탱크가 없는 부스터방식(펌프직송방식)은 수도본관으로부터 물을 저수조에 저수한 후, 급수펌프만으로 건물 내에 급수하는 방식이다. 압력탱크에 비해 장소를 적게 차지하지만, 설비비가 고가이고 고장 시 수리가 어려운 편이다.

12 ⑤

정답해설 저수조의 넘침(Over Flow)관은 간접배수로 한다.

13 ③

정답해설 수도 본관의 필요압력 ≥ 기구 최소필요압력 + 마찰손실수압 + (수도 본관에서 최고층 급수기구까지의 높이 × 0.01)(MPa)
∴ 수도 본관의 최소필요압력 = (3m × 0.01) + (4m × 0.01) + (10m × 0.01)
= 0.17(MPa)

14 ④

정답해설 ⓒ 급수관 수질검사 중 시료 채취 방법은 건물 내 임의의 냉수 수도꼭지 하나 이상에서 물 1리터를 채취한다(수도법 시행규칙 제23조 관련 별표 7).
ⓔ 현장조사 중 유량은 건물 안의 가장 높은 층의 냉수 수도꼭지 하나 이상에서 유량을 측정한다(수도법 시행규칙 제23조 관련 별표 7).

15 ②

정답해설 펌프의 흡상높이는 수온이 높을수록 낮아진다.

16 ④
정답해설 급수설비의 오염원인으로 상수와 상수 이외의 물질이 혼합되는 것은 크로스커넥션이다.

17 ②
정답해설 순간최대 예상급수량을 Q_p, 시간평균 예상급수량을 Q_h라고 할 때,

$$Q_p(\text{L/min}) = \frac{Q_h \times (3 \sim 4)}{60}$$

$$Q_h(\text{L/h}) = \frac{\text{급수 대상인원} \times \text{건물 종류별 1일 1인당 사용수량}}{\text{건물 평균 사용시간}}$$

$$\therefore Q_p = \frac{[(600\text{인} \times 200\text{L/인}\cdot\text{일}) \div 10\text{시간}] \times 4}{60} = 800(\text{L/min})$$

18 ㉠ 0.25, ㉡ 0.5, ㉢ 50
정답해설 지하양수시설 및 지하저수조는 다음에 따른 설치기준을 갖추어야 한다. 다만, 철도부지 활용 공공주택을 건설하는 주택단지의 경우에는 시·군지역의 기준을 적용한다(주택건설기준 등에 관한 규정 제35조 제2항).

1. 지하양수시설
   가. 1일에 당해 주택단지의 매 세대당 0.2톤(시·군지역은 0.1톤) 이상의 수량을 양수할 수 있을 것
   나. 양수에 필요한 비상전원과 이에 의하여 가동될 수 있는 펌프를 설치할 것
   다. 당해 양수시설에는 매 세대당 0.3톤 이상을 저수할 수 있는 지하저수조(제43조 제6항의 규정에 의한 기준에 적합하여야 한다)를 함께 설치할 것

2. 지하저수조
   가. 고가수조저수량(매 세대당 0.25톤까지 산입한다)을 포함하여 매 세대당 0.5톤(독신자용 주택은 0.25톤) 이상의 수량을 저수할 수 있을 것. 다만, 지역별 상수도 시설용량 및 세대당 수돗물 사용량 등을 고려하여 설치기준의 2분의 1의 범위에서 특별시·광역시·특별자치시·특별자치도·시 또는 군의 조례로 완화 또는 강화하여 정할 수 있다.
   나. 50세대(독신자용 주택은 100세대)당 1대 이상의 수동식펌프를 설치하거나 양수에 필요한 비상전원과 이에 의하여 가동될 수 있는 펌프를 설치할 것
   다. 제43조 제6항의 규정에 의한 기준에 적합하게 설치할 것
   라. 먹는물을 당해 저수조를 거쳐 각 세대에 공급할 수 있도록 설치할 것

19 ㉠ 방로(또는 결로방지)
정답해설 여름철 급수배관 내부에 외부보다 찬 급수가 흐르고 배관 외부가 고온다습할 경우 배관 외부에 결로가 발생하기 쉽다. 또한 겨울철에 급수배관 외부 온도가 영하로 떨어질 때 급수배관 계통이 동파하기 쉽다. 이러한 두 가지 현상을 방지하기 위해서는 급수배관에 방로(또는 결로방지)와 방동 목적의 피복을 해야 한다.

20 ㉠ 서징(또는 서어징, 맥동, 써어징, 써징)

정답해설 서징현상은 펌프, 송풍기 등이 운전 중에 한숨을 쉬는 것과 같은 상태가 되어, 펌프인 경우 입구와 출구의 진공계, 압력계의 침이 흔들리고 동시에 송출유량이 변화하는 현상이다. 즉, 송출압력과 송출유량 사이에 주기적인 변동이 일어나는 현상을 말한다.

21 ㉠ 0.5, ㉡ 0.25

정답해설 비상급수시설 중 지하저수조는 고가수조저수량(매 세대당 0.25톤까지 산입한다)을 포함하여 매 세대당 0.5톤(독신자용 주택은 0.25톤) 이상의 수량을 저수할 수 있어야 한다. 다만, 지역별 상수도 시설용량 및 세대당 수돗물 사용량 등을 고려하여 설치기준의 2분의 1의 범위에서 특별시·광역시·특별자치시·특별자치도·시 또는 군의 조례로 완화 또는 강화하여 정할 수 있다(주택건설기준 등에 관한 규정 제35조 제2항 제2호 가목).

22 ㉠ 슬리브

정답해설 바닥이나 벽 등을 관통하는 배관의 경우에는 콘크리트를 타설할 때 미리 철관인 슬리브를 넣고, 이 슬리브 속에 관을 통과시켜 배관을 한다. 이 경우 배관은 관의 신축과 팽창을 흡수하며 관의 교체 시 편리하다.

7 급탕설비

01	②	02	①	03	③
04	⑤	05	③	06	①
07	②	08	⑤	09	②
10	100				

01 ②

오답해설 ① 개별식 급탕방식은 중앙식 급탕방식에 비해 배관길이가 짧아 열손실이 적다.
③ 팽창관 도중에는 절대로 밸브를 설치하지 않는다.
④ 2개 이상의 엘보를 이용하여 신축을 흡수하는 이음은 스위블 조인트이다.
⑤ 신축이음에는 스위블 조인트, 슬리브형, 벨로즈형, 신축곡관(루프형), 볼형이 있다.

02 ①

오답해설 ② 중앙식 급탕법에서 직접가열식은 보일러 내에 스케일이 부착될 염려가 크기 때문에 소규모 건물의 급탕설비에 적합하다.
③ 팽창관은 단독배관으로 하고 밸브를 설치하지 않는다.
④ 급탕배관 계통에서 급탕관과 반탕관의 마찰손실을 같게 하여 균등한 유량이 공급되도록 하는 배관 방식은 역환수방식이다.
⑤ 급탕배관의 신축이음에서 스위블 조인트는 2개 이상의 엘보를 사용하여 나사 부분의 회전에 의하여 신축을 흡수한다.

학습 POINT 이 지문들은 급탕설비에서 중요하게 다루는 내용이므로 모든 지문을 꼼꼼하게 학습을 해야 하며, ⑤의 신축이음은 단독문제로도 대비해야 한다.

03 ③

정답해설 배관의 팽창량(mm) $= 1,000 \times l \times C \times \Delta t$

$$= 1,000 \times 50 \times \frac{0.2}{10,000} \times (60 - 20) = 40\text{mm}$$

단, l : 온도변화 전의 관의 길이(m) C : 관의 선팽창계수 Δt : 온도 차(℃)

04 ⑤

정답해설 전기급탕가열기의 용량(kW) $= \dfrac{150(\text{L/hr}) \times 4.2(\text{kJ/kg} \cdot \text{K}) \times (50℃ - 10℃)}{3,600 \times 0.8}$

$= 8.75(\text{kW})$

05 ③

정답해설 가스 소비량(m³/h) $= \dfrac{\text{급탕량(kg/h)} \times \text{비열(kJ/kg} \cdot \text{K)} \times \text{온도 차(℃)}}{\text{가스 저위발열량(kJ/m³)} \times \text{가열장치의 가열효율}}$

$= \dfrac{500 \times 4.2 \times (80 - 20)}{20,000 \times 0.9} = 7(\text{m}^3/\text{h})$

06 ①

정답해설 급탕부하(kW) $= \dfrac{\text{급탕량(kg/h)} \times \text{비열(kJ/kg} \cdot \text{K)} \times \text{온도 차(℃)}}{3,600(\text{s/h})}$

$= \dfrac{3,000(\text{kg/h}) \times 4.2(\text{kJ/kg} \cdot \text{K}) \times (60 - 10)(℃)}{3,600(\text{s/h})} = 175(\text{kW})$

07 ②

정답해설 ㉠ 팽창관 도중에는 절대로 밸브를 설치하지 않는다.
㉢ 중앙식 급탕방식에서 간접가열식은 보일러에서 만들어진 증기나 고온수를 가열코일을 통해 저탕탱크 내의 물과 열교환하는 방식이다.

08 ⑤

정답해설 신축이음에는 스위블 조인트, 슬리브형, 벨로즈형, 신축곡관(루프형), 볼형이 있다.

09 ②

정답해설 역환수방식은 배관계통에서 마찰손실을 같게 하여 균등한 유량이 공급되도록 하는 배관방식이다. 이와 유사하게 정유량밸브는 지역난방 각 세대에 설치하여 1차 측의 압력이 변동하더라도 각 세대의 공급유량을 일정하게 하는 역할을 한다.

10 100

정답해설 급탕가열능력(kW)을 H라 할 때,

$$H = \frac{Q_d \times r \times C \times (t_h - t_c)}{3,600}$$

단, Q_d: 1일 급탕량(L/d)　　　　　r: 가열능력비율
　　C: 물의 비열(4.2kJ/kg·K)　　t_h: 급탕온도(℃)
　　t_c: 급수온도(℃)

1일 급탕량(Q_d) = 100인 × 100(L/인·d) = 10,000L/d

$$\therefore H = \frac{10,000 \times 1/7 \times 4.2 \times (70-10)}{3,600} = 100(\text{kW})$$

8 배수 · 통기설비

01	①	02	②	03	⑤
04	⑤	05	①	06	④
07	⑤	08	①	09	①
10	⑤	11	④	12	㉠ 감압, ㉡ 5
13	㉠ 2	14	간접배수	15	㉠ 통기관
16	㉠ 종국	17	㉠ 신정		

01 ①

정답해설 공용통기관은 맞물림 또는 병렬로 설치한 위생기구의 기구배수관 교차점에 접속하여, 그 양쪽 기구의 트랩 봉수를 보호하는 1개의 통기관을 말하며, 도피통기관은 최하류 기구 배수관과 배수수직관 사이에 설치된다.

02 ②

정답해설 신정통기관은 배수수직관 상부에서 관경을 축소하지 않고 연장하여 대기 중에 개구한 통기관이다.

> **학습 POINT** 트랩과 관련해서는 트랩의 구비조건, 봉수파괴 원인과 대책, 통기관의 종류별 목적이 빈출문제로서, 각각 단독문제로 출제될 것이 예상된다.

03 ⑤

정답해설 결합통기관은 배수 수직관과 통기 수직관을 연결하여 배수의 흐름을 원활하게 하기 위한 접속법이다.

04 ⑤

정답해설 소벤트 통기관에는 배수수평주관에 배수가 원활하게 유입되도록 공기분리 이음쇠가 설치된다.

05 ①

정답해설 각개통기 방식은 가장 이상적인 통기방식으로, 각 위생기구마다 통기관을 설치한다.

06 ④

정답해설 배수용 배관의 층하배관공법이란 배관을 바닥 슬래브 아래에 설치하여 아래층 세대 천장으로 노출시키는 공법을 말한다.

07 ⑤
정답해설 발포 존의 발생 방지를 위해서는 저층부와 고층부의 배수계통을 별도로 하여야 한다.

08 ①
정답해설 배수수직관 최상단부에는 찌꺼기가 쌓이지 않으므로 청소구가 필요 없으며 신정통기관으로 하여 옥상에 개방한다.

09 ①
정답해설 ⓐ는 디프, ⓑ는 웨어, ⓒ는 크라운이다.

10 ⑤
정답해설 배수트랩을 배수수직관 가까이에 설치하면 유인사이펀 작용으로 봉수가 파괴될 수 있다.

11 ④
정답해설 버킷트랩은 방열기트랩의 일종이다.

12 ㉠ 감압, ㉡ 5
정답해설 주택의 화장실에 설치하는 급수·배수용 배관은 다음 각 호의 기준에 적합해야 한다(주택건설기준 등에 관한 규정 제43조 제2항).
1. 급수용 배관에는 감압밸브 등 수압을 조절하는 장치를 설치하여 각 세대별 수압이 일정하게 유지되도록 할 것
2. 배수용 배관은 층상배관공법(배관을 해당 층의 바닥 슬래브 위에 설치하는 공법을 말한다) 또는 층하배관공법(배관을 바닥 슬래브 아래에 설치하여 아래층 세대 천장으로 노출시키는 공법을 말한다)으로 설치할 수 있으며, 층하배관공법으로 설치하는 경우에는 일반용 경질(단단한 재질) 염화비닐관을 설치하는 경우보다 같은 측정조건에서 5데시벨 이상 소음 차단성능이 있는 저소음형 배관을 사용할 것

13 ㉠ 2

정답해설

> 물의 재이용 촉진 및 지원에 관한 법률 시행규칙 제4조(빗물이용시설의 시설기준·관리기준)
> ② 법 제8조 제5항에 따른 빗물이용시설의 관리기준은 다음 각 호와 같다.
> 1. 음용(飮用) 등 다른 용도에 사용되지 아니하도록 배관의 색을 다르게 하는 등 빗물이용시설임을 분명히 표시할 것
> 2. 연 2회 이상 주기적으로 제1항 각 호의 시설에 대한 위생·안전 상태를 점검하고 이물질을 제거하는 등 청소를 할 것
> 3. 빗물사용량, 누수 및 정상가동 점검결과, 청소일시 등에 관한 자료를 기록하고 3년간 보존할 것(전자적 방법으로 기록·보존할 수 있다)

14 간접배수

정답해설 공동주택에서 지하수조 등에서 배출되는 잡배수를 배수관에 직접 연결하지 않고, 한 번 대기에 개방한 후 물받이용 기구에 받아 배수하는 방식은 간접배수이고, 위생기구의 배수관과 배수설비가 직접 연결되는 방식은 직접배수이다.

15 ㉠ 통기관

정답해설 도수현상(수력도약 현상)에 관한 설명이다. 도수현상이 나타나는 부근에서는 배수관의 연결을 피하고 통기관을 설치하여 배수관 내의 압력변화를 완화시켜야 한다.

16 ㉠ 종국

정답해설 배수수직관 내부의 낙하수의 유속은 중력가속도로 인해 급격히 증가하지만, 무한정 증가하지는 않는다. 즉, 배수가 흐르면서 배관 내벽과의 마찰저항과 관 내에서의 정지 또는 상승하려는 공기와의 마찰에 의해 속도와 저항이 균형을 이루어 일정한 유속을 유지하게 되는데, 이때의 유속을 종국유속이라고 한다.

17 ㉠ 신정

정답해설 신정통기관은 배수수직주관 끝의 관경을 줄이지 않고 옥상으로 연장하여 통기관으로 사용하는 부분을 말한다.

9 위생기구 및 배관재료

01	③	02	②	03	④
04	②	05	④	06	③
07	④	08	⑤		

01 ③
[정답해설] 부싱은 관경이 다른 배관을 직선으로 이음하는 데 사용하는 배관의 부속품이다.

02 ②
[정답해설] 볼탭밸브는 급수관의 끝에 부착된 동제의 부자(浮子)에 의하여 수조 내의 수면이 상승했을 때 자동적으로 수전을 멈추고 수면이 내려가면 부자가 내려가 수전을 여는 장치이다. 볼밸브는 통로가 연결된 파이프와 같은 모양과 단면으로 되어 있는 중간에 둥근 볼의 회전에 의하여 유체의 흐름을 조절하는 밸브이다.

03 ④
[오답해설] ㉠㉢ 고가수조식과 수도직결식은 건축물의 급수방식이다.

04 ②
[정답해설] 차압조절밸브는 공급관과 환수관의 양측 압력을 동시에 감지하여 압력 균형을 유지시키는 용도로 사용된다.

05 ④
[정답해설] 대변기의 세정방식 중 세정밸브식에 해당하는 것은 블로아웃식이다.

06 ③
[오답해설] ㉠ 수격작용을 방지하기 위해서는 공기실을 설치한다.
㉢ 밸브류 앞에 설치하여 배관 내의 흙, 모래 등의 이물질을 제거하기 위한 장치는 스트레이너이다.
㉤ 스톱밸브라고도 하며 유체에 대한 저항이 큰 것이 결점인 밸브는 글로브밸브이다.

07 ④

정답해설 방향을 전환할 때 쓰는 이음부속에는 엘보와 벤드 등이 있다. 유니언은 직관을 접속할 때 사용되고, 이경소켓은 구경이 다른 관을 접합할 때 사용된다.

08 ⑤

정답해설 라이닝관은 강관과 주철관의 내부식성(耐腐蝕性)을 높이기 위해 관의 내면에 염화비닐 수지나 에폭시 수지를 칠하거나 모르타르 라이닝 도장을 한 관으로, 시멘트의 알칼리성분에 의해 산화가 방지되므로 수명도 길어진다.

10 오수정화시설

01 ①

정답해설 SS란 오수 중에 함유되는 부유물질을 ppm으로 나타낸 것이며, 수질의 오염도를 표시한다.

11 난방설비

01	①	02	④	03	⑤
04	④	05	①	06	㉠ 0.5, ㉡ 10
07	㉠ 정미, ㉡ 정격	08	㉠ 현열(또는 감열), ㉡ 잠열	09	㉠ 예열

01 ①

오답해설
② 증기난방은 온수난방에 비해 부하변동에 따른 실내 온도조절이 어렵다.
③ 증기난방에는 방열기 트랩을 사용하여 방열기 또는 증기관 속에 생긴 응축수 및 공기를 증기로부터 분리하여 증기는 통과시키지 않고 응축수만 환수관으로 배출한다.
④ 방열기의 상당방열면적은 방열기의 방열량을 표준방열량으로 나눈 값을 말한다.
⑤ 역환수방식은 직접환수방식에 비해 배관설치 비용이 증가한다.

02 ④

오답해설
① 증기난방은 잠열을 이용하므로 온수난방에 비해 열운반능력이 크다.
② 온수난방은 증기난방에 비해 예열시간이 길다.
③ 복사난방은 대류난방에 비해 열용량이 커 부하변동에 따른 방열량 조절이 어렵다.
⑤ 온수난방에서는 온수의 배분을 균등하게 하기 위해 역환수 배관방식이 사용된다.

03 ⑤
정답해설 기름보일러를 설치하는 경우에는 기름저장소를 보일러실 외의 다른 곳에 설치해야 한다(건축물의 설비기준 등에 관한 규칙 제13조 제1항 제5호).

04 ④
정답해설 보일러의 정격출력은 '난방부하 + 급탕부하 + 배관(손실)부하 + 예열부하'이다.

05 ①
정답해설 팽창탱크는 팽창된 물의 배출을 막아 장치의 열손실을 방지하기 위해 설치한다.

06 ㉠ 0.5, ㉡ 10
학습 POINT 개별난방설비 설치기준은 건축설비기사의 빈출문제이며, 관리실무에서 객관식으로 두 번 출제가 되었다. 이 문제는 객관식으로도 많이 출제되므로 객관식 대비 학습이 필요하다.

07 ㉠ 정미, ㉡ 정격
정답해설 보일러의 용량은 건물의 난방부하 외에도 급탕부하, 가습부하(공조기 가습을 증기로 하는 경우), 손실부하, 예열부하 등을 고려하여 결정해야 한다. 보통 이 부하를 전부 고려한 보일러 출력을 정격출력(kW)이라 하며, 상용출력은 정격출력에서 예열부하를 뺀 나머지 부하를 말한다.
1. 정미출력 = 난방부하 + 급탕부하
2. 상용출력 = 정미출력 + 배관부하(배관손실부하)
3. 정격출력 = 상용출력 + 예열부하

08 ㉠ 현열(또는 감열), ㉡ 잠열
정답해설 현열은 물체의 온도가 변화하는 것에 의해 출입하는 열이고, 잠열은 물체의 온도를 바꾸지 않고 상태변화에 따라 이동하는 열이다.

09 ㉠ 예열
정답해설 보일러의 용량은 건물의 난방부하 외에도 급탕부하, 손실부하, 예열부하 등을 고려하여 결정해야 한다.

12 냉동설비

01	③	02	③	03	①
04	②	05	㉠ 50, ㉡ 2	06	㉠ 응축기, ㉡ 물
07	㉠ 증발기				

01 ③
정답해설 2중효용 흡수식냉동기는 1중효용(단효용) 흡수식냉동기에 비해 에너지효율이 좋다.

02 ③
정답해설 열펌프의 성적계수(COP) = $\dfrac{\text{압축일} + \text{냉동효과}}{\text{압축일}} = 1 + \dfrac{\text{냉동효과}}{\text{압축일}}$
= 1 + 냉동기의 성적계수

03 ①
정답해설 튜브형은 축류형 송풍기에 해당한다.

04 ②
정답해설 히트펌프는 운전에 소비된 에너지보다 대량의 열에너지가 얻어져 일반적으로 성적계수(COP)가 1 이상이다.

05 ㉠ 50, ㉡ 2
정답해설 세대별 주거전용면적이 50제곱미터를 초과하는 경우로서 세대 내 거실 또는 침실이 2개 이상인 경우에는 거실을 포함한 최소 2개의 공간에 냉방설비 배기장치 연결배관을 설치할 것 (주택건설기준 등에 관한 규칙 제8조 제1항 제3호)

06 ㉠ 응축기, ㉡ 물
정답해설 흡수식 냉동기는 냉매의 증발에 의한 열에너지로 냉동하는 특징을 가지며, 증발기, 흡수기, 재생기(발생기), 응축기로 구성된다. 냉매는 주로 물이며, 흡수액(수용액)은 브롬화리튬(취화리튬, LiBr)수용액이다.

07 ㉠ 증발기

정답해설
- 압축식 냉동사이클: 압축기 → 응축기 → 팽창밸브 → 증발기
- 각 기기의 역할
  - **압축기**: 냉매가스를 압축하여 고압이 된다.
  - **응축기**: 냉매가스를 냉각·액화하며 응축열을 냉각탑이나 실외기를 통하여 외부로 방출한다.
  - **팽창밸브**: 냉매를 팽창하여 저압이 되도록 한다.
  - **증발기**: 주위로부터 흡열하여 냉매는 가스상태가 되며, 주위는 열을 빼앗기므로 냉동 또는 냉각이 이루어진다.

13 배기 및 환기설비

01	⑤	02	②	03	③
04	③	05	②	06	③
07	②	08	㉠ 1.5, ㉡ 90	09	㉠ 90
10	㉠ 0.5, ㉡ 30	11	㉠ 2	12	㉠ 자동역류방지댐퍼
13	200	14	㉠ 0.5	15	㉠ 연돌(또는 굴뚝)

01 ⑤

오답해설 ㉠ 배연구 및 배연풍도는 불연재료로 하고, 화재가 발생한 경우 원활하게 배연시킬 수 있는 규모로서 외기 또는 평상시에 사용하지 아니하는 굴뚝에 연결할 것(건축물의 설비기준 등에 관한 규칙 제14조 제2항 제1호)

02 ②

정답해설
- 실내 발열량에 의한 환기량(보일러, 변전실 등에 적용)을 $Q(m^3/h)$라고 하면,

$$Q = \frac{\text{실내 발열량(kJ/h)}}{\text{공기의 비중}(1.2kg/m^3) \times \text{공기의 비열}(1.0kJ/kg \cdot K) \times (\text{실내 설정온도} - \text{외기온도})}$$

$$= \frac{20 \times 3{,}600}{1.2 \times 1.0 \times (30 - 25)}$$

$$= 12{,}000(m^3/h)$$

- 환기횟수 = 환기량(Q) ÷ 실내체적(20m × 10m × 6m) = 12,000 ÷ 1,200
  = 10(회/h)

03 ③

정답해설 1. 환기량(m³/h) = 환기횟수(회/h) × 실내체적(m³) = 2회/h × (10m × 10m × 2.5m)
= 500m³/h

2. 환기량 = Q (m³/h) = $\dfrac{K}{C_i - C_o}$

   K: 실내 CO_2 발생량(m³/h)
   C_i: 실내 CO_2 허용농도(m³/m³)
   C_o: 외기(신선) CO_2 농도(m³/m³)

   $500 \, m^3/h = \dfrac{10(명) \times 20(L/h)}{X - 0.00045}$,

   X = 0.00085 × 1,000,000 = 850ppm

04 ③

정답해설 1. 환기량: Q (m³/h) = $\dfrac{K}{C_i - C_o}$ = $\dfrac{8 \times 0.015}{0.001 - 0.0005}$ = 240

   K: 실내 CO_2 발생량(m³/h)
   C_i: 실내 CO_2 허용농도(m³/m³)
   C_o: 외기(신선) CO_2 농도(m³/m³)

2. 환기횟수: $\dfrac{240}{(10 \times 8 \times 3)}$ = 1(회/h)

학습 POINT 환기량 관련문제는 이산화탄소 배출량과 실내 발열량에 관한 문제가 돌아가면서 출제가 된다.

05 ②

정답해설 세대간 배기통을 서로 연결되지 아니하고 직접 외기에 개방되도록 설치하여 연기나 냄새의 역류를 방지한다(주택건설기준 등에 관한 규정 제44조 제1항, 주택건설기준 등에 관한 규칙 제11조 제6호 나목).

학습 POINT 「주택건설기준 등에 관한 규칙」상 배기설비는 두 번째로 출제가 되었으며, 선지에 나온 숫자와 핵심 용어를 중심으로 학습해 두도록 한다.

06 ③

정답해설 ㉠㉡㉢ 화장실, 주방, 욕실은 제3종 환기법이 적용되므로 실내압력을 부압으로 유지한다.

오답해설 ㉣ 특별피난계단 부속실은 제2종 환기법이 적용되므로 실내압력을 정압으로 유지한다.

07 ②

정답해설 • 실내 발열량에 의한 환기량(보일러, 변전실 등에 적용)을 $Q(\text{m}^3/\text{h})$라고 하면,

$$Q = \frac{\text{실내 발열량(kJ/h)}}{\text{공기의 비중}(1.2\text{kg/m}^3) \times \text{공기의 비열}(1.0\text{kJ/kg}\cdot\text{K}) \times (\text{실내 설정온도} - \text{외기온도})}$$

$$= \frac{40 \times 3{,}600}{1.2 \times 1.0 \times (28 - 18)}$$

$$= 12{,}000(\text{m}^3/\text{h})$$

• 환기횟수 = 환기량(Q) ÷ 실내체적(10m × 20m × 5m) = 12,000 ÷ 1,000
  = 12(회/h)

08 ㉠ 1.5, ㉡ 90

정답해설 외부에 면하는 공기흡입구와 배기구는 교차오염을 방지할 수 있도록 1.5미터 이상의 이격거리를 확보하거나, 공기흡입구와 배기구의 방향이 서로 90도 이상 되는 위치에 설치되어야 하고 화재 등 유사 시 안전에 대비할 수 있는 구조와 성능이 확보되어야 한다(건축물의 설비기준 등에 관한 규칙 [별표 1의5] 신축공동주택등의 기계환기설비의 설치 기준).

09 ㉠ 90

학습 POINT 관리실무 객관식에서 정답이 되었던 문제지문으로, 객관식 기출 지문 중에서 숫자 관련된 지문들은 주관식으로 대비해야 한다.

10 ㉠ 0.5, ㉡ 30

정답해설 영 제87조 제2항의 규정에 따라 신축 또는 리모델링하는 다음 각 호의 어느 하나에 해당하는 주택 또는 건축물(이하 '신축공동주택등'이라 한다)은 시간당 0.5회 이상의 환기가 이루어질 수 있도록 자연환기설비 또는 기계환기설비를 설치해야 한다(건축물의 설비기준 등에 관한 규칙 제11조 제1항).
1. 30세대 이상의 공동주택
2. 주택을 주택 외의 시설과 동일 건축물로 건축하는 경우로서 주택이 30세대 이상인 건축물

학습 POINT 공동주택관리실무와 시설개론 모두에서 출제되었던 문제로, 두 과목을 연계하여 학습해야 한다. 환기설비에서는 기계환기설비의 설치기준의 출제 빈도가 높다.

11 ㉠ 2

정답해설 환기구[건축물의 환기설비에 부속된 급기(給氣) 및 배기(排氣)를 위한 건축구조물의 개구부(開口部)를 말한다. 이하 같다]는 보행자 및 건축물 이용자의 안전이 확보되도록 바닥으로부터 2미터 이상의 높이에 설치해야 한다. 다만, 다음의 어느 하나에 해당하는 경우에는 예외로 한다(건축물의 설비기준 등에 관한 규칙 제11조의2 제1항).
1. 환기구를 벽면에 설치하는 등 사람이 올라설 수 없는 구조로 설치하는 경우. 이 경우 배기를 위한 환기구는 배출되는 공기가 보행자 및 건축물 이용자에게 직접 닿지 아니하도록 설치되어야 한다.
2. 안전울타리 또는 조경 등을 이용하여 접근을 차단하는 구조로 하는 경우

12 ㉠ 자동역류방지댐퍼

정답해설 배기통은 연기나 냄새 등이 실내로 역류하는 것을 방지할 수 있도록 다음의 어느 하나에 해당하는 구조로 할 것(주택건설기준 등에 관한 규칙 제11조 제6호).
가. 세대 안의 배기통에 자동역류방지댐퍼(세대 안의 배기구가 열리거나 전동환기설비가 가동하는 경우 전기 또는 기계적인 힘에 의하여 자동으로 개폐되는 구조로 된 설비를 말하며, 산업표준화법에 따른 단체표준에 적합한 성능을 가진 제품이어야 한다) 또는 이와 동일한 기능의 배기설비 장치를 설치할 것
나. 세대 간 배기통이 서로 연결되지 아니하고 직접 외기에 개방되도록 설치할 것

13 200

정답해설
$$\text{외기도입량}(m^3/h) = \frac{\text{실내 이산화탄소 발생량}}{\text{실내 이산화탄소 허용농도} - \text{외기 이산화탄소 농도}}$$

$$= \frac{5 \times 0.024}{\frac{1,000}{1,000,000} - \frac{400}{1,000,000}}$$

$$= \frac{5 \times 0.024}{0.001 - 0.0004} = \frac{0.12}{0.0006} = 200(m^3/h)$$

14 ㉠ 0.5

정답해설 신축 또는 리모델링하는 다음의 어느 하나에 해당하는 주택 또는 건축물(이하 '신축공동주택 등'이라 한다)은 시간당 0.5회 이상의 환기가 이루어질 수 있도록 자연환기설비 또는 기계환기설비를 설치하여야 한다(건축물의 설비기준 등에 관한 규칙 제11조 제1항).
1. 30세대 이상의 공동주택
2. 주택을 주택 외의 시설과 동일 건축물로 건축하는 경우로서 주택이 30세대 이상인 건축물

15 ㉠ 연돌(또는 굴뚝)

정답해설
- 건축물 내부의 온도가 바깥보다 높고 밀도가 낮을 때 건물 내의 공기는 부력을 받아 이동하는데, 이를 굴뚝효과 또는 연돌효과라고 한다.
- 수직 공간 내에서 공기가 움직이는 방향은 온도에 따라 달라지는데, 내부온도가 외부온도보다 높으면 아래쪽에서 위쪽으로 흐르고 그와 반대가 되면 위쪽에서 아래쪽으로 흐른다.
- 건축물 바깥 공기가 실내의 공기보다 온도가 높을 때에는 건물 내에서 공기가 위에서 아래쪽으로 이동하게 되는데, 이러한 하향 공기흐름을 역굴뚝효과라고 한다.

14 소방시설

01	⑤	02	③	03	④
04	⑤	05	⑤	06	①
07	②	08	①	09	④
10	③	11	②	12	①
13	⑤	14	①	15	㉠ 50, ㉡ 200
16	㉠ 2	17	㉠ 50, ㉡ 30	18	㉠ 2.6, ㉡ 0.6, ㉢ 90
19	㉠ 소화활동설비, ㉡ 무선통신보조설비	20	㉠ 0.17, ㉡ 130, ㉢ 0.7	21	㉠ 30, ㉡ 120
22	㉠ 60	23	㉠ 1, ㉡ 40	24	㉠ 통보
25	㉠ 종합점검	26	㉠ 5	27	㉠ 주방
28	㉠ 100				

01 ⑤

정답해설 무선통신보조설비는 소화활동설비이다(소방시설 설치 및 관리에 관한 법률 시행령 제3조 관련 별표 1).

02 ③

정답해설 비상방송설비는 경보설비에 해당한다(소방시설 설치 및 관리에 관한 법률 시행령 별표 1).

학습 POINT 소방시설의 종류에 관한 문제는 관리실무, 관계법규, 시설개론에 중첩되어 출제되는 문제이므로 연계학습이 필요하다.

03 ④

정답해설 지면으로부터의 높이가 31미터 이상인 특정소방대상물 또는 지상 11층 이상인 특정소방대상물에 있어서는 습식설비로 할 것(연결송수관설비의 화재안전성능기준 제5조 제1항 제2호)

> **학습 POINT** 정답이 된 ④번 지문은 관리실무에서 주관식으로 출제된 부분으로, 숫자 관련된 사항은 주관식으로 대비해야 한다.

04 ⑤

정답해설 소화기구(자동확산소화기를 제외한다)는 거주자 등이 손쉽게 사용할 수 있는 장소에 바닥으로부터 높이 1.5미터 이하의 곳에 비치한다(소화기구 및 자동소화장치의 화재안전성능기준 제4조 제1항 제6호).

05 ⑤

정답해설 지면으로부터의 높이가 31미터 이상인 특정소방대상물 또는 지상 11층 이상인 특정소방대상물에 있어서는 습식설비로 할 것

06 ①

오답해설
② 피난구유도등이란 피난구 또는 피난경로로 사용되는 출입구를 표시하여 피난을 유도하는 등을 말하며, 통로유도등이란 피난통로를 안내하기 위한 유도등으로 복도통로유도등, 거실통로유도등, 계단통로유도등을 말한다(유도등 및 유도표지의 화재안전성능기준 제3조 제2호 및 제3호).
③ 계단통로유도등은 각 층의 경사로 참 또는 계단참마다 바닥으로부터 높이 1미터 이하의 위치에 설치하여야 한다(유도등 및 유도표지의 화재안전성능기준 제6조 제1항 제3호).
④ 바닥면적이 1,000제곱미터 미만인 층으로서 옥내로부터 직접 지상으로 통하는 출입구 또는 거실 각 부분으로부터 쉽게 도달할 수 있는 출입구 등의 경우에는 피난구유도등을 설치하지 않을 수 있다(유도등 및 유도표지의 화재안전성능기준 제11조 제1항).
⑤ 피난구유도표지는 출입구 상단에 설치하고, 통로유도표지는 바닥으로부터 높이 1미터 이하의 위치에 설치하여야 한다(유도등 및 유도표지의 화재안전성능기준 제8조 제1항 제2호).

07 ②

오답해설
① 압력수조란 소화용수와 공기를 채우고 일정 압력 이상으로 가압하여 그 압력으로 급수하는 수조를 말하며, 고가수조란 구조물 또는 지형지물 등에 설치하여 자연낙차의 압력으로 급수하는 수조를 말한다(스프링클러설비의 화재안전성능기준 제3조 제1호 및 제2호).
③ 일제개방밸브란 일제살수식 스프링클러설비에 설치되는 유수검지장치를 말한다(스프링클러설비의 화재안전성능기준 제3조 제16호).

④ 진공계란 대기압 이하의 압력을 측정하는 계측기를 말한다(스프링클러설비의 화재안전성능기준 제3조 제6호).
⑤ 체절운전이란 펌프의 성능시험을 목적으로 펌프토출 측의 개폐밸브를 닫은 상태에서 펌프를 운전하는 것을 말한다(스프링클러설비의 화재안전성능기준 제3조 제8호).

08 ①

정답해설 주거용 주방자동소화장치는 다음의 기준에 따라 설치할 것(소화기구 및 자동소화장치의 화재안전성능기준 제4조 제2항 제1호)

1. 소화약제 방출구는 환기구의 청소부분과 분리되어 있어야 하며, 형식승인 받은 유효설치높이 및 방호면적에 따라 설치할 것
2. 감지부는 형식승인 받은 유효한 높이 및 위치에 설치할 것
3. 차단장치(전기 또는 가스)는 상시 확인 및 점검이 가능하도록 설치할 것
4. 가스용 주방자동소화장치를 사용하는 경우 탐지부는 수신부와 분리하여 설치하되, 공기와 비교한 가연성가스의 무거운 정도를 고려하여 적합한 위치에 설치할 것
5. 수신부는 주위의 열기류 또는 습기 등과 주위온도에 영향을 받지 않고 사용자가 상시 볼 수 있는 장소에 설치할 것

09 ④

오답해설 ① 수신기란 감지기나 발신기에서 발하는 화재신호를 직접 수신하거나 중계기를 통하여 수신하여 화재의 발생을 표시 및 경보하여 주는 장치를 말하며, 감지기란 화재 시 발생하는 열, 연기, 불꽃 또는 연소생성물을 자동적으로 감지하여 수신기에 화재신호 등을 발신하는 장치를 말한다(자동화재탐지설비 및 시각경보장치의 화재안전성능기준 제3조 제2호 및 제4호).
② 하나의 경계구역의 면적은 600제곱미터 이하로 하고 한 변의 길이는 50미터 이하로 할 것(자동화재탐지설비 및 시각경보장치의 화재안전성능기준 제4조 제1항 제3호).
③ 음향장치는 정격전압의 80퍼센트의 전압에서 음향을 발할 수 있는 것으로 해야 하며, 음량은 부착된 음향장치의 중심으로부터 1미터 떨어진 위치에서 90데시벨 이상이 되는 것으로 해야 한다(자동화재탐지설비 및 시각경보장치의 화재안전성능기준 제8조 제1항 제4호 가목 및 나목).
⑤ 수신기의 조작 스위치는 바닥으로부터의 높이가 0.8미터 이상 1.5미터 이하인 장소에 설치해야 한다(자동화재탐지설비 및 시각경보장치의 화재안전성능기준 제5조 제3항 제7호).

10 ③

정답해설 복도통로유도등이란 피난통로가 되는 복도에 설치하는 통로유도등으로서 피난구의 방향을 명시하는 것을 말한다. 거주, 집무, 작업, 집회, 오락 그 밖에 이와 유사한 목적을 위하여 계속적으로 사용하는 거실, 주차장 등 개방된 통로에 설치하는 유도등으로 피난의 방향을 명시하는 것은 거실통로유도등이다(유도등 및 유도표지의 화재안전성능기준 제3조 제4호 및 제5호).

11 ②

정답해설

> **소화기구 및 자동소화장치의 화재안전성능기준 제4조(설치기준)** ① 소화기구는 다음 각 호의 기준에 따라 설치하여야 한다.
> 4. 소화기는 다음 각 목의 기준에 따라 설치할 것
>   가. 특정소방대상물의 각 층마다 설치하되, 각 층이 둘 이상의 거실로 구획된 경우에는 각 층마다 설치하는 것 외에 바닥면적이 33제곱미터 이상으로 구획된 각 거실에도 배치할 것
>   나. 특정소방대상물의 각 부분으로부터 1개의 소화기까지의 보행거리가 소형소화기의 경우에는 20미터 이내, 대형소화기의 경우에는 30미터 이내가 되도록 배치할 것

12 ①

정답해설 옥내소화전설비에는 소방자동차부터 그 설비에 송수할 수 있는 송수구를 지면으로부터 높이가 0.5미터 이상 1미터 이하의 위치에 설치하여야 한다(옥내소화전설비의 화재안전성능기준 제6조 제12항 제3호).

13 ⑤

정답해설 증폭기에는 비상전원이 부착된 것으로 하고 해당 비상전원 용량은 무선통신보조설비를 유효하게 30분 이상 작동시킬 수 있는 것으로 할 것(무선통신보조설비의 화재안전성능기준 제8조 제2호)

14 ①

정답해설 열감지기의 종류에는 정온식·차동식·보상식이 있고, 연기감지기의 종류에는 광전식·이온식이 있다.

15 ㉠ 50, ㉡ 200

정답해설 소방안전관리자를 선임해야 하는 소방안전관리대상물의 범위(화재의 예방 및 안전관리에 관한 법률 시행령 제25조 제1항 관련 별표 4)
1. 특급 소방안전관리대상물
  가. 특급 소방안전관리대상물의 범위
    「소방시설 설치 및 관리에 관한 법률 시행령」 [별표 2]의 특정소방대상물 중 다음의

어느 하나에 해당하는 것
1) 50층 이상(지하층은 제외한다)이거나 지상으로부터 높이가 200미터 이상인 아파트
2) 30층 이상(지하층을 포함한다)이거나 지상으로부터 높이가 120미터 이상인 특정소방대상물(아파트는 제외한다)
3) 2)에 해당하지 않는 특정소방대상물로서 연면적이 10만제곱미터 이상인 특정소방대상물(아파트는 제외한다)

16 ㉠ 2

정답해설 대피실의 면적은 2제곱미터(2세대 이상일 경우에는 3제곱미터) 이상으로 하고, 「건축법 시행령」 제46조 제4항의 규정에 적합하여야 하며 하강구(개구부) 규격은 직경 60cm 이상일 것(피난기구의 화재안전기술기준).

17 ㉠ 50, ㉡ 30

정답해설 관리자는 수신기에서 원격 점검이 불가능한 경우 매년 작동점검만 실시하는 공동주택은 1회 점검 시마다 전체 세대수의 50퍼센트 이상, 종합점검을 실시하는 공동주택은 1회 점검 시마다 전체 세대수의 30퍼센트 이상 점검하도록 자체점검 계획을 수립·시행해야 한다(소방시설 설치 및 관리에 관한 법률 시행규칙 [별표 3] 소방시설등 자체점검의 구분 및 대상, 점검자의 자격, 점검 장비, 점검 방법 및 횟수 등 자체점검 시 준수해야할 사항).

18 ㉠ 2.6, ㉡ 0.6, ㉢ 90

정답해설 스프링클러설비는 다음의 기준에 따라 설치해야 한다(공동주택의 화재안전성능기준 제7조).
1. 폐쇄형스프링클러헤드를 사용하는 아파트등은 기준개수 10개(스프링클러헤드의 설치개수가 가장 많은 세대에 설치된 스프링클러헤드의 개수가 기준개수보다 작은 경우에는 그 설치개수를 말한다)에 1.6세제곱미터를 곱한 양 이상의 수원이 확보되도록 할 것. 다만, 아파트등의 각 동이 주차장으로 서로 연결된 구조인 경우 해당 주차장 부분의 기준개수는 30개로 할 것
2. 아파트등의 경우 화장실 반자 내부에는 「소방용 합성수지배관의 성능인증 및 제품검사의 기술기준」에 적합한 소방용 합성수지배관으로 배관을 설치할 수 있다. 다만, 소방용 합성수지배관 내부에 항상 소화수가 채워진 상태를 유지할 것
3. 하나의 방호구역은 2개 층에 미치지 아니하도록 할 것. 다만, 복층형 구조의 공동주택에는 3개 층 이내로 할 수 있다.
4. 아파트등의 세대 내 스프링클러헤드를 설치하는 경우 천장·반자·천장과 반자 사이·덕트·선반등의 각 부분으로부터 하나의 스프링클러헤드까지의 수평거리는 2.6미터 이하로 할 것.
5. 외벽에 설치된 창문에서 0.6미터 이내에 스프링클러헤드를 배치하고, 배치된 헤드의 수평거리 이내에 창문이 모두 포함되도록 할 것. 다만, 다음의 어느 하나에 해당하는 경우에는 그렇지 않다.
   가. 창문에 드렌처설비가 설치된 경우

나. 창문과 창문 사이의 수직부분이 내화구조로 90센티미터 이상 이격되어 있거나,「발코니 등의 구조변경절차 및 설치기준」제4조 제1항부터 제5항까지에서 정하는 구조와 성능의 방화판 또는 방화유리창을 설치한 경우
다. 발코니가 설치된 부분
6. 거실에는 조기반응형 스프링클러헤드를 설치할 것.
7. 감시제어반 전용실은 피난층 또는 지하 1층에 설치할 것. 다만, 상시 사람이 근무하는 장소 또는 관계인이 쉽게 접근할 수 있고 관리가 용이한 장소에 감시제어반 전용실을 설치할 경우에는 지상 2층 또는 지하 2층에 설치할 수 있다.
8.「건축법 시행령」제46조 제4항에 따라 설치된 대피공간에는 헤드를 설치하지 않을 수 있다.
9.「스프링클러설비의 화재안전기술기준(NFTC 103)」2.7.7.1 및 2.7.7.3의 기준에도 불구하고 세대 내 실외기실 등 소규모 공간에서 해당 공간 여건상 헤드와 장애물 사이에 60센티미터 반경을 확보하지 못하거나 장애물 폭의 3배를 확보하지 못하는 경우에는 살수방해가 최소화되는 위치에 설치할 수 있다.

19 ㉠ 소화활동설비, ㉡ 무선통신보조설비

[정답해설] 5. 소화활동설비: 화재를 진압하거나 인명구조활동을 위하여 사용하는 설비로서 다음 각 목의 것(소방시설 설치 및 관리에 관한 법률 시행령 제3조 관련 별표 1)
가. 제연설비
나. 연결송수관설비
다. 연결살수설비
라. 비상콘센트설비
마. 무선통신보조설비
바. 연소방지설비

학습 POINT 나머지 설비들도 주관식과 객관식으로 대비해야 한다.

20 ㉠ 0.17, ㉡ 130, ㉢ 0.7

[정답해설] 특정소방대상물의 어느 층에 있어서도 해당 층의 옥내소화전(두 개 이상 설치된 경우에는 두 개의 옥내소화전)을 동시에 사용할 경우 각 소화전의 노즐선단에서의 방수압력이 0.17메가파스칼(호스릴옥내소화전설비를 포함한다) 이상이고, 방수량이 분당 130리터(호스릴옥내소화전설비를 포함한다) 이상이 되는 성능의 것으로 할 것. 다만, 하나의 옥내소화전을 사용하는 노즐선단에서의 방수압력이 0.7메가파스칼을 초과할 경우에는 호스접결구의 인입측에 감압장치를 설치해야 한다(옥내소화전설비의 화재안전성능기준 제5조 제1항 제3호).

학습 POINT 소방시설 중 옥내소화전설비의 출제 빈도가 높으므로 옥내소화전설비의 화재안전성능기준 내용은 전체적인 학습이 필요하다.

21 ㉠ 30, ㉡ 120

정답해설 소방안전관리자를 선임해야 하는 소방안전관리대상물의 범위(화재의 예방 및 안전관리에 관한 법률 시행령 제25조 제1항 관련 별표 4)

1. 특급 소방안전관리대상물
    가. 특급 소방안전관리대상물의 범위
    「소방시설 설치 및 관리에 관한 법률 시행령」[별표 2]의 특정소방대상물 중 다음의 어느 하나에 해당하는 것
    1) 50층 이상(지하층은 제외한다)이거나 지상으로부터 높이가 200미터 이상인 아파트
    2) 30층 이상(지하층을 포함한다)이거나 지상으로부터 높이가 120미터 이상인 특정소방대상물(아파트는 제외한다)
    3) 2)에 해당하지 않는 특정소방대상물로서 연면적이 10만제곱미터 이상인 특정소방대상물(아파트는 제외한다)

2. 1급 소방안전관리대상물
    가. 1급 소방안전관리대상물의 범위
    「소방시설 설치 및 관리에 관한 법률 시행령」[별표 2]의 특정소방대상물 중 다음의 어느 하나에 해당하는 것(제1호에 따른 특급 소방안전관리대상물은 제외한다)
    1) 30층 이상(지하층은 제외한다)이거나 지상으로부터 높이가 120미터 이상인 아파트
    2) 연면적 1만 5천제곱미터 이상인 특정소방대상물(아파트 및 연립주택은 제외한다)
    3) 위 2)에 해당하지 않는 특정소방대상물로서 지상층의 층수가 11층 이상인 특정소방대상물(아파트는 제외한다)
    4) 가연성 가스를 1천톤 이상 저장·취급하는 시설

3. 2급 소방안전관리대상물
    가. 2급 소방안전관리대상물의 범위
    「소방시설 설치 및 관리에 관한 법률 시행령」[별표 2]의 특정소방대상물 중 다음의 어느 하나에 해당하는 것(제1호에 따른 특급 소방안전관리대상물 및 제2호에 따른 1급 소방안전관리대상물은 제외한다)
    1) 「소방시설 설치 및 관리에 관한 법률 시행령」[별표 4] 제1호 다목에 따라 옥내소화전설비를 설치해야 하는 특정소방대상물, 같은 호 라목에 따라 스프링클러설비를 설치해야 하는 특정소방대상물 또는 같은 호 바목에 따라 물분무등소화설비[화재안전기준에 따라 호스릴(hose reel) 방식의 물분무등소화설비만을 설치할 수 있는 특정소방대상물은 제외한다]를 설치해야 하는 특정소방대상물
    2) 가스 제조설비를 갖추고 도시가스사업의 허가를 받아야 하는 시설 또는 가연성 가스를 100톤 이상 1천톤 미만 저장·취급하는 시설
    3) 지하구
    4) 「공동주택관리법」제2조 제1항 제2호의 어느 하나에 해당하는 공동주택(소방시설 설치 및 관리에 관한 법률 시행령 [별표 4] 제1호 다목 또는 라목에 따른 옥내소화전설비 또는 스프링클러설비가 설치된 공동주택으로 한정한다)
    5) 「문화유산의 보존 및 활용에 관한 법률」제23조에 따라 보물 또는 국보로 지정된

　　　　목조건축물
　4. 3급 소방안전관리대상물
　　가. 3급 소방안전관리대상물의 범위
　　　「소방시설 설치 및 관리에 관한 법률 시행령」 [별표 2]의 특정소방대상물 중 다음의 어느 하나에 해당하는 것(제1호에 따른 특급 소방안전관리대상물, 제2호에 따른 1급 소방안전관리대상물 및 제3호에 따른 2급 소방안전관리대상물은 제외한다)
　　　　1) 「소방시설 설치 및 관리에 관한 법률 시행령」 [별표 4] 제1호 마목에 따라 간이스프링클러설비(주택전용 간이스프링클러설비는 제외한다)를 설치해야 하는 특정소방대상물
　　　　2) 「소방시설 설치 및 관리에 관한 법률 시행령」 [별표 4] 제2호 다목에 따른 자동화재탐지설비를 설치해야 하는 특정소방대상물

22 ㉠ 60

정답해설 대피실의 면적은 2제곱미터(2세대 이상일 경우에는 3제곱미터) 이상으로 하고, 「건축법 시행령」 제46조 제4항의 규정에 적합하여야 하며 하강구(개구부) 규격은 직경 60cm 이상일 것(피난기구의 화재안전성능기준 제5조 제3항 제9호 나목).

23 ㉠ 1, ㉡ 40

정답해설 호스접결구는 지면으로부터 높이가 0.5미터 이상 1미터 이하의 위치에 설치하고 특정소방대상물의 각 부분으로부터 하나의 호스접결구까지의 수평거리가 40미터 이하가 되도록 설치해야 한다(옥외소화전설비의 화재안전성능기준 제6조 제1항).

24 ㉠ 통보

정답해설
> 화재의 예방 및 안전관리에 관한 법률 제37조(소방안전관리대상물 근무자 및 거주자 등에 대한 소방훈련 등) ① 소방안전관리대상물의 관계인은 그 장소에 근무하거나 거주하는 사람 등(이하 이 조에서 '근무자등'이라 한다)에게 소화·통보·피난 등의 훈련(이하 '소방훈련'이라 한다)과 소방안전관리에 필요한 교육을 하여야 하고, 피난훈련은 그 소방대상물에 출입하는 사람을 안전한 장소로 대피시키고 유도하는 훈련을 포함하여야 한다. 이 경우 소방훈련과 교육의 횟수 및 방법 등에 관하여 필요한 사항은 행정안전부령으로 정한다.

25 ㉠ 종합점검

정답해설
- **작동점검**: 소방시설등을 인위적으로 조작하여 소방시설이 정상적으로 작동하는지를 소방청장이 정하여 고시하는 소방시설등 작동점검표에 따라 점검하는 것을 말한다(소방시설 설치 및 관리에 관한 법률 시행규칙 제20조 제1항 관련 별표 3).
- **종합점검**: 소방시설등의 작동점검을 포함하여 소방시설등의 설비별 주요 구성 부품의 구조기준이 화재안전기준과 「건축법」 등 관련 법령에서 정하는 기준에 적합한지 여부를

소방청장이 정하여 고시하는 소방시설등 종합점검표에 따라 점검하는 것을 말하며, 다음과 같이 구분한다(소방시설 설치 및 관리에 관한 법률 시행규칙 제20조 제1항 관련 별표 3).
1. 최초점검: 법 제22조 제1항 제1호에 따라 소방시설이 새로 설치되는 경우 「건축법」 제22조에 따라 건축물을 사용할 수 있게 된 날부터 60일 이내 점검하는 것을 말한다.
2. 그 밖의 종합점검: 최초점검을 제외한 종합점검을 말한다.

26 ㉠ 5

정답해설 옥외소화전설비에는 옥외소화전마다 그로부터 5미터 이내의 장소에 소화전함을 설치해야 한다(옥외소화전설비의 화재안전성능기준 제7조 제1항).

27 ㉠ 주방

정답해설 자동소화장치를 설치해야 하는 특정소방대상물은 다음의 어느 하나에 해당하는 특정소방대상물 중 후드 및 덕트가 설치되어 있는 주방이 있는 특정소방대상물로 한다. 이 경우 해당 주방에 자동소화장치를 설치해야 한다(소방시설 설치 및 관리에 관한 법률 시행령 제11조 관련 별표 4).
1. 주거용 주방자동소화장치를 설치해야 하는 것: 아파트등 및 오피스텔의 모든 층
2. 상업용 주방자동소화장치를 설치해야 하는 것
   가. 판매시설 중 「유통산업발전법」 제2조 제3호에 해당하는 대규모점포에 입점해 있는 일반음식점
   나. 「식품위생법」 제2조 제12호에 따른 집단급식소
3. 캐비닛형 자동소화장치, 가스자동소화장치, 분말자동소화장치 또는 고체에어로졸자동소화장치를 설치해야 하는 것: 화재안전기준에서 정하는 장소

28 ㉠ 100

정답해설 연결송수관설비의 배관과 겸용할 경우의 주배관은 구경 100밀리미터 이상, 방수구로 연결되는 배관의 구경은 65밀리미터 이상의 것으로 하여야 한다(옥내소화전설비의 화재안전성능기준 제6조 제6항).

15 가스설비

01	⑤	02	㉠ 저압, ㉡ 1	03	㉠ 2, ㉡ 1.6
04	㉠ 2	05	㉠ 60, ㉡ 30, ㉢ 15	06	㉠ 1.6, ㉡ 2

01 ⑤

오답해설 ① LNG의 주성분은 메탄이다.
② LPG의 주성분은 프로판과 부탄이다.
③ 기화된 LPG는 대기압 상태에서 공기보다 비중이 크다.
④ 기화된 LNG의 표준상태 용적당 발열량은 기화된 LPG보다 낮다.

02 ㉠ 저압, ㉡ 1

정답해설 지상배관은 부식방지도장 후 표면색상을 황색으로 도색하고, 지하매설배관은 최고사용압력이 저압인 배관은 황색으로, 중압 이상인 배관은 붉은색으로 할 것. 다만, 지상배관의 경우 건축물의 내·외벽에 노출된 것으로서 바닥(2층 이상의 건물의 경우에는 각 층의 바닥을 말한다)에서 1m의 높이에 폭 3cm의 황색띠를 2중으로 표시한 경우에는 표면색상을 황색으로 하지 아니할 수 있다(도시가스사업법 시행규칙 별표 7).

03 ㉠ 2, ㉡ 1.6

정답해설 입상관과 화기(그 시설 안에서 사용하는 자체화기는 제외한다) 사이에 유지해야 하는 거리는 우회거리 2m 이상으로 하고, 환기가 양호한 장소에 설치해야 하며 입상관의 밸브는 바닥으로부터 1.6m 이상 2m 이내에 설치할 것. 다만, 보호 상자에 설치하는 경우에는 그러하지 아니하다(도시가스사업법 시행규칙 별표 7).

04 ㉠ 2

정답해설 가스계량기와 화기(그 시설 안에서 사용하는 자체화기는 제외한다) 사이에 유지하여야 하는 거리: 2m 이상(도시가스사업법 시행규칙 별표 7)

05 ㉠ 60, ㉡ 30, ㉢ 15

정답해설 가스계량기와 전기계량기 및 전기개폐기와의 거리는 60cm 이상, 굴뚝(단열조치를 하지 아니한 경우만을 말한다)·전기점멸기 및 전기접속기와의 거리는 30cm 이상, 절연조치를 하지 아니한 전선과의 거리는 15cm 이상의 거리를 유지할 것(도시가스사업법 시행규칙 별표 7)

06 ㉠ 1.6, ㉡ 2

정답해설 가스계량기(30m³/hr 미만인 경우만을 말한다)의 설치높이는 바닥으로부터 1.6m 이상 2m 이내에 수직·수평으로 설치하고 밴드·보호가대 등 고정장치로 고정시킬 것. 다만, 격납상자에 설치하는 경우, 기계실 및 보일러실(가정에 설치된 보일러실은 제외한다)에 설치하는 경우와 문이 달린 파이프 덕트 안에 설치하는 경우에는 설치 높이의 제한을 하지 아니한다(도시가스사업법 시행규칙 별표 7).

16 전기설비

01	①	02	④	03	③
04	③	05	①	06	⑤
07	③	08	⑤	09	⑤
10	①	11	④	12	㉠ 20
13	㉠ 60, ㉡ 120	14	㉠ 부등률	15	㉠ 수전설비

01 ①

정답해설
$$E = \frac{FNU}{AD} = \frac{4{,}000 \times 30 \times 0.5}{10 \times 12 \times \frac{1}{0.8}} = 400(\text{lx})$$

$$\text{감광보상률}(D) = \frac{1}{\text{보수율}} = \frac{1}{0.8} = 1.25$$

단, E: 조도 F: 광속
  N: 등의 개수 U: 조명률
  A: 실의 면적 D: 감광보상률(보수율: 감광보상률의 역수)

학습 POINT 위 문제의 공식을 이용하여 평균조도, 등의 개수, 광속을 구하는 문제가 출제된다. 공동주택관리실무에서 평균조도와 등의 개수를 구하는 문제가 출제되었으므로 광속을 구하는 문제가 주관식으로 출제될 가능성이 있다.

02 ④

정답해설
2. 돌침은 건축물의 맨 윗부분으로부터 25센티미터 이상 돌출시켜 설치하되,「건축물의 구조기준 등에 관한 규칙」제9조에 따른 설계하중에 견딜 수 있는 구조일 것(건축물의 설비기준 등에 관한 규칙 제20조 제2호)
3. 피뢰설비의 재료는 최소 단면적이 피복이 없는 동선(銅線)을 기준으로 수뢰부, 인하도선 및 접지극은 50제곱밀리미터 이상이거나 이와 동등 이상의 성능을 갖출 것(건축물의 설비기준 등에 관한 규칙 제20조 제3호)

03 ③

정답해설 주택에 설치하는 전기시설의 용량은 각 세대별로 3킬로와트(세대당 전용면적이 60제곱미터 이상인 경우에는 3킬로와트에 60제곱미터를 초과하는 10제곱미터마다 0.5킬로와트를 더한 값) 이상이어야 한다(주택건설기준 등에 관한 규정 제40조 제1항).

전기시설의 용량 $= 3\text{kW} + \dfrac{80\text{m}^2 - 60\text{m}^2}{10\text{m}^2} \times 0.5\text{kW} = 4\text{kW}$

04 ③

정답해설 조명 교체 시 필요한 최소 개수를 구하는 공식은 다음과 같다.

$$\text{광원의 개수}(N) = \dfrac{\text{조도}(E) \times \text{실의 면적}(A) \times \text{감광보상률}(D)}{\text{광속}(F) \times \text{조명률}(U)}$$

$$= \dfrac{400 \times 100 \times 1.3}{4{,}000 \times 0.5} = 26(\text{개})$$

05 ①

정답해설 제시된 공사방법은 금속관 공사에 관한 설명이다.

06 ⑤

정답해설
- **조도**: 빛을 받는 면에 입사하는 단위면적당 광속으로, 조명설계에서 가장 기본이 되는 단위이다. 단위는 lx(lux, 룩스)이다.
- **보수율**: 램프의 사용시간 경과에 따라 감광되거나 먼지부착 등에 의한 조명기구 효율저하를 보완하기 위한 보정계수이다.
- **균제도**: 조명의 균일한 정도를 나타내기 위하여 조명이 닿은 면 위의 최소조도와 평균조도와의 비 또는 최소조도와 최대조도와의 비를 말한다.
- **광도**: 광원에서 나오는 빛의 세기이다. 단위는 cd(candela, 칸델라)이다.
- **조명률**: 램프에서 발하여진 빛 가운데 작업면에 도달하는 빛이 몇 퍼센트인가를 나타내는 비율이다.

07 ③

정답해설 가스감지기는 LNG인 경우에는 천장 쪽에, LPG인 경우에는 바닥 쪽에 설치하여야 한다(지능형 홈네트워크 설비 설치 및 기술기준 제10조 제3호 가목).

08 ⑤

정답해설 전기설비의 접지계통과 건축물의 피뢰설비 및 통신설비 등의 접지극을 공용하는 통합접지공사를 하는 경우에는 낙뢰 등으로 인한 과전압으로부터 전기설비 등을 보호하기 위하여 한국산업표준에 적합한 서지보호장치[서지(Surge: 전류·전압 등의 과도 파형을 말한다)로부터 각종 설비를 보호하기 위한 장치를 말한다]를 설치해야 한다(건축물의 설비기준 등에 관한 규칙 제20조 제8호).

09 ⑤

정답해설 저압이란 직류에서는 1,500볼트 이하의 전압을 말하고, 교류에서는 1,000볼트 이하의 전압을 말한다. 고압이란 직류에서는 1,500볼트를 초과하고 7천 볼트 이하인 전압을 말하고, 교류에서는 1,000볼트를 초과하고 7천 볼트 이하인 전압을 말한다. 특고압이란 7천 볼트를 초과하는 전압을 말한다(전기사업법 시행규칙 제2조 제8호, 제9호 및 제10호).

10 ①

정답해설 집중구내통신실(MDF실)이란 국선·국선단자함 또는 국선배선반과 초고속통신망장비, 이동통신망장비 등 각종 구내통신선로설비 및 구내용 이동통신설비를 설치하기 위한 공간을 말한다. 통신용 파이프 샤프트 및 통신단자함을 설치하기 위한 공간은 통신배관실(TPS실)이다(지능형 홈네트워크 설비 설치 및 기술기준 제3조).

11 ④

정답해설 합성수지관은 열에 약하므로 열적 영향을 받기 쉬운 곳에는 사용할 수 없다.

12 ㉠ 20

정답해설 영 제87조 제2항에 따라 낙뢰의 우려가 있는 건축물, 높이 20미터 이상의 건축물 또는 영 제118조 제1항에 따른 공작물로서 높이 20미터 이상의 공작물(건축물에 영 제118조 제1항에 따른 공작물을 설치하여 그 전체 높이가 20미터 이상인 것을 포함한다)에는 피뢰설비를 설치해야 한다(건축물의 설비기준 등에 관한 규칙 제20조).

13 ㉠ 60, ㉡ 120

> **학습 POINT** 피뢰설비와 관련하여 주관식으로 종종 출제되고 있으므로, 피뢰설비에 관련된 숫자들을 정리해야 한다.

14 ㉠ 부등률

> **정답해설** 부등률 = $\dfrac{\text{각 부하의 최대수요전력 합계}}{\text{합성최대수요전력}}$

15 ㉠ 수전설비

> **정답해설** 수전설비란 타인의 전기설비 또는 구내발전설비로부터 전기를 공급받아 구내배전설비로 전기를 공급하기 위한 전기설비로서 수전지점으로부터 배전반(구내배전설비로 전기를 배전하는 전기설비를 말한다)까지의 설비를 말한다(전기안전관리법 시행규칙 제2조 제2호).

17 운송설비

01	④	02	⑤	03	③
04	②	05	③	06	③
07	㉠ 15, ㉡ 3	08	㉠ 1	09	㉠ 10

01 ④

> **정답해설** 관리주체는 승강기에 대하여 행정안전부장관이 실시하는 안전검사를 받아야 한다(승강기 안전관리법 제32조 제1항).

02 ⑤

> **오답해설** ① 각층으로부터 피난층까지 이르는 승강로를 단일구조로 연결하여 설치할 것(건축물의 설비기준 등에 관한 규칙 제10조 제3호 나목).
> ② 승강장은 각층의 내부와 연결될 수 있도록 하되, 그 출입구(승강로의 출입구를 제외한다)에는 60분+ 방화문 또는 60분 방화문을 설치할 것. 다만, 피난층에는 60분+ 방화문 또는 60분 방화문을 설치하지 않을 수 있다(건축물의 설비기준 등에 관한 규칙 제10조 제2호 나목).
> ③ 승강로는 당해 건축물의 다른 부분과 내화구조로 구획할 것(건축물의 설비기준 등에 관한 규칙 제10조 제3호 가목).
> ④ 승강장의 바닥면적은 비상용승강기 1대에 대하여 6제곱미터 이상으로 할 것. 다만, 옥외에 승강장을 설치하는 경우에는 그러하지 아니하다(건축물의 설비기준 등에 관한 규칙 제10조 제2호 바목).

> **학습 POINT** 비상용 승강기의 승강장과 승강로에 관한 문제는 관리실무와 시설개론에 중첩되어 출제가 되고 있으므로, 시설개론과 연계하여 학습할 필요가 있다. 타 전문인 시험에서는 ④번 지문이 정답이 많이 되므로 주관식과 객관식으로 대비해야 한다.

03 ③

정답해설 승강기 실무경력이 3년 이상이고 법규에 따른 직무교육을 이수한 사람이 자체점검을 담당할 수 있다(승강기 안전관리법 시행령 제28조 제1항 제9호).

> **학습 POINT** 승강기 검사와 자체점검에 관한 문제는 공동주택관리실무와 주택관리관계법규에서 매회 출제되고 있다. 기출문제에 제시된 선지 위주로 학습해 두도록 한다.

04 ②

오답해설
① 정기검사의 검사주기는 2년 이하로 하되, 행정안전부령으로 정하는 바에 따라 승강기별로 검사주기를 다르게 할 수 있다(승강기 안전관리법 제32조 제1항 제1호).
③ 승강기 설치검사를 받은 날부터 15년이 지난 경우 정밀안전검사를 받아야 한다(승강기 안전관리법 제32조 제1항 제3호 다목).
④ 승강기의 결함으로 중대한 사고 또는 중대한 고장이 발생한 경우 정밀안전검사를 받아야 한다(승강기 안전관리법 제32조 제1항 제3호 나목).
⑤ 승강기의 종류, 제어방식, 정격(기기의 사용조건 및 성능의 범위를 말한다)속도, 정격용량 또는 왕복운행거리를 변경한 경우 수시검사를 받아야 한다(승강기 안전관리법 제32조 제1항 제2호 가목).

05 ③

정답해설 ㉠ 6, ㉡ 10, ㉢ 100

> **주택건설기준 등에 관한 규정 제15조(승강기등)** ① 6층 이상인 공동주택에는 국토교통부령이 정하는 기준에 따라 대당 6인승 이상인 승용승강기를 설치하여야 한다. 다만, 「건축법 시행령」 제89조의 규정에 해당하는 공동주택의 경우에는 그러하지 아니하다.
> ② 10층 이상인 공동주택의 경우에는 제1항의 승용승강기를 비상용승강기의 구조로 하여야 한다.
> ③ 10층 이상인 공동주택에는 이삿짐 등을 운반할 수 있는 다음 각 호의 기준에 적합한 화물용 승강기를 설치하여야 한다.
>   1. 적재하중이 0.9톤 이상일 것
>   2. 승강기의 폭 또는 너비 중 한 변은 1.35미터 이상, 다른 한 변은 1.6미터 이상일 것
>   3. 계단실형인 공동주택의 경우에는 계단실마다 설치할 것
>   4. 복도형인 공동주택의 경우에는 100세대까지 1대를 설치하되, 100세대를 넘는 경우에는 100세대마다 1대를 추가로 설치할 것

06 ③

정답해설 리미트스위치: 종점스위치가 고장 났을 때 작동하는 것으로, 주회로를 차단하여 전동기를 정지시킴과 동시에 전자브레이크를 작동시켜 케이지를 급정지시킨다. 즉, 카가 최상층이나 최하층에서 정상 운행 위치를 벗어나 그 이상으로 운행하는 것을 방지하는 장치이다.

오답해설
① 완충기: 각종 안전장치가 작동하지 않거나 고장으로 인해 엘리베이터 실이 과속으로 하강할 경우, 충격을 흡수하기 위해 엘리베이터 샤프트의 바닥부분에 설치하는 엘리베이터의 기계적 안전장치이다.
② 추락방지판: 건물 층 사이에서 엘리베이터 카의 승객이 카 밖으로 나가려고 할 경우, 승강로 벽과 카 사이의 공간으로 승객이 추락하는 것을 방지하는 장치이다.
④ 전자브레이크: 모터가 회전을 정지하였을 경우 스프링의 힘으로 브레이크 드럼(Brake Drum)을 잡아 엘리베이터를 정지시켜 주는 장치이다.
⑤ 조속기: 엘리베이터 기계실에 설치하는 장치로, 엘리베이터 카를 로프로 연결하여 항상 카의 속도를 모니터함으로써 과속을 감시하는 장치이다.

07 ㉠ 15, ㉡ 3

08 ㉠ 1

정답해설 공동주택에서 15인승 승용승강기는 6층 이상의 거실면적의 합계가 3천제곱미터 이하일 때는 1대, 3천제곱미터를 초과하는 경우는 1대에 3천제곱미터를 초과하는 3천제곱미터 이내마다 1대를 더한 대수를 설치한다(건축물의 설비기준 등에 관한 규칙 제5조 관련 별표 1의2).

09 ㉠ 10

정답해설
> **승강기 안전관리법 시행령 제11조(승강기 유지관리용 부품 등의 제공기간 등)** ① 법 제6조 제1항 전단에 따라 제조업 또는 수입업을 하기 위해 등록을 한 자(이하 '제조·수입업자'라 한다)는 법 제8조 제1항 제1호에 따른 승강기 유지관리용 부품(이하 '유지관리용 부품'이라 한다) 및 같은 항 제2호에 따른 장비 또는 소프트웨어(이하 '장비등'이라 한다)의 원활한 제공을 위해 동일한 형식의 유지관리용 부품 및 장비등을 최종 판매하거나 양도한 날부터 10년 이상 제공할 수 있도록 해야 한다. 다만, 비슷한 다른 유지관리용 부품 또는 장비등의 사용이 가능한 경우로서 그 부품 또는 장비등을 제공할 수 있는 경우에는 그렇지 않다.

CHAPTER 02 환경관리

▶ 연계학습: 기본서 하권 pp. 447~489

01	①	02	⑤	03	②
04	④	05	①	06	③
07	③	08	④	09	②
10	④	11	③	12	②
13	⑤	14	㉠ 지원기구	15	㉠ 태양, ㉡ 풍력, ㉢ 바이오
16	㉠ 0.01	17	㉠ 수소에너지	18	㉠ 회생제동장치
19	㉠ 방습	20	㉠ 300, ㉡ 250	21	㉠ 0.08, ㉡ 0.02
22	㉠ 화석연료, ㉡ 연료전지	23	㉠ 직접충격, ㉡ 공기전달	24	㉠ 지열
25	㉠ 45, ㉡ 40	26	㉠ 열회수	27	㉠ 국토교통부, ㉡ 기후에너지환경부 (순서 무관)
28	㉠ 비례제어운전, ㉡ 최대수요전력	29	㉠ 방습층	30	㉠ 관리주체, ㉡ 층간소음관리위원회
31	㉠ 57, ㉡ 52	32	㉠ 자일렌		

1 실내공기질관리 및 수질관리, 소음관리

01 ①

정답해설 단열부위가 만나는 모서리 부위는 방습층 및 단열재가 이어짐이 없이 시공하거나 이어질 경우 이음부를 통한 단열성능 저하가 최소화되도록 하며, 알루미늄박 또는 플라스틱계 필름 등을 사용할 경우의 모서리 이음부는 150mm 이상 중첩되게 시공하고 내습성 테이프, 접착제 등으로 기밀하게 마감할 것(건축물의 에너지절약설계기준 제6조 제4호 나목 3).

02 ⑤

정답해설 신축 공동주택의 실내공기질 측정항목은 폼알데하이드, 벤젠, 톨루엔, 에틸벤젠, 자일렌, 스티렌, 라돈이다(실내공기질 관리법 시행규칙 제7조 제3항).

03 ②

정답해설 벤젠: $30\mu g/m^2$ 이하(실내공기질 관리법 시행규칙 별표 4의2 신축공동주택의 실내공기질 권고기준)

04 ④

정답해설 페놀은 건강상 유해영향 유기물질에 관한 기준 항목에 해당한다(먹는물 수질기준 및 검사 등에 관한 규칙 별표 1 먹는물의 수질기준).

05 ①

정답해설 신축 공동주택의 시공자는 제4항에 따라 작성한 별지 제1호서식의 주택 공기질 측정결과 보고(공고)를 주민 입주 7일 전부터 60일간 다음의 장소 등에 주민들이 잘 볼 수 있도록 공고하여야 한다(실내공기질 관리법 시행규칙 제7조 제5항).
1. 공동주택 관리사무소 입구 게시판
2. 각 공동주택 출입문 게시판
3. 시공자의 인터넷 홈페이지

학습 POINT 실내공기질 관리법은 환경관리에서 출제빈도가 높은 문제이며, ①②③④지문들은 주관식으로도 대비하여 학습해야 한다.

06 ③

정답해설 원자력은 재생에너지에 해당하지 않는다(신에너지 및 재생에너지 개발·이용·보급 촉진법 제2조 제2호).

학습 POINT 신에너지 및 재생에너지에 관한 문제는 시사성으로 연속해서 출제가 되고 있는 단원으로 그동안 출제가 된 기출문제 위주의 학습이 필요하다.

07 ③

오답해설 ①②④⑤ 기계 및 전기부문의 권장사항에 해당한다.

학습 POINT 건축물의 에너지절약설계기준에서 의무사항과 권장사항을 구분하는 문제는 최고난도 문제로 출제되었다. 선지의 주요 용어를 주관식으로 대비해 두도록 한다.

08 ④

오답해설 ⓒ 역률개선용커패시터(콘덴서)라 함은 역률을 개선하기 위하여 변압기 또는 전동기 등에 병렬로 설치하는 커패시터를 말한다.

학습 POINT 건축물의 에너지절약설계기준과 전기설비 이론 문제가 종합적으로 출제된 최고난도 문제이다. ⓒ과 ⓒ은 빈출 내용이므로 용어를 주관식으로도 대비해야 한다. ⓒ은 시설개론에서 출제되었던 기출선지로 공동주택관리실무와 시설개론을 연계해서 학습하였다면 득점하는 데 유리한 문제이다.

09 ②

정답해설
- 건축물에너지관리시스템(BEMS)이란 「녹색건축물 조성 지원법」 제6조의2 제2항에서 규정하는 것을 말한다(건축물의 에너지절약설계기준 제5조 16호).
- 건축물에너지관리시스템이란 건축물의 쾌적한 실내환경 유지와 효율적인 에너지 관리를 위하여 에너지 사용내역을 모니터링하여 최적화된 건축물에너지 관리방안을 제공하는 계측·제어·관리·운영 등이 통합된 시스템을 말한다(녹색건축물 조성 지원법 제6조의2 제2항).

학습 POINT 「건축물의 에너지절약설계기준」에서도 지엽적인 문제로 난도가 높은 문제이며, 시설개론에서도 출제될 가능성이 높으므로 시설개론과 연계해서 학습해 두는 것이 좋다.

10 ④

정답해설 염소이온은 250mg/L를 넘지 아니할 것(먹는물 수질기준 및 검사 등에 관한 규칙 제2조 관련 별표 1)

학습 POINT 먹는물 수질기준에 관한 문제는 시설개론에서도 많이 출제되므로 시설개론과 연계학습을 해 두어야 하고, 관련 숫자는 주관식으로도 대비해야 한다.

11 ③

오답해설
① 직접충격 소음의 1분간 등가소음도는 주간 39dB(A), 야간 34dB(A)이다.
② 직접충격 소음의 최고소음도는 주간 57dB(A), 야간 52dB(A)이다.
④ 1분간 등가소음도 및 5분간 등가소음도는 측정한 값 중 가장 높은 값으로 한다.
⑤ 최고소음도는 1시간에 3회 이상 초과할 경우 그 기준을 초과한 것으로 본다.

12 ②

정답해설 ㉠㉢ 신축 공동주택의 실내공기질 권고기준에 해당한다(실내공기질 관리법 시행규칙 제7조의2 관련 별표 4의2).

오답해설
㉡ 벤젠 30$\mu g/m^3$ 이하
㉣ 에틸벤젠 360$\mu g/m^3$ 이하
㉤ 자일렌 700$\mu g/m^3$ 이하
㉥ 스티렌 300$\mu g/m^3$ 이하

13 ⑤

정답해설 관리주체 또는 층간소음위원회의 조치에도 불구하고 층간소음 발생이 계속될 경우에는 층간소음 피해를 입은 입주자등은 「공동주택관리법」에 따른 공동주택관리 분쟁조정위원회나 「환경분쟁 조정 및 환경피해 구제 등이 관한 법률」에 따른 환경분쟁조정피해구제위원회에 조정을 신청할 수 있다(공동주택관리법 제20조 제11항).

14 ㉠ 지원기구

정답해설 법 제85조의2 제3항에서 "대통령령으로 정하는 기관 또는 단체"란 다음 각 호의 기관 또는 단체를 말한다(공동주택관리법 시행령 제91조의2 제2항).
1. 법 제86조에 따른 공동주택관리 지원기구
2. 「정부출연연구기관 등의 설립·운영 및 육성에 관한 법률」에 따라 설립된 정부출연연구기관
3. 「지방자치단체출연 연구원의 설립 및 운영에 관한 법률」에 따라 설립된 지방자치단체출연 연구원

15 ㉠ 태양, ㉡ 풍력, ㉢ 바이오

정답해설 "재생에너지"란 햇빛·물·지열(地熱)·강수(降水)·생물유기체 등을 포함하는 재생 가능한 에너지를 변환시켜 이용하는 에너지로서 다음 각 목의 어느 하나에 해당하는 것을 말한다(신에너지 및 재생에너지 개발·이용·보급 촉진법 제2조 제2호).
가. 태양에너지
나. 풍력
다. 수력
라. 해양에너지
마. 지열에너지
바. 생물자원을 변환시켜 이용하는 바이오에너지로서 대통령령으로 정하는 기준 및 범위에 해당하는 에너지
사. 폐기물에너지(비재생폐기물로부터 생산된 것은 제외한다)로서 대통령령으로 정하는 기준 및 범위에 해당하는 에너지
아. 그 밖에 석유·석탄·원자력 또는 천연가스가 아닌 에너지로서 대통령령으로 정하는 에너지

16 ㉠ 0.01

정답해설 납은 0.01mg/L를 넘지 아니할 것(먹는물 수질기준 및 검사 등에 관한 규칙 별표 1).

17 ㉠ 수소에너지

정답해설 신에너지에는 수소에너지, 연료전지, 석탄 액화가스화 에너지 및 중질잔산유 가스화 에너지 등이 있다.

18 ㉠ 회생제동장치

정답해설 회생제동장치라 함은 승강기가 균형추보다 무거운 상태로 하강(또는 반대의 경우)할 때 모터는 순간적으로 발전기로 동작하게 되며, 이 때 생산되는 전력을 다른 회로에서 전원으로 활용하는 방식으로 전력소비를 절감하는 장치를 말한다(건축물의 에너지절약설계기준 제5조 제12호).

19 ㉠ 방습

학습 POINT 건축물의 에너지절약설계기준의 용어의 정의는 관리실무 빈출문제이므로 그동안 출제가 되지 않은 부분까지 꼼꼼한 학습이 필요하다.

20 ㉠ 300, ㉡ 250

학습 POINT 25회 객관식 지문에 나왔던 부분을 응용해서 출제가 되었으며, 시설개론과 중첩하여 출제가 되므로 시설개론과 연계된 학습이 필요하다.

21 ㉠ 0.08, ㉡ 0.02

정답해설 건축자재의 오염물질 방출 기준(실내공기질 관리법 시행규칙 제10조 제1항 관련 별표 5)

구분	오염물질 종류	폼알데하이드	톨루엔	총휘발성 유기화합물
1. 접착제		0.02 이하	0.08 이하	2.0 이하
2. 페인트		0.02 이하	0.08 이하	2.5 이하
3. 실란트		0.02 이하	0.08 이하	1.5 이하
4. 퍼티		0.02 이하	0.08 이하	20.0 이하
5. 벽지		0.02 이하	0.08 이하	4.0 이하
6. 바닥재		0.02 이하	0.08 이하	4.0 이하
7. 표면가공 목질판상제품		0.05 이하	0.08 이하	0.4 이하

* 비고: 위 표에서 오염물질의 종류별 측정단위는 $mg/m^2 \cdot h$로 한다. 다만, 실란트의 측정단위는 $mg/m \cdot h$로 한다.

22 ㉠ 화석연료, ㉡ 연료전지

정답해설 신에너지란 기존의 화석연료를 변환시켜 이용하거나 수소·산소 등의 화학 반응을 통하여 전기 또는 열을 이용하는 에너지로서 다음 각 목의 어느 하나에 해당하는 것을 말한다(신에너지 및 재생에너지 개발·이용·보급 촉진법 제2조 제1호).

가. 수소에너지
나. 연료전지
다. 석탄을 액화·가스화한 에너지 및 중질잔사유(重質殘渣油)를 가스화한 에너지로서 대통령령으로 정하는 기준 및 범위에 해당하는 에너지
라. 그 밖에 석유·석탄·원자력 또는 천연가스가 아닌 에너지로서 대통령령으로 정하는 에너지

학습 POINT 시사성으로 출제된 문제로 최고난도 문제이다. 개념 정도를 이해해 두면 된다.

23 ㉠ 직접충격, ㉡ 공기전달

정답해설 공동주택 층간소음의 범위는 입주자 또는 사용자의 활동으로 인하여 발생하는 소음으로서 다른 입주자 또는 사용자에게 피해를 주는 다음의 소음으로 한다. 다만, 욕실, 화장실 및 다용도실 등에서 급수·배수로 인하여 발생하는 소음은 제외한다(공동주택 층간소음의 범위와 기준에 관한 규칙 제2조).
1. 직접충격 소음: 뛰거나 걷는 동작 등으로 인하여 발생하는 소음
2. 공기전달 소음: 텔레비전, 음향기기 등의 사용으로 인하여 발생하는 소음

24 ㉠ 지열

정답해설 재생에너지란 햇빛·물·지열(地熱)·강수(降水)·생물유기체 등을 포함하는 재생 가능한 에너지를 변환시켜 이용하는 에너지로서 다음의 어느 하나에 해당하는 것을 말한다(신에너지 및 재생에너지 개발·이용·보급 촉진법 제2조 제2호).
가. 태양에너지
나. 풍력
다. 수력
라. 해양에너지
마. 지열에너지
바. 생물자원을 변환시켜 이용하는 바이오에너지로서 대통령령으로 정하는 기준 및 범위에 해당하는 에너지
사. 폐기물에너지(비재생폐기물로부터 생산된 것은 제외한다)로서 대통령령으로 정하는 기준 및 범위에 해당하는 에너지
아. 그 밖에 석유·석탄·원자력 또는 천연가스가 아닌 에너지로서 대통령령으로 정하는 에너지

25 ㉠ 45, ㉡ 40

정답해설 층간소음의 기준(공동주택 층간소음의 범위와 기준에 관한 규칙 제3조 관련 별표)

층간소음의 구분		층간소음의 기준[단위: dB(A)]	
		주간(06:00~22:00)	야간(22:00~06:00)
1. 제2조 제1호에 따른 직접충격 소음	1분간 등가소음도 (Leq)	39	34
	최고소음도 (Lmax)	57	52
2. 제2조 제2호에 따른 공기전달 소음	5분간 등가소음도 (Leq)	45	40

26 ㉠ 열회수

정답해설 열회수형환기장치라 함은 난방 또는 냉방을 하는 장소의 환기장치로 실내의 공기를 배출할 때 급기되는 공기와 열교환하는 구조를 가진 것으로서 KS B 6879(열회수형환기장치) 부속서 B에서 정하는 시험방법에 따른 열교환효율과 에너지계수의 최소 기준 이상의 성능을 가진 것을 말한다(건축물의 에너지절약설계기준 제5조 제11호 사목).

27 ㉠ 국토교통부, ㉡ 기후에너지환경부 (순서 무관)

정답해설 공동주택 층간소음의 범위와 기준은 국토교통부와 기후에너지환경부의 공동부령으로 정한다(공동주택관리법 제20조 제5항).

28 ㉠ 비례제어운전, ㉡ 최대수요전력

정답해설
- 비례제어운전: 기기의 출력값과 목표값의 편차에 비례하여 입력량을 조절하여 최적운전 상태를 유지할 수 있도록 운전하는 방식을 말한다(건축물의 에너지절약설계기준 제5조 제11호 마목).
- 최대수요전력: 수용가에서 일정 기간 중 사용한 전력의 최대치를 말한다(건축물의 에너지절약설계기준 제5조 제12호 마목).

29 ㉠ 방습층

정답해설
- 방습층이라 함은 습한 공기가 구조체에 침투하여 결로발생의 위험이 높아지는 것을 방지하기 위해 설치하는 투습도가 24시간당 $30g/m^2$ 이하 또는 투습계수 $0.28g/m^2 \cdot h \cdot mmHg$ 이하의 투습저항을 가진 층을 말한다(건축물의 에너지절약설계기준 제5조 제10호 카목).
- 벽체 내표면 및 내부에서의 결로를 방지하고 단열재의 성능 저하를 방지하기 위하여 단열조치를 하여야 하는 부위(창 및 문과 난방공간 사이의 층간 바닥 제외)에는 방습층을 단열재의 실내 측에 설치하여야 한다(건축물의 에너지절약설계기준 제6조 제4호 가목).

30 ㉠ 관리주체, ㉡ 층간소음관리위원회

정답해설
- 층간소음으로 피해를 입은 입주자등은 관리주체에게 층간소음 발생 사실을 알리고, 관리주체가 층간소음 피해를 끼친 해당 입주자등에게 층간소음 발생을 중단하거나 소음차단 조치를 권고하도록 요청할 수 있다. 이 경우 관리주체는 사실관계 확인을 위하여 세대 내 확인 등 필요한 조사를 할 수 있다(공동주택관리법 제20조 제2항).
- 관리주체의 조치에도 불구하고 층간소음 발생이 계속될 경우에는 층간소음 피해를 입은 입주자등은 공동주택 층간소음관리위원회에 조정을 신청할 수 있다(공동주택관리법 제20조 제4항).

31 ㉠ 57, ㉡ 52

정답해설 층간소음의 기준(공동주택 층간소음의 범위와 기준에 관한 규칙 제3조 관련 별표)

층간소음의 구분		층간소음의 기준[단위: dB(A)]	
		주간 (06:00~22:00)	야간 (22:00~06:00)
1. 제2조 제1호에 따른 직접충격 소음	1분간 등가소음도(Leq)	39	34
	최고소음도(Lmax)	57	52
2. 제2조 제2호에 따른 공기전달 소음	5분간 등가소음도(Leq)	45	40

32 ㉠ 자일렌

정답해설 신축 공동주택의 실내공기질 측정항목은 폼알데하이드, 벤젠, 톨루엔, 에틸벤젠, 자일렌, 스티렌, 라돈이다(실내공기질 관리법 시행규칙 제7조 제3항).

CHAPTER 03 안전관리   ▶ 연계학습: 기본서 하권 pp. 490~534

01	③	02	⑤	03	②
04	㉠ 주택관리사단체, ㉡ 국토교통부장관	05	㉠ 16, ㉡ 15	06	④
07	㉠ 3, ㉡ 4, ㉢ 5	08	㉠ 정밀안전진단	09	⑤
10	①	11	㉠ 안전점검, ㉡ 안전진단	12	㉠ 2

1 공동주택관리법에 의한 안전관리

01 ③

오답해설 ㉠ 어린이 놀이터의 안전진단 – 매 분기 1회 이상 점검(공동주택관리법 시행규칙 제11조 제2항 관련 별표 2)
㉣ 저수시설의 위생진단 – 연 2회 이상 점검(공동주택관리법 시행규칙 제11조 제2항 관련 별표 2)

02 ⑤

정답해설 변전실, 맨홀(정화조 뚜껑 포함), 펌프실, 전기실, 기계실 및 어린이 놀이터의 안전진단은 매 분기 1회 이상 실시한다(공동주택관리법 시행규칙 제11조 제2항 관련 별표 2).

03 ②

정답해설 어린이놀이터의 안전진단은 매 분기 1회 이상 실시한다(공동주택관리법 시행규칙 제11조 제2항 관련 별표 2).

04 ㉠ 주택관리사단체, ㉡ 국토교통부장관

정답해설 시장·군수·구청장은 법 제89조 제2항에 따라 법 제34조에 따른 소규모 공동주택의 안전관리 업무를 다음 각 호의 어느 하나에 해당하는 법인을 지정하여 위탁한다(공동주택관리법 시행령 제95조 제8항).
1. 국토안전관리원
2. 주택관리사단체
3. 그 밖에 국토교통부장관이 소규모 공동주택의 안전관리 업무를 수행할 수 있다고 인정하여 고시하는 법인

05 ㉠ 16, ㉡ 15

정답해설 의무관리대상 공동주택의 관리주체는 그 공동주택의 기능유지와 안전성 확보로 입주자등을 재해 및 재난 등으로부터 보호하기 위하여 「시설물의 안전 및 유지관리에 관한 특별법」 제21조에 따른 지침에서 정하는 안전점검의 실시 방법 및 절차 등에 따라 공동주택의 안전점검을 실시하여야 한다. 다만, 16층 이상의 공동주택 및 사용연수, 세대수, 안전등급, 층수 등을 고려하여 대통령령으로 정하는 15층 이하의 공동주택에 대하여는 대통령령으로 정하는 자로 하여금 안전점검을 실시하도록 하여야 한다(공동주택관리법 제33조 제1항).

2 시설물의 안전 및 유지관리에 관한 특별법에 의한 안전관리

06 ④

정답해설 시설물의 구조해석 등 안전성 평가는 정밀안전진단 결과보고서에 포함되어야 할 사항이다(시설물의 안전 및 유지관리에 관한 특별법 시행령 별표 7 안전점검등 결과보고서에 포함되어야 할 사항).

07 ㉠ 3, ㉡ 4, ㉢ 5

학습 POINT 관계법규와 연계된 학습이 필요하며, 나머지 ABC등급에 관련된 시기도 학습이 필요하다.

08 ㉠ 정밀안전진단

정답해설 정밀안전진단이란 시설물의 물리적·기능적 결함을 발견하고 그에 대한 신속하고 적절한 조치를 하기 위하여 구조적 안전성과 결함의 원인 등을 조사·측정·평가하여 보수·보강 등의 방법을 제시하는 행위를 말한다(시설물의 안전 및 유지관리에 관한 특별법 제2조 제6호).

학습 POINT 시설물의 안전 및 유지관리에 관한 특별법령에서는 용어의 정의 부분의 주관식 출제 비중이 높다. 나머지 정의도 주관식으로 대비하여 학습해야 한다.

3 어린이놀이시설 안전관리법에 의한 어린이놀이터시설의 안전관리

09 ⑤

정답해설 "대통령령이 정하는 중대한 사고"란 어린이놀이시설로 인하여 이용자가 다음의 피해를 입은 사고를 말한다(어린이놀이시설 안전관리법 시행령 제14조 제1항).
1. 사망
2. 하나의 사고로 인한 3명 이상의 부상
3. 사고 발생일로부터 7일 이내에 48시간 이상의 입원 치료가 필요한 부상
4. 골절상
5. 수혈 또는 입원이 필요한 정도의 심한 출혈
6. 신경, 근육 또는 힘줄의 손상
7. 2도 이상의 화상
8. 부상 면적이 신체 표면의 5퍼센트 이상인 부상
9. 내장(內臟)의 손상

10 ①

정답해설 관리주체는 설치검사를 받은 어린이놀이시설에 대하여 대통령령으로 정하는 방법 및 절차에 따라 안전검사기관으로부터 2년에 1회 이상 정기시설검사를 받아야 한다(어린이놀이시설 안전관리법 제12조 제2항).

학습 POINT ① 지문은 관리실무에서 주관식 포함 세 번 정답이 되었으며, 앞으로는 나머지 지문에서 정답을 찾는 학습을 해야 한다.

11 ㉠ 안전점검, ㉡ 안전진단

정답해설
- 안전점검이라 함은 어린이놀이시설의 관리주체 또는 관리주체로부터 어린이놀이시설의 안전관리를 위임받은 자가 육안 또는 점검기구 등에 의하여 검사를 하여 어린이놀이시설의 위험요인을 조사하는 행위를 말한다(어린이놀이시설 안전관리법 제2조 제7호).
- 안전진단이라 함은 「어린이놀이시설 안전관리법」 제4조의 안전검사기관이 어린이놀이시설에 대하여 조사·측정·안전성 평가 등을 하여 해당 어린이놀이시설의 물리적·기능적 결함을 발견하고 그에 대한 신속하고 적절한 조치를 하기 위하여 수리·개선 등의 방법을 제시하는 행위를 말한다(어린이놀이시설 안전관리법 제2조 제8호).

12 ㉠ 2

정답해설 관리주체는 규정에 따라 설치검사를 받은 어린이놀이시설에 대하여 대통령령으로 정하는 방법 및 절차에 따라 안전검사기관으로부터 2년에 1회 이상 정기시설검사를 받아야 한다(어린이놀이시설 안전관리법 제12조 제2항).

memo

고객의 꿈, 직원의 꿈, 지역사회의 꿈을 실현한다

펴낸곳 (주)에듀윌 펴낸이 양형남 출판총괄 김기철 에듀윌 대표번호 1600-6700
주소 서울시 구로구 디지털로 34길 55 코오롱싸이언스밸리 2차 3층
© 2025 eduwill. Created with AI assistance.
협의 없는 무단 복제는 법으로 금지되어 있습니다.

에듀윌 도서몰	• 부가학습자료 및 정오표: 에듀윌 도서몰 > 도서자료실
book.eduwill.net	• 교재 문의: 에듀윌 도서몰 > 문의하기 > 교재(내용, 출간) / 주문 및 배송